C0-AWI-655

KARL BARTH
PREDIGTEN 1920

KARL BARTH · GESAMTAUSGABE

Im Auftrag der Karl Barth-Stiftung
herausgegeben von Hans-Anton Drewes

I. Predigten

PREDIGTEN 1920

TVZ

THEOLOGISCHER VERLAG ZÜRICH

KARL BARTH

PREDIGTEN 1920

Herausgegeben von Hermann Schmidt

TVZ

THEOLOGISCHER VERLAG ZÜRICH

Gedruckt mit Unterstützung der Evangelischen Kirche in Deutschland
und der Karl Barth-Stiftung.
Die Betreuung des Bandes im Karl Barth-Archiv wurde ermöglicht
vom Schweizerischen Nationalfonds zur Förderung
der wissenschaftlichen Forschung.

Die Deutsche Bibliothek – Bibliographische Einheitsaufnahme
Die Deutsche Bibliothek verzeichnet diese Publikation
in der Deutschen Nationalbibliographie; detaillierte bibliographische Daten
sind im Internet über ⟨http://dnb.ddb.de⟩ abrufbar

ISBN 3-290-17338-0

Gesamtherstellung: pagina GmbH, Tübingen
Printed in Germany

INHALT

Vorwort VII

Abkürzungen XIII

500	1. Januar	Neujahr	Jeremia 31,31–34	3
501	4. Januar		Sprüche 3,26	8
502	11. Januar		2. Korinther 1,1–2	17
503	18. Januar		2. Korinther 1,3–11 I	24
504	25. Januar		2. Korinther 1,3–11 II	34
505	1. Februar		2. Korinther 1,12–22 I	42
506	8. Februar		2. Korinther 1,12–22 II	51
507	22. Februar		2. Korinther 1,23–24; 2,1–4	61
508	29. Februar		2. Korinther 2,5–11 «Ein schmaler Weg»	64
509	7. März		2. Korinther 2,14–17 «Die Freiheit des göttlichen Wortes»	74
510	14. März		Johannes 3,1–8	88
511	21. März		Markus 10,35–45	98
512	28. März	Palmsonntag	Johannes 16,31–33	107
513	2. April	Karfreitag	Offenbarung 1,17[b]–18	115
514	2. April	Konfirmation	Philipper 2,12[b]–13	122
515	4. April	Ostern	1. Korinther 15,50–58	126
516	11. April		Lukas 24,36–43	135
517	25. April		2. Korinther 3,1–3	143
518	2. Mai		2. Korinther 3,4–6	151
519	9. Mai		2. Korinther 3,7–11	158
520	13. Mai	Himmelfahrt	Kolosser 3,3[b]	165
521	16. Mai		2. Korinther 3,12–18	173
522	23. Mai	Pfingsten	Apostelgeschichte 2,1–13	181
523	30. Mai		2. Korinther 4,1–6	190
524	6. Juni		2. Korinther 4,7–15 «Der Einzelne»	199
525	13. Juni		2. Korinther 4,16–18 «Der innere Mensch»	211

526	20. Juni		2. Korinther 5,1–8	
			«Getroste Verzweiflung»	224
527	27. Juni		2. Korinther 5,9–11	236
528	4. Juli		2. Korinther 5,12–15	242
529	11. Juli		2.Korinther 5,16–17	250
530	18. Juli		2. Korinther 5,18–21	259
531	25. Juli		2. Korinther 6,1–2	
			«Siehe jetzt!»	268
532	1. August		2. Korinther 6,3–10	279
533	15. August		2. Korinther 6,11–13; 7,2–4	289
534	12. September		2. Korinther 7,5–16	297
535	19. September	Bettag I	Matthäus 11,28	
			«Die Buße»	302
536	19. September	Bettag II	Apostelgeschichte 16,30–31	318
537	26. September		Psalm 65,2	325
538	3. Oktober		Psalm 119,19	333
539	10. Oktober		Sprüche 1,7	342
540	17. Oktober		Sprüche 16,2	349
542	31. Oktober		Psalm 91,1–2	358
543	7. November	Reformation	Römer 5,8	365
544	21. November		Psalm 145,17	376
545	5. Dezember	II. Advent	Lukas 12,49	
			«Feuer auf Erden!»	384
546	19. Dezember	IV. Advent	Lukas 12,35–36	394
547	25. Dezember	Weihnacht I	Lukas 2,25–32	399
548	26. Dezember	Weihnacht II	Lukas 2,33–35	407

Register 415
I. Bibelstellen 417
II. Namen 423
III. Begriffe 425

VORWORT

1) Biographisches

1920 war Karl Barth im neunten Jahr Pfarrer der aargauischen Arbeiter- und Bauerngemeinde Safenwil. Mit ihm lebten seine Frau Nelly, geb. Hoffmann, der er seine Predigten vorlas[1], die ihn auf Reisen und Velotouren begleitete[2], und die Kinder Franziska (5 1/2 Jahre), Markus (4 Jahre) und Christoph (2 Jahre).

Mit Eduard Thurneysen stand Barth in bestem Einvernehmen. Der Freund hatte im Frühjahr das nahe Leutwil verlassen und wirkte nun in Bruggen bei St. Gallen. Je seltener das Zusammenkommen, umso umfangreicher wurde die Korrespondenz der beiden.[3] Immerhin reisten sie im Februar gemeinsam nach Süddeutschland und verbrachten im August Ferientage im «Bergli», dem Ferienhaus des Freundes Rudolf Pestalozzi. Ihre Zusammenarbeit konnte Barth als «kommunistische Geisteswirtschaft» bezeichnen, im Blick auf eventuell zu überzeugende Kollegen konnte auch von einer «Räuberbande» die Rede sein[4].

Die Situation Barths in seiner Gemeinde war so spannungsvoll wie eh und je. Er machte Besuche[5], bemühte sich um widerspenstige Schüler[6], entwarf ein neues Unterrichtsheft für den Konfirmandenunterricht[7]. Es gelang ihm, den Turnunterricht für die Schulmädchen durchzusetzen, und in der Gemeindeversammlung wurde sein Gehalt «lautlos heraufgesetzt»[8]. Andrerseits versuchte der aus der Kirche ausgetretene Fabrikant Hochuli ihn aus der Gemeinde «wegzuöden»[9] und ließ bei ihm arbeitende Konfirmandinnen «per Auto nach Zofingen zum Kapellenprediger führen»[10]. Im Gottesdienst mühte sich Barth

[1] Bw. Th. I, S. 424.
[2] Bw. Th. I, S. 378.429.
[3] Bw. Th. I, S. 364–458.
[4] Bw. Th. I, S. 452 und S. 434.
[5] Bw. Th. I, S. 450.
[6] Bw. Th. I, S. 372.
[7] Bw. Th. I, S. 385.
[8] Bw. Th. I, S. 376.
[9] Bw. Th. I, S. 443.
[10] Bw. Th. I, S. 378.

um eine kursorische Auslegung von 2. Kor. 1–7. «Sachlich ist das irgendwie ein gigantischer Anschauungsunterricht zu dem Thema ‹Pfarrer und Gemeinde›».[11] Barth klagte über schlechten Kirchenbesuch: «Diese gähnenden leeren Bänke … sind wohl die Gestalt des ‹Todes›, durch die *ich* in der rechten Demut erhalten werden soll.»[12] «Es macht mir ... oft Gedanken, daß ich nun bald neun Jahre hier Pfarrer bin und daß wir uns noch nicht besser kennen, verstehen und lieb haben, und es sollte euch auch Gedanken machen.» Doch er fuhr fort: «Es ist aber viel besser, geduldig aufeinander zu warten … Wirkliche Gemeinschaft ist ganz und gar ein Gotteswerk.»[13] Die Mutlosigkeit ist wohl «eine Macht in unserem Dasein, eine eherne Notwendigkeit in dieser Welt», aber mit Paulus ist ihr ein «Darum nicht» entgegenzusetzen, «eine größere, überlegene Macht …, eine Notwendigkeit, die härter ist als Erz und Stein, weil sie nicht aus dieser Welt kommt.»[14]

Wenn auch der heilige Geist mit den Safenwilern «unerhört aargauisch» reden will[15], so lag doch Barth die Aufmerksamkeit für die «Beschwerden der ganzen Zeitgenossenschaft»[16] sehr am Herzen. So wies er seine Gemeinde hin auf die «weltumfassenden Bewegungen zur Verbesserung und Neugestaltung der irdischen Verhältnisse», «auf die Sehnsucht, den guten Willen, das tiefe Suchen der Menschen», ohne freilich zu unterstellen, daß der hier «aufsteigende Rauch» schon das Feuer sei, das Jesus anzuzünden gekommen ist.[17] Am 16. Mai 1920 stimmte die Schweizer Bevölkerung mehrheitlich dem Eintritt der Eidgenossenschaft in den Völkerbund zu. Barth selber war nicht dafür; in der Predigt aber sprach er von der Ratlosigkeit und den Widersprüchen untereinander und «daß man in guter Treue und mit dem besten Willen ... ganz verschieden entscheiden kann».[18] Vom 11.–13. Dezember 1920 nahm Barth dann als Delegierter am Berner Parteitag der sozialdemokratischen Partei der Schweiz teil. Hier kam es

[11] Bw. Th. I, S. 395.
[12] Bw. Th. I, S. 393.
[13] Siehe unten S. 150.
[14] Siehe unten S. 212.
[15] Siehe unten S. 184.
[16] Vgl. Predigten 1919, S. 3.
[17] Siehe unten S. 386f.
[18] Siehe unten S. 178; vgl. S. 146, Anm. 6.

zu einer Abstimmung über den Beitritt der Partei zur dritten kommunistischen Internationale. Barth stimmte mit der Mehrheit der Delegierten dagegen. Eine Minderheit verließ den Parteitag und gründete 1921 die Kommunistische Partei der Schweiz.[19]

1920 war das Jahr, «in dem Barth seine im ‹Römerbrief› dargelegte Sicht durch vielfältiges, intensives Studium neu kritisch überprüfte und durchdachte»[20]. Dazu gehörte sein Vortrag «Biblische Fragen, Einsichten und Ausblicke» am 17. April auf der Aarauer Konferenz nebst der dortigen Begegnung mit seinem Lehrer Adolf von Harnack. Neben der exegetischen Arbeit war die Lektüre der Schriften Kierkegaards, Dostojewskis, Nietzsches und Franz Overbecks bedeutungsvoll. Über den Letzteren veröffentlichte Barth einen Aufsatz «Unerledigte Anfragen an die heutige Theologie». Eine Reihe deutscher Theologen und Nichttheologen waren durch den Tambacher Vortrag vom 25. September 1919 aufmerksam geworden auf die Stimme aus der Schweiz. Der Münchner Pfarrer Georg Merz hatte den Christian Kaiser-Verlag veranlaßt, die 700 in der Schweiz nicht verkauften Exemplare von Barths Römerbrief zu übernehmen. Diese fanden im Laufe des Jahres allesamt ihre Leser. So entstand eine Fülle von neuen Kontakten. Im Februar hatte Barth in Heidelberg, Stuttgart, Bad Boll und München Station gemacht. Im Sommer und Herbst konnte sich dann Safenwil über manche deutsche Besucher freuen.[21] Diese waren z. T. auch bei Thurneysen in St. Gallen gewesen, und im Briefwechsel der Freunde sind einige Eindrücke festgehalten. Barth wanderte auch gern mit seinen Gästen und ließ sich auf der Kanzel vertreten.[22] Im Gegenzug wurden drei Predigten Barths in deutschen Zeitschriften abgedruckt.[23]

In seinem Römerbrief hatte Barth an einigen Stellen indirekt den Wortführer der religiösen Sozialisten, Leonhard Ragaz, angegriffen, der darüber tief gekränkt war. Barth suchte ihn in seiner Zürcher Wohnung auf, und es kam zu einem bewegenden, fast versöhnlichen

[19] Bw. Th. I, S. 454; vgl. Busch, S. 120.

[20] Vgl. zum folgenden Busch, S. 125–129, Zitat S. 126.

[21] Vgl. Busch, S. 125f.

[22] Bw. Th. I, S. 418; Merz predigte am 8.8., Herpel am 14.11.

[23] Nr. 509, 525 und 535.

Gespräch.[24] Im Juli 1920 erschien die kritische, aber freundlich gehaltene Rezension des Neutestamentlers Adolf Jülicher über Barths Römerbrief.[25] Tieferen Eindruck auf Barth hatte der bereits im März 1919 gehaltene Aarauer Vortrag seines Bruders Heinrich über «Gotteserkenntnis» gemacht. Er schrieb damals an Thurneysen: «Heiners Vortrag ist mir zum Antrieb geworden, das totaliter aliter des Gottesreiches noch viel kräftiger ins Auge zu fassen.»[26] Im Brief vom 27. Oktober 1920 lesen wir nun: «... eine seltsame und erschreckende Nachricht: Als Gogarten ... fort war, fing plötzlich der Römerbrief an, sich zu häuten, d.h. ich bekam die Erleuchtung, daß er so wie er jetzt ist, unmöglich einfach abgedruckt werden darf, sondern an Haupt und Gliedern reformiert werden muß. Ich sende dir hier eine Probe. Vergleiche sie bitte mit der noch nicht gehäuteten Fassung und schreibe mir *flugs*, wie dich das Ding ansieht.»[27] Barth arbeitete nun in ständigem Austausch mit Thurneysen an der neuen Fassung. Abschnittweise schickte er die Manuskriptbögen an den Verlag in München. Am Jahresende war er bereits mit Römer 4 befaßt.[28] Mit gewohnter Sorgfalt hat Barth indessen die beiden Weihnachtspredigten ausgearbeitet.

2) Zu dieser Edition

Dieser Band enthält 48 Predigten Barths aus dem Jahre 1920. Sie tragen die Ziffern 500–548; nur Nr. 541 fehlt, sie war nicht auffindbar. Kasualansprachen des Jahres sind nicht erhalten. Die im Karl Barth-Archiv aufbewahrten Predigt-Manuskripte sind auf unlinierte Bögen geschrieben. Diese haben eine Höhe von 22,7 cm, eine Breite von 36,4 cm und sind einmal quergefaltet. Mit Ausnahme der Nr. 527 (lateinische Schrift) schrieb Barth in eng gedrängter deutscher Handschrift und benötigte für keine Predigt mehr als einen Bogen. In 30 Fällen ist die 4. Seite des Bogens halb oder ganz beschrieben, 14-mal endet die

[24] Bw. Th. I, S. 369.

[25] A. Jülicher, *Ein moderner Paulus-Ausleger*, in: CW, Jg. 34 (1920), Sp. 453–457. 466–469. Wieder abgedruckt in: *Anfänge der dialektischen Theologie*, Teil I, hrsg. von J. Moltmann (ThB 17/I), München 1962, S. 87–98.

[26] Bw. Th. I, S. 325.

[27] Bw. Th. I, S. 435.

[28] Vgl. dazu Busch, S. 129f.

Predigt auf S. 3; die Konfirmationspredigt Nr. 514 umfaßt nur 1 ½ Seiten. 3-mal blieb die Ausarbeitung unvollendet; bei Nr. 500 und 546 findet sich für den Schlußteil ein Entwurf, Nr. 507 existiert nur als Entwurf.

Die Transkription war Sache des Herausgebers. Unsichere Wörter sind mit einem [?] oder einer Anmerkung versehen. Meine Frau vollzog mit mir die nötigen Kontrollesungen, Dr. Hans-Anton Drewes hat die Transkriptionen überprüft.

Orthographie und Interpunktion werden nach den für die Gesamtausgabe gültigen Regeln modernisiert unter Beibehaltung charakteristischer Eigentümlichkeiten Barths. Abkürzungen werden in der Regel ausgeschrieben. Lange Passagen werden untergliedert durch Herausgeber-Absätze. Diese sind erkennbar an einem | hinter dem Punkt. Gedankenstriche, mit denen Barth einen Abschnitt unterteilt, werden öfters in Druckabsätze umgewandelt. Unterstreichungen mit Tinte werden durch Kursivsatz wiedergegeben. Mit Blaustift unterstrichene Wörter sind in abweichender Schrift (Helvetica) gesetzt. *Kursive Helvetica* steht dann, wenn ein Wort mit Tinte und Blaustift unterstrichen ist. Texte in eckigen Klammern – meistens Bibelstellennachweise – stammen stets vom Herausgeber.

Acht Predigten des Jahrgangs hat Barth in dem von ihm und Thurneysen 1924 herausgegebenen Band «Komm Schöpfer Geist!»[29] in Druck gegeben. Für den Drucker hat er dazu jeweils eine neue Reinschrift angefertigt. Dabei hat er seinen Manuskripttext zahlreichen Veränderungen unterworfen. Wir folgen der Druckfassung, weisen aber die Abweichungen vom Manuskript vollständig nach. Reine Erweiterungen sind in ⌜ ⌝ gesetzt, sonstige Veränderungen sind in einem ersten, durch Buchstaben gekennzeichneten Apparat festgehalten. Neben Verbesserungen und Ergänzungen finden sich auch – in einigen Fällen sinnstörende – Abschreibfehler. Hier folgen wir dem Manuskript und verweisen den Drucktext in die Anmerkung. Vernachlässigt werden im ersten Apparat Unterstreichungen im Manuskript. Die Seitenzahlen des Drucks in «Komm Schöpfer Geist!» werden zwischen senkrechten Strichen || mitgeführt; so können in der Sekundärliteratur zitierte Stellen leicht gefunden werden.

[29] K. Barth/E. Thurneysen, *Komm Schöpfer Geist! Predigten*, München 1924.

Bei den Reihenpredigten über 2.Kor. 1–7 enthält das Manuskript jeweils Barths eigene Übersetzung des Textes. Bei den zehn Spruchpredigten des Jahres hat Barth den Bibeltext in lateinischer Schrift über die Predigt geschrieben. Bei den 14 übrigen Predigten hat der Herausgeber den Text in [ ] hinzugefügt, und zwar in der Fasssung der Lutherbibel von 1912.

Bei den meisten Predigten hat Barth auf S. 1 des Manuskripts rechts oben die Liednummern für den Gottesdienst eingetragen. Es handelt sich um das Gesangbuch für die Evangelisch-reformirte Kirche der deutschen Schweiz, Basel 1891 (GERS). Wir teilen nach der Predigt die Lieder mit und fügen die Liednummern des Gesangbuchs der Evangelisch-reformierten Kirchen der deutschsprachigen Schweiz, Basel/Zürich 1998 (RG [1998]) und des (deutschen) Evangelischen Gesangbuchs von 1992f. (EG) hinzu. Finden sich die Lieder hier nicht, geben wir nach Möglichkeit eine andere Quelle an.

Der Erschließung des Buches für den Leser dienen die Register. Dort werden nachgewiesen: 1. Bibelstellen, 2. Namen, 3. Begriffe.

3) Dank des Herausgebers

Dieses Buch entstand in enger Zusammenarbeit mit dem Herausgeber der Karl Barth-Gesamtausgabe und Archivar des Karl Barth-Archivs in Basel, Dr. *Hans-Anton Drewes.* Ihm gilt zuerst mein Dank, ebenso Pfarrer Dr. Dr. h.c. mult. *Hinrich Stoevesandt,* der in einer Reihe schwieriger Transkriptionsprobleme zu helfen wußte, ferner Pfarrer *Peter Leuenberger* (Füllinsdorf, früher Safenwil), Pfarrer i.R. *Rudolf Weber* (Zofingen), Oberstudienrat i.R. *Georg Otten* (Oldenburg) und Frau *Margrit Müller* (Basel), die mich wiederum unterstützt haben. Diesmal habe ich auch Frau *Katja Tolstaja* M.A. (Kampen) für ihre Hilfe zu danken. Zugute kam mir die Gastfreundschaft meiner Nichte *Irmgard Geiser* und ihres verstorbenen Mannes *Donatus Geiser* (Basel). Ihnen und anderen, die mir zur Seite standen, und nicht zuletzt meiner lieben Frau und unserem Sohn *Friedemann Schmidt-Mechau* danke ich von Herzen.

Oldenburg (Oldenburg), im März 2005 Hermann Schmidt

ABKÜRZUNGEN

BSLK	*Die Bekenntnisschriften der evangelisch-lutherischen Kirche,* hrsg. vom Deutschen evangelischen Kirchenausschuß, Göttingen 1930
Büchmann	G. Büchmann, *Geflügelte Worte. Der Zitatenschatz des deutschen Volkes,* vollständig neubearbeitet von G. Haupt und W. Hofmann, Berlin 1972[32]
Busch	E. Busch, *Karl Barths Lebenslauf. Nach seinen Briefen und autobiographischen Texten,* München 1975; Unveränderte Neuauflage Zürich 2005
Bw.Th. I+II	K. Barth/E. Thurneysen, *Briefwechsel,* hrsg. von E. Thurneysen (Gesamtausgabe, Abt. V), Bd. I: 1913–1921, Zürich 1973; Bd. II: 1921–1930, Zürich 1974
CChr.SL	*Corpus Christianorum. Series Latina,* Turnhout 1954ff.
Christl. Dogmatik	K. Barth, *Die christliche Dogmatik im Entwurf,* 1. Bd., hrsg. von G. Sauter (Gesamtausgabe, Abt. II), Zürich 1982
CW	Die Christliche Welt, gegr. 1868
EG	(Deutsches) *Evangelisches Gesangbuch* (eingeführt ab 1992)
EKG	(Deutsches) *Evangelisches Kirchengesangbuch* (eingeführt 1950)
FEG (1907)	*Frankfurter Evangelisches Gesangbuch,* Frankfurt/M. 1907
GERS	*Gesangbuch für die evangelisch-reformirte Kirche der deutschen Schweiz* (eingeführt 1891)
GERS (1952)	*Gesangbuch der evangelisch-reformierten Kirchen der deutschsprachigen Schweiz* (eingeführt 1952)
Komm Schöpfer Geist!	K. Barth/E. Thurneysen, *Komm Schöpfer Geist! Predigten,* München 1924
Konfirmandenunterricht 1909–1921	K. Barth, *Konfirmandenunterricht 1909–1921,* hrsg. von J. Fangmeier (Gesamtausgabe, Abt. I), Zürich 1987

MPL	*Patrologiae cursus completus.* Accurante J.-P. Migne, Series Latina, Paris 1841ff.
Mskr.	Manuskript
Predigten 1915	K. Barth, *Predigten 1915,* hrsg. von H. Schmidt (Gesamtausgabe, Abt. I), Zürich 1996
Predigten 1916	K. Barth, *Predigten 1916,* hrsg. von H. Schmidt (Gesamtausgabe, Abt. I), Zürich 1998
Predigten 1917	K. Barth, *Predigten 1917,* hrsg. von H. Schmidt (Gesamtausgabe, Abt. I), Zürich 1999
Predigten 1919	K. Barth, *Predigten 1919,* hrsg. von H. Schmidt (Gesamtausgabe, Abt. I), Zürich 2003
Predigten 1921	K. Barth, *Predigten 1921,* hrsg. von H. Schmidt (Gesamtausgabe, Abt. I), voraussichtlich Zürich 2006
Reichs-Lieder	*Reichs-Lieder. Deutsches Gemeinschafts-Liederbuch,* Neumünster 1953
RG (1998)	*Gesangbuch der Evangelisch-reformierten Kirchen der deutschsprachigen Schweiz* (eingeführt 1998)
RGG	*Die Religion in Geschichte und Gegenwart,* Tübingen 1909–1913, 1927–1932², 1956–1965³
Römerbrief 1	K. Barth, *Der Römerbrief (Erste Fassung) 1919,* hrsg. von H. Schmidt (Gesamtausgabe, Abt. II), Zürich 1985
Römerbrief 2	K. Barth, *Der Römerbrief. Zweite Auflage in neuer Bearbeitung,* München 1922
ThB	Theologische Bücherei
Vortr. u. kl. A. 1909–1914	K. Barth, *Vorträge und kleinere Arbeiten 1909–1914,* in Verbindung mit H. Helms und Fr.-W. Marquardt hrsg. von H.-A. Drewes und H. Stoevesandt (Gesamtausgabe, Abt. III), Zürich 1993
WA	M. Luther, *Werke. Kritische Gesamtausgabe,* Weimar 1883ff.

PREDIGTEN 1920

Jeremia 31,31–34

[Siehe, es kommt die Zeit, spricht der Herr, da will ich mit dem Hause Israel und mit dem Hause Juda einen neuen Bund machen; nicht, wie der Bund gewesen ist, den ich mit ihren Vätern machte, da ich sie bei der Hand nahm, daß ich sie aus Ägyptenland führte, welchen Bund sie nicht gehalten haben, und ich sie zwingen mußte, spricht der Herr; sondern das soll der Bund sein, den ich mit dem Hause Israel machen will nach dieser Zeit, spricht der Herr: Ich will mein Gesetz in ihr Herz geben und in ihren Sinn schreiben; und sie sollen mein Volk sein, so will ich ihr Gott sein; und wird keiner den andern noch ein Bruder den andern lehren und sagen: «Erkenne den Herrn», sondern sie sollen mich alle kennen, beide, klein und groß, spricht der Herr. Denn ich will ihnen ihre Missetat vergeben und ihrer Sünde nimmermehr gedenken.]

1. Siehe, *es kommt die Zeit,* spricht der Herr! Wenn wir das nachsprechen könnten an unserem Neujahrstag! *Nicht die Zeit,* von der die Uhr spricht, die zwölf Uhr schlägt. Nicht die Zeit, von der der Kalender spricht, der den 1. Januar anzeigt. Sondern die Zeit, von der der Herr spricht. Nicht die Zeit, die kommen soll nach den Wünschen und Vermutungen der Menschen, den klugen und den phantastischen, sondern die Zeit, von der der Herr spricht, daß sie kommen soll. Nicht die Zeit, die unser Herz erhofft oder befürchtet, sondern die Zeit, die der Herr verkündigt in seinem lebendigen Wort. Ach, *wir warten ja alle* auf eine neue Zeit. Wir würden alle so gerne: [ein] neues Jahr feiern, einen neuen Anfang machen, ein neues Wesen begründen und eröffnen, in einen neuen Zustand unseres Lebens und der Welt hineingehen. Wir wissen alle *soviel Altes,* das wir gerne zurücklassen, wirklich einmal alt sein lassen würden. Wir würden so gerne *hier Abschied* nehmen, um dort zu grüßen und begrüßt zu werden, hier uns scheiden, um uns dort zu verbinden, hier bei Seite legen, um dort neu und anders aufzunehmen. Aber das Neue, nach dem wir uns sehnen, kommt *durch keine Veränderungen,* die wir vornehmen und erleben [?] könnten. Und so kommt das Neue auch *nicht mit den neuen Jahren,* weder in unserer Lebensgeschichte noch in der Weltgeschichte. Das Neue kommt *nicht in unseren Zeiten,* es kam in den vergangenen Zeiten nicht, und es wird auch in den zukünftigen nicht kommen. Das Neue kommt, indem *die Zeit* kommt, von der der Herr spricht. Die neue Zeit ist ganz und gar *seine* Zeit. Das neue Jahr, das wir feiern möchten, ist nicht das Jahr 1920, sondern das *Gnadenjahr des Herrn.* Das neue Jahr, dessen wir warten, ist gar nicht Zeit, sondern *Ewigkeit.* O daß Gott zu uns sprechen könnte *von seiner Zeit!*

2. Die Zeit, von der Gott mit uns spricht und sprechen will, ist die *Zeit des neuen Bundes.* Das ist unsere Not und Hoffnung, daß die Zeit, in der wir leben, die Zeit, die an uns vorbeieilt oder durch die wir hindurcheilen, wohl auch eine Gotteszeit ist, aber eine Zeit des alten Bundes. Es ist so viel *von uns gefordert,* so wunderbar viel, möchte ich sagen, denn je größer der Ernst wird, mit dem das Leben an uns herantritt, umso bedeutungsvoller wird doch unser Dasein, aber warum tun wir nur so wenig von dem, was wir als notwendig erkennen? Es ist uns *so viel gegeben,* unser tägliches Leben ist so voll von reichen Wahrheitsmöglichkeiten, Freudenmöglichkeiten, Liebesmöglichkeiten, warum gehen wir so merkwürdig unberührt und arm durch dieses Leben hin? Es ist uns *so viel verheißen,* es ist ja herrlich und auch wieder jämmerlich zu sehen, wie große Gedanken und Hoffnungen die Menschen eigentlich zu allen Zeiten in sich bewegt haben, weil sie mit Gott so unzertrennlich verbunden waren, warum nur waren alle Zeiten so arm an Erfüllung? *Gott ist so gegenwärtig,* aber warum nur immer wieder so fern, so unsichtbar, so unreell für uns, warum kann nur immer wieder der Gedanke auftauchen, als ob auch das Göttliche eben nur Gedanke sei? *Gibt es denn etwas Anderes* als dieses *Hoffen* und Sehnen und Warten in der Unvollkommenheit nach dem Vollkommenen?, möchten wir fragen. Gibt es etwas Anderes als die *Unruhe,* die Unsicherheit, die Zerrissenheit, die Gott uns jetzt bereitet? Gibt es einen *neuen Bund?*|

Aber schon indem wir so fragen, sehen wir ja, daß wir die *Frage umkehren müssen*: Gäbe es denn ein *Unvollkommenes* ohne ein Vollkommenes? Gäbe es eine *Unruhe,* wenn nicht eine Ruhe wäre, eine *Unsicherheit* ohne Gewißheit, eine *Zerrissenheit* ohne Einheit? Gäbe es einen *alten Bund* ohne den neuen? Warum können wir uns nicht *vergessen*[?]? warum können wir uns nicht damit zufrieden geben, *unsere Jahre* zuzubringen wie ein Geschwätz [Ps. 90,9]? Warum können wir nicht untergehen als *besinnungsloses Tröpflein* im großen

Strom der Weltzeit? Warum müssen wir *immer denken* an das Andere, das Unerreichbare, Unfaßbare, an das Land, nach dem keine Brücke führt? Warum müssen wir es immer *entbehren,* immer suchen, immer danach fragen? Warum können wir nicht ein für allemal einen *Vertrag abschließen mit uns selbst* und untereinander, des Inhalts, daß es jetzt und hier nichts Anderes gebe als eine unüberwindliche Not und eine unerfüllbare Hoffnung und daß es damit sein Bewenden haben müsse? Warum können wir uns *nicht gewöhnen* an den Gedanken, daß Gott nun einmal hoch, geistig, unsichtbar und fern sei? *Warum klingt* auch in unseren unbeholfensten und oberflächlichsten Neujahrswünschen von Glück, Segen und Gesundheit noch so etwas Merkwürdiges mit, was in allen diesen Worten nicht enthalten und doch enthalten ist? Wünschen wir heute nicht uns selbst und den Anderen noch etwas ganz Anderes als das, was wir uns wünschen? Können wir uns denn *irgend etwas Gutes* denken, das nicht ein offenes Fenster hätte gegen die Ewigkeit? Können wir es etwa *verhindern,* daß die Ewigkeit hineinsieht, hineinleuchtet, hineinredet in unsere Gedanken, in unsere Gespräche, in unsere Bücher und Zeitungen, die wir lesen? Ist's nicht überall, aller Unvollkommenheit unseres Daseins zum Trotz, allen unseren Theorien und Meinungen über Himmel und Erde zum Hohn, *das Vollkommene,* das in dieses unser Dasein hineinragt, nicht nur hineinragt, sondern hineinbrechen will? Sehen wir's nicht zum Greifen deutlich, wie unseren Ansichten, unseren Absichten, unseren Unternehmungen, unseren Verhältnissen zueinander, unserem inneren Zustand überall eine letzte Spitze, ein *Schlußstein am Gewölbe fehlt,* und gerade auf diese fehlende Stelle müssen wir nun immer wieder hinsehen, von dort her wird uns in unbegreiflicher Weise das Ziel angegeben, von dort her, gerade von dort her, wo uns etwas fehlt, wo wir nichts mehr sagen, nichts mehr tun können, gerade von dort her kommt uns das bißchen Licht und Kraft zu, die wir allenfalls haben! Wissen wir's etwa nicht oder können wir uns nicht alle sofort dessen bewußt werden, daß gerade jene leere Stelle, jener rätselhafte Ort, den man nur beschreiben kann mit den Worten: es fehlt etwas!, *die Quelle, der Ursprung,* der Antrieb, die Leitung ist in unserem Leben? Soll ich euch etwa davon erzählen, was diese leere Stelle für eine *Bedeutung gehabt hat im Leben* der großen Denker und Künstler, wie sie von dort aus, von dort aus, wo der Mensch einfach am

Boden liegt und nichts mehr weiß und nichts mehr kann, das gerade sind, was sie waren, das geleistet haben, was sie leisteten? Soll ich euch daran erinnern, daß *in eurem eigenen Leben euer Bestes* nicht eure Rechtschaffenheit ist, nicht euer Fleiß, nicht euer Glaube, sondern eure Angst, euer Schmerz, euer schlechtes Gewissen, euer Zweifel, nicht die Stelle, wo ihr euch einer menschlichen Vollkommenheit rühmen könnt, sondern die Stelle, wo die göttliche Vollkommenheit eure Unvollkommenheit berührt und euch gewahr werden läßt, daß wir Kinder Gottes sind, es ist aber noch nicht erschienen, was wir sein werden [1. Joh. 3,2].|

Seht, so *kündigt sich der neue Bund* an mitten im alten. *So spricht der Herr* mit uns von der Zeit, die kommt, mitten in unseren Zeiten. Es ist kein alter Bund ohne den neuen. *Abraham,* der ein Fremdling wurde in der Philister Lande [vgl. Hebr. 11,9], ist nicht möglich ohne Christus. *Mose* mit seinem furchtbaren «Du sollst» [vgl. Ex. 20,2–12 par.] ist nicht möglich ohne Christus. *Elias,* der die Baalspfaffen schlachtet [1. Kön. 18,40], und Elias in seiner Verzweiflung unter dem Ginsterstrauch [1. Kön. 19,4] ist nicht möglich ohne Christus. *Jeremia* in seinem Jammer um Jerusalem [vgl. Klagel. 1–5] ist nicht möglich ohne Christus. Der *Prediger Salomo* mit seiner Klage um die Eitelkeit des Lebens [vgl. Pred. 1,1 u. ö.] ist nicht möglich ohne Christus. Und so sind *auch wir* in unserem Zustand nicht möglich ohne Christus. Wir würden *nicht seufzen,* wenn wir nicht von Erhörung wüßten. Wir würden *nicht streiten,* wenn wir nicht den Frieden erkannt hätten. Wir würden *nicht Nein sagen* anders denn aus dem Ja heraus. Wir würden *nicht irren,* wenn keine Wahrheit wäre, *nicht klagen,* wenn keine Gerechtigkeit wäre, nicht *zweifeln,* wenn Gott nicht wäre. Daß wir's uns doch bewußt würden: In dem, was uns fehlt, kündigt sich an, was wir brauchen. *Im alten Jahr 1920* spricht Gott mit uns vom neuen Jahr der Gnade. Mitten *in unserem Alten Testament* – und ich meine jetzt nicht nur das Alte Testament in der Bibel, sondern das Alte Testament unseres Lebens, unserer heutigen Welt – steht groß und sichtbar die Verkündigung des Neuen. *Werden wir hören?* Werden wir sehen? Werden wir es wagen, mit der alten Väter Schar[1] über die Jahrtausende hinweg Zeitgenossen des Heilands zu werden?

3.[2] Die Zeit, von der Gott mit uns spricht, ist *Freiheitszeit.* Es ist nicht wahr, daß die Güte, der Glaube, die Liebe uns fremd seien. Gottes Gebote sind in uns. Wir müssen uns selber verstehen: was wir sind, was Gott ist. Jetzt noch nicht. Nicht vorausnehmen durch Übermut und Sicherheit [?]. Aber es kommt. In Christus ist's angebrochen. Hinüber sehen!

Friedenszeit. Es ist nicht möglich, daß man einander immer widerspricht zu der gleichen Sache. Daraus der Streit: unsere getrennten Gerechtigkeiten. Gottes Recht ist um uns. Wir müssen nur Gott erkennen, dann hört das Klein und Groß auf. Jetzt noch nicht. Nicht vorausnehmen durch Einseitigkeit oder Friedensduselei. Aber es kommt. Auch da hinüber sehen.

Dann *Vergebungszeit.* Der Mensch unmittelbar von Gott verstanden. Etwas Anderes als Sünde, Welt, Tod. Gott selbst. Unserem Nicht! stellt er das seinige entgegen. Davon leben wir. Nicht vorausnehmen, nicht anwenden [?]. Darauf hinsehen. Von dort aus sehen.

4. Es kommt die Zeit. Hier die Sicherheit, die Freudigkeit, die Klarheit. Die jetzt fehlen. Das ist zu nehmen. Und damit nehmen wir Alles. Das Jahr der Gnade *kann* anbrechen.

Lieder:
Nr. 67 «Nun laßt uns gehn und treten» von P. Gerhardt, Strophen 1–5 (RG [1998] 548,1.2.4.5.7; EG 58,1.2.4.5.7)
Nr. 190 «Walte, walte nah und fern» von J. Fr. Bahnmaier, Strophen 1.5–7 (RG [1998] 257,1.5–7 mit geringen Textabweichungen)

[1] Vgl. Lied Nr. 86 «Gott sei Dank in aller Welt» von H. Held, Strophe 2:
Was der alten Väter Schar
Höchster Wunsch und Sehnen war...
(RG [1998] 369; EG 12).

[2] Wie auch die Änderung in der Schrift und in der Anordnung des Textes im Manuskript zeigt, sind die Teile 3 und 4 als Skizze zu verstehen, die Barth auf der Kanzel breiter ausführte.

Sprüche 3,26

[Der Herr ist dein Trotz, der behütet deinen Fuß, daß er nicht gefangen werde.]

1. Um dieses Wort zu begreifen, müssen wir *vor Allem sehen,* mit Augen sehen wie auf einem Bilde, wie das gemeint ist: den Wanderer sehen, der da über Land zieht. Er *hat ein Ziel,* er kennt den Weg dazu, er hat die Kraft und den Mut, diesen Weg zu gehen, er hat sich aufgemacht, und nun ist er auf der Fahrt. Der Wanderer, dessen Fuß nicht gefangen wird! Und nun kommt ihm *das ganze Land entgegen:* Berge und Ebenen, Schluchten und Flüsse, Dörfer und Einöden, die Tiere und Menschen, die da wohnen! Ist es nicht, als ob er eine Zauberkraft in sich hätte, so ein wandernder, so ein bewegter Mensch? Indem er sich bewegt, muß sich ja Alles zu ihm hin bewegen. Er ruft ihm gleichsam, er ruft dem Schönen und dem Schaurigen, den leichten, geraden Wegen und den Hindernissen, die sich ihm in den Weg stellen, den Freunden und den Feinden, er ruft und sie kommen, aus weiter Ferne immer näher, bis sie zu seinen Füßen liegen. Er kommt zu ihnen, so kommen sie zu ihm. Und sie *alle wollen ihn halten,* ihn einladen, das Wandern aufzugeben, bei ihnen zu sein, vor ihnen stehen zu bleiben, mit finsterer Drohung die Einen, mit freundlicher Lockung die Anderen. Sieh mich doch an!, sagen alle Dinge zu ihm, gefalle ich dir nicht? würde es sich nicht lohnen zu verweilen? Kannst du mich schon wieder verlassen? Wagst du es, an mir vorbei, über mich hinweg zu schreiten? Hat es einen Sinn, deinem Ziel und deinem Weg treu zu bleiben, wenn ich, ich da bin? Hast du mir nur dazu gerufen, um mich alsbald wieder wegzuschicken? *Der Fuß des Wanderers* aber, der sein Ziel hat und seinen Weg weiß und der diesen Weg gehen kann und will, er wird nicht gefangen. Die Berge sind ihm nicht zu hoch und die Täler nicht zu tief, der Wald ist ihm nicht zu dunkel und das Gestrüpp nicht zu dicht. Die schöne Aussicht, an der er vorbei kommt, ist ihm nicht weit genug und die Regenwolke, in die er hinein muß [?], nicht dunkel genug. Die Hunde, die ihn anbellen, können ihm nicht genug Angst einflößen, und die Menschen, denen er begegnet, werden ihm nicht bekannt und lieb genug. *Es genügt Alles nicht,* weder das Böse noch das Gute, weder Glück noch Unglück, es genügt nicht, um seinem Wandern ein Ende, seinen Wegen das Ziel zu setzen. Es hat nicht Kraft genug dazu. Die Kraft seines Fußes und die Einsicht, die diese Kraft bewegt, ist immer noch größer. Er selbst setzt sich das Ziel und läßt es sich nicht setzen. Er ruft den Dingen, aber in der Tat nur, um sie alsbald wieder zu entlassen. Sie kommen zu ihm, aber er bleibt *ihnen* nicht treu. Er braucht sie, aber nur um seines Zieles willen. Wenn sie *ihm* wehren wollen, mit wüstem Gebrüll die Einen, mit lieblichen Gesängen die Anderen, so hört er sie wohl, aber er gehorcht nicht. Nur eine Stimme darf *ihn* rufen, nur einer Stimme darf er gehorsam sein, der Stimme vom Ziel, die die Stimme seiner eigenen Einsicht ist. Der Herr ist dein Trotz, der behütet deinen Fuß, daß er nicht gefangen werde!

2. Nicht wahr, wir möchten mit, wir wollen mit. Das ist ja das Andere, Nötige, zum Begreifen dieses Wortes, daß wir's hören: Der Herr ist *dein* Trotz, der behütet *deinen* Fuß! *Du* bist gemeint! Ich bin der Wanderer. Mitten hineingestanden in das Bild, daß es kein Bild mehr ist, sondern das Leben, *unser eigenes Leben.* Ja, das ist's doch: unser eigenes Leben, vielleicht noch nicht unser klares, bewußtes Leben, vielleicht auch nicht unser ganzes Leben, aber doch schon unser eigenes Leben, das Leben, nach dem wir uns sehnen, an das wir glauben, in dem wir zu Hause sind, unser eigentliches, wesentliches Leben: der wandernde, der bewegte Mensch. Sehen, hören, erleben, erkennen, leiden, ausrichten, traurig und fröhlich sein, Ja und Nein sagen, kämpfen und Frieden schließen, fallen und wieder aufstehen, sündigen und Gutes tun, glauben und nicht glauben, im Himmel und in der Hölle sein, leben und sterben und doch in *dem allem nicht sein* und bleiben, sondern *durch das alles hindurch* ziehen und wandern. Nirgends *stehen,* weil wir nur gehen können. Nirgends *treu sein,* weil wir nur dem Ziele treu sein können, nirgends *verharren,* weil wir nur in der Bewegung verharren können. Immer *ein Links und ein Rechts* haben, viel Gutes, was hoffentlich möglich, möglich leider auch viel Böses, aber immer mitten hindurchgehen, ohne länger zu verweilen zur Linken und zur Rechten, als wir nötig haben, um daran vorbeizukommen, *allem rufen dürfen,* wie der Wanderer den Bergen und Tälern ruft, ein ganzer Mensch sein, dem nichts Menschliches fremd bleibt[1], aber doch nur darum, weil wir selber einen Ruf gehört und über den Menschen und das Menschliche hinauskommen müssen. *Ein Ziel haben* und *darum* einen Weg haben. *Einen Sinn des Lebens* kennen und um dieses Sinnes willen und in diesem Sinne leben. «Daß dein Fuß nicht gefangen werde!» Nicht wahr, das ist's, das sind wir.|

Oder wir wollen vorsichtiger sagen: *das wäre es,* das wären wir; wenn wir das Bild des Wanderers, der über Land zieht, mit Augen sehen, wenn wir mitten in dieses Bild hineinstehen würden, wenn offen und klar hervortreten würde, was wir eigentlich sind. Das wäre es z. B., daß wir es ertragen könnten, *von den Menschen gelobt zu werden,* ohne daß wir uns dadurch bestärken in dem, was gerade schwach werden und zurücktreten sollte in unserem Wesen; denn die Menschen loben gewöhnlich das an uns, was ihnen paßt, was aber eigentlich nicht zu uns paßt. Das Lob hören und dann doch den Mut haben, ganz anders zu werden als die, die uns loben, uns haben möchten, ihnen sofort wieder untreu zu werden aus Treue gegen unser Ziel, daß dein Fuß nicht gefangen werde! Das wäre es, daß wir *Feinde und Gegner haben* könnten, ohne daß wir ihnen gleich würden, ohne daß wir ihnen mit ihren Waffen begegnen müßten. Das Gefährliche an unseren kleinen und großen Feinden besteht nicht darin, daß sie uns widerstehen, täten sie das nicht, so wären sie eben keine Feinde, sondern darin, daß sie uns mit ihrer Art bestimmen und anstecken, daß sie uns verleiten, am einen Ende des gleichen Seils zu ziehen, dessen anderes Ende sie in der Hand halten. Also Feinde haben, gleichgültige, mißtrauische, aufsässige Gegenfüßler, aber ihnen gerade den Widerstand nicht leisten, den sie von uns erwarten, auf daß dein Fuß nicht gefangen werde! Das wäre es, daß wir *Erfolge erreichen* könnten, gute Gedanken denken, tüchtige Leistungen vollbringen, Wirkung und Einfluß und Achtung uns erobern und uns dessen freuen und doch nie zufrieden, keinen Augenblick uns selbst genießen würden. Der Erfolg hat es an sich, daß er uns in eine behagliche Stimmung versetzt, über der wir das Wandern vergessen. Wir wollen dann Erfolg haben und bekommen ihn vielleicht auch, aber das Ziel sehen wir nicht mehr. Es ist darum jeder Mensch selig zu preisen, der keinen oder wenig Erfolg hat. Wir sollten aber Erfolg haben und ihn sofort wieder vergessen

[1] Vgl. Büchmann, S. 524f.

und verleugnen können, weil wir die Bewegung, in der wir sind, nicht verleugnen können. Das wäre es, daß wir *älter und erfahrener werden* könnten, ohne doch aufzuhören, reine Kinder zu sein, ohne doch über der Erfahrung unsere Erkenntnis zu verraten, ohne doch zu vergessen, was wir alle erst wie Joseph von dem königlichen Beruf unseres Lebens geträumt haben [vgl. Gen. 37,5–9]. Erfahrung ohne Erkenntnis ist ein schreckliches Übel. Erfahrung allein heißt das Kleine des Lebens kennen lernen auf Kosten des Großen, das in uns ist. Erfahrung allein heißt sich an das Dunkel der Welt gewöhnen und die Augen für das kommende Licht verlieren. Erfahrung allein heißt die Einzelheiten anstarren und keinen Zusammenhang mehr haben. Alter allein heißt Mangel an Größe, Mangel an Licht, Mangel an Zusammenhang. Wir könnten aber alt und erfahren werden und uns immer besser darin üben, das, was wir sehen, preiszugeben, zu verraten, weil wir das, was wir erkannt haben, nicht verraten dürfen, auf daß dein Fuß nicht gefangen werde.|

Das wäre es, daß wir *fromm würden,* unserer Seele Heil und die Interessen des Reiches Gottes bedenken lernen könnten, ohne damit Pharisäer zu werden, keine Glaubenskünstler, keine Vorzugskinder der Liebe Gottes, ganz frei und offen bleiben nach allen Seiten wie die ersten besten Weltkinder, ja mehr als sie, niemand ausschließen, Alle einschließen, die Welt nicht verdammen, sondern für die Welt glauben mit dem Fünklein von Glauben, das uns geschenkt ist[2]. Das wär's! Frömmigkeit ist vielleicht das schlimmste, was uns zum Hindernis auf unserer Wanderung werden kann, eben darum, weil sie etwas vom Schönsten ist, was uns begegnen kann. Sie liegt zur Rechten unseres Weges, wie andere Dinge zur Linken liegen. Wir sollten aber fromm werden und doch mitten hindurch gehen, doch uns erinnern, daß auch hier der Weg nicht das Ziel ist, auf daß dein Fuß nicht gefangen werde. Und weiter: Das wäre es, wenn wir *unserer Familie, unserem Beruf leben,* in Vereinen und Parteien stehen und mitarbeiten könnten, ohne damit zu Götzendienern zu werden, ohne zu vergessen, daß auch das Wichtigste nicht ganz wichtig werden kann, ohne zu Menschen zu

[2] Den aus der Mystik stammenden Gedanken vom Gottesfunken in der Seele hat Barth in seinen Predigten mehrfach aufgenommen; vgl. Predigten 1915, S. 136, Anm. 5; S. 557 (Stichwort im Register: Gottesfunke).

werden, die vor lauter Eifer und Ernst und Sachlichkeit gar nicht wissen, wozu sie das tun, was sie tun. Das wäre es, wenn wir *sündigen und fallen* könnten, ohne doch aus der Vergebung herauszufallen, nie ohne die Beweglichkeit und Kraft, wieder aufzustehen, nie ohne die Erkenntnis Gottes, in der die Beharrlichkeit der Sünde aufgehoben und zerbrochen wird. Das wäre es, wenn wir *uns selbst* betrachten und erkennen könnten, ohne doch uns selbst zu bewundern oder zu verachten, immer nur in der Absicht, uns selbst zu überwinden, uns selbst gleichsam loszuwerden. Das wäre es, wenn wir *leiden und uns plagen,* seufzen und verzweifeln könnten, denn es muß manchmal auch das sein, und in der Verzweiflung doch nicht verzweifeln, in der Tiefe doch nicht versinken, in der Gottlosigkeit doch nicht von Gott los werden, in einer letzten Freiheit immer wieder das Blatt zu wenden und zu sagen: Ich danke dir, daß du mich demütigst und hilfst mir [Ps. 118,21[3]]! Ja eben, das wär's, *diese letzte Freiheit,* das Blatt zu wenden im Guten wie im Bösen, im Unglück und im Glück, auf den Höhen wie in den Tiefen, in Kraft wie Unkraft, zu wenden, wie man eben die Blätter eines Buches wendet, um weiterzukommen, weiter, auch wenn man eben das Schönste gelesen hätte. Das wär's, dieses Weiterkommen, an den Dingen vorbei, über sie hinweg, über sie hinaus kommen, daß dein Fuß nicht gefangen werde. So *wie die Dinge an dich heran*kommen, indem du deinen Weg gehst durch dein Leben, durch die Zeiten, durch die Welt! Sieh, wie du ihnen rufst, wie du sie wählst, wie du selbst, indem du vorwärts schreitest, Alles schaffst, dein Gutes und dein Böses, dein Heil und dein Unheil, deinen Segen und deinen Fluch. Es muß ja Alles so sein. Du darfst dich *freuen,* und es ist recht, wenn du auch weinen mußt. Du sollst deine *Pflicht tun,* und es kann nicht anders sein, als daß du täglich auch tust, was dich nachher reut. Du darfst *triumphieren* und du mußt unterliegen. Du bist bestimmt zum *Leben,* und es ist dir gesetzt, einmal zu sterben [vgl. Hebr. 9,27]. Aber daß doch nur dein Fuß nicht gefangen werde. Dein Fuß, der dich in Alles hinein, aber auch durch Alles hindurch trägt, ist das Lebendige an dir. Der Wanderer, der *überall* vorbeikommt, aber auch überall nur *vorbei*kommt, *der Wanderer,* der eilen

[3] Diesen Vers hatte Barth in der Predigt vom 25. Dezember 1919 ausgelegt (vgl. Predigten 1919, S. 437–441).

muß, immer eilen, weil er weiter muß, immer weiter, der im Eilen wartet und im Warten eilt[4], nicht wahr, *das bist du,* nicht wahr, du weißt es, du erinnerst dich, du erkennst im Bilde dich selbst, du bist im Bilde mitten drin? Das ist dein Leben!

3. *Wie kommt es nur,* daß wir vorsichtshalber immer zurückhalten und ein wenig unbestimmt sagen müssen: das wäre es, das wäre ich, das wäre mein Leben? Warum nicht einfach und klar: es ist und ich bin! Es tönt so wunderbar: Frei seinen Weg gehen! Wer wollte nicht mit? Aber das können wir *nicht nur so sagen*: ich gehe frei meinen Weg!, und das können wir uns *nicht nur so vornehmen,* da mitzukommen. Daraus läßt sich *keine Moral,* keine Tugend, keine Lebenskunst machen, das kann man nicht predigen und lernen und nachahmen. Um *diesen Weg* zu gehen, müssen wir auf dem Weg sein. Und um auf dem Weg zu sein, müssen wir ihn finden. Und um ihn zu finden, müssen wir ihn suchen. Und um ihn zu suchen, müssen wir vom Ziel her die Stimme gehört haben, die uns ruft. *Der Weg ist Gottes Weg.* Es gibt Lebenswege und Weltwege, die sind *zugleich auch* Gotteswege, und da heißt es dann in der Tat nicht: es wäre!, sondern: es ist. Solcher Art waren die Wege der *biblischen Menschen.* Das Merkwürdige an diesen Menschen, das Seltsame an den Propheten und Aposteln, was auch Solchen auffallen muß, die für das Göttliche keinen Sinn haben, ist die ganz auffallende *Unabhängigkeit,* in der sie ihren Weg gehen, *einsam,* aber sicher, wie von Heerscharen umgeben [vgl. 2. Kön. 6,16f.] – *verschwindend* in der Masse von Tausenden und doch etwas ganz Eigenes, Hervorstechendes – *sündigend,* aber immer wieder sich erhebend – *gerecht* und doch inmitten der Ungerechten – durch *Ehre* und Schande, durch *böse* und gute Gerüchte, als die *Verführer* und doch wahrhaftig, als die *Unbekannten* und doch bekannt,

[4] Siehe 2. Petr. 3,12. Vgl. K. Barth, *Vergangenheit und Zukunft. Friedrich Naumann und Christoph Blumhardt,* in: Neuer freier Aargauer, Jg. 14 (1919), Nr. 204 und 205, 3. und 4.9.1919, wieder abgedruckt in: *Anfänge der dialektischen Theologie,* Teil I, hrsg. von J. Moltmann (ThB 17/I), München 1962, S. 37–49, dort S. 48: «Blumhardts Geheimnis war seine immerwährende Bewegung zwischen Eilen und Warten, zwischen dem frischen Zugreifen mitten hinein in die Fülle dessen, was *ist,* und dem staunenden innerlichen Lauschen auf das, was *werden* will durch die Kraft aus der Höhe.»

als die *Sterbenden* und siehe, wir leben, als die *Gezüchtigten* und doch nicht ertötet, als die *Traurigen* und doch allezeit fröhlich, als die *Armen,* aber die doch Viele reich machen, als die *nichts innehaben* und doch Alles haben [2. Kor. 6,8–10]. So sind auch *unsere Wege* teilweise und stundenweise Gotteswege, und da heißt es dann auch bei uns nicht: es wäre!, sondern: es ist! Wir sind ja des Herrn, und die Erde ist des Herrn und was darinnen ist [Ps. 24,1]. Wie sollte es da anders möglich sein, als daß da und dort auf unseren Wegen etwas aufleuchtet von der Herrlichkeit der Wege des Herrn.|

Aber *Gott ist nicht selbstverständlich.* Und unsere Wege sind nicht selbstverständlich und ein für allemal Gottes Wege. Wir *reden immer noch zu viel* von Gott. Wir *beziehen* das Göttliche viel zu schnell und zu leichtfertig auf uns selbst und unser Leben. Wir *tun viel zu sicher,* als ob wir von Gott etwas wüßten, als ob wir Gott hätten. Ich kann die meisten *Lieder unseres Gesangbuches* nur noch mit Zorn lesen, mit Zorn darüber, wie unerträglich leichtsinnig[5] da die Voraussetzung gemacht wird, unsere Wege seien Gottes Wege. Ich habe aus dem gleichen Grunde *ein Grauen* vor den allermeisten sogenannten christlichen Büchern und Schriften. Das ist nicht Gott, das ist ein Abgott, der da verherrlicht wird. Ich kenne ernste, aufrichtige Menschen, die bei Allem, was sie reden und schreiben, die größte Sorgfalt darauf verwenden, das *Wort Gott zu vermeiden,* weil es so verbraucht und entweiht ist, weil man mit einigem Grund nicht mehr ernst genommen wird, wenn man dies Wort in den Mund nimmt. *Gott ist diskreditiert,* außer Achtung und Wert gesetzt, solange wir Gottes Wege von unseren Wegen nicht scharf unterscheiden, solange wir nicht merken, daß Gott nicht selbstverständlich ist. *Es ist ein Ereignis,* es ist eine Wendung, es ist eine Geschichte, es ist etwas Neues, wenn unsere Wege zugleich Gottes Wege sind, wenn auf unseren Wegen wahr wird, was nur auf den Wegen Gottes wahr werden kann. Wir können *auch nicht einfach darum bitten,* daß das geschehe. Wir müssen um *Gott selbst bitten,* damit es geschehen kann. Wir können nicht um die Freiheit und Unabhängigkeit der Gottesmenschen bitten. Wir müssen *darum bitten, Gottesmenschen* zu werden. Wir können uns *nichts nehmen,* das uns nicht gegeben werden kann [vgl. Joh. 3,27]. Gott gibt

[5] Mskr.: «leichtsinnig, leichtsinnig»; korr. vom Hrsg.

seine Freiheit denen, die eine *Freiheit für ihn* haben. Gott ruft denen, die nach *ihm rufen.* Gott läßt die finden, die ihn suchen [vgl. Mt. 7,7f. par.]. Das ist nicht selbstverständlich. Das ist nicht ein für allemal getan. Das ist kein Bekehrungserlebnis, sondern eine *Lebensnot und Lebenshoffnung.* Das geht uns immer gegen den Strich. Denn das heißt *Demut.* Das heißt: Er muß wachsen, ich aber muß *abnehmen* [vgl. Joh. 3,30]. Das heißt: Eingehen durch die enge Pforte der Erkenntnis [vgl. Mt. 7,13 par.]. Das heißt: *Suchen, Bitten, Anklopfen* [vgl. Mt. 7,7 par.], nicht müde werden, draußen zu stehen in Furcht und Zittern.|

Nicht wahr, *das wissen wir ja.* Wir wissen ja, wie wir mit Gott dran sind: daß er *der Herr ist* und nicht wir, daß wir *nach ihm fragen* müssen und nicht allerlei von ihm sagen. Daß er *der Ewige* ist, der uns die Ewigkeit ins Herz gegeben hat [Pred. 3,11LXX]. Das ist doch unsere Not und unsere Hoffnung, ohne das könnten wir uns ja unser eigenes Leben nicht erklären, weder unser Lachen noch unser Weinen, weder unser Stehen noch unser Fallen, weder unseren Glauben noch unseren Zweifel, weder unser Leben noch unser Sterben. Es hat ja Alles seine Bedeutung vor dem, der seiner nicht spotten läßt [vgl. Gal. 6,7], der aber auch barmherzig ist, geduldig und von großer Güte [vgl. Ex. 34,6 u. ö.]. Selig sind wir, wenn wir das wissen. Dann *ruft uns die Stimme* vom Ziel her. Dann bekommt unser Dasein einen Sinn. Dann sind wir auf dem Weg. Und nun ist unsere Sache *Gottes Sache.* Nun müssen wir unseren Weg laufen und wollen es auch und können es auch. Denn nun *tritt Gott für uns ein.* Er gibt dir nicht einen Trotz, sondern er selbst, der Herr, *ist dein Trotz,* dein vorbildliches [?], unbestechliches Nein gegen alles Haltmachen und Zurückbleiben, gegen alles Verweilen und Genießen und Verfaulen. *Nein sagt Gott,* nicht du, sondern er selbst, und du wirst voll von seiner eigenen Trotzkraft und kannst durchbrechen und weiterkommen, kannst eingehen und wieder ausgehen im Tempel der Frommen und im Haus der Zöllner und Sünder. *Nein sagt Gott* und behütet deinen Fuß, er selbst ist aufmerksam, sorgfältig, behutsam. Er selbst befiehlt seinen Engeln über dir, daß du deinen Fuß nicht an einen Stein stoßest [Ps. 91,11f.], und du wirst merkig[6], gelehrig, beweglich, daß du es lernst auszuweichen,

[6] = aufmerksam.

dich zu lösen, hinter dich zu werfen. *Er macht dich frei,* so bist du frei [vgl. Joh. 8,36]. *Wie nahe ist uns das alles,* wie möglich, wie erreichbar, wie wenig Umstände brauchen wir zu machen, um Gott zu erkennen. Es braucht ja immer wieder nur das Eine, daß wir unseren Trotz aufgeben, so trotzt er für uns.[7]

[7] Zu dieser Predigt gibt es keine Liedangaben.

2. Korinther 1,1–2[1]

1 Paulus, Apostel Christi Jesu durch den Willen Gottes, und Bruder Timotheus – an die Gemeinde Gottes zu Korinth samt allen Heiligen in ganz Achaja. 2 Gnade sei mit euch und Friede von Gott, unserem Vater, und dem Herrn Jesus Christus.

3 Gelobt sei der Gott und Vater unseres Herrn Jesus Christus, der Vater der Barmherzigkeit und Gott alles Trostes, 4 der uns tröstet in unserer ganzen Bedrängnis, damit auch wir zu trösten imstande seien, die sich in allerlei Bedrängnis befinden, mit dem Trost, mit dem wir selbst getröstet werden von Gott. 5 Denn wie die Leiden Christi reichlich über uns kommen, so werden wir auch reichlich getröstet durch Christus. 6 Sind wir in Bedrängnis, so geschieht es also euch zum Trost und Heil; werden wir getröstet, so geschieht auch das euch zum Trost, der sich darin zeigt, daß ihr beharrlich werdet im Ertragen derselben Leiden, die auch wir leiden. 7 Und wir haben feste Hoffnung für euch; denn wir wissen, daß ihr wie im Leiden, so auch im Trost unsere Gefährten seid.

8 Denn wir wollen euch nicht in Unkenntnis lassen von der Bedrängnis, die uns in Asien widerfahren ist: sie kam so schwer über uns, so weit über unsere Kraft, daß wir sogar am Leben verzweifelten. 9 Wir mußten uns aber selbst das Todesurteil sprechen, damit wir unser Vertrauen nicht auf uns selbst setzten, sondern auf den Gott, der die Toten erweckt. 10 Er hat uns aus solchem Tod erlöst und wird uns erlösen; auf ihn setzen wir unsere Hoffnung, daß er uns weiter erlösen wird. 11 Dabei könnt ihr durch eure Fürbitte für uns mithelfen, daß in unserem Namen von vielen Angesichtern viel Dank geschehe für die uns widerfahrene Gnade.

1. Wer war das: der Apostel Paulus und sein Schüler Timotheus und die Leute von Korinth, an die sie ihren Brief gerichtet haben? *Etwas Besonderes,* das haben wir wohl aus den vorgelesenen Worten gleich gemerkt. «*Apostel Jesu Christi* durch den Willen Gottes» nennt sich Paulus gleich am Anfang, als seinen «*Bruder*» stellt er den Timotheus

[1] Am 5. Januar schrieb Barth an Thurneysen: «Ich hole zu einer Predigtserie über den 2. Korintherbrief aus» (Bw. Th. I, S. 364). Zu diesem «Ausholen» gehört die Übersetzung des ganzen Abschnitts 2. Kor. 1,1–11. Als Barth sich nachträglich entschloß, es bei dem Abschnitt 1 zu belassen und in dieser ersten Predigt nur Vers 1 und 2 auszulegen, setzte er die Verse 3–11, deren Auslegung an den nächsten beiden Sonntagen erfolgte, in eckige Klammern.

neben sich und als *«Gemeinde Gottes»* und «Heilige» redet er die Leute von Korinth an. So stehen diese Menschen von Anfang an in einem ganz *besonderen Licht* vor uns, in einem Geheimnis, in einer Bedeutung, in einem hohen Zusammenhang, *beide Teile,* der Schreibende und die Leser für sich und beide untereinander. Aber wir müssen dieses Besondere *am rechten Ort suchen.* Wir wollen nicht gleich denken: ja, das ist nun eben wieder *der Schleier* oder auch die Mauer, die das Leben der Menschen in der Bibel vom Leben von uns gewöhnlichen Menschen von heute trennt. Das Leben der biblischen Menschen war auch ein ganz *gewöhnliches Leben,* dem unsrigen wahrscheinlich in allen Beziehungen so ähnlich wie ein Ei dem anderen, nur daß allerdings ein Glanz darauf lag, den wir auf unserem Leben gewöhnlich nicht sehen. *Und der Glanz,* den wir dort sehen, könnte ja auf unserem gewöhnlichen Leben auch liegen und liegt tatsächlich manchmal darauf und wird auch einmal darauf liegen. *Das Geheimnis,* in das wir in der Tat sofort hineintreten, sobald wir die Bibel aufschlagen, trennt uns nicht von jenen Menschen, sondern gerade dies, ihr Geheimnis, ist es, was uns am stärksten mit ihnen verbindet. *Ihre Sprache, ihre Art,* ihr Anschauungen und Gewohnheiten im gewöhnlichen Leben würden wir wahrscheinlich, wenn wir sie jetzt lebendig vor uns hätten, gar nicht verstehen. Aber *gerade das Besondere,* Göttliche an ihnen, das uns in der Bibel am meisten auffällt, würden wir wahrscheinlich sofort und gut verstehen. Das Göttliche ist das *allgemeinste Menschliche,* in dem sich die Menschen aller Zeiten und Länder nicht fremd sind, sondern bekannt, wenn sie nur sich selbst recht verstehen. *Wir greifen immer daneben,* wenn wir uns die Aufmerksamkeit für Gott und den Gehorsam gegen ihn damit vom Leibe zu halten suchen, daß wir sagen: Ich habe *nicht Zeit genug* dafür, ich bin nicht besonders religiös veranlagt, es ist nicht mein Beruf, mich damit abzugeben, es kann eben nicht jedermann Pfarrer oder etwas Ähnliches sein. Aber darum *handelt es sich auch gar nicht.* Das Besondere an den biblischen Menschen ist nicht das Pfarrermäßige. Das hatten sie eigentlich gar nicht. Jedenfalls die *Leute von Korinth* hatten nicht mehr Zeit und Anlage und Beruf für religiöses Wesen als die meisten Menschen von heute auch. Sie könnten Alles auch sagen, was wir etwa sagen: Wir haben unsere Arbeit, wir haben unsere Sorgen, wir haben unsere Haushaltung, unsere Werkstätten, unsere Küche und Zimmer mit all den tausend Kleinigkeiten des täglichen Lebens, wir sind gewöhnliche, gemeine Leute! Aber auch *die Apostel* müssen wir uns viel gewöhnlicher, viel weltlicher, viel offener vorstellen, als man es gewöhnlich tut. Sie waren keine Pfarrer, sie hatten keine Kanzeln und keine Talare, man läutete nicht, bevor sie predigten, sie hatten keine Pfarrhäuser und Studierstuben, sie führten kein so abgesondertes Gedankenleben, wie wir Pfarrer von heute wohl oder übel führen müssen. Die Kirche mit allem, was dazu gehört, ist viel mehr eine Krankheit des Christentums als sein Wesentliches, Ursprüngliches. Wenn uns einmal das wesentliche, ursprüngliche Christentum zurückgegeben wird, dann ist die Kirche überflüssig geworden. Man kann ruhig sagen, daß die Kirche nur dazu da ist, um sich selber überflüssig zu machen. Das Göttliche muß in der Welt solange als etwas Besonderes auftreten und sich gebärden, als es nicht das allgemein Menschliche geworden ist. Aber eben darum wollen wir *nicht gleich zurückscheuen,* wenn uns in der Bibel das wesentliche, ursprüngliche Christentum begegnet, wollen nicht gleich sagen: ja das ist nur wieder Kirche, Pfarrer, Religion, frommes Wesen – nein, eben gerade nicht!|

Das Besondere, das Geheimnis an Paulus und an den Korinthern war vielmehr gerade das allgemein Menschliche, das, was auch den gewöhnlichsten Menschen im gewöhnlichsten Leben nichts Besonderes zu sein braucht, wenn er es nur lernen will, sich selbst recht zu verstehen. *Durch den Willen Gottes sein, was wir sind.* Das ist's. Dann stehen wir sofort neben dem Apostel Paulus und verstehen ihn, und sein Besonderes ist auch unser Besonderes. Aber vielleicht *wissen wir noch gar nicht,* was wir sind. Vielleicht tragen wir alle noch Masken, Verkleidungen bei dem, was wir zu sein scheinen und bei uns selbst zu sein meinen, eine Maske von stumpfsinnigem *Gewohnheitswesen* der Eine, eine Maske von blindem, freudlosem *Arbeitswesen* der Andere, eine Maske von *Eitelkeit* und Selbstbewußtsein dieser, eine Maske von blöder *Genußsucht* jener, ich eine Maske von Selbstsucht und *Ehrgeiz* und du vielleicht eine Maske von *steifer, hölzerner Tugend,* und es gibt *so viele Masken,* hinter denen die Menschen den Menschen selbst verborgen sind, all das Gute und Böse, das wir tun, all das Schöne und Wüste[2], das bei uns zum Vorschein kommt, all die

[2] = Schlimme.

Wahrheit und Lüge, die von uns ausgeht – wissen wir wenigstens das, daß das *gar nicht wir selbst* sind, daß unser eigentlicher Mensch gar nicht in dem allem steckt? Kein Wunder, daß unser *gewöhnliches Leben uns so fern* und abgesondert vom Göttlichen scheint. Kein Wunder die viele *Unbefriedigung,* die vielen Mißverständnisse, die viele Härte und Kälte, die unser gewöhnliches Leben erfüllt! Kein Wunder die *vielen Schäden,* die jeder von uns anrichtet, das *viele Leid,* das jeder sich selbst antut! Kein Wunder, daß wir *einander nicht kennen,* wie sollten wir einander kennen, wenn wir uns selbst nicht kennen? Was wir bloß scheinen, das sind wir allerdings *nicht durch den Willen Gottes,* das Gute nicht und das Böse nicht, das Glückliche nicht und das Unglückliche nicht, der Bauer, der Arbeiter nicht und du sicher auch nicht. Was wir nur zum Schein sind, das sind wir nicht durch den Willen Gottes, da *haben wir allerdings recht,* wenn wir mit einer gewissen Ehrlichkeit uns das Göttliche vom Leibe halten. So ist auch *Paulus selbst* lange Jahre seines Lebens zum Schein etwas gewesen, nämlich ein großer, eifriger jüdischer Kirchenmann und Religionseiferer, und weil er es nur zum Schein war, weil es eigentlich auch nur so eine Maske war, darum hat er [als] solcher viel Schaden angerichtet und war als solcher sicher nie recht glücklich und hatte als solcher einen wohlbegründeten Abscheu vor Christus und seinen Jüngern.|

Aber *die Maske kann ja fallen,* und der Schein kann ja vergehen, und wir können zur *Erkenntnis* kommen, was wir eigentlich sind. O es ist etwas Merkwürdiges um diese Erkenntnis: Ein jeder Mensch etwas Besonderes. Sich selbst erkennen bedeutet für den einen Menschen: endlich einmal *heraufklettern* aus dem Sumpf, in dem er bis jetzt gelebt hat, für den Anderen: endlich einmal *hinabsteigen* von dem hohen Roß, auf dem er bisher gesessen, für den Einen: endlich einmal *ruhig werden* aus seinen vielen geschäftigen, flackernden Unruhen, für den Anderen: endlich einmal *unsicher werden* in seiner unerlaubt großartigen Sicherheit, für den Einen: endlich einmal ein wenig *schweigsam und einsam* werden, statt immer so ein geschwätziges Herdentier zu sein, für den Anderen: endlich einmal *herauszukommen* aus seinem Schneckenhaus und unter den Menschen als ein Mensch zu leben. Ich weiß nicht, was es gerade *für dich* bedeutet; ich habe genug zu denken an all das, was es *für mich* bedeutet. Jedenfalls kommen bei der Selbsterkenntnis alle Menschen von allen Seiten zusammen und treffen sich an einem Punkt.[3]|

Da ist *Alles von ihnen abgefallen,* was nicht sie selbst sind, das Schöne und das Wüste. Da machen sie sich nichts vor, da sind sie alle, *was sie sind.* Da sehen sie, daß sie einander *nichts vorzuhalten haben;* denn sie sind alle im Fehler und in einer großen Not. Da sehen sie aber auch, daß *kein Anlaß da ist* zu verzweifeln, denn sie haben in ihrer großen Not alle auch eine große Hoffnung und Verheißung. *Da fängt ja das Leben* an. Denn da fängt der Mensch an, *für Gott wichtig* und brauchbar zu werden. Von da an gibt es eine *Aufmerksamkeit,* ein Interesse für ihn im Himmel. Von da an ist er, was er ist, *durch den Willen Gottes.* Was wir zum *Schein* sind, das ist Zufall und Schicksal, wir dürfen uns nicht wundern, wenn es oft Hölle und Finsternis ist. Was wir sind, wenn wir, von allen Seiten *zusammengekommen,* nur noch uns selbst[4] sind, nur noch als Menschen, nur noch als Sünder vor Gott und Gerechte vor ihm, nur noch als nackte, neugeborene Kindlein [vgl. 1. Petr. 2,2], das sind wir durch den Willen Gottes. Da *steht er selbst dahinter* mit seiner ganzen Weisheit, Macht und Herrlichkeit. Da stehen wir *mit ihm am Anfang der Schöpfung* und können alle Dinge so ruhig von Anfang an überschauen und verstehen und bekommen selbst eine Art Schöpfungskraft, daß wir mit allen Dingen einen neuen Anfang machen können. Den *Demütigen* gibt er Gnade [Spr. 3,34; 1. Petr. 5,5; Jak. 4,6]. *Notwendigkeit* bekommt unser Leben und Freiheit, *groß* werden wir und ganz schlicht, *geordnet* wird unser Dasein und doch nie langweilig, immer frisch und neu und lebendig, einen *festen Grund* bekommen wir, und immer sind wir im Stande, neue Wendungen [?] zu nehmen.|

Seht, das ist *der Glanz,* der auf dem Leben des Paulus und der Leute von Korinth lag, auf dem gewöhnlichen Leben dieser gewöhnlichen Menschen. Das ist der Glanz, der uns gleich über den paar Anfangsworten des 2. Korintherbriefes entgegenleuchtet. *Wenn wir uns von ihm getrennt fühlen,* wenn es uns ist, als ob unserem Leben dieser Glanz fehle, dann wollen wir doch die Ursache am rechten Ort suchen.

[3] Im Mskr. steht hier ein V-Zeichen: Barth wollte offenbar noch etwas einfügen.

[4] = wir selbst.

Nicht darin, daß wir nicht die Zeit und die Fähigkeit zum Studium haben. Die Ehrlichkeit und die Demut kann man ja gar nicht studieren. Die gleiche Erde trägt uns wie sie, und der gleiche Himmel wölbt sich über uns wie über ihnen. Aber vielleicht muß es erst geschehen, daß wir *in der Erkenntnis an ihre Seite* treten. Vielleicht haben wir unsere *Masken noch zu lieb.* Vielleicht *schläft unser Ich* noch, das wahre Ich in uns, verborgen seinen Dornröschenschlaf. Vielleicht ist unser Leben darum so unbedeutend, weil es tatsächlich *für Gott noch nichts bedeuten* kann. Was wir scheinen, geht ja Gott nichts an; was wir sind, das *kümmert ihn,* das sind wir durch seinen Willen. Durch das, was wir sind, kommen wir *hinein in Gottes Geschichte,* in Gottes Reich, in Gottes Gnade und Frieden. *O daß wir durchbrächen,* hinein in Gottes *Geschichte und Reich,* wo die biblischen Menschen stehen, *in den hellen Glanz,* in dem sie miteinander geredet und gelebt haben. O daß wir wüßten, wer wir sind. *Wissen, wer wir sind,* das ist das Licht. Denn wenn wir wissen, wer wir *sind,* dann wissen wir ja auch den *Willen Gottes,* dann *geschieht* er auch. Als *Paulus vor Damaskus* das Licht vom Himmel sah und die Stimme vom Himmel hörte, widerfuhr ihm ja eigentlich nichts Anderes, als daß der falsche Schein von ihm abfiel und er zu sich selbst kam: Saul, Saul, was verfolgst [du mich?,] es wird dir [schwer werden, wider den Stachel zu lecken. Act. 9,3–5; 26,14]. Eine kurze Zeit der Blindheit, der Ratlosigkeit folgte: Ja, was *soll ich denn,* was wird denn aus mir, wenn ich nicht mehr scheinen darf, wenn ich meine liebe Maske und Verkleidung hergeben muß? Aber *es war eigentlich schon Alles klar* und konnte rasch klar werden: Durch den Willen Gottes Apostel Jesu Christi hieß es von jetzt an. Der Wille Gottes konnte geschehen. Wenn wir dem jetzt wie *etwas Besonderem,* wie einem fremden Schauspiel gegenüberstehen, so sollen wir doch wissen, daß dieses Geschehen des Willens Gottes *auch auf uns wartet.* Wir stehen jetzt draußen, es gibt aber auch für uns *ein Drinnen.* Wir leben jetzt in der Höhe und in der Tiefe, es gibt aber auch für uns *eine Mitte,* wo wir wirklich leben werden. Wir stehen jetzt hier und dort, es ist aber ein Punkt, an dem wir *zusammenkommen werden.* Gott hat schon die *Hand erhoben,* um sie auf uns zu legen: du bist mein, und niemand soll dich aus meiner Hand reißen [vgl. Jes. 43,1; Joh. 10,28].

Ein paar Bemerkungen noch über Paulus und die Leute von Korinth.

Weil Paulus ein von Gott gebundener Mann war, darum war er wirklich frei. Frei gegenüber seinen eigenen *Unvollkommenheiten.* Sie durften ihn in seinem Beruf nicht hindern. Er wurde nicht sündlos, aber seine Sünde wurde vergeben, nicht mehr daran gebunden. Frei gegenüber dem, was die Menschen *das Gute* nennen. Er tat viel Gutes, aber es kam aus ihm selber. Frei von der Sorge des Stolzes. Selbstbewußtsein, aber nicht in seinem Namen. Frei von falscher *Zurückhaltung.* Er wagte viel, aber nichts, was nicht notwendig. Und das alles nicht aus ihm selbst, sondern durch den Willen Gottes, weil es um Gottes Willen jetzt so sein mußte. Aus einer Ruhe [?] heraus geredet.

Weil die Leute von Korinth Menschen waren, die zu sich selbst gekommen, konnten sie eine *Gemeinde Gottes* heißen und sogar Heilige. Daß es Ungläubige, Sünder, Toren unter ihnen gab, daß kein einziger ein Ideal war, konnte das nicht hindern. Nicht die Sünde scheidet uns von Gott, sondern der *Mangel an Erlösung.* Die Erlösung kommt aber damit, daß wir zu uns selbst kommen, daß Gott etwas an uns tut und etwas mit uns vorhat. Weil die Ehrlichkeit und die Demut, die dazu nötig sind, unter ihnen waren, *waren sie doch weiter* als heute die vollkommenste Gemeinde.

Von da das Besondere. Aber noch einmal: wie nahe ist es uns. Wie oft waren wir ganz dabei. Wieviel weist darauf hin. Soll es umsonst sein?

Lieder:

Nr. 2 «Nun danket alle Gott» von M. Rinckart, Strophen 1–3 (RG [1998] 233; EG 321; jeweils mit Textabweichungen)

Nr. 31 «Ach bleib mit deiner Gnade» von J. Stegmann, Strophen 1–3 (RG [1998] 342; EG 347; jeweils mit Textabweichungen)

503 *Safenwil,* Sonntag, den 18. Januar 1920

2. Korinther 1,3–11[1] I

1. Wir haben am letzten Sonntag davon geredet, *wie es eigentlich steht* zwischen Paulus, überhaupt zwischen den biblischen Menschen und uns Menschen von heutzutage. Wir haben gesehen, daß ihr Geheimnis darin besteht, daß sie *zu sich selbst* gekommen sind. Sie sind *erwacht* aus allerlei Träumen. Sie tragen *keine Masken* mehr. Sie sind das, *was sie sind* durch den Willen Gottes, und wollen *nichts Anderes* mehr sein. Daher kommt der Glanz, der auf ihrem Leben liegt. Warum sollten *wir nicht auch* zu uns selbst kommen? Warum sollten *wir nicht auch das* werden, was wir im Grunde sind, das, was wir durch den Willen Gottes sind?

2. Aber der Eintritt in die Reihe der biblischen Menschen ist *nicht wohlfeil zu haben.* Es hat seinen guten Grund, wenn wir heute mehr als je die Empfindung haben, daß zwischen ihnen und uns ein *Abstand* ist. Die Zeit ist noch nicht ganz vergangen, wo die heutigen Christen es mit einer gewissen *Unverschämtheit* wagten, sich ohne Weiteres neben Christus, neben die Propheten und Apostel zu stellen und Alles, was von ihnen gesagt ist, auf sich selber anzuwenden. Wir haben das *alle auch schon* getan. Aber nicht wahr, wir spüren es, es ist ein etwas *gewagtes Unternehmen,* wenn ein heutiger Pfarrer sich getraut, sich mit dem Apostel Paulus zu vergleichen, und wenn wir von einer Gemeinde Gottes in Zürich oder Basel, von einer Gemeinde Gottes zu Safenwil samt allen Heiligen im Kanton reden wollten, wie in unserem Text von der Gemeinde Gottes zu Korinth samt allen Heiligen in ganz Achaja die Rede ist, wir müßten lächeln dazu und würden nicht glauben, was wir sagten. *Es ist gut,* daß wir heute dieses Gefühl des Abstands allmählich wieder bekommen, wenn es auch zunächst die Folge hat, daß uns die Bibel fremder wird. Die gewisse *vertrauliche Art,* mit der man sich erlaubt hat, dem Heiland und seinen Jüngern gleichsam auf die Schulter zu klopfen, als ob wir natürlich ihre besten Freunde wären, als ob es etwas höchst Einfaches wäre, ein Christ zu sein, diese

[1] Barths Text-Übersetzung steht bereits am Beginn der vorigen Predigt; s. oben S. 17.

Art war eben doch eine Anmaßung, und diese Anmaßung mußte sich rächen. Es *entstand so ein Christentum,* das angeblich auf biblischem Grunde stand, dem aber doch der Glanz und der Ernst und die Kraft des Lebens der biblischen Menschen an allen Ecken und Enden, um und um, fehlte. Die Welt hat das längst durchschaut und hat sich mit der kopfschüttelnden Frage: Was soll das? von diesem Christentum abgewendet. Es ist uns besser, wenn wir vor diesen biblischen Menschen zunächst einmal *wieder Respekt* bekommen und merken, daß der Eintritt in ihre Reihen nicht selbstverständlich, sondern mit ganz *bestimmten Bedingungen und Folgen* verbunden ist. Wie Jesus selbst denen, die ihm nachfolgen wollten, warnend zugerufen hat: Wer ist unter euch, der einen Turm bauen will, der nicht zuvor sitzt und überschlägt die Kosten, ob er es habe, hinauszuführen! [Lk. 14,28].

3. Wir haben in unserem heutigen Text gehört, daß diese biblischen Menschen Leute sind, *die sich in größter Bedrängnis befinden.* Sie haben eine *Last* zu tragen. Sie sind in ein *Joch* eingespannt wie Zugtiere. Sie haben als *Knechte,* als Sklaven eine schwere Arbeit zu tun. Sie sind in dunkler Nacht einsam auf *Wache* gestellt. Ich gebrauche lauter Ausdrücke, die in der Bibel selbst vorkommen. Hier ist der grundlegende *Unterschied* zwischen dem Evangelium auf der einen Seite und dem Christentum, wie es in den gewöhnlichen christlichen Büchern und Zeitungen, oder in den Schriften von Hilty[2], R. W. Trine[3], Joh. Müller[4], oder in den Bestrebungen der christlichen Wissenschaft[5] oder

[2] Carl Hilty (1833–1909), Schweizer Jurist, religiöser Schriftsteller, dessen Bücher viele Suchende erreichten, besonders seine christlich-laientheologische Anleitung zum Glücklichsein «Glück» (3 Bde., Frauenfeld 1890–1899).

[3] Ralph Waldo Trine (1866–1958), einer der berühmtesten Autoren des New Thought Movement. Seine Antwort auf das Verlangen nach Glück: «Du mußt danach streben, in Harmonie mit dem Unendlichen zu kommen!» Vgl. die Art. in RGG[1] V, Sp. 1345–1348 (M. Christlieb); RGG[2] V, Sp. 1279f. (J. Herzog); RGG[3] VI, Sp. 1022f. (H. Hohlwein).

[4] Johannes Müller (1864–1949) gab die «Blätter zur Pflege persönlichen Lebens», seit 1914 «Grüne Blätter», heraus. Über die Kontakte zwischen ihm und Barth vgl. Bw. Th. I, S. 537, und II, S. 732 (Register).

[5] Die auf Mary Baker Eddy (1821–1910) zurückgehende «Christian Science» gewann seit 1903 in Deutschland und der Schweiz rasch an Anhängern. Vgl. H.-D. Reimer, Art. «Christian Science», in: RGG[3] I, Sp. 1732–1736.

der Theosophen[6] dargestellt wird, auf der anderen Seite. Da wird dem Menschen überall *Befreiung* von allerlei Bedrängnissen verheißen, Glück, Seelenfrieden, geistige und körperliche Gesundheit, wahres persönliches Leben, Berührung mit dem Jenseits sogar. Das Evangelium aber sagt: Ja, das alles auch!, aber dann fährt es fort: *über das alles hinaus* hinein in eine ganz große Bedrängnis, und nur durch diese große Bedrängnis hindurch zur Befreiung von den kleinen Bedrängnissen, die euch jetzt quälen. Das darf man nicht *miteinander verwechseln.* Da muß man *klar sehen.* Da muß man *wählen.* Das heutige Christentum führt uns vor einen *offenen Himmel,* in den man leichtbeschwingten Schrittes siegreich hineingeht, das Evangelium führt uns vor eine *verschlossene Tür,* vor der man zunächst anklopfend stehen bleiben muß. Die Wortführer der heutigen Religion und zwar die Kapellenprediger auf den Dörfern[7] ebensowohl wie die gefeierten Kanzelredner unserer Städte, wie die Verfasser der modernen Lebensbücher, in denen heute so viele einen Ersatz für die Bibel finden, sagen: Wer uns nachfolgt, *der bekommt's leicht und schön!* Die Bibel sagt: Wer mir will nachfolgen, der nehme sein Kreuz auf sich! [Mk. 8,34 par.]. Das ist *zweierlei.*

4. Paulus war gewiß über das Meiste, was uns etwa bedrängt, *längst hinaus.* Was es heißt, allein zu sein, viele Feinde und wenig Freunde zu haben, mißverstanden zu werden, zu leiden an den Folgen eigener Fehler, einen kranken Körper mit sich herumzuschleppen, arm zu sein, geplagt und mißhandelt zu werden, in Todesgefahr zu schweben, das alles wußte er auch und wahrscheinlich besser als wir alle; er wußte aber auch darauf *Antwort* zu geben. Wir sehen es auch jetzt in seinem Briefe, wie es ihm gelingt, sich über das alles immer wieder hinauszuschwingen. Er könnte *uns modernen Christen* sagen: Alles das, was ihr sucht oder gar schon gefunden zu haben meint: euer

[6] Rudolf Steiner, von 1902–1912 Generalsekretär der «Theosophischen Gesellschaft Adyar» in Berlin, gründete nach seinem Ausschluß aus derselben 1913 die eigenständige «Anthroposophische Gesellschaft». Zentrum wurde das Goetheanum in Dornach bei Basel. Vgl. A. Köberle, Art. «Theosophie», in: RGG³ VI, Sp. 845–847.

[7] Kapellen nennt Barth auch die Versammlungsräume freikirchlicher, meist pietistischer Gemeinschaften.

Glück, eure Herzensruhe, eure Charakterbildung, eure Kunst, mit den Menschen umzugehen, eure tiefen und schönen Erlebnisse, eure Seligkeit, das alles kenne ich auch ein wenig. Er könnte sich sogar zu den *Theosophen* und Spiritisten[8] stellen und ihnen sagen: ich weiß auch etwas vom Jenseits! und zu den *Gesundbetern:* Gesundmachen und Gesundwerden durch die Kraft des Gebets ist mir auch nichts Fremdes. Aber ich glaube, er würde sich auf solche Konkurrenz *nicht einlassen.* Er hat es wenigstens zu seiner Zeit nicht getan, obwohl es alle diese Ziele und Richtungen schon damals gab. Er sieht über alle seine Freiheiten [?] und Erfolge, die er doch unzweifelhaft hatte, hinaus und *gesteht ganz offen:* ich war in Bedrängnis und bin es noch und werde es wieder sein. Er steht eben *vor der großen* Bedrängnis, die damit nicht beseitigt ist, daß gewisse kleine Bedrängnisse durch allerlei Mittel scheinbar oder wirklich beseitigt werden. Er stellt sich vor die Gemeinde von Korinth hin *nicht als Einer, der schon hindurch ist* und ihnen nun ein Rezept geben kann, wie man hindurchkommt, sondern als Einer, der mehr in Bedrängnis ist als sie alle und der sich darum ausdrücklich um Hilfe an sie wendet.

5. Es war ihm ernst, wenn er von *seiner ganzen Bedrängnis,* von «allen seinen Trübsalen» (Luther) redete, während es bei uns doch immer ein wenig *die Frage ist,* ob wir das Recht haben, so ernsthaft zu seufzen, wie wir es oft tun. Wenn doch der *Weg aus der Bedrängnis heraus so leicht* ist, wie es heute den Anschein hat, warum nehmen wir sie dann so ernst? Wenn wir uns doch heute *so rasch beruhigen* können, warum haben wir uns gestern so aufgeregt? Wenn doch *das erste beste Rezept,* das irgendwo verkündigt wird, uns recht ist, kann dann das Übel, an dem wir leiden, so groß sein? *Wirklich Leidende* sind vorsichtiger, zurückhaltender, mißtrauischer, wählerischer, als wir es gewöhnlich sind. Wir müßten vielleicht alle *wirkliches Leiden* erst wieder kennen lernen, um dann auch von wirklicher Hilfe etwas erfahren zu können.

[8] Vgl. A. Köberle, Art. «Spiritismus», in: RGG³ VI, Sp. 251–253. Barth hatte seine Genfer Konfirmanden gewarnt: «Das Jenseits (des Todes) kann u. darf *nicht Gegenstand unsrer Neugierde* u. Nachforschung sein[...] (Spiritismus wissenschaftlich unmöglich, religiös sicher gleichgiltig)» (Konfirmandenunterricht 1909–1921, S. 41).

Paulus sagt von dem, was er nicht zum ersten und nicht zum letzten Mal durchgemacht: es ging *weit über unsere Kraft.* Wir *verzweifelten* am Leben. Wir mußten uns selbst das *Todesurteil* sprechen! Paulus fühlt sich weiter und immer weiter hinausgedrängt an den *Rand eines Abgrunds.* Aller Trost, alle Hilfsmittel, alle Hoffnungen *versagen.* Gleich wird er dort stehen, wo man nicht mehr stehen, sondern nur noch stürzen und zu Grunde gehen kann. Alle Blüten und Blätter des Baumes sind *abgefallen,* alle Zweige und Äste abgehauen, nur der Stamm steht noch, ein trauriger Strunk. Der *Tod hat Macht* über ihn gewonnen. Der Tod ist die *einzige Möglichkeit* geworden, mit der er rechnen kann. Ja, der Tod! Was ist der Tod? Der endgültige und vollkommene *Erlöser* vom Leid dieses Lebens, der Verkündiger der vollen Wahrheit und Klarheit, die uns jetzt und hier fehlt? Ja, vielleicht. Vielleicht aber auch nur *das Rätsel* aller Rätsel, das ewige Siegel unter die grauenhafte Botschaft, daß das ganze Dasein ein Unsinn ist. Der Tod ist vielleicht wirklich der Tod! Es ist *keine kleine Sache,* dem Tod mit seinem Entweder – Oder ins Gesicht zu sehen. Es hat seinen guten Grund, daß wir es, auch wenn wir in großen Schwierigkeiten und Leiden drin sind, *lieber vermeiden,* an den Tod zu denken. Es ist gut, daß wahrscheinlich die allermeisten Sterbenden sterben, *ohne an den Tod denken* zu müssen. Paulus mußte an den Tod denken. Wir wissen nicht, welche *äußeren Ereignisse* ihn in diese große Bedrängnis geführt haben, ob es ein Schiffbruch war oder eine Krankheit oder eine Verfolgung. Wir brauchen es auch nicht zu wissen. *Tausend Andere* haben wohl ebenso Schweres oder Schwereres durchgemacht und mußten doch nicht an den Tod denken, vielleicht ans Sterben ja, aber nicht an den Tod; die Frage: *was ist die ganze Welt* und was bist denn du, wenn du sterben mußt? wurde ihnen nicht brennend und dringend. Sie waren keinen Augenblick genötigt, das ganze Leben *vom Standpunkt des Todes* aus zu betrachten. Sie merkten keinen Augenblick, daß das Menschenleben eine Aufgabe ist, die wirklich weit *über unsere Kraft* geht, weil wir leben sollten und doch nicht können, weil der Tod Macht hat über unser Leben. Es wurde ihnen keinen Augenblick alles Andere, ihre Gedanken, ihr Beruf, ihre Wünsche, ihr Glaube, ihre Liebe, ihre Hoffnung, sie selbst und die Mitmenschen, das Leben selbst sogar, *klein und nichtig und gleichgiltig* gegenüber dem Tod und seiner unerbittlichen Frage. Wohl aber dem Paulus. Oder ist es *auch uns schon einmal* einen Augenblick lang blitzklar geworden, was der Tod bedeutet, haben auch wir einmal einen Augenblick lang Alles blitzklar im Lichte des Todes gesehen? Es *kann ja sein.* Dann haben wir wenigstens *eine Ahnung* von dem, um was es sich hier handelt. Nur daß Paulus nicht nur das eine Mal, sondern *immer wieder* in diese Bedrängnis kam, daß diese Lage am äußersten Rande der Verlorenheit, der Verzweiflung, des Nichts allmählich *seine eigentliche Heimat* wurde. Nicht wahr, wir verstehen: *was sind daneben* alle unsere Leiden? Und was sind vor dieser Not die *Mittel und Mittelchen,* nach denen wir zu greifen gewohnt sind? Das ist *große Not,* große Bedrängnis, wenn einmal Alles unsicher, Alles in Frage gestellt wird.|

So hat sich schon im Alten Testament *der Prophet Hosea,* der mit einer immer wieder untreuen Frau in unglücklichster Ehe lebte, nicht damit begnügen können, über dieses Unglück zu klagen und nach irgend einem Ausweg daraus zu suchen, sondern wie in einem Bilde sah er in seinem persönlichen Unglück das Gericht, in das ganz Israel und Juda durch ihre Untreue gegen Gott hineinrannten. So hat der *Prophet Joel* in einer furchtbaren Heuschreckenzeit, die er erlebte, nicht nur das greuliche [?] Naturereignis und Landesunglück gesehen, sondern den Anbruch des großen und schrecklichen Tages des Herrn, vor dessen Zerstörungsgewalt es von uns aus keine, gar keine Hilfe und Rettung gibt [Joel 2,1–11]. Seht, *das ist große Bedrängnis,* wenn es einem Menschen aufgeht, *was eigentlich hinter* seinem kleinen Leid, hinter dem Leid seines Alltags steckt, wenn sein kleines Leid *wächst und wächst vor seinen Augen,* bis es den ganzen Raum zwischen Himmel und Erde ausfüllt, wie hereinbrechende Nacht dem letzten Rest von Sonnenlicht ein Ende macht, *wenn er ein Sterbender* werden, dem Tod ins Gesicht sehen muß mitten im Leben, wenn *nichts ihm übrig bleibt* als die Frage: Mein Gott, mein Gott, warum hast du mich verlassen [Ps. 22,2; Mt. 27,46 par.]? Diese Bedrängnis hat Paulus erlitten. Er wußte, was er sagte, daß er die Leiden Christi zu leiden habe. Dort stehen die biblischen Menschen. Sie stehen *um das Kreuz Christi,* wo alle Kultur, aller Fortschritt, alle Moral und Religion zu Ende sind oder erst anfangen. Die *Welt sieht sehr* anders aus, von dort aus betrachtet. Wir tun wahrhaftig wohl daran, von diesen biblischen Menschen *Abstand* zu nehmen und es uns *wohl zu überlegen,* ob wir in ihre Reihe treten wollen.

6. Aber an diesem merkwürdigen Ort, wo die biblischen Menschen stehen, da geschieht nun *etwas noch Merkwürdigeres.* Es geschieht da etwas, wie das *Drehen eines großen Rades,* möchte ich sagen, eines Steuerrades gleichsam, dessen Drehung einem ganzen großen Schiff eine andere Wendung zu geben vermag. Ja, das ist doch noch merkwürdiger als die große Bedrängnis des Paulus, daß er *nun sagen kann:* Gelobt sei der Gott und Vater unseres Herrn Jesus Christus, der Vater der Barmherzigkeit und Gott alles Trostes, der uns tröstet in unserer ganzen Bedrängnis! Das ist *etwas ganz Neues:* Gott, Vater, Barmherzigkeit, Trost! Wie kommt das nun hieher, wo wir es am wenigsten erwarteten? Es ist doch *Alles zu Ende,* wenn man nur noch den Tod vor sich sieht, wenn man nur noch vom Standpunkt des Todes aus das Leben betrachten kann?! Es ist, wie wenn wir [einen] *müden Wanderer* in einen steilen, schattigen Bergschrund höher und höher steigen sehen in Nacht und Eis hinein. Wohin wird er sich noch versteigen, verlieren? Da auf einmal macht er halt, er ist auf der *Scheide zweier Täler* angelangt, wir sehen ihn beschienen von den *Strahlen einer Sonne,* die uns nicht bescheint, aber ihn, nachdem er das ganze Gebiet des Schattens durchmessen hat. Wir sehen, daß er da oben eine Hand vor die Augen legt und einen weiten *Ausblick hält* auf tausend Dinge, die wir nicht sehen, aber er, nachdem er es sich nicht hat verdrießen lassen, stundenlang nichts als Eis und Schnee vor sich und zu seinen Füßen zu sehen. Das ist der biblische Mensch. *Er weicht* dem Gedanken an den Tod nicht aus. *Er gibt sich* im kleinen Leid mit den halben Beschwichtigungen und Beruhigungen und Erbauungen nicht zufrieden, er geht durch die große Bedrängnis hindurch, ganz hindurch, und *dann erreicht er* einen letzten tiefsten oder höchsten Punkt, und da wendet es sich, da heißt es: Gott, Vater, Barmherzigkeit, Trost. Nicht wahr, wir verstehen, oder wir ahnen doch: *es ist ein Zusammenhang* zwischen der großen Bedrängnis der biblischen Menschen und dem wirklichen Trost, den sie hatten.|

Wir in unseren kleinen Bedrängnissen haben diesen Trost nicht, weil es eben *nur kleine* Bedrängnisse sind, weil wir uns so ängstlich dagegen wehren, in die große, umfassende Bedrängnis, in die Lebens- und Weltbedrängnis, in die Todesbedrängnis hineinzukommen. *Glück* im Unglück, ja das können wir haben, Trost für ein paar traurige Tage oder auch Jahre ja, *Erlebnisse* in unserem Leben, das kein Leben ist, ja, *ein wenig Gesundheit* für unseren kranken Körper, der doch einmal sterben muß, auch das, *Blicke ins Jenseits*[9], sogar das, wenn wir zu den Theosophen in die Schule gehen. Aber Gott, Vater, Barmherzigkeit, Trost, *das ganz Andere*[10], das den Tod nicht nur durch Religion, Moral und Gefühl verschönert und verkleidet, sondern aufhebt, das ganz Andere, das uns als die Lebenden oder Sterbenden über den Tod siegen macht, das haben wir in unseren kleinen Bedrängnissen nicht, und darum fallen sie uns, obwohl sie nur kleine Bedrängnisse sind, *so schwer.* Sie fallen uns so schwer, weil sie uns noch nicht *ganz* schwer gefallen sind. Wir müssen soviel seufzen, weil wir noch nicht *recht* geseufzt haben. Wir müssen vergehen und sterben, weil wir den *Tod* nicht kennen und erkennen wollen. Gott, Vater, Barmherzigkeit, Trost, das ist jenseits des Berges, jenseits der großen Bedrängnis, nicht diesseits. *Fleisch und Blut* können das Reich Gottes nicht ererben [1. Kor. 15,50]. *Wir müssen vergehen,* ehe wir werden können. Wir müssen *von neuem geboren* werden, ehe wir leben können [vgl. Joh. 3,3]. Das *Verwesliche muß anziehen* die Unverweslichkeit, und das Sterbliche muß anziehen die Unsterblichkeit [1. Kor. 15,53]. Die *Zeit muß erfüllt* werden von der Ewigkeit. Das ist die notwendige *Wendung und Wandlung* von Gott her. Das ist die *Auferstehung,* die die einzige wirkliche Antwort ist auf die Frage, die wir Menschen alle, auch wir heutigen Menschen im Herzen tragen. *Gott ist nicht* einer von den vielen Götzen, die wir uns errichten, um uns das Leben in dieser Todeswelt erträglich zu machen, sondern der Gott, der die Toten erweckt, der dem Nicht-Seienden ruft, daß es ist [Röm. 4,17]. *Zu diesem Gott hin* bahnt sich der biblische Mensch seinen Weg, nicht an der großen Bedrängnis vorbei, sondern durch sie hindurch, und indem er durch sie hindurchbricht, versteht er auch, warum sie sein muß: damit wir unser Vertrauen nicht auf uns selbst setzen, sondern eben auf den Gott, der die Toten erweckt. *Von diesem Gott* kann er dann aber auch rühmen: Er hat uns von solchem Tod erlöst und wird uns erlösen; auf ihn setzen wir unsere Hoffnung, daß er uns weiter

[9] Vielleicht eine Anspielung auf A. Stern, *Blicke ins Jenseits,* Konstanz / Emmishofen 1913.

[10] Vgl. R. Otto, *Das Heilige. Über das Irrationale in der Idee des Göttlichen und sein Verhältnis zum Rationalen* (1917), München 1963 31. bis 35. Aufl., S. 28–37.

erlösen wird. Der biblische Mensch ist *ein Lebendiger,* weil er ein Sterbender ist, weil er sich nicht weigert, täglich und stündlich dem zu sterben, was ja sterben muß [vgl. 1. Kor. 15,31]. Wir verstehen, nicht wahr: *selig sind, die da Leid tragen,* denn sie sollen getröstet werden [Mt. 5,4].|

Selig sind, die *ihr Vertrauen* nicht mehr auf sich selbst setzen, denn sie werden Gottes Gnade erfahren!, könnte man auch sagen. Oder: Selig sind, die *keine Antwort* mehr wissen, denn sie werden Antwort bekommen. Das hat Tolstoj beschrieben in seiner Erzählung vom *Tod des Iwan Iljitsch*[11], wie ein gesunder Mensch *krank wird* und allmählich vom Leben Abschied nehmen muß und doch nicht will und immer um Gesundheit, Erleichterung, Trost und Zerstreuung bittet bei Gott und den Menschen, und [er] kann doch das alles immer weniger finden. Und zuletzt wird *er todkrank* und wehrt sich noch immer und möchte zurück. Und zu allerletzt fühlt er sich wie in einen engen, dunklen, langen *Sack hinein*gestoßen und widersteht noch immer, bis er endlich sich ergibt, und da geht ihm am Ende des engen, dunklen, langen Sacks, in dem er steckt, *ein kleines Licht auf.* Dieses Licht sieht er, freut sich und stirbt. Seht, da fängt der biblische Mensch an, wo der Mensch sich ergibt. Es ist nicht die Ergebung in den Tod, sondern die Ergebung ins Hindurchgehen durch den Tod. Mit dieser Ergebung fängt das *Leben des getrösteten Menschen* an. Denn das kleine, ferne Licht, das von der anderen Seite her in unser Leben fällt, das ist's, *das ist der Trost,* der wirkliche Trost. Mit dieser Ergebung wird unser Leiden ein *Mitleiden der Leiden Christi.* Und dann heißt's: Wie die Leiden Christi reichlich über uns kommen, so werden wir auch reichlich getröstet durch Christus. *Ja, reichlich.* Wer dieses kleine Licht einmal auch nur von weitem gesehen, der weiß, daß es wahrhaftig Trost genug ist. Und dieser Trost bräuchte uns nicht *erst in der Sterbestunde* zu leuchten, wir bräuchten nicht erst dann biblische Menschen zu werden. Dem Paulus leuchtete er im Leben. *Sein Leben* stand im Licht der Auferstehung. Da steht er, steht er immer wieder *vor der großen Bedrängnis,* und wir möchten wohl *Mitleid* mit ihm haben und

[11] Lev Nikolajevic Graf Tolstoj, *Smert' Ivana Il'ica (Der Tod des Ivan Il'ic)* (1886), Sämtliche Erzählungen, hrsg. von G. Drohla, Bd. 5, Frankfurt/M 1982², S. 222–293.

für unser Teil uns *behüten* davor, da hindurchzugehen, möchten *davonlaufen* mit unseren kleinen Lasten, um anderweitig damit fertig zu werden. Er aber, er geht hinein und hindurch und *dreht das Steuerrad,* und das ganze große, schwere Schiff gehorcht, und da wird's auf einmal klar, *wer Gott ist und wo Gott steht,* und das Licht der Auferstehung leuchtet, und ein starker, tapferer, gewisser Mann schreitet mutig in die Zeit und in die Welt hinein. Die Kraft des Jenseits ist ihm zur *Kraft des Diesseits* geworden.[12] Aus dem Tode ist *Leben* geworden. *Was soll der noch fürchten,* der den Tod nicht gefürchtet hat? Wie sollte der *das Sterben fürchten,* der den Tod erkannt und im Tode das Leben gefunden hat? Hört nur, wie er jubelt: Gelobt sei Gott, [der Vater unseres Herrn Jesus Christus, der Vater der Barmherzigkeit und Gott alles Trostes,] der uns tröstet in unserer ganzen Bedrängnis!

7. Wir wollen diesen Text nächsten Sonntag ein zweites Mal besprechen. Denn es steht noch mehr darin. Aber nicht wahr, wir sehen sie jetzt ein wenig: *die biblischen Menschen,* das Gottesvolk. Wir sehen, wie weit wir von ihnen *entfernt* sind und wie *nötig wir es doch hätten,* nah bei ihnen zu sein. Wir möchten *auch Gottes Volk* sein. *Wir sind es müde,* löchrige Brunnen zu graben und unter die Dornen zu säen [Jer. 2,13; 4,3]. Warum sollten wir nicht auch Gottes Volk werden im Leiden und in der Herrlichkeit? Wir können ja solche Worte wie die unseres Textes gerade dann, wenn wir sie mit Respekt und Abstand betrachten, unmöglich lesen, ohne sofort zu spüren: da sind wir nicht ausgeschlossen, sondern *eingeschlossen, eingeladen* mitzugehen, und vielleicht ist schon heute etwas in uns, das da *mitgeht.*

Lieder:
Nr. 3 «Sollt ich meinem Gott nicht singen» von P. Gerhardt, Strophen 1–3 (RG [1998] 724; EG 325)
Nr. 142 «Jesus Christus herrscht als König» von Ph. Fr. Hiller, Strophen 1.10.11 (RG [1998] 492,1.10.11; EG 123,1.10.11 mit geringfügigen Textabweichungen)

[12] Vgl. E. Troeltsch, *Die Soziallehren der christlichen Kirchen und Gruppen,* Gesammelte Schriften, 1. Bd., Tübingen 1912, S. 979: «Das Jenseits ist die Kraft des Diesseits.»

2. Korinther 1,3–11[1] II

1. Es ist etwas Großes, Andere trösten zu können. Wir sind gewiß alle schon in Lagen gewesen, wo wir sahen, *wie nötig* es wäre, trösten zu können, wo wir es so *gerne getan* hätten und wo wir *fühlen und erfahren* mußten, daß wir es nicht konnten. Unsere ganze *heutige Zeit* mit ihrem Jammer und ihrer Verworrenheit ist eine trostbedürftige Zeit. An *Tröstern* von mancherlei Art fehlt es ihr freilich nicht, aber sie könnte mit Hiob sagen: Ihr seid allzumal *leidige Tröster* [Hiob 16,2]! Denn der Trost, dessen sie bedarf, hat sich offenkundig *noch nicht* eingestellt. Er läßt sich offenbar *nicht aus dem Ärmel* schütteln. Trösten *wollen* ist ganz schön, aber billig. Trösten *können* ist etwas Großes.

2. Es ist aber auch etwas Großes, sich trösten lassen zu können. Es ist wahrscheinlich *eins so groß und selten* wie das andere: die Fähigkeit zum Trösten und die Fähigkeit, sich trösten zu lassen. Es ist mancher Mensch ganz *umgeben* von allem Möglichen, was ihm scheinbar zum Trost gereichen müßte, es hat mancher Andere wenigstens die Ohren voll von lauter klaren, wahren Gedanken, die ihm notwendig tröstlich sein müßten, aber sie können den Trost *nicht hineinnehmen* in ihr Herz, er bleibt draußen, und sie sind *darum* untröstlich. Wie sich der rechte Trost *nicht auf jeder Gasse* findet, so läßt er sich auch, und wenn er noch so reichlich vorhanden ist, nicht mit einer Handbewegung *vom Baum pflücken.* Trost annehmen ist *eine Arbeit,* ein Umschwung, etwas Großes.

3. Wenn Paulus recht hat, dann sind diese beiden Fähigkeiten, die Fähigkeit zum Trösten und die Fähigkeit zum Sich-trösten-Lassen innigst miteinander vereinigt. «Gelobt sei Gott», schreibt er, «der uns tröstet in unserer ganzen Bedrängnis, *damit auch wir* zu trösten imstande seien, die sich in allerlei Bedrängnis befinden, *mit dem Trost,* mit dem wir selbst getröstet sind.» Da stehen wir wieder vor dem

[1] Barths Text-Übersetzung steht am Beginn der Predigt Nr. 502; s. oben S. 17.

Geheimnis des biblischen Menschen. Das, was bei uns *zwei getrennte Stücke* sind, die einander gar nichts angehen, das ist bei ihm eine *Einheit*, ein Zusammenhang, ein untrennbares Ganzes. «Trösten mit dem Troste, mit dem wir selbst getröstet sind», das ist eine einzige unteilbare *Fähigkeit*. Und wenn wir uns nun gestehen müssen, daß die beiden getrennten Stücke, die wir in der Hand halten: das Trösten und das Selber-getröstet-Werden, nicht zwei Fähigkeiten, sondern im Ganzen eher *zwei Unfähigkeiten* sind, dann werden wir vor Allem *dem Paulus recht* geben müssen, wenn er uns auf die Einheit, auf den Zusammenhang, auf das Ganze hinweist. Wenn wir also in der Verlegenheit sind, daß wir uns außer Stande sehen, Andere zu trösten, müßten wir uns vielleicht vor Allem einmal fragen, ob denn der Trost, mit dem wir trösten möchten, denn bei uns selbst einen *Eingang* gefunden hat. Wir werden dann vielleicht *schweigen* und nicht Tröster stellen [?], aber das wäre weder eine Schande noch ein Schade, denn das wäre der *einzige mögliche Weg*, auf dem sich unsere jetzige Unfähigkeit vielleicht in eine Fähigkeit verwandeln könnte. *«Wollte Gott, ihr schwieget»*, hat Hiob ein andermal seinen Tröstern zugerufen [Hiob 13,5]. Und das sollte heute laut *herausgerufen* werden an die Adresse jenes ganzen Heeres von Tröstern, die doch keine Tröster sind, weil sie selber nicht getröstet sind. Wenn wir's nur *wenigstens wüßten*, daß wir nicht trösten können, ohne selber getröstet zu sein, wir wären der großen Fähigkeit des Trösten-Könnens um Vieles näher. Und wenn wir in der umgekehrten Verlegenheit sind, daß wir selbst untröstlich sind, keinen Trost annehmen können, dann müßten wir uns vielleicht vor Allem der Frage stellen, ob der Trost, mit dem wir getröstet werden möchten, bei uns dann auch *einen Ausgang finden* wird, ob wir wissen, daß das, nach dem wir da begehren, uns nur *anvertraut* werden kann, damit wir es sofort weitergeben. Vielleicht werden wir dann auch nach dieser Seite zunächst einmal *verstummen* mit unserem Wunsch, aber das wäre auch kein Unglück. Wir würden uns dann sagen: Nun habe ich immer nach Trost verlangt und *gar nicht daran gedacht*, daß Andere meinen Trost nötig hatten. *Wie kann ich mich trösten* lassen, wenn ich selber gar nicht trösten will? *Wie kann ich nach Licht* verlangen, wo ich noch gar nicht begriffen habe, daß ich leuchten soll? *Wie sollte Gott*, wie sollten die Menschen, wie sollte das Schicksal und das Leben mir etwas schuldig sein, wo ich noch gar nicht erfaßt, daß ich selber das Größte schuldig bin? *Viel Seufzen* in vielen Seelen, auch viel allgemeines Seufzen in unserer Zeit würde da still werden, in ein nüchternes Nachdenken sich *verwandeln,* in ein Nachdenken über die Frage: *was will ich* denn mit dem, wonach ich seufze? Und dieses Stillwerden wäre auch hier der einzige *mögliche Weg* zum Ziel, zum Getröstetwerden. *Wüßten wir es nur schon,* daß wir nur dazu getröstet werden, um selber zu trösten, *ständen wir nur schon* in der Verwandlung vom Seufzen zum Nachdenken, so wären wir auch der zweiten großen Fähigkeit, der Fähigkeit, uns trösten zu lassen, um Vieles näher.

Paulus hat nachgedacht, Paulus weiß. Trösten und Getröstetwerden ist für ihn *eins.* Er muß nicht schweigen, er darf seine *Stimme erheben,* um die Menschen zu trösten und um selber um Trost zu seufzen. Er *nimmt* mit der einen Hand und *gibt* mit der anderen, und Beides ist für ihn nicht zweierlei, sondern *eine Bewegung.* Das ist sein Geheimnis.

4. Das Wort Trost hat in der biblischen Sprache eine weitere, kräftigere Bedeutung als in unserer Sprache. Bei der Bedeutung, die es in unserer Sprache hat, *könnte es vorkommen,* daß Einer jetzt sagen würde: Wozu soll ich denn trösten können? was hat das für einen Wert? ich begehre gar nicht nach dieser Fähigkeit! Und wozu soll ich mich trösten lassen? ich habe das nicht nötig! ich habe auch nach dieser Fähigkeit kein Begehren! Bei uns hat nämlich dieses Wort Trost und Trösten *ganz falsch und einseitig* eine etwas weichliche, gefühlvolle Bedeutung bekommen. Wir denken unwillkürlich an ein gewisses sanftes, weibliches Beruhigen, Beschwichtigen, Zudecken: Nimm's nicht so schwer, denk an etwas Anderes, es wird bald wieder besser werden! Da ist's *kein Wunder,* wenn vielleicht der Eine oder Andere und vielleicht nicht der Übelste sich sagt: Das mag ich nicht. So mag ich nicht reden, und so mag ich auch nicht mit mir reden lassen. Eine *einseitig aufgefaßte* Wahrheit ist eben keine Wahrheit mehr. Wir können da wieder einmal den Abstand sehen, in dem wir uns zu den biblischen Menschen befinden. Wenn wir darauf achten, wie gerade der Apostel Paulus das Wort Trost gebraucht, so bekommen wir einen ganz anderen Begriff davon. Ja, Trösten ist etwas *Weiches, Sanftes,* aber auch etwas Hartes, Starkes, und eins nicht ohne das andere. Ja, Trösten ist eine zarte, heilende Berührung wie von *Mutterhänden,* aber auch ein kräftiges Winken und Ziehen wie von Vaterhand, ein *leises, zartes Reden,* aber auch ein lautes, energisches Rufen, ein schonendes, rücksichtsvolles *Eingehen* auf den Menschen, aber auch ein unzweideutiges, folgenschweres Umkehren des Menschen, und eins nie ohne das andere. *Anders tröstet* ein Paulus nicht, und anders läßt er sich nicht trösten. Schon der Trost selbst ist eben für ihn *nichts Halbes,* sondern etwas Ganzes, Umfassendes, darum auch seine Fähigkeit, zu trösten und sich trösten zu lassen.|

Trost ist ein Appell an den Menschen. *Er sieht zu starr auf* das, was ihm gerade vor Augen liegt, z. B. auf eine Enttäuschung, die er erlebt, auf eine Verlegenheit, in der er steckt, auf eine Sorge, die ihn erfüllt, auf einen Irrtum, der ihm passiert ist, auf einen Widerstand, dem er begegnet. Und nun wird ihm zugerufen: was dir vor Augen liegt, *ist nicht Alles,* was zu sehen ist. Sieh hinüber, *sieh hindurch,* du kannst ja, du hast ja weite und durchdringende Augen, sieh nicht starr, sondern frei und kühn. Wenn du *anders siehst,* als du jetzt siehst, so siehst du, wie alle Dinge, auch die, die dich jetzt bedrängen, klein sind und veränderlich und zeitlich [vgl. 2. Kor. 4,17], wie du über den Dingen stehst. *Wag's nur,* anders zu sehen, du kannst es!|

Man könnte es auch anders sagen: Der Mensch *hat etwas vergessen über seinen Bedrängnissen,* und zwar das Wichtigste: sich selbst. Er hat seine *Seele* vergessen, die durch keine Bedrängnis zerstört werden kann, seinen *Beruf* als Kämpfer, den er als eine Ehre und Freude auf sich genommen hatte, seine *Aufgabe,* eine kleine Lichtflamme zu sein in der dunklen Welt. Wäre sie nicht dunkel, so hätte er diese Aufgabe nicht! Und nun wird ihm zugerufen: *Erinnere dich doch,* wer du bist, was dir anvertraut ist, was du kannst! *Wundere dich nicht* so stark über das, was dir widerfährt, sondern sei dir selber treu. Derer, die mit dir sind, sind *mehr denn derer,* die wider dich sind!, wie der Engel dem Jakob zurief, als er seinem Bruder entgegen zog.[2]|

Man könnte es auch anders sagen. Der Mensch ist *sich seines Weges nicht mehr bewußt. Nicht jeder gute Mensch* in seinem dunklen Drange ist sich des rechten Weges wohl bewußt[3]. Auch dem guten Men-

[2] Der Zuruf bezieht sich nicht auf Jakob, sondern auf Elisa und seinen Diener, 2. Kön. 6,16.

[3] Vgl. J. W. von Goethe, *Faust I,* V. 328f. (Prolog im Himmel).

schen kann es geschehen, daß er sich *irre machen* läßt durch das, was ihm begegnet, daß er es in seiner Bedeutung *nicht versteht,* daß er in etwas hinein*läuft,* wo er nicht hinlaufen sollte, z.B. in eine Verbitterung, in einen Trotz, in eine Märtyrerstimmung, in eine stumpfe Ergebung hinein im guten Glauben, das sei der rechte Weg. Da wird ihm zu[ge]rufen: *Gib Achtung!* Der Weg, der Weg! *Nur vorbeikommen* darfst du an der Verbitterung, am Trotz und an den anderen Möglichkeiten, du *kannst nichts dafür,* daß du daran vorbeikommst, ja sieh, so ist die Welt, aber *nur vorbeikommen* darfst du an diesen Möglichkeiten. Der Sumpf ist nicht der Weg, und das Gestrüpp ist nicht der Weg, und der Felsenabsturz dort ist nicht der Weg, sondern mitten hindurch durch das alles führt der Weg. *Der Weg ist eben der Weg* und nicht das Zeug links und rechts. *Hast du ihn bisher* gefunden, so wirst du ihn auch weiter finden, *sieh nur genau* auf die Spuren vor dir, die dir sagen, daß Andere vor dir da hindurch gegangen sind.|

Ein solches Zurufen, das dem Menschen in seiner Bedrängnis widerfährt, ist der Trost in der Bibel; ein Zurufen *aus einer höheren Einsicht* heraus. Aus der Einsicht heraus, *daß die Bedrängnis,* die uns widerfahren kann, uns freilich zuweilen das Nächste ist, aber nie wirklich das Größte, nie das Letzte. Aus der Einsicht heraus, *daß der Mensch* in seiner Bedrängnis ein Amt, eine Aufgabe, eine Würde hat, die er gerade da nicht im Stich lassen, sondern vertreten muß. Aus der Einsicht heraus, *daß der Mensch auf einem Weg* ist, der durch die Bedrängnis hindurchführt. Aus dieser Einsicht heraus der Zuruf: Tu doch die Augen auf! Vergiß dich nicht! Verfehl' dich doch nicht! Du *hast* ja Augen! Du *weißt* ja! Du *bist* ja auf dem Weg!

5. Nicht wahr, nun ahnen wir etwas von dem Geheimnis des Paulus. Es stammt *Beides,* die Fähigkeit des Tröstens und die Fähigkeit des Sich-trösten-Lassens, *aus einer Einsicht,* aus der hohen Einsicht in das Wesen und in die Lage des Menschen. *Wer selber blind ist,* der wird nicht zu einem Anderen sagen können: Tu die Augen auf!, er kann es sich aber auch nicht von einem Anderen sagen lassen. Wohl aber kann das ein Sehender zu einem Sehenden sagen. *Wer selber nichts weiß,* der kann nicht zu einem Anderen sagen: Vergiß doch nicht!, er kann es sich auch nicht sagen lassen, denn man kann sich nur erinnern lassen an etwas, was man eigentlich weiß. Wohl aber kann ein Wissender das

zu einem anderen Wissenden sagen. *Wer selber querfeldein läuft* über Stock und Stein, kann nicht zu einem Anderen sagen: verlier dich nicht vom Weg, und er kann es sich auch nicht sagen lassen, denn wer den Weg nie gefunden hat, kann ihn auch nicht verlieren. Wohl aber können zwei, die miteinander auf dem Weg sind, so miteinander reden. *Wer die Einsicht nicht hat* in den Menschen und seine Lage, der kann nicht trösten, der kann sich aber auch nicht trösten lassen. Wohl aber können zwei, die miteinander gemeinsam diese Einsicht haben, der eine mehr, der andere weniger, aber doch miteinander und gemeinsam, die können einander trösten und sich voneinander trösten lassen.

6. So hängt schließlich Alles von der Einsicht ab! Wie aber kommt man zu dieser hohen Einsicht? *Erstudieren [?] und erlernen* kann man sie jedenfalls nicht. Es hat's schon Mancher versucht, aber so erreicht man den Punkt nicht, von dem aus Licht fällt auf die Lage des Menschen in seiner Bedrängnis. *Die Kraft zum Rufen und die Kraft zum Hören,* die es braucht, damit der Trost wirklich Trost wird, steht in keinem Buch, auch nicht im Bibelbuch. Aber die lebendigen biblischen Menschen, *die haben sie allerdings,* diese Einsicht, dieses Licht, diese Kraft. *Sie können einander darauf aufmerksam machen,* die Starken die Schwachen: seht, sie sind wirklich klein, die Bedrängnisse, unter denen wir jetzt seufzen, denn sie *sind* in ihren Augen tatsächlich klein. *Sie können einander erinnern,* die Fortgeschrittenen die Zurückgebliebenen: denkt daran, wer wir sind, Gottes Auserwählte, wer und was sollte uns scheiden von seiner Liebe [Röm. 8,35]?, denn sie *sind* Gottes Auserwählte. *Sie können zueinander sagen,* die Sicheren zu [den] Unsicheren: Da ist der Weg und nicht da, das ist nur Sumpf und Gestrüpp, denn sie *sind* auf dem Weg. Und die Anderen, die Schwachen, die Zurückgebliebenen, die Unsicheren *können sich das alles sagen lassen,* denn auch sie *haben* Augen, sie *sind* Auserwählte, sie *sind* auf dem Weg. *Ein* Kreis umschließt sie alle, eine Bewegung trägt sie alle, *eine* Einsicht ist in ihnen allen.|

Wie aber kommt man in diesen Kreis, in diese Bewegung, in diese Einsicht hinein, möchten wir wissen. Ja, nun müßten wir uns Alles noch einmal vor Augen halten, was wir letzten Sonntag gehört haben. Wißt ihr noch: *die große Bedrängnis,* die Todesbedrängnis, in der die biblischen Menschen stehen? Habt ihr's noch einmal gehört heute in unserem Text, wie Paulus dran ist: *es ging weit* über unsere Kraft, *wir verzweifelten* am Leben, wir mußten uns selbst das *Todesurteil* sprechen? Wie diese Menschen *am äußersten Rande* der Verlorenheit, der Wüste stehen, dort wo sie nur noch wählen können[4]: entweder den Tod oder Gott. Wie sie *unter dem Kreuze* stehen und Alles, Alles von dort aus betrachten müssen. *O große Not und Finsternis,* wenn der Mensch so weit kommt, so tief hinunter! Aber dort, am äußersten Rande, sprudelt *die Quelle des Lebens* [vgl. Ps. 36,10]. Dort, wo wir nicht hinwollen, von dort müßten wir *herkommen.* Von dort kommt die *Einsicht,* das Licht, die Kraft. Von dort her, aus der Nacht des Todes kommen die *Lebendigen.* Vom Kreuz her kommt *die Bewegung,* in der Paulus und die Seinigen stehen, er als der Starke, sie als die Schwächeren, aber beide in der Bewegung. Von dort her *die offenen Augen,* von dort her *die Erwählung,* von dort her *der rechte Weg,* der nicht verlassen werden kann. Was tut denn Paulus anders in unserem Textworte, als daß er die Seinigen eben mitnimmt auf den Leidensweg und Todesweg Christi, auf den er selber gekommen ist. Indem er selber da wandert, *ist er ein Getrösteter,* die große Bedrängnis ist ihm zum Ende der kleinen Bedrängnisse geworden. Und indem er die Seinigen mitnimmt, *wird er ihnen zum Tröster,* kann er auch ihnen zeigen, wie die kleinen Bedrängnisse weichen, wenn wir der großen Bedrängnis nicht ausweichen. Und wenn wir heute *noch nicht mit unterwegs* sind, liebe Freunde, wenn wir uns noch als leidige Tröster und unwillig Getröstete fühlen, so wollen wir es uns nicht anfechten lassen. Gerade *wenn wir's fühlen,* brauchen wir es uns nicht anfechten zu lassen. Gerade dann dürfen wir denken, was wir uns das letzte Mal sagten: daß etwas auch in uns *mit unterwegs* ist. Warum sollten wir *außerhalb* des Kreises stehen? Warum sollten wir nicht mit Paulus und den Seinigen *erwählt sein* zu Tröstern und Getrösteten? Warum sollte uns *die Einsicht ganz* fehlen, aus der aller Trost kommt?

[4] Mskr.: «konnten». In diesem und dem folgenden Satz hatte Barth zunächst das Imperfekt gebraucht («standen», «standen», «mußten»). Als er sich korrigierte, übersah er das Wort «konnten».

Lieder:
Nr. 42 «Die goldne Sonne voll Freud und Wonne» von P. Gerhardt, Strophen 1–3 (RG [1998] 571 «Die güldne Sonne…»; EG 449 mit Textabweichung in Strophe 3)
Nr. 258 «Dir will ich danken bis zum Grabe» von G. Fr. L. Knak, Strophen 5.6.10 (GERS [1952] 315,5.6.7 mit geringen Textabweichungen)

2. Korinther 1,12–22[1] I

12 Wenn wir uns rühmen, so ist das nur der Ausdruck unseres guten Gewissens, daß wir in der Schlichtheit und Lauterkeit G o t t e s, nicht in fleischlicher Weisheit, sondern in der Gnade G o t t e s uns in der Welt bewegen, ganz besonders e u c h gegenüber. 13 Wir schreiben euch nichts Anderes, als was ihr lest und auch versteht; 14 ich hoffe aber, daß ihr es noch g a n z verstehen lernen werdet, so wie ihr uns doch schon teilweise verstanden h a b t, nämlich darin, daß wir euer Ruhm sind so gut wie ihr der unsrige auf den Tag unseres Herrn Jesus.

15 Und in dieser Zuversicht beabsichtigte ich, zuerst zu e u c h zu kommen, damit euch zweimal Gnade widerfahre: bei euch vorbei wollte ich nach Mazedonien 16 und dann wieder von Mazedonien zu euch gelangen und mich von euch nach Judäa geleiten lassen. 17 Sollte ich bei dieser Absicht leichtfertig gewesen sein? Oder sind meine Absichten so fleischliche Absichten, daß mein Ja durchaus Ja und mein Nein durchaus Nein bleiben müßte? 18 So wahr Gott treu ist, was wir euch v e r k ü n d i g e n, d a s ist nicht Ja u n d Nein! 19 Denn der Sohn Gottes, Christus Jesus, der unter euch durch uns gepredigt wurde, durch mich und Silvanus und Timotheus, d e r ist nicht Ja u n d Nein, sondern in ihm ist das J a erschienen. 20 Denn alle Gottesverheißungen finden in ihm ihr Ja, deshalb auch durch ihn ihr Amen, Gott zum Preise durch unseren Mund. 21 Der uns aber mit euch zusammen in Christus befestigt und der uns gesalbt hat, das ist Gott, 22 derselbe, der uns versiegelt und das Angeld des G e i s t e s in unsere Herzen gegeben hat.

1. Der 2. Korintherbrief ist *ein Stück aus dem Leben* der ältesten Christen. Die anderen Schriften des Neuen Testaments sind das zwar auch. Aber der 2. Korintherbrief ist es viel mehr, viel deutlicher, viel deutlicher z. B. als der Epheserbrief, den wir letzten Sommer zusammen lasen und hörten[2]. Hier ist *nicht nur die Rede* eines Mannes oder seine Antwort, sondern es ist immer beides: Rede und Antwort, und immer hört man beide Seiten, und auf beiden Seiten steht nicht nur Einer, sondern hier ist Paulus mit seinem Freund Timotheus und

[1] Am 31. Januar schrieb Barth an Thurneysen: «Morgen Predigt über 2. Kor. 1,12–22. [...] Bei Luther ist alles, besonders V. 14–18 ganz sinnwidrig übersetzt.» (Bw. Th. I, S. 366).

[2] Vom 4. Mai bis 7. September 1919 hatte Barth in einer Reihe von 18 Predigten den Epheserbrief ausgelegt. Siehe Predigten 1919, S. 173–334.

wahrscheinlich noch Anderen und dort die Gemeinde in Korinth, zusammengesetzt aus lauter sehr verschiedenartigen Leuten. Der 2. Korintherbrief ist ein Stück *aus einem Gespräch,* obwohl scheinbar Paulus allein redet, man merkt doch immer auch etwas von dem, was die Anderen gesagt haben. Das *Persönliche,* das Menschliche auf beiden Seiten wird da sehr bedeutend, manchmal so bedeutend, daß man Mühe hat, Alles richtig zu verstehen. Wie es ja auch heute noch ist: Das Persönliche ist das im Leben, was man am schwersten versteht, und je stärker es sich irgendwo vordrängt, desto feinere Augen und Ohren braucht es, um den Dingen auf den Grund zu sehen. Hier drängt es sich *sehr stark hervor.* Es ist einem manchmal, man sehe und höre sie fast, die Menschen, die sich da so viel zu sagen haben, wie sie sich so *liebhaben* und doch so viel Unausgesprochenes auf dem Herzen tragen, wie sie eigentlich *das Gleiche* wollen und doch auch wieder gar nicht, wie sie sich Mühe geben, sich *in die Augen* zu sehen und sich zu verstehen, und dann doch auch wieder ganz aneinander vorbeireden und ganz etwas Anderes meinen. Manchmal meint man, im 2. Korintherbrief wirklich *nur dieses Menschliche, Persönliche* zu sehen, ein Stück aus dem gewöhnlichen Leben, wie es auch das unsrige ist. Dann würden wir den Brief jedenfalls nicht verstehen. Was gehen uns diese alten Menschen, diese alten Dinge an?, müßten wir dann denken.|

Aber nun liegt das Merkwürdige an diesem Gespräch längst verstorbener Menschen über längst vergangene Dinge darin, wie da gerade das Menschliche, das Persönliche *in einem so besonderen Lichte* steht. Ja, es ist *ganz gewöhnliches Leben,* wenn wir so wollen, aber nicht wahr, wir spüren es ja: es spielt da in jeden Satz noch etwas sehr Ungewöhnliches hinein. *Es ist Alles wie bei uns,* man redet, man hört, man seufzt und klagt übereinander, man erklärt sich, man versteht sich halb oder auch ganz, aber nicht wahr, wir spüren es: es ist doch nicht ganz wie bei uns, es redet da noch etwas Anderes mit und wird gehört. Es *sind lauter persönliche Angelegenheiten* des Paulus und der Korinther, von denen da die Rede ist, aber nicht wahr, wir spüren es ja: es ist etwas wie ein Salz in diesen Reden, das durchdringt und verwandelt Alles und gibt diesen persönlichen Angelegenheiten eine weite, umfassende Wichtigkeit und Bedeutung. Wir spüren eben mit einem Wort *das Besondere jener ganzen Zeit:* «Das Reich Gottes ist nahe herbeigekommen» [Mk. 1,15 par.]. Das war damals immer noch ein wenig wahr. Die Erschütterung des großen Erdbebens war noch nicht ganz vorbei. Die aufgehobene [?] Hand Gottes war noch nicht ganz unsichtbar geworden. Die Nacht, da niemand wirken kann [vgl. Joh. 9,4], wo Alles wieder gewöhnlich, nur menschlich ist, war noch nicht wieder hereingebrochen. Es lag immer noch ein Glanz von Auferstehung auf dem Leben der Menschen. *Das ist das Eigenartige* dieses Briefes, daß er uns zeigt, wie es ist, wenn *«Menschen untereinander»*, Menschen in ihren ganz persönlichen Beziehungen in das Licht des Reiches Gottes treten. Je deutlicher wir es merken, daß unseren persönlichen Beziehungen *dieses Licht fehlt* und wie nötig wir es hätten, desto sehnsüchtiger muß uns dieser Brief machen, desto aufmerksamer auf das Eine, worauf es ankommt [vgl. Lk. 10,42], desto gesammelter in der Erwartung: es muß einmal wieder Tag werden, Gottestag.

2. Wir wollen einige Beispiele nehmen aus unserem Text. Paulus ist den Korinthern gegenüber in der schwierigen Lage, daß er *eine Art Amtsstellung* ihnen gegenüber einnimmt. *Er ist ihr Apostel*, er ist's, der sie mit der Botschaft von Christus aus dem Schlaf des Heidentums geweckt und zur Selbstbesinnung gebracht hat, er hat noch immer das Recht und die Pflicht, sie zu mahnen und zu warnen und anzuleiten, sie haben ihn offenbar auch immer noch nötig, denn sie haben ihm dringend geschrieben, daß er bald und zuerst zu ihnen kommen solle. Aber unterdessen *sind sie selbst* auch etwas geworden, Christen, die auf eigenem Fuß leben, die nicht mehr unbedingt gehorchen mögen, sondern sich sogar herausnehmen, an den Worten und am Verhalten des Paulus allerhand auszusetzen. Wie in jedem Haus der Moment kommt, wo die Kinder anfangen, ihre Eltern laut oder leise zu kritisieren. *Wie reimt sich das* zusammen: die natürliche Gleichberechtigung, die in solchen Verhältnissen immer allmählich entsteht, mitsamt der gewissen Respektlosigkeit, die mit solcher Gleichberechtigung verbunden ist – mit der notwendigen Unterordnung, die doch immer noch bestehen sollte? Wir sind in solchen Lagen *gewöhnlich sehr hilflos* und lassen die Verhältnisse mit raschen Schritten schlimm und immer schlimmer werden. *Mit der Berufung* auf Recht, Würde und Autorität ist da ja gar nichts geholfen. *Paulus weiß einen Weg* aus dieser Verlegenheit heraus: *Er stellt sich* und sie nicht nur auf einen gemeinsamen Boden, wo sie sich finden [?] müssen, sondern auf einen neuen Boden, wo das zweideutige Amtsverhältnis nicht gefährlich werden oder bleiben kann. *Ja, wir sind* in Christus befestigt, sagt er, hingestellt [?] mit einer besonderen Würde, gesalbt zu einem besonderen Werk, wie die Könige Israels gesalbt wurden zu ihrem Königtum. Aber *seid ihr's nicht auch?* Sind wir's nicht mit euch zusammen? Und *wer ist's,* der uns, nicht ohne euch, ohne euch auszuschließen, zu etwas Besonderem gemacht? Unser Alter oder unsere Lust am Herrschen oder unsere große Einsicht und Frömmigkeit? Nein, nichts von dem, was uns voneinander scheidet, sondern der, der uns miteinander *verbindet,* der Höhere, in dem wir zusammenkommen: Gott, der uns versiegelt, der uns einen *besonderen Auftrag* gegeben in der Welt und darum ein besonderes Werk, der uns eine *besondere Zukunft* verheißen und damit schon eine besondere Gegenwart gegeben, den Geist, wie ein Angeld auf die ganze Summe, die noch aussteht. Aber ist's nicht Alles *auch euer,* was unser ist, der Auftrag, die Zukunft, die Gegenwart, der Geist? Ist's darum weniger euer, weil es auch unser ist? Könnt ihr uns zurückweisen, mit uns streiten, wo wir euch ja nur das Ewige wiederbringen, an das Ewige euch erinnern? Ist's nicht unsere *gemeinsame Sache?* Kritisiert mich! Habt eure Freiheit! Aber laßt auch mir die meinige, meine Pflicht an euch zu tun! Nur Eines nicht, nicht heraustreten aus dem Kreis des Gemeinsamen! |

Nicht wahr, *wenn wir auch so ein Gemeinsames* hätten in unsere Verhältnisse zwischen Eltern und Kindern, Hausherren und Dienstboten, Herren und Arbeitern, Vorgesetzten und Untergebenen hinein, so ein Höheres, das uns erlauben würde, *in der Ungleichheit* zu leben und doch in der Freiheit, uns nebeneinander zu stellen, *in der Gleichheit* also und doch in der Freiheit, auch die Ungleichheit zu ertragen. Gemeinsame Interessen, gemeinsame Wünsche, gemeinsames Vergnügen, sogar gemeinsame Ideen tun's *freilich nicht!* Sie können die Menschen wohl auf eine Weile aneinander binden, aber gerade in all den schweren Fällen, wo so eine Überordnung der Einen über die Anderen bestehen sollte und doch nicht bestehen kann und doch bestehen muß, da hilft das alles nichts. *Da braucht's eben die Einsicht* in das Höhere, in die Bestimmung aller Menschen, Gott Ehre zu machen. Da steht man *oben* und ist der Größere und Stärkere und läßt sich kritisieren und weiß, daß Beides sein darf, und steht *unten* und ist der Kleinere und Schwächere und lehnt sich ein wenig auf und weiß, daß auch da Beides sein darf. Es entsteht *kein Unfriede* daraus, kein Gift. Ein Kampf vielleicht, der 2. Korintherbrief ist voll von solchem Kampf, aber kein Zank. Eine lehrreiche *Unterhaltung* wird dann das gemeinsame Leben, bei der ganz natürlich der, der mehr hat, den Ton angibt, dem der Andere folgt, an der aber beide etwas lernen. Eine *Bewegung,* wie wenn zwei Pferde, ein stärkeres und ein schwächeres, einen Wagen ziehen, mag das Eine mehr ausrichten, so leisten doch beide etwas. *Niemand* braucht allzu rücksichtsvoll zu sein, und niemand braucht sich schweigend zu ducken. Niemand braucht zu beleidigen, und niemand braucht sich beleidigt zu fühlen. Man sieht eben *auf's Ziel hin.* Wir wollen nicht zu rasch denken, das könnten wir schon zustande bringen. Die Ausdrücke, die Paulus da braucht von der Gemeinschaft «in Christus befestigt» und «gesalbt, versiegelt, das Angeld...» sind zu schwer und groß. Es ist *der Gottestag des Neuen Testaments,* der anbrechen müßte, wenn es in unseren Häusern und Fabriken, Schulen und Kirchen zu dieser Gemeinschaft kommen sollte. Aber warum sollte dieser Gottestag nicht aufs Neue anbrechen?

3. Ein anderes Beispiel. Dem Paulus ist offenbar von den Korinthern vorgeworfen worden, *er rühme sich,* d. h. er trete allzu sicher und selbstbewußt auf. *Diesen Vorwurf* verstehen wir wohl besonders gut. Denn wenn uns heutzutage jemand mit allzugroßer Bestimmtheit begegnet in seinem Reden und Auftreten, dann wirkt das meistens unangenehm auf uns. Wir haben unwillkürlich *den Verdacht,* das könne nicht mit rechten Dingen zugehen, es werde uns da etwas vorgemacht, wir gehen solchen Menschen aus dem Wege. Wir *haben auch ganz recht.* Solche Sicherheit ist heute fast immer ein Zeichen davon, daß ein Mensch entweder Geld hat oder sich selbst überschätzt oder das Leben nicht sieht, wie es ist. Wer nicht durch Geld gestützt wird und dazu sich selbst und die Menschen kennt, der kann sich heute nicht rühmen. Und wenn *Einer uns heute das sagen wollte,* was Paulus gesagt hat: Wenn ich mich rühme, so ist das nur der Ausdruck meines guten Gewissens!, so könnten wir nur antworten: Bitte, wer hat denn heute ein gutes Gewissen, wer darf so verblendet sein, das von sich zu behaupten? Nun, Paulus behauptet es, aber nun wollen wir beachten, *wie er es begründet:* Wir haben das gute Gewissen, daß wir uns *in der Schlichtheit und Lauterkeit Gottes bewegen.* Er hat nicht in sich selber, sondern in Gott etwas Einfaches, Klares, Gewisses gefunden. Er hat gemerkt: *da komme ich her,* da bin ich zu Hause, das gibt mir Halt, das bewegt mich. Er hat sein Leben auf diesen *Grund* gestellt. Er geht immer wieder auf diesen *Ursprung* zurück. Und das ist's, was ihm das gute Gewissen gibt. Sein Gewissen ist also ganz wörtlich *ein Wissen,* er weiß, daß Gott lebt. *Auch wenn* er an sich selber irre ist, auch wenn ihm der Kampf des Lebens verleidet ist, auch wenn er in der Welt einfach verzagt, weiß er immer auch, daß Gott lebt.|

Vielleicht erinnert ihr euch aus den zwei letzten Predigten, wie er dazu kam: *Das ist der Mann,* der dem schrecklichen Rachen[3] des Todes auf den Boden gesehen und auf dem Boden das Leben gefunden hat: Gott, der die Toten auferweckt! *Das weiß er nun eben.* Nicht immer mit Gefühl und Begeisterung, nicht immer mit Heldenkraft, nicht immer so, daß er auch davon reden kann, aber er weiß es. Ich weiß, *an wen ich glaube.*[4] Der Glaube selbst aber ist nicht ein Meinen, nicht ein Gefühl, sondern ein Wissen von Gott, ein Verständnis, eine Einsicht. Und *das gute Gewissen,* das nicht unsere eigene Person und unser Tun, sondern die Schlichtheit und Lauterkeit Gottes betrifft, den Diamanten[5], der uns nicht genommen werden kann, auch wenn wir, menschlich geredet, ein schlechtes Gewissen haben, dieses gute Gewissen gibt dem Paulus Sicherheit, erlaubte, notwendige Sicherheit. Ja, *da steht er, als* einer, der bei aller Erschrockenheit und Demut etwas zu sagen hat, der weiß, was er will, und will, was er weiß. *Wohl begreiflich,* daß die Korinther ihn mißtrauisch betrachten, und wohl begreiflich, daß wir uns ihnen anschließen müssen. Das gute Gewissen, das Gott betrifft und nicht uns selbst, ist *nicht jedermanns Sache.* Die Korinther müssen erst darauf aufmerksam gemacht werden: es könnte vielleicht eine Ausnahme geben von einer Regel, den Fall, wo ein Mensch sich rühmt, aber nicht seines Eigentums, seines Verdien-

[3] Könnte auch «Lachen» heißen.

[4] Vgl. das Lied Nr. 235 von E. M. Arndt «Ich weiß, woran ich glaube» (RG [1998] 278; EG 357).

[5] Aus Strophe 2 des in Anm. 4 genannten Liedes: «Mit Diamanten mauert / Mir's Gott im Herzen fest».

stes, seiner Urheberschaft, sondern Gottes. Und vollends eine kranke Zeit wie die unsrige muß diese Art guten Gewissens, diese Art Sicherheit erst wieder entdecken. *Gott wissen!* Auf Gott sehen! In Gott ruhen! In Gottes Schlichtheit und Lauterkeit uns bewegen! *Wir wollen doch nicht denken:* Das tu ich schon! Wir wollen nun schon unsere ganze Unsicherheit *anerkennen* und ertragen, die davon kommt, daß wir gerade das nicht tun. Es ist *der Gottestag* des Neuen Testaments, an dem solche Dinge geschehen. *Schauspieler,* die sich nehmen wollten, was nur von oben gegeben werden kann [vgl. Jak. 1,17], hat Gott zu allen Zeiten genug gehabt. *Kinder Gottes* zu werden, die keinen Ruhm haben wollen, bis sie in dem von allen Hüllen befreiten göttlichen Spiegel ihr eigenes Angesicht schauen [vgl. 1. Kor. 13,12] und sich *rühmen* dürfen, ohne *sich* zu rühmen, solche Kinder Gottes zu werden, ist eine andere Sache. Aber warum sollte der Gottestag, der dem Paulus leuchtete, nicht aufs Neue anbrechen?

4. Noch ein Beispiel. Die Korinther haben sich offenbar beklagt, *sie verstünden den Paulus oft nicht.* Ja, das ist noch so eine *Not,* wenn man sich nicht versteht, wir wissen ja auch etwas davon zu sagen. Wir suchen das dann gewöhnlich *menschlich zu erklären.* Wir sagen etwa: ja, *der Eine, der redet,* ist wohl nicht ganz aufrichtig, er meint's zweideutig, er kennt die Menschen zu wenig, er redet zuviel gleichsam im Selbstgespräch – und *die Anderen, die hören,* sind wohl zu träge, sie haben zuviel Vorurteile, sie wollen nicht verstehen. Und das alles mag ja bei uns zuweilen seine *Richtigkeit* haben auf beiden Seiten, vielleicht hat es sogar zwischen Paulus und den Korinthern einigermaßen seine Richtigkeit gehabt. Aber seht, wie merkwürdig auflösend nun auch da wieder *die hohe Einsicht hineinspielt* in dieses Unverständnis. Wir verstehen dich nicht, wie du's meinst!, haben sie ihm offenbar geschrieben, und er antwortet ihnen ganz kindlich: *Wir schreiben euch nichts Anderes,* als was ihr lest und auch versteht! Also, wie wenn man heute sagen wollte: versteht es nur einmal ganz wörtlich, es ist ja alles gutes Deutsch und gerade so gemeint, wie es gesagt ist, und leichtverständlich, und ihr versteht sogar bereits. Und dann fährt er fort: ich hoffe aber, daß *ihr es noch ganz verstehen* lernen werdet, so wie ihr uns auch schon teilweise verstanden habt. Also, es ist schon ein Anfang da von Verstehen auch im Nicht-Verstehen. Etwas versteht man immer, warum nicht daran sich freuen und sich Mühe geben, von da aus weiter zu verstehen? Wenn man das Verständnis, das man hat, wachsen läßt, wird es von selbst aus einem kleinen zu einem großen.|

Woher nimmt nur Paulus *die Zuversicht, so zu reden,* wo wir doch wissen, wie schwer es tatsächlich oft ist, sich zu verstehen? Was ist nun *das Höhere,* das da hineinspielt und das Unverständnis auflöst? Das sagt er nachher: Darin haben wir uns schon verstanden und werden wir uns verstehen, *daß wir euer Ruhm sind so gut wie ihr der unsrige* auf den Tag unseres Herrn Jesus. Das will sagen: wir *wollen doch nicht reden* von meinen Fehlern beim Reden oder Schreiben und von[6] euren Fehlern beim Hören oder Lesen. Es ist doch *etwas viel Größeres zwischen* uns. Etwas, das auf die *Ewigkeit hinzielt,* auf den jüngsten Tag, auf das vollkommene Reich Gottes. *Davon rede ich,* und das *hört* ihr auch und werdet es hören. *Wie sollten wir uns nicht* verstehen, wenn wir an das Ziel denken? Ist es uns nicht allen ins Herz geschrieben? *Kann ich denn etwas Anderes* meinen als dieses Ziel, und könnt ihr etwas Anderes hören, als daß von diesem Ziel die Rede ist, und werdet ihr das nicht immer besser hören, wenn es euch überhaupt ums Hören zu tun ist? Mag uns *im Diesseits Vieles unklar* sein, unklar in meinen Worten, unklar in euren Gedanken, mögen wir im Diesseits aneinander vorbeireden und vorbeihören, im Jenseits *treffen wir uns,* im Jenseits ist *Alles klar,* und nun stehen wir doch schon im Diesseits im Lichte des Jenseits, und das Jenseits will Diesseits werden, und schon zeigt sich das Morgenrot des Tages unseres Herrn Jesus – *wie sollten wir da* müde und verdrießlich und ärgerlich übereinander sein, weil wir uns noch nicht ganz verstehen? Das Verständnis kommt, zwischen uns muß es kommen, es kann gar nicht anders als kommen trotz allem Menschlichen, das da zwischen uns ist. *Nicht wahr, das ist* hoffnungsvoll, das werden wir gerne auch auf uns anwenden. Ja, wir dürfen es, nur nicht zu schnell. Es ist eben auch wieder *der Gottestag* des Neuen Testaments, an dem das geschieht, daß ein solches Hoffnungslicht in die Finsternis menschlichen Unverständnisses hereinbricht. Es *versteht sich nicht von selbst,* daß man anfängt, sich zu verstehen. Es ist ein *Wunder,* so gut wie die Speisung der Fünftausend [Mk. 6,32–

[6] Mskr.: «beim»; korr. vom Hrsg.

44 par.] und die Stillung des Sturms [Mk. 4,35–41 par.]. Aber noch einmal: Warum sollte dieser Gottestag nicht aufs Neue anbrechen?

5. Es ist noch mehr zu sagen über diesen Text. Wir verschieben es aufs nächste Mal. Paulus und die Korinther sind *Wanderer,* Pilger, Losgelöste. Das *Reich Gottes* ragt überall, wenn man so will, als eine große Störung in das gewöhnliche Leben hinein. Damals sind sie *sicher Menschen* gewesen wie wir, nicht besser und nicht schlechter. Aber nicht wahr, diese Störung hat etwas *Beneidenswertes.* Die Dinge *verändern* sich da sehr vorteilhaft. Wir können das zunächst nur *mit ansehen.* Wir können aber auch die *Ursache begreifen:* Das ist das [ewige] Leben, daß sie dich [, der du allein wahrer Gott bist, und den du gesandt hast, Jesum Christum, erkennen. Joh. 17,3]. Wenn wir das begreifen, dann sind wir nicht bloße Zuschauer.

Lieder:

Nr. 9 «Sei Lob und Ehr dem höchsten Gut» von J. J. Schütz, Strophen 1–3 (RG [1998] 240; EG 326)

Nr. 327 «Kommt, Brüder, laßt uns gehen» von G. Tersteegen, Strophen 1.4.5 (GERS [1952] 325,1.4.5 «Kommt, Kinder...»; EG 393,1.6.7 mit Textabweichungen)

2. Korinther 1,12–22[1] II

1. Das Reich Gottes ist das Ganze, das Vollkommene: die *Versöhnung* mit Gott, bei der nichts Unversöhntes zurückbleibt, die *Vergebung* der Sünde, die die Sünde hinfort unmöglich macht, das *Gericht* über das Böse, aus dem es nicht wieder lebend hervorgehen kann, die *Erlösung,* durch die alle Tränen abgewischt werden, nach der weder Leid, noch Geschrei, noch Schmerz sein kann [vgl. Apk. 21,4], das *Reich* Gottes, neben dem es kein anderes Reich gibt, ein neuer Himmel und eine neue Erde [vgl. Jes. 65,17; 2. Petr. 3,13; Apk. 21,1]. *Das ist's,* was uns eigentlich auf jeder Seite des Neuen Testaments, die wir aufschlagen mögen, in Verlegenheit und in freudiges Erstaunen versetzt. Das Gleiche, was uns *verlegen* macht, macht uns doch auch Freude, nicht wahr? Aber das Gleiche, was uns *freut* im Neuen Testament, setzt uns auch in Verlegenheit.

Die Botschaft vom Reich Gottes setzt uns in Verlegenheit, weil sie gar so ausschließlich, einseitig, unerbittlich ist. Wir sind *aus unserem Leben gewöhnt,* daß jedes Ding zwei *Seiten* haben, daß einer jeden *Wahrheit* auch noch etwas abgezogen werden muß, daß in jedem *Ja* irgendwo auch noch ein Nein steckt. Wir sind an eine gewisse *Nachsicht* gewöhnt uns selbst und auch wohl Anderen gegenüber, an eine gewisse ängstliche *Behutsamkeit,* die uns davor bewahrt, allzu rasche Schritte zu tun, an eine gewisse *Unsicherheit* des Denkens und Redens. Wir haben eben zu oft *erfahren,* daß die Dinge in diesem Leben zwar nicht so gefährlich, aber auch nicht so herrlich sind, wie sie uns oft im ersten Augenblick entgegentreten. Zu dieser unserer Gewöhnung und Erfahrung steht nun die Botschaft des Neuen Testaments vom Reich Gottes jedenfalls *im Widerspruch.* Wenn wir es auch nur auf einen Augenblick versuchen, unser Leben im Lichte des Reiches Gottes zu betrachten, so sehen wir, daß *alle Dinge eine Neigung* bekommen, nur noch eine Seite haben zu wollen. *Unsere Nachsicht,* unsere Behutsamkeit, unsere Unsicherheit erscheinen da uns selbst als etwas sehr Unvollkommenes, unsere bewährteste *Erfahrung* kommt in den Verdacht, sie könnte im letzten Grunde doch eine Täuschung

[1] Text-Übersetzung s. oben bei Nr. 505, S. 42.

sein. *Versöhnung!* heißt es da, ohne drum und dran, ohne hin und her, ohne einerseits andrerseits – einfach Versöhnung, und so Vergebung, Gericht, Erlösung, Reich Gottes! Ja, eben Gottes! Wenn wir im Neuen Testament Reich Gottes lesen, so merken wir gleich, daß da *das Wort Gott* eine ganz ungewohnt ernsthafte, reale Bedeutung hat. Was bei den Menschen unmöglich ist, das ist bei Gott möglich [vgl. Mk. 10,27 par.]! Das kann uns wohl *verlegen* machen, wenn wir merken, daß uns zugemutet wird, uns auf diesen *Standpunkt* zu stellen. Das ist ja eigentlich gar kein Standpunkt, das heißt *sich in die Luft stellen,* von unseren Gewohnheiten und Erfahrungen aus betrachtet. Da kann man wohl auf die Frage kommen, *ob es nicht besser wäre,* dieses Buch einmal endgiltig zu schließen und uns so die Beunruhigung, die es uns bereitet, zu ersparen.

Aber wir müssen ja doch immer wieder *dazu zurückkehren,* wie ein Falter zum brennenden Licht. Das Gleiche, was uns verlegen macht, *freut uns aber auch.* Das Gleiche, was uns abstößt, *zieht uns auch an.* Wir Menschen in unserem Verhältnis zu Gott sind *merkwürdige Wesen.* Wir haben unsere Gewohnheiten und Erfahrungen *so lieb,* wir trennen uns so schwer von dem lauen Wasser unserer natürlichen Lebensanschauung, von dem Halbdunkel unserer Menschenwelt, in dem alle Katzen grau sind. Und dann ist auch wieder *kein Einziges,* das es ganz verleugnen könnte, daß ihm heiß oder kalt eigentlich lieber wäre als lau [vgl. Apk. 3,15f.], Licht oder Finsternis lieber als Dämmerung. Wir sagen alle jeden Tag, jede Stunde: *sowohl – als auch,* einerseits – andrerseits!, Ja und Nein! Aber es ist auch in uns allen etwas, das wartet und hofft auf ein *Entweder – Oder.* Es *rumort heimlich* in jedem Menschen etwas ganz Kühnes, Radikales, das sich mit all den Halbheiten und Teilungen unseres Daseins nicht zufrieden geben mag. Es ist also *etwas jedenfalls* in uns, ein Tröpflein unseres Wesens vielleicht nur, aber doch ein Tröpflein, das gerade an dem in der Bibel, was uns verlegen macht, seine Freude hat. Es wäre *eine merkwürdige Sache,* einmal zu untersuchen, welche Gründe einen Menschen veranlassen, in dieser oder jener Lebenslage zur *Bibel* zu greifen oder den Weg in die *Kirche* zu unternehmen. Der *tiefste Grund* ist doch wohl immer der, daß er von jenen *Halbheiten und Teilungen* unseres Lebens, von der ewigen Nachsicht und Vorsicht und Rücksicht, mit der wir uns behelfen müssen, ein wenig genug hat und etwas Anderes sehen und hören möchte. Und was kann *dieses Andere* sein, als eben das Ganze der Vollkommenheit des Reiches Gottes, das nicht Ja *und* Nein ist, sondern Ja und Amen?|

Und wenn man dem zuletzt [?] nachforschen wollte, welche Gründe dazu geführt haben, daß sich die neuere [?] Menschheit so offenkundig von der Kirche, von der Bibel, vom Christentum überhaupt *abgewendet hat*, so werden wir sehen: es ist *nicht etwa* das Übernatürliche, das ganz Andere[2], das Göttliche, das die Menschen abschreckt, sondern *im Gegenteil:* gerade jenes radikale, kühne Tröpflein unseres Wesens, das in uns, was nach Ewigkeit verlangt, ist seit Jahrhunderten in der Kirche, bei der üblich gewordenen Auffassung der Bibel, in unserem ganzen Christentum nicht mehr auf seine Rechnung gekommen. Die Menschen sagten sich: Moral und Lebensweisheit und Religion *können wir uns auch sonst* verschaffen, dazu brauchen wir den Umweg über Kirche, Bibel und Christentum nicht. Und das ganz Andere, das Neue, das Ganze und Vollkommene, nach dem wir eigentlich hungern und dürsten, *das finden wir ja dort doch nicht.* Die *Kirche* hat es ganz wunderbar gelernt, sich den Gewohnheiten und Erfahrungen der Menschen anzupassen und Ja *und* Nein zu sagen, was sollen wir in der Kirche? Die *Bibel* hat sich ganz wunderbar verwandelt aus [?] einer Botschaft und Verkündigung von Taten Gottes, die geschehen und geschehen werden, zu einer Nachricht von Taten Gottes, die einst vor 2000 Jahren geschehen sein sollen, was soll uns die Bibel? Was soll uns *das Christentum?*, hat der jüngst verstorbene Bundesrat Müller kurz vor seinem Tode bekannt, das Christentum wagt es ja doch nicht mehr, zu sein, was es eigentlich ist; ich ziehe es vor, als Atheist zu sterben.[3] Die heutige Menschheit ist *des Ewigen nicht weniger bedürftig,* als es die Menschheit zu allen Zeiten gewesen ist, aber mit dem, was unter uns aus der Sache Jesu Christi geworden ist, läßt sie sich nicht mehr abspeisen und hat eigentlich vollkommen

[2] Siehe oben S. 31, Anm. 10.

[3] Eduard Müller war von 1895 bis zu seinem Tod am 9.11.1919 Bundesrat. Obwohl sein Vater als Theologieprofessor in Bern lehrte, war Müller, ein überzeugter Freisinniger, aus der reformierten Kirche ausgetreten (vgl. U. Altermatt [Hrsg.], *Die Schweizer Bundesräte. Ein biographisches Lexikon,* Zürich / München 1991, S. 269–274). Thurneysen machte Barth im Brief vom 12.12. 1919 auf entsprechende Äußerungen aufmerksam (in Bw. Th. I ausgelassen).

recht damit. Auch die Abwendung von Christus, die sich heute vollzieht, ist nur ein Beweis für *das, was der Mensch bei Christus eigentlich sucht* und was in Tat und Wahrheit in Christus ist, nur daß wir das Wort dafür und das Ohr dafür erst wieder bekommen müssen! Das Ja und Amen, das Ganze und Vollkommene des Gottes-Reiches, das ist's, *was jedenfalls der Apostel Paulus* in Christus *gefunden* hat und nun seinerseits den Menschen *zeigen* will.|

Hört nur: So wahr Gott treu ist, den wir euch verkündigen, der ist nicht Ja *und* Nein! Denn der Sohn Gottes, Christus Jesus, der unter euch durch uns gepredigt wurde, durch mich und Silvanus und Timotheus, in dem ist nicht Ja *und* Nein, sondern in ihm ist das *Ja* erschienen. Denn alle Gottesverheißungen finden in ihm ihr Ja, deshalb auch ihr Amen, Gott zum Preise durch unseren Mund! Damit, daß wir diese Worte dem Paulus *nachsprechen und abhören,* haben wir nun freilich *das Wort und die Ohren* für das Reich Gottes noch nicht wieder bekommen, sind [wir] *immer noch die Kinder* einer schwachen, dürftigen Zeit. Aber es ist doch sehr viel gewonnen, wenn wir wenigstens an der *Verlegenheit und Freude,* die wir da empfinden, von weitem merken: ja, das ist's eben: das Reich Gottes in seiner *Fülle und Geschlossenheit,* mit seinem *Entweder – Oder* und mit seiner großen Verheißung. Der *Kern in der Schale,* auf den wir alsbald stoßen, wenn wir uns auch nur einigermaßen ernst mit der Botschaft des Neuen Testaments einlassen.

2. Aber nun hatte Paulus an dieser Stelle eigentlich *gar nicht im Sinn,* von der Ganzheit und Vollkommenheit des Reiches Gottes, von dem Ja und Amen in Christus zu reden, sondern *nur so nebenbei* spricht er das aus, um etwas ganz Anderes zu erklären und zu begründen. Die Christen in Korinth haben sich, wie wir dieser Stelle entnehmen müssen, *beklagt über Paulus:* er sei *veränderlich,* er halte sein Wort nicht, man wisse nicht, wie man mit ihm dran sei. Er habe ihnen z. B. *zugesagt,* demnächst direkt und zuerst zu ihnen zu kommen, und diese feierliche Zusage, an der ihnen offenbar viel gelegen war, habe er nicht gehalten. *Bei ihm heiße es* Ja *und* Nein, man sei nie sicher, ob in seinem Ja nicht ein heimliches Nein stecke, er sei ein unsicherer, beweglicher, geteilter Mensch. Und das alles *stellt nun Paulus gar nicht in Abrede.* Es sieht zwar, *von ihm aus* betrachtet, ein wenig anders aus, wie ja fast

immer das Bild eines Menschen ein sehr anderes ist, je nachdem man es von außen oder von innen ansieht. Aber er gibt ihnen eigentlich stillschweigend zu, daß *etwas an dem ist,* was sie ihm vorwerfen, und sucht ihnen nun nur zu erklären, warum er der sein muß, der er ist. Seht, sagt er ihnen: *gerade darum,* weil das, was wir euch verkündigen, das Reich Gottes, nicht Ja und Nein ist, gerade darum kann es *bei mir persönlich,* in meinem Reden und Tun, in meinen Gedanken und Absichten nicht so stehen, als ob mein Ja durchaus Ja und mein Nein durchaus Nein bleiben müßte. *Gerade weil das Gottes-Reich das Ganze,* das Vollendete ist, wäre es zwar leichtsinnig von mir, wenn ich mir nicht Alles genau überlegte, was ich sage und tue, aber auch fleischlich, weltlich gedacht, wenn ich meinte, es müsse immer gerade so herauskommen, wie ich es unternommen habe. *Gerade weil in Christus, dem Sohne Gottes, das Ja und Amen* aller Gottes-Verheißungen ist, kann ich, sein Apostel, zwar wohl verheißen in bester, ehrlichster Absicht, das Erfüllen aber kann immer nur unter Bedingung und Vorbehalt meine Sache sein. Die Tugend der vollkommenen Beharrlichkeit dürft ihr nicht bei mir vermissen, weil ich gar nicht Anspruch auf sie erhebe. *Gerade weil ich die göttliche Vollkommenheit* kenne und verkündige, erhebe ich nicht den Anspruch darauf, Gott gleich oder auch nur ähnlich zu sein.

Wir sind da auf *etwas sehr Merkwürdiges* gestoßen. Das ausschließliche, einseitige, unerbittliche, radikale Reich Gottes *macht also* gerade *einen Menschen,* der sein ganzes Sinnen und Trachten darauf gerichtet hat, keineswegs sich selbst gleich. *In der Gnade Gottes* bewegt sich ein solcher Mensch in der Welt, aber das heißt nicht, daß er auf eine Schiene gesetzt wird und nur rollen kann wie ein losgelassener Rollwagen bis ans Ziel. Das Reich Gottes macht einen solchen Menschen *nicht zu einem sogenannten charaktervollen Menschen,* d.h. zu einem Menschen, der darauf hält, bei dem, was er einmal erkannt oder gesagt, durchaus auch zu bleiben. *Es gönnt dem Menschen* die Genugtuung nicht, von einer Unternehmung zur Durchführung, zur Vollendung fortzuschreiten und schließlich sein ganzes Leben wie eine wohlvorbereitete Ernte in die Scheune zu bringen; *es gönnt ihnen nicht einmal* die Genugtuung, schließlich vor sich selbst dazustehen als solche, die sich selbst durchaus treu gewesen sind. *Die Menschen,* denen das vergönnt ist, mögen vortreffliche und in ihrer

Art beneidenswerte Menschen sein, aber an dem eigentlichen Gang des Reiches Gottes, auf das die Menschheit wartet und wie er in der Bibel vorgebildet ist, haben wohl gerade die allzu Charaktervollen und Vollendeten am wenigsten Anteil. Die Gnade Gottes, die die Menschen bewegt, die am Gang des Reiches Gottes stark beteiligt sind, diese Gnade *braucht die Menschen.* Sie werden *gebraucht,* sie bekommen einen Auftrag, sie kommen tief hinein in die Verlegenheit und auch in die Freude, von der wir gehört haben. Aber für sie selbst *bleibt dabei wenig übrig,* die innere Sicherheit und Festigkeit wird ihnen weggenommen, *nur in Gott allein* sollen sie fest und sicher sein. Daraus folgt, daß sie vor sich selbst und noch mehr vor Anderen *oft so merkwürdig dastehen,* wie Paulus in unserem Text vor den Korinthern. Ich weiß einen anderen solchen Menschen, *Kierkegaard,* der einmal von sich gesagt hat, er fühle sich wie ein *Jagdhund,* der nur auf die Augen seines Herrn sehe. Vielleicht heißt's jetzt Ja, vielleicht sofort wieder Nein. Vielleicht soll er jetzt ruhen und warten, vielleicht jetzt aufspringen und anpacken, vielleicht wird er alsbald zurückgepfiffen und muß loslassen und sich niederlegen. Wer weiß? Der Herr weiß es, er allein, der Jagdhund weiß es nicht.[4]|

So steht der Mensch, der von der Gnade Gottes bewegt ist, in der Welt immer *zwischen Ja und Nein, zwischen Reden und Schweigen, zwischen Tun und Nichttun, zwischen Krieg und Frieden,* ach zwischen tausend Möglichkeiten. Er hat alle Möglichkeiten, alle, aber *immer nur Möglichkeiten.* Jetzt muß er vielleicht eine solche Möglichkeit benützen und eine *Wirklichkeit* daraus machen. Aber nur *vielleicht.* Denn keine Möglichkeit ist eine Notwendigkeit. *Nur in Gott* ist Notwendigkeit, und gerade weil in Gott Notwendigkeit ist, kann sie im Menschen nicht sein. Er hat *keinen Standpunkt,* wie man sagt, er hat nur seinen Gehorsam, jetzt diesen, jetzt jenen Standpunkt einzunehmen. *Gott allein* weiß Alles. Gott allein hat einen ganzen, ungebrochenen Willen. *Die Rolle,* die ein solcher Mensch zu spielen hat, ist nicht eben glänzend und überzeugend. Die Übrigen, die Charaktervollen und Vollendeten vor allem, werden *sich ärgern* müssen über

[4] S. Kierkegaard, *Die Tagebücher,* ausgewählt, übersetzt und erläutert von H. Gerdes, Bd. 5, Köln / Düsseldorf 1974, S. 376f. (Aufzeichnung vom 3. Juli 1855).

die Überraschung, die er ihnen bereitet, über die unberechenbare Art, mit der er vor ihren Augen kommt und geht, tut und läßt, es wird mit größtem scheinbarem Recht allerlei über diese Art *zu bemerken* sein. Es ist kein Wunder, daß die Korinther an dem Verhalten des Paulus *Anstoß genommen* haben, und es ist sehr *fraglich,* ob sie die Erklärung, die er ihnen da gegeben hat, daß er Ja *und* Nein sagen müsse, gerade weil in Christus nicht Ja und Nein ist, verstanden und angenommen haben.|

Ein Beispiel von dem *tiefen Befremden* des natürlichen Menschen über die Beweglichkeit und Freiheit, die von einem wirklichen Gottesmenschen verlangt wird, haben wir im Alten Testament an der Gestalt des Propheten Jona. Mühsam war er dazu gekommen, *sich belehren zu lassen* darüber, daß man vor dem Herrn nicht fliehen könne, sondern seinen Willen ausrichten müsse. Auf dem bösen Umweg über den Bauch des Fisches, der ihn verschluckt [Jona 2,1], war er endlich ein *richtiger Prophet* geworden und verkündigte der Stadt Ninive den Untergang in vierzig Tagen [3,4]. Und nun mußte er es erleben, daß Gott diese Stadt bei veränderten Umständen *keineswegs untergehen ließ,* wie Jona gepredigt hatte, sondern es reute ihn des Übels, das er geredet hatte zu tun und tat's nicht [3,10]. *Das verdroß Jona* gar sehr, und er ward zornig [4,1]. Warum wohl zornig? Nun, weil er, der Prophet, dabei natürlich nicht *Recht behalten* konnte, so wenig wie damals, als er noch vor dem Herrn fliehen und kein Prophet werden wollte. Und *noch einmal* mußte er dasselbe erleben. Der Herr verschaffte einen *Kürbis,* der ihn mit seinem Schatten erfreute, aber alsbald auch einen Wurm, der den Kürbis stach, daß er verdorrte. Und Jona, der allen diesen Wendungen nicht zu folgen wußte, der auch lieber charaktervoll immer der Gleiche geblieben wäre, wünschte seiner Seele den Tod und sprach: Ich wollte lieber tot sein denn leben [4,8]! *Wie verständlich,* nicht wahr, daß Jona *nicht so dran sein wollte,* wie er als Prophet leider sein mußte, daß er *nicht der Gebrochene,* der Widerlegte, der Enttäuschte sein wollte, und *wie unverständlich,* daß Gott gerade nur solche gebrochenen, widerlegten, enttäuschten Leute im eigentlichen Sinn [?] brauchen kann und will?!

3. Aber kann es denn eigentlich anders sein?, müssen wir jetzt fragen. Kann es anders sein, wenn Gott wirklich Gott ist, wenn das Andere, nach dem wir uns sehnen und das uns in der Bibel so stark begegnet, wenn wir es wieder lernen wollen, in der Bibel zu lesen, was drinsteht, das *ganz* Andere, das Neue, das Ewige *ist,* das wir doch eigentlich meinen? Kann es denn eine menschliche Vollkommenheit geben *neben* der göttlichen, ein menschliches Ja und Amen *außer und neben* dem, das in Christus ein für allemal gesprochen ist? Es ist jedenfalls eine höchst nachdenkliche [?] Tatsache, daß *alle die Menschen, die* sich als Sucher und Finder des Reiches Gottes *bewährt* haben, keine Rechthaber waren. Je weniger sie Recht haben wollten, umso besser bewährten sie sich. Es hat solche gegeben, die ganz am Schluß ihres Daseins noch einmal ihr ganzes Lebenswerk im Stich ließen und ganz oder teilweise verleugneten, um eine neue Wendung zu nehmen, so z. B. der heilige Augustin[5] und in unserer Zeit Tolstoj[6]. Das waren gerade die, die sich am besten bewährten, die tatsächlich am meisten Licht verbreiteten. Und je mehr die Menschen neben Gott *auch noch persönlich Recht* behalten wollten, umso weniger bewährten sie sich, ich muß da an alle drei großen Reformatoren denken, die vielleicht darum nicht mehr geleistet haben, weil ihnen allen neben dem göttlichen an ihrem eigenen Ja und Amen zu viel gelegen war. Im Orden des *heiligen Franz von Assisi* galt darum die Regel, daß kein Bau dieses Ordens, keine Kirche, kein Kloster oder dergleichen in vollkommener Harmonie und Gleichmäßigkeit errichtet werden durfte.[7] Wenn ihr einmal nach Basel kommt, müßt ihr euch die sogenannte Barfü-

[5] Barth denkt vermutlich daran, daß Augustinus 427, gegen Ende seines Lebens, seine *Retractationes* verfaßte, in denen er «in einer Art richterlicher Strenge» seine Schriften durchgeht, um als sein «eigener Richter» seine «Irrtümer zu tadeln» (Prolog 1f. [CChr.SL 57,5,5.7; 6,36]).

[6] Vgl. A. Rammelmeyer, Art. «Tolstoj», in: RGG³ VI, Sp. 947–949: «Die von T. immer quälender empfundene Diskrepanz zwischen seinen religiösen und sozialen Einsichten und dem Leben eines reichen Gutsbesitzers zerstörte den Familienfrieden und trieb ihn am 28.10. (10.11.) 1910 aus dem Hause. Auf der Flucht erkrankte er und starb.» (Sp. 948)

[7] Die von Barth notierte Eigenart der franziskanischen Bauten entspringt nicht ausdrücklichen Bestimmungen, sondern franziskanischem Geist. In den ersten bestimmten Vorschriften für den Bau von Franziskanerkirchen, in den «Definitiones factae in Capitulo generali Narbonae» von 1260, wird grundsätzlich angeordnet, daß die Bauten weder im Äußeren noch im Inneren zu Sehenswürdigkeiten gestaltet werden sollen (vgl. Bonaventura, Opera omnia, T. VIII, Quaracchi 1898, S. 465).

ßerkirche ansehen und werdet dann bemerken, daß das oberste Fenster über dem Haupteingang, das sich nach den Gesetzen der Schönheit in der Mitte befinden müßte, etwas auf die Seite gerückt ist.[8] Die göttliche Vollkommenheit sollte eben nicht auf Erden gleichsam vorweggenommen werden. Und so haben die *Theosophen,* wie ich gehört habe, die Bestimmung, daß ihr sogenannter Tempel, das Goetheanum in Arlesheim, nie ganz fertig gebaut werden darf, sondern daß immer irgendwo [?] noch ein Gerüst sichtbar bleiben muß, das die Harmonie stört und daran erinnert, daß der Tempel nicht fertig ist.[9] Das sind *Gleichnisse,* aber gute Gleichnisse; es wäre mancher Kirche und Kapelle im Land zu wünschen, sie hätte auch irgendwo ein solches schiefgesetztes Fenster oder stehenbleibendes Baugerüst zur Erinnerung daran, daß das Ja und Amen Gott allein gebührt. Dem berühmten *Kölner Dom* fehlte viele Jahrhunderte lang der zweite Turm, und man ließ ihn mit gutem Instinkt so stehen, wie das Straßburger Münster noch heute steht. Als die Deutschen aber im vorigen Jahrhundert anfingen, ein großes, starkes Volk zu werden, da wollten sie das Tüpflein aufs I setzen und bauten den zweiten Turm hinzu.[10] Nun war die Vollkommenheit erreicht, wie in mancher anderen Beziehung auch. Aber das deutsche Reich, das damals entstanden ist, stünde vielleicht heute noch, wenn die Deutschen auf die Tugend der Vollkommenheit, auf das Tüpflein aufs I verzichtet hätten. Wenn es anfängt, *allzu schön* zuzugehen auf unserer Seite, dann pflegt eben Gott auf seiner Seite

[8] Die Barfüßerkirche an einem zentralen Platz der Basler Innenstadt ist eine der bedeutendsten Kirchen des Franziskanerordens, erbaut 1253/56, mit dreischiffigem Langhaus und prachtvoll aufstrebendem, in Fenstern aufgelösten Chor. Seit 1894 dient sie als historisches Museum der Stadt.

[9] Das Archiv am Goetheanum konnte diese Angabe nicht bestätigen. Herr U. Werner teilte dem Hrsg. freundlicherweise mit, daß eine solche Äußerung Rudolf Steiners aus den Unterlagen nicht hervorgeht. Daß der erste Goetheanumbau 1920 nicht vollendet war, hatte andere Gründe und war keinesfalls beabsichtigt.

[10] Vgl. N. Schloßmacher, Art. «Köln», in: Lexikon für Theologie und Kirche, 3. Auflage, Bd. VI, 1997, Sp. 188: Die Grundsteinlegung der heutigen Kathedrale erfolgte 1248, 1560 wurden die Bauarbeiten eingestellt. «Erst im Zeitalter der Romantik [...] nach Auffinden eines Teils der aus dem 14. Jh. stammenden Fassadenpläne wurde 1842 mit dem Weiterbau begonnen, 1880 schließlich der z[um] nat[ionalen] Symbol gewordene Dom vollendet».

Abschied zu nehmen von uns. Der Tempel Salomos in Jerusalem wäre wahrscheinlich auch besser nicht gebaut worden, trotz dem schönen Einweihungsgebet, das der König dazu gesprochen hat [1. Kön. 8,22–53].

4. Seht, da müssen wir nun mitten hindurchgehen: *Ja nicht weiterschlafen* mit unserem heutigen Christentum und die Vollkommenheit Gottes vergessen, auf die uns die Botschaft: Ihr sollt vollkommen sein... [Mt. 5,48] aufmerksam macht! Und *ja nicht aufwachen* zu einer eigenen Vollkommenheit, die wir uns nur auf Kosten Gottes aneignen könnten. Sondern *erwachen* und auf Gott hören, um dann zu *ruhen* im Frieden seiner Hände[11]. Beides ist nicht zwei, sondern eins. Es ist der schmale Weg der Kinder Gottes, den wir *suchen* müssen [vgl. Mt. 7,14 par.].

Lieder:
Nr. 168 «O daß doch bald dein Feuer brennte» von J. L. Frickert (richtig: G. Fr. Fickert), Strophen 1–5 (RG [1998] 816; EG 255; jeweils mit geringen Textabweichungen)
Nr. 235 «Ich weiß, woran ich glaube» von E. M. Arndt, Strophen 1.5 (RG [1998] 278,1.5; EG 357,1.4; jeweils mit geringen Textabweichungen)

[11] Vgl. J. W. von Goethe, *Westöstlicher Diwan*, «Talismane»:
Nord- und südliches Gelände
Ruht im Frieden seiner Hände.

2. Korinther 1,23–24; 2,1–4

23 Ich rufe aber Gott zum Zeugen an über meine Seele: aus Schonung gegen euch bin ich nicht mehr nach Korinth gekommen. 24 Nicht als ob wir Herrscher seien über euren Glauben, sondern mithelfen wollen wir bei eurer Freude; denn ihr steht ja im Glauben. 1 Aber dies habe ich mir vorgenommen, nicht noch einmal zu euch zu kommen, wenn ich Betrübnis bringen muß. 2 Denn wenn ich euch betrübe, wer könnte mich dann fröhlich machen? Es müßte ja gerade der sein, der von mir betrübt wird! 3 Und gerade das habe ich euch geschrieben, damit ich nicht persönlich kommen und Betrübnis haben müsse von denen, von welchen mir Freude widerfahren sollte. Habe ich doch das Vertrauen zu euch allen, daß meine Freude euer aller Freude ist. 4 Denn aus großer Bedrängnis und Herzensbeklemmung habe ich euch geschrieben, unter vielen Tränen, nicht um euch zu betrüben, sondern damit ihr die Liebe erkennen solltet, die ich gerade zu euch habe.

1. Das *Wort d. Wahrheit* wirkt von selbst. Wir müssen es aussprechen. Aber wir brauchen ihm nicht nachzulaufen. Es hat s. eigne Kraft. Es wächst. Es dringt durch. Es geht s. eig. Siegeslauf. Dies das Vertrauen des ap[ostolischen] Zeitalters, das wir wieder finden müssen [.]

Darum *muß P[au]l[us] nicht durchaus* nach Kor[inth] kommen, will es nicht, obwohl er es sich vorgenommen. Er kommt nicht, weil er auf die Wahrheit vertraut u. weil er die Kor[inther] schonen will. Er hätte ihnen Vieles zu sagen, aber es ist jetzt wichtiger, sie zu schonen. Das ist s. Gehorsam geg. Gott, dem er treu bleiben muß, treuer als s. eignen Vorsatz. Gehorsam macht beweglich [.]

«Schonung». Hat kritisiert u. sollte es noch mehr tun. Aber gerade da gilts Vorsicht. Abwesenheit u. Schweigen ist auch eine Kritik. Er hat *keine Freude* am Tadeln, es ist ihm ernst. Er will *ihnen Zeit* lassen

[1] Vom 8.–17. Februar war Barth in Deutschland unterwegs (vgl. unten S. 102, Anm. 1), vom 17.–19. Februar besuchte er auf der Heimreise in Zürich die Familie Pestalozzi und u. a. Hermann Kutter und Leonhard Ragaz. Wer am 15. Februar in Safenwil predigte, ist nicht bekannt.

Auf S. 1 des Mskr. befindet sich Barths Übersetzung und ein 22 Zeilen langer erster Predigtabschnitt, der von Barth kreuz und quer durchgestrichen ist. Auf S. 2 des Mskr. befindet sich der Predigtentwurf, der im folgenden buchstabengetreu wiedergegeben wird. Zur Erleichterung der Lektüre sind in eckigen Klammern Abkürzungen aufgelöst und Satzzeichen nachgetragen.

sich zu befreien. Er will sie *nicht überfallen* u. knechten, sondern auf eigne Füße stellen. Der Glaube will nicht beherrscht, sondern geschont sein; er ist etwas Lebendiges. Da kann man sich *nur mitfreuen,* das Nötigste dazu tun, aber nichts erzwingen. Was sonst entstünde [,] wäre nicht Glaube. «Was du redest, rede im Namen Jesu Xi [Christi], es muß aber nicht immer gleich gepappelt [?] sein.»[2] *Reden im Namen Xi* ist also oft Schweigen. Der M[ensch] der gegen G[ott] ganz gehorsam ist, muß Freiheit um sich her nicht nur dulden, sondern verbreiten [.]

2. Aber diese Schonung u. Freiheit ist *keine Gleichgiltigkeit.* Es fällt ja auf, wie sehr Pl auf die Betrübnis der Kor. eingeht, ihnen zu versichern [,] wie leid sie ihm tun, wie er sie nicht zu vermehren wünsche. Pl ist *zu ernst* u. zu beschäftigt, als daß er so gründlich auf das Persönliche einginge, wenn es nur persönlich wäre. Aber es ist mehr als das. *Zwischen ihm u. ihnen* ist die Sache Xi. Die würde auf die Dauer durch bloße Schonung geschädigt. Sie müssen auch wieder mit, ein Schiff auf dem Sande [?]. Er sagt ihnen das ganz *menschlich:* Eure Betrübnis macht auch mich betrübt. Ich habe d. Vertrauen zu euch: meine Freude ist die eurige, es muß euch daran gelegen sein, daß ich mich freuen kann. Das ist *Sonnenschein im Winter* [?]. Seile der Liebe [Hos. 11,4]. Warten u. Eilen.[3] Also Freiheit: Erinnere dich an das [,] was du weißt! Aber ich werde es nicht lassen können, dich wieder daran zu erinnern [.]

3. *Woher kommt* ein solches Amt, wie das des Pl? Aus lauter Heiterkeit heraus sicher nicht, dazu ist die Liebe zu ernst. Aber auch nicht aus jener *Finsternis,* die nur Sünde sieht. Wohl aber aus der Bedrängnis, die den M. zwischen Leben u. Tod, in der Hand Gottes, in Zeit u. Ewigkeit sieht [?]. Vom Kreuze Xi her. Wer von da kommt, weiß etwas, *was die Andern nicht wissen,* darum seine Liebe. Aber was er weiß, *ist Gott,* darum s. Freiheit.

Wir müssen darauf achten lernen [,] woher unser Tun kommt. *Warum betrüben wir nur?* Es giebt viel Eifer [,] der nicht von jener Höhe kommt u. darum verderblich wirkt [.]

[2] Quelle des Zitats nicht ermittelt.
[3] Vgl. oben S. 13, Anm. 4.

Wir müssen darauf achten, woher unser Anstoß kommt. *Warum sind wir betrübt?* Es giebt scheinbar unverständigen Eifer, der von oben kommt u. uns segnen [?] könnte.

Da ist wieder der Bergpfad des R[eiches] G[ottes]. Links u. Rechts. Mitte. Die Mitte ist Gnade.

Ein schmaler Weg[1]

2. Korinther 2,5–11[a]

Wenn aber ein gewisser Mensch Betrübnis verursacht hat, so hat er nicht mich betrübt, sondern – zum Teil wenigstens, um nicht zu viel zu sagen – euch alle. Es ist mir für den Betreffenden genug an der von der Mehrzahl unter euch empfangenen Zurechtweisung, so daß ihr ihm nun im Gegenteil verzeihen und ihn trösten müßt, damit er nicht von allzugroßer Betrübnis verzehrt werde. Darum ermahne ich euch, Liebe gegen ihn walten zu lassen. Dazu habe ich euch geschrieben, um euch Gelegenheit zu geben, zu bewähren, daß ihr in allen Stücken gehorsam seid. Ich verzeihe, wenn ich etwas zu verzeihen habe, um euretwillen vor dem Angesichte Christi, damit wir nicht vom Satan überlistet werden, denn seine Anschläge sind uns nicht unbekannt.

Der Weg[b] der Gnade Gottes, den wir finden und gehen müssen, ist ein Bergpfad, der uns zwischen zwei Abgründen hoch oben hindurchführt. Gemächlich schlendern kann man[c] da nicht. Das [d]kann man nur[d] auf einer von den beiden[e] Straßen in den Tälern zur Linken und zur Rechten. Aber dann sind wir eben in den Tälern und kommen nicht zum Ziel. Unsere Füße willkürlich dahin und dorthin setzen können wir da auch nicht: Es gibt in jedem Augenblick immer nur *eine* richtige Möglichkeit, die wir ergreifen müssen. Alle anderen Möglichkeiten sind in Wahrheit Unmöglichkeiten, die mit einem Absturz endigen müssen, um so schwerer, je höher wir gestiegen[f] sind. Rasten und es uns bequem machen kann man[g] da auch nicht, denn es

[a] Im Mskr. sind wie in Nr. 502, 505 und 507 die Versziffern eingetragen.
[b] Vor dem Abschnitt im Mskr.: *«1.»*
[c] Mskr.: «können wir».
[d-d] Mskr.: «können wir».
[e] Mskr.: «vielen».
[f] Mskr.: «schon gestiegen».
[g] Mskr.: «Innehalten und rasten… können wir».

[1] Unter dieser Überschrift ist die Predigt abgedruckt in: Komm Schöpfer Geist!, S. 190–199. Die Abweichungen der Druckfassung vom Mskr. sind – wie oben S. XI beschrieben – in dem durch Buchstaben gekennzeichneten Apparat nachgewiesen.

ist einfach kein Platz da, und kein Augenblick unseres Lebens ist dazu geeignet. Wir haben wie Elias, als er unterwegs nach dem Berge Horeb war, einen zu weiten Weg vor uns, als daß wir es uns leisten könnten, Station zu machen, sondern wir müssen, nachdem wir die Kraft der himmlischen Speise |191| empfangen, laufen, vierzig Tage und vierzig Nächte [1. Kön. 19,8]. Es gibt nichts anderes, als daß wir uns auf diesem Wege aufmerksam und sorgfältig und unablässig vorwärtsbewegen. Etwas von dieser Vorwärtsbewegung ist auch in unserem heutigen Text beschrieben.

Paulus[h] ist von einem Mitglied der Gemeinde von Korinth beleidigt worden. Wir wissen nicht, um was es sich handelt. Aber es muß ihm schweres Unrecht angetan worden sein. Was tun wir in solchem Falle? Seht da die beiden Abgründe zur Linken und zur Rechten. Zur Linken würde es heißen: Ich kann es nicht verwinden, ich bin verletzt, ins Herz getroffen, dieser Mensch bedeutet fortan einen schwarzen Punkt in meinem Leben[i], und in allem, was ich fortan denke und sage und tue, wird es mehr oder weniger zum Vorschein kommen, was ich mit diesem Menschen erlebt habe und daß ich mit ihm fertig bin. Es ist ein Abgrund, in den wir uns stürzen, wenn wir uns dahin stellen, da Halt machen. Denn ob der andere ganz und gar Unrecht hatte gegen mich, oder ob das[j] Unrecht teilweise Antwort[k] war auf ein Unrecht, das auch in mir steckt, etwas in mir, und zwar das Beste in mir, meine unsterbliche Seele, bleibt jedenfalls durch ein solches Erlebnis unangetastet, frei, sie kann nicht ins Herz getroffen sein. Wir sind doch alle noch etwas anderes als das Persönliche, das durch ein solches Erlebnis allenfalls verletzt, betrübt werden kann. Ich kann mich also vielleicht durch ein solches Erlebnis veranlassen lassen, Buße zu tun und mein eigenes Unrecht einzusehen. Es kann auch sein, daß ich mich einfach wehren muß. Ich kann mich aber nicht in den furchtbaren Käfig einer tödlichen Beleidigung hineinbegeben und wie ein gefangener Vogel gebannt[l] die böse Schlange anstarren, das Unrecht, das mir[m] persön-

[h] Vor dem Abschnitt im Mskr.: «*2.*»
[i] Mskr.: «schwarzen leeren Punkt für mich in der Welt».
[j] Mskr.: «sein».
[k] Mskr.: «die Antwort».
[l] Mskr.: «wie gebannt».
[m] Mskr.: «mir, mir».

lich angetan worden ist. Damit würde ich meine Seele verraten und aus der Gnade fallen. [n]Das hat Paulus gedacht.[n] Er schüttelt das Unrecht von sich ab, ⌜er hat nicht |192| mich betrübt, sagt er,⌝ er will keinen schwarzen, leeren Punkt entstehen lassen, er will frei bleiben. Das ist der Weg der Gnade.

Zur Rechten ist ein anderer Abgrund. Da würde es heißen: Was bekümmert[o] es mich, was ein solcher Mensch von mir sagt und mir antut, ich habe einen dicken Pelz, ich kann ihn verachten und vergessen. Wir haben es uns vielleicht schon gewünscht, wir könnten es so halten. Wir haben vielleicht schon den guten Rat bekommen von Freunden und Bekannten: So mußt du es machen, kümmere dich um nichts, laß die Leute gehen und reden, das[p] geht dich nichts an. Aber es ist so schwer, diesen Rat zu befolgen, daß wir schon daraus merken können, daß dies[q] kein guter Rat sein kann. Es geht mich nichts an! ist nie eine große Weisheit. Das Menschenherz ist nun einmal warm und nicht kalt. Wir können das Böse, das wir erleben, nicht leicht nehmen, nicht kleiner machen, als es ist. Das wäre auch wieder ein Abgrund, ein Käfig, in den wir uns begeben[r] würden. Wenn die Leidenschaft gegen das Böse in einem Menschen erlischt, dann ist er tot bei lebendigem Leibe. Wer nicht mehr zornig werden kann, hat seine Seele verloren[s]. Darum[t] macht derselbe Paulus, der sagen kann: er hat nicht mich betrübt!, die Sünde nicht klein, sondern groß, und fährt fort: «sondern euch alle». Er läßt sich durch das Böse, das ihm geschehen ist, nicht fesseln[u], aber er ist traurig und zornig über das Hindernis, das da dem Wirken Gottes unter den Menschen wieder einmal in den Weg gelegt worden ist. Er nimmt das Persönliche, das ihm widerfahren ist, nicht wichtig, um so mehr aber die Störung des Geistes, der Gemeinschaft, der Hoffnung, die sich mit diesem Ereignis wie ein Schatten über ihn und ⌜über⌝ die Korinther gelegt hat. Und darum ist

[n-n] Mskr.: «Ich müßte alle Betrübnis erkennen und sagen: er hat nicht mich betrübt. So hat Paulus geredet.»

[o] Mskr.: «kümmert».

[p] Mskr.: «es».

[q] Mskr.: «es».

[r] Mskr.: «da begeben».

[s] Mskr.: «auch seine Seele verraten».

[t] Mskr.: «Und darum».

[u] Mskr.: «nicht vergiften und fesseln».

er offenbar in dem Brief, den er früher geschrieben, sehr energisch und streng gegen den betreffenden Menschen vorgegangen. Verbittert ist er nicht, aber erbittert. Beleidigt, nein, aber |193| entrüstet, ja. Gezankt hat er nicht, aber gekämpft. Er hat das Unrecht abgeschüttelt, aber nur um es nun frei aufzuheben und zu tragen[v]. Siehst du den Weg, der zwischen[w] zwei Abgründen hoch oben hindurchführt?

Und[x] nun ist offenbar unterdessen etwas geschehen gegen diesen Menschen in Korinth. Wie ein gesunder Körper sich wehrt gegen einen eingedrungenen Krankheitsstoff, so haben die Leute von Korinth dem Betreffenden zu verstehen gegeben, daß er durch das, was er gegen Paulus sagte[y], die Gemeinschaft mit ihnen gebrochen und den gemeinsamen Geist gestört habe. Sie verstanden, daß es sich nicht[z] um eine[aa] persönliche Beleidigung handelte[ab], sondern um ein Attentat gegen die Sache Jesu, das[ac] sie alle angehe. Das ist auch ein Zeichen der[ad] Lebendigkeit des alten Christentums: Wie da die persönlichen Dinge sofort in ein höheres Licht treten. Man nahm sie nicht so wichtig wie wir, aber man nahm sie viel ernster als wir. Wenn einer sich in[ae] der Wüste verlaufen hatte wie offenbar dieser Mensch, da[af] mußte er es sofort merken: Nun bin ich eben in der Wüste. Da gab es kein falsches[ag] Verstehen und Zudecken, da wurde offen geredet, Abstand genommen ⌜und⌝ gestraft, manchmal wohl furchtbar rasch und wirksamerweise[ah]. Es durfte so sein, es mußte so sein. Es war etwas Neues, Heiliges[ai] in ihrer Mitte, das sich von selbst zur Wehr setzte. Aber eben darum konnte ihnen Paulus nun schreiben: Es ist mir genug, die Strafe hat ihren Zweck und damit ihre Grenze erreicht.

[v] Mskr.: «aufzuheben und [zu] tragen und damit zu wagen [?]».
[w] Mskr.: «Seht, da ist der Weg, der zwischen den...»
[x] Vor dem Abschnitt im Mskr.: *«3.»*
[y] Mskr.: «getan».
[z] Mskr.: «da nicht»
[aa] Mskr.: «die».
[ab] Mskr.: «handle».
[ac] Mskr.: «um einen Frevel gegen die Sache Jesu, der».
[ad] Mskr.: «von der».
[ae] Mskr.: «sich so in».
[af] Mskr.: «dann».
[ag] Mskr.: «heuchlerisches».
[ah] Mskr.: «wohl in furchtbar rascher und wirksamer Weise».
[ai] Mskr.: «Heiliges, Neues».

Wir sind es ja auch gewohnt, einander zu strafen. Wir sind darin freilich sehr willkürlich. Das Meiste und gewöhnlich gerade das Ärgste deckt man einander zu. Aber wenn es uns zufällig einmal paßt, dann schlagen wir darauf[aj] los und schicken so einen Menschen in die Wüste. Der andere Unterschied ist der, daß wir dann gleich so hart und so maßlos sind. Wir strafen, aber wir denken an keinen Zweck dabei und darum auch an keine Grenze. |194| Sondern nun geht's blindlings vorwärts mit bösen Gesichtern und Worten, Verachtung, Absonderung und Gleichgültigkeit, bis ein solcher Mensch sich von einer ganzen Nordpolkälte umgeben fühlt. Es gibt solche fehlerhafte Menschen, die dann jahrelang, vielleicht ihr Leben lang Strafe leiden[ak] müssen, und gewöhnlich sind es eben nicht die schlimmsten, die das trifft. So schwanken wir haltlos hin und her zwischen dem Verschweigen und Übersehen und Vertuschen und einem blinden Rasen. Unser Strafen kommt eben nicht aus der[al] Lebendigkeit, sondern[am] aus dem Tode heraus. Es ist nicht das Heilige und Neue in uns, das sich zur Wehr setzt, sondern bloß unsere Verlegenheit, die gelegentlich etwas tun muß, weil wir im Grunde nichts zu tun wissen gegen das Böse.|

Die Strafe, und wenn es bloß die Strafe durch einen bösen Blick wäre, muß eben einen Zweck haben. Unsere Gelehrten streiten darüber, ob der Zweck der Strafe die Besserung des Fehlenden oder der Schutz der Gesellschaft vor dem Fehlbaren sei. Die ersten Christen brauchten darüber nicht zu streiten. Für sie gab es diesen Gegensatz zwischen der Gesellschaft und dem Einzelnen nicht. Für sie war jeder Einzelne ein Glied an einem Leibe, und dieses unteilbare Ganze sollte seine Bestimmung darin haben, Christus als seinem Haupte Ehre zu machen [vgl. Kol. 1,18]. Da konnte es auch beim Strafen, wenn die Strafe sein mußte, keinen anderen Zweck geben als den, die geschmähte Ehre des Hauptes Christus wieder herzustellen. Es mag uns schwer fallen, diese Gedanken in unsere Gedanken zu übersetzen, weil unser Leben nicht das Leben ist, das hinter diesen Gedanken steht[an]. Aber wir ahnen, daß[ao] die Strafe bei dem hohen Zwecke, den

aj Mskr.: «auch».
ak Mskr.: «auf diese Weise leiden».
al Mskr.: «einer».
am Mskr.: «sondern eher».
an Mskr.: «stand».
ao Mskr.: «wir ahnen, nicht wahr, daß».

sie hatte[ap], nicht hart, nicht hölzern, nicht maßlos werden konnte; sie konnte sich gewaltig, erschütternd auswirken, aber sie konnte auch aufhören, aufgehoben werden aus dem gleichen Geiste, in dem sie verhängt wurde[aq]. |195|

Warum[ar] hat Paulus hier Halt geboten? Weil es nicht dazu kommen sollte, daß sein Beleidiger von allzugroßer Betrübnis verzehrt werde. Es ist nicht Weichheit, nicht Mitleid, was ihn so reden läßt, sondern im Gegenteil höchster Eifer für Gott, der nun allerdings dem Betreffenden[as] zugute kommt. Aber von Gott aus, von Christus aus ist das gedacht und geredet, wenn er seine Freunde, die er früher zur Strenge aufgerufen hat, nun wieder zurückruft von dieser[at] Strenge und ihnen gebietet, zu verzeihen und zu trösten. Wir sehen in der ganzen Bibel eine Abneigung gegen alles Allzugroße. Allzugroße Gottlosigkeit, allzugroße Gerechtigkeit, allzugroße Macht[au], allzugroße Freude und auch[av] allzugroße Betrübnis, das[aw] soll nicht sein. Alles Allzugroße verzehrt den Menschen, es macht ihn für Gott und sein Werk unbrauchbar, es richtet eine Mauer auf zwischen ihm und Gottes Willen, Gottes Erlösung, Gottes Vergebung. Die Menschen Gottes sollen stehen und gehen, aber nicht allzu sicher. Und sie sollen[ax] nötigenfalls gebrochen werden, und dazu muß unter Umständen die Strafe dienen, aber auch da nicht allzu sehr, nicht zerbrochen. Das zerstoßene Rohr wird er ⌜nicht zerbrechen⌝ [Jes. 42,3]. Ein letzter Mut muß übrig bleiben. Also keine Überhebung und kein Untergang!, meint Paulus, und darum gebietet er Halt und Liebe und Vergebung nach der Strafe. Die Überhebung war in diesem Falle vielleicht auf der Seite seiner eigenen Freunde, die mit ihrem guten Eifer ihren Feind in die Wüste schikken[ay] und in der Wüste bleiben lassen wollten. Sie sollten darüber

[ap] Mskr.: «da hatte».
[aq] Mskr.: «war».
[ar] Vor dem Abschnitt im Mskr.: *«4.»*
[as] Mskr.: «Bestraften».
[at] Mskr.: «ihrer».
[au] Mskr.: «Macht und Pracht».
[av] Mskr.: «eben auch».
[aw] Mskr.: «das alles».
[ax] Mskr.: «Als Lahme, Krüppel und Einäugige müssen sie allenfalls ins Reich Gottes eingehen [vgl. Mk. 9,43–47 par.]; ohne die Demut soll's nicht gehen. Und so sollen sie».
[ay] Mskr.: «schickten».

nicht zu Pharisäern werden, sonst hätte mitten in ihrem guten Tun der Satan das Spiel gewonnen; und der Untergang, die Verbitterung, die Verzweiflung[az] hätte das Los seines Feindes werden müssen, wenn sie ihn so unaufhaltsam weiter gestraft hätten, und das wäre wieder ein Triumph des Teufels gewesen. Um Gottes willen durfte Beides nicht sein. In Gott muß[ba] alles im |196| Zusammenhang bleiben, die Feinde und die Freunde, und darum auch das Strafen und das Verzeihen. Was wäre das für eine Erlösung für uns selbst und für die Bösen, wenn wir wieder in diesen Zusammenhang hineinkämen, wenn wir es wieder lernten, Gott zu fürchten und darum allem Allzugroßen aus dem Wege zu gehen!

Darum[bb] ermahne ich euch, Liebe gegen ihn walten zu lassen! Das ist ein merkwürdiges Wort, das aber auch nur auf dem Weg der Gnade Gottes begreiflich und sinnvoll ist. Zunächst einmal darum, weil wir daraus sehen, wie ernst es dem Paulus war damit, daß auch die Strafe nur eine Seite an der Vergebung sei und darum nicht zu weit gehen dürfe. Es kann uns geschehen, daß wir einem Menschen verzeihen und es dann doch nicht eben gerne sehen, wenn ihm auch andere verzeihen und ihn wieder auf- und annehmen. Wir hemmen unseren eigenen Groll und möchten doch gerne, daß er durch andere noch ein wenig fortwirke. Das wäre vielleicht der Prüfstein, ob unser Strafen und Verzeihen echt und wahr ist und aus der ersten Quelle kommt[bc], wenn wir auch[bd] zu den anderen sagen könnten: Ich, ich selbst, der Beleidigte, ermahne euch, meinen Beleidiger nun wieder lieb zu haben. Aber wir müßten das nicht nur mit Worten sagen.

Das andere Auffällige an diesem Worte ist die Tatsache, daß Paulus bei seinen Lesern voraussetzen kann, daß sie die Liebe haben und nur walten zu lassen brauchen, wie man einen Hahnen öffnet, und ganz selbstverständlich strömt dann das Wasser.[be] Bei den ersten Christen gab es eine Liebe, die immer da war, die nimmer aufhört, wie Paulus ein andermal schreibt[bf] [1. Kor. 13,8], eine Liebe, die auch während der

[az] Mskr.: «die Verzweiflung, die Verhärtung».
[ba] Mskr.: «müßte».
[bb] Vor dem Abschnitt im Mskr.: *«5.»*
[bc] Mskr.: «aus der rechten Quelle stammt».
[bd] Mskr.: «so auch».
[be] Zusatz im Mskr.: «Wir müßten immer walten lassen, was wir gar nicht haben.»
[bf] Mskr.: «schrieb».

Strafe schon bereit war und wartete, eine Liebe auch im Hassen, Verachten und Verwerfen[bg], die dieses seltsame Gewand nur auszuziehen braucht, um sich sofort wieder ganz als Liebe zu zeigen. Eine Macht, die die Christen auf alle |197| Fälle haben und von der sie nur Gebrauch machen müssen. Nicht wahr, wie ist das alles so stark, so einfach[bh], so hilfreich! Gott schenke uns neuen Zugang zu dieser selbstverständlich waltenden[bi] Liebe!

«Dazu[bj] habe ich euch geschrieben, um euch Gelegenheit zu geben, zu bewähren, daß ihr in allen Stücken gehorsam seid», sagt Paulus. Auch das ist wieder so recht aus dem Herzen der Bibel heraus gesagt. Er hat ihnen ja früher geschrieben, sie sollten seinen Beleidiger strafen[bk]. Aber siehe da, wenn sie ihn recht verstanden haben, so haben sie gemerkt, daß es ihm nicht so sehr auf dieses Bestrafen selbst, sondern auf ihr Gehorchen überhaupt, auf ihr einsichtiges, gutwilliges, christliches Handeln ankomme[bl]. Er hat das nicht so als einen Klotz vor sie hingestellt: Strafe muß sein! ⌜Nein,⌝ nur als ein Stück der christlichen Bewegung mußte Strafe sein in jenem Augenblick. In einem anderen Augenblick mußte etwas anderes sein. Gerade das Gegenteil! Nur eine Gelegenheit zu gehorchen, nicht ihm natürlich, sondern der immer neuen Stimme Gottes zu gehorchen in allen Stücken, war das, was er da von ihnen wollte.[bm] Heute kann ein anderes Stück an die Reihe kommen; wenn sie gestern etwas gelernt haben, werden sie sich heute bewähren. Das ist die Beweglichkeit des biblischen Menschen, die wir uns nicht deutlich genug vor Augen stellen können, seine Freiheit, seine Biegsamkeit, seine Schwungkraft, die einen[bn] nirgends verrosten und verfaulen, sondern immer wieder auffahren läßt mit Flügeln wie die Adler [vgl. Jes. 40,31].

[bg] Mskr.: «Verurteilen».
[bh] Mskr.: «so überlegen».
[bi] Mskr.: «strömenden».
[bj] Vor dem Abschnitt im Mskr.: *«6.»*
[bk] Mskr.: «bestrafen».
[bl] Mskr.: «sondern auf ihren Gehorsam überhaupt, auf... ankam».
[bm] Der Satz lautet im Mskr.: «Nur eine Gelegenheit war das, was er von ihnen wollte, eine Gelegenheit zu gehorchen, nicht ihm natürlich, sondern der immer neuen Stimme Gottes, zu gehorchen in allen Stücken.»
[bn] Mskr.: «ihn».

Und[bo] nun faßt das letzte Wort alles zusammen: «Ich verzeihe, ⌜wenn ich etwas zu verzeihen habe um euretwillen vor dem Angesichte Christi, damit wir nicht vom Satan überlistet werden, denn seine Anschläge sind uns nicht unbekannt⌝.» Was ist eigentlich das Geheimnis dieser ganzen Stelle, die[bp] zu den vielen Stellen in der Bibel und gerade im zweiten Korintherbrief gehört, an |198| denen man gewöhnlich unaufmerksam vorbeigeht? Ich glaube, das Geheimnis liegt in den Worten: «Um euretwillen vor dem Angesichte Christi». Wir sehen da den Paulus wie einen Soldaten[bq] vor seinem König stehen mit keinem anderen Interesse als dem, seine Sache vor dessen Angesichte recht zu machen. Er darf nicht pfuschen, er muß umsichtig und sorgfältig seine Wege[br] gehen, weil solche Augen auf ihn gerichtet sind. Diese Umsicht und Vorsicht gebietet ihm jetzt, zu verzeihen um «euretwillen», um der Schar von[bs] Menschen willen, unter denen Christus wohnen will auf Erden, bis er selber sich offenbaren kann, daß keine Verbitterung[bt], kein Anstoß, kein Aufhalt[bu] geschehe unter ihnen. Was er persönlich zu verzeihen hat, das kommt dann eben[bv] nicht in Betracht. Er verzeiht nicht darum, weil er so gutartig und nachsichtig ist, weil er einen so edlen Charakter hat, er verzeiht «um euretwillen vor dem Angesichte Christi».

Zu diesen vier Worten müßten wir immer wieder zurückkehren, wenn wir den Paulus und den Weg der Gnade, den er als ein sündiger, unvollkommener Mensch, der er war, gegangen ist, verstehen wollten[bw]. Es gibt keine andere Gnade: sie[bx] macht unempfindlich und eifrig, streng und nachsichtig, wachsam gegen den Hoffärtigen und

[bo] Vor dem Abschnitt im Mskr.: *«7.»*

[bp] Mskr.: «Stelle, über die ihr wahrscheinlich noch nie habt predigen hören, weil sie…»

[bq] Im Mskr. hatte Barth ursprünglich geschrieben: «wie einen Feldherrn», sich dann korrigiert: «wie einen Soldaten oder Beamten».

[br] Mskr.: «zu Wege».

[bs] Mskr.: «der».

[bt] Mskr.: «Verwirrung».

[bu] Mskr.: «Aufenthalt».

[bv] Mskr.: «kommt daneben».

[bw] Mskr.: «wollen».

[bx] Mskr.: «das».

barmherzig gegen den Gedemütigten, sie[by] gibt die Liebe, die alles trägt, alles hofft und alles duldet [1. Kor. 13,7], und die Weisheit, nichts von den Menschen zu verlangen, indem man alles von ihnen verlangt. Wir stehen in einer Zeit, in der alles auseinanderzufallen droht, weil die Menschen mit Recht und[bz] Unrecht einander nicht verzeihen können, weil die List des Satans, die die Menschen hart macht gegeneinander, heute nur ⌜zu⌝ gut gelingt. Und es muß heute vielleicht alles auseinanderfallen, weil der Zusammenhang, der es allein beieinander halten könnte, uns so gänzlich verloren gegangen ist, so gänzlich neu wieder gesucht werden muß. Möchten sich heute da |199| und dort die Menschen finden und auch zusammenfinden, die in aller Stille einen neuen Grund legen möchten, die sich sehnen nach dem Weg der Gnade[ca] und die es wagen, ihn auch zu gehen und nicht mehr zu verlassen, wenn sie ihn vielleicht schon gefunden haben.[2]

by Mskr.: «das».
bz Mskr.: «oder».
ca Mskr.: «Gnade vor dem Angesichte Christi».

2 Zu dieser Predigt gibt es keine Liedangaben.

509 Safenwil, Sonntag, den 7. März 1920

Die Freiheit des göttlichen Wortes[1]

2. Korinther 2,14–17[a]

Gott sei Dank, der uns allezeit in seinem Siegeszug mit sich führt in Christus und den Geruch seiner Erkenntnis durch uns offenbart an allen Orten[b]. Denn wir sind ein Wohlgeruch Christi, Gott zu Ehren, für die, die gerettet werden, und für die, die verloren gehen. Diesen ein Geruch des Todes zum Tode, jenen ein Geruch des Lebens zum Leben. Und wie wird man dazu geeignet? Wir treiben eben nicht wie so viele ein Geschäft mit dem Worte Gottes, sondern aus Lauterkeit, aus Gott und vor Gott reden wir in Christus.

Ja[c], mit dem Worte Gottes kann man kein Geschäft treiben. «Verfälschen», hat Luther hier übersetzt.[d] Aber der Ausdruck, den Paulus selbst[e] braucht, bezeichnet etwas viel Feineres, Unanstößigeres, Anständigeres. Er will sagen: mit dem Worte Gottes kann man das nicht tun, was wir sonst beständig tun, auch im seelischen und geistigen Leben, man kann nicht damit umgehen wie ein Krämer mit seiner Ware und mit seinen Kunden. Er sucht seine Ware so tadellos, so

[a] Im Mskr. umfaßt der Predigttext die Verse 12–17. Die Übersetzung beginnt mit V. 12: «12 Als ich aber nach Troas kam zur Verkündigung des Evangeliums Christi und sich mir eine Tür auftat im Herrn, 13 da hatte ich doch im Geiste keine Ruhe, weil ich dort meinen Bruder Titus nicht vorfand, und so nahm ich Abschied von ihnen und ging nach Macedonien. 14 Gott aber...» Die Verziffern sind in der Übersetzung auch weiterhin eingetragen.

[b] Mskr.: «an allen Orten offenbart».

[c] Vor dem Abschnitt im Mskr.: *«1.»*

[d] Mskr.: «Luther hat hier übersetzt: man kann das Wort Gottes nicht verfälschen.»

[e] Mskr.: «hier».

[1] Unter dieser Überschrift wurde die Predigt zuerst veröffentlicht in: Christliches Volksblatt. Hrsg. vom Badischen Volkskirchenbund (Monatsausgabe), Jg. 2, Nr. 5 vom 2. Mai 1920, S. 2–9. Die Monatsausgabe des «Christlichen Volksblatts» erschien unter der Leitung von Hans Ehrenberg (vgl. Bw. Th. I, S. 359–361), mit dem Barth seit der Tambacher Konferenz 1919 in lebhaftem Austausch stand.

Die Predigt ist unter der gleichen Überschrift wieder abgedruckt in: Komm Schöpfer Geist!, S. 200–212. Die Abweichungen des gedruckten Textes vom Mskr. werden in der oben S. XI beschriebenen Weise nachgewiesen.

einladend wie[f] möglich auszustellen und anzubieten, und er sucht seinen Kunden so viel[g] als möglich entgegenzukommen, um sie[h] zu veranlassen, ihm den Artikel abzunehmen. Da ist nichts Ehrenrühriges dabei, sondern das ist in Geschäften[i] selbstverständlich. So muß man[j] es eben machen, wenn wir wollen, daß man uns etwas abnehme.

Wir haben z. B. alle den natürlichen[k] Wunsch, daß man uns unseren Charakter abnehme, uns so, wie wir sind, anerkenne und Freude an uns habe. Zu diesem Zweck zupfen und glätten wir alle unwillkürlich[l] mit einer gewissen ängstlichen Sorgfalt an uns herum, daß gewisse fatale Stellen und Ecken an unserer Ware nicht |201| allzu sichtbar werden. Und ohne daß wir's wissen, sind wir auch beständig ein wenig damit beschäftigt[m], für uns selbst Reklame zu machen, freundliche Abnehmer zu gewinnen[n] für unsere werte Persönlichkeit ⌜in ihrer Eigenart⌝, und freuen uns ⌜kindlich⌝, wenn sich jemand findet, der das, was wir ⌜nun einmal⌝ sind, kaufen will.

Und so geht es uns auch, wenn wir eine Ansicht[o] haben ⌜über dies oder das⌝, von der wir möchten, daß andere sie auch hätten. Es wäre doch schön, wenn mir jemand meine Ansicht[p] abkaufte! Es sind genußreiche und wohl auch wichtige Augenblicke, wenn es mir gelingt, jemand von der Güte meiner Meinung so zu überzeugen, daß er sie zu der seinigen macht[q]. Aber dazu muß ich imstande sein, meiner Meinung ein gefälliges, überzeugendes Gesicht zu geben[r], sonst kauft sie mir niemand ab, muß[s] es außerdem lernen, [t]mit den Leuten so umzu-

[f] Mskr.: «als».
[g] Mskr.: «s[einem] Kunden so weit».
[h] Mskr.: «ihn».
[i] Mskr.: «das ist, wenn es sich ums Geschäft handelt,».
[j] Mskr.: «müssen wir».
[k] Mskr.: «sehr natürlichen».
[l] Mskr.: «unwillkürlich beständig». Im Druck 1920 (Volksblatt): «zuviel unwillkürlich».
[m] Mskr.: «ein wenig daran».
[n] Mskr.: «zu suchen».
[o] Mskr.: «z. B. eine Ansicht».
[p] Mskr.: «meine Ansicht über dies und das».
[q] Mskr.: «Es ist immer ein genußreicher Augenblick, wenn mir jemand sagt: Der Meinung bin ich auch!»
[r] Mskr.: «Aber dazu muß ich meiner Meinung ein gefälliges, überzeugendes Gesicht geben».
[s] Mskr.: «und muß».
[t-t] Mskr.: «die Menschen so zu behandeln».

gehen[t], daß sie mit Lust nach dem greifen, was ich ihnen zeigen möchte. Wer es nicht versteht, ein wenig geschäftlich, [u]ein wenig kaufmännisch, ein wenig krämerisch[u] mit seinen Ansichten umzugehen, dem wird nichts abgekauft, dem bleibt seine Ware liegen, der bleibt mit seiner Meinung ⌜, und wenn sie noch so gut wäre,⌝ allein.

So geht es in der Welt sogar mit den höchsten Idealen. Ideale nennt man etwas unbestimmt alles Höhere[v], das über das allzu Irdische, allzu Tierische des gewöhnlichen Lebens etwas hinausragt ⌜, etwa so hoch wie der Kirchturm über die Dächer des Dorfes⌝. Ideale sind mit gutem Grund eine sehr begehrte Ware. Heute, wo ein starkes Bewußtsein davon vorhanden ist[w], daß wir ziemlich tief[x] im Sumpf des Irdischen und Tierischen stecken, ist die Nachfrage nach Idealen [y]außerordentlich rege geworden, z. B. nach Erziehungsidealen, nach politischen, auch nach neuen religiösen Idealen[y]. Wohl dem, der solche anzubieten hat. Aber er muß sie auch anzubieten, genießbar und schmackhaft zu machen wissen[2]. Das sogenannte «Höhere» muß den Menschen so dargestellt |202| werden, daß es nicht allzusehr[z] als etwas Besonderes oder gar Unerreichbares erscheint, sondern ⌜am liebsten⌝ einfach als eine Frucht des natürlichen Selbsterhaltungstriebes⌜, die man nur eben so pflücken kann, wenn dieser Trieb ein bißchen richtig verstanden und gelenkt wird⌝. Das Christentum muß in einer Form auftreten, daß jeder sich sagen kann: Ei ja, das habe ich ja in meinem Herzen immer gedacht und gefühlt! Politische Ideale[aa] müssen den Leuten so beigebracht werden, daß ⌜ein⌝ jeder erstaunt und erfreut sehen kann[ab], wie die höchste Gerechtigkeit und sein eigenes höchstes Interesse zufällig eins und dasselbe sind.

u-u Mskr.: «ein wenig händlerisch oder auch krämerisch».

v Mskr.: «Ideale – man versteht darunter etwas unbestimmt das Höhere».

w Mskr.: «wo das Bewußtsein sich durchdrängt».

x Mskr.: «recht tief».

y-y Mskr.: «z. B. nach Idealen in der Politik, in der Erziehung, auch nach neuen religiösen Idealen sehr stark geworden.»

z Mskr.: «ja nicht».

aa Mskr.: «Ideen».

ab Mskr.: «sehen muß».

2 Im Druck 1920 (Volksblatt) und 1924 (Komm Schöpfer Geist!): «anzubieten wissen, genießbar und schmackhaft zu machen.» Korr. nach Mskr.

Seht, das ist das stille⌜, große⌝ Geheimnis der meisten großen Redner und Prediger und Schriftsteller: sie sind so ausgezeichnete Geschäftsreisende[ac], sie wissen es ihren Kunden so gut zu treffen und ihre Kauflust ⌜so gewandt⌝ zu erregen, sie sind so geübt in der Kunst, zu markten und mit sich markten zu lassen[ad]. Und so kommt es für manche große Sache in der Welt, für die meisten sogenannten Bewegungen im geistigen und religiösen Leben[ae] gar nicht so ⌜sehr⌝ darauf an, daß sie besonders gut oder neu oder nützlich sind[af], sondern nur darauf, daß sie die rechten Geschäftsreisenden finden[ag] ⌜, die für den gewünschten Absatz, für ein geneigtes Publikum sorgen.⌝ So wird's eben gemacht.

Es ist kein Vorwurf, wenn Paulus in unserem[3] Texte darauf hinweist, daß es so gemacht wird. Er will nur sagen, daß es mit dem Wort⌜e⌝ Gottes nicht so gemacht werden kann. Er will nur[ah] darauf aufmerksam machen, daß es neben all den guten und weniger guten Dingen, um die man mit Vorsicht und Rücksicht, mit Anpassung⌜en⌝ und Zugeständnissen markten kann und vielleicht markten muß, noch etwas anderes gibt, und da ist dann nichts zu markten, damit ist in keiner Weise geschäftlich umzugehen[ai]. Das Wort Gottes kann nicht gekauft werden; darum hat es auch keine noch so gewandten Ver-|203|käufer nötig[aj]. Das Wort Gottes sucht nicht nach Abnehmern; darum kann man auch nicht krämern und hökern damit, darum braucht es keine Unterhändler[ak]. Das Wort Gottes tritt nicht in Konkurrenz mit den anderen Artikeln, die auf dem Jahrmarkt des Lebens feilgeboten[al] werden. Es will ⌜durchaus⌝ nicht um jeden Preis an den Mann gebracht sein. Es hat nur *ein* Verlangen: rein und lauter sich selbst[4] zu sein, keine Veränderungen und Anpassungen sich gefallen

ac Mskr.: «Krämer».
ad Mskr.: «sie sind so geübte Geschäftsreisende».
ae Mskr.: «für manche Bewegung, die überall von sich reden macht,».
af Mskr.: «daß sie wahr oder gut oder neu ist».
ag Mskr.: «daß sie gute Geschäftsreisende findet.»
ah Mskr.: «uns nur».
ai Mskr.: «ein Geschäft zu machen».
aj Mskr.: «keine Verkäufe nötig, und wenn sie noch so gewandt wären».
ak Mskr.: «nicht krämern und unterhandeln darüber».
al Mskr.: «gekauft und verkauft».

3 Im Druck 1920 (Volksblatt): «seinem».
4 = es selbst.

lassen zu müssen, leuchten zu dürfen in seinem eigenen Glanz, um dann von denen ergriffen zu werden, die es nicht kaufen, sondern als Gnade, als Geschenk[am] annehmen wollen, wie es ist. Unterdessen kann es ⌜wie eine schlechte Ware⌝ liegen bleiben und warten. Unterdessen fragt es nicht danach, ob das Publikum dankbar oder undankbar ist. Unterdessen läßt es den Menschen ihre Freiheit um seiner eigenen Freiheit willen.

Ja ⌜freilich⌝, das Wort Gottes wartet darauf, wartet mit ⌜stürmischer⌝ Ungeduld darauf, von den Menschen vernommen zu werden. ⌜An den Menschen richtet es sich ja,⌝ [an]und der Mensch ist ja schon Gottes[5] und ist verloren samt seiner ganzen Welt, solange er nicht vernimmt, was sein Gott ihm zu sagen hat, solange das göttliche Wort nicht über ihn gesiegt hat[an]. ⌜Aber in seiner eigenen und in des Menschen Freiheit will es siegen, nicht anders.⌝ Durch das Geheimnis des Kramladens zu siegen, das verschmäht es. Die Siege der Unterhändler sind Scheinsiege[ao] ⌜, mit dem Worte Gottes haben ihre gefüllten Kirchen, hat die Atemlosigkeit ihres Publikums nichts zu tun⌝. Ja, das Wort Gottes hat jedem Menschen etwas Besonderes, etwas ganz Persönliches ⌜und⌝ Direktes zu sagen, aber solange er nicht ⌜von sich aus⌝ hören kann und will, soll er eben auch ⌜gar⌝ nicht hören, lieber das, als daß er im Grunde doch nur sich selbst hört mit dem ⌜absurden⌝ Wahne, Gott gehört zu haben. Ja, das Wort Gottes wünscht aufs dringlichste, mitzureden in |204| allen unseren Verhältnissen und Lagen, zu allen Fragen und Aufgaben unseres Daseins. Es ist uns unentbehrlich, denn es enthält überall die letzten durchschlagenden Einsichten und Weisungen[ap]. Es steht nicht im Widerspruch zu einer

[am] Mskr.: «und dann von denen ergriffen zu werden, die es von sich aus als eine Gnade, als ein Geschenk».

[an-an] Mskr.: «denn der Mensch ist ja Gottes und hat sich selber verloren, solange er es nicht vernimmt, solange es nicht über ihn gesiegt hat».

[ao] Mskr.: «Denn dieser Sieg wäre ja doch nur ein Scheinsieg».

[ap] Mskr.: «es enthält auf allen Gebieten, wie wir sagen, die letzte durchschlagende Einsicht und Weisung».

[5] Vgl. den besonders für die dritte Periode im Leben Chr. Blumhardts charakteristischen Ausruf «Ihr Menschen seid Gottes!», den R. Lejeune dem 3. Band der von ihm herausgegebenen Auswahl aus Chr. Blumhardts Predigten, Andachten und Schriften (Zürich / Leipzig 1928) zum Titel gegeben hat.

sicheren Erkenntnis der Natur und des Lebens, weil es diese sichere Erkenntnis selber ist[aq]. Es hebt die Widersprüche auf, es eröffnet überall gerade die Aussichten, über deren Verschlossenheit wir so sehr zu seufzen haben. Aber lieber verzichtet es ⌜überall⌝ auf das Wort, als daß es sich wie eine dieser Meinungen und Ideen[ar] in eine billige Tagesweisheit verwandeln läßt. So stand es wenigstens mit dem Worte Gottes im Munde des Paulus. «Aus Lauterkeit, aus Gott und vor Gott» wollte er es reden: *in Christus.* Entweder so oder gar nicht.

⌜Das Wort Gottes,⌝ das Evangelium[as] ist ja die Erinnerung an die Ewigkeit im Menschen. Es erinnert uns nicht an etwas Unbekanntes, aber an das Bekannte, das wir vergessen haben und wieder ganz neu ⌜entdecken und⌝ lernen müssen. Es redet von uns selbst, wie wir sind ⌜und wie wir hier sitzen⌝, aber davon, wie wir hierher gekommen sind und wohin wir von hier aus gehen sollen[at][6]. Es redet vom Leben, aber vom Leben im Leben. Es redet von den ⌜Erfahrungen und⌝ Dingen und Verhältnissen, in denen wir täglich stehen, aber von ihrem Ursprung und ⌜ihrem⌝ Ziel. Es redet von der Welt, aber vom Sinn der Welt, ⌜von *der* Welt,⌝ die uns verloren gegangen ist und die uns wieder offenbar werden soll. Es ist derselbe Mensch, ⌜der du jetzt eben bist,⌝ an den es sich richtet, den es angeht ⌜und anredet⌝, und doch nicht derselbe Mensch, sondern der neue, der andere Mensch in dir[au], der seine eigene Geburt, sein eigenes Leben und Dasein hat.

Denn Ewigkeit ist nicht Zeit, und Zeit ist nicht Ewigkeit. Zeit ist entleerte, verarmte, verödete[av] Ewigkeit, und Ewigkeit ist erfüllte Zeit. Das ist das Rätsel und die Be-|205|deutung unseres Daseins, daß wir in der Zeit sind *und* in der Ewigkeit. Aber nicht gleich stark beides, sondern die Ewigkeit ist in Bewegung in die Zeit hinein[aw]. Die Ewigkeit ist die Heimat, die uns ruft, der Ursprung, von dem wir uns

[aq] Mskr.: «sondern es ist selbst diese sichere Erkenntnis».
[ar] Mskr.: «eine von unsern Meinungen und Idealen».
[as] Vor dem Abschnitt im Mskr.: *«2.»*
[at] Mskr.: «davon, wo wir herkommen und wo wir hingehen».
[au] Mskr.: «in uns».
[av] Mskr.: «entleerte, verirrte, verloren gegangene».
[aw] Mskr.: «sondern eins ist in Bewegung gegen das Andere».

[6] Im Druck 1920 (Volksblatt): «wollen».

nicht lösen können[ax], unser eigentliches Wesen⌜, das ungestüm immer wieder hervorbricht⌝. Die Zeit ist die Station, die wir wieder verlassen, wenn sie erreicht ist, das Kleid, das wir wieder ausziehen[7], der Schatten an der Wand, der nur vom Lichte sein eigenes Dasein empfängt, um dann vorüberzugehen.[ay] Und so ist die Ewigkeit im Vorsprung, im Übergewicht, im Besitz des größeren Rechtes an uns und der größeren Macht über uns.[az] Sie ist im Anbruch, im Aufgang begriffen[ba], während man von der Zeit eigentlich nichts sagen kann, als daß sie eilt[bb] und vergeht. Die Ewigkeit ist oben, die Zeit ist unten.[bc] Darum fällt beständig das Licht der Ewigkeit in die Zeit hinein, während die Zeit kein eigenes Licht hat, um uns über die Ewigkeit aufzuklären. Darum spielt[bd] immer etwas Ewiges mit in allen unseren zeitlichen Gedanken, Gefühlen[be] und Bestrebungen, während es uns nie gelingen wird, die ewigen Dinge[bf] unseren ⌜zeitlichen⌝ Begriffen und Maßstäben anzupassen und unterzuordnen[bg]. Darum ist der Mensch nie ganz ohne Gott, wohl aber ist Gott sehr oft und weithin ohne den Menschen. «Das Sterbliche soll[bh] verschlungen werden vom Leben», hat Paulus einmal gesagt [2. Kor. 5,4], aber wieder ein andermal: «Fleisch und Blut können das Reich Gottes nicht ererben» [1. Kor. 15,50], Denn das ist zweierlei.

Seht, und nun führt eben das Wort Gottes, das Evangelium[bi] die Sache der Ewigkeit. Darum heißt es von Jesus Christus: Als *die Zeit erfüllt* war, ⌜da⌝ sandte Gott seinen Sohn! [Gal. 4,4], und wir müssen das ⌜auch⌝ so verstehen, daß die Zeit damit erfüllt wurde und erfüllt

[ax] Mskr.: «Die Ewigkeit ist unsere Heimat, unser Ursprung».
[ay] Mskr.: «Die Zeit ist das Vorübergehende, das Kleid, der Schatten.»
[az] Mskr.: «Und so ist die Ewigkeit im Übergewicht, im größeren Recht, im Besitz der größeren Macht.»
[ba] Mskr.: «im Aufgang, im Anbruch begriffen».
[bb] Mskr.: «davon eilt».
[bc] Mskr.: «Die Zeit ist unten, und die Ewigkeit ist oben.»
[bd] Mskr.: «spricht».
[be] Mskr.: «und Gefühlen».
[bf] Mskr.: «das Ewige».
[bg] Mskr.: «einzuordnen».
[bh] Mskr.: «soll eben».
[bi] Mskr.: «das Evangelium, das Wort Gottes».

[7] Im Druck 1920 (Volksblatt): «anziehen».

wird, daß Gott seinen Sohn sendet. Gott will nicht mehr ohne die Menschen sein. Gott will, daß allen Menschen geholfen werde [1. Tim. 2,4]. Die Ewigkeit stürzt sich in die Zeit wie |206| ein Bergbach nach dem Gewitter in sein leeres Bett[bj]. Das Himmelreich stürmt herein wie ein Kriegsheer in ein feindliches Land. «Ich bin gekommen, daß ich ein Feuer ⌜anzünde auf Erden, und was wollte ich lieber, denn es brennte schon!⌝» [Lk. 12,49]. *Dein* Name ⌜werde geheiligt⌝ – in der Zeit, in der er noch nicht heilig ist[bk]. *Dein* Reich komme – in die Zeit, in der es noch nicht aufgerichtet ist[bl]. *Dein* Wille ⌜geschehe⌝ – in der Zeit, in der er[bm] noch nicht geschieht [Mt. 6,9f. par.]. ⌜In diesem Dein, Dein, Dein gegenüber dem, was noch nicht Dein ist, lebt und webt das Wort Gottes, das Evangelium, Jesus Christus.⌝ Ja, da steht Christus.[bn] Es sind die Interessen Gottes, die er wahrnimmt und an die er uns erinnert[bo], und das ist unser Heil, unsere Erlösung, das Ziel der Liebe Gottes gegen uns, daß wir uns durch Christus erinnern *lassen* an die Interessen Gottes[bp]. [bq]Denn anders kann uns nicht geholfen werden als damit, daß wir Gott helfen. Das ist das Ziel Gottes: die stürmische Botschaft, die an uns gelangt[bq], daß auch *wir* an dieser Erfüllung Anteil haben sollen, daß es auch bei *uns* zu dieser Entdeckung[br] und Auferstehung kommen soll. *Wir* werden an den Punkt geführt, wo Zeit und Ewigkeit[bs] sich treffen. *Uns* wird die Frage vorgelegt, ob wir den Vorsprung, das Übergewicht der Ewigkeit erkennen wollen.[bt] *Uns* wird die Einsicht ermöglicht, daß hinter allem Vergehen und Sterben ein stärkeres Kommen und Leben verborgen ist.[bu] *Uns*

[bj] Mskr.: «Die Ewigkeit stürzt sich auf die Zeit wie auf eine Beute».
[bk] Mskr.: «nicht geheiligt wird!»
[bl] Mskr.: «wo es noch nicht aufgerichtet!»
[bm] Mskr.: «... auf Erden, in der Zeit, wo er».
[bn] Mskr.: «Seht, da steht Jesus Christus.»
[bo] Mskr.: «und für die er uns gewinnen will».
[bp] Mskr.: «daß wir uns von Christus gewinnen lassen für Gottes Interessen».
[bq-bq] Mskr.: «Und das ist das Evangelium, die frohe Botschaft, daß diese stürmische Botschaft nun auch an uns gelangt».
[br] Mskr.: «Entdeckung und Erlösung»
[bs] Mskr.: «unsere Zeit und die Ewigkeit».
[bt] Mskr.: «Wir werden vor die Frage gestellt, ob wir das Übergewicht, das größere Recht, die größere Macht der Ewigkeit erkennen.»
[bu] Mskr.: «daß allem Vergehen ein Werden, ein Kommen entspricht [?], allem Tod ein stärkeres Leben.»

wird der Ausblick eröffnet auf den Sieg, auf das Vollkommene, dem unser Dasein zustrebt.

Was für armselige, stammelnde Worte für die größten Dinge, nicht wahr? Aber nicht wahr, das verstehen wir, daß das Wort Gottes[bv] ⌜seine Freiheit haben,⌝ seinen eigenen Weg gehen muß. Es hat eben seine eigene Quelle und so auch seinen eigenen Lauf. Es ist ein mächtiges[8] Wesen für sich in der Welt und in unserem Leben. Es schafft und zerstört, es richtet auf und erniedrigt: in eigener Kraft und nach eigener Ordnung.[bw] Es läßt sich |207| nichts davon und nichts dazu tun.[bx] Der neue Mensch, der da geboren wird, muß auch denken, reden und handeln auf neue Weise[by]. Er ist vom alten Menschen und seiner ganzen Art vollständig geschieden[bz]. Zwischen ihm und jenem steht ⌜trennend⌝ das Kreuz Christi. Er lebt, während jener gestorben ist. ⌜Das Wort Gottes kann klein sein wie ein Senfkorn [vgl. Mk. 4,31 par.], aber es will seine eigene Art haben gegenüber allem, was wir sonst sind und haben.⌝ Es mag wohl sein, daß wir wenig[ca], jämmerlich wenig wissen von dem neuen Menschen, dem Ewigkeitsmenschen in uns, aber *was* wir von ihm wissen, ist jedenfalls *das,* daß er seine eigene Natur hat, eigenen Rechtes ist, daß es keine[cb] Einverständnisse, keine Anpassungen, kein Krämern geben kann ⌜zwischen ihm und dem alten Menschen in uns⌝. «Ist jemand in Christus, so ist er eine neue Kreatur» [2. Kor. 5,17]. Es führen von diesem Neuen keine Brücken nach rückwärts ⌜, keine Brücken vom Leben zum Tode⌝. Zeit soll werden wie Ewigkeit, aber nie, nie kann Ewigkeit werden wie Zeit.[cc]

[bv] Mskr.: «daß das Evangelium, das Wort Gottes».

[bw] Mskr.: «Es schafft und es zerstört, es richtet auf und es stürzt, es erhöht und es erniedrigt, aber Alles ganz nach seinen eigenen Gesetzen und Ordnungen.»

[bx] Mskr.: «Es kann klein sein wie ein Senfkorn, aber es will seine eigene Art haben. Es läßt sich nichts dazu und davon tun.»

[by] Mskr.: «denkt und redet und handelt auch auf eine neue Weise».

[bz] Mskr.: «geschieden, nie mehr mit ihm zu verwechseln».

[ca] Mskr.: «Und wenn wir auch noch so wenig».

[cb] Mskr.: «so wissen wir doch gerade genug, um diesen völligen, gänzlichen Unterschied zu kennen und zu wissen, daß es keine».

[cc] Hier steht im Mskr. noch folgender Satz: «Der Mensch soll Gottes Kind werden, aber nie, nie wird es gelingen, den Gottessohn wieder zum bloßen Menschensohn zu machen.» Im Druck 1920 (Volksblatt): «... aber nie, nie mehr der Sohn Gottes zum Menschensohn.»

[8] Im Druck 1920 (Volksblatt) und 1924 (Komm Schöpfer Geist!): «wichtiges»; korr. nach Mskr.

Die Erde soll himmlisch werden, aber nie und nimmer ⌜(bis an das Ende aller Zeit)⌝[9] der Himmel irdisch. Gottes Geist vermag alles. Er kann Tote lebendig machen.[cd] Er kann dem Abraham aus diesen Steinen Kinder erwecken [Mt. 3,9 par.]. Nur[ce] eines vermag er nicht: sich selbst[cf] untreu zu werden [vgl. 2. Tim. 2,13], in bloßen Menschengeist, ⌜in bloße⌝ Menschengedanken ⌜und⌝ Menschengefühle sich zu verwandeln. ⌜Er bleibt immer frei und läßt auch uns frei, bis wir in Freiheit ihn zu fassen vermögen, ihn, der weht, wie er will [vgl. Joh. 3,8].⌝ Das Wort Gottes, das seine Freiheit verlieren würde, das Wort Gottes, mit dem man Geschäfte treiben könnte, würde eben damit aufhören, Gottes Wort zu sein. Aus Lauterkeit, aus[10] Gott und vor Gott will es geredet und gehört sein: *in Christus.* Sonst lieber gar nicht.[cg] |208|

Wir[ch] verstehen nun wohl auch das übrige, was Paulus in unserem Text von sich selbst sagt als von einem, der das Wort Gottes selber gehört hat und anderen sagen möchte.

[cd] Mskr.: «Er macht die Toten lebendig.»
[ce] Mskr.: «Aber».
[cf] Mskr.: «selber».
[cg] Mskr.: «will es geredet sein oder gar nicht».
[ch] Der ganze folgende Abschnitt ist von Barth erst für den Druck ausformuliert worden. Im Mskr. findet sich folgender in Stichworte übergehender Entwurf, der hier buchstabengetreu wiedergegeben wird: «3. Wir verstehen nun viell. auch das Übrige, was Pl. in unserem Text von sich sagt: Gott sei Dank, der uns allezeit in s. Siegeszug mit sich führt u. d. Geruch s. Erkenntnis durch uns offenbart an allen Orten. Es sieht aus, als ob er sich rühme, aber das Gegenteil ist der Fall. Das Wort Gottes ist keine menschl. Unternehmung, sondern eine Tat Gottes bei der er allein den Ruhm hat. Aber wer sich darauf einläßt, der kommt auf sicheren Boden. Er dankt Gott daß er dabei sein darf, wo es um diese Sache geht. Er braucht nach Erfolg u. Wirksamkeit u. Dankbarkeit nicht zu fragen. Gott führt ihn mit sich, wie ein siegreicher Feldherr s. Gefangenen mitführte im Siegeszug im Altertum. Nur so ist er dabei, aber das genügt. Er weiß, daß er nicht umsonst lebt. Erkenntnis G.s zieht vor einem solchen M. her wie ein Geruch. Mag den M. Gesicht und Gehör fehlen [,] so werden sie es doch riechen, was da vor sich geht. Sie werden das Neue, das Andere, das Überlegene, die Ewigkeit merken, die sich sofort bemerkbar

[9] Die Hinzufügung erfolgte erst 1924 in: Komm Schöpfer Geist!
[10] Im Druck 1920 (Volksblatt) und 1924 (Komm Schöpfer Geist!): «von»; korr. nach Mskr.

Ihn hat Gott mit gewaltiger Hand gefangen genommen und führt ihn in Ketten von Land zu Land, von Stadt zu Stadt zur Verherrlichung seines Namens, wie die Könige und Kriegsherren der alten Zeit taten mit ihren Unterworfenen. Nichts, gar nichts bleibt übrig für Menschenruhm. Die Verkündigung des göttlichen Wortes ist nicht eine menschliche Unternehmung, bei der menschliches Sich-Durchsetzen, Rechthaben, Erfolghaben und dergleichen eine Rolle spielen könnte. Das Wort verkündigt sich selbst. Die Verkündigung ist Gottes eigene Tat. Der Mensch ist nur *dabei:* als Ohr und Herz und Kopf und Mund und Hand und Fuß. Daß er da dabei sein darf, dafür sagt Paulus Gott Dank. Denn dieses Dabeisein ist seine Freiheit geworden. Die göttliche Gefangenschaft befreit ihn von allen anderen. Die Sorge um Gottes Sache erspart ihm die anderen Sorgen. Mit dem menschlichen Ruhm ist auch die menschliche Bekümmernis, Ängstlichkeit, Hitze und Empfindlichkeit dahin, überflüssig. Eigene und fremde Willkür, Schicksal und Zufall, nun ja, sie spielen auch mit in seinem Leben. Aber sie spielen nur *mit.* Die eigentliche Bewegung seines Lebens wird nicht erreicht und berührt und bestimmt davon. Ein Letztes in ihm bleibt frei, eilt[11] weiter, strebt dem Ziel entgegen: allezeit und an allen Orten.

Und ein solcher Mensch kann dann gar nicht umsonst leben, und wenn er dreiundzwanzig Jahre vergeblich predigen würde wie Jeremia [vgl. Jer. 25,2]. Darf er kein Krämer mehr sein wollen, so braucht ihn auch die Sorge um die Abnehmer, um das Publikum nicht mehr zu

macht, wenn ein M. sich dazu hergiebt, aus Lauterkeit, aus Gott u. vor Gott zu reden u. dazusein. Umsonst kann das gar nicht geschehen u. wenn er 23 Jahre umsonst reden müßte wie Jeremia. Wer aus G. geboren ist, der überwindet die Welt. Viell. *Geruch d. Todes zum Tode.* Ewigkeit als Todesweisheit (r. Jüngling. Abendmahl. Sonne. Bergwind) M. ist frei. Auch das eine Wirkung, wenn auch eine schreckliche. Viell. *Geruch d. Lebens z. Leben* [.] Ewigkeit als Lebensbotschaft [.] Aufmerksamkeit, Verständnis. Freude. Gehorsam. Der Erfolg ist in G.s Hand. S. Macht u. Liebe ist unendlich. An uns ists, treu zu sein, zu werden [.]»

[11] Im Druck 1920 (Volksblatt): «rollt».

belasten. Er offenbart einen «Geruch von Erkenntnis Gottes». Nicht *er, Gott* offenbart durch ihn, aber Gott offen-|209|bart auf alle Fälle. Das Wort schafft sich Raum, wenn es das Wort Gottes ist, wenn es seine Freiheit hat, wenn ein Mensch sich dazu hergibt, seine Freiheit zu respektieren. Was aus Gott geboren ist, das überwindet die Welt [1. Joh. 5,4]. Was die Menschen nicht sehen und hören, nun das werden sie riechen. Was sie nicht verstehen, werden sie merken. Erkenntnis Gottes, Ewigkeit in der Zeit, das ist etwas so Neues, so Anderes, so Einzigartiges und Überlegenes in der Menschenwelt, daß es gar nicht sein kann, daß davon *nichts* gemerkt wird, die Leute mögen sich dann dazu stellen, wie sie wollen. Es entsteht um solche Menschen herum, und wenn sie stumm wären, eine Luft, die alle einatmen müssen, eine Witterung, die alle annehmen[12] müssen, wie sie kommt, die Notwendigkeit einer Aufmerksamkeit, der sich niemand entziehen kann. Je mehr sie selbst das Wort aus Lauterkeit, aus Gott und vor Gott hören und reden, um so weniger brauchen sie darauf bedacht zu sein, gute Geschäfte damit zu machen. Das freie Wort schafft selber.

Freilich: «Diesen ein Geruch des Todes zum Tode, jenen ein Geruch des Lebens zum Leben.» So ernst ist es mit dieser Freiheit. So wenig darf einer, der das Wort in Lauterkeit hört und redet, fragen nach Erfolg und Wirkung! So sehr darf es ihm nur um's Hören und Reden zu tun sein! Das freie Wort und die Freiheit des Menschen, das läßt sich ja nicht voneinander trennen. Nicht jede Zeit ist reif zur Erfüllung durch die Ewigkeit, nicht alles Alte reif zum Neuwerden, nicht jeder Mensch und vielleicht nie der ganze Mensch frei für das freie Wort. Uns bleibt ein Erdenrest![13] Das Wort Gottes und der, der es reden möchte, wird dem, was Erdenrest ist in den Menschen, «ein Geruch des Todes zum Tode». Unfreie Ohren können im Wort der Ewigkeit nur Todesweisheit hören. Ewigkeit heißt dann nur Ende der Zeit und alles Zeitlichen, Zerstörung des Lebens, Beschränktheit aller seiner Güter und Freuden, Unmög-|210|lichkeit unseres jetzigen Daseins. Christus ist dann nur der am Kreuz Gestorbene, der Gott fragt, warum er ihn verlassen habe in der Zeit [vgl. Mt. 27,46 par.]. An die

[12] Im Druck 1920 (Volksblatt): «vernehmen».

[13] Vgl. J. W. von Goethe, *Faust II*, V. 11954 (5. Akt, Bergschluchten):
Uns bleibt ein Erdenrest
Zu tragen peinlich...

Wand gepreßt, steht der Mensch da vor Gott und merkt, daß ihm der Atem ausgehen will, und weiß nicht mehr aus noch ein und entflieht vor Gott, um dem Unmöglichen zu entgehen. Er geht traurig davon, denn er hat viele Güter, die er nicht drangeben kann [vgl. Mk. 10,22 par.]. Der Friede, der ihm ins Haus gebracht wird, muß wieder zurückkehren zu dem, der ihm ihn gebracht hat [vgl. Mt. 10,13 par.]. Es widerfährt ihm alles in Gleichnissen [vgl. Mk. 4,11]. Er ißt und trinkt sich selber zum Gericht [vgl. 1. Kor. 11,29]. Denn Wärme kann schmelzen *und* vertrocknen, Licht kann erfreuen *und* blenden, Wind kann erquicken *und* erkälten. Wirkung hat das freie Wort *immer* in der Freiheit der Menschen, aber nicht immer *gleiche* Wirkung. Denn auch die Freiheit des *Menschen* ist *Freiheit.* Nur in der Freiheit hier und dort treibt Gott sein Werk. «Er erwählt, wen er will, und verstockt, wen er will» [vgl. Röm. 9,18]. Auch das Gericht, das über den Erdenrest ergeht, vollzieht sich zu Gottes Ehre.|

Es kann aber auch die andere Wirkung des freien Wortes eintreten zu Gottes Ehre. Die Zeit kann reif sein zur Erfüllung, das Alte reif zur Neuschöpfung, der Mensch frei für die Freiheit. Da wird dann das Wort Gottes und der, der es reden darf, «ein Geruch des Lebens zum Leben», das Wort der Ewigkeit zur Lebensbotschaft, das Ende zum Anfang, der Untergang zum Ursprung, das Unmögliche zum allein Möglichen. Da bekommt Christi Tod seine Bedeutung und Kraft durch die Auferstehung. Da steht der Mensch vor Gott und muß nicht zusammenbrechen vor dem Heiligen und fliehen vor dem Gerechten, darf einen neuen Weg antreten in Gehorsam und Freude. Er *wagt* den großen Sprung. Er findet Frieden. Er *weiß* das Geheimnis des Reiches Gottes. Freue dich, du einsamer, du erfolgloser, du unwirksamer Träger des Gotteswortes, auch *diese* Wirkung kann dein Dasein haben zur|211|Ehre Gottes, und mehr, als du es vielleicht schon weißt, bist du «ein Geruch des Lebens zum Leben» für viele.

Es ist aber die eine *und* die andere Wirkung zur Ehre *Gottes,* und nicht darnach darf ein solcher Mensch fragen, ob mehr die eine oder die andere von ihm ausgehe, sondern darnach, daß, was auch von ihm ausgehe, zur Ehre Gottes diene. Denn Herren über Leben und Tod sind nicht *wir.* Es muß vielleicht Verdammnis von uns ausgehen, aber wehe uns, wenn wir verdammen *wollen.* Es darf vielleicht Seligkeit von uns ausgehen, aber wehe uns, wenn wir Seligkeit austeilen *wollen.*

Der Erfolg steht in Gottes Hand. Sein ist die Macht und sein wahrhaftig auch der Wille, in Jesus Christus allen Tod in Leben zu verwandeln. Sein ist die Liebe, die auch in den Grund der Hölle geht [vgl. Hld. 8,6]. Unsere Sache ist es, dem Tun Gottes nicht vorauszueilen, sondern zu folgen mit unserem Tun, treu zu sein im Augenblick, das Wort zu hören und zu reden, wie es jetzt, da *noch nicht* alle Zeit zu Ewigkeit geworden ist, da[14] Gott noch nicht alles in allem ist [vgl. 1. Kor. 15,28], gehört und geredet werden muß.

Ist[ci] das Leben eines Menschen wie Paulus zu weit weg von uns? Haben wir das Wort Gottes überhaupt? Oder ist es allzu lange und allzu sehr verkrämert worden in der christlichen Kirche, als daß wir es heute, da wir es so nötig hätten, hören und reden könnten? Ja, wir wollen uns nicht zu rasch dem Paulus an die Seite stellen, als ob alles das, was er sagt, im Handkehrum auch auf uns anzuwenden wäre. Aber wir können uns auch nicht ganz abseits stellen. Denn zu Trägern des Wortes Gottes sind auch wir berufen. Die Ketten der göttlichen Gefangenschaft tragen heimlich auch wir. «Ich kann nicht recht glauben!» Ja, ich glaube, lieber Herr, hilf meinem Unglauben! [Mk. 9,24]. Nicht wahr, so meinst du es ja? «Ich habe keinen hohen, starken, überlegenen Geist!» |212| Ja, laß dir an meiner Gnade genügen, denn meine Kraft ist in den Schwachen mächtig! [2. Kor. 12,9]. «Das Endliche vermag das Unendliche nicht zu fassen!»[15] Ja, aber umgekehrt: dies Verwesliche muß anziehen die Unverweslichkeit, und dies Sterbliche muß anziehen die Unsterblichkeit [1. Kor. 15,53]. – «Daß wir tüchtig sind, ist von Gott» [2. Kor. 3,5].[16]

[ci] Grundlage des Schlußabschnitts sind im Mskr. folgende Notizen: «Ist uns das zu weit weg? Haben wir das Wort nicht? Nein, vergessen u. verkrämert. Ja X [Christus] ist nicht umsonst gestorben. Wir können daran glauben. Unglaube? Schwachheit? Sterblich? Ja, aber Gott! Wir müssen dem lebendigen Wort auf die Spur kommen [.]»

[14] Im Druck 1920 (Volksblatt): «geworden, da».

[15] «Finitum non capax infiniti»: Reformierte Parole gegen die lutherische Position im Streit um die Christologie; vgl. Christl. Dogmatik, S. 251.

[16] Zu dieser Predigt gibt es keine Liedangaben.

Johannes 3,1–8

[Es war aber ein Mensch unter den Pharisäern mit Namen Nikodemus, ein Oberster unter den Juden. Der kam zu Jesu bei der Nacht und sprach zu ihm: Meister, wir wissen, daß du bist ein Lehrer von Gott gekommen; denn niemand kann die Zeichen tun, die du tust, es sei denn Gott mit ihm. Jesus antwortete und sprach zu ihm: Wahrlich, wahrlich ich sage dir: Es sei denn, daß jemand von neuem geboren werde, so kann er das Reich Gottes nicht sehen. Nikodemus spricht zu ihm: Wie kann ein Mensch geboren werden, wenn er alt ist? Kann er auch wiederum in seiner Mutter Leib gehen und geboren werden? Jesus antwortete: Wahrlich, wahrlich ich sage dir: Es sei denn, daß jemand geboren werde aus Wasser und Geist, so kann er nicht in das Reich Gottes kommen. Was vom Fleisch geboren wird, das ist Fleisch; und was vom Geist geboren wird, das ist Geist. Laß dich's nicht wundern, daß ich dir gesagt habe: Ihr müsset von neuem geboren werden. Der Wind bläst, wo er will, und du hörst sein Sausen wohl; aber du weißt nicht, woher er kommt und wohin er fährt. Also ist ein jeglicher, der aus dem Geist geboren ist.]

1. Wissen wir, was wir tun, wenn wir uns Christen nennen? Verstehen wir Jesus Christus? Was denken wir von ihm? Was wollen wir von ihm, wenn wir den Anspruch erheben, irgendwie zu ihm zu gehören, wenn wir demnächst wieder Karfreitag und Ostern feiern, wenn wir unsere Kinder unterweisen über sein Leben und seine Bedeutung? Was haben wir mit ihm zu tun?

Wir könnten mit dem Pharisäer Nikodemus antworten: Meister, wir wissen, daß du bist ein Lehrer [von Gott gekommen]. *Was meinte der Nikodemus?* Er wollte offenbar sagen: Du bist eine Erscheinung, an der ich nicht vorübergehen kann, ein Licht, von dem ich gerne etwas Glanz übernähme für mein eigenes Licht, ein Führer, dem ich mich gerne für eine Weile anvertraue. Du bist mir wichtig, du bist mir interessant, du regst mich an, ich bin dir dankbar und will dir das, so gut ich kann, gerne zeigen. Ein schönes, ein freundliches Bekenntnis eines ernsten, frommen Mannes. Ich glaube, wir befinden uns ohne weiteres in seiner Gesellschaft. Einige von uns würden wohl etwas wärmer und eifriger reden, Andere dafür etwas kühler und gelassener. Nikodemus redet ungefähr für den Durchschnitt von uns. Wer wollte das nicht einsehen, daß Jesus uns und allen Menschen etwas zu sagen hat, daß das Christentum ein ernster und wichtiger Beitrag ist zu den Fragen unseres Lebens, daß man von Jesus, wenn man ihn recht versteht, nur lernen kann, nur Gutes empfängt, daß die Menschheit im Ganzen und jeder Einzelne nur froh sein kann über alles Christliche, das in der Welt vorhanden ist, und daß man das wohl gelegentlich auch zeigen darf.|

Aber *was wollte der Nikodemus* mit seinem Bekenntnis? Es war ihm offenbar ein Bedürfnis gewesen, zu Jesus zu kommen und ihm das zu sagen. Er hätte sich ja auch von weitem über Jesus freuen können. Aber nein, er mußte zu ihm gehen und es ihm sagen. Es ließ ihm keine Ruhe: er mußte mit diesem «Lehrer von Gott» Fühlung bekommen, ein Verhältnis zu ihm herstellen. Nikodemus war ja selber auch ein Licht, eine bedeutende Erscheinung, ein Oberster unter den Juden, ein Meister in Israel. Bedeutende Männer lieben es, anderen bedeutenden Männern ihre Anerkennung auszusprechen in der stillen Hoffnung, ihrerseits dann auch Anerkennung zu finden. Eine Bestätigung, eine Bestärkung, vielleicht sogar einen Trost, einen ermunternden Zuspruch erwartete Nikodemus von dem Kollegen und Gesinnungsgenossen. Denn das Leben eines Pharisäers war schon damals kein leichtes, es konnte eine gewisse Bestärkung aus kompetentem Munde schon brauchen. «Frommer Mann, lieber Bruder im Herrn, ich sehe, du hast mich verstanden, ja gleichfühlende Herzen verstehen sich eben bald, du bist auf dem rechten Wege wie ich auch, geh' nur tapfer weiter und vertrau auf Gott! Es wird uns schon gelingen mit dem Himmelreich!» Etwa so etwas hatte Nikodemus das Bedürfnis zu hören. Wir verstehen dies Bedürfnis, nicht wahr? Vielleicht würden wir uns auch hier etwas anders ausdrücken, der Eine so, der Andere so, aber im Durchschnitt ist das, was Nikodemus wollte, sicher ziemlich genau das, was wir vom Christentum wollen. Unser Licht kann ein bißchen Öl, unser Mut ein bißchen Stärkung, unsere Tugend ein bißchen stille Anerkennung, unser Glaube ein bißchen neues Feuer wohl brauchen. Als eine gewisse tröstliche Ergänzung für allerlei, was fehlt oder nicht gut ist, läßt man sich das Christentum gerne gefallen. Darum nimmt der Staat die Kirche in wohlwollende Obhut.[1] Darum ist die Öffentlichkeit wohl zufrieden damit, daß all

[1] Hier verweist ein Sternchen auf eine Randnotiz: «Darum [?] Zeitung: Der

dem Anderen, was wichtig ist, auch die christlichen Bestrebungen, der Religionsunterricht, die religiösen Vereine und Anstalten, die Heidenmission still zur Seite gehen. Es liegt eine gewisse Beruhigung und Ermutigung darin, daß diese Dinge auch da sind.|

Noch eins ist wichtig bei Nikodemus. «Er kam zu Jesu *bei der Nacht.*» Man hat schon gesagt, Nikodemus sei feig gewesen, er habe sich gefürchtet, bei Tag zu kommen. Das ist viel zu grob gesagt. Vorsichtig und klug war er und vor allem auch ein wenig selbstbewußt. Ein Bedürfnis, wie [es] das seinige war, hängt man doch nicht an die große Glocke. Daß ein Mann, der ohnehin so fromm war wie er, sich in seiner Frömmigkeit von einem Anderen noch extra bestärken lassen wollte, das brauchte ja auch wirklich nicht jedermann zu wissen. Übrigens war ja auch Jesus noch nicht allgemein anerkannt als ein bedeutender Prediger und Reichsgottesmann, war Manchen sogar einigermaßen verdächtig, und so war es geboten, der Bekanntschaft, die Nikodemus wünschte, vorerst keine öffentliche Bedeutung zu geben. Und endlich hatte Nikodemus gewiß bei Tage Wichtigeres zu tun, als daran zu denken, daß etwas bei ihm fehle oder nicht gut sei; vielleicht hatte er selbst Evangelisationsversammlungen zu leiten oder Kommissionssitzungen oder gelehrte Bücher zu schreiben; bei der Nacht, als alles Wichtige erledigt war, wurde es Zeit für Jesus.|

Nicht wahr, auch das alles heimelt uns [an]. Nein, feig sind auch wir nicht gegenüber dem Christentum, das wäre eine ungerechte Anklage, aber vorsichtig und umsichtig. Es ist ja ganz klar, daß man von dem, was wir unser «religiöses Bedürfnis» nennen, nicht ein großes Wesen macht, daß man das Lob Gottes, zu dem wir uns entschließen, um selber auch ein bißchen Lob von Gott zu empfangen, mehr im Stillen abtut. Daß man das Verlangen nach Trost, Bestärkung, Bestätigung, Ergänzung nicht allzu offen kundgibt. Das Christentum ist ja auch durchaus nicht eine allgemein anerkannte Sache, und man will doch niemand vor den Kopf stoßen, indem man sich damit abgibt. Und überdies haben wir neben dem Christentum so viel andere wichtige Angelegenheiten. Und so kommt es, daß wir von allen Dingen laut

große Nazarener». Ein so überschriebener Artikel diente Barth wohl als Beispiel für das öffentliche Wohlwollen. Der Artikel konnte nicht ermittelt werden.

reden, aber von religiösen Dingen leise. So kommt es, daß über der Religion und Allem, was damit zusammenhängt: Kirche, Pfarrer, Gebet, Bibel, Bibelstunden, fromme Worte und Bräuche, ein Schleier von Geheimnis oder auch Verlegenheit ausgebreitet ist. So kommt es, daß das ganze Christentum im öffentlichen und im Privatleben ein Pflänzlein ist, das im Verborgenen blüht. Wir haben ein offenkundiges Bedürfnis danach, das wir nicht loswerden, und wir können doch nicht ganz dazu stehen. Wir befassen uns damit, aber aus verschiedenen Gründen doch mehr nebenbei. Es gibt auch hier Unterschiede. Es gibt ja freilich auch ein lärmendes, marktschreierisches, aufdringliches Christentum. Aber kein Mensch täuscht sich deswegen darüber, daß heute das Christentum nur im Winkel, in der Ecke, im Verborgenen gedeiht. Und mit Verlegenheit sieht man solchen Leuten zu, die vor lauter Eifer nicht merken wollen, wie die Dinge stehen. Aber auch das aufrichtigste, ernsthafteste [?], geweckteste [?] Christentum ist heute Bei-Nacht-Christentum. Wenn heute plötzlich ein wirkliches Bei-Tag-Christentum unter uns auftreten sollte, ein unvorsichtiges, ungeniertes, rücksichtsloses Christentum, ein Christentum ohne Bremse und Dämpfer, ein Christentum, das sich zu Jesus anders stellen würde als Nikodemus, wir würden uns behüten und entsetzen davor. Wir würden es nicht ertragen.

2. Aber auch Nikodemus ist, wenn auch auf seine Weise, immerhin zu Jesus gekommen. Und so ist auch unser Bekenntnischristentum und Bedürfnischristentum und Bei-Nacht-Christentum immerhin Christentum. Seht, das ist das Merkwürdige an unserem Text, wie Nikodemus mit dem, was er von Jesus meint und will und wie er an ihn herankommt, gegen Jesus gar nicht aufkommt. Jesus gegenüber gelingt es ihm einfach nicht. Jesus ist Sieger![2] Das Wort «Wahrlich, wahrlich, ich sage dir, es sei denn [, daß jemand von neuem geboren werde, so kann er das Reich Gottes nicht sehen]» geht mitten hindurch durch sein nächtliches Bekenntnis und Bedürfnis. *Jesus «ein Lehrer, von Gott gekommen»?* Ja, aber eben von Gott, in der Voll-

[2] «Jesus ist Sieger!» ist die zentrale Aussage im Kampf J. Chr. Blumhardts um sein Gemeindeglied Gottliebin Dittus; s. Fr. Zündel, *Johann Christoph Blumhardt, Ein Lebensbild,* Gießen / Basel 1921[8], S. 109.144.

macht und mit dem Willen, Gott zur Geltung zu bringen auf Erden, Glauben an Gott, Parteinahme für Gott, Gehorsam gegen Gott zu verlangen. Und darum nicht *ein* Lehrer, sondern der Lehrer, denn so ist noch kein Anderer von Gott gekommen. Nicht *ein* Licht, sondern das *Licht,* denn diesmal gilt es Ernst. Jesus wichtig, Jesus interessant, Jesus lehrreich, Jesus notwendig? Ja, aber vor Allem Jesus wahr mit dem, was er ist und bringt, und darum Wahrheit fordernd von den Menschen. Jesus ein bedeutender Mensch, ein Führer, eine Persönlichkeit? Ja, aber vor Allem der Bringer, der Bringer von Erkenntnis, der Träger eines Feuers. Ob er es schließlich verstanden hat, daß Jesus nicht der war, dem er meinte vertraulich auf die Schulter klopfen zu können, ob er schließlich einverstanden war mit dem, was Jesus tatsächlich war und brachte, das wissen wir nicht. Aber das wissen wir, daß er einen anderen Jesus gefunden hat als den, den er gesucht hatte.|

Und so geht es uns auch. Es heißt auch in unserem schönen und freundlichen Verhältnis zum Christentum beständig: Ja, aber!, wir müssen einen Schritt weiter mit, als wir eigentlich wollen. Geben wir den kleinen Finger, so wird unsere Hand, unser Arm ergriffen. Das kleinste, schwächste Bekenntnis zum Christentum enthält in Wirklichkeit unendlich viel. Man hat im Lauf der Jahrhunderte viel Wasser in den Wein des Christentums geschüttet, aber dieser Wein ist nicht ganz zu verwässern. Steckt nicht in jeder Unterweisungsstunde, in jeder Predigt, die wir hören, mag sie so schlecht sein, als sie will, etwas von dem Anderen, was wir nicht suchen und doch finden müssen? Ist nicht bei jeder Taufe, bei jedem Abendmahl, das wir ahnungslos mitmachen, weil die Religion eine so schöne, nötige Sache ist, etwas von dem Ton: So jemand nicht von neuem [geboren wird]…? Können wir die Bibel oder auch nur unser recht schwach christliches Gesangbuch aufschlagen, ohne daß uns sofort jene Botschaft entgegentritt: Wahrlich, wahrlich…? Mag sie an uns abprallen, mögen wir sagen: ich verstehe nicht!, mögen wir uns verhärten und verstecken, aber sie ist da. Wir wissen nachgerade, daß wir damit rechnen müssen, ihr zu begegnen. Wie wir es auch meinen, wir müssen immer wieder merken, daß Jesus nicht unser Bekenntnis, sondern ein neues Geborenwerden meint.

Und so ist es Nikodemus auch *mit dem, was er bei Jesus wollte, mit seinem Bedürfnis* gegangen. Anerkennung? Ja, soviel du willst, sobald du Gottes Herrschaft und alleinige Ehre anerkennst. Bestärkung, Bestätigung, Befestigung deiner Tugend und Frömmigkeit? Ja, sobald du der geworden bist, der von Gott bestärkt, bestätigt und befestigt werden kann, der neue Mensch, der wiedergeborene, der von oben her geborene Mensch. Ermutigung und Trost auf deinem schweren Weg? Ja, sobald dein Weg nicht mehr der schwere Weg des Pharisäers ist, der die Lasten schleppen muß, die er sich selbst aufgeladen, sondern der Weg des Gottesknechts, der an der wirklichen Last der *Welt* mittragen will. Und wenn wir uns jetzt neben Nikodemus stellen wollen, so können wir gleich weiter hören: Ein bißchen Öl in unsere Lichter? Ja, und viel mehr als das: ein ganz neues Licht in eure Hände und auf eure Wege! Eine schöne Ergänzung für das, was bei uns fehlt und nicht gut ist? Ja, eine Ergänzung durch das ganz Andere[3], neben dem dann sonst nichts mehr Raum hat! Eine gewisse Beruhigung, ein gewisses Gegengewicht für das Leben der menschlichen Gesellschaft? Ja, aber ein solches Gegengewicht, daß die Waagschale auf der anderen Seite hoch emporfliegt und nicht mehr herunterkommt. Ihr wagt es, dem religiösen Bedürfnis nachzugeben, und ihr bekommt das göttliche Bedürfnis zu spüren. Ihr wagt es zu glauben, und wäre es nur wie ein Senfkorn [vgl. Mt. 17,20 par.], und ihr bekommt zu erfahren, was Gnade heißt. Ihr wagt es, Gott zu lieben, und siehe, ihr seid von Gott geliebt, ehedenn ihr ihn geliebt habt [vgl. 1. Joh. 4,19].|

Oder geht es uns nicht so? Wir machen unsere schüchternen christlichen Versuche und meinen, wir wissen, was und wieviel wir damit wollen, und siehe, wir müssen erfahren, daß gar nichts zu wollen ist für uns, daß da etwas werden, ganz neu werden will. Wir denken einen Augenblick ernsthaft über einen Spruch der Bibel nach, und siehe, es zeigt sich, daß da alle unsere anderen Gedanken umgestürzt, umgestaltet, verwandelt werden. Der Staat und die Gesellschaft erlauben sich den Luxus, eine Kirche zu unterhalten, und siehe da, all die Pfarrer müssen, ohne es zu wollen, alle Sonntage und wo sie den Mund auftun, etwas ans Licht bringen, was tatsächlich die größte Veränderung, ja Umwälzung des ganzen menschlichen Wesens bedeutet. Wiederum mag es gar wohl sein, daß wir uns schütteln [?] und sträuben gegen dieses Andere, Neue, das da unweigerlich kommt, aber wir

[3] Vgl. oben S. 31, Anm. 10.

können es nicht verhindern, daß es kommt, wenn wir einmal so unvorsichtig gewesen sind, uns mit dem Christentum einzulassen. Wahrlich, wahrlich, ich sage euch... Warum mußte sich auch Nikodemus gerade an Jesus wenden, warum müssen wir es auch gerade mit dem Christentum versuchen zur Befriedigung unserer religiösen Bedürfnisse? Ja warum? Indem wir es aber versuchen, erfahren wir es mit Nikodemus, daß wir gegen Jesus nicht aufkommen.|

Und so ist es Nikodemus wohl auch *in Bezug auf die Nächtlichkeit seines Besuchs* ergangen. Vielleicht hat er sich nachher geschämt und geärgert über seine Vorsicht, vielleicht war er auch nicht recht froh, daß er es so vorsichtig angefangen. Aber jedenfalls hat er es merken müssen, daß seine Vorsicht und Klugheit an der Weisheit Jesu vollkommen vorbeiging. Ein frommes Gespräch, das muß man verstekken, ein neues Leben, das *kann* man nicht verstecken. Ein Visite bei einem neuen Prediger und Gottesreichsmann, das mag etwas Genierliches und Verdächtiges sein, die Stimme des Sohnes Gottes zu hören, dessen *kann* man sich nicht schämen. Für bloße Religionssachen mag die schlechteste Stunde des Tages gerade gut genug sein, die neue Welt, die Gotteswelt gehört ans Licht des Tages, und nichts kann wichtiger sein als sie. Ob er sich geschämt oder ob er Gott dafür gedankt hat, daß diese unheimliche Begegnung des Nachts stattgefunden und des Morgens vorüber war, als wäre sie nie gewesen? Es ist jedenfalls gesorgt dafür, daß das, was wir finden, wenn wir uns auf das Christentum einlassen, gründlich protestiert gegen die Nächtlichkeit und Heimlichkeit und Nebensächlichkeit, mit der wir es behandeln möchten. Es ist nichts verborgen, das nicht offenbar würde, und nichts heimlich, das man nicht wissen werde [Mt. 10,26 par.]. Ein neugeborenes Kind pflegt sich eben bemerkbar zu machen. Und so kommt durch alle Verlegenheit und Geheimnistuerei, mit der wir das Christliche zudecken möchten, hindurch doch immer etwas an den Tag von dem Neuen. Vielleicht nur ein böses Gewissen, vielleicht nur ein unruhiges Herz, vielleicht überhaupt nur eine gewisse Unsicherheit. Denn wir können auch hier Nein sagen. Wir können uns auch hier bemühen, das, was hervorbrechen will, alsbald wieder zuzudecken. An den Tag will es doch und kommt es auch. Wißt ihr, warum die Welt je länger je weniger zur Ruhe kommt? Weil das Neue nun einmal da ist, seit sich die Welt nun einmal, wenn auch nur bei Nacht, mit

Jesus eingelassen hat. Weil das Christentum eben doch nur wider Willen Bei-Nacht-Christentum ist und uns keine Ruhe lassen wird, bis es zum Bei-Tag-Christentum geworden ist. – Wir haben uns nicht ungestraft, nicht ungesegnet mit Jesus eingelassen.

3. Aber was ist es mit dieser neuen Geburt, mit dieser Geburt von oben, wie es wörtlich heißt? Laßt mich noch ein paar Worte zur Erklärung sagen. Von einer *Wiedergeburt des Menschen* war in den heidnischen Religionen des Altertums viel die Rede. (Es hängt das zusammen mit dem natürlichen Trieb, der das Kind immer wieder zu seiner Mutter hinzieht. Man hat gefunden, daß die Heiden aller Zeiten und Völker diesem Trieb, der eine viel größere geistige Bedeutung hat, als man denkt, in den verschiedensten geheimnisvollen Bildern, Lehren und Bräuchen Ausdruck gegeben haben. Gerade zur Zeit Jesu und der Apostel wurde eine Art mütterliche Gottheit unter dem Namen Kybele oder Isis [?] im römischen Reich allgemein verehrt.[4]) Man hat auch gefunden, daß all die religiösen Bemühungen der Menschen, durch künstliche Erregung ihrer Gefühle und Gedanken anders zu werden, sich mit Gott zu vereinigen, eine Wiedergeburt herbeizuführen, auch im Christentum auf diesen uralten und allgemeinen heidnischen Wiedergeburtsglauben zurückgehen. Die Widerrede des Nikodemus: Wie kann ein Mensch [geboren werden, wenn er alt ist? Kann er auch wiederum in seiner Mutter Leib gehen und geboren werden?] ist also gar nicht so töricht, wie man sie gewöhnlich auslegt. Er will als nüchterner, klarer Weltmensch diesen frommen, aber künstlichen Wahn [?] nicht mitmachen. Er glaubt nicht daran, daß der Mensch sich von sich aus durch Gefühle und innere Erlebnisse verän-

[4] «Kybele [...], auch Magna Mater [...], vorgriech., aus Kleinasien stammende Mutter- und Vegetationsgöttin, deren Kult schon in spätarchaischer Zeit in Athen verbreitet war [...] In Form eines (Meteor-)Steins wurde die Göttin 204 v. Chr. aus Pessinus in Phrygien nach Rom gebracht; sie wurde hier mit dem Fest der Megalesia und einem Tempel auf dem Palatin geehrt [...] In der röm. Kaiserzeit verbreitete sich ihr orgiast. Kult im ganzen Reich» (Brockhaus E., 12,656). Zu Kybele und Isis und zu ihren Kulten vgl. auch K. Prümm, *Religionsgeschichtliches Handbuch für den Raum der altchristlichen Umwelt. Hellenistisch-römische Geistesströmungen und Kulte mit Beachtung des Eigenlebens der Provinzen,* Freiburg 1943 (Neudruck Rom 1954), S. 255–263. 268–281.

dern kann. Er sieht übrigens als guter Jude, daß bei diesem Treiben, und wenn es noch so innig und eifrig wäre, Gott doch nicht zu seinem Rechte kommt. Und darin hat er ganz recht.|

Aber Jesus hat er doch mißverstanden. Aus Wasser und Geist wird man wiedergeboren, nicht aus Krämpfen und Erlebnissen, aus der Erwartung und aus der Annahme der Wahrheit, die in Gott selbst ist, und nicht aus einem Naturtrieb, aus dem Gehorsam gegen das himmlische Licht, das Johannes der Täufer verkündigte [vgl. Joh. 1,7–9] und das er selbst brachte, aus der Sonne [?] des Alten und des Neuen Testaments, könnte man sagen. Was aus dem Fleisch geboren ist, das ist Fleisch. Welt ist Welt. Auch Religion ist Welt. Auch Bekehrungserlebnisse sind Welt. Ja, Nikodemus hat recht, durch keine Kunst bringt es der Mensch fertig, anders zu werden. Er kommt nur im Kreis herum. Was aber vom Geist geboren wird, das ist Geist. Vom Geist wußten die Heiden nichts, soviel sie wußten von der Herrlichkeit des Fleisches. Vom Geist wissen auch wir Christen noch wenig, soweit wir es gebracht haben in der religiösen und moralischen Verbesserung und Verfeinerung des Fleisches. Der Geist braucht die Mitwirkung des Fleisches nicht. Der Geist ist nicht nur etwas Anderes, sondern das ganz Andere. Der Geist ist ein Stück Leben aus einer anderen Welt, aus der Ewigkeit. Luther hat von diesem neuen Stück Leben, das aus Gott geboren ist, gesagt: «Es sieht sich nicht, es zeitet sich nicht, es stättet sich nicht, es greift sich nicht, es fühlt sich nicht, es kleidet sich nicht, es steht nicht in diesem noch jenem, was man sieht und fühlt, es ist lauter nichts.»[5] Ja, nichts von dem, was wir sind und haben, aber Alles als Besitz und Gabe Gottes. Wir stehen an der Grenze dessen, was wir zu begreifen vermögen. Aber eben von dieser Grenze aus hat Jesus geredet: «Der Wind bläset, wo er will [, und du hörst sein Sausen wohl; aber du weißt nicht, woher er kommt und wohin er fährt. Also ist ein jeglicher, der aus dem Geist geboren ist.»]

[5] M. Luther, *Auslegung des dritten und vierten Kapitels Johannis in Predigten 1538–1540*, WA 47,29,24–26: «es sihet sich nicht, es zeitet sich nicht, es stedtet sich nicht, es greifft sich nicht, es fulet sich nicht, es kleidet sich nicht, es stehet nicht in diesem noch jenem, was man sihet und fulet, es ist lauter nichts.» Barth zitiert nach *Luthers Evangelien-Auslegung. Ein Kommentar zu den vier Evangelien. Aus seinen Werken gesammelt und bearbeitet* von Chr. G. Eberle, Stuttgart 1877², S. 198f.

Seht, darum hat Jesus sterben müssen. Die Erkenntnis Gottes, die er brachte, ist nicht letzte Stufe in der Menschenwelt, sondern der erste Schritt in die Gotteswelt. Das Alte ist vergangen, siehe, es ist Alles neu geworden [2. Kor. 5,17]. Gott ist der Schöpfer, dessen Wundermacht da beginnt, wo unsere Macht aufhört. Von dieser Grenze her redet Jesus, kommt uns das Heil. Um diese Grenze zu begreifen und unseren Blick endlich dorthin zu lenken, wo Gott allein Meister ist, dazu hat Jesus in seinem Tod Gott preisen müssen.

Lieder:
Nr. 124 «Marter Jesu, wer kann dein vergessen» von Chr. R. von Zinzendorf, Strophen 1.3.4 (GERS [1952] 155)
Nr. 352 «Ich hab von ferne, Herr, deinen Thron erblickt» von J. T. Hermes, Strophen 1.2.5 (Reichs-Lieder 565)

Markus 10,35–45

[Da gingen zu Jesus Jakobus und Johannes, die Söhne des Zebedäus, und sprachen zu ihm: Meister, wir wollen, daß du uns tuest, was wir dich bitten werden. Er sprach zu ihnen: Was wollt ihr, daß ich euch tue? Sie sprachen zu ihm: Gib uns, daß wir sitzen einer zu deiner Rechten und einer zu deiner Linken in deiner Herrlichkeit. Jesus aber sprach zu ihnen: Ihr wisset nicht, was ihr bittet. Könnt ihr den Kelch trinken, den ich trinke, und euch taufen lassen mit der Taufe, mit der ich getauft werde? Sie sprachen zu ihm: Ja, wir können es wohl. Jesus aber sprach zu ihnen: Ihr werdet zwar den Kelch trinken, den ich trinke, und getauft werden mit der Taufe, mit der ich getauft werde; zu sitzen aber zu meiner Rechten und zu meiner Linken stehet mir nicht zu, euch zu geben, sondern welchen es bereitet ist. Und da das die zehn hörten, wurden sie unwillig über Jakobus und Johannes. Aber Jesus rief sie zu sich und sprach zu ihnen: Ihr wisset, daß die weltlichen Fürsten herrschen und die Mächtigen unter ihnen haben Gewalt. Aber also soll es unter euch nicht sein. Sondern welcher will groß werden unter euch, der soll euer Diener sein; und welcher unter euch will der Vornehmste werden, der soll aller Knecht sein. Denn auch des Menschen Sohn ist nicht gekommen, daß er sich dienen lasse, sondern daß er diene und gebe sein Leben zur Bezahlung für viele.]

1. Was für eine große *unstillbare Lebensunruhe* steckt doch in uns Menschen! Wie sind wir alle so gewaltig angezogen und bewegt von den Kräften des ewigen Lebens! Wie gelingt es uns doch so gar nicht, uns mit den kleinen, zeitlichen, vergänglichen Zielen und Erfolgen unseres jetzigen Daseins zufrieden zu geben! Wie entscheidend muß doch die Veränderung sein, die durch Jesus in der Menschheit hervorgebracht ist, daß der Gedanke an die Auferstehung und die Sehnsucht danach, die Sehnsucht nach unserem eigentlichen Dasein in der wahren Welt uns alle so gar nicht loslassen will!

Die Bitte der beiden Jünger, Jakobus und Johannes, sitzen zu dürfen einer zu Jesu Rechten, einer zu Jesu Linken in seiner Herrlichkeit, ist wirklich nicht so töricht und eingebildet, wie man sie oft aufgefaßt hat. Es war nicht der erste beste Einfall, dem sie da Ausdruck gaben, sondern sie wußten, daß sie um etwas Großes baten. Es ist, wie wenn sie vorher mit einer gewissen Scheu damit zurückgehalten und nur unter sich darüber gesprochen hätten, und nun brach es hervor wie mit einem plötzlichen, kühnen Entschluß: Meister, wir wollen, daß du uns tust, was wir dich bitten werden! Sie waren vorbereitet darauf, der Weg zur Erfüllung ihrer Bitte könnte für sie wie für Jesus selber ein Weg des Leidens werden. Sie waren willens, diesem Kelch und dieser Taufe nicht auszuweichen. Und Jesus anerkannte sie als zukünftige Genossen seines Weges, und als die anderen zehn Jünger, unter denen der große Apostel Petrus war, aber auch Judas Ischarioth, unwillig wurden über die Beiden, da nahm er die Brüder in Schutz gegen sie. Das alles weist darauf hin, daß ihre Bitte nicht so ungereimt und hochmütig gewesen sein kann, wie man sie gewöhnlich verstehen will.

Was *heißt denn das:* Sitzen zu deiner Rechten und Linken *in deiner Herrlichkeit?* Es wird ja wohl so sein, daß sie sich von dieser künftigen Herrlichkeit Jesu ein wenig morgenländische, märchenhafte Vorstellungen und Bilder machten. Sie dachten sich Jesus wie einen König auf einem Thron. Irgendwie muß man sich ja solche Dinge vorstellen, und ob solche Vorstellungen ganz richtig sind, darauf kommt soviel nicht an; wenn nur der Sinn der rechte ist. Es war doch etwas Großes, daß sie jedenfalls das gemerkt hatten in der Gemeinschaft mit Jesus, daß seine Zukunft eine große, unvergleichliche Macht und Pracht sei, daß aus dem, was in seinem irdischen Wirken so schlicht und unscheinbar anfing, noch einmal ein gewaltiges und sichtbares Herrschen, Regieren und Walten auf einer neuen Erde werden müsse. Das ist eben die Veränderung, die durch Jesus in der Welt hervorgebracht ist, daß uns im Hinblick auf ihn ein solches innerliches Ausblicken auf kommende Herrlichkeit möglich gemacht ist. Es profitieren [?] unendlich viele Menschen von der uns in Jesus gegebenen Hoffnung, ohne es zu wissen, wem sie es verdanken. Wieviel Liebe und Eifer und Zorn und Angst und Zuversicht in uns allen wäre ganz unmöglich ohne dieses innerliche Ausblicken nach einem Ziel, das weit hinausliegt über unser jetziges, hiesiges Leben! Wir wissen irgendwie von einer großen verborgenen Wahrheit und Gerechtigkeit, Kraft und Herrlichkeit, die doch endlich und zuletzt das Feld behalten muß wider [?] all unser Bitten und Verstehen. Daß wir davon wissen – wer kann sagen, woher wir es eigentlich wissen?, aber wir wissen es –, das hält uns in Bewegung auf all unseren guten und manchmal auch auf unseren bösen Wegen, davon leben wir, und das zehrt auch an uns. Und diese Hoffnung auf das, was man nicht sieht [vgl. Hebr. 11,1 u. ö.], hatten eben auch die beiden Brüder Johannes und Jakobus.

Freilich war *da noch etwas Besonderes.* Zu Jesu Rechten und zu Jesu Linken wollten sie sitzen wie Feldherren oder Minister neben ihrem König. Wir wollen auch da das Märchenhafte an dem Bild, das sie sich machten, auf der Seite lassen. Es ist ja deutlich genug, was sie wollten. Sie faßten das Leben und Wirken Jesu ganz richtig auf als eine allgemeine Ankündigung des Reiches Gottes. Sie nahmen etwas wahr vom Geruch der Erkenntnis Gottes, wie Paulus einmal geschrieben hat [2. Kor. 2,14]. Sie sahen ein kleines [?] Flimmern vom Licht der Ewigkeit hinter dem Schleier der Zeit. Sie sahen die neue Welt, den neuen Himmel und die neue Erde [vgl. Jes. 65,17; 2. Petr. 3,13; Apk. 21,1], die erscheinen möchten. Sie hatten eine Ahnung, daß in Jesus alle Dinge sich wenden wollen zur Herrschaft Gottes. Sie sahen eine große Tür aufgehen. Und da wollten sie nicht zurückbleiben. Da wollten sie mit hinein gehen, zur Rechten und zur Linken. Ja, wer kann da zurückbleiben wollen, der schon etwas gemerkt hat von dieser offenen Tür, von dieser Wendung aller Dinge in Jesus? Bloß zuschauen, Jesus bloß so als eine allgemeine Ankündigung auffassen, die uns persönlich nichts anginge, das können wir gar nicht. Wer überhaupt etwas gemerkt hat, der möchte da auch persönlich mit. Dieses Merken ist das Allerpersönlichste, was es überhaupt gibt. Die Ewigkeit ist dem Menschen ins Herz geschrieben [vgl. Pred. 3,11 LXX], wenn er dessen gewahr wird, dann kann er gar nicht anders, als mit ganzem Herzen dabei sein. Da haben wir eben jene unstillbare Lebensunruhe, die wir alle in uns tragen. Wir spüren nicht nur so im Allgemeinen die Unvollkommenheiten, das Ungenügende des Daseins, sondern die menschliche Schwachheit, die weltliche Gefangenschaft wird uns zu einer ganz persönlichen Verlegenheit, der Eine als Geschäftsmann, der Andere als Pfarrer, die Dritte als Hausfrau, die Vierten als Vater und Mutter, die ihr Kind erziehen sollten und es [?] versuchen [?] und nicht können. Und wir hoffen nicht nur so im Allgemeinen auf ein Licht in die Finsternis der Welt hinein, sondern – gerade heute zeigt es sich deutlich, wie das Allgemeine immer auch überall etwas Besonderes ist – wir suchen, wir fragen, wir tasten nach dem Licht für unseren eigenen, ganz persönlichen Weg. Das Reich Gottes reißt jeden einzelnen Menschen an sich mit der Aufforderung und Einladung: du solltest hinein durch die offene Tür in ein neues Wesen! So sollten wir eigentlich die zwei Brüder verstehen können mit ihrem Wunsch, mit Jesus hineinzukommen in die künftige Herrlichkeit. Manchmal haben wir diesen Wunsch in großer Angst und Not, unter Furcht und Zittern, in verzweifelnder Demut, und dann gleichen wir dem Schächer, der am Kreuz die ähnliche Bitte ausgestoßen: Herr, gedenke an mich, wenn du in dein Reich kommst! [Lk. 23,42].

Manchmal wagen wir uns aber auch weiter vor, sind freudig und zuversichtlich, möchten nicht nur dabei sein, sondern *in Kraft und Eifer und Freiheit dabei sein,* und dann gleichen wir den zwei Brüdern: Gib uns, daß wir sitzen einer zu deiner Rechten und einer zu deiner Linken in deiner Herrlichkeit! Als erste Diener des Königs wollen sie dabei sein, brauchbare Leute wollten sie sein im Reich Gottes, etwas Erkleckliches leisten wollten sie beim Sieg und bei der Herrschaft des neuen Wesens, auf das sie bei Jesus hoffen gelernt hatten. Es war ihnen also nicht um ein feiles, eitles Obenan-Sitzen zu tun. Denn wer zur Linken und Rechten eines Königs sitzt, hat gewöhnlich nicht eben ein bequemes Leben. Sondern im Gegenteil: Das Kämpferische, Tätige, Herrschaftsmäßige am Leben und Wirken Jesu hatte ihnen eingeleuchtet, und gerade da wollten sie mit dabei sein: helfend, schaffend, aufbauend, als Propheten und Reformatoren, als Lichter, brennend zur Ehre Gottes. Aktiv, führend [?] und tätig wollten sie sein beim Anbruch der neuen Welt. Darum sind sie so feierlich, wie mit einem ganz großen Anliegen an Jesus herangetreten. Daß sie es sich nicht leicht machen wollten, daß sie wußten, was sie wollten und was ihrer bei dieser Tätigkeit wartete, das zeigten sie mit ihrer Bereitschaft, die Taufe und den Kelch des Leidens anzunehmen. Sie wußten auch das, daß man es mit einem teuren Preis bezahlen muß, ein Prophet und Reformator zu sein.|

Meine Freunde, die Zeit kommt und ist vielleicht schon da, wo man die Bitte dieser zwei Jünger besser verstehen wird als bisher. Viele Augen sehen heute aus nach dem Anbrechen einer Erlösung, nach einem neuen Geist und neuen Kräften für die alte Menschheit. Viele Ohren lauschen heute nach Antworten auf die qualvollen Rätsel ihres persönlichen Lebens. Und auch das Dritte wird wahr: Viele Hände müssen heute in die Räder greifen auf allen Gebieten, um die Zeit vorwärtszutreiben. Viele möchten heute aktiv werden, um die Not zu wenden und das, was wir hoffen, herbeizuführen. Viele möchten heute in Kraft und Eifer und Freiheit dabei sein, wenn das Neue kommt. Viele möchten heute als erste Diener zur Rechten und Linken des Heilands sitzen in seiner Herrlichkeit. Die Geister sind wach, und das will vorläufig sagen: Die Frage nach Führern und Helden, nach Propheten und Reformatoren ist höchst aktuell geworden, wir spüren es ja alle, wie nötig wir heute solche bedeutenden, kräftigen Menschen hätten. Und was liegt da näher, als daß da und dort Einer sich im Stillen die Frage vorlegt, die da die zwei Brüder dem Heiland als Bitte vorlegten: Sollte nicht ich, oder wenigstens unter Anderen auch ich ein solcher bedeutender Mensch, ein solcher Tätiger und Führer oder gar Prophet und Reformator sein, warum sollte ich es nicht sein? warum sollte ich es nicht werden? Ich könnte noch von mehr als Einem meiner Freunde in Deutschland erzählen[1], und es sind meistens gerade keine Pfarrer, die heute ganz ernsthaft in den Gedanken und Stimmungen dieser zwei Jünger leben, ohne daß Hochmut dabei im Spiel ist. Sie wissen, daß sie nichts Gutes zu erwarten haben, aber sie müssen einfach. Und so bieten sich heute auch sonst von allen Seiten Hände an zum Helfen, zum Schaffen, zum Aufbauen. Christus würde heute, wenn er wiederkäme, nicht nur zwei, sondern Tausende und Abertausende finden, die zu seiner Rechten und Linken sitzen möchten, und wenn sie mit ihm leiden und sterben müßten. Seht, so tief geht die Lebensunruhe in uns Menschen, so wenig läßt sie sich – heute weniger als je – unterdrücken und verleugnen.

2. Aber wie ganz anders ist die Erfüllung als die Erwartung! Wie ganz anders ist die Natur der ewigen Lebenskräfte, die uns bewegen, als das, was dann bei uns daraus wird. Wie aufmerksam müssen wir werden an einem bestimmten Punkt, wenn wir unsere eigene Sehnsucht recht verstehen wollen. Was für eine Erkenntnis muß uns noch aufgehen über die Veränderung, die Jesus in die Menschenwelt ge-

[1] Barths Tambacher Vortrag vom 25.9.1919 hatte ihm «die Türe nach Deutschland weit aufgetan» (Busch, S. 125, dort Näheres). Vom 8.–17. Februar 1920 reiste Barth nach Süddeutschland und machte Station in Heidelberg, Stuttgart, Bad Boll und München. «Es waren gute wohlausgefüllte Tage voll Kampfgewühl und Gesichtern.» (Bw. Th. I, S. 367; dort S. 366–368 und bei Busch, ebd., einige Namen der deutschen Freunde: H. Ehrenberg, R. Siebeck, E. Rosenstock-Huessy u. a.).

bracht hat! *Ihr wißt nicht, was ihr bittet!*, antwortet Jesus zuerst. Es ist, wie wenn er erschrocken wäre über ihren Eifer. Wir hören das mehr als einmal, daß Jesus, weit entfernt davon, gerade die ihm Nächststehenden zum Glauben aufzufordern, förmlich zurückschreckte, wenn ihm ihr Glaube und ihre Bereitwilligkeit freiwillig entgegentrat [vgl. z. B. Lk. 9,57–62]. Er wußte eben besser als sie, um was es sich da handelte. Es ist eine folgenschwere Sache, wenn es auch nur mit der allgemeinen Hoffnung auf das Reich Gottes bei uns ernst, wirklich ernst werden soll. Wie klein wird dann darüber alles Andere! Was für ein verzehrendes Feuer müssen wir dann aushalten, je älter wir werden, umso mehr. Es ist noch folgenschwerer, wenn wir in unserem eigenen Leben und Denken mit der Hoffnung wirklich ernst machen. Vielleicht müßten wir schon eben so weit draußen sein wie der Schächer am Kreuz, um das wirklich zu können. Und was will es wohl [?] heißen, im Reich Gottes zu helfen, wie es die zwei Jünger wollten? Wer darf das unternehmen? Wer kann das aushalten? Wer wird das durchführen? Ihr wißt nicht, was ihr bittet.|

Könnt ihr den Kelch trinken [, den ich trinke, und euch taufen lassen mit der Taufe, mit der ich getauft werde?] Auch dieses Wort ist eine Warnung. Eine Warnung vor der Gefahr, in die man sich begibt, wenn man sich mit Gott einläßt. Jesus hat nie gesagt, daß man mit der Hoffnung auf Gott besonders leicht und schön durchkomme im Leben. Er hat mehr als Einen gemahnt, es sich wohl zu überlegen, bevor er die Schiffe hinter sich verbrenne. Er hat den Weg zu seiner Herrlichkeit nie breit gemacht [vgl. Mt. 7,13f. par.]. Er hat mehr als Einem selbst ein Nein in den Weg gelegt, um ihn zu veranlassen, aufzupassen, auf was er sich da einlasse [vgl. z. B. Lk. 14,25–33]. Wie groß die Not der Welt ist, was es braucht, in ihrer Finsternis das Licht Gottes wirklich leuchten zu lassen, das wußte er allein. Die zwei Jünger hatten sich Alles ehrlich überlegt, aber es handelt sich bei einem Menschen, der es mit Gott wagen will, um einen Schritt von einer Tragweite, den man oft bei ehrlichster Überlegung nicht übersieht. Jesus würde wahrscheinlich nie einen Menschen ermuntert haben, Pfarrer oder auch nur Kirchenpfleger zu werden. Es geht beim Christentum um zu große Dinge, als daß man sagen könnte: Ich will! Es kann sich höchstens darum handeln, daß man unter Umständen muß.|

Ich hoffe, Einige von euch verstehen es auch, wenn ihr an dieses Wort denkt, daß ich seit Jahren die Unterweisungskinder nicht mehr veranlasse, bei der Konfirmation ein lautes Ja auszusprechen[2]. Wer darf sich unterwinden auch von uns Erwachsenen, zum Christentum Ja zu sagen? Wenn denn trotz aller Mahnung und Warnung Ja gesagt sein soll, wie hier die zwei Jünger Ja sagten, nun dann mag es sein. Es kann ja möglich sein, daß es sein darf. Das große Wagnis kann ja gelingen. Ungangbar ist der schmale Weg nicht, so schmal er ist.|

Zu sitzen aber zu meiner Rechten und Linken stehet mir nicht zu, [euch zu geben,] sondern das kommt denen zu, denen es bereitet ist. Das ist noch einmal ein aufgehobener Finger. Man wird vielleicht gerade in unserer Zeit wieder besser verstehen lernen, was er bedeutet. Helfen, schaffen, aufbauen wollen ist eine schöne Sache, aber tatsächlich helfen, schaffen und aufbauen ist etwas Anderes. Tätig zu sein im Reich Gottes, das Rad der Zeit vorwärts drehen, ist nicht jedermanns Sache. Man dreht gar leicht rückwärts, indem man vorwärts zu drehen meint. Es geschieht gar leicht, daß man nur in der Welt aktiv ist, während man schon mitten im Reich Gottes zu arbeiten wähnt. Reformatoren und Propheten wären uns allerdings heute nötig, aber wer so etwas sein will, der ist es sicher nicht. Es ist auch nicht umsonst, daß es gerade über diese Frage unter den Jüngern Streit gegeben hat. Es ist fast unvermeidlich, daß man, sobald man sich so weit vorwagt, wie es die zwei Brüder taten, mit Anderen in Konflikt kommt. Der böse Schein der Anmaßung ist ja wirklich nicht zu vermeiden. Nur wem es wirklich bereitet ist, wird da ohne Streit durchkommen, vielleicht nicht einmal der ganz. So würde Christus wahrscheinlich auch heute zu den Tausenden von Hilfsbereiten und Schaffensfreudigen sagen, sie müßten tun, was sie nicht lassen könnten, aber gerade das, was sie erstrebten, in Kraft und Eifer und Freiheit dabei zu sein beim Kommen eines neuen Wesens, gerade das könne er ihnen jedenfalls nicht versprechen. Sie müßten sich darauf gefaßt machen, daß unter Umständen Alles auch ganz anders komme.

[2] Vgl. Konfirmandenunterricht 1909–1921: In Genf hat Barth seine Konfirmanden ein solches Ja zu einem «Bekenntnis» (1910, S. 55) sprechen bzw. eine «Erklärung» abgeben lassen (1911, S. 105f.). In den Unterrichtsheften der Safenwiler Zeit findet sich kein Hinweis auf ein lautes Ja der Konfirmanden. In der letzten Unterrichtseinheit des Jahrgangs 1918/1919 bezeichnet Barth die «Konfirmationsfrage» als eine Frage, die Gott beantworten muß (S. 302).

Es liegt viel *Erkenntnis* in diesen Worten: Erkenntnis darüber, daß man nicht nur unentwegt geradeaus laufen kann, auch wenn man wie die zwei Brüder in der Gemeinschaft Jesu steht, daß es da himmlische Bedingungen und Vorbehalte gibt, die man nicht ohne Schmerzen übersehen würde. Es ist eine große und ausnahmsweise Sache, daß unsere Lebensunruhe gerade auf dem Weg befriedigt wird, den wir uns in guter Treue ausmalen. Wir müssen damit rechnen, daß der Weg auch ein anderer sein kann.

3. Wir möchten nun natürlich fragen: Ja, was sollen wir denn tun? [Lk. 3,10 u. ö.]. Wer kann denn selig werden? [Mk. 10,26 par.]. Die Worte, mit denen Jesus selbst diese Frage beantwortet hat, sind geradezu erschütternd ernst und froh [?]: Ihr wisset, sagt er, daß die weltlichen [Fürsten herrschen und die Mächtigen unter ihnen haben Gewalt. Aber also soll es unter euch nicht sein. Sondern welcher will groß werden unter euch, der soll euer Diener sein; und welcher unter euch will der Vornehmste werden, der soll aller Knecht sein. Denn auch des Menschen Sohn ist nicht gekommen, daß er sich dienen lasse, sondern daß er diene und gebe sein Leben zur Bezahlung für viele.] Ich möchte es nicht wagen, Alles zu erklären, was in diesen Worten enthalten ist. Nur das möchte ich herausheben: Jesus sagt jedenfalls, daß er selbst einen anderen Weg antrete als den, den die zwei Jünger antreten wollten. Er geht noch einmal ganz auf den Anfang der Frage mit ihnen zurück. Was wollt ihr denn eigentlich? Was will eure Lebensunruhe? Groß werden, wirken, Erfolg haben, gewaltig sein – mit Hilfe Gottes? So geht's in der Welt zu. Im Reich Gottes wird diese Lebensunruhe jedenfalls nicht gestillt, und wenn sie noch so fein und geistig wäre. Mein Weg ist dieser Weg jedenfalls nicht. Darum war Jesus wahrscheinlich so zurückhaltend. Darum hat er andrerseits dem Schächer mit seinem «Gedenke [an mich, wenn du in dein Reich kommst!»] ohne Zögern geantwortet: «Heute noch [wirst du mit mir im Paradiese sein!»(Lk. 23,43)]. Für den Schächer kam eben die Stillung dieser Lebensunruhe nicht mehr in Betracht. Für ihn war wie für Jesus selbst nur noch der andere Weg möglich.

Der andere Weg heißt Diener, Knecht sein, sein Leben hingeben. Vielleicht kann man diese Ausdrücke erklären mit einem Wort des alten Pfarrers Blumhardt: «Ich rate Keinem, über das Seufzen hinauskommen zu wollen. Selig sind die Leidtragenden, denn sie sollen getröstet werden [Mt. 5,4]»[3]. Es handelt sich irgendwie darum, keine Ansprüche mehr zu machen, keinen Anspruch auf Triumph, keinen Anspruch auf Sieg, keinen Anspruch auf Bedeutung. Der Triumph, der Sieg, die Bedeutung Jesu Christi flossen daraus, daß er keine Ansprüche darauf machte. Die Stillung der Lebensunruhe, die er für die ganze Welt erreicht hat, bestand gerade darin, daß er sie nicht mehr stillen, daß er aus dem Seufzen nicht mehr heraus wollte. Er ging in den Tod. Er nahm auf sich, was niemand auf sich nehmen will. Sein Tod ist der stärkste Ausdruck der neuen Welt, die in ihm anbrach. Es ist eine andere Welt als unsere Welt. Eben darum steht er allein. Eben darum kommen wir ihm nicht nach. Denn wenn wir schon zu leben meinen in seinem Dienst, so weichen wir doch vor dem Tod unwillkürlich zurück, können jedenfalls im Tod keine Lösung sehen. Und wenn wir schon sterben müssen, so ist doch unser Leben kein Leben im neuen Wesen gewesen. So können wir angesichts seines Todes nicht fragen: Was sollen wir tun?, sondern: was ist für uns getan?, und können es vielleicht wagen, von da aus den Weg der Leidtragenden, die das Leid nicht abwerfen wollen, anzutreten. Aber auch das nur vielleicht. Die Erfüllung unserer Unruhe darf nicht in diesem Vielleicht liegen, sondern in Gott selbst, der uns [?] in Christus eine neue Kreatur nennen [vgl. 2. Kor. 5,17], die Quelle der ewigen Lebenskraft erschließen will. Es ist von ihm eine Bezahlung für viele geschehen. Siehe, das ist Gottes Lamm[, welches der Welt Sünde trägt (Joh. 1,29)].

Lieder[4]:
Nr. 30 «Herzlich lieb hab ich dich, o Herr» von M. Schalling (RG [1998] 651; EG 397)
Nr. 117 «O Lamm Gottes unschuldig» von N. Decius/Dresden 1736 (RG [1998] 437; EG 190.1, nur Strophe 1)

[3] Das «Wort» war in den Schriften J. Chr. Blumhardts des Älteren nicht zu belegen. Daß der Gedanke ihm wichtig war, zeigt seine Antwort «An Angefochtene» in: Blätter aus Bad Boll, 4. Jg. (1876), Nr. 52, S. 415: «Was ist denn, liebe Seelen, eure Sache? Das ist sie, daß ihr seufzet, arm seid, Leid traget [...] Der Heiland [...] sagt: ‹Selig sind die geistlich Armen; selig sind, die Leid tragen.› [...] In einer Kürze wird Er die Auserwählten – und das sind die Seufzenden, merkt's euch! – erretten.»

[4] Bei den Liedern finden sich keine Strophenangaben.

Palmsonntag

Johannes 16,31–33

[Jesus sagt zu seinen Jüngern: Jetzt glaubet ihr! Siehe, es kommt die Stunde und ist schon gekommen, daß ihr zerstreut werdet, ein jeglicher in das Seine, und mich allein lasset. Aber ich bin nicht allein; denn der Vater ist bei mir. Solches habe ich mit euch geredet, daß ihr in mir Frieden habet. In der Welt habt ihr Angst; aber seid getrost, ich habe die Welt überwunden.]

1. Jetzt glaubet ihr!, hat Jesus zu seinen Jüngern gesagt. Eine *Kirche* voll Menschen wie wir hier, und nun über all die verschiedenen Gedanken, Bedürfnisse, Zustände und Geister, über all die falsche Gleichgültigkeit und all den falschen Eifer, die in uns stecken mögen, hinweg oder, wenn ihr wollt, durch das alles hindurch wie ein Tunnel durch einen Berg: Jetzt glaubet ihr! Eine *Familie* mit der Eintracht und Zwietracht, Ordnung und Unordnung, mit den Freuden und Sorgen, Vorzügen und Mängeln, die da herrschen mögen, und nun in das alles hinein: Jetzt glaubet ihr! Eine *Gemeinde* wie die unsrige mit soviel Köpfen, die aneinander vorbeidenken, mit soviel Gewissen, die ganz verschiedene Dinge für gut und böse halten, mit soviel Herzen, die einander nicht kennen und kaum sich selbst, mit soviel Christentum und Heidentum ganz nahe beieinander, in eine solche Gemeinde hineingesprochen das Wort: Jetzt glaubet ihr! Eine *Zeit* wie unsere Gegenwart: eine allgemeine Erschütterung durch wilde, brausende [?], unheimliche Weltbewegungen, eine allgemeine ungläubige Unsicherheit gegenüber den Wegen, die wir bisher gegangen, ein allgemeines ungewisses Fragen nach einem Neuen, das sich nirgends zeigen will, ein allgemeines Gefühl, daß uns die Hände gebunden sind, das zu tun, was heute getan werden müßte, ein allgemeiner Mangel an Einsicht und an Führern, die uns diese Einsicht bringen und vermitteln könnten. Und in solche Zeit verkündigt das Wort: Jetzt glaubt ihr!

Die Jünger Jesu waren weder besser noch klüger noch frommer als wir. Noch einige Stunden, und Petrus wird ihn dreimal verleugnen, und alle Jünger werden ihn verlassen, wie er es nachher [?] selbst gesagt hat: Siehe, es kommt die Stunde [und ist schon gekommen, daß ihr zerstreut werdet, ein jeglicher in das Seine, und mich allein lasset]! Trotzig wie eine uneinnehmbare Festung stand die Menschheit da, damals wie heute. *Jesus aber steht* in ihrem Rücken [?], greift sie an und nimmt sie ein: Jetzt glaubet ihr! Wie er ihnen ein andermal gesagt hat: Selig sind die Augen, die sehen, was ihr sehet [Lk. 10,23]! Wie er ihnen nicht gewehrt hat, als sie den triumphierenden Einzug in Jerusalem veranstalteten am Palmsonntag [Mk. 11,1–10 par.], wie er sie geschützt hat gegen den Protest der Pharisäer: Wenn diese schweigen, so werden die Steine schreien [Lk. 19,40]! Und ein andermal hat Jesus sogar zu den Pharisäern gesagt: das Reich Gottes ist inwendig in euch [Lk. 17,21]! Jesus hat den Unglauben der Menschen nie ganz ernst genommen. Er zweifelte nicht an ihrem Glauben. Er stellte den Glauben nicht als etwas Neues, Fremdes vor sie hin. Er forderte nicht zum Glauben auf. Für ihn war der Glaube etwas Vorhandenes im Menschen, das nur ausgegraben, aufgedeckt, offenbart werden muß. Er stellte die Gottlosigkeit, den Irrtum, die Torheit, die Sünde nicht zwischen den Menschen und den Glauben, er stellte sich mit den Menschen gleich jenseits dieser Mauern. Er gab ihnen nicht das Bewußtsein, sie stünden gleichsam draußen, er tat ihnen die Augen auf und ließ sie sehen: wir sind drinnen. Er verhieß nicht, er drohte nicht, er überredete nicht, er drängte nicht, er predigte nicht, er zeigte, er bestätigte, er bestärkte, er bewährte [?], er offenbarte: Jetzt glaubet ihr!

2. Seht, gerade das ist das unerhört Neue an Jesus Christus und dem Evangelium, daß da der Glaube nichts Neues ist, auch nicht für Sünder, auch nicht für Verleugner, auch nicht für Heiden und Zöllner. Ihr kommt alle vom Glauben her, sagt er ihnen, ihr steht im Glauben, man darf euren Glauben voraussetzen, man darf euch auf euren Glauben anreden, mit eurem Glauben rechnen! Wir wollen die Natur dieser Neuigkeit recht verstehen. In einer gutmütigen *Illusion* über die Menschen hat Jesus nicht gelebt. Er war kein Idealist, wie man heute sagt. Er hat den Menschen keine Eigenschaften zugeschrieben, die sie nicht haben. Er hat keine Erwartungen auf sie gesetzt, die sich nicht erfüllen können. Er hat keine Verbesserungs- und Fortschrittspläne in Vorschlag gebracht, mit denen nur dann etwas anzufangen wäre, wenn der Mensch ein ganz anderer Mensch, die Welt eine ganz andere Welt wäre. Man muß nur darauf achten, wie er z. B. in den Gleichnissen das

Leben der Menschen beschreibt, um gleich zu merken, daß er das Leben tatsächlich gekannt [hat]; denn in diesen Erzählungen geht es nirgends schöner zu, als es eben tatsächlich zugeht, sehr im Unterschied zu vielen Erzählungen unserer Schullesebücher, sehr im Unterschied auch zu den allermeisten sogenannten christlichen Erzählungen. Wir sehen aber auch sonst, daß Jesus gewußt hat: der Mensch ist kein Engel, und die Erde ist kein Paradies. Er ging in dieser Nüchternheit sogar so weit, daß er nicht einmal einen ernsthaften Unterschied anerkannte zwischen Sündern und Gerechten, zwischen Verleugnern und Bekennern, zwischen Heiden und Zöllnern und Pharisäern und Schriftgelehrten. Mensch ist Mensch, und Welt ist Welt! Idealisten gehen anders zu Werke als Jesus.|

Man darf aber auch nicht etwa denken, es sei eine Art *ansteckende Begeisterung* gewesen, die von Jesus ausging, eine Art seelische Beeinflussung, Suggestion, wie man heute sagt, die ihn in den Stand setzte, seinen Jüngern zu sagen: Jetzt glaubet ihr! Es gibt ja solche Menschen, und es hat immer solche gegeben, die diese Fähigkeit haben, Andere geistig anzustecken, ihnen seelisch Eindruck zu machen, sie mitzureißen. Wenn solche Menschen etwa Redner, Prediger, Erzieher oder auch Schriftsteller sind, können sie damit großen Erfolg haben. Wenn ein solcher Mensch spricht oder schreibt, dann könnte man ja auch sagen: jetzt glaubet ihr! Es entsteht dann so etwas, [wie wenn] eine Elektrizität in der Luft wäre, eine Stimmung, eine Bewegung. Wir haben das wohl auch schon erlebt. Ich weiß nicht, ob Jesus auch Stimmung und Bewegung hervorgerufen hat. Seine Worte, wie sie uns in den vier Evangelien erhalten sind, kommen mir nicht danach vor. Wenn wir ehrlich sein wollen, müssen wir sagen, daß heutzutage eigentlich der Erste, Beste schöner predigt als der Heiland. Und wenn es trotzdem offenbar manchmal dazu kam, daß eine Begeisterung ausbrach, daß es einen seelischen Aufruhr gab, daß die Leute ihm nachliefen, dann hat Jesus gerade nicht gesagt: Jetzt glaubt ihr!, sondern dann ist er geflohen: in die Wüste oder gerne über das Meer auf und davon [vgl. Mk. 6,31f. 45f.]. Er hat es also nicht nur *nicht* abgestellt auf das Begeistern, Beeinflussen und Mitreißen. Er hat sogar Abstand genommen von diesem Wesen; er ist ihm ausgewichen. – Also kein Idealist und kein Bezauberer, und trotzdem: Jetzt glaubet ihr!

3. Es gibt noch einen anderen Weg zu den Menschen, der kommt von Gott her. *Ist denn das Alles,* daß wir fehlerhafte, schwache, sterbliche Menschen sind, wir Menschen hier in der Kirche, wir in unseren Häusern, wir in unserer Gemeinde, wir in unserer dunklen Gegenwart? Ist das Alles, was über uns zu sagen ist? Warum seufzen wir denn so tief in unserem innersten Herzen, wenn wir an das alles denken? Warum können wir uns nicht damit abfinden? Warum rütteln wir wie Gefangene an unseren Ketten? Wie kommen wir dazu, so über uns selbst hinauszugreifen, und wäre es auch nur mit unserem Seufzen, mit unserem Fragen, mit unserer Unruhe? Oder *ist denn das etwa Alles,* daß wir da gelegentlich mit den Idealisten einen schönen Traum träumen und uns an irgend einem Begeisterer und Bezauberer in eine schöne Stimmung versetzen können? Ist das Alles, was über uns zu sagen ist, daß wir auch träumen und schwärmen können, wenn es uns in der Welt zu dunkel wird? Aber woher diese Fähigkeit zu träumen, woher dieser unausrottbare Trieb im Menschen, sich immer wieder Unerreichbares zum Ziele zu stecken, als ob es erreichbar wäre? Mag es denn immer wieder auf Täuschungen hinauslaufen, aber warum läßt sich der Mensch nicht belehren und hört nicht auf zu träumen? Und woher die Fähigkeit zu schwärmen? Mag das Ergebnis noch so zweifelhaft sein, was steckt hinter dieser Fähigkeit? Warum verlangen wir alle danach, ergriffen, begeistert, bewegt zu werden, obwohl wir aus Erfahrung wissen, daß dadurch nichts, gar nichts anders wird? Und woher auf der anderen Seite gerade diese Einsicht, die wir alle haben, daß wir mit Träumen und Schwärmen, mit Idealismus und Begeisterung über unsere Fehler, unsere Schwachheit, unsere Sterblichkeit nicht hinauskommen? Wissen wir das nur aus Erfahrung, weil wir das Entsprechende schon gar oft erlebt haben, oder wissen wir es nicht auch schon ursprünglich?|

Erfahrung allein belehrt nicht. Das ist auch in der Naturwissenschaft so. Die vollständigsten Sammlungen von Tieren und Pflanzen, die gelungensten Experimente sind Hokuspokus für den, der das Verständnis nicht hat. Erfahrung kann nur anschaulich machen. Das Verständnis, die Erkenntnis selbst liegen nicht in der Erfahrung. Wenn wir heute wenigstens mit unserem Seufzen und Fragen uns ausstrekken nach einem anderen Dasein als dem, das wir jetzt führen, wenn wir es uns nicht nehmen lassen, unter tausend Irrtümern und Enttäuschungen zu träumen und zu schwärmen, und wenn wir andrerseits bis zur tiefsten Erschütterung genau wissen, daß wir mit allem Träumen und Schwärmen nicht durchkommen werden, daß mit unserer Macht noch nichts, wirklich nichts getan ist[1] – dann wollen wir uns selbst recht verstehen und nicht nur denken: wir sind eben durch Schaden klug geworden. Nein, durch Schaden wird man nicht klug, wenn nicht eine ursprüngliche Klugheit in uns ist, die den Schaden als Schaden begreift, ein Verständnis, eine Erkenntnis, die wir schon haben und die nun in uns aufdämmert, sich anmeldet, zum Durchbruch kommen will. Es ist nicht so, daß die Menschen in solchen Zeiten wie der unsrigen anders werden unter dem Druck der Verhältnisse, wohl aber ist es so, zeigt es sich in solchen Zeiten, daß die Menschen etwas Anderes sind, als sie selbst gedacht haben und noch denken. Ein anderer Mensch meldet sich da, in der Tat bei Anlaß der Erfahrungen, die wir machen, und unter dem Druck der veränderten Verhältnisse, zum Wort. *Was meldet sich heute* zum Wort? Eine große Sehnsucht, nicht wahr, nach etwas Neuem und zugleich die Verzweiflung, daß wir selbst dieses Neue nicht schaffen können! Eine große Auflösung aller alten Formen und zugleich eine große Ratlosigkeit darüber, wie die neuen aussehen sollen! Große, weitgreifende, kühne Gedanken auf allen Gebieten und fast in allen Kreisen und zugleich die Einsicht, daß uns mit den größten Gedanken nicht geholfen ist, daß es Kräfte sind, die wir nötig haben. Das ist etwas durchaus Neues, wie das eben durch die ganze Gesellschaft geht heute. Noch im vorigen Jahr war fast nichts davon da: weder die Sehnsucht noch die Verzweiflung, weder die Auflösung noch die Ratlosigkeit, weder der große Gedanke noch die Frage nach den Kräften. Sofort[?] müssen wir uns sagen: wirklich, der fehlerhafte, der schwache, der sterbliche Mensch, der Träumer und Schwärmer ist nicht Alles, ein anderer, ein neuer Mensch wird da sichtbar, ein Mensch, der Verschiedenes weiß, was wir bis jetzt nicht wußten, ein Mensch, der uns zu belehren hat, ein Mensch, [der] den alten Menschen verdrängen will, ein Mensch, von dem wir heute viel eher sagen müßten: *das* sind wir, diese Hungernden und

[1] Vgl. Lied Nr. 157 «Ein feste Burg» von M. Luther (RG [1998] 32; EG 362), Str. 2:

Mit unsrer Macht ist nichts getan…

Dürstenden, diese Sehnsüchtigen und Verzweifelnden! Was gehen uns die Anderen an: diese Satten und Schlafenden, diese Träumer und Schwärmer, das sind *wir* nicht mehr! Ein Neues ist aufgetreten! |

Aber ist es ein Neues? Kann etwas aus uns hervortreten, das nicht schon in uns gewesen wäre? Könnte uns die Sonne aufgehen, wenn sie nicht schon vorher geleuchtet hätte? Könnten wir etwas wissen, was wir nicht im Grunde schon längst gewußt, was wir ursprünglich gewußt haben? Nur aufgedeckt, nur ausgegraben, nur offenbart müßte er jetzt werden, der Mensch, der wir eigentlich sind. Welcher Mensch? Der Sünder, der dem Tod Ausgelieferte, der Idealist, der Begeisterte? Nein, der ist heute erledigt! Jetzt glaubt ihr! Jetzt handelt es sich weder um dies noch um das, jetzt tritt der Mensch in das Licht Gottes! Gott!, liebe Freunde. *Gott ist das Ursprüngliche,* von dem wir herkommen, die Quelle der Erkenntnis, aus der wir schon getrunken haben. Gott ist zuerst da. Und wir sind Gottes, wir sind zuerst Gottes.[2] Daß wir Gottes sind, das ist stärker, wichtiger, gültiger, wahrer, als was wir sonst sind. Es ist zwischen Gott und den Menschen eine Versöhnung, eine Ausfüllung des wüsten Grabens von Sünde und Tod, der dazwischen ist. Was kann die Sünde noch bedeuten, was darf sie noch bedeuten, wenn Gott ist? Was ist der Tod, wenn Gott ist? Es ist zwischen Gott und den Menschen eine Vergebung, ein Aufheben und Bedecken der Torheit und Bosheit, die wir täglich begehen, auch ein Aufheben und Bedecken der Torheit und Bosheit unseres Träumens und Schwärmens. Das Alte ist vergangen [2. Kor. 5,17]? Ist es nicht wirklich vergangen? was haben wir noch damit zu schaffen? Es ist zwischen Gott und den Menschen eine Erlösung, ein fortlaufendes Freiheitswerk. Es muß nicht sein, daß es immer so weitergeht. Es wird auch nicht immer so sein. Die Gefangenschaft, in der wir uns jetzt befinden, ist stark, aber Gott ist noch stärker. In der Welt habt ihr Angst, aber seid getrost. Ich habe die Welt überwunden! Denn jetzt glaubt ihr!

4. Nicht wahr, liebe Freunde, wenn wir das nur so sagen und hören könnten! Nicht nur so sagen und hören, wie man ja besonders in der Kirche allerlei zu sagen und zu hören pflegt von höchsten Dingen,

[2] Vgl. oben S. 78, Anm. 5.

sondern sagen mit Vollmacht und hören mit Entscheidung: Jetzt glaubet ihr! Jetzt! Wann jetzt? Jetzt, wo ihr da seid und sitzt in eurer Schwachheit und als Kinder einer schwachen Zeit? Nein! Jetzt, wo ihr etwas Schönes spinnt in euren Gedanken von künftigen besseren Tagen? Nein! Jetzt, wo ihr unter dem Eindruck des Sonntags und der Predigt ein wenig ergriffen seid? Nein und nochmals nein! Sondern jetzt, wo ihr Gott erkennt, jetzt, wo das Ursprüngliche in euch hervorbricht, jetzt, wo das Alte vergangen und Alles neu geworden ist, jetzt, wo ihr von Versöhnung, Vergebung, Erlösung nicht reden hört, sondern wo ihr versöhnt *seid,* wo euch vergeben *ist,* wo ihr in der Erlösung *steht.* Jetzt glaubet ihr! Ja, wenn wir jetzt das so sagen und hören könnten, daß wir es vor Augen hätten, daß es mitten unter uns wäre, als unser Eigenstes, als unser eigenes Wort: Seid getrost, ich habe die Welt überwunden! Aber ist es nicht unser eigenes Wort, unser Eigenstes? Steht es nicht mitten unter uns, vor unseren Augen? Können wir etwas Anderes tun als glauben? Christus hat ja eben die Welt überwunden, und darum geschieht's, daß der alte Mensch vergeht und der neue wach wird! Das Wort, das heute in unüberhörbarer Weise wieder einmal anklopft bei uns, ist sein Wort. Die Sonne, die uns heute aufgehen will, ist die Sonne seines Tages. Es kommt die Stunde und ist schon gekommen, daß ihr zerstreuet werdet, ein Jeglicher in das Seine, und mich allein lasset! Ja, Gott sei's geklagt, das ist der Karfreitag, wir wissen, was damit gemeint ist. Ja, wir wissen, wie der allein gelassen wurde, der den Weg von Gott her, den Weg der Versöhnung, Vergebung, Erlösung gekommen ist, der Einzige, der an den Glauben der Menschen geglaubt hat. Wir wissen, wie sehr wir ihn alle Tage allein lassen und in unser Eigenes uns zerstreuen. Wir wissen, wie unendlich hart es hält, uns Menschen eben an das zu erinnern, was wir ja schon wissen. Wir wissen, wie furchtbar zäh und trotzig wir uns gerade dagegen wehren, auch heute wieder.

Herzliebster Jesu, was hast du verbrochen,
daß man solch Urteil wider dich gesprochen![3]

Aber ich bin nicht allein; denn der Vater ist bei mir! Seht, das deckt den Karfreitag zum vornherein zu. Karfreitag kann kein Bußtag und Trauertag sein. Karfreitag ist ein Siegestag. Es war nichts mit dem

[3] Das Lied wurde zu Beginn des Gottesdienstes gesungen; s. unten.

Alleinsein Jesu. Der Vater ist bei mir! Es ist Ostern schon am Karfreitag, schon vor dem Karfreitag. Gott ist gegenwärtig. Daß die Stunde kommt und schon gekommen ist, wo wir Christus verleugnen und verlassen, das kann nichts mehr ausrichten gegen das: Jetzt glaubt ihr! Denn der Vater ist bei mir! Seid getrost! Wir *sind* in der Gewalt Jesu! Wollte Gott, es träte immer stärker, immer bewußter, immer reiner hervor, was wir eigentlich sind, was die Menschheit geworden ist durch das Blut Christi. Wollte Gott, der neue Mensch, der heute anklopft und herein will, redete immer vernehmlicher mit uns! Wollte Gott, es bräche bei uns allen hindurch, durch allen Schlaf, durch alle Träume, durch alle Stimmungen hindurch, durch alles das hindurch, was wir nicht sind, was wir nicht mehr sein können – das, was jetzt schon wahr ist für Alle, für die Frommen und für die Gottlosen, für die Toten und für die Lebendigen, das, was nicht von unten ist, sondern von oben [vgl. Joh. 8,23], das, was von Gott her kommt: Jetzt glaubt ihr!

Lieder:

Nr. 111 «Herzliebster Jesu, was hast du verbrochen» von J. Heermann, Strophen 1–3.5 (RG [1998] 440,1.3.4.7; EG 81,1.3.4.7)

Nr. 190 «Walte, walte nah und fern» von J. Fr. Bahnmaier, Strophen 1–4 (RG [1998] 257,1–4 mit Textabweichung in Str. 2)

Karfreitag

Offenbarung 1,17[b]–18

[Fürchte dich nicht! Ich bin der Erste und der Letzte und der Lebendige: ich war tot, und siehe, ich bin lebendig von Ewigkeit zu Ewigkeit und habe die Schlüssel der Hölle und des Todes.]

1. Fürchte dich nicht! Wollen wir es hören, verstehen, annehmen? Das Leben Jesu war eine einzige gewaltige Verkündigung: Fürchte dich nicht! Und der *Tod Jesu* hat das, was sein Leben verkündigte, noch einmal zusammengefaßt, deutlicher, stärker, eindringlicher als alle seine Worte und Wunder, es noch einmal ausgesprochen: Fürchte dich nicht! Du *sollst* dich nicht fürchten, weil du dich nicht fürchten mußt! Deine Furcht beruht auf einem *Irrtum,* einer Täuschung. Du meinst, du müßtest dich fürchten. Aber diese Meinung ist ein Irrtum. Du mußt dich nicht fürchten; es ist kein zwingender, notwendiger Grund dazu da. Du *kannst* und darfst *furchtlos* sein, du hast die Freiheit dazu. Darum *sollst* du aber auch furchtlos sein. Denn wer Freiheit hat, der soll sie gebrauchen, nicht verleugnen. Wollen wir uns das *sagen lassen,* heute, wo der Lebendige, der uns aus dem Irrtum in die Freiheit versetzt, in seinem Tode sein stärkstes Wort mit uns redet?

2. Warum fürchten wir uns? Muß ein *Kindlein* sich fürchten, das in den Armen seiner Mutter liegt, umgeben von ihrer schützenden, fürsorglichen Liebe, die längst an Alles gedacht hat, was ihm nötig und gut ist? Nein, nicht wahr, eigentlich nicht! Aber es könnte sein, daß es von schweren *Fieberträumen* geschüttelt furchtbare Dinge erlebt und nicht weiß, wo es ist, dann fürchtet es sich, obwohl es sich nicht fürchten müßte. Das könnte *unser Fall* sein.

Wir fürchten uns, weil wir *nicht wissen, wo wir sind.* Wir sehen lauter Dinge, die wir *nicht durchschauen,* denen gegenüber wir uns unsicher fühlen. Wo *kommen* wir her und wo gehen wir hin? Was ist unser *kleines Leben* zwischen Wiege und Sarg im Strom der Jahrtausende? Was sollen die großen stürmischen *Leidenschaften* von Lust und Haß und Habgier, von denen die Menschheit durchtobt ist, vor denen uns graut und denen sich doch keines ganz entziehen kann?

Was sollen die großen *Gedanken* der Menschen von Wahrheit, Gerechtigkeit, Frieden und Fortschritt, die uns so glücklich machen, weil sie so groß sind, so verheißungsvoll, und doch auch wieder so unglücklich, weil sie uns zu groß sind, weil wir aus Erfahrung wissen, wie immer wieder der Reif fällt in alle solche Blüten? Wie stehen wir da gegenüber dem ungeheuren *Geheimnis einer Zeit* wie der unsrigen, die so viele Fragen, so viel Gericht, so viele Aufforderungen in ihrem Schoße birgt, einer Zeit, die wir noch kaum verstanden haben, geschweige denn, daß wir wüßten, wie wir uns bereit machen sollen für das, was sie bringen will? Wie werden wir *dastehen*, wenn das, was heute geboren werden will, geboren ist, das Böse und das Gute; werden wir nicht immer wieder zu spät kommen, daneben greifen, den rechten Augenblick und die rechte Lage verpassen, wie es uns bisher immer gegangen ist? O, wer uns sagte, *wo wir sind* in dem Meer von Ungewißheit, das uns umgibt! Sind's nicht lauter *Gespenster*, drohende Schatten rund um uns her? Können wir *etwas Anderes* tun als uns fürchten, klagend erkennen, daß wir nicht aus noch ein wissen?

Aber, liebe Freunde, nun ist mitten in all den undurchsichtigen Dingen, Traumgestalten und Gespenstern unserer Ungewißheit auch Christus, der Gekreuzigte. Ja, mitten unter ihnen. Auch er eine *Frage*, auch er ein Rätsel! Auch er umgeben, *umklammert* von unbegreiflichem Menschenschicksal. Auch er wie *erdrückt* von der Nichtigkeit eines Daseins, dem so jämmerlich enge Grenzen gesteckt sind. Auch er ein *Opfer* der unbegreiflichen, der unüberwindlichen menschlichen Leidenschaft. Auch er im *Zwielicht dessen, was wir gut und böse* nennen; denn das Gute liebte er, und von den Guten ist er ausgestoßen und verurteilt, und das Böse haßte er, und der Bösen Geselle und Schicksalsgefährte ist er geworden. Auch er im *Zwielicht einer Wendezeit*, eines entscheidenden Augenblicks, in der Ungewißheit, ob nun ein besserer Tag oder erst recht tiefe, tiefe Nacht einbrechen wird. Ist es nicht das *Rätsel* aller Rätsel, daß Christus am Kreuz sterben mußte? Gibt es eine größere *Dunkelheit* in der Nacht, in der wir wandern, als die Dunkelheit um das Kreuz von Golgatha? Gibt es einen stärkeren *Grund, uns zu fürchten*, als die Tatsache, daß Jesus von Nazareth am Kreuz geendigt hat?|

Aber diese Tatsache kann ja auch anders mit uns reden: Also auch er mußte in unsere Not. Ja, auch er: Mein Gott, mein Gott, warum hast du mich verlassen? [Mk. 15,34 par.], wir kennen ja diese Frage, nicht wahr! Auch er umdrängt und umströmt von den *Gespenstern,* die uns umdrängen. Auch er in unserer Unruhe. Auch er *nicht aus noch ein* wissend. Auch er nicht wissend, woher er *kommt,* noch wohin er geht in dieser Welt. Auch er in *Furcht und Zittern* auf einem Weg, wo bei jedem Schritt der nächste in undurchdringliche Finsternis gehüllt ist. Wir sind *nicht allein.* Er ist auch da. Meinst du, es sei eine Unsicherheit, ein Zweifel, eine Frage in dir, die in Christus nicht auch sind? Und *er ist er*[1], ja im Tode jetzt, mit uns im Tode, als der Lebendige im Tode. Es ist *Sicherheit* in seiner Unsicherheit, *Gewißheit* in seinem Zweifel, *Antwort* in seiner Frage. Es ist *Erkenntnis* in der grenzenlosen Nacht, die er mit uns teilt: Erkenntnis, daß unsere *Zeit* ruht in der Ewigkeit Gottes, Erkenntnis, daß die *Wirren* von menschlichem Gut und Böse, daß die Gerechtigkeit der Hohenpriester und Schriftgelehrten und die Ungerechtigkeit der Schächer neben ihm am Kreuz zusammengehalten sind von der Gnade Gottes, Erkenntnis, daß das *Geheimnis* der Zukunft Gottes Geheimnis und darum ein seliges, freudiges Geheimnis ist. Indem er nicht weiß, wo er ist, umhüllt von den Unbegreiflichkeiten des Menschenlebens, *weiß er doch, wo er ist:* in den *Händen Gottes,* in die er sich selbst gegeben hat [vgl. Lk. 23,46], gehorsam bis zum Tode, ja bis zum Tode am Kreuz [Phil. 2,8]. Gottes Hände haben ihn *geführt* bis in diese schauerliche Tiefe, Gottes Hände *halten* ihn, in Gottes Händen *ruht er* gerade da, wo wir auch sind, in unserer ganzen Ratlosigkeit und Verwirrung. In Gottes Händen!, seht, *das ist's,* was uns die Tatsache des Kreuzes Christi zu sagen hat: *Mit Gott* dem Leben auf den Grund gehen, mit Gott der Unruhe nicht ausweichen, mit Gott ratlos, verwirrt und unsicher sein, mit Gott zweifeln und fragen. Seht, da kommt Licht gerade in die dunkelsten Stellen unserer Dunkelheit, da entsteht *Raum* und Freiheit für Furchtlosigkeit, gerade dort, wo wir am meisten Anlaß hätten, uns zu fürchten, da schlägt das Kindlein die *Augen auf* und sieht sich in den Armen der Mutter und sieht ihr in die Augen und weiß, daß all seine Träume eben nur Träume waren, aber die Liebe der Mutter, die ist wahr und wirklich, die war zuerst da und wird auch nachher sein.

[1] Barth hatte in der ersten Niederschrift mit Tinte unterstrichen: «er ist *er*», später unterstrich er mit Bleistift die ganze Wendung.

Sieh, da wird er sichtbar, *der starke Grund,* warum wir uns *nicht* fürchten müssen, der alle Gründe zum Fürchten aufhebt. Da wird es ausgesprochen: Ich bin *der Erste und Letzte,* der Lebendige! |

Christus darf es aussprechen im Namen Gottes, was nur Gott selbst sagen durfte. Er gehorcht Gott. Und darum offenbart er Gott. Er ist selber Gottes *erster und letzter Gedanke.* Er *ist* Gottes Liebe, die Himmel und Hölle umfaßt. Er *ist* der Sinn des Menschenlebens, der Sinn der Welt. Und wir sehen ihn, nicht wahr: das, was *hinter uns ist* und vor uns: die Heimat, die wir verlassen haben und nach der wir nun wieder unterwegs sind, die wahre Meinung unserer tollen, grauenhaften *Triebe:* verirrte, mißbrauchte, geschändete Gotteskräfte sind es, die ihren Herrn verloren und doch nicht ganz verloren haben, die Gespenster unserer menschlichen *Gerechtigkeit,* die doch nur auf den belebenden göttlichen Odem warten, um Fleisch und Blut und Wahrheit zu werden, das *Geheimnis unserer Zeit,* das Zusammenfassen, Verstehen, Ergreifen, das einige [?] Jasagen zu dem, was göttlich ist, und dem, was kommen will, so schwer, so unglaublich, so unmöglich, wenn wir auf uns selbst sehen, so einfach, so leicht, so naheliegend, wenn wir auf den sehen, der der Erste und der Letzte ist. Warum sollen wir nicht wissen, wo wir sind und wie wir dran sind, warum sollte uns das *Undurchsichtige* nicht durchsichtig werden, warum sollen wir nicht lernen, in der *Finsternis* gewisse Tritte zu tun, wenn der Erste und Letzte in dem allem bei uns ist? Sind nicht unsere Augen *geöffnet* worden, indem er die seinigen am Kreuze schließt? Fällt nicht ein *Gotteslicht* auf alle Welt, ein Licht, das noch immer kämpft mit der Dunkelheit, aber ein Licht, ein helles Licht, indem die Finsternis der Welt auf Golgatha ganz groß wurde? Ist nicht die Festung, die drohend und uneinnehmbar vor uns liegt, von hinten angegriffen und *eingenommen* durch den, der da mit uns, aber ganz anders als wir in der Not und im Kampfe steht? Sind nicht alle Dinge, die himmlischen und die irdischen, *zusammengefaßt* [vgl. Eph. 1,10], in Ordnung und Frieden gebracht durch ihn? In der Welt habt ihr Angst, aber seid getrost, ich habe die Welt *überwunden* [Joh. 16,33][2]! Wir müssen uns nicht mehr fürchten.

[2] Der Vers gehörte zum Predigttext des Palmsonntags; s. oben S. 107.

3. Ich war tot und siehe, ich bin lebendig von Ewigkeit zu Ewigkeit und habe die Schlüssel der Hölle und des Todes! Laßt uns noch einen Augenblick darüber nachdenken. Wir müssen uns den Weg und das Werk Gottes in Christus vorstellen, wenn wir können, als ein großes Hinabsteigen und Hinaufsteigen. Ich war tot, das ist das Hinabsteigen. Wir fürchten uns, weil wir *im Tode* sind. Tod ist *Auflösung,* Unordnung, Trümmer, Block und Splitter. So sieht unser Leben aus, wenigstens solange wir unseren Fiebertraum träumen. Hier eine Leidenschaft, hier eine Gerechtigkeit, hier Schicksal und hier Naturordnung, hier das Gute und hier das Böse, hier die geheimnisvolle Bewegung unserer Zeit, und hier unsere bange Seele in uns, alles getrennt, alles auseinander, wie eben der Tod auflöst. In dieser Todesfinsternis ist *Christus mit uns.* Er steht nicht irgendwo hoch oben, der Gerechte unter den Ungerechten, der Glückliche unter den Unglücklichen, der Zufriedene unter den Friedlosen. Er *geht mit hinein,* tief hinein, tiefer hinein als wir alle in das Leben, über dem geschrieben steht: Tod! Es *gibt keine Station* unseres Weges, an der er nicht auch vorbeigekommen wäre. Er ist der Vertrauensmann der Heiden, er ist der Freund der Sünder, er ist der Genosse der Armen, er ist der Bruder der Kranken, er wird auch der Geselle der Toten. Wir können *in keine Tiefe stürzen,* wir können in keine Verlegenheit geraten, wir können in keinem Zwiespalt stehen, wir können unter keinem Widerstand leiden, wir können keinen Mißerfolg haben, wo wir nicht denken dürften: auch an diesem Punkte hat Christus mit Gott geseufzt und gerungen, auch hier ist er gestanden in Schmach und Einsamkeit und Niederlage. Nur wenn wir uns *täuschen würden* über die Herrschaft des Todes, unter der wir stehen, nur wenn wir wähnen würden, sicher, gerecht, irrtumslos, stark zu sein, nur dann müßten wir denken: da, wo ich stehe, ist Christus nie gestanden, er ist hinabgestiegen und nicht oben gestanden. Aber wie sollten wir uns so täuschen? Das Leben sorgt von selbst dafür, daß wir mit der Zeit wissen, wo wir stehen – dort, wo Christus vorbeikommt, irgendwo auf einem der Punkte des Weges, der abwärts führt bis in die Tiefe der Hölle. *Selig sind,* die geistlich arm sind! die da Leid tragen! die Sanftmütigen! die hungert und dürstet nach der Gerechtigkeit! Denn ihrer ist das Himmelreich [Mt. 5,3–6], Christus ist *hinabgestiegen* und hat, mit den Geistern im Gefängnis, auch den Toten das Evangelium verkündigt [vgl. 1. Petr. 3,19]. Selig sind die Toten von nun an [Apk. 14,13]!|

Siehe, ich bin lebendig von Ewigkeit zu Ewigkeit. Das ist das Hinaufsteigen. Er macht sich gar nicht gemein, indem er hinabsteigt. Er ist im Tode, aber der Tod ist nicht in ihm, sondern er trägt das Leben in den Tod hinein, und darum kann er im Tode nicht bleiben. Er trägt in die Auflösung unseres Lebens das hinein, was die *Auflösung auflöst.* Er, der selbst gebunden ist an Gott, bindet das Getrennte *zusammen,* bringt den *Schöpfer* wieder zu den Geschöpfen, läßt die *Quelle* wieder rauschen in die ausgetrockneten Kanäle; die *Blinden sehen,* die Tauben hören, die Lahmen gehen, die Aussätzigen werden rein, die Toten stehen auf [Mt. 11,5]. Nun sind die Reiche dieser Welt Gottes [geworden (Apk. 11,15)]. Es darf jetzt einfach vorausgesetzt werden, daß die Menschheit *in der Gewalt Gottes* ist. Man darf jetzt damit *rechnen,* man darf das voraussetzen, man darf die Menschen darauf anreden. Man darf *davon ausgehen,* daß eigentlich jeder Mensch glaubt und daß ihm geholfen werden kann. *Je weiter unten er* sein mag, desto sicherer ist Christus ja auch an ihm vorbeigekommen, um ihn mitzunehmen. Man darf davon ausgehen, daß es *keine Gottlosen* gibt. Nicht wegen der Güte der Menschen, nicht wegen der Fortschritte, die die Menschen gemacht haben oder noch machen werden; es steht zu befürchten, daß es damit nicht weit her sein könnte, aber wegen *der Liebe Gottes,* die in Christus auch die Gottlosen aufgesucht hat. «Ich habe die Schlüssel der Hölle und des Todes.» Christus ist ja nicht dazu uns Menschen bis aufs Letzte gleich geworden, um uns zu zeigen, wer wir sind, um das grelle Licht des Himmels auf unsere Fesseln fallen zu lassen, um uns zu verkündigen, daß wir Sünder sind. Sein Blut schreit nicht zum Himmel um Rache wie das Blut Abels [vgl. Hebr. 12,24]. Sein Blut schreit *Barmherzigkeit*[3]. Die Schlüssel der Hölle und des Todes, die er an sich genommen, heißen: *Vergebung,* Vergebung und nochmals Vergebung. Er macht nicht ein Ende, sondern er setzt einen neuen *Anfang.* Er bringt nicht Gericht, sondern überströmende *Gna-*

[3] Vgl. Lied Nr. 229 «Ich habe nun den Grund gefunden» von J. A. Rothe, Strophe 4:

Weil Christi Blut uns hat befreit
Und rufet laut: Barmherzigkeit!

In der Originalfassung lautet die Zeile (EKG 269,4):

Weil Christi Blut beständig schreit:
Barmherzigkeit, Barmherzigkeit!

de. Er verwirft nicht, er *nimmt an.* Er stößt nicht tiefer hinunter, sondern er *reißt hinauf.* Sein Hinaufsteigen ist nicht einsam, er *führt sie mit,* die er gefunden, die Befreiten, die Erlösten, die Begnadigten, die Kinder Gottes, die in der Hölle und im Tode saßen. Ein Siegeszug von vielen, vielen Befreiten.

4. Und da sollten wir uns fürchten müssen? Wir müssen uns nicht fürchten, wenn uns die Augen aufgehen und wir erkennen, daß das Blut, das am Karfreitag geflossen ist, von Ewigkeit zu Ewigkeit *für uns spricht* und nicht gegen uns. Wenn *uns der Hebel erfaßt,* der da mit Gott eingesetzt worden ist tief an die Wurzeln von aller Menschensünde, von allem Menschenleid, wenn wir Christi Stimme hören als Gottes Stimme und sie aufnehmen als unsere eigene Stimme: *Es ist vollbracht* [Joh. 19,30]! Ja Amen, wahrlich. Jauchzet dem Herrn, alle Welt [Ps. 100,1 u. ö.]!

Lieder:
Nr. 112 «O Haupt voll Blut und Wunden» von P. Gerhardt, Strophen 1.4.8 (RG [1998] 445,1.4.7; EG 85,1.5.9 mit Textabweichungen in Str. 1.5)
Nr. 142 «Jesus Christus herrscht als König» von Ph. Fr. Hiller, Strophen 1.3.11 (RG [1998] 492,1.5.11; EG 123,1.5.11)

Safenwil, den 2. April 1920[1]

Konfirmation

Philipper 2,12[b]–13

[Schaffet, daß ihr selig werdet, mit Furcht und Zittern. Denn Gott ist's, der in euch wirkt beides, das Wollen und das Vollbringen, nach seinem Wohlgefallen.]

1. Als Jesus am Kreuze starb, da brach *ein neuer Tag* an im Himmel und auf der Erde, und an diesem neuen Tage, der seitdem da ist, gilt die Ordnung: Gott ist's, der wirkt! Zuerst gab's, wenn wir uns das recht vorstellen wollen, ein großes Erkennen und Jubeln, Anbeten und Rufen *im Himmel,* unter allen Engeln und Großen der unsichtbaren Welt: Gott ist's, der wirkt! Und dann fing's an, durchzubrechen auch auf der Erde, bei den Menschen, in der ganzen Schöpfung, und bricht durch bis auf diesen Tag: Gott ist's, der wirkt! Die *Menschen sind nicht allein* mit ihren Erfindungen und Entdeckungen, mit denen sie so wenig anzufangen wissen, mit ihrer Weltgeschichte, so großartig und lärmend [?], die doch immer ganz anders herauskommt, als sie es meinen, mit ihren Schicksalen, wo sie heute Meister sind und morgen gezwungenerweise doch die Knechte. *Der Mensch ist nicht allein* mit seinem kleinen Leben zwischen Wiege und Sarg, mit seiner merkwürdigen Bosheit und Dummheit, vor Allem auch nicht mit seiner kleinen Bravheit und Tugendhaftigkeit und Frömmigkeit. Gott ist's, der wirkt! Das ist *die neue Ordnung,* die Jesus auf der Erde eingesetzt hat und die nun auf der Erde gilt. Abraham etc. vor dem Heiland haben *es gewußt,* daß es so ist und nicht anders sein kann, und wir können es vielleicht auch wieder mehr nur ahnen als verstehen, daß es so ist, aber es ist so. Es ist auch noch *viel Unordnung* da in der Welt neben dieser Ordnung, aber die Unordnung kann die Ordnung nur zudecken, verschütten, wie etwa eine Quelle verschüttet werden kann, aber nicht aufheben, nicht umstürzen; die Quelle fließt, auch wenn sie in der Tiefe fließt. Es ist auch noch *viel Finsternis* in der

[1] Wie im Aargau damals üblich, fand die Konfirmation am Karfreitag nachmittag statt. Barth konfirmierte vier Knaben und vierzehn Mädchen. Jeweils zwei Jugendlichen gab er einen Spruch aus 1. Thess. 5.

Menschheit, und die Finsternis begreift das Licht nicht [vgl. Joh. 1,5], aber das Licht bleibt doch Licht. Und so heißt's nun *auch über allem* Hellen und Dunklen, Guten und Bösen, Schönen und Traurigen eures Lebens: Gott ist's, der wirkt. Davon haben wir nun ein Jahr lang geredet. Das war das Einzige, was ich euch sagen wollte und konnte: es ist Tag und nicht mehr Nacht, auch wenn wir die Läden schließen und in den Keller gehen und uns die Augen zuhalten. Es ist aber doch Tag. Der Mensch ist nicht allein, ihr nicht und ich nicht, Gott ist's, der wirkt.

2. *Was wirkt Gott?* Das Wollen und das Vollbringen. Man könnte auch sagen: den Anfang und das Ende, den Ursprung und das Ziel. Wir haben es versucht, uns selbst zu verstehen, und da haben wir gesehen: wir sind alle unterwegs von Gott her zu Gott hin. Es ist eine große Sache, das zu verstehen. Niemand versteht es ganz. Niemand wird fertig damit. Aber wenn wir auch nur ein Fünklein von uns selbst verstehen, so steckt in diesem Fünklein die Erkenntnis: von Gott her und zu Gott hin. Was wir *ernsthaft und ganz wollen,* das ist nicht unser, sondern Gottes Wille. Was nicht Gottes Wille ist, das wollen auch wir nur halb. Dabei werden wir müde, das vertauschen wir bald[?] wieder[?] mit anderem. Was in uns aufspringt als heiliger, entschlossener, unerbittlicher Ernst, was wir im Grunde wollen, das wirkt Gott in uns, das sind [nicht] wir, sondern er. Und so ist's auch *mit dem Vollbringen.* Was wir eigentlich vollbringen, erreichen möchten, das eigentliche Ziel unserer Sehnsucht – von dem wissen wir ganz gut: das erreichen wir nicht, das stellt Gott hin, das schafft er, das gibt er. Wir erreichen freilich auch Manches, aber es hat noch nie ein Mensch etwas fertig gebracht, es waren Alles nur Stationen [?], Stücke. Das Ende, das Ganze ist Gottes Werk. Und so gleichen wir einem *fliegenden Pfeil.* Er hat sich nicht selber gezielt und nicht selber abgeschossen. Er fliegt nicht aus eigener Kraft und nach eigener Absicht. Von Gott bewegt sein, das ist unser Leben. Das ist die *Erkenntnis,* die Selbsterkenntnis, die Jesus ans Licht gebracht hat. Alles Andere ist kein Grund und Anfang: Gott ist Grund und Anfang. Alles Andere ist kein Ziel und Ende: Gott ist Ziel und Ende. Diese Erkenntnis haben heißt *Friede* und Freude und die Quelle alles Guten haben. Das erkennen heißt die *Vergebung* haben, die uns alle Tage so nötig ist, die

Einsicht, umzukehren und neu anzufangen, wenn wir uns verirrt haben, den Mut, wieder aufzustehen, wenn wir gefallen sind. Wenn man das weiß, wenn man es sich von Jesus einmal hat sagen lassen: Von Gott bewegt sein, das ist unser Leben!, wenn man diesem großen Gottesgedanken immer wieder nachdenkt, immer wieder darauf zurückkommt: Damit *kommt man durch,* vielleicht nicht immer großartig, nicht immer siegreich, vielleicht unter Ach und Weh und allerlei Aufenthalten, aber man kommt durch. Man kommt weiter. Es ist an dieser Erkenntnis selber *etwas Bewegendes.* Damit bewegt uns ja eigentlich Gott: durch sein lebendiges Wort, indem er es uns durch Jesus sagt, wer wir sind und wie wir dran sind. Er selber will alle Tage *wahr machen* dies: ich fange an! und ich vollende! Ich will und ich vollbringe!

3. Aber jetzt müssen wir doch vielleicht die Sache noch umkehren und auch das Andere hören: *Schaffet, daß ihr selig werdet* – mit Furcht und Zittern! Das Wollen und Vollbringen Gottes ist *kein Ruhekissen* für bequeme Leute! Wenn er am Anfang und am Ende steht, so stehen wir in der *Mitte.* Wenn seine Sache das Wollen und das Vollbringen ist, so ist unsere Sache das *Schaffen.* Anders kann das nicht gemeint sein. *Wer das hört:* Gott ist's, der wirkt!, in den muß es hineinfahren wie ein elektrischer Schlag: ich muß schaffen, daß ich selig werde!, sonst hat er's nicht gehört. *Wenn wir hören:* Gott wirkt, Gott ist der Herr! Gott wirkt und vollbringt, wie müssen uns da die *Augen aufgehen* für die große Dunkelheit, in der wir uns befinden, wie müssen da Fragen in uns erwachen, wie müssen wir's da *merken* [?], wie wenig wir unserem Herrn Ehre machen, wie wenig man es uns ansieht, woher wir kommen und wohin wir gehen, wie müssen wir da *erschrecken* über die Welt und uns selbst, wie müssen wir da *seufzen* nach einer Erlösung aus der Dämmerung, in der wir stehen. Aber mit Furcht und Zittern allein ist's nicht getan. *Schaffet!,* heißt es. Also *kämpfet* nun ein wenig darum in den großen und kleinen Dingen eures Lebens, daß ihr auf der rechten Linie bleibet, wo Gott der Anfang und das Ende ist! Gebt euch nun ein *wenig Mühe,* eure Sache recht zu machen, wie sie gemacht werden muß, wenn das Wollen und das Vollbringen Gottes Sache ist! *Arbeitet* nun ein wenig daran, dem lebendigen Wort, das Gott alle Tage zu euch redet, gehorsam zu werden. Wenn in der Mitte nicht *geschafft* wird, dann ist Gott auch nicht am Anfang und am Ende. Wenn du nicht *erwachst* und dir Mühe gibst, dann ist's auch noch nichts mit dem Wirken Gottes. Daß es Gott ernst ist, das muß sich daran *zeigen,* daß es dir auch ernst wird. Wenn es dir nicht ernst wird, so bist du eben zum großen Teil noch in der *Unordnung* und in der Finsternis. Ihr wißt ja: Wenn wir von Gott hören, hören wir immer auch von uns selbst! Jesus war *gehorsam* – mit seinem Gehorsam hat er's gezeigt und bewährt, das, was uns tröstet und hält: Gott ist's, der wirkt!

4. Gott ist aber Leben! Das wollen wir uns heute zum Schluß noch einmal sagen. *Weil er Leben ist, darum* brauchen wir uns nicht zu fürchten und müssen doch mit Furcht und Zittern dazu tun, daß wir uns nicht fürchten müssen. *Weil er Leben ist,* darum dürfen wir uns jetzt einfach freuen in ihm und müssen doch immer wieder bitteren Ernst damit machen, dafür zu sorgen, daß wir uns freuen können. *Weil er Leben ist,* darum hat er uns gerufen, verstanden, erwählt, und darum müssen wir ihm gehorsam sein. *Weil er Leben ist,* darum können wir warten auf ihn und müssen doch pressieren[2]. Wir wollen ihn heute und alle Tage darum bitten, daß er uns neu schaffe nach seinem Bilde.[3]

[2] Friedrich Zündel prägte die Wendung «Wartet und pressieret!» in einer Ansprache an einer Tauffeier in Bad Boll am 1.11.1885. Nach Zündels Tod wurde die Ansprache von Christoph Blumhardt in den *Vertraulichen Blättern für Freunde von Bad Boll* (1891, Nr. 5, S. 14–19) mitgeteilt. Sie ist wieder abgedruckt in: *Christoph Blumhardt und Friedrich Zündel über Johann Christoph Blumhardt,* hrsg. von R. Lejeune, Zürich 1969, S. 51–55.

[3] Zu dieser Predigt gibt es keine Liedangaben.

515 Safenwil, Sonntag, den 4. April 1920

Ostern

1. Korinther 15,50–58

[Das sage ich aber, liebe Brüder, daß Fleisch und Blut nicht können das Reich Gottes ererben; auch wird das Verwesliche nicht erben das Unverwesliche. Siehe, ich sage euch ein Geheimnis: Wir werden nicht alle entschlafen, wir werden aber alle verwandelt werden; und dasselbe plötzlich, in einem Augenblick, zur Zeit der letzten Posaune. Denn es wird die Posaune schallen, und die Toten werden auferstehen unverweslich, und wir werden verwandelt werden. Denn dies Verwesliche muß anziehen die Unverweslichkeit, und dies Sterbliche muß anziehen die Unsterblichkeit. Wenn aber dies Verwesliche wird anziehen die Unverweslichkeit, und dies Sterbliche wird anziehen die Unsterblichkeit, dann wird erfüllt werden das Wort, das geschrieben steht: «Der Tod ist verschlungen in den Sieg. Tod, wo ist dein Stachel? Hölle, wo ist dein Sieg?» Aber der Stachel des Todes ist die Sünde; die Kraft aber der Sünde ist das Gesetz. Gott aber sei Dank, der uns den Sieg gegeben hat durch unsern Herrn Jesus Christus! Darum, meine lieben Brüder, seid fest, unbeweglich, und nehmet immer zu in dem Werk des Herrn, sintemal ihr wisset, daß eure Arbeit nicht vergeblich ist in dem Herrn.]

1. Wollen wir's wagen, an das *Rätsel der Ostern* heranzutreten? Aber können wir denn anders? Eben dieses Rätsel ist ja auch der ganze *Inhalt der Bibel.* Sie hat keinen anderen Inhalt als diesen: Ostern, Auferstehung, aus dem Tod in das Leben! Wenn das nicht ihr Inhalt wäre, wir könnten sie heute noch schließen und für immer auf die Seite legen. Wenn sie uns das nicht sagt, sagt sie uns gar nichts. Und eben das ist auch die ganze *Wahrheit des Christentums.* Neben dieser Wahrheit hat keine andere Platz. Wenn das Christentum nicht diese Wahrheit in sich trüge, es wäre längst zu Grunde gegangen an seiner eigenen Schwachheit und Unlauterkeit. Und eben das ist auch der *Sinn unseres ganzen Daseins.* Wir leben davon, auch wenn wir es nicht wissen. Wenn das nicht sein Sinn wäre, wie hielten wir es aus, da zu sein? Das hält uns, sonst nichts. Es sind *heute so viele Menschen hier,* die sonst nicht oft hier sind. Wie sollte ich ihnen gerade heute etwas Anderes sagen als das Eine, in dem Alles enthalten ist, die Offenbarung voll Geheimnis und das Geheimnis voll Offenbarung: Christus ist auferstanden, er ist wahrhaftig auferstanden [vgl. Lk. 24,34]! Und nicht wahr, ihr alle wollt ja auch gar nicht etwas Anderes von mir hören als gerade das. Ihr wollt von mir, daß ich nicht an der Sache vorbei, sondern in die Sache hinein und aus der Sache heraus rede, und ihr wißt so gut wie ich, das ist's ja [?], die Sache, um die es sich an den Ostern handelt: Christus ist auferstanden. *Ich kann es vielleicht* nicht einfältig, nicht deutlich, nicht stark genug sagen, nicht mit dem Beweis des Geistes und der Kraft [vgl. 1. Kor. 2,4], mit der das gesagt werden müßte, aber ich möchte es wenigstens gesagt haben. *Ihr könnt es vielleicht* nicht ganz begreifen, könnt nicht ganz einverstanden sein, nicht ganz mitkommen – ja, wer von uns könnte bei dieser Sache ganz mitkommen?, ich wenigstens nicht! –, aber ihr sollt es wenigstens gehört haben, was ihr ja selber im Grunde heute hören wollt. Wir *kommen wohl alle* miteinander nicht weiter, als daß wir das, worum es sich heute handelt, von ferne sehen wie einen zum größten Teil in Wolken und Dunst gehüllten hohen Schneeberg, aber wir wollen uns doch wenigstens in die Richtung drehen [?], in der die Alpen tatsächlich liegen, und es uns wieder einmal merken, auch wenn wir nicht viel sehen: dort, dort liegt's, das Geheimnis und die Offenbarung, dort müßte weiter gesucht, gefragt, nachgedacht, gebetet werden, dort müßten weite Ausblicke sich einmal auftun.

2. Was ist Ostern? Ostern ist Jesus, wie er ist, Jesus als Sieger.[1] Wie auch Paulus schreibt in unserem Text: Gott sei Dank, der uns den Sieg gibt durch unseren Herrn Jesus Christus. Nicht eine Aufklärung, nicht ein Vorbild, nicht eine Religion, nicht eine Kirche: der uns den Sieg gibt. Das ist Jesus.

Er stellt uns Menschen *vor die letzte Frage* unseres Daseins: Wer seid ihr, woher kommt ihr, wohin geht ihr? Wir *schlafen* noch, solange diese letzte Frage vergessen, umgangen, unterdrückt wird, solange sie schweigt. In Jesus aber *erwachen* wir. Denn in Jesus redet diese Frage, klar, unzweideutig, unausweichlich steht sie in ihm vor uns. Nicht als Prophet, als Philosoph, als Dichter, als Prediger wirft er diese Frage auf. Er wirft sie auf, indem er sie *beantwortet.* Der Mensch ist Gottes.[2] Gott ist der Anfang und das Ende. Gott ist's, der Beides wirkt,

[1] Vgl. oben S. 91, Anm. 2.
[2] Vgl. oben S. 78, Anm. 5.

das Wollen und das Vollbringen [Phil. 2,13[3]]. Er gibt diese Antwort nicht als Wort, nicht als Lehre, nicht als Meinung, sondern als *Tatsache.* Er bewährt das alles, indem er es tut: er ist Gott gehorsam bis zum Tode am Kreuz [vgl. Phil. 2,8]. Er ist Sieger. Das ist Ostern.

Jesus rührt *den letzten Zweifel* in uns auf: nicht nur den Zweifel in unseren törichten Gedanken, in dem Bösen, das wir tun, noch den Zweifel an unseren richtigen Einsichten und dem Guten, das wir tun, den Zweifel an Allem, was uns groß, heilig und wichtig ist, den Zweifel am Staat sowohl wie den Zweifel an der Kirche und an der Schule. Was ist wahr? was ist gut? was ist wirklich wertvoll? Wir *schlafen* noch, solange dieser letzte Zweifel in uns schweigt. In Jesus *wachen* wir auf, denn in Jesus reden die Zweifel, lauter, mächtiger, grundstürzender als in allen Kritiken der Welt. Denn sein Zweifel kommt nicht aus einem Nein, sondern aus einem *Ja* heraus, aus der *Liebe,* aus der *Gewißheit: Gott* ist wahr, Gott ist gut, er allein. Kann vor Gott bestehen, was wir Menschen wahr und gut nennen? Und was brauchen wir noch, da in Gott alle Wahrheit und alles Gute ist? Seht, wie das *miteinander durchbricht* in Jesus, der Zweifel und die Gewißheit, das Nein und das Ja, aber überlegen die Gewißheit, triumphierend das Ja! *Erledigt* ist in ihm Rom und Jerusalem, erledigt aller Juden- und Heidenstolz, im Voraus erledigt aller Christenhochmut; menschliche Wahrheit und Güte bringen es, wenn sie es hoch bringen, nicht weiter als bis zur Kreuzigung des Gottessohnes. Er aber: Vater, vergib ihnen…, *in deine Hände* befehle ich meinen Geist [Lk. 23,34.46]. Jesus ist Sieger! Das ist Ostern.

Jesus versetzt uns in *eine letzte Unsicherheit,* nicht nur uns selbst und den Menschen gegenüber, sondern der Welt, allem, was ist, gegenüber. Was ist das, die Welt? Was heißt Natur? Geschichte? Schicksal? Was ist der Raum, in dem wir sind, und die Zeit, in der wir leben? Was wissen wir eigentlich? Was hat das eigentlich zu bedeuten, daß wir nur erkennen, was wir eben zu erkennen vermögen? Solange diese letzte Unsicherheit noch nicht aufgedeckt ist in uns, *schlafen* wir noch. In Jesus aber *wachen wir auf.* Die Unsicherheit wird aufgedeckt. Der

[3] Dies war der Predigttext des Konfirmationsgottesdienstes (s. oben S. 122). Die am Karfreitag konfirmierten Jugendlichen kamen an Ostern erstmals zum Abendmahl.

sichere Boden des Verstehens kommt ins Schwanken unter unseren Füßen. Mögen wir uns zu ihm stellen, wie wir wollen, das ist ganz deutlich: er rechnet mit *Gott,* und d. h. mit einem Dasein, mit einem Wesen, mit einer Kraft, die an keinem Ort und zu keiner Zeit ist, er steht im Dienst einer *Macht,* die durchbricht das Schicksal; er kennt eine *Geschichte,* und er ist selbst der Held einer Geschichte, die ist nicht Weltgeschichte; es blitzt bei ihm etwas auf von einer Natur, die das, was wir so heißen, zu sprengen droht wie Dynamit einen Felsen, er lebt in einer *Welt,* die ist nicht diese unsere Welt. Himmel und Erde werden *vergehen* [Mk. 13,31 par.]! Und wenn das ganze Neue Testament ein Märchen wäre, so hätte jedenfalls dieses Märchen den höchst merkwürdigen Sinn, daß da *eine Sicherheit* auftritt, die alles Andere unsicher macht. Ich sah einen *neuen* Himmel und eine neue Erde [Apk. 21,1]. Das ist Jesus. Er ist Sieger. Und das ist Ostern.

Jesus führt uns *an die letzte Grenze* unseres Daseins. Es ist die uns so wohlbekannte und doch so unbekannte Grenze des Todes. Solange wir nicht bedenken, daß wir sterben müssen, werden wir *nicht klug* werden [vgl. Ps. 90,12]. In Jesus *werden wir klug,* denn die Weisheit Jesu ist, ob es uns gefällt oder nicht, *Todesweisheit,* wie ein einsichtiger Denker unserer Zeit gesagt hat[4].

Die *Erinnerung ans Sterben* liegt als der große Schatten und als das große Licht über allen seinen Wegen. Des *Menschen Sohn muß leiden,* muß sterben [vgl. Mk. 8,31 par.]. Das ist der göttliche Zwang und die göttliche Freiheit in Jesus. Gott fängt dort an, *wo der Mensch aufhört.* Die Wahrheit ist *jenseits der Gräber.* Aus dem *Tode* ins Leben!

Aber es ist so gar *kein Verzicht,* so gar keine traurige Ergebung, so gar nichts Wehmütiges und Wehleidiges in dieser Todesweisheit. Aus dem Tode ins *Leben,* so ist's ja gemeint. Die Grenze des Menschen soll ihm darum zum Bewußtsein kommen, damit er erkenne, *wer Gott ist,* der Schöpfer und Erlöser. Gehorsam bis zum Tode muß sein, damit

[4] Fr. Overbeck, *Christentum und Kultur. Gedanken und Anmerkungen zur modernen Theologie,* aus dem Nachlaß hrsg. von C. A. Bernoulli, Basel 1919, S. 279, vgl. S. 66 (Fr. Overbeck, *Werke und Nachlaß,* Bd. 6/1, hrsg. von B. von Reibnitz, Stuttgart / Weimar 1996, S. 318, vgl. S. 99). Vgl. K. Barth, *Unerledigte Anfragen an die heutige Theologie* (1920), in: ders., *Die Theologie und die Kirche,* Gesammelte Vorträge, 2. Bd., München 1928, S. 1–25, dort S. 15.

auch der Tod *unter die Herrschaft Gottes* komme. *Dieselbe Hand,* die ans Kreuz genagelt ist, segnet auch die Kranken und zerbricht die Fesseln des Todes, in denen sie schmachten. *Derselbe Mund,* der vom Sterbenmüssen redet, spricht auch: Ich bin die Auferstehung und das Leben [Joh. 11,25]! *Derselbe Leib,* der am Karfreitag getötet wird, wird am Ostertag im Grabe nicht gefunden [Mk. 16,6 par.].

Die Grenze wird erreicht, um *überschritten* zu werden. Mit Gott in den Tod, das heißt Leben hinein in den Tod und Leben *heraus* aus dem Tod. Tod, wo ist dein Stachel? Tod, wo ist dein Sieg? *Das fasse,* wer's fassen mag. *Das höre,* wer Ohren hat zu hören [Mk. 4,9 par.]. Die Grenze, die letzte Grenze, wird erreicht, um *überschritten* zu werden. Jesus ist Sieger! Das ist Ostern.

Ostern ist *das Letzte, hinter dem das Erste steht.* Man könnte auch sagen: das menschlich Letzte, aus dem *das göttlich Erste hervorbricht* wie die Sonne aus den Wolken, wie die Ähre aufschießt aus dem in der Erde sterbenden Weizenkorn [vgl. Joh. 12,24], wie das Kind hervorgeht aus dem leidenden Mutterleib, wie unsere Gedanken und Begriffe gleichsam aufspringen aus dem bunten Haufen unserer Anschauungen und Erfahrungen. Aber das alles sind nur Gleichnisse. *Jesus, wie er ist,* das ist die Wirklichkeit, die alle Gleichnisse nur abbilden können. Eine letzte *Beunruhigung,* aus der die erste tatsächliche Ruhe hervorgeht, eine *letzte Frage,* in der die erste wirkliche Antwort liegt, ein *letzter Schauder,* aus dem heraus es zum ersten Mal im Ernst heißen kann: Friede sei mit euch! [Lk. 24,36 par.]. Eine *letzte Tiefe,* aus der es plötzlich in einem Augenblick in die Höhe geht! Das ist Jesus, wie er ist. Beim *Schall der letzten Posaune,* sagt Paulus, wird es geschehen, daß die Toten auferstehen unverweslich und wir anderen verwandelt werden! Das letzte und zugleich das erste, das entscheidende, das wirkende, das schöpferische *Wort Gottes,* das ist Ostern. Daß *dieses Wort ausgesprochen ist,* das ist's, was wir heute sagen und hören müssen. Wie weit wir *das glauben* oder nicht glauben, damit wollen wir uns jetzt nicht befassen. Die Jünger Jesu waren am Ostertag noch sehr stark zwischen Glauben und Unglauben, wie sollten wir es nicht sein? Daß dieses Gotteswort ausgesprochen ist, das ist die Hauptsache. Und *in uns allen steckt* heute, mehr als je, eine Frage, ein Zweifeln, eine Unsicherheit, eine Todeserkenntnis. Wer ist heute frei davon? Es mag uns scheinen, das sei das Dunkelste in uns. Es könnte aber auch gerade *das Hellste* in uns sein, das Lebendige in uns. Es könnte sein, daß wir am *Aufwachen* sind, weil der Schall der letzten Posaune uns *erreicht* hat. Es könnte sein, daß wir gerade damit, daß wir so sind, wie wir alle heute sind, uns selbst zum *Zeugnis werden*, daß das entscheidende Gotteswort, das Wort von der Auferstehung, tatsächlich *gesprochen* ist. Wie sollten wir dem Unglauben näher sein als dem Glauben?

3. Laßt mich noch einige Bemerkungen machen zu unserem *Text*. «Ein Meer von Einsichten» hat einmal ein Mann, der selber viel Einsicht hatte, dieses 15. Kapitel des 1. Korintherbriefs genannt[5]. Soviel ich selber davon einsehe, will ich euch kurz sagen.

Fleisch und Blut können das Reich Gottes nicht ererben, sagt Paulus zuerst. Man könnte sagen: *Staub* zum Staube, Erde zur Erde [vgl. Gen. 3,19; Pred. 3,20; 12,7]. Alles *Ding* hat seine Zeit [vgl. Pred. 3,1]. Alles *Vergängliche* ist nur ein Gleichnis.[6] Im Licht der Ostern betrachtet, an Jesus selbst gemessen ist Alles, was wir jetzt sind, denken und tun, etwas ganz *Vorläufiges,* Unzureichendes. Es würde uns viel Enttäuschung und Irrwege ersparen, wenn wir uns das merken und uns in keiner Beziehung etwas *einbilden* würden, was nichts ist und nichts werden kann. Diese Erkenntnis ist uns vielleicht *schmerzlich.* Wir können aber auch merken, daß etwas *Schonungsvolles* darin liegt. Die Wirklichkeit der Ostern mitten drin in dem, was jetzt ist und was wir hier finden, das würden wir einfach *nicht ertragen,* da würde uns der Atem ausgehen. Die Wenigen, die von der Wirklichkeit Gottes etwas gesehen und gehört haben, sind darüber *zu Tode* erschrocken. Gott will uns aber *nicht totschlagen* mit seinem Reiche. Was jetzt ist und sein muß, hat *auch* sein Recht. Alles Ding *hat* seine Zeit. Die

[5] Vgl. K. Barth, *Die Auferstehung der Toten. Eine akademische Vorlesung über 1. Kor. 15* (1924), Zürich 1953⁴, S. 109: «Fr. Chr. Oetinger hat das Kapitel 1. Kor. 15 ein ‹Meer von Einsichten Pauli› genannt.» Vgl. Fr. Chr. Oetinger, *Biblisches und Emblematisches Wörterbuch* (1776), hrsg. v. G. Schäfer (Texte zur Geschichte des Pietismus, Abt. VII, Bd. 3), Berlin/New York 1999, S. 37,32–34: «Ich will aber meine eigene Gesinnung über 1. Kor. 15 hier eröffnen. Wir sind viel zu kurzsichtig, wenn wir auch eine innerliche Erleuchtung hätten, dieses Meer von Einsichten Pauli zu übersehen.»

[6] J. W. von Goethe, *Faust II,* V. 12104f. (5. Akt, Bergschluchten).

Gleichnisse dürfen *auch* sein. Es ist ein Widerschein des großen Lichtes, in dem wir stehen, *gerade genug.* Wir sollen es aber *wissen,* daß es nur der Widerschein ist, daß wir ganz im Vorläufigen stecken.

Nun kommt das, was Paulus *das Geheimnis* nennt, weil man gewöhnlich nicht daran denkt, was aber darum doch wahr ist. «Wir werden nicht alle entschlafen, wir werden aber alle verwandelt werden.» *Plötzlich, in einem Augenblick,* beim Schall der letzten Posaune, sagt er, werden die Toten auferstehen, und wir werden verwandelt werden. Ein merkwürdiger Augenblick, ein Augenblick, der die Toten und die Lebenden *gleichzeitig* umfaßt, also nicht ein Augenblick in der Zeit, weder im Jahre 2.000, noch im Jahre 20.000, sondern ein Augenblick in der Ewigkeit, der in der Zeit auch schon vor 2.000 oder 20.000 Jahren gewesen ist. *Er ist heute,* er war aber auch schon gestern und er wird morgen sein. Es ist *der Augenblick, der Tag Jesu Christi,* der selber keine Zeit ist, sondern alle Zeit aufhebt. *Da bricht die Antwort,* die Gewißheit, die neue Welt, das Leben der Auferstehung durch für alle Menschen, wie sie in Jesus durchgebrochen ist. *Da geht die Sonne auf,* die wir jetzt als Morgenglanz immer nur kommen sehen. *Da werden wir* über Fleisch und Blut, über das Verwesliche hinaus noch etwas Anderes, Neues. *Da tritt das göttlich Erste hervor* hinter dem menschlich Letzten. *Es wird, es ist,* es ist Wesen und Wahrheit, unser Wesen und unsere Wahrheit. *Von Gott her geschieht es,* daß es so ist, *daß wir Erben seines Reiches sind. Ostern geht uns an.* Gott sei Dank, *der uns* Sieg gibt! Ja Sieg, Vergebung, Erlösung, ein ewiges Stehen vor seinem Angesicht und Wandeln in seinem Licht [vgl. Ps. 89,16].|

Nun können wir unser Leben verstehen, fährt Paulus weiter: *Das Verwesliche muß anziehen* [die Unverweslichkeit, und dies Sterbliche muß anziehen die Unsterblichkeit]. Geheimnis: uns selbst in Gott verstehen[7]. Es geht also doch unser ganzes Leben, äußerlich und innerlich, *diesem Augenblick entgegen.* Es *zielt alles Vorläufige* auf ein Vollkommenes hin. Es *hängt über* dem ganzen Diesseits das Jenseits, über der ganzen Zeit die Ewigkeit. Daß wir doch nur ja *nichts ausnehmen,* weder das Große noch das Kleine, weder das Innere noch das

[7] Die sechs Worte hat Barth zur Andeutung des gemeinten Gedankens nachträglich zwischen die Zeilen geschrieben.

Äußere, weder die persönlichen Pflichten und Sorgen noch die Politik. *So sehr* das alles Fleisch und Blut ist und verweslich, es strebt Alles wie in einer großen *Strömung* der Unverweslichkeit, dem Reich Gottes entgegen, dem entgegen, was es durch Auferstehung und Verwandlung, von Gott her werden soll. Es ist *kein Härlein* auf unserem Haupt, das da nicht mitmöchte [vgl. Mt. 10,30 par.]. Es *muß* anziehen!, heißt es. Wie es vorher hieß: wir *müssen* sterben, so heißt es jetzt: wir *müssen* leben! Es ist alles *lebendig* gemeint und beabsichtigt in der Welt, was bei uns jetzt tötelet[8] und verwest. Wie sich *alle Blumen,* die unter der Sonne sind, der Sonne zukehren, so kehrt sich alles Geschaffene, das Sichtbare und das Unsichtbare, dem Schöpfer zu. Alles Ding hat seine Zeit, aber es will nicht nur seine Zeit haben; es will auch *seine Ewigkeit* haben. Daran sollen wir denken. Diesem Zug zur Unverweslichkeit wollen *wir folgen,* uns selbst und dem Leben nicht untreu sein. Damit wir *am Tag aller Tage,* am Tag Jesu Christi in Ehre und nicht in Schande dastehen mit diesem Verweslichen und diesem Sterblichen, das uns jetzt anvertraut ist.

Und wenn das geschieht und wo das geschieht, daß von Gott her Ostern wird, Jesus sich offenbart als der Sieger, da ist erfüllt, was geschrieben steht: Der *Tod ist verschlungen in den Sieg,* [Tod, wo ist dein Stachel? Hölle, wo ist dein Sieg?] Das ist ein Wort der *Sehnsucht,* ein Adventswort aus dem Alten Testament. Nicht nur dieses Wort erfüllt sich im Geheimnis der Auferstehung, sondern *alle Sehnsucht* der Menschen. Was wollen, was suchen, was glauben und hoffen denn die Menschen seit den Tagen Abrahams bis auf unsere Zeit: Sie möchten *hinaus* über das menschlich Letzte, sie meinen *und suchen doch wahrhaftig nicht* das Fragliche, Unsichere, Zweifelhafte, das sie scheinbar anstreben, sie möchten, daß *der Tod verschlungen werde* vom Sieg, sie möchten, daß *das göttlich Erste* überwinde das menschlich Letzte. Und *das ist und wird* und geschieht auch im Augenblick, am Tage Jesu Christi, da die Ostersonne uns aufgeht. Warum sind wir noch bloß in der Sehnsucht? Weil wir noch *im Tode* sind, weil Fleisch und Blut das Reich Gottes nicht ererben können. Warum sind wir noch im Tode? Der Stachel des Todes ist *die Sünde.* Was Fleisch und Blut ist, was Zeit ist, was Diesseits ist in uns, das ist auch Sünde, Abfall vom lebendigen

[8] = verfällt, nach Verwesung riecht.

Gott. Warum sind wir noch in der Sünde? Die Kraft der Sünde ist *das Gesetz.* Daß wir vor Gott Angst haben, daß wir Gott als Knechte dienen statt in Freiheit, daß wir die Moral und die Religion an die Stelle der Erkenntnis gesetzt haben, daß wir im besten Fall eine menschliche Gerechtigkeit suchen, das macht die Sünde immer wieder lebendig. In Jesus ist das Gesetz aufgehoben [vgl. Röm. 10,4], die Sünde vergeben, dem Tode die Macht genommen [vgl. 2. Tim. 1,10]. Gott sei Dank, der uns den Sieg gibt in Jesus Christus.

Das Letzte ist eine Ermahnung: *Darum, meine lieben Brüder,* [seid fest, unbeweglich, und nehmet immer zu in dem Werk des Herrn, sintemal ihr wisset, daß eure Arbeit nicht vergeblich ist in dem Herrn]. Ja, wenn wir jetzt dieses *Darum* packen könnten! Wer kann *fest sein,* unbeweglich sein in all dem Erregten und Bewegten, Schwankenden und Stürzenden unseres Lebens? Wer kann *zunehmen* im Werk des Herrn und nur auch wissen, was es ist um dieses Werk des Herrn, das von uns getan werden möchte? Wer kann's glauben, daß unsere Mühe und Arbeit in dieser Welt, wo Alles vergänglich, Alles nur ein Gleichnis ist, nicht *vergeblich* ist? Wer kann's, ohne zu wissen: Warum? Ja, warum? Darum, liebe Brüder und Schwestern, darum, *weil Ostern ist,* weil Jesus lebt, weil die letzte Posaune schallt, weil das entscheidende Gotteswort gesprochen ist. *Wir können es wissen:* warum?, wir können uns die Ermahnung zu Herzen gehen lassen. Oder sollten wir es wirklich *nicht wissen?* Wir wollen suchen, bitten, anklopfen, bis wir es noch viel, viel besser wissen.

Lieder:

Nr. 344 «Jesus, meine Zuversicht» von O. von Schwerin, Strophen 1.2.7 (RG [1998] 478,1.2.4; EG 526,1.2.7)

Nr. 129 «Wach auf, mein Herz, die Nacht ist hin» von L. Lorenzen, Strophen 1.5.6 (RG [1998] 483,1.5.6; EG 114,1.6.7; jeweils mit Textabweichungen in der letzten Strophe)

Lukas 24,36–43

[Da sie aber davon redeten, trat er selbst, Jesus, mitten unter sie und sprach zu ihnen: Friede sei mit euch! Sie erschraken aber und fürchteten sich, meinten, sie sähen einen Geist. Und er sprach zu ihnen: Was seid ihr so erschrocken, und warum kommen solche Gedanken in euer Herz? Sehet meine Hände und meine Füße: ich bin's selber. Fühlet mich an und sehet; denn ein Geist hat nicht Fleisch und Bein, wie ihr sehet, daß ich habe. Und da er das sagte, zeigte er ihnen Hände und Füße. Da sie aber noch nicht glaubten vor Freuden und sich verwunderten, sprach er zu ihnen: Habt ihr hier etwas zu essen? Und sie legten ihm vor ein Stück von gebratenem Fisch und Honigseim. Und er nahm's und aß vor ihnen.]

1. «Er selbst, Jesus, trat mitten unter sie und sprach zu ihnen: Friede sei mit euch!» Das ist *Ostern.* Gottes *Macht,* Gottes Überlegenheit, Gottes Sieg. Er *führt* aus dem Tode in das Leben. Er richtet sein *Recht* und seine Ordnung auf. Er offenbart seine *Wahrheit.* Er begründet auf den Trümmern einer alten Welt sein *Reich.* Er spricht ein zweites Mal: *Es werde!*, und es wird [Gen. 1,3], es wird eine neue Kreatur, Schöpfung, Welt, ein neuer Himmel und eine neue Erde, nicht wie die vorige war [vgl. Jes. 65,17], ein neuer Mensch mit neuen Augen und Ohren. *Er bestätigt* und erfüllt das Tiefste, was als Sehnsucht, Ahnung und Hoffnung in uns allen lebt. *Gottesgedanken* sind über uns und in uns, Gotteswerke umgeben uns, Gottestaten wollen unter uns und durch uns geschehen. *Morgenglanz* der Ewigkeit[2] geht auf über denen, die da saßen in Finsternis und Schatten des Todes [vgl. Lk. 1,79]. Gott beweist und bewährt, *daß er Gott ist.* Das ist Ostern.

[1] Unter die Ziffer 516 schrieb Barth: «vgl. 467.)». Am 27. April 1919 hatte Barth in Leutwil und Seon über den gleichen Text gepredigt: Predigten 1919, S.165–172. Barths neu geschriebenes Mskr. folgt im Gedankengang, in einzelnen Passagen auch wörtlich der Predigt des vergangenen Jahres. Auch die gleichen Lieder werden gesungen.

[2] Eingangslied; s. unten.

2. *Jesus, auferstanden* von den Toten, er zeigt das alles, er bringt es, er setzt es in Kraft und Wirksamkeit, er *ist* es. Er erklärt und beschreibt es nicht nur, er verheißt und verkündigt es nicht nur, er *ist* es.

Das ist die Verlegenheit, der *Jammer der Kirche,* daß wir hier so tief im bloßen *Beschreiben* und Verkündigen drinstecken, statt daß es einfach heißt: Jesus, er selbst, er ist es, all dies Göttliche, all diese Heimsuchung und Hilfe und Herrlichkeit von oben, und nun bedarf es keiner Worte mehr darüber. *Wenn dieses:* er ist es! einmal zum Durchbruch kommt, dann ist die Kirche aus. In der Kirche sind wir in *Verlegenheit:* wir müssen reden und hören, statt daß wir haben und sind. Ja, das ist eine Verlegenheit. Denn die Welt Gottes mit ihrem Frieden und ihrer Klarheit *hilft uns nicht,* solange sie nur beschrieben und verkündigt wird. Sie *ist dann nicht* einmal Gottes Welt für uns; denn auch die schönsten, ergreifendsten Worte, die wir darüber sagen und hören können, gehören als Worte noch zu unserer Menschenwelt. Das Reich Gottes aber steht nicht in Worten, sondern in Kraft [1. Kor. 4,20]. *Die Welt Gottes hilft* uns von dem Augenblick an, wo sie nicht nur besprochen, gemalt und gefühlt wird, sondern Gestalt und Wirkung, sichtbares, greifbares Leben wird.

Der *Geist* will nicht nur geistig sein, die *Wahrheit* will nicht nur wahr sein, der *Glaube* will nicht nur geglaubt sein. Solange es dabei bleibt, ist *Gott verdeckt,* verborgen, wir können zweifeln, zaudern, schwanken, irren.

Geist und Wahrheit und Glaube wollen *hinein* ins Wirkliche, ins Leben. Gott will sich an uns beweisen und bewähren. Und das Leben, das Wirkliche, es *dürstet* nach Geist, nach Wahrheit, nach Glauben. Das Verwesliche muß anziehen die Unverweslichkeit [1. Kor. 15,53[3]]. Wir leiden an einem ganz tatsächlichen Mangel in unserem täglichen, gewöhnlichen Leben, einem Mangel, den nur Gott beheben kann.

Wir wollen uns keiner *Erkenntnis* rühmen, wir können uns bei keiner *Osterpredigt* beruhigen, solange Geist und Leib, Wahrheit und Wirklichkeit, Glaube und Leben noch so weit auseinander sind, solange unsere kirchliche Verlegenheit noch so groß ist. Wir wollen wenigstens *einsehen,* daß wir wirklich in Verlegenheit sind. Wirkliche

[3] Aus dem Text der Osterpredigt, s. oben S. 126.

Erkenntnis Gottes ist eine Offenbarung Gottes im *Leben.* Jesus, *er selbst* mit seiner Friedensbotschaft, Jesus der *Auferstandene,* wie er am Ostertag mitten unter seine Jünger trat, das ist's! Das ist Erkenntnis, Lebensoffenbarung, das ist wirklicher Beweis, tatsächliche Bewährung Gottes.

3. Jesus ist uns Menschen von heutzutage *erst zum allerkleinsten Teil* das, was er eigentlich ist. Wir wollen nicht übertreiben, nicht undankbar sein. Gerade daran, daß wir uns in der Kirche immer *in Verlegenheit* fühlen durch den Gegensatz von Wort und Kraft, merken wir, daß Jesus lebt. Wenn wir uns zufrieden geben könnten mit dem ewigen Predigen und Hören, dann wäre Jesus überhaupt nichts für uns. Wir können uns aber nicht zufrieden geben. Wir merken, daß es nicht stimmt. Wir sind in *Bewegung versetzt.* Eine *Unruhe,* ein Ziel und ein Anlauf ist uns gegeben. Darum finden wir dann auch manchmal ein wenig *Mut,* ein wenig *Liebe,* ein wenig *Geduld,* ein wenig *Freude.* Darum entsteht manchmal im kleinen Kreise, auf kurze Zeit, etwas fast *Vollkommenes,* ein Stücklein Himmel auf Erden, darum können wir uns auch *im persönlichen Leben* manchmal tief und freudig in die Augen sehen, uns verstehen, uns helfen. Darum spüren wir alle manchmal etwas von einem *großen Ja,* das hinter und über unserem Leben steht, auch dann, wenn wir in uns und um uns lauter Nein sehen und hören. *Jesus lebt aber,* er ist auferstanden. Wir können gar nicht ganz ohne Erkenntnis sein und darum auch nicht ganz ohne Lebensoffenbarung. Wir müßten nur besser *die Augen auftun,* um zu sehen, daß er, dieser Jesus, er selbst, mitten unter uns, noch viel mehr nahe ist, als wir meinen.

Aber alles das, von dem wir da reden, ist doch *nur ein Teil,* ein Stücklein, eine Abschlagszahlung. Wir spüren es hoffentlich alle: Jesus selbst, wie er dort unter seine Jünger getreten ist, *ist mehr,* als wir sehen und sehen können. Die kleinen Lichter, die uns etwa aufgehen, können uns doch nur *sehnsüchtig* machen nach dem Licht vom unerschaffnen Lichte[4], das dort aufgegangen ist. Wir sind in Bewegung gesetzt, aber *das Ziel* liegt vor uns. Was Jesus eigentlich ist, das muß er uns allen *erst werden.* Ostern ist jetzt wieder einmal gefeiert, aber die *Hauptsache* des Ostergeschehens kommt erst.

[4] Aus Strophe 1 des Eingangsliedes; s. unten.

Und *die Gefahr* ist immer vorhanden, daß es auch nicht kommen könnte. Wir müßten viel mehr erschrecken über die Möglichkeit, daß uns auch *Ostern wieder ein Wort* und Bild wird, wo es doch ein Ereignis, ein Vorgang, eine Geschichte, unsere Geschichte sein will. *Was hilft* uns die feierlichste Erinnerung an Jesus, wenn sie uns nicht vorwärts führt? *Was hilft uns* das, [was] wir vielleicht vom Leben Jesu schon kennen und haben, wenn das Alles ist? Es liegt einfach Alles daran, daß die *Bewegung weitergeht.* Das *Stücklein,* das wir jetzt haben, strebt zum Ganzen. Das *Fünklein,* das jetzt glüht, will zur Flamme werden. Das *Bächlein,* das jetzt fließt, will dem Meer entgegen. Und so stehen wir heute da: *dankbar* und doch sehnsüchtig, *befriedigt* und doch unbefriedigt, *reich* und doch arm, in der *Erkenntnis* der Herrlichkeit Gottes im Angesichte Jesu Christi [vgl. 2. Kor. 4.6] und doch voll Verlangen nach einer vollendenden Erscheinung des Heilands. Wir haben etwas *gehört* von seiner Botschaft: Friede sei mit euch!, aber nicht wahr, wir dürfen und wir müssen und wir werden das ja auch einmal ganz, *ganz anders hören.*

4. Doch wir wollen uns besinnen, was es bedeutet, wenn es da heißt: *Da sie davon redeten,* trat er in ihre Mitte. – Auch das Reden von ihm kann also *etwas Hoffnungsvolles* sein. Es braucht durchaus *nicht umsonst* zu sein. Es kann im Reden etwas sein, das über das bloße Reden *hinaus*greift. Die Jünger Jesu machten es ihm durch ihr Reden von ihm gewissermaßen *möglich,* in ihre Mitte zu treten, und bereiteten sich selbst darauf vor, ihn zu sehen, wenn auch das, was sie dann zu sehen bekamen, viel größer und schöner war als das, was sie darüber gedacht und gesagt hatten. Ein ernstes, wahrhaftiges Reden von ihm wird ja immer *ein Fragen und Suchen* nach ihm sein, und wo das ist, da kann er nicht ferne sein. Wo man wirklich von ihm redet, da wird das geschehen, *weil man muß,* weil man keine andere Wahl hat, weil man außer ihm keinen Trost, keine Hilfe, keine Hoffnung weiß, und zu solcher Rede bekennt er sich dann auch. Ein ernstes Reden von ihm besteht darin, daß man das Wenige, das man schon von ihm weiß, *im Herzen bewegt,* und solches Bewegen zieht dann bald ein Mehreres nach sich, macht die Bahn frei für das Ganze.

Wir wollen uns aber klar machen, was das heißt: vom lebendigen, *vom auferstandenen Jesus reden.* Ein frommes, ein erbauliches, ein *schönes Reden* wird das wahrscheinlich fast nie sein können; es besteht die größte Gefahr, daß wir dann gerade nicht von ihm reden würden, und wenn sein Name dabei noch so oft vorkäme. Wir müssen von ihm reden, *wie er ist.* Von ihm, wie er ist, wird z. B. da geredet, *wo man etwas weiß* von der großen *Gottverlassenheit* der Menschen und sich nicht so schnell darüber trösten kann, wo man empfindet, wie *enge Grenzen* unserem Wollen und Können gesteckt sind, wie *unzulänglich* Alles ist, was wir Menschen zu unserer Erlösung unternehmen. In dieser Not drin steht er, der Gekreuzigte, und wer von dieser Not ehrlich und ernst redet, der redet von ihm, gleichviel, in was für Worten das geschieht. Von ihm, wie er ist, wird gerade da geredet, *wo man der Worte müde ist* und eigentlich nur noch davon reden kann, daß man etwas tun müßte. Das liegt uns ja heute allen *auf den Lippen,* und wir wollen es nur offen *aussprechen.* Wir reden dann von Jesus, auch wenn sein Name dabei nicht vorkommt. Denn das ist doch eben nur das Wort, das *Fleisch* wurde, die Tat in göttlicher Gnade und Wahrheit [vgl. Joh. 1,14]. Von ihm, wie er ist, wird da geredet, *wo man ein Gefühl hat* für das Ganze und *Vollkommene,* das aller Rätsel Lösung, aller Schwierigkeiten Aufhebung ist, wo man *nicht stehen bleiben* kann beim Halben, Teilweisen, Vorläufigen, sondern vorwärts möchte auf die *höchsten Berge,* zu den letzten Wahrheiten. Davon *reden heute viele,* die dem sogenannten Christentum scheinbar sehr ferne stehen. Es reden auch viele davon und irren sich – richten Unheil an mit ihrem grenzenlosen Streben und Fragen, aber lieber das, als daß überhaupt nicht davon geredet wird. Denn auch da wird eben in mancherlei Zungen von ihm geredet, von dem, der sich selbst der Erste und der Letzte genannt hat [Apk. 1,17]. Von ihm, wie er ist, wird da geredet, *wo man merkt, was uns fehlt,* wo man merkt, daß das, was wir brauchen, nicht nur eine neue Idee oder Bewegung ist, nicht nur neue Ordnungen und Verhältnisse, sondern *ein neuer Mensch,* ein ganz anderer Mensch, ein Mensch, der *uns sagen könnte,* was wir alle nicht sagen können, *und geben,* was wir alle nicht geben können, ein Mensch, der *in der Not unserer Welt* drinstünde und doch aus ihr herauszuführen die Macht hätte, ein Mensch, der *mehr wäre* als Luther und Napoleon, ein Mensch, der all dem, was uns jetzt als Hoffnung bewegt, sichtbare, greifbare *Gestalt gäbe.* Wie der Dichter Dostojewskij einmal geschrieben: «Ja auch jetzt *klopft* jemand an die Tür, irgendwer, ein *neuer Mensch* mit einem neuen Wort. Er will die *Tür öffnen* und eintreten. Wer aber ist er? Das ist die Frage. *Ist* er ein ganz neuer Mensch oder einer der *Vielen,* uns *allen* und *allen* Menschen gleich?»[5] Ja, wer ist er? Von wem reden sie alle, die Studenten, die Künstler, die Arbeiter, alle, die da heute überhaupt von ernsthaften, redenswerten Dingen reden? Mögen sie ihm heute in der Verwirrung auch *andere Namen* geben, es ist doch im Grund sein Name, der heute auf allen Lippen liegt.

Wir sind heute eigentlich *von allen Seiten dazu gedrängt,* gerade von ihm zu reden. Möchten wir nur alle *gründlich und aufrichtig* mitreden von dem, von dem heimlich unsere ganze Zeit redet, dann reden wir von ihm. Möchten wir auch in unseren Kirchen und Kapellen daran denken, was das heißt, von ihm, wirklich von ihm reden. Da sie aber von ihm redeten, trat er mitten unter sie.

5. Daß es *nicht beim Reden bleiben darf,* das wollen wir also keinen Augenblick vergessen. *Reden an sich* hilft nichts. *Reden an sich* ist das verschlossene, versiegelte, von den Heiden bewachte Grab. *Reden an sich* ist sogar gefährlich. Es gab schon hoffnungsvolle Zeiten wie die unsrige, da wurde den Menschen das Reden an sich so wichtig, daß sie die Hoffnung selbst *vergaßen* und *aufhörten,* sich zu bewegen vor lauter Reden darüber, und die neue Erscheinung des Heilands wieder *unmöglich* machten. Nicht das Reden tut's, sondern die *Erwartung,* die Vorbereitung, das innere [?] Offenwerden durch das Reden, das *Merkig-*[6] *und Gelehrig*-Werden für den, von dem wir da bewußt oder unbewußt eigentlich reden, das *Empfänglich- und Empfindlich*-Werden für sein tatsächliches Kommen, das *Gerüstet-Sein* für die Lebensoffenbarung. Darin könnte uns das Reden vor Allem *hindern,* wenn wir vergessen, wie gefährlich das Reden sein kann. Die *neue Erscheinung des Heilands,* des Menschensohns, der von oben kommt, auf den Wolken des Himmels, wie es im Neuen Testament heißt [Mk. 14,62 par.], wird sich *auf der Erde geltend machen* in Taten und Ereignissen,

[5] Vgl. F. M. Dostojewski, *Österreichs gegenwärtige Gedanken* (1877), in: ders., *Politische Schriften*, Sämtliche Werke, Zweite Abteilung, 13. Band, München 1920 6.–10. Tausend, S. 129–143, dort S. 143 («ist es ein ganz neuer Mensch, oder einer, der wieder uns allen, uns alten Menschen gleicht!?»).

[6] = Aufmerksam-.

in Befreiungen und veränderten Verhältnissen, in ganz neuen Fragen und Aufgaben, die an uns herantreten. Er wird *nicht hier oder dort sein,* wie Calvin in Genf oder Wilson in Amerika[7], sondern hier und dort wird er sein als lebendige, persönliche, göttliche und doch menschliche Macht des Geistes der Wahrheit und des Glaubens, der die Menschen ergreift, beunruhigt, erleuchtet, umgestaltet und ihr Leben damit. Es wird uns vielleicht wie den Jüngern *mit Schrecken zum Bewußtsein kommen.* Die *neue Wirklichkeit,* das neue Leben, der neue Weg, auf den wir gedrängt werden, wird uns vielleicht Furcht und Entsetzen einflößen.|

Wenn unser jetziges Reden von ihm uns dann nicht offen gemacht, sondern im Gegenteil verstockt hat, wenn es ein eigenmächtiges, träges oder auch vorschnelles Reden gewesen ist, dann hat's gefehlt, dann wäre es uns besser, es würde heute nicht so viel geredet. *Es könnte uns dann gehen,* wie es den Jüngern zuerst ging, die meinten, sie sähen einen Geist. *Behüt uns Gott!,* würden wir dann denken: ein Geist!; heute würden wir vielleicht sagen: eine neue Idee! eine neue Religion! eine neue Theorie! eine neue Richtung! Schule so und so! Schule Ragaz z. B., vor der die aargauischen Zeitungen so Angst haben[8]. Ganz recht: Das sind natürlich alles *Gespenster.* Es war etwas Gesundes in den Jüngern, daß sie von einem Geist *nichts wissen* wollten. Vor Gespenstern kann man nur das Kreuz machen und davonlaufen. Aber es wäre doch fatal, wenn wir nun *den Heiland selbst* mit einem Gespenst

[7] In der Predigt am 27.4.1919 hieß es: «Wilson in Paris» (Predigten 1919, S. 171). Damals war Th. W. Wilson entscheidend an der Ausarbeitung des Versailler Vertrags beteiligt. 1920 war er zwar noch Präsident der USA, aber gesundheitlich schwer angeschlagen und politisch gescheitert – die republikanische Mehrheit im Repräsentantenhaus verweigerte den Eintritt in den Völkerbund. Barth notiert nun schlicht: «in Amerika».

[8] Hierzu antwortet R. Weber dem Hrsg.: «Ich ging davon aus, daß es sich... um eine aktuelle Anspielung handle, und habe deshalb sämtliche Nummern des ‹Aargauer Tagblattes›, des ‹Zofinger Tagblattes› und des ‹Freien Aargauers› vom Januar bis zum April 1920 durchgesehen – ohne Ergebnis. Entweder habe ich eine entsprechende Nachricht übersehen... oder dann liegen diese ‹Ängste› der Zeitungen weiter zurück... Denkt Barth bei ‹Schule Ragaz› einfach an die religiös-soziale Bewegung? Oder hat etwa die Vorlesung ‹Die pädagogische Revolution›, die Ragaz im Wintersemester 1919/20 gehalten hat, die Ängste der Zeitungsleute ausgelöst?» (Brief vom 13.5.2000).

verwechseln, ihn verkennen und verpassen würden, weil wir von Geistern mit Recht nichts wissen wollen. Es wäre fatal, wenn wir *heute nicht offen würden,* verständig, suchend für die persönliche, lebendige Macht Jesu selbst, der sich da und dort, hier so, hier anders, aber immer sichtbar, greifbar geltend machen wird, wenn es Zeit ist, und für den dann Augen und Ohren nötig sein werden. Und *es wird Zeit sein,* wenn Augen und Ohren dafür da sind. Jesus in seiner Herrlichkeit ist uns vielleicht *heute schon näher,* als wir denken. Als er am Ostertag unter seine Jünger trat, da zeigte er ihnen *seine Hände und Füße,* und da aß er mit ihnen. Er wird auch zur Vollendung seines Werkes *ebenso menschlich,* irdisch und lebendig in unsere Mitte treten. Nicht als neuer Geist, sondern als *neues Leben.* Gerade darin, daß er uns so leiblich, lebendig, wirklich, praktisch begegnen wird, *wird er sich unterscheiden* von den falschen Christussen, an denen es auch nie ganz fehlen wird [vgl. Mk. 13,6 par.]. Selig sind wir, wenn unser jetziges Reden *uns darauf vorbereitet.* Selig sind die, die an dem, der da die Tür öffnen und eintreten will, *nicht vorbeisehen,* sondern ihn sehen, dort wo er zu finden ist. Denn zu denen, die dann bereit sein werden, nicht zum Spähen und Lauschen auf allerlei Geister, sondern bereit *zum Gehorsam gegen die Macht des Lebens,* zu denen wird er sagen und sagt es schon heute: *Ich bin's selber!*

Lieder:

Nr. 43 «Morgenglanz der Ewigkeit» von Chr. Knorr von Rosenroth, Strophen 1.4.5 (RG [1998] 572,1.4.5; EG 450,1.4.5)

Nr. 163 «Eine Herde und ein Hirt» von Fr. A. Krummacher, Strophen 2.5.6 (GERS [1952] 385,2.5.6; EKG 220,2.5.6)

2. Korinther 3,1–3

1 Fangen wir schon wieder an, uns selbst zu empfehlen? Oder bedürfen wir wie gewisse Leute der Empfehlungsbriefe an euch und von euch? 2 Nein, der Brief (den wir von euch und an euch haben) seid ihr selbst, in unsere Herzen geschrieben, gekannt und gelesen von jedermann. 3 Denn ihr seid bekannt als ein Brief Christi, von uns angefertigt, geschrieben nicht mit Tinte, sondern mit dem Geist des lebendigen Gottes, nicht auf Tafeln, die aus Stein, sondern auf Tafeln, die menschliche Herzen sind.

1. Gibt es Brücken zwischen uns Menschen? Ist es möglich, daß ein Mensch den anderen ganz versteht, ihm wirklich vertraut, ihn aufrichtig lieb hat? Ist es möglich, daß Menschen zueinander sagen können: Ich bin dein, du bist mein!, wie es in so manchem schönen Liede heißt[2], und daß sie das nicht nur gelegentlich sagen, sondern Allem zum Trotz damit miteinander leben können? *Allerlei Fäden* von Bekanntschaft und Verwandtschaft, von gleichen Interessen, Ansichten und Charakteren gibt es natürlich, aber Brücken? einen wahren Zusammenhang? eine tatsächliche Gemeinschaft? *Diese Frage* sollten wir nicht zu schnell beantworten. Steht nicht im Grunde doch jeder für sich *allein?* Begegnet uns nicht manchmal etwas *Fremdes*, Unnahbares auch in denen, die uns am nächsten stehen? Haben wir uns nicht alle schon gelegentlich schauerlich *einsam* und verlassen gefühlt? Ist es am Ende wahr, was man schon gesagt hat, daß jeder Mensch im Grunde unter einer *Glasglocke* lebe, durch die er wohl zu den Anderen hinübersehen, aber unter keinen Umständen zu ihnen hinübergehen kann?|

[1] Wer am 18. April in Safenwil predigte, ist nicht bekannt. Am 17. April hielt Barth an der Aarauer Konferenz seinen Vortrag «Biblische Fragen, Einsichten und Ausblicke», den Adolf von Harnack in der Diskussion lebhaft kritisierte. Am 18. April war Barth in Basel bei seiner Mutter. Er hörte eine Predigt von R. Liechtenhan (Bw. Th. 1, S. 378f.).

[2] Vgl. etwa das Liebeslied eines unbekannten Verfassers aus dem 12. Jh.:

Du bist min – ich bin din – des solt du gewis sin…

in: *Des Minnesangs Frühling*, bearbeitet von H. Moser und H. Tervooren, Bd. I, Stuttgart 1982[37], S. 21. Vgl. auch Hld. 6,3.

Die heutige Zeit, die soviel Verborgenes, Unausgesprochenes der Menschen-Natur ans Licht bringt, hat uns in dieser Beziehung zwei Dinge ganz klar gemacht. Erstens den *Unterschied von bloßen Fäden und wirklichen Brücken.* Gemeinsamkeit ist noch keine *Gemeinschaft.* Miteinander einverstanden sein heißt noch nicht sich *verstehen.* Am gleichen Wagen ziehen heißt noch nicht das *gleiche Leben* leben. Wir spüren eben heute, wie so viele Fäden reißen, daß uns mit *Fäden* überhaupt nicht geholfen ist. Wir brauchen *Brücken.* Wir hungern und dürsten nach *Liebe* und Vertrauen. Zweitens hat uns unsere Zeit klar gemacht, *was für ein knorriges, störrisches Wesen* jeder einzelne Mensch ist. Man hat viel zu früh immer schon von einer *Menschheit* geredet, als ob da sowieso etwas Einiges, Ganzes wäre. Weder unsere fortgeschrittene Kultur noch unser 2000–jähriges Christentum haben es jedenfalls vermocht, diese vermeintliche Einheit *beieinander* zu halten. Ich habe dieser Tage einen berühmten Mann sagen hören, zwei Dinge seien international, das *Portemonnaie* und der *Geist*[3]. In Wirklichkeit sitzen gerade die Menschen, die viel Geld, und die anderen, die viel Geist haben, unter den dicksten Glasglocken, können nicht heraus aus ihrer Einsamkeit, und niemand kann zu ihnen. Wer wird *den Menschen erlösen* aus seiner Eigenheit und Einsamkeit? Wer baut uns *Brücken?* Wer schenkt uns, uns selber zum Trotz, *Liebe* und Vertrauen? Wer macht uns zu dem, was wir nicht sind, zu *Brüdern* und Schwestern? Es kommt mir manchmal vor, all unsere äußeren und inneren Nöte seien klein neben diesem *Fluch vom Turm von Babel* her [vgl. Gen. 11,7], wie die Menschen anfingen, verschiedene Sprachen zu reden.

2. Wenn man diese Not sieht und ernst nimmt, wird man nicht versuchen, ihr mit *kleinen Mitteln* beikommen zu wollen. Der *Apostel Paulus,* der sie gesehen und ernst genommen hat, hat den Korinthern geschrieben, sie irrten sich, wenn sie meinten, er wolle sich selbst bei ihnen empfehlen, er brauche Empfehlungsbriefe Anderer an sie oder ihre Empfehlungsbriefe an Andere. Auf diese Weise wollte er *nicht aus*

[3] In Basel kam es am 18. April erneut zu einer Begegnung zwischen Barth und A. von Harnack. Barth schreibt: «Harnack thronte auf einem Kanapee, wurde ‹Exzälänz› genannt und teilte den Damen Bonmots aus (zwei Dinge seien international: das Geld und der Geist und ähnliches!)» (Bw. Th. I, S. 379).

der Not heraus. Empfehlungen sind zwar eine schöne Sache. *Wenn wir spüren,* wie einsam wir sind und wie fremd uns die Anderen, dann versuchen wir es gerne mit Empfehlungen. Wir *beteuern,* wie gut wir es meinen. Wir stellen uns in ein *vorteilhaftes Licht.* Wir geben uns z. B. als unschuldig *Verkannte* und Verfolgte. Wir suchen darauf aufmerksam zu machen, daß etwas Bedeutendes, *Großes in uns* stecke. Und wir haben natürlich Freude, wenn uns das auch von Anderen *bezeugt wird,* wenn wir uns nicht nur selbst empfehlen müssen, sondern von Anderen empfohlen werden. Da empfiehlt z. B. der Eine seine *Wohltätigkeit,* der Andere seine *Aufrichtigkeit,* der Andere seine strenge *Rechtlichkeit* und Unparteilichkeit. Man kann das ganz *fein* und unauffällig machen, man läßt es in einem Gespräch, in einem Brief so miteinfließen. Man kann es natürlich auch *grob* machen, so daß jeder gleich merkt, wie es gemeint ist. Fein oder grob, wir machen es *alle.* Weil wir sehen, daß die bloßen Fäden zwischen uns gar leicht zerreißbar sind und daß der Brückenbau eine schwere und kostspielige Sache ist, machen wir es mit *Empfehlungen.* Es ist nichts Böses dabei. *Warum* sollen wir uns nicht empfehlen und Gewicht darauf legen, von Anderen empfohlen zu werden? Es hat ja sicher jeder Mensch etwas Gutes und Empfehlenswertes.

Aber *es langt nicht,* das ist das Fatale bei diesem kleinen Mittel, das wir alle anwenden, es *hilft uns nicht* aus der Not, in der wir stecken. Das Fatale bei allem Empfehlen ist, daß die Anderen dabei *etwas von uns glauben sollten,* was [sie] nicht von sich aus gesehen haben und wissen. Vielleicht *glauben sie es uns* eine Zeitlang oder ein Stück weit; aber es bleibt doch schlimm, wenn ich dabei denken muß, daß sie es mir nur glauben. Aus Glauben kann aber im Nu Unglaube werden, wenn kein Wissen dabei ist. Aber vielleicht *glauben sie es mir nicht einmal,* weil sie zum vornherein nicht bloß glauben, sondern sehen wollen. Sich empfehlen heißt eben immer, und wenn es noch so fein angestellt wird, *sich aufdrängen.* Und gegen Alles, was sich aufdrängt, haben wir mit Recht zum vornherein ein *Mißtrauen.* Warum eigentlich? Wir ahnen eben: Wer sich aufdrängt, dem *fehlt etwas,* der hat ein großes Loch zu verstecken. Er möchte offenbar aus seiner Glasglocke *heraus,* aber gerade indem er das so zeigt und gegen ihre Wände anrennt wie eine gefangene Fliege, zeigt er, daß er tatsächlich drinnen sitzt. *Er muß sehr eigen,* sehr knorrig, sehr störrisch sein, daß ihm so daran gelegen ist, zu beteuern, wie wertvoll es wäre, mit ihm Gemeinschaft zu haben. Wer *sich entschuldigt,* klagt sich an[4]. Man merkt die *Absicht,* und man wird verstimmt[5]. Weil wir das alle wissen, darum *hilft uns dieses ganze Wesen nichts.* Wir könnten uns alle die kleinen Verbeugungen nach links und rechts, die wir täglich machen, ruhig *ersparen. Wir armen Menschen!,* wir *durchschauen* einander ja doch, wir *glauben* einander im Grunde ja doch nicht und um so weniger, je besser wir uns gegenseitig zu empfehlen suchen. Ja, wir armen Menschen, wir möchten ja doch eben *heraus aus unserer wirklichen, bitteren Not,* aus unserer Einsamkeit und Fremdheit, wir suchen Brüder und Schwestern, wir verlangen nach Gemeinschaft. Und nun müssen wir es erfahren, daß *das einzige Mittel,* das wir zum Erreichen dieses Ziels in der Hand haben, uns eher noch tiefer in die Not hineinbringt. Da ist schon Mancher nach vielen vergeblichen Versuchen *verbittert* und vergrämt worden. Da sind schon unendlich viele gutgemeinte Annäherungen mißlungen und in ärgste *Feindschaften* umgeschlagen. Wahrscheinlich ist der ganze *Völkerbund,* in den wir nun durchaus hinein sollen[6], eine einzige kolossale derartige Empfehlung. Die Völker sollen es einander glauben, daß sie es gut miteinander meinen. Leider sehen sie und *wissen* sie nichts davon. Wie lange werden sie es einander *glauben?*

[4] Das Sprichwort geht auf Hieronymus zurück: «Dum excusare credis, accusas» (Epistula 4,3; MPL 30,58D).

[5] Vgl. J. W. von Goethe, *Torquato Tasso,* V. 969 (II,1):
So fühlt man Absicht, und man ist verstimmt.

[6] Am 16. Mai 1920 entschied sich das Schweizervolk mit 416870 gegen 323719 Stimmen und die Kantone mit 11 1/2 gegen 10 1/2 Stimmen für den Beitritt zum Völkerbund, wobei der schweizerischen Neutralität eine Ausnahmeregelung zugestanden worden war: die Nichtbeteiligung an eventuellen militärischen Sanktionen. Dem Volksentscheid waren heftige Auseinandersetzungen vorausgegangen. Während sich L. Ragaz vehement für den Beitritt einsetzte, stimmten die Sozialdemokraten im Parlament geschlossen dagegen; sie hielten den Völkerbund für ein neues Instrument des kapitalistischen Imperialismus. Vgl. dazu das Kapitel «Die ‹Neue Schweiz› und der Völkerbund» in: M. Mattmüller, *Leonhard Ragaz und der religiöse Sozialismus. Eine Biographie,* Bd. II, Zürich 1968, S. 535–549. Über Barths Nein zum Völkerbund vgl. Bw. Th. I, S. 327.386f.398: II, S. 56.

Paulus war ein *kluger Mann.* Er konnte nur lächeln, als die Korinther meinten, er wolle sich bei ihnen empfehlen. Nein, darauf hatte er es wirklich *nicht abgesehen.* Er sah die Not zu deutlich und nahm sie zu ernst, als daß er mit diesem kleinen Mittel hätte arbeiten wollen.

3. Aber gibt es denn ein *anderes Mittel?* Es gibt vielleicht in der Tat kein anderes Mittel als das, uns bestmöglichst gegenseitig zu empfehlen, auch wenn nicht eben viel dabei herauskommt. Es gibt aber einen *anderen Weg.* Das ist zweierlei, *ein Mittel und ein Weg.* Ein Mittel *braucht* man, auf einem Weg *ist* man. Das ist das *Geheimnis des Lebens,* auch in dieser Beziehung: auf dem Weg sein! Wer auf dem Weg ist, der braucht *nicht zu fragen:* was soll ich tun? wie könnte ich's machen?, sondern er geht eben, er geht vorwärts, er geht nicht links noch rechts, sondern geradeaus dem Weg nach. Er hat *keine Willkür,* es so oder anders zu machen, aber er ist auch nicht in Verlegenheit: ist's so gut oder so? Er hat *keine Wahl,* aber auch keine Qual. Es ist *nur eins gut:* gehen, sich bewegen. *Paulus ist auf dem Weg,* darum *braucht er* das Mittel der Empfehlung nicht; darum braucht er überhaupt *nicht zu fragen:* Was soll ich tun? Er tut, was er *tun muß.* Die *Brücke* zwischen ihm und den Menschen ist schon da. Er betritt sie. Er geht hinüber. Er ist bei ihnen. Er ist offenbar *nicht unter der Glasglocke* und muß darum auch nicht gegen ihre Wände anrennen. *Er ist frei,* er ist schon in Gemeinschaft, darum braucht er sich nicht zu empfehlen. Er steht *mißtrauischen, kleindenkenden Menschen gegenüber,* aber er fühlt sich ihnen gegenüber nicht allein, und sie erscheinen ihm nicht fremd. Er ist *nicht bei ihnen* und tatsächlich doch schon bei ihnen. Er *braucht nicht höflich,* nicht vorsichtig mit ihnen umzugehen, keine Verbeugungen vor ihnen zu machen, weil sie ohne weiteres seine Brüder sind und er der ihrige. Es ist *etwas Unwiderstehliches in ihm,* das die ganze Wand von knorrigem, störrischem, eigenem Wesen in ihm selbst und in ihnen in einem Augenblick durchschlägt und Liebe und Vertrauen herstellt. Das ist *ein Wunder,* von uns aus betrachtet, wie Paulus da zu den Korinthern redet, wie uns ja das Meiste in der Bibel mit Recht wunderbar vorkommt. Von Gott aus betrachtet, ist es natürlich. Die biblische Geschichte ist göttliche Naturgeschichte. Wenn wir sie als solche ansehen, wird uns Vieles begreiflich.|

Es war eben *etwas passiert zwischen Paulus und den Korinthern.* Auch sie waren trotz ihres Mißtrauens und ihrer Kleinlichkeit auf dem Weg. Es war zwischen ihnen *von Gott die Rede* gewesen. Sie waren gemeinsam erschrocken vor der *letzten Frage* des Lebens. Sie hatten gemeinsam hineingesehen in das *tiefste Geheimnis* der Menschen. Sie waren gemeinsam stillgestanden vor dem *Abgrund,* vor der Kluft, die Himmlisches und Irdisches scheidet. Sie hatten miteinander *geseufzt über den Schmerz,* für den es keine Heilung gibt. Sie hatten miteinander *gesucht,* gefragt, geforscht. Sie hatten miteinander *hinübergesehen* über den Abgrund. Sie hatten miteinander *das Neue erblickt,* das dort anfängt, wo das Alte vergangen ist. Sie hatten miteinander den *Druck einer Hand* verspürt, die uns dann ergreift, wenn wir Alles losgelassen. Sie hatten miteinander sich *gefürchtet* und gezittert, miteinander *gestaunt,* miteinander *gejubelt* zuletzt. Sie waren gemeinsam, miteinander *Gottes gewiß und froh* geworden in Christus. *Paulus* immer zwei bis drei Schritte voran den Korinthern in dem allem, er war ja der Apostel, sie die neubekehrten Heiden; aber was will solch ein Unterschied sagen in dieser Sache? Sind wir nicht alle arme Sünder, stammelnde Kinder vor Gott und in Gott? Aber eben vor Gott und in Gott war *etwas passiert* zwischen Paulus und den Korinthern. Vor Gott und in Gott waren sie beiderseits auf dem *Weg. Wenn die Menschen sich vor Gott und in Gott finden,* dann ist Gemeinschaft zwischen ihnen, dann sind sie *Brüder und Schwestern.* Sie sind dann von diesem einen Punkt aus *zusammengehalten* für immer und auf alle Fälle.|

Menschen, die sich persönlich nie gekannt und gegrüßt haben, *gehören zusammen,* wenn sie in diesem Punkt einig sind. Unter Tausenden *erkennen sie* einander alsbald und wissen, wir sind eines Geistes Kinder, kaum daß sie eine Weile miteinander gesprochen. Sie mögen einander *leiblich fern* sein, sie sind sich in Wahrheit nahe. Sie mögen *verschiedene Ansichten* haben, sie haben aber Vertrauen zueinander. Sie mögen *sich widersprechen,* auch der Widerspruch ist nur ein Zeichen von Treue. Sie mögen *auseinander* gehen, sie werden sich doch wieder finden. Solche Menschen können *miteinander streiten,* eins [mag] leiden unter dem anderen, sie werden einander gleichzeitig schonen, sich Zeit lassen, sich verzeihen, ohne [daß] sie beleidigt sind und über die Beleidigung hinaus. Sie brauchen sich *keine Kompli-*

mente zu machen, denn sie haben es nicht nötig, daß eins dem anderen glaubt, sie wissen, wie sie miteinander dran sind. Sie brauchen sich *nicht zu empfehlen* untereinander, sie sind schon empfohlen. Die Not der *Eigenheit und Einsamkeit ist überwunden,* die Gemeinschaft, die Brücke ist da. *Darum sagt Paulus zu den Korinthern:* Ihr selbst seid *mein Empfehlungsbrief,* der in meinem Herzen geschrieben steht. Ich weiß, was ich von euch *halte* und was ihr im Grund und trotz Allem auch von mir haltet. Niemand und nichts kann das, was zwischen uns ist, *anfechten und zerstören.* Jedermann kann und soll und muß es sehen, daß wir durch Alles hindurch *zueinander gehören.* Uns hoffe *niemand zu entzweien* nach dem, was wir gemeinsam durchgelitten und durchgestritten. Mögt ihr jetzt *gegen mich haben,* was ihr wollt, ich weiß, daß euer Innerstes für mich redet, wie mein Innerstes für euch redet, nicht um meinet-, nicht um euretwillen, störrische, knorrige Menschen sind wir noch immer, aber um dessen willen, was wir gesucht und gefunden, gesehen und gehört haben. Das wird sich immer wieder *durchfressen* wie ein gestauter Bach. Das wird immer wieder *zusammenstreben* wie Magnet und Eisen. Das wird sich im *Feuer bewähren* wie Asbest. Es *gibt eben eine Brücke* zwischen uns Menschen, und diese Brücke besteht nicht aus Vorsicht und Rücksicht, wie wir immer wieder meinen, sondern aus der Not und aus der Hoffnung, die uns Gott bereitet.

4. Aber wir wollen uns klar machen, daß es kein Mittel ist, *sondern ein Weg.* Wir möchten das alle gerne wissen voneinander: wir *sind* einander empfohlen, wir *sind* einig, wir *haben* uns lieb, es *ist* Vertrauen zwischen uns. Aber *dafür können wir nichts tun.* Wenn wir etwas dafür tun wollen, kommen wir alsbald wieder in das nutzlose Komplimente-Machen hinein. Wir können *nur auf dem Wege sein,* dann kommt es von selbst dazu. Wenn wir immer noch nicht dazukommen, so ist's ein Zeichen, daß wir noch nicht auf dem Wege sind. Es ist ein *Gotteswerk,* das da geschehen muß. Solange unsere Gemeinschaft nur ein menschliches Machwerk wäre, ist es uns besser, wenn wir merken, daß wir es zu keiner rechten Gemeinschaft bringen. Aufrichtige Menschen müssen manchmal jahrelang, jahrzehntelang, ein halbes oder fast ganzes Leben lang darauf *warten,* daß sie einander etwas sein können. Es muß uns Gedanken machen, wenn wir oft so lange aufeinander warten müssen. Es macht mir z. B. oft Gedanken, daß ich nun bald neun Jahre hier Pfarrer bin und daß wir uns noch nicht besser kennen, verstehen und lieb haben, und es sollte euch auch Gedanken machen[7]. Es ist aber viel besser, *geduldig aufeinander zu warten,* bis man sich wirklich kennt, versteht und lieb hat, als künstlich etwas herzustellen und vorauszunehmen, was dann doch keinen Bestand hat. Wirkliche Gemeinschaft gibt es nur von Gott und in Gott. Wirkliche Gemeinschaft ist ganz und gar ein Gotteswerk. Wie Paulus auch sagt: ihr seid ein Brief Christi... Es muß also eine Bewegung von oben eintreten. *Das können wir uns freilich vornehmen,* Alles zu tun, um uns dieser Bewegung nicht zu widersetzen. Es drängt uns heute Vieles *auf jenen Punkt hin,* in jenen äußersten Hunger, in jene letzte Frage, wo dann auch die Antwort, die Hilfe nicht fern ist. Wir können uns vornehmen, aufrichtig und immer aufrichtiger zu werden, diesem Drängen nicht auszuweichen, sondern nachzugeben. Dann kommen wir auf das, was uns zusammenführt und zusammenhält. Es ist im Einzelnen da und dort heute schon ein wunderbares *Verstehen* zwischen den verschiedenartigsten Menschen, es könnte zu einem solchen Verstehen auch im Ganzen kommen. *Wir ahnen es ja alle,* daß es viele Sprachen gibt und doch nur eine Wahrheit, viele Möglichkeiten und doch nur eine Notwendigkeit. Diese Ahnung kann einmal in uns durchbrechen zur Gewißheit. So heißt es auch in Bezug auf die *Offenbarung der Liebe Gottes* unter uns, nach der wir alle uns sehnen: Warten und Eilen[8], nichts erzwingen und nichts erstürmen, Alles von Gott und von Gott Alles erwarten. Und wo Menschen das erfassen, da heißt es vom Himmel her: heute schon!

Lieder:

Nr. 162 «Wach auf, du Geist der ersten Zeugen» von K. H. von Bogatzky, Strophen 1–3 (RG [1998] 797,1.2. –; EG 241,1–3; jeweils mit Textabweichungen in Str. 2)

Nr. 146 «Komm, Schöpfer Geist, kehr bei uns ein» von A. E. Fröhlich nach Hr. Maurus, Strophen 1–3.6 (RG [1998] 499,1–3.7)

[7] Ähnliche Klagen Barths finden sich z. B.: Predigten 1916, S. 22–25; Predigten 1917, S. 424f.

[8] Vgl. oben S. 13, Anm. 4.

2. Korinther 3,4–6

4 Ein solches Vertrauen haben wir aber durch Christus zu Gott. 5 Nicht als ob wir von uns aus befähigt wären, ein Urteil zu haben als unser eigenes, sondern unsere Fähigkeit dazu stammt von Gott, 6 der uns auch fähig gemacht hat zu Dienern des neuen Bundes, nicht des Buchstabens, sondern des Geistes; denn der Buchstabe tötet, der Geist aber macht lebendig.

1. Wir leben in einer zerrissenen, *widerspruchsvollen* Zeit. Wir wissen nicht, ob es Morgen ist oder Abend. Wir wissen nicht, ob es vorwärts geht mit uns oder rückwärts. Wir wissen nicht, ob es an der Zeit ist, von einem neuen Aufbau des Lebens und der Gesellschaft zu reden, oder ob es einer noch größeren, noch schrecklicheren Tiefe und Auflösung aller Verhältnisse entgegengeht. Es ist gut, daß wir durch diese große Unsicherheit hingewiesen werden auf die *Hauptsache im Leben.* Die Hauptsache ist weder der Fortschritt noch der Rückschritt. Die Hauptsache sind weder die Ereignisse noch die Verhältnisse. Die Hauptsache ist in uns selbst. Die Hauptsache ist *die Erkenntnis,* in der wir uns gemeinsam zu den Dingen stellen. Wir könnten *zum Himmel* fahren, und es würde uns nichts helfen, wenn wir ohne Erkenntnis sind; es hat uns ja auch nichts geholfen in den vergangenen Zeiten, da wir nichts Anderes wußten, als daß wir im Fortschritt begriffen seien. Und wir könnten bis *zur Hölle* erniedrigt werden, und es wäre uns doch geholfen, wenn wir Erkenntnis haben; es wurde uns ja auch geholfen in den letzten Jahren, wo wir von allen Zeichen des Rückschritts der Menschheit umgeben waren; sie haben uns tatsächlich nicht ärmer, sondern reicher, nicht trauriger, sondern freudiger gemacht.

2. *Das Reich Gottes* tritt in die Welt, in unsere Welt hinein und ist doch kein Weltreich, sondern hat ganz seine eigene Ordnung und Gewalt. [1]Gerade wie jetzt draußen *das Leben* wieder in die Natur getreten ist und ist doch *weder Baum* noch Gras noch Blume, sondern in dem Allem etwas für sich, Leben, eigene Ordnung und Gewalt, und

[1–1] Im Mskr. hat Barth diese Passage in eckige Klammern gesetzt.

tritt auch im Herbst und Winter auf seine Weise ebenso lebendig in die Natur hinein: jetzt als Werden und Wachsen, dann als Sterben und Vergehen, und *ist immer das gleiche* mächtige Wesen für sich, wie auch die Dinge sich wandeln mögen[1]. So muß es *um des Reiches Gottes willen* Leben und Tod geben in der Menschen Welt, Tag und Nacht, Vorwärts und Rückwärts, Aufbau und Abbruch, und *in dem allem* ist das Reich Gottes im Eintreten, im Kommen und hat in dem allem seinen *eigenen, bestimmten Lauf und Gang,* und wenn uns geholfen werden soll, so müssen wir an diesem Lauf und Gang *teilnehmen.* Das ist aber die Erkenntnis, die die Hauptsache ist im Leben, daß wir auf den Lauf und Gang des Reiches Gottes *lauschen,* ihn bemerken, ihm gehorsam werden, an ihm teilnehmen, gleichviel ob es Morgen ist oder Abend, ob es *Frühling* ist oder Herbst, ob die Weltreiche im *Aufgang* oder Niedergang begriffen sind.

3. Diese Erkenntnis, dieses Teilnehmen am Reiche Gottes nennt Paulus *«ein Vertrauen».* Er spricht schon damit aus, daß es sich da um *etwas Neues,* Kühnes, Gewagtes handelt. Wer sich auf die Hauptsache im Leben einläßt, der muß *etwas wagen,* der muß einen Entschluß fassen können. Und er muß es wissen, daß er damit *etwas wagt,* daß er damit eine folgenschwere Entscheidung vollzieht. Vertrauen versteht sich nicht von selbst. Vertrauen *hat man nicht.* Man faßt Vertrauen, man gewinnt Vertrauen, man bekommt Vertrauen. Wo Vertrauen ist zu einem Menschen, zu einer Sache, da *ist es da,* wie ein Wunder, man kann es im Grunde nie erklären, warum und woher? Es ist eben da, man hat es eben gewagt. So ist es mit der Erkenntnis des Lebens, mit dem Merken auf das Reich Gottes. Wir sind *nicht von uns aus befähigt,* sagt Paulus, zu verstehen, zu denken, zu reden im Lichte der Wahrheit, im Lichte Gottes, ein christliches Urteil über uns selbst, über die Menschen und Dinge zu haben als unser eigenes, sondern unsere Fähigkeit dazu, wenn wir sie haben, stammt von Gott. Es ist *eine neue Fähigkeit,* es ist eine Wendung, wenn wir die Sachen im Lichte der Wahrheit sehen können, es muß *eine besondere Quelle* fließen, wenn wir ein christliches Urteil darüber bekommen.|

Es braucht Vertrauen, um *Hoffnung* zu haben, nicht nur dann, wenn es aufwärts geht, sondern auch dann, wenn es abwärts geht, grundsätzliche Hoffnung, Hoffnung unter allen Umständen. Hoffnung nicht nur in Gedanken zu haben, sondern aus der Hoffnung heraus miteinander zu leben. Hoffnung heißt ein Hinblicken über alles Sichtbare hinweg, durch alles Sichtbare hindurch, als ob es Glas wäre, auf das Göttliche, das unsichtbar ist [vgl. 2. Kor. 4,18], als ob es deutlich und groß vor uns stünde wie das Gute und Böse, das wir sehen. Mit solchem Hoffen nehmen wir teil am Kommen des Reiches Gottes, und wenn uns damit ernst ist, wenn wir das anwenden auf die kleinen und großen Dinge, die uns beschäftigen, auf unsere Lebensgeschichte und auf die Rätsel der Weltgeschichte, dann bedeutet das eine ganz ungeheure [?] Freiheit und Weite und Freudigkeit der praktischen Lebenserkenntnis. Aber wer hat solches Vertrauen?|

Es braucht Vertrauen, um die *Vergebung* ernst zu nehmen, nicht nur an das Wort Vergebung zu glauben, weil es zur Religion gehört, die man in der Unterweisung kennen gelernt, nicht nur sich an Geschichten zu erfreuen von Menschen, denen merkwürdigerweise vergeben worden ist, nicht nur mit sauersüßem Gesicht selber einmal zu vergeben, sondern damit zu rechnen als mit der einfältigsten Tatsache: Uns ist vergeben und uns wird vergeben, wir alle leben nicht von unserer Tugend, nicht von unserer Tüchtigkeit, nicht von unserem Glauben, sondern davon, daß uns vergeben ist. Es gibt keine ernsthaften Unterschiede zwischen uns Menschen, zwischen Guten und Bösen, zwischen Bekehrten und Unbekehrten. Wenn je solche Unterschiede entstehen wollen, so können wir sie nur schnell wieder aufheben. Gutes tun heißt handeln als Einer, der unbedingt gewiß ist, daß er Vergebung nötig hat. Gutes wirken und erweisen heißt die Menschen ansehen und behandeln in der unbedingten Gewißheit, daß auch ihnen vergeben ist und vergeben wird. Wenn uns damit ernst ist, dann erkennen wir das Leben, dann merken wir das Kommen des Reiches Gottes. Aber wer hat solches Vertrauen?|

Es braucht Vertrauen, um in der *Liebe* zu stehen, in *der* Liebe, die vor dem Nächsten nicht zurückschreckt und zurückweicht, weil ihr das Fernste, Gott, das Allernächste ist, in *der* Liebe, die sich durch Mangel an Dank, Anerkennung, Entgegenkommen nicht verlegen machen läßt, weil sie sich des letzten Zieles und Wertes ihres Tuns bewußt ist, weil sie nicht zu siegen braucht, sondern schon gesiegt hat, in *der* Liebe, die nicht schweigt, wo sie reden sollte, die nicht schont, wo nichts zu schonen ist, die nicht etwas vortäuscht, wo nichts ist, die aber Alles trägt, Alles hofft und Alles duldet [vgl. 1. Kor. 13,7], weil es ihr ganz aufrichtig nur um die Gemeinschaft zu tun ist, die nun einmal zwischen uns Menschen gesetzt ist und die wir erfüllen und wahr machen müssen, wenn unser Dasein keine Lüge sein soll. Wo dieses Feuer unserer Liebe brennt, ganz still, ganz ohne Leidenschaft, ganz ohne Gefühl und Weichheiten, ganz ohne Anspruch und Aufhalten [?], aber fest wie der Tod und stark wie die Hölle [vgl. Hld. 8,6], wo auch nur ein Funke von diesem Feuer brennt, da ist Lebenserkenntnis und Teilnahme an Gottes Reich. Was brauchten wir zu fragen nach Aufwärts oder Abwärts, was gingen uns alle rätselhaften Zeichen der Zeit an, wenn wir uns lieb hätten! Aber das ist ein Vertrauen, ein Wagnis, etwas Neues, ein Geschenk. Und wer hat solches Vertrauen?

4. Ja, wer hat solches Vertrauen? Es ist ein Vertrauen *zu Gott*, sagt Paulus, und wir haben es *durch Christus*. Laßt uns darüber nachdenken. Man kann also *nicht nur so tun* und so reden, als ob man es hätte. Es fragt sich immer wieder, ob es wahr ist. Man kann das also *nicht nur so hinstellen* in Kirchen und Kapellen, von Kanzeln herunter und in Büchern und Blättern: da Vertrauen, da Hoffnung, Vergebung, Liebe, da: das ist das Christentum, nehmt's und glaubt daran! Es fragt sich immer wieder, ob es wahr ist. Man kann das alles *nicht nur so an sich reißen* mit ein bißchen Begeisterung und gutem Willen. Es fragt sich immer wieder, ob es auch wahr ist. Wir möchten wohl alle *mit solchem Vertrauen dastehen* in dieser dunklen Zeit. Und wir haben ganz recht, das brauchen wir und das könnten wir auch. *Es lauschen heute Viele*, als ob sie von ferne etwas gehört hätten von der Einladung: Kommet her zu mir Alle, die ihr mühselig und beladen seid! [Mt. 11,28]. Und sie haben ganz recht, diese Einladung ist ergangen an die Menschheit, auch an die Menschheit unserer Tage. *Es möchten heute Viele nichts lieber* als eine große Bewegung des Vertrauens entfachen, eine Bewegung der Erkenntnis und der Teilnahme am kommenden Gottesreich. Und sie haben ganz recht: das Entstehen einer solchen inneren Bewegung wäre wichtiger als alles noch so Nötige und Verheißungsvolle, das sich heute äußerlich bewegt. Aber da heißt es nun für uns und für unsere ganze Zeitgenossenschaft *zunächst einmal: Halt!* Halt, wer hat solches Vertrauen? Um ein Vertrauen zu Gott handelt es sich und [eines,] das man durch Christus hat. Das kann man *nicht leicht nehmen.* Damit läßt sich *nicht spaßen.* Damit kann man auch im bittersten Ernst *nicht nur so hantieren.* Es ist gefährlich, dieses Wort Vertrauen, die Worte Hoffnung, Vergebung, Liebe auszusprechen und anzuhören. *Es fragt sich immer,* ob sie wahr sind, ob sie in Wahrheit gesagt und gehört sind.|

Sind sie nicht wahr, so *wäre es besser,* sie wären nicht gesagt und gehört. Sind sie wahr, so ist ein *Wunder* geschehen. Sind sie nicht wahr, so hat *der Mensch einen Gedanken* gefaßt, der all sein Können und Verstehen übersteigt, einen Gedanken, der ihn zum Irrtum veranlassen und ihn unglücklich machen wird, weil er ihm zu hoch ist. Sind sie wahr, so ist *von Gott her etwas* geschehen an ihm, eine Veränderung seiner Augen und seines Herzens, die man sich nicht groß genug denken kann. Sind sie nicht wahr, so befindet sich der Mensch in *einer großen Täuschung* über sich selbst und seine Fähigkeiten, er hält für Vertrauen, was doch nur Begeisterung und Gefühl ist, er nennt Glauben, was doch nur ein unverwüstlicher und ganz unberechtigter Optimismus ist. Sind sie wahr, so ist ihm eine neue und ganz und gar *neuartige Fähigkeit* zu dem, was er sonst ist und hat und kann, hinzugegeben. Sind sie nicht wahr, so ist der Mensch zwar auch in einem Verhältnis zu Gott, aber *im alten Bunde,* wo er Gott nur noch im Bewußtsein, in der Erinnerung und in der Sehnsucht und Erwartung kennt. Sind sie wahr, so heißt es – und das ist etwas ganz Unerhörtes, wenn es das heißen kann: *ein neuer Bund Gottes* mit den Menschen, den Dienern, den Gehilfen dieses neuen Bundes der schwachen Menschen, Gott ist gegenwärtig, lasset uns anbeten![2] Sind sie nicht wahr, diese gewaltigen Worte, so sind sie *Buchstaben,* wie Paulus schreibt, oder Ideale, wie man heute sagen würde, schöne, hohe Verkündigungen und Lehren, bei denen man immer denken muß: man sollte! man müßte! Wenn man doch könnte! Wenn es doch wäre! Sind sie wahr, dann sind sie *Geist,* dann ist alles Idealisieren unnötig, dann fängt alles Denken und Reden damit an, daß es *ist.* Sind sie nicht wahr, dann heißt's: der *Buchstabe tötet!* Das Vertrauen, das wir nicht zu Gott und nicht durch Christus haben, dieses Vertrauen enttäuscht, es langweilt, es macht leichtsinnig und übermütig, es verbittert, es verstockt. Es wirkt geradezu giftig, weil es das Höchste und Beste in sein Gegenteil ver-

[2] Lied Nr. 174 von G. Tersteegen (RG [1998] 162; EG 165).

kehrt, weil es Gott zu einem Fremdling, zu einem Feind der Menschen macht. Sind sie wahr, so heißt es: *der Geist macht lebendig!* Es fängt dann Alles damit an, daß es eben einfach so ist, wie die Worte sagen, und aus diesem: «es *ist*» geht das Leben hervor, das Leben in der Hoffnung, das Leben in der Vergebung, das Leben in der Liebe, das ewige Leben, das den Tod schon überwunden hat, für das es weder Werden noch Vergehen, weder Geborenwerden noch Sterben gibt, das Leben in Gott.

5. Sind sie wahr oder sind sie nicht wahr, diese inhaltsschweren Worte? Dürfen, können, wollen wir es dem Paulus nachsagen: Wir haben solches Vertrauen – zu Gott – durch Christus? Wir wollen *nicht zu schnell zufahren,* auch wenn wir ein warmes, gläubiges Herz haben. Es ist etwas zu Gewaltiges *um das, was von Gott her geschehen muß* dazu, daß sie wahr sind. Es ist etwas zu Unerhörtes *um die Fähigkeit, die uns gegeben werden* muß. Es ist etwas zu Einzigartiges um das: *Gott ist gegenwärtig!* des neuen Bundes. Es ist etwas zu Neues und Seltenes um den *Geist, der wirklich* heiliger Geist ist. Es ist etwas zu Gewagtes, *von der Schöpfung und vom Schöpfer* wieder zu hören in dem Wort: der Geist macht lebendig. Mir ist, wir stehen alleweil noch *tiefer im alten Bund* als im neuen. Mir ist, wir kennen *den Buchstaben sehr viel besser* als den Geist. Mir ist, das, was wir Christentum nennen, auch das Neue, das sich jetzt da und dort im Christentum regt, stehe immer noch viel deutlicher *unter dem Wort: der Buchstabe tötet!* als unter dem anderen Wort: der Geist macht lebendig!

Wenn wir das alles gehört und nicht überhört haben, wenn wir es immer wieder hören wollen: dieses Halt!, das uns alle Zudringlichkeit, allen Übereifer, alle Einbildungen verbietet, wenn wir weiter hören wollen mit diesem Halt! in den Ohren, dann *mögen* wir weiter hören: Ja, *der Mensch kann das Leben erkennen* und an Gottes Reich teilnehmen. Ja, das Vertrauen, das uns hilft, *kann gefaßt und gewonnen* werden. Ja, die hohen Worte Hoffnung, Vergebung, Liebe *sind wahr:* in Christus. Die Wendung, die das alles möglich macht, ist *geschehen.* Die neue Quelle *fließt.* Der neue Bund ist *geschlossen.* Der Geist *weht.* Die Fülle, aus der wir alle nehmen können Gnade um Gnade [vgl. Joh. 1,16], *ist da.* Der Anfang, mit dem angefangen werden muß, ist *gemacht.* Die Hauptsache in unserem Leben ist schon *geregelt.* Wie sollten wir uns nicht darauf berufen dürfen? Wie sollten wir nicht davon *ausgehen,* darauf *abstellen,* damit *rechnen* dürfen? Wenn wir *das* meinen: das Vertrauen – zu Gott – durch Christus, dann heißt's nicht Halt! Dann können wir ja nicht stürmisch, nicht entschlossen genug zugreifen. Und nicht wahr, *wir meinen ja doch* eigentlich das, *wir möchten* es meinen, wie Paulus es gemeint hat. O wenn wir *uns selber recht verstünden!* O wenn wir *die* Botschaft verstünden, die frohe Botschaft des neuen Bundes, in der es nicht Ja heißt *und* Nein, sondern lauter Ja und Amen in ihm [vgl. 2. Kor. 1,19f.], die Botschaft des Heilands, der Alles, was uns verheißen ist und was wir ersehnen, wahr macht.

Lieder:
Nr. 6 «Lobe den Herren, den mächtigen König» von J. Neander, Strophen 1.2.5 (RG [1998] 242; EG 316)
Nr. 223 «Nun freut euch, Christen insgemein» von M. Luther, Strophen 1.6.7 (RG [1998] 273; EG 341; jeweils «Nun freut euch, lieben Christen g'mein» und mit geringen Textabweichungen)

2. Korinther 3,7–11

7 Wenn aber schon der Dienst des Todes mit seinen in Stein gegrabenen Buchstaben solche Herrlichkeit hatte, daß die Kinder Israel dem Mose nicht ins Angesicht sehen konnten wegen der Herrlichkeit seines Angesichtes, die doch vergänglich war; 8 wie sollte der Dienst des Geistes nicht umso größere Herrlichkeit haben? 9 Wenn schon der Dienst der Verurteilung seine Herrlichkeit hatte, wie sollte der Dienst der Rechtfertigung nicht umso reicher sein an Herrlichkeit? 10 Ja, verglichen miteinander verschwindet die Herrlichkeit (des Alten) vor der überragenden Herrlichkeit (des Neuen). 11 Denn wenn schon das Vergängliche in Herrlichkeit stand, um wieviel mehr das Bleibende!

1. Es gibt nur *eine Wahrheit* im Leben, nur eine Gotteswahrheit. Aber diese eine Wahrheit wird uns in zwei ganz verschiedenen Gestalten bekannt, so daß es für uns fast aussehen mag, als gäbe es *zwei Wahrheiten.* Die eine *tritt uns entgegen,* sobald wir aus dem Schlaf der Gleichgiltigkeit und Gewohnheit aufwachen und irgendwie anfangen, mit dem Leben ernst zu machen. Die andere tritt uns nicht ohne weiteres entgegen, sie will entdeckt sein. Sie wartet auf uns und läßt auch uns auf sich warten. Sie eröffnet sich nur denen, die sich ein zweites Mal bekehren, ganz anders als das erste Mal. Die eine *müssen wir suchen,* und je länger wir nach ihr suchen, desto erstaunter werden wir über das, was wir dabei finden. Die zweite kann man nicht suchen, sondern wir werden von ihr gesucht und gefunden, und wenn es so weit ist, dann ist uns nicht nur etwas Erstaunliches, Unerwartetes, sondern etwas ganz und gar Neues aufgegangen. Die erste ist *himmlisch.* Sie versetzt uns irdische Wesen in heftige Bewegung, in ein Laufen nach einem fernen Ziel, sie reißt uns vorwärts und aufwärts, weiter und weiter hinaus über alles Irdische und Eigene. Die zweite ist nicht himmlisch, sondern überhimmlisch. Wir können als irdische Wesen nichts mit ihr anfangen, nichts für sie tun. Sie bewegt sich selbst. Sie kommt. Sie ist da. Und indem sie da ist, ist Alles schon geschehen, was geschehen muß. Die erste Wahrheit führt uns in einen Zustand, den man beschreiben könnte mit den Worten: *Himmelhoch jauchzend, zu Tode betrübt!*[1] Sie führt uns hin und her zwischen höchster Freude

[1] Vgl. J. W. von Goethe, *Egmont,* 3. Aufzug, Klärchens Lied.

und Begeisterung und tiefster Enttäuschung und Ermattung. Man könnte auch sagen: sie führt uns unaufhaltsam im Kreis herum. Die zweite Wahrheit führt uns in einen Zustand, der weder mit den Worten Freude oder Schmerz noch mit den Worten Mut oder Angst, noch mit den Worten Sicherheit oder Unsicherheit richtig beschrieben ist. Das alles ist auch in ihr enthalten, aber doch auch gänzlich überwunden, in ein Bündel zusammengepackt gleichsam. Es kommt in diesem Zustand nicht mehr darauf an, ob man sich freut oder traurig ist, ob man Erfolg hat oder Mißerfolg, ob man oben steht oder unten liegt. Man könnte diesen Zustand nur mit den höchsten Worten: Leben, Ewigkeit, Gott richtig beschreiben, aber es ist vielleicht besser, wenn man es gar nicht versucht, ihn zu beschreiben.|

Die erste Wahrheit ist *die Wahrheit des Mose.* Die zweite Wahrheit ist die Wahrheit des Heilands. Die Wahrheit des Mose ist uns sehr viel *besser bekannt* als die Wahrheit des Heilands. Es gibt *viele Menschen,* gerade in unserer Zeit, die von der Wahrheit des Mose tief und gewaltig ergriffen sind. Es sind aber immer nur wenig Menschen, die von der Wahrheit des Heilands ein wenig berührt sind. Die Heilandswahrheit ist für uns alle *verborgen hinter der Mosewahrheit.* Wer sich der Mosewahrheit verschließt, der kann der Heilandswahrheit nie und nimmer inne werden. Und das ist das Hoffnungsvolle unserer Zeit, daß heute so viele Menschen von jener ersten Wahrheit gewaltig gepackt und geschüttelt sind. Es könnte dabei zu einem Innewerden der zweiten großen Wahrheit kommen. Man kann aber auch in der Mosewahrheit stecken bleiben und aus diesem Grund der Heilandswahrheit verlustig gehen, und das ist auch schon oft geschehen: daß das Gute der Feind des Besseren war[2]. Auf alle Fälle ist es etwas ganz *Unerhörtes um den Schritt* von der einen Wahrheit zu der anderen, um die Einsicht, die Paulus in unserem Text ausspricht, daß es eine größere, reichere, überragende, bleibende Herrlichkeit gebe gegenüber der Herrlichkeit, in der Mose stand.

[2] Nach *Das große Krüger Zitatenbuch,* hrsg. von J. H. Kirchberger, München 1977, S. 155, lautet ein deutsches Sprichwort: «Das Bessere ist der Feind des Guten.»

2. Paulus nennt den Dienst des Mose einen Dienst des Buchstabens, des Todes und der Verurteilung, und er redet von seiner Vergänglichkeit, von seinem Verschwinden. Aber wir wollen nicht übersehen, daß er zugleich immer wieder von seiner *Herrlichkeit,* also von seiner Wichtigkeit, Größe und Notwendigkeit redet. Paulus sieht eben, daß die zwei Wahrheiten in Wirklichkeit zusammenhängen, daß sie in Gott nur eine sind, daß die erste die notwendige Stufe zur zweiten ist. Darum schneidet er die erste nicht ab, er verwirft sie nicht, er verhöhnt sie nicht, sondern indem er entschlossen auf die zweite hinblickt, versteht er auch die erste in ihrer besonderen Bedeutung. Auch wir können nicht ernst genug über die Bedeutung der Mosewahrheit nachdenken.|

Was wären wir ohne den *Dienst des Buchstabens!* Damit sind die Menschen gemeint, die wie Mose durch den dichten Schleier von Schein und Einbildung und Lüge und Gemeinheit *hindurchbrechen* und das Leben sehen, wie es ist und wie es sein sollte. Die den Widerspruch aufdecken zwischen der Wirklichkeit unseres Lebens und unserer Bestimmung und die es dann auch sagen und im Notfall aufschreiben können, daß es dasteht mit in Stein gegrabenen Buchstaben: das ist die Aufgabe, das Ziel, der Weg! Wagt es zu denken, wagt es zu handeln! Wagt es, vorwärts zu gehen! Ohne diesen Dienst des Buchstabens wäre *Israel* hundertmal sitzen geblieben in der ägyptischen Sklaverei und verkommen in der Wüste. Dieser Dienst muß bis auf den heutigen Tag getan werden, und wir müssen denen *dankbar* sein, die ihn tun, müssen auf sie hören, von ihnen lernen, uns von ihnen wecken lassen, ihnen in Freiheit gehorsam werden. Ganz anders als bisher, wenn es uns ernst ist mit unserer Hoffnung auf eine neue Zeit. *Gott sei Dank,* wollen wir sagen, wenn der Dienst des Buchstabens, der Dienst der Erweckung, der Aufrichtigkeit, des Fortschritts getan wird unter uns. Die Herrlichkeit Gottes ist über diesem Dienst.|

Es ist weiter etwas Großes um das, was Paulus den *Dienst der Verurteilung* nennt. Er meint damit die Menschen, die wie Mose die *Geister zu unterscheiden* vermögen, die einen Blick haben für das Wesentliche, für das, worauf es ankommt, und die sich darin unerbittlich und unbestechlich nichts vorgeben [?] lassen. Es ist eben einfach wahr, daß das, was wir alle gewohnheitsmäßig tun, die Richtung unserer Gedanken, der Sinn unserer Worte, die Motive [?] unserer Handlungen, vor Allem auch das, was wir gemeinsam tun in der menschlichen Gesellschaft, im Staat und in der Kirche, immer wieder *beleuchtet* und in seiner gefährlichen Zweideutigkeit erkannt werden muß. Bevor im Ernst *Ja* gesagt werden kann, muß vor Allem einmal Nein gesagt werden. Bevor ans *Aufbauen* gedacht werden kann, muß vor Allem einmal abgerissen werden. Bevor man an das Göttliche *glauben* kann, muß man vor Allem einmal am Menschlichen gezweifelt haben. Wenn Mose den Dienst der Verurteilung nicht so treulich besorgt hätte, *Israel* wäre in die Hände der Rotte Korah geraten [Num. 16] oder auch in die Hände seines Bruders Aaron mit seinem goldenen Kalb [Ex. 32]. Auch dieser Dienst muß im Leben einfach *getan sein,* wenn er auch nicht angenehm ist, weder für die, die ihn tun müssen, noch für die, an denen er getan wird. Es hat *Menschen gegeben,* die zu den Besten gehören, die ihr Leben lang nur verurteilen, nur Nein sagen, nur abbrechen konnten. Sie haben sich ihr Leben damit verdorben, sie haben sich z. T. direkt damit zu Grunde gerichtet. Statt darüber mitleidige Seufzer auszustoßen oder zufrieden die Hände zu reiben: So geht's!, wäre es besser, wir überlegten uns, *warum solche Menschen* so rauh, so leidenschaftlich angreifen, warnen [?], verurteilen müssen, warum sie es sich und Anderen nicht leichter machen können. *Gott sei Dank,* wollen wir sagen, wenn der Dienst der Verurteilung tatsächlich getan wird unter uns. Denn auch über ihm ist die Herrlichkeit Gottes.|

Und ganz entscheidend wichtig ist es, daß auch *der Dienst des Todes* immer wieder getan wird. Paulus meint damit die Menschen, die wie Mose dem Göttlichen *den Respekt,* die heilige Ehrfurcht entgegenbringen, die wir sonst nur dem Tod gegenüber empfinden. Was jenseits des Todes ist, das ist für uns Menschen völliges *Geheimnis.* Mit dem Tod hört für uns *Alles auf,* dem Tod gegenüber können wir richtigerweise [?] nichts Anderes empfinden als eben *Schrecken.* Es ist nötig, daß es Menschen gibt, denen *der Tod* zu einem Gleichnis des Göttlichen wird, die imstande sind, das völlig *Geheimnisvolle* in Gott zu verehren, die merken, daß da, wo Gott anfängt, für uns *Alles aufhört,* die Gott mit *Furcht und Zittern* gegenüberstehen [vgl. Phil. 2,12 u. ö.]. Wenn es keine solchen Menschen gäbe, so würde der Sinn für Gott verschwinden müssen. Wenn Mose nicht gewacht hätte im Dienst des Todes, wenn er nicht unermüdlich immer wieder dagestanden wäre, um die Menschen an die unergründliche Tiefe, an die heilige Majestät, an das verzehrende Feuer Gottes zu erinnern, *Israel* wäre längst abgefallen vom lebendigen Gott zu den toten Göttern. Und dieser Dienst des Todes um des lebendigen Gottes willen muß immer wieder *versehen werden.* Es sind nicht Menschen, mit denen sich leicht und angenehm verkehren läßt, die Menschen, die diesen Dienst versehen. Es sind Menschen mit so *furchtbaren Gedanken* und Taten wie Elia und Calvin, es sind *kalte Denker* [?] und unruhige Zweifler und einsame Grübler. Es sind sehr oft Menschen gewesen, die von den Anderen *ungläubig* gescholten wurden, weil sie zuviel Respekt hatten vor Gott, als daß sie gläubig sein wollten wie die Anderen. Es sind *Verbitterte,* Vergrämte, Menschenscheue und Menschenfeinde, die oft gerade diesen Dienst versehen müssen. Auch dieser Dienst will versehen sein, und wir wollen *Gott danken,* wenn er versehen wird. Auch über ihm ist die Herrlichkeit Gottes.

3. Das ist *die erste Wahrheit,* die Mosewahrheit. Sie ist groß und stark und leuchtend und notwendig. Ich weiß nicht, ob wir die Mosewahrheit des Buchstabens, der Verurteilung und des Todes *schon gehört* und verstanden haben. Ich *glaube nicht,* daß wir damit fertig sind. Wir können uns nicht ehrlich genug sagen: *Das ist die erste Stufe.* Das ist die unumgängliche enge Pforte, das ist der unvermeidliche schmale Weg. Auch der Heiland heißt uns ihn gehen [Mt. 7,13f.]. Auch der Heiland ist ihn selbst gegangen. Ich weiß nicht, *wie weit wir schon vorgedrungen* sind. Ich weiß nur das: Je weiter man hier vordringt, umso gewaltiger, umso verzehrender wird diese Wahrheit. Wenn Mose vom Sinai zum Volke Israel zurückkehrte, dann mußte er sein Gesicht verhüllen, weil der Glanz vom Widerschein des göttlichen Lichtes, der darauf lag, dem Volk unerträglich war [vgl. Ex. 34,29–35]. Wir müßten uns vielleicht fragen, ob uns die Mosewahrheit auch schon einmal *unerträglich* geworden ist, ob wir auch schon gewahr geworden sind, wie diese Wahrheit uns Menschen *verzehrt,* indem wir sie erkennen [?], wie sie uns *hineintreibt* in eine Unruhe sondergleichen, in ein Suchen, Bitten und Anklopfen ohne Ziel und Ende [vgl. Mt. 7,7f. par.]. *Erst dann* hat Mose seinen Dienst an uns erfüllt. Wir wollen *nicht zu schnell sagen,* daß es schon geschehen sei. Ich sage nochmals: es ist etwas *Unerhörtes,* daß es etwas noch Größeres, noch Herrlicheres, noch Wichtigeres gibt als die Mosewahrheit. Ist sie uns nicht gerade *groß genug?*

4. Es gibt aber etwas noch Größeres, und das ist eben *die Heilandswahrheit,* der Dienst des Geistes, der Rechtfertigung und des Lebens. Wenn wir doch vom Heiland *ebenso deutlich und stark* sagen könnten, was er uns ist, wie von Mose! Aber da stehen wir nun vor *den Schranken,* die wir nicht zerbrechen können: den Heiland können wir uns *nicht nehmen.* Er stellt sich ein, er kommt, er ist da. Wir können uns bei ihm auch *nicht so an Menschen halten,* die ihn uns brächten, wie uns Mose gebracht wird. Er bringt sich selbst, wenn er sich bringt. Wir können auch seine Bedeutung und Herrlichkeit *nicht in der Art sehen und rühmen* [?], wie wir die Bedeutung des Mose sehen können bis auf diesen Tag. Denn seine Herrlichkeit ist für uns zum allergrößten Teil eine zukünftige, eine verborgene. Wenn man es sich erlaubt, zu laut und heftig von der Heilandswahrheit zu reden, dann macht man leicht eine zweite Mosewahrheit daraus und übersieht das Größere, um das es da geht. Wir können nur *gleichsam hinüberblicken* und sagen: dort, dort, wo die Mosewahrheit *aufhört,* da fängt die Heilandswahrheit an. Wenn da ein Dienst, wie Paulus sagt, seinen Zweck *erfüllt* hat, dann beginnt der andere. Wenn wir uns der großen, starken Mosewahrheit gar *nicht widersetzen* und gar nichts Künstliches unternehmen, um ihr zu entrinnen, dann kann es uns geschehen, daß wir darüber hinausblicken dürfen und merken:|

Herrlicher als der Buchstabe ist der Geist. Der Buchstabe ist das Gebot, die Aufforderung, der kühne, beunruhigende Gedanke. Der Geist ist die stille, aber gewaltige Kraft Gottes, gegenwärtig, lebendig, friedlich, von oben, geschenkt. Es ist eine ganze Welt zwischen Buchstaben und Geist. Und um soviel größer ist der zweite als der erste. |

Herrlicher als die Verurteilung ist die Rechtfertigung. Verurteilung heißt Vernichtung der menschlichen Taten und Gedanken, Gericht darüber, Verneinung. Sie muß sein. Rechtfertigung aber ist ein Ja, von Gott gesprochen. Ja, Mensch, *du gehörst zu mir* mit all deiner Sünde. Ja, Mensch, *du bist* auf dem rechten Weg trotz all deiner Verkehrtheit. Ja, Mensch, *du darfst deinen Weg* gehen bei aller Schwachheit und Torheit, die dir anhängt; denn ich bin bei dir! Wieder liegt eine Unendlichkeit zwischen dem Verurteilen und dem Rechtfertigen. Es ist etwas ganz Anderes, das Eine oder das Andere. Aber diese Unendlichkeit wird überwunden, wenn die zweite Wahrheit zu uns redet: Ja, deine Sünden sind dir vergeben! [vgl. Mk. 2,5 par.].|

Herrlicher als der Tod ist das Leben. Der Tod ist die letzte Grenze unseres Daseins. Das Leben aber ist die Grenze des göttlichen Daseins. Gott *vernichtet die nicht,* die ihn fürchten. Furcht und Schrekken ist *nicht das Letzte,* was von ihm ausgeht. *Gott liebt uns,* liebt die Welt [vgl. Joh. 3,16], liebt alles, was ist; er läßt uns teilnehmen an seinem eigenen Leben. Die Demütigung, das Sterben, dem jetzt Alles unterworfen ist, ist nur wie ein *Vorhang,* dahinter wartet eine Erhöhung, eine Freude, eine Auferstehung. Weit, weit auseinander liegen Leben und Tod. Noch nie hat ein Mensch vermocht, Beides zusammenzudenken. Die zweite Wahrheit aber, die uns aufgehen kann, ist das Leben, das aus dem Tod hervorgeht, die Wahrheit des leeren Grabes, die Osterwahrheit [Mk. 16,6 par.].

5. Wenn wir diese Wahrheit erkennen, dann *vergeht die erste.* Der neue Dienst, den Gott eingesetzt hat, *befreit* uns von dem Joch des ersten. Wenn der Heiland in sein Recht tritt, dann ist Mose *abberufen.* Wir wollen *nicht zu rasch* nach dieser Möglichkeit greifen. Wir stehen nicht auf der Höhe unseres Textes. Wir können ihn nicht einfach nachsagen und auf uns anwenden. Er zeigt uns aber *den Weg,* die Richtung der Bewegung, in der wir uns befinden. Er gibt uns eine *letzte Ruhe* mitten im Kampf der ersten Wahrheit, in dem wir stehen. Er gibt uns eine *Hoffnung.* Er redet uns von einem *Sieg,* der schon gewonnen ist. Er verschafft uns einen *Ausblick* im Gericht dieses Lebens. Diesen Ausblick zu tun wollen wir wagen. Gott sei Dank, daß wir ihn wagen dürfen!

Lieder:

Nr. 11 «O daß ich tausend Zungen hätte» von J. Mentzer, Strophen 1.2.11 (RG [1998] 728, 1.2.10; EG 330,1.2.7; jeweils mit Textabweichungen)

Nr. 241 «Ich will dich lieben, meine Stärke» von J. Scheffler, Strophen 1.4.5 (RG [1998] 682; EG 400; jeweils mit geringen Textabweichungen)

Safenwil, den 13. Mai 1920

Himmelfahrt

Kolosser 3,3 [b]

Euer Leben ist verborgen mit Christo in Gott.

1. Wir gedenken heute der Himmelfahrt Jesu Christi. Man kann die Himmelfahrtsgeschichte verschieden auffassen. Sie stellt uns jedenfalls vor *eine göttliche Frage,* auf die wir Menschen antworten müssen. Auf eine göttliche Frage antworten zu müssen ist eine sehr glückliche, verheißungsvolle Lage. Wir müssen auf gar viele *menschliche* Fragen antworten, bei deren Beantwortung nichts oder nicht viel herauskommt, weil schon die Fragen falsch oder doch unrichtig waren. Wenn eine *göttliche* Frage an uns herantritt, können wir wenigstens sicher sein, daß die Frage, mit der wir dann ringen müssen, richtig und wichtig ist. Freilich wird dann unsere Lage umso gefährlicher und *bedenklicher.* Unsere Antworten haben bei menschlichen Fragen kleine und nebensächliche, bei göttlichen Fragen große und hauptsächliche Folgen, im Guten wie im Bösen. Wir wollen uns *bewußt sein,* daß wir uns in einer Hoffnung und in einer Bedrängnis befinden, wenn wir auf die göttliche Frage der Himmelfahrt antworten müssen. Es ist das irdische Dasein des Heilands, dessen großen Abschluß die Himmelfahrt bildet.[1] Dieser Abschluß faßt noch einmal Alles in sich zusammen, was dieses Dasein ist und bedeutet: Himmelfahrt! Also *um den Himmel handelt es sich* im Dasein des Heilands. Vom Himmel kommt er, zum Himmel geht er. Der Himmel ist etwas Neues, etwas Anderes gegenüber der Erde, obwohl er zur Erde gehört, auf die Erde sich bezieht. Der Himmel, das ist für uns das Verborgene, das uns doch nicht verborgen sein sollte und auch nicht verborgen bleiben will. Der Himmel, das ist die Wahrheit und die Macht Gottes, aber vielleicht nicht des Gottes, an den wir zu glauben meinen, sondern des wirklichen, lebendigen Gottes, des Gottes, den wir kennen müßten, aber eigentlich nicht kennen, dem wir nicht gehorsam sind und doch eigentlich gehorsam sein sollten und auch wohl wollten. Der Himmel,

[1] Zwischen die Zeilen sind fünf Worte geschrieben, die sehr schwer zu entziffern sind; vermutlich: «das eine große Frage stellt».

das ist das Oben gegenüber dem Unten, in dem wir uns befinden – und das doch zuletzt und im Grunde auch für uns das Oben ist. Also *um den Himmel handelt es sich* im Dasein des Heilands. Himmlisch sind seine Worte gemeint. Himmlisch ist das, was er uns gibt, wenn er uns etwas geben kann. Auf den Himmel weist er uns hin mit dem, was er uns gebietet. Und vom Himmel erwartet er das, was er uns verheißt. Daß wir den Heiland nicht anders verstehen können, das sagt uns jede ernsthafte, nachdenkende, eingehende Betrachtung seines Daseins, gleichviel, an welchem Punkte wir auch anfangen mögen und wie wir auch seine Reden, seine Gleichnisse, die Wundergeschichten, die Leidensgeschichte, die Ostergeschichte auffassen mögen. Es ist in Allem die Bewegung von oben nach oben. Es weist Alles von Gott her zu Gott hin. Es bricht in diesem Dasein Alles aus dem Himmel hervor, um Alles in den Himmel hineinzuziehen. Die Himmelfahrt sagt abschließend noch einmal, daß man den Heiland wirklich nur so und nicht anders verstehen kann.|

Und die Frage, die die Himmelfahrt an uns richtet, ist sehr einfach die, *ob wir das verstehen, bejahen, bekräftigen wollen.* Wir können das natürlich nicht nur in Gedanken bekräftigen. Es ist sogar ganz unmöglich, das nur in Gedanken zu bekräftigen. Wer aus dem Heiland einen bloßen Gedanken, eine Lehre, eine Theorie, eine Ansicht macht, der verwickelt sich alsbald in lauter Torheiten und Widersprüche. Darum sind die christlichen Gedanken heute mit Recht so vielfach angefochten und bezweifelt. Als bloße Gedanken sind sie eben gar nicht wahr. Der Heiland ist nicht nur ein Gedanke, sondern auch ein Leben, und nur im Zusammenhang mit dem Leben, als Lebensgedanke ist der Gedanke des Himmlischen, des Oben, der Gedanke Gottes wahr. Und darum ist das die Frage, die an uns gerichtet ist, ob unser Leben verborgen ist mit Christo in Gott, ob unser Leben Anteil hat an der himmlischen Herkunft und Richtung des Heilandslebens. Unser Leben ist unser Wesen, unser Ich, unser Herz, die Quelle unserer Gedanken, unserer Wünsche, unserer Worte, unserer Gewohnheiten, unserer Moral, unserer Politik. Wo ist unser Leben, unsere Quelle, unser Ursprung, das, was uns die Richtung, die Seele, den Charakter gibt? Droben oder drunten? Im Himmel oder auf Erden? In Gott oder in der Welt? Es wäre nicht gut, wenn Eins von uns darauf *mit einem glatten Ja oder Nein* antworten wollte. Die Wahrscheinlichkeit und die Gefahr ist zu groß, daß es dabei doch wieder seine Gedanken mit seinem Leben verwechseln würde. Es könnte Eins mit Ja antworten, dessen Leben durchaus nicht mit Christo in Gott verborgen ist, sondern das nur seine Gedanken besonders kühn fliegen zu lassen versteht. Und es könnte ein Anderes mit Nein antworten, das, wenn es aufs Leben ankommt, mit Ja antworten dürfte, das aber mit seinen Gedanken noch nicht vorgedrungen ist zu den rechten Lebensgedanken. Wir wollen uns überhaupt dieser Frage gegenüber nicht *scheiden in solche, die auf die eine, und solche, die auf die andere* Seite gehören. Wir wollen dieser Frage gegenüber zusammenhalten. Wir müssen es; denn wir gehören tatsächlich dieser Frage gegenüber, wenn wir sie ganz ernst nehmen, alle auf beide Seiten. Wenn wir von einem Trost, von einer Freudigkeit, von einer Gewißheit reden können dieser Frage gegenüber, so wollen wir diesen Trost, diese Freudigkeit, diese Gewißheit etwas Gemeinsames sein lassen für uns alle. Und wenn wir uns ihr gegenüber beschämt, verurteilt, ausgeschlossen fühlen, so wollen wir auch das als etwas Gemeinsames auf uns nehmen.|

Ich könnte mir denken, *daß ein solches hier wäre,* das ehrlicherweise in diesem Augenblick antworten dürfte: Ja, mein Leben ist verborgen mit Christo in Gott. Warum sollte es nicht möglich sein, daß Einem von uns gerade in diesem Augenblick, in seiner bestimmten Lebenslage, für seine Person Licht und Klarheit geschenkt ist in Vollkommenheit, Vergebung aller seiner Sünden, Erlösung von allem Bann [?], Mut und Kraft zum Antreten eines ganz neuen Weges. Warum sollte es nicht sein? Wir zweifeln nicht an dir, wir freuen uns mit dir. Aber Eines mußt auch du bedenken: Es sind viele Andere hier, die könnten jetzt und in ihrer Lage und für ihre Person ehrlicherweise nicht ohne weiteres mit Ja antworten. Warum ist das so? Das geht auch dich an. Das muß auch dir zu denken geben. So hast du doch nicht Licht genug, um auch das, das neben dir sitzt, ins Licht zu setzen. So hast du doch nicht Vergebung genug, um dem Sünder wirklich und kräftig zu vergeben? So siehst du doch noch nicht erlöst genug aus, du Erlöster, um auch den Unerlösten zu erlösen. So ist doch auch deine Vollkommenheit noch eine Unvollkommenheit. Die Schwachheit des Anderen ist auch deine Schwachheit, seine Sünde ist auch deine Sünde, sein Nein ist auch dein Nein. Offenbar muß dein freudiges, gewisses Ja ganz neu und noch ganz anders wahr werden. Du mußt dich offenbar vom Ziel aus auch für deine Person wieder auf den Weg machen. Als ob du nichts wüßtest, mußt du wieder anfangen zu fragen. Als ob du nichts hättest, mußt du wieder anfangen zu suchen. Als ob du draußen wärest, mußt du wieder anfangen anzuklopfen [vgl. Mt. 7,7f.]. Als ob du nie satt geworden, mußt du wieder hungern und dürsten nach Gerechtigkeit [vgl. Mt. 5,6]. Um des Anderen willen da neben dir, aber auch um deiner selbst willen. Euer Leben ist verborgen mit Christo in Gott, heißt es, nicht nur *dein* Leben; wenn das von seinem Leben noch nicht gilt, so ist, gilt es auch von deinem Leben nicht endgiltig: Sein Leben gehört eben auch zu deinem Leben. Also nur dann hat dein Ja Wahrheit und Wert, wenn es ein Ja ist aus der gleichen Tiefe, in der die Anderen sind, das Ja eines Sünders unter Sündern, das Ja eines Weltkindes unter Weltkindern, das Ja eines Unbekehrten unter Unbekehrten. Sofort wenn es anders wäre, wäre dein Ja nicht mehr wahr und nichts mehr wert. Das Leben der Abgesonderten, der Vorausgeeilten, das Leben der Christen I. Klasse ist nicht verborgen mit Christo in Gott.|

Ich könnte mir auch das andere denken, *daß ein solches hier wäre*, das in diesem Augenblick ehrlicherweise sagen müßte: Nein, mein Leben, mein Ursprung, mein Mittelpunkt ist eben jetzt nicht verborgen mit Christo in Gott. Aufrichtig gestanden muß ich sagen, daß ich eben jetzt ganz von unten bin, ganz von der Erde aus lebe, daß ich geleitet bin durch eine sehr unhimmlische Hoffnung oder Befürchtung, bestimmt durch sehr ungöttliche Verhältnisse, gedrückt durch sehr menschliche, persönliche Stimmungen und Neigungen. Warum sollte es nicht sein? Warum sollte Keines unter uns sein, das sich vielleicht eben in dieser Stunde so recht im Gefängnis befindet, so gar nicht in dem, was droben ist, da Christus ist, sitzend zur Rechten Gottes [vgl. Kol. 3,1]? Was soll ich ihm sagen? Ich werde ihm sicher nicht sagen: Das macht nichts, denke nicht daran! Doch, das macht etwas, das ist ein Fluch und eine Last, die man tragen muß, wenn man sich selber von der Teilnahme am Leben des Heilands ausschließen muß, daran muß man denken. Ich werde ihm aber sagen: Auch du darfst dich selber nicht so ausschließlich wichtig nehmen. Wenn du über die Mauer da vor dir nicht hinübersiehst, so sind Andere da, die sehen hinüber. Warum ist das so, daß sie sehen, obwohl du nicht siehst? Das geht dich auch an. Das muß dir auch zu denken geben. Deine Finsternis kann das Licht, das sie sehen, nicht auslöschen. Deine Gefangenschaft macht die Freiheit, die sie haben, nicht zunichte. Dein Groll und Ärger heben die Freude, die ihnen geschenkt ist, nicht auf. Deine Unvollkommenheit grenzt ganz nahe an ihre Vollkommenheit. Und dabei sind sie ja wirklich nicht anders, nicht besser als du, du kennst sie ja, und sie wollen auch gar nicht anders und besser sein. Sie sagen es ja selber: Sie sind auch nur Hungernde und Dürstende, Suchende, Bittende, Anklopfende, Seufzende! Sie erheben sich nicht im geringsten über dich, sie sind mit dir in der Tiefe. Und doch siehst du bei ihnen das, was dir bei dir selbst fehlt. Nur dann kannst auch du nicht davon ausgeschlossen sein, wenn du dich deinerseits neben sie stellen willst als Wartender, Hoffender, Sehnsüchtiger. Dein ängstliches, trotziges Nein wäre nur dann wahr und giltig, wenn du kein solcher sein wolltest. Das Leben eines Menschen, der weiß, daß es ihm fehlt, ist verborgen mit Christo in Gott: du würdest nicht suchen, wenn du nicht schon gefunden hättest[2]. Laß es dir sagen von Allen, die du um ihr Ja beneiden zu müssen glaubst.

Seht, *so müssen wir uns zusammenfinden* im Ja und im Nein gegenüber der Frage, die die Himmelfahrt an uns richtet, zusammenfinden von allen Seiten: die Sünder zu den Gerechten und die Gerechten zu den Sündern, die Bekehrten zu den Unbekehrten und die Unbekehrten zu den Bekehrten. Nur nicht das sein oder bleiben wollen, was wir eben sind, und wenn es noch so wahr ist. Denn über dem, was wir sind, steht das, was Gott ist. Von Gott müssen wir uns alle aus der Bahn werfen lassen, um mit ihm von vorne anzufangen. Darum fragt er uns: wo unser Leben sei? Nicht, um unser Ja oder Nein zu hören, sondern damit uns unser Leben fraglich werde ihm gegenüber, damit wir dazu kommen, unser Leben beweglich in seine Hand zu legen, damit er uns mit der Frage zugleich die Antwort geben kann. Denn gerade wenn das geschieht, daß die Gerechten demütig genug sind, sich als Sünder vor Gott zu stellen, und die Sünder mutig genug, um als Gerechte vor ihn zu kommen, dann ist ihrer beider Leben verbor-

[2] Vgl. Bl. Pascal, *Pensées*, ed. Ch.-M. des Granges, Paris 1961, S. 212 (aus Fragment 553: «Le mystère de Jésus.»): «Console-toi, tu ne me chercherais pas, si tu ne m'avais trouvé.»

gen mit Christo in Gott, dann ist das Leben des Heilands verstanden, bejaht und bekräftigt. Denn dann kommt's ja bei beiden zu seinem Recht, was der Heiland gewollt und gebetet hat: Dein Name, dein Reich, dein Wille...! [Mt. 6,9f. par.]. Aber eben dazu müssen wir innerlich zusammenhalten, uns tragen und uns von einander tragen lassen, je nachdem, fein und zart, aber auch weitherzig und kühn umgehen mit unserem Ja oder Nein, immer viel mehr an die Sache denken und an die Frage als an unsere Antwort.

2. Die Himmelfahrtsgeschichte steht in der Bibel an einer sehr merkwürdigen Stelle. Sie ist wie eine Hand mit aufgehobenem Finger. Sie zeigt, sie verheißt, sie ladet ein, sie fordert auf. Sie mahnt aber auch, sie warnt, sie droht sogar, sie hält zurück und weist ab. Es entscheidet sich etwas an dieser Stelle. Eindringlich richtet sie die Frage an alle Geschlechter der Menschheit: Wo, wo ist euer Leben? Und wir wissen nun, auf was es bei dieser Frage schließlich ankommt. Zweierlei hat an dieser Stelle angefangen, ist von da ausgegangen. Mit der Himmelfahrt beginnt *die Apostelgeschichte und daran anschließend die Kirchengeschichte,* die Geschichte des sogenannten Christentums. Man mag die Dinge ansehen, wie man will, aber eine Fortsetzung des Daseins des Heilands ist diese Geschichte jedenfalls nicht geworden. Denn um den Himmel hat es sich in dieser Geschichte sehr bald nicht mehr gehandelt. Die Bewegung von Gott her zu Gott hin, die Heilandsbewegung kam ins Stocken. Nur dann und wann ist sie wieder aufgeflackert. Man erfand statt dessen etwas Neues: eine Methode, mit Gott im Namen des Heilands stillzustehen. Das nannte man dann christliche Religion. Wohl wurde in jedem christlichen Gottesdienst gerufen: Aufwärts die Herzen! und geantwortet: Wir haben sie droben bei dem Herrn![3] Die Wahrheit war aber doch, daß das Leben der Menschen nicht verborgen war mit Christo in Gott, sondern drunten auf Erden in einer menschlichen Gerechtigkeit und Frömmigkeit. Sie wollten sehen, sie wollten greifen, sie wollten haben, sie wollten sein –

[3] Das «Sursum corda – Habemus ad Dominum» der Römischen Messe geht auf die Apostolische Überlieferung des hl. Hippolyt zurück; vgl. R. Stählin, *Die Geschichte des christlichen Gottesdienstes von der Urkirche bis zur Gegenwart* in: *Leiturgia. Handbuch des evangelischen Gottesdienstes,* Bd. I, Kassel 1954, S. 1–81, dort S. 20.

nicht verborgen sein. Das Christentum wurde eine Weltmacht, eine geschichtliche Größe. Die Gerechten wollten keine Sünder mehr sein, darum konnten die Sünder auch keine Gerechten mehr werden. Es gab auf der einen Seite ein großes Besitzen und Genießen, auf der anderen Seite ein großes Entbehren und Mangeln. Die kleine Herde der Christen I. Klasse und der große Haufe der Christen II. Klasse fingen an, weit auseinander zu gehen. Und daran zeigte es sich, daß die Einen wie die Anderen das himmlische Leben Christi nicht mehr bejahten, nicht mehr verstanden, nicht mehr bekräftigten. Das Bitten, Suchen und Anklopfen kam aus der Mode, zuerst bei den Frommen, dann auch bei ihren Brüdern, den Gottlosen. Darum wurde dann auch je länger je weniger gegeben, gefunden und aufgetan [vgl. Mt. 7,7f.]. Das Christentum wurde, indem es wirken wollte, wirkungslos – indem es etwas sein wollte, bedeutungslos – indem es reich werden wollte, arm. So arm, so bitter arm, wie es heute dasteht mit seinen Kirchen und Konfessionen, Gemeinschaften und Missionen. Was ihm eigentlich fehlt: die Fortsetzung des Himmlischen, das im Heiland angefangen, das verborgene Leben in Gott im gemeinsamen Hungern und Dürsten der Gerechten mit den Sündern. Das wird durch alle Anstrengungen und Künste, die man heute unternimmt, nicht besser, sondern schlimmer werden. Die Kirchengeschichte ist zu keiner Zeit wesentlich etwas Anderes gewesen als die Geschichte des Abfalls von Christus.|

Das Andere, was mit der Himmelfahrt begonnen hat, ist *die Geschichte des verborgenen Lebens mit Christo in Gott.* Diese Geschichte ist nie geschrieben worden und wird nie geschrieben werden. Die Apostelgeschichte der Bibel ist ein Anfang, der keine Fortsetzung gefunden hat. Es geht wie ein roter Faden durch die Jahrhunderte. Überall taucht er wieder auf, um alsbald zu verschwinden und wieder aufzutauchen. Viele haben ihn wenigstens eine Zeitlang aufgenommen. Einige sind ihm sehr treu gewesen. Kein Menschenleben, das ganz unberührt von ihm geblieben wäre. Da ist Erkenntnis des Himmlischen in Christus. Da ist Erschrecken über das Irdische, Eigenwillige dessen, was sich Christentum nennt, da ist ein neues Aufmerken auf die Bewegung von dem Himmel heraus in den Himmel hinein, der der Sinn des Christentums war. Da ist Warten und Hoffen. Da ist vor Allem Gemeinsamkeit der Gerechten und der Sünder, der

Gläubigen und der Ungläubigen. Da ist Tragen und Getragenwerden. Da fehlen die Gerechtigkeiten, die Absonderungen, die Überhebungen. Da merkt dann immer auch die gottlose Welt, daß sie in ihrer Gottlosigkeit auch dazu gehört. Wir wissen nicht, wie stark oder wie schwach dieser rote Faden heute ist. Das Christentum, die Kirche, der religiöse Betrieb ist zu allen Zeiten mächtiger, erfolgreicher, triumphierender gewesen als das verborgene Leben mit Christo in Gott. Es muß so sein. Wir wissen nur das: hier ist die wirkliche Fortsetzung dessen, was Christus begonnen. Und wenn wir auf etwas hoffen wollen, dann nicht auf neue Machtentfaltungen der Religion und der Kirche, nicht auf die Erfolge der Mission und der Evangelisation, sondern auf die Stärkung des verborgenen Lebens mit Christo in Gott. Wenn Christus wiederkommt, dann wird das ein Triumph von oben und nicht von unten sein, nicht das Anbrechen einer Erweckungszeit, sondern das Anbrechen einer Erquickungszeit vom Angesicht des Herrn [Act. 3,20[4]].

Die Frage, die die Himmelfahrt an uns richtet, ist immer auch die Frage, in welche der beiden Geschichten wir gehören. Selig sind wir, wenn wir nicht nur in die Kirchengeschichte gehören!

Lieder:
Nr. 142 «Jesus Christus herrscht als König» von Ph. Fr. Hiller, Strophen 1–3 (RG [1998] 492,1.3b.4b.5; EG 123,1.3b.4b.5)
Nr. 345 «Ermuntert euch, ihr Frommen» von L. Lorenzen, Strophen 1.4.9 (EG 151,1.4.8)

[4] Vgl. Strophe 4 des Schlußliedes Nr. 345:
Er wird nicht lang verziehen:
Drum schlafet nicht mehr ein.
Man sieht die Bäume blühen,
Der schönste Frühlingsschein
Verheißt Erquickungszeiten…

521 *Safenwil*, Sonntag, den 16. Mai 1920

2. Korinther 3,12–18[1]

12 Weil wir eine solche Hoffnung haben, stehen wir in großer Freudigkeit da 13 und nicht wie Mose, der eine Hülle über sein Angesicht deckte, damit die Kinder Israel den Zweck des Vergänglichen nicht sehen sollten. 14 Es waren aber ihre Gedanken, die da verstockt wurden. Denn bis auf den heutigen Tag bleibt diese Hülle über dem Lesen des Alten Testaments und wird nicht abgenommen, weil das Vergängliche nur in Christus vergeht. 15 Ja bis heute, wenn Mose gelesen wird, liegt die Hülle über ihren Herzen. 16 Wenn es sich aber zum Herrn wendet, wird die Hülle entfernt. 17 Der Herr ist aber der Geist. Wo der Geist des Herrn ist, da ist Freiheit. 18 Wir alle aber spiegeln mit enthülltem Angesicht die Herrlichkeit des Herrn wider und werden in sein Ebenbild verwandelt von Herrlichkeit zu Herrlichkeit, und das geschieht vom Herrn, der der Geist ist.

1. In großer *Freudigkeit* stehen wir da!, sagt Paulus. Wir spüren in diesem Bekenntnis und in dem ganzen Abschnitt, den wir gelesen haben, etwas von der mächtigen, klaren *Überlegenheit* des ursprünglichen Christentums, nicht nur gegenüber der Sünde und Hoffnungslosigkeit der Welt, sondern auch gegenüber dem Ernstesten und Höchsten, was es in dieser Welt gibt, gegenüber der menschlichen Moral und Religion. Als der Vertreter dieses Ernstesten und Höchsten wird hier *Mose* erwähnt. Gegenüber Mose stehen wir in großer Freudigkeit da, sagt Paulus. Das Amt und der Dienst, den wir versehen dürfen, ist herrlicher als sein Amt und Dienst, hörten wir am letzten Sonntag. Die Heilandswahrheit überragt die Mosewahrheit. Ganz ungeheuer muß der *Vorsprung* gewesen sein, in dem sich das ursprüngliche Christentum gegenüber allen anderen Religionen, Lehren, Weltanschauungen, Lebensregeln jener Zeit befand, daß Paulus von der, die ihm selbst die gewaltigste und ehrwürdigste war, von der des Mose, so reden konnte. Wir können diesen Vorsprung *heute kaum mehr* begreifen, denn heute erscheint es leicht, daß die Behauptung, das Christentum sei wahrer als das Wahrste, was es sonst gibt, eine *bloße Behauptung* sei. Je öfter und lauter diese Behauptung heute auftritt, je mehr sich die heutigen Christen Mühe geben, sie zu beweisen und zu

[1] In: Komm Schöpfer Geist!, S. 213–223, findet sich eine Predigt von E. Thurneysen über diesen Text.

begründen, umso *kühler und mißtrauischer* ziehen sich die richtigen Weltmenschen, die nach Tatsachen fragen, davor zurück. Es ist eine unglaubwürdige oder doch schwer glaubwürdige Behauptung geworden. Denn gerade die *Tatsachen,* die für sie reden müßten, sind heute, wenn nicht unsichtbar, so doch recht dünn gesät und schwer zu entdecken. Wir sind heute mit dem Christentum fast ebenso schlimm daran, wie in den letzten Wochen mit dem *Völkerbund:* An schönen Worten fehlt es nicht, die Tatsachen aber, die hinter den Worten stehen müßten, sind rar, und darum kann man es Niemandem verargen, wenn er an die schönen Worte nicht recht glauben will[2]. In der Zeit des *ursprünglichen Christentums* war das anders. Das Christentum war damals eine kleine morgenländische *Sekte* unter vielen hundert anderen ganz ähnlichen. Wie kam es nur, daß gerade diese kleine Sekte sich in raschem Lauf im Osten und Westen *durchgesetzt hat?* Wie kam es nur, daß sie ihre großen, glänzenden Konkurrenten, einen um den anderen, zu *schlagen* vermochte? Wie kam es nur, daß die ersten Christen nur mit der Waffe ihres Wortes, sie hatten auch keine andere, zu überzeugen, zu gewinnen, zu *siegen* wußten, und haben doch lange nicht so nervös, so hitzig, so aufdringlich geredet, versichert und beteuert, wie es heute zugunsten des Christentums geschieht? Ich weiß keine andere Antwort als die, daß hinter ihren Worten *Tatsachen standen,* Kräfte und Wirklichkeiten, die uns heute zum allergrößten Teil abgehen, von denen wir kaum eine Ahnung haben. Diese Tatsachen redeten für ihre Worte, während sie eben für unsere Worte in der Regel nicht reden. Das *kommende Pfingstfest* erinnert uns wieder an dieses *Geheimnis* des ursprünglichen Christentums: Es hatte *heiligen Geist.* Heiliger Geist *redet deutlich,* kräftig, überzeugend, auch zu Weltmenschen, ja gerade zu richtigen Weltmenschen – wenn nämlich heiliger Geist da ist. Wo heiliger Geist ist, da braucht man sich vor dem Ernstesten und Höchsten, was es in der Welt gibt, *nicht zu genieren,* nicht davor zurückzutreten. Wo heiliger Geist ist, *da ist mehr* als Mose

[2] Vgl. oben S. 146 mit Anm. 6. Am 16. Mai wurde über den Beitritt zum Völkerbund abgestimmt. Am 21. Mai berichtet Barth kritisch von einer Begegnung in Peseux bei Neuchâtel am 17. Mai: «Vom Völkerbund wurde von beiden Seiten weislich geschwiegen: allerlei Fahnen und dgl. redeten von der ungehemmten Freude der welschen Kindsköpfe» (scil. über die Zustimmung zum Beitritt) (Bw. Th. I, S. 391).

und die Propheten. Wo heiliger Geist ist, da ist man *im Vorsprung,* in der Überlegenheit. Ohne Überhebung, ohne Einbildung, ohne Selbstruhm und Menschenruhm. Einfach tatsächlich, reell, es ist eben so. Paulus sagt es selbst am Schluß unseres Textes, *wie er es meint* mit der großen Freudigkeit, in der er sich befindet: Das geschieht vom Herrn, der der Geist ist.

2. Das *Ernsteste und Höchste in der Welt* ist, wenn dem Menschen die *Wahrheit* und das Gute vorgehalten wird, wenn ihm klar gemacht wird, daß er ein *Sünder* ist, wenn er an den *Tod* und an die Erhabenheit Gottes erinnert wird. Je aufrichtiger und tiefer und eindringlicher das geschieht, *umso höher* muß man eine religiöse oder moralische Bestrebung schätzen und achten, umso größer ist der Dienst, den sie dem Menschen erweisen kann. Wir haben letzten Sonntag gehört, daß Paulus sagte, der Dienst des Buchstabens, der Dienst der Verurteilung, der Dienst des Todes habe *eine große Herrlichkeit,* Wichtigkeit und Bedeutung und werde sie immer wieder haben; die Mosewahrheit sei tatsächlich die *erste grundlegende Wahrheit,* an der niemand vorüberkomme und die nie wieder vergessen werden dürfe. Kann es überhaupt *etwas Größeres* geben als die erweckende, aufrüttelnde, gebietende Stimme Moses, die heimlich in jedes Menschen Brust redet und die in allen Jahrhunderten und allen Ländern auch offen genug sich ausgesprochen hat und gehört worden ist?

Aber wir müßten zuerst vielleicht etwas Anderes sagen: *Warum ist dem Menschen nicht mehr geholfen* durch dieses Ernsteste und Höchste in der Welt, das er doch so gut kennt? Wir armen Menschen: *Wir wissen ja eigentlich alle so gut,* was *wahr* und recht ist. Wir wissen so gut, daß wir *Sünder* sind und anders reden und anders tun sollten. Wir wissen so gut, daß wir *sterben* müssen und daß Gott allein die Ehre gebührt. O ja, das wissen wir. Wir *vergessen es freilich* oft und geraten auf Holzwege und Abwege im Kleinen und im Großen, in Hochmut und Einbildung und Sicherheit, in Oberflächlichkeit und Gottlosigkeit. Aber es ist *dafür gesorgt,* daß wir immer wieder daran denken müssen. *Kein Fehler,* fein oder grob, der sich nicht rächte durch die Unruhe unseres Gewissens. *Kein Übelstand* auch in der großen geschichtlichen Entwicklung der Gesellschaft, der nicht alsbald unbarmherzig beleuchtet und kritisiert würde. *Keine Nachtstunde* des

Menschheitslebens ohne den durchdringenden Ruf der Wächter, die den Morgen verkündigen [vgl. Jes. 62,6]: es muß anders werden! *Keine Lüge,* die nicht recht bald ans Licht gezogen würde, *keine Selbstzufriedenheit* Einzelner oder ganzer Gruppen und Stände, die nicht recht bald ihre Geißel bekäme, *keine falsche Sicherheit* und Herrlichkeit, die nicht recht bald aufgedeckt würde als das, was sie ist. [3]Wir brauchen bloß *an die letzten 150 Jahre* etwa seit der französischen Revolution zu denken; wie ist da die Menschheit Schlag auf Schlag *zur Selbsterkenntnis gezwungen* worden, wie ist da eins ums andere an die Reihe gekommen: der alte Untertanenstaat zuerst, aber dann weiter: die Vorrechte der höheren Stände, die bürgerliche Wirtschaftsordnung, die Stellung der Frauen, der Alkoholismus, das bisherige Erziehungssystem, die Kirche, der Krieg endlich – wer wäre heute nicht gegen den Krieg? Wem wäre es heute nicht *klar,* daß an allen diesen Punkten und an vielen anderen viel, *viel zu sagen und zu tun* ist? Und wieviel ist schon dazu *gesagt und getan worden!* Wir wissen *wenigstens heute,* wie es sich gerächt hat, daß wir es vergessen haben, geradezu *erschreckend* gut, wie es um uns *steht* und wie es stehen sollte.[3] Wir wissen erschreckend gut, daß wir Menschen *gesündigt* haben und daß die Sünde unser Verderben ist [vgl. Spr. 14,34]. Wir wissen erschreckend gut, daß *Gottes Zorn* offenbar ist vom Himmel her über alle Gottlosigkeit und Ungerechtigkeit der Menschen [Röm. 1,18], auch wenn wir es nicht eben mit diesen Worten ausdrücken. Das ist die alte und immer wieder neue, die ehrwürdige, die majestätische *Mosewahrheit.* Ist sie uns nicht *bekannt* genug? Lebt sie nicht, mehr oder weniger stark, in unser aller *Herzen und Gewissen?* Wird sie nicht, mehr oder weniger aufrichtig, ausgesprochen in den *Debatten* unserer Parlamente und Zeitungen? Ist sie nicht, mehr oder weniger bewußt, der Sinn der vielen *Erneuerungs- und Reformbewegungen* unserer Zeit? Ertönt sie nicht, mehr oder weniger deutlich und lebendig, *von allen Kanzeln* aller Kirchen und Konfessionen? Und war es nicht im Grunde immer und überall so?|

Warum hilft uns dieses Ernsteste und Höchste in der Welt tatsächlich nicht mehr? Warum können wir immer wieder *vergessen,* was wir doch so gut wissen? Warum geht es uns wie den Kindern Israel in der

[3–3] Im Mskr. hat Barth die Passage in eckige Klammern gesetzt.

Wüste, die, kaum daß Mose ihnen den Rücken wandte, immer wieder *zurückfielen* in Schwachmut, in Murren, in Abgötterei? Warum *stehen die Wälle* des Bösen, der Trägheit, der Torheit im Ganzen so unbeweglich, so unerschütterlich in der Menschheit durch alle Jahrhunderte? Woher kommt es, daß die Erscheinungen des Bösen zwar *wechseln,* das Böse selbst aber wie eine unerschöpfliche Quelle weiterfließt auf jeder Stufe unserer vermeintlichen Fortschritte? Woher kommt es, daß *für jedes Unkraut* auf dem Acker der Welt, das man ausreißt, zwei andere nachwachsen? Warum ist aller Eifer für das Gute und gegen die Sünde und für Gott so offenkundig ein *Schöpfen in ein Faß ohne Boden?* Warum haben auch die schönsten menschlichen Erfolge und Leistungen, wenn man sie bei Lichte besieht, *eine Kehrseite,* die Alles wieder fraglich macht? Warum *geraten wir* auch im kleinsten Kreise und in unserem ganzen persönlichen Leben eigentlich immer nur aus einer Torheit in die andere? *Ihr habt ja recht,* möchte man manchmal all den Propheten der Wahrheit und des Guten, all den Predigern der Buße und der Erneuerung entgegenrufen, ihr habt ja tausendmal recht, aber was ist uns damit geholfen, daß ihr recht habt? *Wir wissen,* ja wir wissen, aber wir sind um nichts besser dran, es wird nicht anders damit. *Wir hören,* wir sind erwacht, wir sind erschrocken, aber die Welt ist sich selber und wir Menschen sind uns selber gleich geblieben.

Seht, da stehen wir vielleicht *vor dem, was Paulus die Hülle nennt,* die Mose über sein Angesicht deckte und von der er nachher sagt, alles Lesen des Alten Testaments geschehe unter dieser Hülle und diese Hülle sei zugleich über den Herzen von uns Menschen. Diese Hülle *verbirgt uns,* auch wenn die Wahrheit, die Mosewahrheit da ist, die Hauptsache, das Wesentliche, gleichsam die Wahrheit in der Wahrheit. Auch das Ernsteste und Höchste in der Welt, es ist *kalt* wie das Nordpollicht und erwärmt nicht, es ist *feucht* wie verregnetes Holz und brennt nicht, es ist *hart* wie Eis und fließt nicht. Wir müssen vielleicht noch weiter gehen und geradezu sagen: es ist *tot* wie ein Leichnam und lebt nicht. Es steht so deutlich, so erschreckend deutlich vor uns, aber wie hinter einer *Glaswand,* wir bekommen es nicht in die Hände. Wir sind so ganz überzeugt: da, das ist's und nun wird es, und dann *wird eben doch nichts daraus,* und das, was daraus wird, ist nicht das, was wir gemeint hatten. Wir sind so ganz erfüllt, aber nein, im nächsten Augenblick müssen wir uns aufrichtigerweise gestehen, daß wir *ganz leer* sind. Wir sind so ganz dafür, ja aber für was dafür? Wir sind freilich für Manches, aber sind wir nicht alle *gegen das, was am dringendsten* von uns verlangt ist? Wir sind so voll guter Treue, so voll guten Willens, ja aber zeigt uns nicht die heutige Abstimmung[4], daß man in guter Treue und mit dem besten Willen in den wichtigsten Dingen ganz *verschieden entscheiden* kann? Alle Einsicht, die wir doch den letzten Jahren verdanken, hat uns nicht weiter gebracht, als daß heute auch die Frömmsten und Ernstesten und Besten geteilt sind in solche, die Ja, und solche, die Nein sagen. *Die Hülle* über dem Angesicht des Mose, die Hülle über dem Alten Testament, die Hülle über unseren Herzen, o wie *schrecklich wahr* ist das. Wer zweifelt, daß die Wahrheit, die wir alle so gut kennen, von Gott ist, aber nicht wahr, sie ist so indirekt von Gott, so auf Umwegen, und darum *läßt sie die Welt,* wie sie ist, wenn wir's ganz offen sagen sollen, und *uns selbst,* wie wir sind in unserer Ratlosigkeit, in unserer Schwachheit, in unseren Widersprüchen untereinander und mit uns selbst, in der Gefahr, jeden Augenblick das Gegenteil zu tun von dem, was wir wissen. Diese Wahrheit *erreicht ihren Zweck nicht.* Nein, auch das Ernsteste und Höchste in der Welt, es *hilft uns nicht.*

3. Und nun nennt Paulus das bei Namen, *was hilft.* Und das ist eben seine *Freudigkeit,* daß er das, was hilft, so bei Namen nennen kann gegenüber dem, von dem der Mensch, ob er sich's gesteht oder nicht, weiß, daß es ihm nicht hilft. Was uns hilft, ist die *Wendung des Herzens zum Herrn.* Wer ist der Herr? Der Herr ist der *Geist.* Wo der Geist des Herrn ist, da ist *Freiheit.* Da wird die Hülle *entfernt,* entfernt vom Angesicht des Mose, entfernt vom Alten Testament, entfernt vom Herzen des Menschen. Da heißt's nicht mehr: es ist wahr, es ist recht, es ist schön, sondern einfach: *es ist,* es wird, es geschieht. Da springt die *Wahrheit* heraus aus der Wahrheit. Da *wärmt* die Sonne, da *brennt* das Feuer, da *fließt* das Wasser, da wird das Tote *lebendig.* Da *zerbricht* die trennende Glaswand. Da *platzt* die leere Blase all des Vielen, was wir nur wissen. Da heißt's nicht mehr: von Gott, für Gott, um Gottes willen, mit Gottes Hilfe und wie diese Umwegredensarten alle

[4] Vgl. oben S. 146, Anm. 6.

lauten, sondern ganz einfach und direkt: *Gott! er selbst!* Nicht Gott, der uns seine hohen, heiligen *Buchstaben* entgegenhält, sondern Gott mit uns und für uns ohne alle Umschweife. Nicht Gott, der uns *verurteilt,* sondern Gott, der uns kennt und anerkennt ohne allen Vorbehalt. Nicht Gott jenseits des *Todes,* sondern der lebendige Gott, jenseits aber auch diesseits, in Ewigkeit aber auch gestern und heute, im Himmel aber auch auf Erden. Der Herr *hilft,* der Herr *bricht durch,* der Herr *gründet* [?], der Herr *schafft,* der Herr *tut.* Und der Herr ist der *Geist.* Wo der Geist des Herrn ist, da ist *Freiheit.*

4. Aber, liebe Freunde, das alles ist *nun nicht etwa ein Rezept,* das man nur so ausführen und in seiner Vortrefflichkeit erfahren kann. Wenn jemand mir heute sagen würde: Diese Freiheit des Geistes habe ich *erfahren!,* so würde ich ihm antworten: Lieber Freund, dann verstehst du aber darunter *etwas Kleineres,* Armseligeres, Weltlicheres als ich. Und nicht nur als ich, sondern auch als Paulus, wenn du sein Wort aufmerksam nachlesen willst. Du magst *große und schöne Dinge* erfahren haben, aber das, was Paulus da beschreibt: Wir alle aber spiegeln mit enthülltem Angesicht die Herrlichkeit des Herrn wider und werden in sein Ebenbild verwandelt von Herrlichkeit zu Herrlichkeit!, das hast du, mit Verlaub zu sagen, *nicht* erfahren. Das wird heute *überhaupt* nicht erfahren, auch von den ernstesten, erleuchtetsten Christen nicht, denn wenn es erfahren würde, wenn es auch nur von einem erfahren würde, es würden *Ströme lebendigen Wassers* von ihm ausgehen [vgl. Joh. 7,38]; es gehen aber auch von den besten Christen heute nur *Tröpflein* aus. Wir sollen nicht Sonne nennen, was nur Küchenlämplein sind. Wir wollen dankbar sein dafür, daß wir solche *Küchenlämplein* haben, aber wir wollen es uns nicht abgewöhnen zu begreifen, daß die Sonne noch etwas Anderes ist und daß wir die Sonne nötig haben. Die Freiheit des Geistes, die Paulus hier beschreibt, ist für uns keine Erfahrungswahrheit, sondern eine *Hoffnungswahrheit.* Die Wahrheit, die wir erfahren, ist die Wahrheit des *Mose.* Auf die Wahrheit des *Heilands* müssen wir hoffen. Denn die *Wendung des Herzens* zum Herrn, mit der diese Wahrheit hereinbricht, ist etwas zu Ernstes, Ungeheures, Umfassendes, Ewiges, als daß man damit spielen könnte. Die Wahrheit, die wir erfahren, ist, daß unsere Herzen *verstockt* sind und darum *bedeckt* mit jener Hülle. Die

Wahrheit in der Wahrheit kann noch nicht mit uns reden. Die *Gottesstunde des Geistes* ist für uns noch nicht angebrochen. Es ist *noch nicht erschienen,* was wir sein werden [1. Joh. 3,2]. Wir sind Christus näher, wenn wir uns *darüber klar* sind, als wenn wir uns darüber täuschen. Die besten Christen, die ich kenne, sagen mir nicht: ich habe Christus, sondern: ich *hoffe auf Christus.* Nicht: ich besitze das Heil, sondern: ich *warte* auf das Heil [vgl. Gen. 49,18]. Nicht: ich bin im Geist, sondern: ich *harre darauf,* ihn zu empfangen wie die ersten Christen vor Pfingsten. Wenn es für uns eine *erlösende Nähe Christi* gibt, so ist es diese. Sie besteht nicht darin, daß wir ihm nahe sind, wohl aber *er uns. Was sollen wir tun?* In Furcht und Zittern *uns beugen* vor dem Ernstesten und Höchsten, das in der Welt ist, vor der Majestät der Mosewahrheit, die uns so bekannt ist und die uns so gar nicht hilft, um desto eifriger *auszublicken* nach dem Reich, das nicht von dieser Welt ist [vgl. Joh. 18,36], nach der Heilandswahrheit des Geistes, der Kraft und der Tatsachen. Wenn der Herr die *Gefangenen Zions* erlösen wird, dann werden wir sein wie die Träumenden [Ps. 126,1].

Lieder:
Nr. 148 «Komm, o komm, du Geist des Lebens» von H. Held, Strophen 1–3 (RG [1998] 509,1.2. –; EG 134,1.2. –)
Nr. 297 «O Durchbrecher aller Bande» von G. Arnold, Strophen 1.3.5 (GERS [1952] 306,1.3.5; EG 388,1.4.5b)

Safenwil, Sonntag, den 23. Mai 1920
Pfingsten

Apostelgeschichte 2,1–13

[Als der Tag der Pfingsten erfüllt war, waren sie alle einmütig beieinander. Und es geschah schnell ein Brausen vom Himmel wie eines gewaltigen Windes und erfüllte das ganze Haus, da sie saßen. Und es erschienen ihnen Zungen, zerteilt, wie von Feuer; und er setzte sich auf einen jeglichen unter ihnen; und sie wurden alle voll des heiligen Geistes und fingen an, zu predigen mit andern Zungen, nach dem der Geist ihnen gab auszusprechen. Es waren aber Juden zu Jerusalem wohnend, die waren gottesfürchtige Männer aus allerlei Volk, das unter dem Himmel ist. Da nun diese Stimme geschah, kam die Menge zusammen und wurden bestürzt; denn es hörte ein jeglicher, daß sie mit seiner Sprache redeten. Sie entsetzten sich aber alle, verwunderten sich und sprachen untereinander: Siehe, sind nicht diese alle, die da reden, aus Galiläa? Wie hören wir denn ein jeglicher seine Sprache, darin wir geboren sind? Parther und Meder und Elamiter, und die wir wohnen in Mesopotamien und in Judäa und Kappadozien, Pontus und Asien, Phrygien und Pamphylien, Ägypten und an den Enden von Libyen bei Kyrene und Ausländer von Rom, Juden und Judengenossen, Kreter und Araber: wir hören sie mit unsern Zungen die großen Taten Gottes reden. Sie entsetzten sich aber alle und wurden irre und sprachen einer zu dem andern: Was will das werden? Die andern aber hatten's ihren Spott und sprachen: Sie sind voll süßen Weins.]

1. Das ursprüngliche Christentum hat ein Geheimnis. Dieses Geheimnis ist der *Geist*, der heilige Geist der Pfingsten. Jedes Wort der *Geschichte*, die wir eben gelesen haben, weist uns auf dieses Geheimnis hin. Man mag über die Pfingstgeschichte der Bibel denken, wie man will – es verhält sich damit gerade wie mit der Ostergeschichte, sie ist *deutlich* und ehrlich, sie macht uns in eindringlichster Weise darauf aufmerksam, daß das Christentum im Grunde etwas höchst *Besonderes*, Außerordentliches war und darum auch heute noch ist, daß wir, wenn wir uns mit dem Christentum im Ernst einlassen, nicht genug *staunen*, uns wundern und fragen können und zuletzt nicht nur einmal, sondern immer wieder vor eine große *Entscheidung* gestellt werden. Wir haben gehört, daß die *Einen* sich entsetzten, irre wurden und fragten: Was will das werden? Die *Anderen* aber hatten's ihren Spott und sprachen: Sie sind voll süßen Weines! Das Christentum steht also in seinem Anfang, in seinem Ursprung, in seinem Wesen *mitten drin* zwischen der höchsten, erschütterndsten und verheißungsvollsten Bedeutung und der größten Fragwürdigkeit, ja Lächerlichkeit. Es kommt Alles darauf an, wie man es ansieht. Der Geist ist *lebendig.* Er kann verstanden oder auch mißverstanden, erkannt oder auch verkannt werden. Eben darum ist er das *Geheimnis* des ursprünglichen Christentums.

2. Der Geist – was ist das? Man kann wohl etwas *darüber sagen und davon hören,* aber ob wir dabei wirklich vom *Geist* reden und vernehmen, das fragt sich. Es kommt darauf an, wer wir sind und wie wir dran sind. Um vom Geist der Pfingsten zu reden und zu hören, muß etwas in uns für den Geist der Pfingsten *offen* sein. Es müßte dazu gerade heute eine *Freiheit* unter uns und in uns sein hier in der Kirche, die wir vielleicht noch lange nicht haben. Daß der Geist ein *Geheimnis* ist, das ist eben auch in diesem Augenblick wahr. Wenn wir jene Offenheit, jene Freiheit noch nicht unter uns und in uns haben, so werden wir bei allem Eifer und bei aller Aufmerksamkeit *nicht vom Geist* reden, sondern von irgend etwas ganz Anderem. Ich möchte mich zunächst ganz an den Text halten. Er sagt uns, daß der Geist eine *neue Wendung,* Richtung und Bestimmung der Menschen ist. *Neu,* unerhört neu, über alle Begriffe neu. Es geschah *schnell,* plötzlich, ein Brausen vom Himmel. Der Geist ist eine Tatsache *unbekannter* Ordnung. «Was sich *nie und nirgends* hat begeben», muß man von ihm mit dem Dichter sagen[1]. Er ist *nie ohnehin* schon da. Er wird *nicht auf dem Wege* gefunden. Man kann ihn *nicht haben.* Er kommt immer gleichsam *um die Ecke,* aber nie hat ein Mensch um diese Ecke gesehen. Er kommt *nirgends woher,* aus dem Nichts, könnten wir gerade so gut sagen, weil wir tatsächlich nicht wissen, von wannen er kommt, noch wohin er fährt [Joh. 3,8]. Unerwartet, unvermittelt, unerklärlich *ist er da.* Er ist da, *wo vorher nichts* war.|

[1] Fr. von Schiller, «An die Freunde», Schluß der letzten Strophe:

> Alles wiederholt sich nur im Leben,
> Ewig jung ist nur die Phantasie,
> Was sich nie und nirgends hat begeben,
> Das allein veraltet nie!

Wir entnehmen unserem Text ferner, daß der Geist eine *Gegenwart des Reiches Gottes* ist. «Vom Himmel» heißt es. Gewalt Gottes *kommt über* die Herzen und Gedanken, aber auch über die Lippen, Hände und Füße der Menschen. Und Gewalt Gottes wird *ihnen auch gegeben,* in ihre Taten und Worte hineingelegt, zu Gottesgewaltigen werden sie selbst gemacht. Eine alte *Freiheit* wird ihnen damit genommen, eine neue gegeben. Ein bisheriger *Weg* ist zu Ende, ein anderer eröffnet sich. «Vom Himmel her!» heißt es jetzt. *Wohin?* Danach haben sie nicht zu fragen. Nur das Eine ist wichtig, daß jetzt mit *Gott angefangen* wird. Damit ist auch das Ziel gegeben. Aber eben von *Gott* gegeben, das ist's. Wo der Geist ist, geschehen *Zeichen und Wunder,* hören wir weiter. Der Geist selbst ist unsichtbar, aber indem er kommt zu den Menschen, beginnt für sie ein neues *Sehen und Hören.* Sie bleiben *nicht stecken im Geistigen,* im Innerlichen. Und die Natur, die äußere Welt *bleibt nicht stumm,* nicht tot, nicht unbeteiligt. In Wind und Feuer bezeugen *ein neuer Himmel und eine neue Erde* [vgl. Jes. 65,17; 2. Petr. 3,13; Apk. 21,1] ihr Dasein, das kein Auge gesehen und kein Ohr gehört [vgl. 1. Kor. 2,9]. Ihnen aber öffnet der Geist die Augen, die Ohren. Er ist nicht Menschengeist, sondern der Geist Gottes. Dem Geist Gottes begegnet und entspricht eine *leibliche, sichtbare und hörbare Welt Gottes.* Das bereitet uns darauf vor, daß diese Menschen auch die Krankheit, das Geld und andere äußerliche, leibliche Dinge *anders* ansehen werden, als man sie sonst ansieht.|

Der Geist *zielt auf alle Menschen hin. Wie ein Föhn* breitet er sich in seinen Wirkungen von den wenigen Jüngern aus, aus über Parther, Meder und Elamiter, Juden und Judengenossen, Kreter und Araber. Wir bekommen den Eindruck: Da steht *die ganze Menschheit* aller Zeiten und Zonen, die Toten und die Lebendigen, wartend vor den Toren, es geht sie alle, alle an: die Gerechten und die Ungerechten, die Gläubigen und die Ungläubigen. Der Geist ist, eben darum weil er nicht Menschengeist, sondern Gottesgeist ist, das *Allgemeinste,* das Umfassende, das Weltliche. Aber der Geist geht einen vernünftigen, menschlichen, *erzieherischen Weg,* er kommt und fegt [?] nicht wie ein Platzregen über Alle zugleich, sondern er setzt sich *auf einen jeglichen unter ihnen,* auf die zunächst, die da einmütig beieinander waren, während die Anderen noch warten. Er ist ewig, aber er will auch eine *zeitliche Geschichte* haben. Er will nicht betäuben, sondern *überzeu-*

gen. Er wendet sich zuerst *an die Einzelnen,* durch die Einzelnen an die Vielen, durch die Vielen an Alle. Er ist also zunächst für diese Einzelnen *ganz persönlich* eine Überraschung, eine Freude vielleicht, vielleicht auch eine Verlegenheit, jedenfalls sofort eine Aufgabe, der nun vor Allem einmal sie, gerade sie gehorchen und sich hingeben müssen.|

Der Geist ist vor Allem die Fähigkeit, *zu reden und zu hören.* «*Sie fingen an,* zu predigen mit anderen Zungen, nach dem der Geist ihnen gab auszusprechen,... und *es hörte ein jeglicher,* daß sie mit seiner Sprache redeten.» Wir denken gar *leicht geringschätzig* vom Reden und vom Hören. «Bloße Worte», sagen wir. Ja, ganz recht, weil wir «bloß Worte» kennen. Wenn wir *das Rechte sagen und das Rechte hören* könnten, wir würden nicht so denken. Wir würden den Schlüssel aller Welträtsel, die Erlösung aus aller Not besitzen, wenn wir recht reden und hören könnten. Das rechte Wort, ausgesprochen und vernommen, wäre besser als unsere besten Taten, es wäre selbst die Tat. Die Tat der Wahrheit und der Liebe, auf die wir alle warten. «Wir hören sie *mit unseren Zungen* die *großen Taten* Gottes reden», sagten dort die Zuhörer. Die Christen redeten also *menschlich* und nicht unmenschlich, verständlich, deutlich, begreiflich für jeden, eben[?] hinein in seine Gedanken und Bedürfnisse, in seine eigene Ausdrucksweise, daß jeder es nur so fassen konnte: es geht mich an, und ich weiß, was gemeint ist, nicht so gelehrt und geistlich und oben hinweg über die Köpfe, sondern in ihren eigenen Zungen. Sie würden mit uns ganz unerhört aargauisch geredet haben, daß wir es hätten verstehen müssen. Sie redeten aber zugleich *göttlich* und nicht etwa gottlos, keine Redensarten, die nur auf die Nerven[?] berechnet sind, keine erbaulichen Geschichtlein zur Unterhaltung, kein praktisches Geschwätz aus dem Leben, sondern die großen Taten Gottes, Licht von oben, die Hauptsache, die Ewigkeit. Seht, das war das rechte Wort, das Wort des Geistes, das Göttliche, aber wirklich das Göttliche, menschlich gesagt und gehört! Ach, wenn wir es doch auch hätten!

3. Und nun sind wir schon bei der Frage, die uns am heutigen Festtag noch mehr als an anderen Sonntagen bedrängen muß. *Was der Geist ist,* das können wir *vielleicht* aus der Bibel ablesen und hören. Aber warum müssen wir es immer nur und im besten Fall aus der *Bibel* ablesen und hören? Wo ist der Geist *jetzt,* hier, unter uns? Wo ist das Geheimnis des ursprünglichen Christentums in unserem *heutigen Christentum?*

Ich möchte gerade heute dringend davor warnen, nun schnell zu antworten: hier oder dort ist er, und dabei den Unterschied zu übersehen. Zwischen uns und dem Geiste, zwischen dem heutigen und dem ursprünglichen Christentum steht ein großes *Wenn und Aber.* Glaubt nicht, daß es ein *Einfall* oder eine Schrulle von mir sei, wenn ich fast jeden Sonntag an diesem Punkt zurückhalte und auf diesen Unterschied, auf dieses große Wenn und Aber hinweise. Es gibt *Kirchen und Kapellen* genug im Land, in denen ganz zuversichtlich so getan wird, als ob die heutige Christenheit den Geist hätte, als ob er über uns so gut ausgegossen sei wie über den ersten Christen. *Ich weiß, was ich tue,* wenn ich da nicht mitmache.

Wer die Bibel aufmerksam liest, *der muß sich sagen:* wir sind anders dran als die neutestamentlichen Menschen. Was jetzt und unter uns Christentum heißt, das ist *Armut,* Dürre, Trockenheit neben dem, was im Neuen Testament Christentum heißt. Das heutige Christentum *hat das Geheimnis des ursprünglichen Christentums nicht,* weil es nichts davon weiß, denn einen Besitz, den man nicht kennt, hat man auch nicht. Das Besondere, das Außerordentliche des Christentums ist uns heute *nicht bewußt,* und darum zeigt es sich auch nicht, obwohl es heute so gut vorhanden ist wie einst. Wo sind denn heute die Menschen, die durch das Christentum vor *große Entscheidungen,* vor ein unerbittliches Entweder-Oder gestellt werden? Wer findet denn heute am Christentum *etwas zum Staunen,* zum Sich-Wundern, zum Fragen? Wir wissen alle so furchtbar gut, *was das Christentum ist.* Wir verstehen[?] es so furchtbar leicht, *daß es da ist:* als Überlieferung und Gewohnheit, zur Unterstützung der Moral durch die Religion, zur Befriedigung unserer religiösen Bedürfnisse und wie diese weltlichen Erklärungen alle lauten. Das Christentum gehört heute zur Welt und zu uns Menschen wie irgend etwas Anderes. Man kennt es, und man wird nicht *stutzig* davor. Man achtet es, aber es *erregt* weder Entsetzen noch Jubel. Niemand wird irre, wenn es in der Kirche läutet[?]. Niemand *fragt:* Was will das werden, wenn er aus der Predigt oder vom Abendmahl[2] kommt. Niemand hat von

[2] Im Anschluß an den Predigtgottesdienst wurde an Pfingsten in Safenwil das Abendmahl gefeiert.

christlich gesinnten Menschen den argen *Verdacht:* Sie sind voll süßen Weines!, und es ist auch kein Anlaß dazu da; denn auch die christlich Gesinnten gehen ihren Weg ungefähr wie die Anderen auch, so ziemlich in allen Dingen. *Wir sind ja Christen* und können uns mit einem gewissen Recht so nennen. *Das Christentum* ist nie offiziell abgeschafft worden; im Gegenteil, es bestehen ja überall unter der Obhut des Staates und als Stütze der Gesellschaft die christlichen *Landeskirchen* und freie religiöse Gemeinschaften mehr als genug, und wenn nicht alle Zeichen trügen, werden beide in Zukunft im Ganzen eher stärker als schwächer dastehen und sich geltend machen. *Wir glauben* mehr oder weniger an das, was wir in der Bibel lesen, was uns von Anderen [?] aus der Bibel gesagt wird. *Wir erinnern uns gelegentlich* in Stunden der Versuchung an die hohe Ordnung und in Stunden der Bedrängnis an die hohe Hilfe, auf die uns das Christentum hinweist. *Christliche Gedanken und christliche Sitten* durchziehen unser ganzes privates und öffentliches Leben vom Tischgebet in der Familie bis zu den feierlichen Worten vom Machtschutz des Allmächtigen in den Erlassen unseres Bundesrates.[3] Was für eine Einbildung, zu denken, daß es heute eine *Christenverfolgung* geben könnte! So etwas wie das heutige Christentum verfolgt man doch nicht. Davor sind wir gut sicher. Aber was haben wir davon? *Wer weiß heute,* daß mit dem Christentum ein *neues Leben* anfängt, daß Christentum *Gottesgewalt* ist, ein neues *Sehen und Hören,* das *Allgemeinste* für alle Menschen und zugleich die *persönlich dringendste Angelegenheit* jedes einzelnen, daß es ein *Wort gibt,* ein ungesprochenes und ungehörtes Wort, das unserer ganzen Eitelkeit, aber auch unserer ganzen Not ein Ende macht? Wer weiß heute, daß das Christentum mit seinen uns so wohl bekannten Gedanken nicht schön ist, nicht anerkennenswert, nicht notwendig, nicht begreiflich, sondern höchst unbegreiflich, höchst unzeitgemäß, höchst zuwider-

[3] Die Schreiben des Bundesrates an die Kantone endeten traditionell mit der Empfehlung in den göttlichen Machtschutz. So z. B. auch das Kreisschreiben des Bundesrates an sämtliche Kantonsregierungen vom 2.2.1920 betreffend die Volksabstimmung vom 21.3.1920: «Wir benützen auch diesen Anlass, um Sie, getreue, liebe Eidgenossen, samt uns in Gottes Machtschutz zu empfehlen» (Bundesblatt der schweizerischen Eidgenossenschaft, Jg. 1920, Bd. 1, S. 153).

laufend dem, was wir sonst meinen, daß es aber *einfach wahr ist, einfach recht hat?* Wer weiß heute, daß es sich im Christentum nicht um eine Privatangelegenheit, nicht um eine Geschmackssache, sondern höchst eingreifend und unvermeidlich um *Gott und Mensch,* Himmel und Erde, Leben und Tod handelt? Wer weiß das alles, und wer nimmt es ernst, daß er es weiß? Wenn wir es aber nicht wissen und nicht ernst nehmen, was wissen wir dann *vom Geiste,* was geht uns dann Pfingsten an?

4. Ich meine, das muß uns ja, wenn wir ehrlich und ernsthaft sind, ganz deutlich sein, daß wir heute gerade das *feiern, was wir im Ganzen nicht haben,* wonach wir im Ganzen nur fragen und suchen können. Ja, dazu sind wir schon aufgerufen, nach dem Geiste zu fragen und zu suchen. Man merkt es *unserem Leben* nur zu deutlich an, daß das Geheimnis des ursprünglichen Christentums nicht unter uns ist. Wer die Augen nur ein wenig offen hat, der merkt: es *fehlt uns da etwas* ganz im Mittelpunkt und auch wieder an allen Ecken und Enden. Es fehlt unserem Leben an Sinn und Zusammenhang, an der Notwendigkeit und an der Freiheit, es fehlt uns ganz und gar jenes rechte Wort. Alle *Frömmigkeit* und Tüchtigkeit, aller Idealismus und alle Begeisterung, die unter uns vorhanden sind, können darüber nicht hinwegtäuschen, daß gerade das Eine, Entscheidende: dieses Erleuchtende, Leitende, Hinweisende, Begrenzende und Befreiende des Geistes uns fehlt. Alle vereinzelten *Spuren des Geistes* auch in der Gegenwart können nicht darüber hinwegtäuschen, daß wir es im Ganzen, gerade in den großen Fragen des Lebens ohne den Geist machen, daß gerade die wichtigsten Dinge in unserem öffentlichen und privaten Leben sich nicht durch den Geist, sondern ohne den Geist bewegen. Darum *ist denn auch unser Leben, wie es ist,* darum gehen denn auch die Dinge, wie sie gehen. Wer es einmal gemerkt, der kann sich mit dem heutigen Christentum und dem, was es bietet, *nicht zufrieden geben.* Er sehnt sich nach dem Ursprünglichen, nach der Quelle, und *wichtiger als alle anderen* Fragen wird ihm die Frage, ob diese Quellen nicht wieder fließen werden.

Wir wollen uns, wenn wir vielleicht ein wenig zu denen gehören, die es gemerkt haben, sagen, daß es *vielleicht nur wenig braucht,* so fließen sie wieder. Die Quelle ist vielleicht *nicht so tief* zugeschüttet, wie es den Anschein hat. Wir sind vielleicht *näher und bereiter,* den Geist der ersten Zeugen[4] zu empfangen, als wir selbst denken. Auch *hinter unserem heutigen Christentum* steht überall, wenn auch unbemerkt, das ursprüngliche mit allen seinen Kräften und Wundern. Es ist freilich etwas sehr Anderes geworden, es ist entartet, es hat sich verändert, aber es ist doch aus jenem *herausgewachsen,* und jenes ist auch noch da. Man wird doch auch im heutigen Christentum auf Schritt und Tritt an das ursprüngliche *wenigstens erinnert.* Wir können die Bibel nicht aufschlagen, wir können keine Predigt hören, und wenn es die schwächste wäre, wir können nicht zum Abendmahl gehen, ohne an das Geheimnis, an den Geist wenigstens erinnert zu werden. Es hat ja Alles auch im heutigen Christentum *seinen ursprünglichen Sinn* im Geiste und erinnert uns darum an den Geist. Nun wohlan, wir wollen uns wenigstens erinnern lassen, daß hinter dem, was heute Tod ist, *das Leben auf uns wartet.* Man brauchte vielleicht nur ein wenig mit dem *Hammer an die Wand* zu klopfen, so fiele die Tünche ab und da und dort zeigten sich die Spuren des Gemäldes, das da einst von unverständigen Händen überstrichen worden ist. Wir brauchten vielleicht nur ein wenig uns selber *ernst und beim Wort zu nehmen,* wir heutigen Christen, so ständen wir mitten in der Ausgießung des heiligen Geistes, auf die alles Fleisch wartet [vgl. Act. 2,17].

Aber *machen, erzwingen, herbeiführen kann* man dieses Durchbrechen des Ursprünglichen, diese Gegenwart des Geheimnisses, diese Ausgießung des Geistes nicht. Wer da etwas künsteln [?] wollte, der würde sich am allermeisten [?] täuschen. Der Tag der Pfingsten muß *erfüllt werden,* erfüllt von Reife [?] und Notwendigkeit und Bereitschaft. Solange er nicht erfüllt ist, können wir nur die *Unbefriedigung* in uns wachhalten, die *Sehnsucht,* das *Bewußtsein* von dem großen, brennenden [?] Wenn und Aber, die klare *Einsicht* in das, worum es sich in der Bibel eigentlich handelt und was uns fehlt, das *Bitten, Suchen und Anklopfen* [vgl. Mt. 7,7f.]. Was wir am Geiste *heute schon haben,* das ist Bitten, Suchen und Anklopfen. Wir wollen *nicht müde werden,* darin unser Heil zu suchen. Das *Vorstoßen aus dem Leeren in die Fülle* ist denen verheißen, die darin nicht müde werden.

[4] Vgl. das Lied nach der Predigt Nr. 162.

Lieder:

Nr. 151 «O Gott, o Geist, o Licht des Lebens» von G. Tersteegen, Strophen 1.6.7 (RG [1998] 510,1.6.7; Reichs-Lieder 454,1.4.5; jeweils mit geringen Textabweichungen)

Nr. 162 «Wach auf, du Geist der ersten Zeugen» von K. H. von Bogatzky, Strophen 1.3.4 (RG [1998] 797,1.–. 3; EG 241,1.3.4; jeweils mit geringen Textabweichungen)

2. Korinther 4,1–6

[1] Darum, weil wir einen solchen Dienst haben wie den, der uns aus Barmherzigkeit anvertraut ist, werden wir nicht mutlos, [2] haben abgesagt den Umwegen einer falschen Scham, gehen nicht mit Schlauheit vor und fälschen das Wort Gottes nicht, sondern durch Eröffnung der Wahrheit empfehlen wir uns dem Gewissen jedes Menschen vor Gott. [3] Wenn aber auch unser Evangelium verhüllt ist, so ist es bei denen verhüllt, die verloren gehen, [4] dort, wo der Gott dieser Welt den Sinn der Ungläubigen verdüstert hat, so daß sie keine Augen haben für das Leuchten des Evangeliums von der Herrlichkeit Christi, der das Ebenbild Gottes ist. [5] Denn wir verkündigen nicht uns selbst, sondern Christus Jesus als den Herrn, uns selbst aber als eure Knechte um Jesu willen. [6] Denn Gott, der da sprach: Aus Finsternis erscheine Licht!, der hat einen hellen Schein in unsere Herzen gegeben, damit ein Leuchten entstehe von Erkenntnis der Herrlichkeit Gottes im Angesichte Christi.

1. Wenn wir Toten erwachen werden, wenn das heutige offizielle und private *Christentum,* das sich selbst vergessen und verloren hat, sich selber wieder finden wird, wenn die *Bibel* sich auftun und zeigen wird als das Buch, das am wenigsten von allen Büchern von fernen, fremden Dingen, am meisten, am dringendsten von uns selbst und von unserer Welt redet, wenn die *Kirche* aufhören wird, zu sein, was sie jetzt ist: ein halb heiliger, halb langweiliger Ort, wenn die Menschen auf den Straßen, in den Wirtshäusern und auf der Eisenbahn das *in sich bewegen* werden, was sie jetzt kaum in der Kirche in sich zu bewegen wagen, weil es das ist, was tatsächlich das Leben bewegt, wenn das Wort *Religion* verschwinden wird, weil das, was man heute so nennt, Wahrheit und Wirklichkeit sein wird – dann wird das damit *anfangen,* daß es unter uns zu einem neuen *Verständnis* kommt für das Wort von der Barmherzigkeit Gottes. Dieses neue Verständnis ist heute *nicht vorhanden,* wir hören heute dieses Wort, ohne es eigentlich zu hören. *Es liegt heute* in niemandes Willen noch Macht, es so auszusprechen, daß es verstanden wird und, verstanden, alle Fesseln sprengt, in denen wir jetzt seufzen. Wir können nur feststellen: da ist der lebendige, der geheimnisvolle Punkt, wo die Menschen der Bibel, ein Paulus z. B., etwas Unerhörtes gehört, etwas Ungesehenes gesehen haben. «Wir haben *einen solchen Dienst,* der uns aus Barmherzigkeit anvertraut ist», sagt Paulus. Er meint damit: Es ist in unser Leben etwas *hineingetreten*, das wir weder erdacht noch erschaffen, weder erstrebt noch verdient haben. *Es geschah,* es war da, es war da als etwas ganz Neues und Anderes. Es ist *keine Religion,* keine Theorie, keine Idee, es ist ein unbegreiflich wirkliches Angenommensein, Eintreten-Dürfen und Freiheit-Haben. *Wir wollen nicht,* wir können nicht, wir müssen auch nicht, wir sind nicht und wir haben nicht, es ist und wird hoch über uns und ohne uns und doch nicht ohne uns, sondern gewaltig erlösend und gebietend in uns. *Wir wissen nichts,* aber es ist ein Licht da und in diesem Licht alle Fülle der Erkenntnis. *Wir tun nichts,* aber es ist Kraft da, und wir vermögen Alles in dem, der uns stark macht [vgl. Phil. 4,13]. *Wir haben keine Würde,* keine Ehre, keinen Vorzug, aber wir stehen unbegreiflicherweise in einem Dienst, der Alles, was groß und ernst und wichtig ist in der Welt und unter den Menschen, an Herrlichkeit übertrifft. *Gottes Wahrheit,* Gottes Gerechtigkeit, Gottes Gedanken, Gottes Wille – wir stammeln wie die Kinder, wir irren wie die Blinden. Aber Gott selbst, Gott ohne Drum und Dran, Gott als Anfang, als Ursprung, als Sinn, als Bewegung – das ist uns klar, seiner sind wir gewiß. *In der Welt* ist's dunkel![1] Das ist wahr. Wir sind Sünder! Das ist auch wahr. Wir müssen sterben! Das ist auch wahr, sehr wahr. Aber Gott selbst, der einen hellen Schein in unsere Herzen gegeben, das ist noch wahrer; Gott selbst, das sprengt die Riegel und Mauern; Gott selbst, das ist königliche Macht den Schwachen, königliche Freiheit den Gebundenen, königlicher Reichtum den Ärmsten. Was ist da begreiflich? *Was ist da erklärlich?* Was ist da menschlich [?], wirklich verständlich? Was hat das gemein mit Moral, Frömmigkeit, Idealismus? Nichts, gar nichts! Es ist Alles unfaßlich, Alles neu, Alles ganz anders, als Erfahrung und Voraussicht uns sagen könnten. Es ist *das Wunder,* das absolute Wunder des Geistes. Nicht des menschlichen Geistes. Nicht wir haben Geist. Nicht wir sind begeistert, geistreich, geistig oder geistlich. Der *Herr* ist der Geist. Wo der Geist des *Herrn* ist, da ist Freiheit [2. Kor. 3,17].|

[1] Vgl. den Anfang des Liedes von G. Frei (1851–1901): «In der Welt ist's dunkel, leuchten müssen wir, du in deiner Ecke, ich in meiner hier», u. a. in P. Zauleck, *Deutsches Kindergesangbuch,* Gütersloh o. J., Nr. 227.

Das ist die Barmherzigkeit Gottes, von der Paulus redet. *Wir stellen fest:* Da ist die *Quelle,* aus der solche Menschen trinken und leben; da fangen sie an, da kommen sie her, dahin kehren sie immer wieder zurück. Da ist die *Erklärung* für den Widerspruch, den jedes Kind sehen kann zwischen der Bibel, auf die das Christentum hinweist, und dem Christentum selbst, wie es ist. Da ist die *Ursache,* warum das Christentum trotz aller Schwäche nicht untergehen und doch auch nicht zur Ruhe kommen kann, warum zu allen Zeiten und heute mehr als je eine Sehnsucht, ein Ruf [?] der Unbefriedigung, ein Suchen nach größerer Wahrheit, nach mehr Licht und Liebe durch die Christenheit hindurchgeht. Aber *nur feststellen* können wir das heute: *Da, da* hinter diesen zwei Wörtlein: Barmherzigkeit Gottes, da steht es, da steckt es, das Geheimnis, die Auflösung des Rätsels, das, was uns heute im Ganzen verschlossen und entzogen ist. *Verstehen* können wir sie heute kaum. *Sie hören* und ungefähr ahnen, was damit gemeint ist, heißt noch nicht, sie verstehen. *Davon reden,* wie etwa ich davon reden kann, heißt wahrhaftig auch noch nicht sie verstehen. Alles, *was wir etwa wirklich* davon verstehen, ist nur eine Vorbereitung auf das eigentliche, große [?] Verstehen. Alle *Spuren von Verständnis,* die durch die Geschichte der Menschheit und auch durch unsere Lebensgeschichten hindurchlaufen seit dem Pfingsttag, sind nur Anzeichen des kommenden, großen Verständnisses. *Das eigentliche, große Verständnis* für die Barmherzigkeit Gottes wird etwas Gewaltiges, Umwälzendes sein, ein Sturm und zugleich ein Friede, ein Angriff auf Alles und zugleich ein Segen über Allem. Alle Lichter werden dann erlöschen, und ein großes Licht wird uns dann aufgehen, wie es Paulus ging vor Damaskus, als er ein Paulus wurde [Act. 9,3 u. ö.]. Aber das ist *heute noch nicht da:* Man kann *heute nur das sagen,* daß diejenigen die Barmherzigkeit Gottes noch am besten verstehen, die merken, daß wir sie nicht verstehen, die sich eingestehen: wir wissen nicht, was wir hören, wir wissen nicht, was wir sagen, wenn wir diese zwei Wörtlein «Barmherzigkeit Gottes» vernehmen und aussprechen. Man kann *heute noch nur Eines tun:* diesem lebendigen, geheimnisvollen Punkt eine demütige, starke, erwartungsvolle, immer neue Aufmerksamkeit widmen. Wenn es dort anfängt, wieder licht zu werden und kräftig zu werden, wenn von dorther sich etwas regt in uns und unter uns, deutlich, unzweideutig, sichtbar, dann mag die Stunde, da die Toten erwachen, nahe sein. In dieser Aufmerksamkeit wollen wir einige von den Strahlen verfolgen, die von diesem lebendigen, geheimnisvollen Punkt ausgehen.

2. Weil wir mit der Barmherzigkeit Gottes angefangen haben, sagt Paulus, darum *werden wir nicht mutlos,* darum haben wir abgesagt den Umwegen einer falschen Scham, gehen nicht mit Schlauheit vor und fälschen das Wort Gottes nicht, sondern durch Eröffnung der Wahrheit empfehlen wir uns dem Gewissen jedes Menschen vor Gott. Wenn wir doch das *auch von uns* und unserem Christentum sagen könnten! Wir können es nicht sagen. Das große: Gott selbst!, der Geist steht nicht so hinter uns, wie er hinter Paulus stand. Heute ist das Christentum *mutlos.* Verlegen steht es der Welt gegenüber, behutsam sucht es mit der Welt auszukommen, vorsichtig versucht es, sich Allem, was die Welt tut, anzupassen. *Gestern* war es mit der Welt kriegerisch, heute begeistert es sich mit der Welt für Frieden und Völkerverbrüderung. Gestern war es kapitalistisch, heute fängt es an, auch sozial zu sein. Gestern war es etwas Verschlossenes, rein Persönliches, heute möchte es nur zu eifrig öffentlich und gesellschaftlich werden. Es ist immer dort, wo die Welt ist. *Nur mit flüsternder Stimme* wagt es zu zeigen, daß es etwas Eigenes, Ewiges zu sagen hat, aber nie dann, wenn es nötig und gefährlich wäre, immer hinterdrein, immer erst dann, wenn die Welt auf ihre Weise ebensoweit ist. Es *traut sich selbst nicht,* es benimmt sich, als ob es durchaus nicht im Dienst Gottes wäre, sondern vielmehr Gott in den Dienst der Menschen zu stellen habe. Das ist die Mutlosigkeit des Christentums. Dabei *geht es ohne falsche Scham,* ohne Schlauheit, ohne Verfälschung des Wortes Gottes nicht ab. Und das merkt nicht nur Gott, sondern auch die Welt. Man darf sich nicht wundern, wenn das Christentum in der Welt nicht eben geachtet ist. Wir können das alles *nicht direkt ändern.* Ohne ein neues Verständnis für die Barmherzigkeit Gottes kann sich das überhaupt nicht ändern. Wir können es uns aber *merken* und uns darauf freuen und uns darauf rüsten: Wenn die Barmherzigkeit Gottes wieder verstanden werden wird, dann wird das Christentum wieder einen mutigen und darum einen *offenen, geraden* Weg gehen. Es braucht dann nicht die *Künste,* mit denen man heute die Menschen für das Christentum zu gewinnen sucht. Das Christentum braucht dann

der Welt nicht *nachzuhumpeln,* um ihr zu zeigen, daß es auch noch da ist. Die Christen brauchen dann nicht so *vorsichtig zu sein* mit ihrer Sache, um nur ja nicht zu Schaden zu kommen damit. Wenn die Wahrheit sich eröffnen kann durch uns, dann *empfehlen wir uns* damit von selbst, nicht äußerlich wie jetzt, sondern den Gewissen der Menschen, und das vor Gott. Das Gewissen der Menschen, auch der Weltmenschen wartet darauf, daß ihm die Wahrheit eröffnet werde. Wir dürfen sie nicht verklagen, weil sie sie jetzt nicht haben. *Wir Christen* haben sie eben auch nicht recht. Wenn die Christen einmal wieder durch die Barmherzigkeit Gottes Mut fassen werden, ihren Dienst richtig zu versehen, dann wird das *Christentum wieder leuchten,* führen, überzeugen. Nicht wahr, das möchten wir ja! Aber seht, wie wichtig es dazu ist, zu *verstehen* dort, wo wir jetzt noch nicht verstehen. Denn solange wir nicht wieder: *Gott selbst!* sagen können, ist das alles nicht möglich.

3. Weil wir mit der Barmherzigkeit Gottes angefangen haben, sagt Paulus, darum begreifen wir auch das Schmerzliche, daß unser Evangelium so *Vielen verhüllt ist.* Ja, auch die mutig vertretene, lautere Wahrheit, auch das unverfälschte Wort Gottes muß auf *Widerstand rechnen.* Das hat den Christen zu allen Zeiten zu denken gegeben, daß sie *auch dann,* wenn es ihnen ganz um Gott und nicht um Menschen zu tun war, wenn sie einen geraden, unscheinbaren [?] Weg gingen, wenn sie ein gutes Gewissen hatten, *erleben mußten,* daß sie wenig Erfolg hatten, daß die Mauern vor ihnen zum größten Teil stehen blieben, daß die Menschen sich von ihrem Irrtum und ihrer Sünde scheinbar nicht regten noch bewegten. Da wird dann unser Christentum, das sonst so weich und anpassungsfähig ist, gewöhnlich schnell merkwürdig *hart und ausschließlich.* Da wissen wir auf einmal nichts Besseres zu tun, als *anzuklagen,* zu bekämpfen, fallen zu lassen. Man muß nur unsere religiösen Blätter lesen, um zu sehen, wieviel scharfe, höhnische *Urteile* sich die Christen über ihre irrenden und sündigenden Mitmenschen erlauben, was für *Scheidungen* und Abweisungen und Verhärtungen da beständig geschehen. Etwas wie eine *unterdrückte* Wut spricht aus den Worten so vieler Christen und Pfarrer, sie hat auch aus meinen Worten schon gesprochen: sie wollen es nicht hören, was wir ihnen doch laut genug sagen – so mögen sie es haben, so sind wir fertig mit ihnen. «So mögen sie zur Hölle fahren», sagte ein Theologieprofessor, der nicht zu den Strenggläubigen gehört.[2] Wir können vielleicht auch das *nicht direkt ändern.* Ohne ein neues Verständnis der Barmherzigkeit Gottes ist diese unterdrückte christliche Wut über die Ungläubigen, die nichts merken, fast unvermeidlich. Wir können aber auch da *merken:* Es gibt etwas Anderes, wenn die Barmherzigkeit Gottes wieder verstanden wird. Was sagt Paulus in dieser Hinsicht? Er sieht die Menschen, die auch der lauteren Wahrheit jetzt widerstehen, in der Gewalt des *Gottes dieser Welt.* Darum handelt es sich ja, daß Gott selbst es gewinnt über den Gott dieser Welt, den falschen, erdachten, geträumten, gemeinten Nicht-Gott der Menschen. *In diesem Kampf* stehen wir ja alle. Was Wunder, wenn wir andere auch in diesem Kampf sehen, tiefer, unglücklicher noch als uns selbst? Ja, die haben freilich *keine Augen* für das Licht, und darum ist es, wie wenn das Licht für sie nicht da wäre. Das ist *ein Zeugnis* von der Schwere der menschlichen Not, von der Größe des göttlichen Kampfes und Sieges. Das ist eine erschreckende *Erinnerung* daran, daß die Menschen verloren gehen müßten ohne Gott. Es ist aber kein Grund, am Sieg der Wahrheit irre zu werden, und darum auch kein Grund, bitter zu werden. *Wer von sich selber weiß,* was das ist um die Verdüsterung unseres Sinnes für Gott, der kann nicht hart reden gegen andere, die er auch in dieser Verdüsterung findet. *Wer an sich selber erfahren,* daß Gottes Vergebung Wunder tut, der kann auch die Verlorenen nicht verloren geben. *Begreifen* lehrt uns die Barmherzigkeit Gottes uns selbst und die Gottlosen begreifen, in Demut an Gottes Geduld und Kraft zu glauben, statt uns selbst zu rechtfertigen und die Anderen zu verdammen. Ich glaube, das wird ein *sicheres Anzeichen* des kommenden großen Verstehens sein, wenn wir Christen anfangen, die Nichtchristen im Zusammenhang mit Gott zu begreifen. Wenn wir sie besser begreifen würden, würden sie *nicht mehr lange sein,* was sie jetzt sind. Aber um gerade an diesem schweren Punkt zu begreifen, müßten wir *selbst recht verstanden* haben, was wir jetzt noch nicht verstehen.

[2] Nicht ermittelt.

4. Weil wir mit der Barmherzigkeit Gottes angefangen haben, sagt Paulus, darum *verkündigen wir nicht uns selbst,* sondern Christus Jesus als den Herrn, uns selbst aber als eure Knechte um Jesu willen. Das wäre eine *schwere und bedenkliche* Probe für uns Christen von heute, wenn man uns fragen wollte: was verkündigt, was vertretet, was bezeugt ihr eigentlich, ihr sogenannten Christen, ihr in eurer Landeskirche, ihr in euren Sekten, ihr Privatchristen auf eigene Faust, ihr altmodischen und ihr neumodischen Christen, ihr Pfarrer und ihr Laien: euch selbst oder Jesus Christus als den Herrn und euch selbst nur als Knechte der Menschen? «Sich selbst verkündigen» die, die nur sich selbst, *was sie sind, wissen und können, zur Geltung bringen.* Ja, wer kann denn etwas Anderes, nicht wahr? Es kommt eben *immer wieder der Mensch,* die Persönlichkeit heraus bei Allem, was wir treiben, es kann keiner aus seiner Haut heraus, es kann keiner mehr geben, als er hat, es läuft ein jeder in den Schienen seines Charakters, seiner Erfahrungen, seiner Gemütsstimmung, seiner Gedanken. Damit halten wir uns für *entschuldigt.* Viele Denker sagen, es sei *etwas sehr Schönes,* daß im Christentum jeder seine eigene Frömmigkeit habe, wie man sagt. Ja, das ist nun eben der Pfarrer mit seinem Kopf, das sind nun eben die Leute mit ihrem Sinn, das ist nun eben die Richtung mit ihrer Art, heißt es, und das soll sogar ein *großer Fortschritt* sein, daß es so heißen muß. Wir wollen uns doch wenigstens klar machen, daß es nur darum so heißen muß, weil wir die Barmherzigkeit Gottes *noch nicht verstanden.* Darum können wir Christen *uns selbst so ernst* nehmen, uns selbst soviel *sogenannte Freiheit* einräumen. Darum ist heute im Grunde *jeder sein eigener* Heiland und Meister. Darum ist *die Religion heute,* wo man etwas davon merkt, mehr eine menschliche Sonderbarkeit, eine interessante Erscheinung, für die es bereits eine eigene Wissenschaft gibt, ein Gebiet, wo sich viel sehr Merkwürdiges begibt, als eine göttliche Wahrheit, ein Ruf und eine Botschaft an den Menschen, eine wirkliche Hilfe für die Welt. Wieder müssen wir sagen, daß an diesem Zustand direkt *nicht viel zu ändern ist.* Es wird immer so sein, daß man unserem Christentum mehr von uns selbst anmerkt, solange das: Gott selbst! nicht mächtig uns ergreift. Aber *merken* könnten wir auch hier: wenn die Barmherzigkeit Gottes wieder verstanden werden wird, dann werden die *Menschen klein werden,* gerade die religiösen und christlichen Menschen, um Jesus groß werden

zu lassen. Dann werden sie *nicht mehr so stark* ihren eigenen Gefühlen, Gedanken und Bedürfnissen folgen, sondern man wird ihnen anmerken, daß sie einer Sache dienen, die größer und ernster ist als ihr Persönliches, Eigenes. Dann werden sie nicht mehr *jeder seinem Kopf und Sinn folgen,* sondern einen Herrn haben und einander und den Anderen um dieses Herrn willen dienen, statt jeder groß sein und herrschen zu wollen. Die wunderliche Mannigfaltigkeit und Eigenwilligkeit gerade des religiösen Lebens wird dann aufhören und *das Gemeinsame,* Hohe wird in den Vordergrund treten. Das ist heute schon die *Meinung der katholischen Kirche* mit ihrer erzwungenen Einheit und Unterordnung. So geht es freilich nicht. Erzwingen und erkünsteln kann man das nicht, daß wirklich Christus von den Christen verkündigt wird und nicht sie selbst. Aber *kommen muß es und wird es,* wenn sie sich selbst verstehen und die Freiheit des Geistes, der nicht viele Geister, sondern *ein* Geist der Wahrheit ist. *Wenn etwas kommt* [?], das wirklich von diesem *einen* Geist zeugt, dann mögen wir's als ein Zeichen nehmen, daß das Verstehen der Barmherzigkeit Gottes, daß die Erlösung nahe ist [vgl. Lk. 21,28].

5. Es wird *ein großes Leuchten sein,* wenn dieses Verstehen anfängt. Ein Leuchten wie am ersten Schöpfungstag [Gen. 1,3], sagt Paulus, der etwas davon wußte. Wie damals, als Gott dem Licht rief, daß es erscheine aus der Finsternis. Aber dieser helle Schein wird *inwendig in uns Menschen* sein. Was von Gott her kommt, muß aus uns selbst hervorgehen [?]. *Ein Leuchten von Erkenntnis* der Herrlichkeit Gottes im Angesicht Jesu Christi wird es sein. *Wir wissen noch nicht,* was Erkenntnis ist. Was wir so nennen, leuchtet ja nicht. Wir werden es aber wissen, und *die Erde wird voll sein* von leuchtender, in vielen Strahlen leuchtender Erkenntnis Gottes. Die Erde wird aber eine *neue Erde* werden im Licht dieser Erkenntnis und der Himmel ein *neuer Himmel* [vgl. Jes. 65,17; 2. Petr. 3,13; Apk. 21,1]. Die Umwandlung, die sich in dieser Erkenntnis vollziehen wird, wir können sie uns *nicht groß genug* vorstellen, wir können nicht Großes genug davon *erwarten.*[3]

[3] Am Montag, 31. Mai schrieb Barth an Thurneysen: «Der 2. Korintherbrief geht wie ein Sturzbach über mich. Aber das *Wenigste* kann in Form von

Lieder:

Nr. 23 «O Höchster, deine Gütigkeit» nach Ps. 36 von J. Stapfer und M. Jorissen, Strophen 1–2 (RG [1998] 27,1–2)

Nr. 237 «Wie schön leucht't uns der Morgenstern» von Ph. Nicolai, Strophen 1–3 (RG [1998] 653,1–3; EG 70,1–3; «Wie schön leuchtet...», jeweils mit Textabweichungen)

Predigten weitergehen. Das große Wenn und Aber! schiebt sich drohend zwischen Paulus – und mein Reden und der Safenwiler Hören hinein und macht das ganze Licht, das eigentlich in diesen Texten ist[...], gebrochen, conditional, kirchlich könnte man auch sagen.» «Gestern hatte ich wohlgezählte 42 Leute in der Kirche[...] Diese gähnenden leeren Bänke, vor denen ich meine paulinischen Erträgnisse zum Besten gebe, sind wohl die Gestalt des ‹Todes› [vgl. 2. Kor. 4,11f.], durch die *ich* in der rechten Demut erhalten werden soll.» (Bw. Th. I, S. 392f.).

Safenwil, Sonntag, den 6. Juni 1920

Der Einzelne[1]

2. Korinther 4,7–15[a]

Wir haben aber diesen Schatz in tönernen Gefäßen, damit (es klar sei) die überschwengliche Kraft sei Gottes und nicht von uns. Wir sind in jeder Beziehung bedrängt, aber nicht erdrückt, verlegen, aber nicht verzweifelt, verfolgt, aber nicht verlassen, zu Boden geworfen, aber nicht zugrunde gerichtet. Beständig tragen wir das Sterben Jesu am Leibe umher, damit auch das Leben Jesu an unserem Leibe offenbar werde. Ja, immer sind wir bei lebendigem Leibe in den Tod gegeben um Jesu willen, damit auch das Leben Jesu an unserem sterblichen Fleische offenbar werde. So ist also der Tod in uns wirksam, das Leben aber in euch. Da wir aber (mit euch) denselben Geist des Glaubens haben, (so geht es) wie geschrieben steht: Ich habe geglaubt, darum habe ich geredet. Auch wir glauben, darum reden wir auch, weil wir wissen, daß der, der den Herrn Jesus auferweckt hat, auch uns mit Jesus auferwecken und uns mit euch vor sich stellen wird. Denn es geschieht alles um euretwillen, damit die Gnade zunehme und durch eine immer größere Schar auch die Danksagung wachsen lasse zur Ehre Gottes.

Es[b] ist eine Ehre und Freude, ein Mensch zu sein, von dem viel[c], von dem mehr verlangt wird als von anderen. Jesus hat einmal gesagt: Wem viel gegeben ist, von dem wird viel gefordert werden [Lk. 12,48]! Man kann dieses Wort auch umkehren und sagen: Von wem viel gefordert wird, dem ist auch viel gegeben. Und so kann man auch das Sprichwort: Würde bringt Bürde![2] umkehren und sagen: Bürde bringt Würde! Das ist die andere Seite, an die alle ⌜die⌝ Bedrängten und Verlegenen, alle die, denen ihre Aufgabe zu groß und zu schwer ist,

[a] Im Mskr. sind in der Übersetzung jeweils die Versziffern eingetragen.
[b] Vor dem Abschnitt im Mskr.: *«1.»*
[c] Mskr.: «viel verlangt».

[1] Unter dieser Überschrift ist die Predigt abgedruckt in: Komm Schöpfer Geist!, S. 224–234. Wir folgen dem gedruckten Text und weisen die Abweichungen vom Mskr. in dem mit Buchstaben gekennzeichneten Apparat nach, wie oben S. XI beschrieben.
[2] Nach Fr. Freiherr von Lipperheide, *Spruchwörterbuch*, Leipzig 1935[3], S. 1038, lautet das Sprichwort: «Würden sind Bürden».

denken[d] sollten. Es könnte sein, daß gerade sie unter einer großen Gnade stehen. Es könnte sein, daß ihnen eigentlich nichts fehlt, als daß sie das nun auch wissen und tief[e] dankbar sind. Es ist immer wieder nötig, daß es Men-|225|schen gibt, die in der Stellung und Lage des Paulus sind, von denen mehr verlangt wird als von anderen. Sie sind freilich nicht immer vorhanden, jedenfalls nicht mit einer so großen Gnade und Dankbarkeit wie Paulus. Es ist aber auch nicht wahr, wie[f] ich einmal einen Pfarrer habe sagen hören, daß solche Menschen alle hundert Jahre nur[g] einmal vorkommen. Es kommen da und dort im Kleinen und wohl auch[h] einmal im Großen beständig solche Menschen vor, solche Menschen mit großer Last und großer Seligkeit. Man kennt und nennt sie freilich nicht immer, und das braucht es auch nicht. Solche Menschen sind, ob bekannt oder unbekannt, unter der großen Masse der übrigen die eigentlich Notwendigen und Unentbehrlichen. Solche Menschen könnte es auch beständig viel mehr geben[i], denn es braucht keine besonderen Anlagen des Charakters und Verstandes dazu, ein solcher Mensch zu sein. Solche Menschen[j] sind es, die die anderen heimlich zusammenhalten und vorwärtstreiben. Und die[k] für die anderen, den anderen zugut, das wirkliche Leben leben, das doch auch irgendwie gelebt sein will unter dem vielen Scheinleben und Trugleben, in dem die große Masse dahinschlummert. Man kann auch ruhig sagen, daß[l] jeder Mensch fähig und nahe[m] dabei ist, ein solch belasteter und doch seliger Mensch zu werden, daß wir eigentlich alle mehr oder weniger hart an der Grenze stehen, wo die besondere Gnade, besondere[n] Dankbarkeit solcher Menschen anfängt, wo es auf der anderen Seite heißt: Viel gefordert, aber ⌜auch⌝ viel gegeben! Bürde, aber Würde! Bedrängt, aber nicht erdrückt! Ver-

d Mskr.: «zu schwer ist, alle die, denen Gott manchmal unheimlich wird, denken».
e Mskr.: «dafür».
f Mskr.: «was».
g Mskr.: «nur alle 100 Jahre».
h Mskr: «auch wohl».
i Mskr.: «Solcher Menschen könnte auch beständig viel mehr sein».
j Mskr.: «Es müßten ihrer auch viel mehr sein. Denn solche Menschen».
k Mskr.: «vorwärtstreiben und erleuchten, die»:
l Mskr.: «daß eigentlich».
m Mskr.: «ganz nahe».
n Mskr.: «und besondere».

legen, aber nicht verzweifelt! Verfolgt, aber nicht verlassen! Zu Boden geworfen, aber nicht zugrunde gerichtet! Denn welcher Mensch sollte nicht für Gott ebenso notwendig sein wie Paulus? Wenn er nur die[o] göttliche Notwendigkeit dieses[p] Lebens begreifen und sich darauf einlassen will.

Es ist für Gott notwendig, daß es Menschen gibt, die |226| sich rufen lassen, auch wenn viel andere noch nichts hören, Menschen, die erschrecken, auch wenn viel andere noch ganz ruhig bleiben[q]. Das ist kein Vorwurf für diese vielen anderen. Auch nicht ein Verdienst oder eine Auszeichnung für die Gerufenen, die Erschrockenen, die Vorangehenden. Es ist einfach eine Notwendigkeit, ein Naturgesetz des Reiches Gottes[r]. Das Verhältnis Gottes zu uns Menschen ist kein staatliches, wo der Grundsatz gilt: Alle Bürger sind vor dem Gesetze gleich!, auch kein militärisches, wo tausend Menschen miteinander das rechte Bein heben und marschieren müssen. Es ist ein *freies* Verhältnis. Es geht nicht zum vorneherein alle an, sondern zunächst nur *Einzelne.* Auch unter diesen Einzelnen sind verschiedene Grade und Stufen möglich. Es wird immer viele geben, die für Gott noch nicht zu haben sind, und einige, die für Gott zu haben sind[s]. Durch diese Einzelnen vollzieht sich dann die Bewegung zwischen Gott und den Menschen. Es verhält sich damit ⌜ähnlich⌝ wie mit schönen Bildern und guter[t] Musik. Wer Augen hat zu sehen, der sieht. Wer Ohren hat zu hören, der hört. Die anderen lassen es vorläufig bleiben. Durch die Suchenden und Harrenden aber geschieht es, daß die Wahrheit[u] immer wieder einen Weg findet unter den Menschen und zu den Menschen. Wir können auch an jenen Acker denken im Gleichnis. Es fehlt nicht an unfruchtbaren Stellen mit Steinen, Dornen und Unkraut. Es fehlt aber auch nicht an fruchtbaren Stellen, wo das Gesäte aufgeht

[o] Mskr.: «diese».

[p] Mskr.: «seines».

[q] Mskr.: «noch jeweils ruhig sind, Menschen die *vorangehen,* auch wenn viele Andere zurückbleiben.»

[r] Mskr.: «Reiches Gottes, daß es solche Menschen geben muß.»

[s] Mskr.: «zu haben und unter diesen Einigen Einzelne, die stark und sehr für Gott zu haben sind».

[t] Mskr.: «schöner».

[u] Mskr.: «Durch die Sehenden und Hörenden aber geschieht es, daß die Schönheit».

und Frucht bringt, sechzig- und hundertfältig[v] [Mk. 4,3–8 par.]. Um dieser fruchtbaren Stellen willen wird immer und immer[w] wieder gesät auf den Acker. So sind jene Einzelnen nötig im Verhältnis der Menschen zu Gott, jene Einsamen, Aufmerksamen, Gehorsamen, die dann manchmal zu Führern, zu Helden, zu Propheten werden, manchmal auch nicht. Sie sind nötig, nicht weil Gott sie lieber und die anderen weniger lieb hätte, sondern gerade, weil Gott aufs Ganze sieht. Die Bewegung |227| zwischen ihm und den Menschen muß weiter gehen, muß immer wieder anfangen. Niemand kann etwas sein, was er nicht ist. Niemand kann etwas geben, was er nicht hat. Und niemand ist darum, weil er vorläufig wenig[x] ist und hat, verurteilt und ausgeschlossen. Niemand ist Gott darum weniger lieb, weil er vorläufig nicht für Gott zu haben ist. Die aber etwas sind und haben, weil sie für Gott zu haben sind, die müssen dann der Bewegung zwischen Gott und Menschen[y] dienen. Gott kann nicht warten auf die großen Massen. Er braucht vorläufig die Einzelnen, die er brauchen kann, wie man ein bißchen Zimt braucht zum Würzen einer ganzen Speise, wie ein Maler auf einem Gemälde an einer bestimmten Stelle ein bißchen Rot anbringt, wie die Baßstimme in einem großen, vielstimmigen Gesang alles trägt – etwas Besonderes scheinbar, in Wirklichkeit doch nur im Dienst des Ganzen –, so braucht er diese Einzelnen, die sich hingeben, von denen mehr verlangt wird als von anderen.

Man spürt[z] den Worten des Paulus an, daß er sich freut, zu diesen Einzelnen zu gehören. Er ist in einer schweren Lage, aber er sieht die andere Seite der Sache, und darum ist er doch hauptsächlich dankbar dafür, gerade in dieser Lage immer wieder[aa] zu sein. Er denkt nicht daran, dem lieben Gott vorzurechnen: Das tue ich für dich, was tust du für mich?[3] Er will auch von den Menschen nicht bedauert und

[v] Mskr.: «60fältig und 100fältig».
[w] Mskr.: «immer noch».
[x] Mskr.: «nichts oder wenig».
[y] Mskr.: «und den Menschen».
[z] Mskr.: «spürt es».
[aa] Mskr.: «in dieser Lage und in keiner anderen».

[3] Die Formulierung erinnert an die Frage: «Ich habe dies für Dich getan, was tust Du für mich?», vor die sich Zinzendorf durch ein Gemälde von Domenico Feti (1589–1625) gestellt fand. Er sah es 1719 in Düsseldorf: «auf der

bemitleidet sein. Er spielt nicht den Märtyrer, obwohl er einer ist. Er ist, wenn auch unter Seufzen, zufrieden mit seinem Weg. Er ist innerlich einig mit seiner Bestimmung und darum auch mit seinem Schicksal. Er jammert den Leuten nicht vor: Seht, wie es mir geht!, sondern er teilt ihnen mit: Es geht! Es ist sogar heimlich etwas wie Frohlocken in seinen Worten: Ich wollte nicht, daß es mir anders ginge!, und etwas wie eine Einladung: Laßt es euch auch[ab] so gehen, wie es mir geht! Von einem kostbaren |228| Schatz und einer[ac] überschwenglichen Kraft weiß er zu sagen, die er in sich trage. Eine Hilfe kennt er, die allemal dann aufbricht, wenn er, der Einsame, Aufmerksame, Gehorsame ganz in die Enge getrieben ist, wenn die Aufgabe über seine Kraft geht, eine Hilfe, die ihn wunderbar immer wieder herausreißt, so daß er rufen kann: Nicht erdrückt, nicht verzweifelt, nicht verlassen, nicht zugrunde gerichtet! Was für ein Triumph in diesem: Nicht, Nicht, Nicht! Und wie ein Strom bei seiner Mündung ins Meer wenigstens ein bißchen teilnimmt am Leben des Ozeans, an seiner Ebbe- und Flutbewegung, so sieht Paulus sein Leben im Zusammenhang mit Gottes eigenem Tun in der Menschheit, mit dem Sterben und Leben Jesu, er nimmt teil daran. Jetzt an Jesu Sterben, dereinst aber, und doch auch schon jetzt an seinem Auferstehungsleben, das den Tod überwindet. Und so ist er seines Amtes, seines Weges, seiner Aufgabe ganz sicher geworden. Sein Leben ist ein göttlich notwendiges, ein für Gott notwendiges Leben geworden. Wer das weiß, weiß[ad], wozu er lebt und wo es mit ihm hinaus will[ae]. Er weiß, was er zu glauben hat. Und weil er glaubt und weiß, was er glaubt, darum redet er. Das ist die Ehre und Freude, der Reichtum und die Würde eines Menschen, von dem mehr verlangt ist als von anderen.

[ab] Mskr.: «nur auch».
[ac] Mskr.: «und von einer».
[ad] Mskr.: «der weiß».
[ae] Mskr.: «soll».

Galerie zog das einzige Ecce homo mein Auge und Gemüt auf sich. Es war der Affekt ganz unvergleichlich exprimiert mit der Unterschrift: ‹Ego pro te haec passus sum; Tu vero quid fecisti pro me?›» Die Worte machten auf Zinzendorf tiefen Eindruck: «Mir schoß das Blut, daß ich hier auch nicht viel würde antworten können, und bat meinen Heiland, mich in die Gemeinschaft seines Leidens mit Gewalt zu reißen, wenn mein Sinn nicht hinein wollte.» (Vgl. E. Beyreuther, *Der junge Zinzendorf*, Marburg 1957, S. 169).

Aber[af] wir dürfen uns nicht verhehlen, daß das alles teuer bezahlt ist. Paulus weiß, was er sagt, wenn er schreibt: Wir haben diesen Schatz in tönernen, unscheinbaren[ag] Gefäßen. Wir sind in jeder Beziehung bedrängt, verlegen[4], verfolgt, zu Boden geworfen. Beständig tragen wir das Sterben Jesu am Leibe umher. Es ist offenbar, daß Paulus an dieser ganzen Stelle von etwas sehr Auffälligem an seinem Wesen, Charakter und Betragen[ah] reden wollte. Man sah ihm von der Ehre und Freude des Gottmenschen[ai] offenbar wenig an. Das Wenige[aj] war nicht das eines Siegers, und er hatte auch |229| keinen Anlaß dazu. Er war wohl ein bekannter, tätiger Mann, aber er hatte keine solchen Erfolge aufzuweisen, die unwiderleglich, unzweideutig[ak] für ihn gesprochen hätten. Seine persönliche Art war, wie wir aus vielen ⌜anderen⌝ Stellen seiner Briefe wissen, nicht so, daß er alle Herzen gewonnen hätte. Er hatte Stunden und ganze Zeiten, wo alles anders ging, als er es beabsichtigte und als es gut gewesen wäre. Er litt überdies an einer schweren Krankheit, die ihn zeitweise arbeitsunfähig[al] machte. Er hatte Schranken seiner Kraft, er hatte Fehler, er hatte Mißerfolge, er hatte Gegner. Kurz, er war innerlich bedrängt[am], in Beziehung auf die Unvollkommenheiten und Beschränktheiten des Menschenlebens[an] ungefähr so daran wie alle Menschen, obwohl er ein Apostel war. Nein, nicht nur wie alle Menschen, sondern schlimmer als andere Menschen. Gerade weil er ein Apostel war, mußte er[ao] einen besonders schweren Weg gehen, konnte vielen Unannehmlichkeiten nicht so ausweichen wie andere, kam in Versuchungen, in die andere nicht kommen, mußte sich Feindschaft zuziehen, die sich andere ersparen können, mußte wie ein Magnet das Eisen einen ganzen Berg von jenen Unvollkommenheiten und Beschränktheiten und Übeln

[af] Vor diesem Abschnitt im Mskr: *«2.»*
[ag] Mskr.: «in unscheinbaren und zerbrechlichen».
[ah] Mskr.: «Auftreten».
[ai] Mskr.: «Gottesmenschen».
[aj] Mskr.: «Sein Laufen».
[ak] Mskr.: «und unzweideutig».
[al] Mskr.: «ganz arbeitsunfähig».
[am] Mskr.: «äußerlich betrachtet».
[an] Mskr.: «Beschränktheiten und Übel des menschlichen Lebens».
[ao] Mskr.: «er ja».

[4] Im Druck: «verlassen»; korr. nach Mskr.

des menschlichen Lebens auf sich ziehen, die sich gewöhnliche Menschen vom Leibe halten können.

Ein Mensch, der für Gott zu haben ist, reizt dazu, ihn anzugreifen, und er steht erst noch allen Angriffen gleichsam[ap] wehrlos gegenüber. Denn er ist ja selbst durch sein bloßes Dasein ein Angriff auf die Welt, auf das Bestehende, Gültige, Mächtige in der Welt, er hat aber keine gleichartigen Waffen, um sich zu verteidigen, wenn ihn die Welt nun wieder angreift. Wie ein Kind muß er dann dastehen und alles über sich ergehen lassen. Dazu kommt, daß man ⌜dann⌝ an einem solchen Menschen alle Schwächen[aq], alle Fehler, alle Niederlagen und Mißerfolge[ar] viel mehr sieht und beachtet als an[as] anderen. |230| Seine Freunde und sogar seine Feinde erwarten von ihm, daß er überlegen, siegreich, glänzend dastehen und sich behaupten sollte. Neugieriger verfolgt man seinen Weg[at], mißtrauischer begleitet man sein Tun, sorgfältiger legt man sein Wort auf die Goldwaage als bei anderen Menschen. Aufmerksamer als bei sich selbst und ⌜als⌝ bei anderen Menschen fragt man bei einem solchen Paulus, ob Gott, dem er vertraut, ihn nicht verlassen[au] werde [vgl. Mt. 27,43]. Einer, von dem viel verlangt ist, sollte dann überdies noch[av] aller Welt das Schauspiel, den Beweis geben[aw], daß ihm viel gegeben ist. Und wenn dieses Schauspiel nun nicht kommt, wenn dieser Beweis nun in wichtigen Beziehungen nicht geboten wird, wenn nun ein solches Leben, aus der Nähe betrachtet, gar kein Helden- und Prophetenleben ist, wie es im Buche steht, dann glauben die gestrengen Zuschauer das volle Recht zu haben zu der alten Frage: Wo ist nun dein Gott? [Ps. 42,4]. Das Allerschlimmste aber ist[ax], daß ein solcher Mensch von sich aus[ay] viel höhere Ansprüche stellen muß an sich selber, an das Leben, an Gott schließlich als andere. Auch wenn niemand ihn beobachten, kontrollieren, mit Fra-

[ap] Mskr.: «gewissermaßen».
[aq] Mskr.: «Schwachheit».
[ar] Mskr.: «Erfolge».
[as] Mskr.: «bei».
[at] Mskr.: «seine Wege».
[au] Mskr.: «ihn wohl erlösen».
[av] Mskr.: «überdies auch noch».
[aw] Mskr.: «und den Beweis bieten».
[ax] Mskr.: «ist das».
[ay] Mskr.: «auch von sich aus».

gen bedrängen würde, auch[az] wenn ihm nach menschlichem Ermessen alles zum Besten gelänge, ⌜auch⌝ wenn er den höchsten Erfolg hätte und den größten Beifall fände, wenn er von allen Seiten gelobt und geliebt würde – ihm sind[ba] die Augen und die Ohren aufgegangen, er hat das Vollkommene wahrgenommen, er kann sich nicht mehr täuschen[bb], daß auch sein Wissen Stückwerk, auch sein Reden Stammeln[bc] [vgl. 1. Kor. 13,9–11], auch sein Tun ein hilfloses Stolpern, auch sein Leibesleben ein Sterben von der Wiege bis zum Sarge, auch seine Tugenden glänzende Laster[5], auch seine Erfolge lauter Fragezeichen sind. Gerade darin zeigt sich[bd] doch am ersten, wenn ein Mensch für Gott zu haben ist, daß er das alles weiß[be]. Ihn bedrängt mehr[bf] als alle anderen Gott selbst mit der Frage: Wo[6] ist nun dein Gott?, mit der täglichen, stündlichen Erinnerung an die |231| Not und Erlösungsbedürftigkeit dieser Welt, mit der Erinnerung: Du bist auch Welt! Er selbst fragte[bg] sich lange, bevor ihn andere gefragt haben: Warum habe ich nicht mehr Sieg und Kraft in meinem Tun? Warum bin ich kein besserer, gewinnenderer, strahlenderer Mensch? Warum gelingt mir nicht mehr? Warum habe ich nicht mehr Erlösung? Warum leuchtet die Liebe und Herrlichkeit Gottes nicht stärker aus mir?

Was hat Paulus dazu zu sagen?[bh] Er sagt einfach, daß es so ist. Ja, sagt er, in tönernen Gefäßen haben wir diesen Schatz. Wer ihn nicht trotzdem sehen kann und trotzdem sehen will, wer nicht über alles, was ich, Paulus, bin und habe, sage und tue, hinweg und in mich hinein sehen kann, der braucht nichts zu sehen. Es ist niemand ge-

[az] Mskr.: «würde, auch wenn er einsam, fern von allen Menschen auf einer Insel leben würde, auch».

[ba] Mskr.: «sind ja».

[bb] Mskr.: «täuschen darüber».

[bc] Mskr.: «ein kindisches Stammeln».

[bd] Mskr.: «es sich».

[be] Mskr.: «weiß und nicht *nicht* weiß wie die große Masse».

[bf] Mskr.: «nun mehr».

[bg] Mskr.: «fragt».

[bh] Mskr.: «zu sagen? Er hat nichts dazu zu sagen.»

[5] Vgl. das Diktum «Virtutes paganorum splendida vitia». Es handelt sich um eine freie Zusammenfassung dessen, was A. Augustinus in *De Civitate Dei*, 19,25, ausführt.

[6] Im Druck: «Wer»; korr. nach Mskr.

zwungen dazu. Gott will sich nicht durch mich aufdrängen, er will nicht durch mich siegen, überzeugen, sich zur Anerkennung bringen, sondern trotz mir. Ich für meine Person verberge und verderbe ebensoviel, als ich entfalte und baue. An mir persönlich kann man ebensoviel[bi] Unglauben als Glauben an Gott sehen[bj]. Ich persönlich bin fraglich, bin zweifelhaft, bin ein Rätsel. Die Ehre und die Freude, den Reichtum und die Würde, die ich habe, muß mir niemand ansehen, man kann sie auch übersehen, ich selbst bin immer daran[bk], sie zu übersehen, zu vergessen. Wenn ihr mich anseht, so habt ihr volles Recht zu fragen: Wo ist nun dein Gott? Ich frage mit euch, wenn ich mich selbst ansehe. Wie einen schroffen, zackigen, nackten Felsen stellt Paulus sich da hin[bl] als Persönlichkeit. Nichts zu rühmen, nichts zu verteidigen, nichts zu verantworten[bm].

Wir haben zuerst die andere, die göttliche Seite dieses Menschen und aller solcher Menschen angesehen und nun auch diese seine menschliche Seite[bn]. Wir sehen, da ist ein Widerspruch: Bedrängt, ⌜aber nicht erdrückt, verlegen, aber nicht verzweifelt, verfolgt, aber nicht verlassen, zu Boden geworfen, aber nicht zugrunde ge-|232| richtet.⌝ Beständig ⌜tragen wir das Sterben Jesu am Leibe umher⌝ – so sehen die Menschen aus, die für Gott zu haben sind. Warum muß es denn solche Menschen geben? Was haben wir davon, daß es solche gibt? Wen sollte es gelüsten, ein solcher Mensch zu werden?

Das[bo] Sterben Jesu an unserem Leibe!, sagt Paulus. Das ist das Einzige, was er über seine Stellung und Lage, menschlich betrachtet, weiß. Es ist aber keine Erklärung, keine Rechtfertigung, keine Entschuldigung. Es ist eine Ordnung, eine Parole, ein Befehl, unter den er sich stellt. Er weiß, daß alles so ist, wie es ist, weil es so sein muß, weil es der Herr, dem er dient, so haben will. Nimm's[bp] auf dich!, lautet der Befehl, der an ihn ergangen ist. Nimm's auf dich, daß es dir schlimmer geht als anderen! Nimm's auf dich, daß man dich schlimmer anfaßt,

[bi] Mskr.: «ebensowohl».
[bj] Mskr.: «sehen, lernen [?] und gewinnen».
[bk] Mskr.: «haarscharf daran».
[bl] Mskr.: «da sich selbst hin».
[bm] Mskr.: «zu antworten».
[bn] Mskr.: «angesehen, nun auch diese Seite, die menschliche Seite».
[bo] Vor diesem Abschnitt im Mskr.: *«3.»*
[bp] Hier und in den drei folgenden Sätzen im Mskr.: «Nimm».

als man andere anfaßt[bq]. Nimm's auf dich, daß du selber[br] dich schlimmer ansehen und beurteilen mußt, als andere[bs] sich selbst und dich beurteilen. Nimm alles auf dich! Flieh nicht! Wehr dich nicht! Klage und murre nicht! Das alles ist das Sterben Jesu an deinem Leibe! Das Sterben Jesu! Deine[bt] große Absetzung, Mensch! Deine Absetzung von allem menschlich Großen und Hohen, damit Gott groß und hoch dasteht[bu]. Das Sterben Jesu ist dein großes Abnehmen, das Abnehmen deiner Einsicht, Kraft[bv], Gerechtigkeit, deiner Werke und Erfolge, damit am Ende des Endes Gottes Weisheit ⌜und⌝ Kraft und Recht, Gottes Wille und Tun keimen und wachsen kann. Das Sterben Jesu ist deine große Fraglichkeit. Du mußt fraglich, zweifelhaft dastehen, damit über dir Gott um so gewisser[bw] dastehe, damit die überschwengliche Kraft sei Gottes und nicht aus dir. Was hat Jesus anderes getan, als daß er gestorben ist, der Auferstehung entgegen? Was kannst du anders tun, wenn[bx] Jesus dein Herr ist? Einen anderen Weg gehen als den, den er gegangen ist? Anders dastehen, als er dastand? Anderes sagen, als er gesagt hat? Damit hat |233| er dir Leben und Licht gebracht, daß er sich hinstellen ließ: Sehet, welch ein Mensch! [Joh. 19,5]. Damit zeigst du, daß du für Gott zu haben bist, daß[by] du dich mit Jesus opferst und auch dastehst als ein solcher Mensch, als ein von Anklagen, Anfechtungen, Zweifeln, Sorgen und Plagen[bz] äußerlich umstürmter und innerlich bis ins Tiefste aufgewühlter Mensch, daß du dir genügen lässest an der Gnade[ca] [2. Kor. 12,9], daß du bist, wie du bist, in der Unvollkommenheit, in der Beschränkung, im Übel und Leid dieser Welt, mitten im Tode. Das ist der Befehl, den Paulus gehört hat.

[bq] Mskr.: «schlimmer ansieht, als man Andere ansieht».
[br] Mskr.: «selbst».
[bs] Mskr.: «als alle Anderen».
[bt] Mskr.: «Das Sterben Jesu ist deine».
[bu] Mskr.: «dastehe».
[bv] Mskr.: «Macht».
[bw] Mskr.: «Gott groß und gewiß».
[bx] Mskr.: «tun, du, wenn».
[by] Mskr.: «zu haben bist, daß du dem Leben dienen willst, daß».
[bz] Mskr.: «Fragen».
[ca] Mskr.: «genügen lässest an der göttlichen Notwendigkeit deines Lebens, genügen lässest an der Gnade».

Er hat ihn schon gehört, er ist ihm schon gehorsam, er ist schon geopfert, er hat sich schon preisgegeben. Und darum ist für ihn kein Widerspruch zwischen der einen Seite und der anderen. Gerade darum hat er Freude und Ehre, Reichtum und Würde. Er hat auch die Verheißung gehört, die in diesem Befehl steckt. Hinter dem Karfreitag steht ja Ostern, hinter dem Sterben Jesu seine Auferstehung[cb], hinter der Absetzung die Erhöhung, hinter dem Abnehmen das Wachsen, hinter der Frage die Antwort, hinter dem Ende der Anfang, hinter dem Tode das Leben, hinter der Not des Menschen die Hoffnung Gottes. Ja, immer sind wir bei lebendigem Leibe in den Tod gegeben um Jesu willen, damit auch das Leben Jesu an unserem sterblichen Leibe[cc] offenbar werde. Im Werden steht das, im Kommen, in der Zukunft, bei *Gott.* Sichtbar, greifbar, nachweisbar ist daran[cd] nichts. Ja, würde Paulus[ce] zu uns sagen: Ihr Unsicheren, ihr Schwankenden, ihr, die ihr hier von der Frage, von den Zweifeln, von der Mühsal umdrängt seid[cf]: Das glaube mir, wer's glauben mag, daß hier hinter dem Sterben Jesu, in dem ihr mich[7] seht, das Leben wartet. Ich mag es glauben, weil ich's weiß, weil ich's[cg] glauben muß, weil ich gerufen bin und gehört habe, weil ich den Anlauf genommen und gesprungen bin, weil ich ergriffen wurde und mich ergreifen ließ [vgl. Phil. 3,12–14]. Um Gottes willen |234| habe ich es gewagt und wage es[ch] immer wieder, zu glauben.

Wir, die wir nicht Paulus sind[ci], wir wollen uns zum Schluß noch das sagen, daß wir alle leben von dem, was uns solche Menschen in ihrer großen Freude und in ihrem großen Leid gewesen sind. «Es geschieht alles um euretwillen[cj].» Diese Menschen mit ihrem Eifer und mit ihrem Tragen[8] sind es, die die Welt halten, wie sie selbst von Jesus

cb Mskr.: «Auferweckung».
cc Mskr.: «Fleische».
cd Mskr.: «davon».
ce Mskr.: «Ja, liebe Freunde, würde Paulus da».
cf Mskr.: «die ihr hier nur die Frage, nur den Zweifel, nur das Rätsel zu sehen vermögt».
cg Mskr.: «ich».
ch Mskr.: «wage ich es».
ci Mskr.: «*4.* Und wir, liebe Freunde, die wir keine Paulusse sind».
cj Mskr.: «unsertwillen».

7 Im Druck: «nichts»; korr. nach Mskr.
8 Im Druck: «Fragen»; korr. nach Mskr.

gehalten werden und Jesus von Gott. Ihr Hören, ihr Wagen, ihre Ergriffenheit ist das lebendige Leben. Wir wissen nicht, was wir wären, wenn dieses lebendige Leben nicht wäre. Wie stehen wir da, wir, die wir nicht hören, nicht wagen, nicht ergriffen sind? Wir, die wir diese Einzelnen so schmählich im Stiche lassen, obwohl wir von ihnen leben? Was wird stärker sein in uns: die Dankbarkeit, daß solche Menschen dagewesen sind, oder die unruhige Stimme in uns, die uns sagt, daß wir unmöglich immer zu der großen Masse gehören können, die sich nur halten läßt, ohne selbst zu halten?[9]

[9] Lieder: Nr. 4 «Ich singe dir mit Herz und Mund» von P. Gerhardt, Strophen 1.2.3.12.13 (RG [1998] 723; EG 324); Nr. 251 «Wenn Christus, der Herr, zum Menschen sich neigt» von N. Kaiser (1734–1808), Strophen 1–3.

Am Montag, 7.6.1920 schrieb Barth an Thurneysen: «Ich weiß nicht, ob ich dir viel vom 2. Kor. werde mitteilen können. Sachlich ist das irgendwie ein gigantischer Anschauungsunterricht zu dem Thema ‹Pfarrer und Gemeinde›, insofern *kein* guter Predigtstoff. Ich kann immer nur referieren, zeigen: da, da, der ‹Apostel›, ‹der welcher›.» (Bw. Th. I, S. 395).

525 Safenwil, Sonntag, den 13. Juni 1920

Der innere Mensch[1]

2. Korinther 4,16–18[a]

Darum werden wir nicht mutlos, sondern wenn auch unser äußerer Mensch zerstört wird, so wird doch unser innerer Tag für Tag erneuert. Denn die augenblickliche leichte Bedrängnis schafft, Fülle um Fülle, eine ewige gewichtige Herrlichkeit, uns nämlich, die wir es nicht auf das Sichtbare, sondern auf das Unsichtbare abgesehen haben. Denn das Sichtbare ist zeitlich, das Unsichtbare ist ewig.

Darum[b] werden wir nicht mutlos! Das wollen wir heute gleich in einem ersten Sprung feststellen, von diesem[c] Text uns sagen lassen: Es gibt Menschen, die kennen zwar die Mutlosigkeit, sie kennen aber auch ein *«Darum»* und ein *«Nicht»*, die sie der Mutlosigkeit bewußt und mit Erfolg entgegenstellen[d]. Die Mutlosigkeit kennen *wir* jedenfalls auch. Wir wissen aber vielleicht noch nicht, daß die Mutlosigkeit nicht eine bloße Stimmung ist, gegen die man etwa aufkommen könnte, indem man versucht, sich anderen freundlicheren[e] Stimmungen

[a] Im Mskr. sind in der Übersetzung die Versziffern eingetragen.
[b] Vor dem Abschnitt im Mskr.: *«1.»*
[c] Mskr.: «von unserem».
[d] Mskr.: «es hat einmal Menschen gegeben, die kannten …, sie kannten aber auch … entgegenstellten.»
[e] Mskr.: «freundlichen».

[1] Unter dieser Überschrift wurde die Predigt zuerst veröffentlicht in: Das neue Werk. Der Christ im Volksstaat, 2. Jg. (1920), Nummer 9, S. 201–207. Am 14. Juni schrieb Barth an Thurneysen: «Ich sende dir hier […] meine gestrige Predigt, die ich schon vorher dem ‹Neuwerk› zu widmen beschloß […] Hier war vier Tage lang meine Mutter, stimmte meiner Predigt restlos zu und wollte durchaus die Diktatniederschrift besorgen, was denn auch geschehen ist.» (Bw. Th. I, S. 397). Verantwortlicher Schriftleiter dieser 14–tägig erscheinenden Zeitschrift war Otto Herpel, einer der Initiatoren der religiössozialen Konferenz von Tambach (Thüringen), auf der Barth am 25.9.1919 seinen Vortrag «Der Christ in der Gesellschaft» gehalten hatte. Herpel pflegte eifrig die Freundschaft zu Barth und Thurneysen. Näheres bei Busch, S. 122–126, und in Bw. Th. I, S. 535 (Register).

Die Predigt ist unter der gleichen Überschrift wieder abgedruckt in: Komm Schöpfer Geist!, S. 235–245. Die Abweichungen des gedruckten Textes vom Mskr. werden in der oben S. XI beschriebenen Weise nachgewiesen.

hinzugeben. Mutlosigkeit ist eine *Macht* in unserem Dasein, eine eherne Notwendigkeit in dieser Welt, und wenn wir ihr ein «Darum nicht» entgegenstellen wollten[f], wie es Paulus in seinen Worten tut[g], dann müßte[h] auch dieses «Darum nicht» eine Macht sein, eine größere, überlegene Macht, die die Macht der Mutlosigkeit zu Boden kämpft, eine Notwendigkeit, die härter ist als Erz und Stein, weil sie nicht aus dieser Welt kommt[i]. Mutlosigkeit ist der Zustand, der über den Menschen kommt, wenn ⌜er⌝ sich klar wird über seine Lage als Mensch unter Menschen, als Mensch, der sterben muß und genau genommen jetzt schon im Sterben liegt[j], als Mensch in der Welt. Mutlosigkeit ist |236| also eine direkte Folge der Wahrhaftigkeit, der Ehrlichkeit. Man kann es wohl[k] verstehen, daß die meisten Menschen es vermeiden, wahrhaftig zu werden, ganz ehrlich sich einzugestehen, wie es mit ihnen und uns allen eigentlich steht. Sie fürchten mit Recht, das könnte sie mutlos machen. Das ist die Quelle aller menschlichen Beschränktheit und Einbildung[l]. Man sagt[m], es sei für viele Menschen eine Wohltat, daß sie beschränkt oder eingebildet seien, und man dürfe sie in diesem Zustand nicht stören⌜, weil sie sonst den Mut verlieren könnten⌝. Wenn diese Wohltat nur größer und wirksamer wäre! Tatsächlich kann man ja der Mutlosigkeit nicht[n] entfliehen, niemand kann es ganz. Sie drängt sich[o] durch alle Poren und Ritzen zu uns herein[p]. Denn das Leben ist nun einmal, wie es ist. Wer das nicht wissen will, der muß es mit der Zeit merken, spüren und erfahren, ohne es zu wissen[q], und dann kommt auch über ihn die Mutlosigkeit. Wir lächeln und lachen vielleicht noch, wir reden und gebärden uns

[f] Mskr.: «wollen».
[g] Mskr.: «in unserem Text tut».
[h] Mskr.: «muß».
[i] Mskr.: «stammt».
[j] Mskr.: «am Sterben ist».
[k] Mskr.: «darum wohl».
[l] Mskr.: «Beschränktheiten und Einbildungen».
[m] Mskr.: «Man sagt darum».
[n] Mskr.: «doch nicht».
[o] Mskr.: «dringt».
[p] Mskr.: «hinein».
[q] Mskr: «mit der Zeit, ohne es zu wissen, merken und spüren und erfahren».

vielleicht noch mit großer Sicherheit und Zuversicht, aber das ist nur eine Wand, die wir gegen die eindringende, übermächtige Flut aufgestellt haben, und die⌜se⌝ Wand ist ⌜nicht das «Darum nicht» des Paulus, sie stammt aus dieser Welt, sie ist⌝ schon durchlöchert, ⌜indem wir sie bauen,⌝ und jenseits der Wand ist alles bereits unter Wasser.[r]

Mutlos machen kann uns z. B. die Einsicht, daß wir alle nicht mit großen, sondern mit sehr kleinen Dingen beschäftigt sind.[s] Wir sind alle so dran, daß wir die Sehnsucht nach einer großen Wanderung in uns tragen und tatsächlich nur ein paar kleine Schritte im Kreis herum tun. Und darüber verstreicht unser Leben. Es kann uns mutlos machen, das einzusehen[t]. Mutlos machen kann uns die Einsicht, daß in uns allen tief da unten etwas Unbelehrbares, Unbewegliches, Unerlöstes sitzt, mit starrem Gesichte wie ein chinesischer Götze. Das ist mein Besonderes, mein Ich, das, was ich für mich bin, meine |237| Persönlichkeit. Ein durchaus unerfreuliches Wesen, das uns alle überall und immer begleitet und aus allen unseren Worten und Taten herausguckt mit seinem Chinesengesicht. Ist es unser erbittertster Feind, oder ist es unser wirkliches, tiefstes Wesen? Es kann uns jedenfalls mutlos machen, daran zu denken, daß es da ist. Mutlos machen kann uns die Erfahrung[u], daß auf unser aller Lebensweg auch äußerlich gewisse Klötze liegen, die nach menschlichem Ermessen nie davon verschwinden[v]. Mutlos machen kann uns auch die Einsicht, daß nach

[r] Hier folgt im Mskr. noch: «Sie ist keine Wohltat, die Wand der Unehrlichkeit.»

[s] Hier folgt im Mskr. noch: «Es ist eine Täuschung, wenn man meint, daß es da ernsthafte Unterschiede unter den Menschen gebe, weil das, was die einen Menschen tun, mehr in die Weite und in die Höhe geht, während das Tun Anderer auch äußerlich nichtig, verborgen [?] und wertlos ist.»

[t] Mskr.: «Das kann mutlos machen».

[u] Mskr.: «die Einsicht».

[v] Mskr.: «verschwinden werden». Im Mskr. folgt noch: «Da ein Mensch, der dich nie verstehen wird und du ihn nicht, mit dem du aber leben mußt, da eine *Krankheit*, mit deren Vorhandensein und Fortschreiten du nun einfach rechnen mußt, da in einer Familie die *Armut*, die nicht eine, sondern 10 Ursachen hat, die jede einzelne zu ihrer Beseitigung eine Revolution nötig machen würde, da eine *Lebensaufgabe,* z. B. die eines Pfarrers, die ihrer Natur nach nie das werden kann, was man befriedigend nennt. Da eine durch den Tod gerissene Lücke in unserer Umgebung, die nun tatsächlich nicht mehr auszufüllen ist. Das kann mutlos machen.»

einem alten Weisheitswort alles im Fluß[w] ist in unserem Dasein[2]; der Gedanke daran, daß auch das Größte und Schönste, was uns heute bewegt, einmal in seiner Einseitigkeit und Verirrung erkannt ⌜und bloßgestellt⌝ werden wird[x]; der Gedanke daran, daß der Tag kommt, wo wir alle miteinander vergessen sein werden, als wäre es nie gewesen, was jetzt von Freude und Leid in uns brennt[y]: Staat und Kunst, Wissenschaft und Kirche, Demokratie, Sozialismus ⌜und⌝ Völkerbund, ⌜religiöses Erleben und christlicher Aktivismus⌝[z]. Wenn die Gletscher wieder kommen?[aa] ⌜Oder schon vorher: Wenn Asien mit seinem unergründlichen Geheimnis uns erdrückt oder Amerika mit seinem Geld uns kauft?⌝ Da kann man wohl mutlos werden. Mutlosigkeit ist der Zustand, der aus der Einsicht kommt, daß unser äußerer Mensch zerstört wird. Man könnte auch sagen: aus der Einsicht in die Herrschaft des *Todes,* unter der unser gesamtes Dasein steht. Wir müßten[ab] noch vieles nennen und beschreiben, was uns zu dieser Einsicht bringen muß⌜, vor allem unsere Bedingtheit und Gefangenschaft als Mann und Weib⌝. Wir wollen inne halten. Irgendwie sind wohl wir alle, ob wir's wollen oder nicht, bereits zu dieser Einsicht gebracht. Wir kennen ⌜alle, alle⌝ die Mutlosigkeit, da man[ac] die Hände sinken

[w] Mskr.: «Alles im Fließen».

[x] Hier folgt im Mskr. noch: «werden wird, wenn nicht von uns selbst, so doch sicher von Anderen, die nach uns kommen, und daß es dann altes Eisen sein wird».

[y] Mskr.: «an Freude und Leid in uns ist». Im Mskr. folgt noch: «Der Gedanke an die Gletscher, die ganz Europa einst bedeckt haben und wieder bedecken werden. Was wird dann sein Alles, was wir jetzt mit Recht als groß verehren: Staat und...»

[z] Mskr.: «Staat und Kunst und Wissenschaft und Kirche, Fortschritt, Sozialismus, Völkerbund». Im Druck 1920 (Das neue Werk): «Völkerbund, religiöses Erleben, christlicher Aktivismus und Römerbrief».

[aa] Mskr.: «Völkerbund – wenn die Gletscher wieder kommen?!»

[ab] Mskr.: «Man könnte».

[ac] Mskr.: «Mutlosigkeit. Ihre Krallen und Griffe haben uns alle erreicht und gezeichnet. Viele von uns sind vielleicht eben erst daran, zu erschrecken über die Möglichkeit, sie könnten einmal mutlos werden. Einige von uns spüren vielleicht etwas davon, daß eine große Welle von Mutlosigkeit über unsere ganze heutige Zeit geht und Alles wie mit einem Leichentuch zudecken will. Einige Andere wüßten vielleicht überhaupt nichts Wahreres und Einfacheres

[2] Vgl. G. Patzig, Art. «Heraklit», in: RGG^3 III, Sp. 228f.: «H[eraklit]s Grundgedanke, den das (nicht wörtlich überlieferte) πάντα ῥεῖ (‹alles ist im Fluß›) nur blaß wiedergibt, wendet sich gegen ein Weltverständnis, das mit festen Gegenständen, Kategorien, Beziehungen rechnet.»

lassen und die Augen schließen ⌜und mitten am Tage zur Nacht⌝ und mitten im Leben zum Tode Ja sagen möchte. Das Leben geht |238| weiter, aber die Freude, der Glanz, die Hoffnung sind dahin. Die Erwartung und der Wille sind gestorben. Unzählige Menschen leben fast ganz in diesem Zustand, ⌜und⌝ etwas von diesem Zustand ist in uns allen. Und nun begegnet uns in den Worten des Paulus ein Mensch, der kennt die Mutlosigkeit auch und spricht es scharf und ehrlich aus, wie es mit ihm und uns allen steht[ad]: «Unser äußerer Mensch wird zerstört!» [ae]Er hat aber ein *«Darum nicht»,* das er der Mutlosigkeit entgegenstellt ⌜und das keine durchlöcherte Wand von Unehrlichkeit ist, sondern mit dem er⌝, Macht gegen Macht, Härte gegen Härte, Notwendigkeit gegen Notwendigkeit, über die Mutlosigkeit triumphiert[ae]. Ein ehrlicher Mensch, aber ein triumphierender Mensch[af]! Auch wenn wir gar nicht verstehen: wie und warum? Das ist ein Bild, ein Schauspiel, über das wir einmal staunen, an dem wir uns einmal erbauen müssen.

Was[ag] sagt Paulus? Wir wollen ihm Wort für Wort zuhören. Er sagt zunächst: Unser äußerer Mensch wird zerstört, aber während ⌜und indem⌝ das geschieht, wird doch unser innerer ⌜Mensch⌝ Tag für Tag erneuert. Es ist wie alle derartigen Worte in der Bibel nicht nur so ein frommes Sprüchlein, wenn Paulus[ah] das sagt, sondern ein Wagnis, ein kühnes, hohes Greifen[ai], ein Sieg in einem ganz[aj] unmöglichen Kampfe. Wir möchten denn[ak] doch fragen, ob das nur der *äußere* Mensch ist, dessen Zerstörung wir sehen müssen, wenn wir unser Leben ehrlich ansehen[al]. Fragt sie einmal, alle die Ermüdeten und Enttäuschten unter

über sich und ihr Leben und ihre Stellung zur Welt zu sagen als dies: ich bin mutlos geworden! Mutlosigkeit ist der Zustand, wo man…».

[ad] Mskr.: «begegnen uns in unserem Texte Menschen, die kennen… und sprechen es…, wie es mit ihnen steht».

[ae-ae] Mskr.: «Sie haben aber…, das sie… entgegenstellen, Macht gegen Macht, … und mit dem sie über die Mutlosigkeit triumphieren».

[af] Mskr.: «Ehrliche Menschen, aber triumphierende Menschen».

[ag] Vor dem Abschnitt im Mskr.: *«2.»*

[ah] Mskr.: «er».

[ai] Mskr.: «ein kühner, hoher Griff».

[aj] Mskr.: «fast».

[ak] Im Druck 1920 (Das neue Werk): «dann».

[al] Mskr.: «betrachten».

uns, alle die[am] an sich selbst irre geworden sind, die Kranken in den Spitälern und Anstalten, die verbitterten Familienväter und Familienmütter[an], fragt die, die heute nach allem, was geschehen ist, nichts anderes mehr erwarten als den Untergang unserer ganzen abendländischen Kultur, fragt euch selbst, ob das, was zerstört wird und dessen Zerstörung uns mutlos macht[ao], nur der «äußere» Mensch ist? Ist sie denn |239| nur leiblich, nur körperlich, nur materiell, nur äußerlich: die Todesnot, in der sich der Mensch befindet? O faule Tröster [vgl. Hiob 16,2] ⌜mit ihrem «nur»⌝, die uns damit Mut machen wollen, daß sie uns auf das Herz, den Geist, die Seele⌜, das Innere⌝ verweisen wollen als auf das Gebiet, das von der Zerstörung nicht berührt werde. Leidet nicht auch das Herz, wenn die Glieder leiden [vgl. 1. Kor. 12,26], krankt nicht auch die Seele, wenn der Körper krank ist, stirbt nicht auch der Geist, wenn in der Tat Europa heute materiell zugrunde gehen sollte?[ap] Ja, was ist alle äußere Not neben der inneren, in der wir uns befinden? Ist nicht gerade die innere Zerstörung, die wir durchmachen, die eigentliche Quelle unserer Mutlosigkeit? Nun, da können wir zunächst ganz ruhig sein: Paulus gehört nicht zu diesen faulen Tröstern. Wir brauchen ⌜uns⌝ bloß daran zu [aq]erinnern, daß er bei allem, was er da sagt, in Gedanken Christus vor sich hat, Christus am Kreuz mit seinem Ruf: Mein Gott, mein Gott, warum hast du mich verlassen? [Mk. 15,34 par.]. ⌜Und Paulus hat einmal seinen eigenen Zustand beschrieben mit den Worten: «Auswendig Streit, inwendig Furcht» [2. Kor. 7,5].⌝ Wer so redet, der beschwichtigt sich selbst und andere nicht damit, daß er sagt: Sei[aq] du nur getrost, liebe Seele [vgl. Lk. 12,19], das ist alles nur äußerlich, und innerlich kann trotzdem alles in beste Ordnung kommen[ar]! Nein, der weiß, daß die große Bedrängnis des Menschen auch innerlich, ⌜gerade innerlich,⌝ vor allem[as]

[am] Mskr.: «alle die, die».

[an] Mskr.: «und -mütter, die Leidtragenden». Im Druck 1920 (Das neue Werk): «die verbittertsten Familienväter und Familienmütter».

[ao] Mskr.: «ob das, was da in Zerstörung begriffen ist».

[ap] Mskr.: «heute im Sterben liegen sollte».

[aq-aq] Mskr.: «denken, wie Paulus, bei Allem, was er da sagt, Christus in Gedanken vor sich hat, Christus, den Gekreuzigten. Wer daran denkt, daß Christus am Kreuze gerufen hat: Mein Gott, mein Gott, warum…?, der wird sich nicht dazu hergeben, den von Mutlosigkeit befallenen Menschen damit beschwichtigen zu wollen, daß er ihm sagt: Sei».

[ar] Mskr.: «innerlich ist Alles in bester Ordnung».

[as] Mskr.: «ja vor Allem».

innerlich ist. Die *Seele* ist's, die dem Tode ins Gesicht sehen muß, die Seele ist's, die in Zerstörung begriffen ist. Wenn Paulus sagt: Der *äußere* Mensch wird zerstört, so ist darin wahrhaftig auch alles das *inbegriffen, was wir innerlich, geistig, seelisch* zu nennen gewöhnt sind. Es ist darin schlechthin alles inbegriffen, was wir menschlicherweise sind und haben, alles, was wir menschlicherweise überhaupt erfahren und uns denken können. Paulus kennt nichts *in der Welt,* das von der Herrschaft des Todes ausgenommen wäre. |240| Das ist's ja eben, was uns mutlos machen will, daß wir je länger um so mehr sehen [at]müssen: in der Welt, gleichviel ob im Äußeren oder im Inneren, gibt es keinen Winkel[at], wo nicht die Spuren des Todes ⌜schrecklich⌝ wahrnehmbar wären. Die ganze Welt, die wir kennen, meint Paulus, wenn er vom äußeren Menschen redet. ⌜«Mensch» nennt er diese Welt, weil es die Welt der Menschen ist,⌝ weil es der Mensch ist, der in ihr den Tod als Tod erleidet, der ihre Zerstörung[au] als etwas Mutraubendes, Ungehöriges, Schreckliches erleben und empfinden muß.|

Wenn wir vernehmen wollen, was Paulus vom *inneren* Menschen sagt[av], so müssen wir mit ihm *über die Welt hinaus.* Hinaus über das, was *wir* sind und haben, äußerlich *und* innerlich, hinaus über Körper *und* Seele, Natur *und* Geist. Wir müssen es wagen, mit ihm *den* Gedanken zu denken, den wir *nicht* denken können: den Gedanken *Gottes.* Der innere Mensch, von dem Paulus redet, er[aw] ist nicht etwa ein noch unbekannter Winkel der Welt, eine allerletzte Tiefe unserer Seele, die wir mit einer größten Kraftanstrengung auch noch erreichen müßten, um daselbst endlich geborgen zu sein. Es ist das Andere an uns, das nicht mehr Welt ist, in keinem Sinne, die Tiefe *Gottes selbst*[ax]. Kein Arzt und kein Seelenarzt, kein Sozialpolitiker und kein Erzieher kann sie betreten, geschweige denn daselbst etwas ausrichten mit seinen Methoden[ay]. Keine Frömmigkeit, keine Tugend und keine Weisheit kann das Leben dieses inneren Menschen begründen, erhalten

[at-at] Mskr.: «müssen, daß es in der Welt, gleichviel ob wir an das Äußere oder Innere denken, keinen Winkel gibt».

[au] Mskr.: «der in dieser Welt den Tod als Tod erleiden, die Zerstörung».

[av] Mskr.: «Wenn Paulus vom inneren Menschen redet, der Tag für Tag erneuert wird».

[aw] Mskr.: «Das Innere des Menschen, von dem Paulus da redet, es».

[ax] Mskr.: «Welt ist, die andere Welt, die Tiefe Gottes».

[ay] Mskr.: «ausrichten mit dem, was er kann».

und vollenden. Kein Auge hat ihn gesehen, kein Ohr hat ihn gehört, in keines Menschen Herz ⌜und Erleben⌝ ist er gekommen [vgl. 1. Kor. 2,9]. Sein Ort ist genau die Grenze alles dessen, was wir denken, erfahren, tun und leiden können, dort fängt alles Unsrige an[az], dort hört es auf. Seine Zeit ist die Zeit, die keine Zeit ist, die Ewigkeit. Dort wo alles aufhört, dort fängt der innere Mensch an. Dort wo wir das, was wir «Leben» nennen, verschwin-|241|den sehen, im absoluten Geheimnis⌜se⌝ des Todes, dort ist unser eigentliches Leben[ba]. Dort wo wir nichts mehr erkennen, wo wir sagen[bb] müßten, daß da nur noch Abgrund, Finsternis und Ende ist, da ist Gott zu erkennen. Und dort, sagt Paulus, dort, ihr Müden, ihr Betrübten, ihr Erschrockenen, dort ereignet sich *auch* etwas, während sich die Zerstörung des äußeren Menschen ereignet, die ihr jetzt vor Augen habt[bc]. Hier Ende, dort Anfang. Hier Abbruch, dort Aufbau. Hier Nein, dort Ja. Hier Tod, dort Leben[bd]. Hier Zerstörung, dort Erneuerung. Es wird dort Tag für Tag erneuert[be] Es fließt dort eine Quelle. Es wird dort ein Anfang gemacht. Es findet dort ein Ursprung statt. Es wird dort ein Grund gelegt. Es wird dort Leben, Dasein, Wesen erschaffen aus dem Nichts. ⌜*Es ist dort Gott selbst.*⌝ Tag für Tag ⌜wird dort erneuert⌝, und wir könnten fortfahren: Stunde für Stunde, Minute für Minute. Keine Zeit ohne Ewigkeit. Keine Zerstörung hier ohne Erneuerung dort. Kein Altwerden, Schwachwerden, Sterben hier ohne Erschaffung neuen Lebens dort. Kein Fremder, Ferner, Unbekannter ist ja unser innerer Mensch, der aus Gott Geborene, ewig Lebendige, wir selbst sind es, gerade weil er mehr ist als wir selbst, gerade weil wir selbst mit ihm anfangen[bf] und aufhören. Immer und überall ist das Dort verborgen hinter dem Hier. Das Dort ist nur die andere Seite, die Gottesseite des Hier. Der innere Mensch ⌜in seiner Erneuerung⌝ ist nur die andere Seite, die Gottesseite des äußeren Menschen ⌜in seiner Zerstörung⌝.[bg] Wir selbst sind es, mit denen es sich ereignet, daß wir erneuert

[az] Mskr.: «dort fängt es an».

[ba] Mskr.: «dort fängt unser eigentliches Leben an».

[bb] Mskr.: «Wo wir menschlicherweise nichts mehr erkennen, wo wir menschlicherweise sagen».

[bc] Mskr.: «vor Augen habt und die euch jetzt mutlos machen will».

[bd] Mskr.: «Hier Tod, dort, jenseits des Todes, Leben».

[be] Mskr.: «Was dort ist, das wird von Tag zu Tag erneuert».

[bf] Mskr.: «mit ihm erst anfangen».

[bg] Hier folgt im Mskr. noch: «Die Erneuerung ist nur die andere Seite, die Gottesseite der Zerstörung.»

werden. Denn dieser innere Mensch, das sind wir ⌜. Die Tiefe Gottes selbst⌝, das ist die Wahrheit des Menschen. In *unser* traurig-wahres Altwerden hinein leuchtet ⌜und tönt⌝ das noch wahrere Neu, Neu, Neu! *Unser* Tod wird verschlungen vom Leben [vgl. 2. Kor. 5,4]. *Unser* ehrliches Nein wird aufgehoben und umgekehrt ins Ja[bh].

> Was hier kranket[3], seufzt und fleht,
> wird dort |242| frisch und herrlich gehen;
> irdisch werd' ich ausgesät,
> himmlisch werd' ich auferstehen.[bi] [4]

Seht, das ist das Wagnis, das kühne Greifen[bj], der Sieg, der in diesen Worten liegt. Wir spüren es ja ohne weiteres: Das *ist* ein Wagnis, den unerhörten Gedanken Gottes zu denken über die Welt hinaus, dort anzufangen, wo alles aufhört, dort Ja zu sagen, wo wir nur Nein hören, dort vom Leben zu reden, wo man sonst Tod sagt, von dort alles zu erwarten, wo man sonst nichts mehr erwartet. Das *ist* ein Wagnis, dort zu setzen und zu sagen «es ist!», wo alles und jedes «es ist» unmöglich ist. Das *ist* ein Wagnis, Hier und Dort, dieses ach so wohlbekannte Hier und jenes[5] ach so unbekannte Dort zusammen zu fassen wie mit einer eisernen Klammer[bk] und ⌜nun⌝ das ganze Hier von dem verborgenen ⌜, überlegenen⌝ Dort aus zu begreifen. Das *ist* ein Wagnis, sich selbst und den Menschen zu sagen[bl]: «⌜Das Dort ist dem Hier *überlegen,*⌝ gerade der innere Mensch ist[bm] in *Wahrheit* der Mensch, und darum, darum weil *das* der Mensch ist, *darum* werden wir nicht mutlos». Nein, das ist kein frommes Sprüchlein, das ist nicht natürlich, nicht selbstverständlich, das pflückt man nicht vom Baum,

[bh] Mskr.: «und ins Ja gekehrt».
[bi] Im Mskr. folgen noch die letzten Zeilen der Liedstrophe:
> «zum Verwesen sink ich ein,
> dort werd ich unsterblich sein.»

[bj] Mskr.: «der Griff, der Schritt».
[bk] Mskr.: «wie mit einer eisernen Klammer zusammenzufassen».
[bl] Mskr.: «schließlich zu sagen».
[bm] Mskr.: «Mensch, das ist».

[3] Im Druck jeweils «kränkelt»; korr. nach Mskr. (entsprechend der Vorlage in GERS [1891]).
[4] Aus dem Lied «Jesus, meine Zuversicht» von O. von Schwerin (344,6; RG [1988] 478,3; EG 526,6).
[5] Im Druck jeweils «dieses»; korr. nach Mskr.

das ist ein *Wagnis.* Dieses Wagnis[6] ist die Macht, die Paulus der Mutlosigkeit entgegenstellt.

Und[bn] nun müssen wir noch etwas hören. Wir könnten ja nun fragen, wie kommt ein Mensch dazu, dieses «Darum nicht» so in die Hand zu nehmen und der Mutlosigkeit entgegenzustellen. Paulus gibt eine sehr merkwürdige Antwort. Er sagt nicht: Ja, wenn man religiös ist, dann bringt man das fertig! Er sagt nicht: Mein Glaube ist meine Macht oder dergleichen. Er sagt: *Die Bedrängnis schafft die Herrlichkeit.* Denkt, was das sagen will: Gerade was mich gefangen nimmt, befreit mich. Gerade was mich tötet, macht mich lebendig. Gerade durchs Nein komme ich zum Ja. Gerade das Ende brauche ich zum Anfangen[bo]. Gerade die Zerstörung |243| des äußeren Menschen muß sein zur Erneuerung des inneren. Er würde uns also z. B. sagen: «Ja, begreife nur, wie klein das ist, was du tust und tun mußt! Begreife nur, wie unerlöst und unerfreulich[bp] dein Ich ist! Begreife nur den Klotz auf deinem Weg in seiner furchtbaren Tatsächlichkeit! Begreife nur, daß alles fließt und vergeht! ⌜Begreife nur den «Untergang des Abendlandes»![7]⌝ Begreife, und *sei* bedrängt, und *laß* dich bedrängen! Die Bedrängnis schafft die Herrlichkeit. Sie nimmt dir, was dir genommen werden *muß.* Sie erweckt Zweifel ⌜und Fragen⌝ in dir, die einmal in dir erwachen *müssen.* ⌜Sie tötet, was sterben *muß.*⌝ Du bist ja noch nicht dort, wo alles aufhört, noch[bq] nicht dort, wo du nur noch ⌜an⌝ Gott ⌜selbst⌝ denken kannst, ⌜noch nicht vor dem Unmöglichen,⌝ noch nicht[br] am Ende, wo die neue Welt anfängt. Du hast die Grenze noch nicht erreicht, wo das Leben anfängt. Die Bedrängnis *schafft* die Herrlichkeit[bs]⌜, indem sie dich an die Grenze drängt. Dein innerer Mensch *braucht* die Bedrängnis. Das ist eine unermeßliche Einsicht.⌝ Es ist,

[bn] Vor diesem Abschnitt im Mskr.: *«3.»*
[bo] Mskr.: «zum Anfang».
[bp] Mskr.: «unerfreulich und unerlöst».
[bq] Mskr.: «du bist noch».
[br] Mskr.: «du bist noch nicht».
[bs] Mskr.: «die Herrlichkeit, das ist ein ungeheures Wort.»

[6] Im Druck 1920 (Das neue Werk): «In diesem Wagnis».
[7] Vgl. das Hauptwerk des Geschichtsphilosophen O. Spengler, *Der Untergang des Abendlandes. Umrisse einer Morphologie der Weltgeschichte,* 2 Bde., München 1918/1922.

wie wenn im Kriege Geschütze erobert und sofort feindwärts gekehrt werden[bt]. Was mich mutlos machen wollte, das muß mich jetzt nicht nur in Ruhe lassen, das[bu] macht mich jetzt mutig. Es ist nicht nur «augenblicklich und leicht» geworden[bv]; seine Kraft, abzureißen, Zweifel ⌜und Fragen⌝ zu wecken, ⌜in die Enge zu treiben,⌝ zum Äußersten zu bringen, zu töten[bw], ⌜diese Kraft⌝ muß mir nun dienen. ⌜Ich freue mich darüber, bedrängt zu sein.⌝ Ich will ⌜nichts anderes als⌝ bedrängt sein. Bedrängnis schafft ⌜, Fülle um Fülle,⌝[8] Herrlichkeit, ewige, gewichtige Herrlichkeit.[bx]

Aber[by] nicht wahr, das alles können und [bz]wollen wir nicht ohne weiteres ⌜und einfach⌝ nachsagen. Wir wollen uns nicht einbilden, als ob wir es ohne Frage, etwa kraft einer plötzlichen Erleuchtung oder eines freien Entschlusses könnten. Wenn etwas heute aufhören muß, so ist es die religiöse Anmaßung und Überheblichkeit, die |244| sich erlaubt, was Propheten, Apostel und Reformatoren sagen durften, ohne den Beweis des Geistes und der Kraft [vgl. 1. Kor. 2,4] einfach nachzusagen.[bz] Wer sind die, die so reden können, bei denen es wahr ist, wenn sie so reden? Paulus sagt es: «Wir, die wir es nicht auf das Sichtbare, sondern auf das Unsichtbare abgesehen haben»,

[bt] Mskr.: «sofort gegen den Feind gekehrt werden. Wie man früher sogar gefangene feindliche Soldaten sofort in die eigene Armee einreihte und auf der eigenen Seite gegen den Feind kämpfen ließ. Paulus zeigt auf die Bedrängnis wie auf einen solchen gefangenen Soldaten, der jetzt mit muß, ob er will oder nicht.»

[bu] Mskr.: «sondern das».

[bv] Mskr.: «Es hat die Kraft verloren, mich zu schädigen. Es ist zeitlich und leicht geworden».

[bw] Mskr.: «mich aufs Äußerste zu bringen, mich zu töten».

[bx] Im Mskr. steht hier die letzte Strophe des von unbekanntem Dichter verfaßten Liedes «Es ist ein Schnitter, der heißt Tod» (Regensburg 1637):

Trotz Tod, komm her, ich fürcht dich nit,
Trotz! Komm und tu den Schnitt.
Wenn er mich verletzet, so wird ich versetzet,
Ich will es erwarten, in himmlischen Garten.
Freu dich, schöns Blümelein!

Vgl. L. A. von Arnim/Cl. Brentano, *Des Knaben Wunderhorn. Alte deutsche Lieder,* 3 Bde., 1806–1808, Neue Ausgabe 1857 (Reprint 1982), Bd. 1, S. 59.

[by] Vor diesem Abschnitt im Mskr.: *«4.»*

[bz-bz] Die Passage lautet im Mskr.: «wollen wir nun nicht ohne Weiteres nachsagen. Wir möchten wohl, aber wir spüren es deutlich: wir können es nicht!, und darum wollen wir uns auch nicht einbilden, als ob wir es könnten.»

[8] Die Hinzufügung erfolgte erst 1924 in: Komm Schöpfer Geist!

weil wir wissen: «Das Sichtbare ist zeitlich, das Unsichtbare ist ewig.» Es bedeutet eine Wendung ⌜, eine Umkehrung⌝ unseres Lebens[ca], deren wir uns nicht zu rasch fähig erklären wollen, wenn wir sagen können, daß wir es auf das Unsichtbare abgesehen haben. Die Meisten auch von denen, die meinen, sie täten das, würden tödlich erschrecken, wenn man ihnen sagen würde, was das ist, *das Unsichtbare!* ⌜Den Gedanken Gottes denkt man nicht jedesmal, wenn man «ergriffen» ist. Es fragt sich, von *was* wir ergriffen sind.⌝ Wir wollen uns ⌜lieber⌝ offen gestehen, daß wir es im Ganzen ⌜auch in unseren Ergriffenheiten⌝ durchaus auf das *Sichtbare* abgesehen haben und darum dann auch im Ganzen jenes[cb] «Darum nicht» *nicht* haben, um es der Mutlosigkeit entgegenzustellen[cc]. Wenn wir es hätten, wir würden samt und sonders andere Gesichter machen, und es würde in der Welt sehr anders aussehen. Es ist uns besser, wenn wir den Abstand zwischen uns und der Bibel wahrnehmen. Wir wollen uns damit begnügen, zu hören, daß es Menschen gibt, die der Mutlosigkeit zum Trotz mutig leben[cd] wie jener Ritter auf dem Bilde von Albrecht Dürer: zwischen Tod und Teufel[9]. Wir wollen uns klar machen: Darum handelt es sich eigentlich im Christentum, das ist's, was dem Paulus durch Christus widerfahren ist, daß er sein Absehen auf das Unsichtbare[ce] haben konnte, mußte und wollte. Die totale Wendung des Lebens ⌜in der Richtung auf das Unsichtbare⌝, das ist das Christentum. Daraus fließt der Mut, sicher, unbedingt, grenzenlos. Der innere Mensch ist mutig. Aber er muß erwachen in uns, nicht schlafen, wenn uns das |245| etwas helfen soll.[cf] Vielleicht leuchtet und blitzt schon etwas in uns vom Absehen auf das Unsichtbare. Viel-

[ca] Mskr.: «unseres ganzen Lebens».

[cb] Mskr.: «dieses».

[cc] Mskr: «entgegenzuwerfen».

[cd] Mskr.: «gibt, auch heute, die der Mutlosigkeit nicht erliegen, sondern mutig leben».

[ce] Mskr.: «daß er es auf das Unsichtbare abgesehen».

[cf] Hier folgt im Mskr. noch der Satz: «Der äußere Mensch ist durch und durch, im Niedrigsten und im Höchsten, ein Feigling.»

[9] A. Dürers Kupferstich «Ritter, Tod und Teufel» (1513), den Barth auch in Predigten 1913, S. 95, erwähnt, wurde u. a. häufig auf Konfirmationsscheinen nachgedruckt.

leicht zuckt es manchmal wie eine Ahnung durch unseren ganzen äußeren Menschen ⌜von seiner anderen Seite her⌝: «Das Sichtbare ist zeitlich, das Unsichtbare ist ewig!» Vielleicht träumt unser innerer Mensch, als ob er bald erwachen wollte. Wie sollte es unmöglich[cg] sein: wir haben den undenkbaren[ch] Gedanken Gottes vielleicht auch schon gedacht. Wohlan, was wir kennen und haben an Licht und Barmherzigkeit in unserem Leben, an Gnade und Wahrheit in der Welt[ci], das verdanken wir diesem Vielleicht, diesem Wenigen, in welchem wir[cj] an der Seite des Paulus «in Christus» sind. Wie wird es erst sein, wenn das Vielleicht zur Gewißheit, das Wenige zum Vielen wird![10]

[cg] Mskr.: «es anders».
[ch] Mskr.: «unerhörten».
[ci] Mskr.: «Barmherzigkeit, an Gnade und Wahrheit in unserem Leben».
[cj] Mskr.: «in dem wir vielleicht».

[10] Lieder: Nr. 10 «Lobe den Herren, o meine Seele» von J. D. Herrnschmidt, Strophen 1.3.4 (RG [1998] 99; EG 303; jeweils mit geringen Textabweichungen); Nr. 352 «Ich hab' von ferne, Herr, deinen Thron erblickt» von J. T. Hermes, Strophen 1.2.5 (Reichs-Lieder 565).

«Getroste Verzweiflung»[2]

2. Korinther 5,1–8[a]

Denn wir wissen, daß wir, wenn unsere irdische Zeltwohnung abgebrochen wird, einen Bau von Gott haben, ein Haus, das nicht von Menschenhänden gemacht ist, sondern ewig im Himmel. Daher kommt es, daß wir seufzen – wir verlangen eben, mit unserer himmlischen Behausung überkleidet zu werden, um dann bekleidet, nicht nackt dazustehen. – Und so seufzen wir denn, solange wir in diesem Zelte sind und sind bedrückt, denn wir möchten nicht entkleidet, sondern überkleidet werden, so daß das Sterbliche verschlungen würde vom Leben. Der uns aber gerade dazu gebracht hat, das ist Gott, der uns das Angeld des Geistes gegeben hat. Getrost daher allezeit, im Bewußtsein, daß wir nicht beim Herrn daheim sind, solange wir im Leibe daheim sind – denn da wandeln wir im Glauben, nicht im Schauen –, getrost sind wir, daran[b] haben wir unser Wohlgefallen, immer mehr im Leibe heimatlos und beim Herrn daheim zu sein.

Wir[c] wollen bei der Erklärung dieser merkwürdigen Worte von dem ausgehen, was wir auf alle Fälle alle verstehen können. Paulus sagt zweimal: *Wir seufzen.* Es kommt nicht darauf an, ob das Seufzen laut wird oder ob es im Verborgenen bleibt. Das meiste Seufzen ist stilles,

[a] Im Mskr. sind in der Übersetzung die Versziffern eingetragen.
[b] Mskr.: «und daran».
[c] Im Mskr. vor diesem Abschnitt: *«1.»*

[1] Am Mittwoch, 16. Juni schrieb Barth an Thurneysen: «Ich bin an der Vorbereitung zu 2. Kor. 5. Das ist noch ein Kapitel! Wenns doch gelänge, solche Stellen auch nur ein wenig zum Reden zu bringen. Es ist Alles geladen voll ‹Einsichten und Ausblicke›, aber wie schwer, sie zu fassen. Und dabei zu denken, daß das Alles gar nicht ex cathedra sondern als Randglossen bei Anlaß einer ziemlich persönlich bedingten Selbsterklärung des Paulus gesagt ist!» (Bw. Th. I, S. 399). «Biblische Fragen, Einsichten und Ausblicke» war der Titel von Barths Vortrag auf der Aarauer Studentenkonferenz am 17.4.1920.

[2] Unter dieser Überschrift (vgl. M. Luthers Brief an G. Spenlein vom 8. April 1516 [WA.B 1,35,34]; s. unten S. 374, Anm. 12) ist die Predigt abgedruckt in: Komm Schöpfer Geist!, S. 246–256. Die Abweichungen der Druckfassung vom Mskr. werden in der oben S. XI beschriebenen Weise dokumentiert.

unterdrücktes Seufzen, nur *einem* Menschen und Gott bekannt. Seufzen ist jedenfalls in der Hauptsache eine innere Bewegung, eine Unruhe und Bangigkeit, ein nach Luft Ringen, das dann über uns kommt, wenn wir drauf und dran sind, mutlos zu werden und uns fast nicht mehr dagegen wehren können, es wirklich zu werden. – Seufzen ist die letzte Station vor der Mutlosigkeit. Es waltet da bereits etwas von der großen Finsternis jener dumpfen Ergebung in das Schreckliche, Unvermeidliche, etwas von jenem tödlichen Versinken ins Nichts, etwas von jenem |247| Jasagen zum Tode. Aber noch ist die Finsternis nicht völlig, noch ist eine Sehnsucht nach Befreiung vorhanden, ein Fragen und Klagen, ein letztes Ausblicken nach dem fernen Lichte des Lebens. Ich denke, wir kennen diese letzten Stationen[d] vor der Mutlosigkeit. Wir sollten auch dann, wenn wir sehr bedrängt und traurig sind, nicht übertreiben. Wir sollten nicht gleich denken: Nun bin ich mutlos! Das ist ⌜ja⌝ zum Glück in der Regel nicht wahr. Dieses Ziel erreicht zu haben, ist etwas zu Furchtbares[e], als daß man, auch wenn es schlimm[f] mit uns steht, gleich denken dürfte: an diesem Ziel bin ich nun angelangt. – Aber das Seufzen, die letzte Station vorher[g], mögen einige unter uns[h] sehr gut und wir alle wenigstens einigermaßen kennen.

Paulus bekennt, daß er sich auf[i] dieser ⌜letzten⌝ Station befindet, gründlicher und dauernder wahrscheinlich als wir alle. Er hat ein andermal von einem Seufzen geredet, das durch die ganze Schöpfung gehe [Röm. 8,19–22]. Alles, was jetzt und hier ist, seufzt, auch die leblosen, die unvernünftigen Wesen. Um wieviel mehr der Mensch, der nicht nur lebt, sondern weiß, daß er lebt. Paulus sagt nicht: Wir haben geseufzt, oder: Wir seufzen manchmal, sondern: Wir seufzen. Er ist mitten drin, wie etwa bei einem Abschied, und noch[j] viel ernsthafter wahrscheinlich. Wir wollen uns daraus gleich etwas nehmen: Er redet nachher von seiner großen, freudigen Hoffnung. Wir wollen ihn dabei nicht auf irgendeiner triumphierenden Höhe von Glauben[k] und

[d] Mskr.: «diese letzte Station».
[e] Mskr.: «Fürchterliches».
[f] Mskr.: «arg».
[g] Mskr.: «Aber die letzte Station vorher, das Seufzen».
[h] Mskr.: «von uns».
[i] Mskr.: «auch auf».
[j] Im Mskr. ursprünglich: «mitten drin, viel ernsthafter»; dann hat Barth darüber geschrieben: «wie ein Abschied».
[k] Mskr.: «Glück».

Zufriedenheit sehen. Wir wollen nicht denken: Ja, solche Hoffnung kann man haben, wenn es einem besser geht als mir, als uns heutzutage. Nein, solche Hoffnung hat man mitten im Seufzen. Man kann seufzen und doch selig sein.[3] *Wir sind getrost!,* sagt er nachher. Nicht: Wir werden getrost sein, oder: Wir sind manchmal getrost!, sondern: Wir *sind* getrost! Ohne Wenn und Aber, wie er vorher ohne Wenn und Aber gesagt hat: Wir seufzen! |248| Das Getrostsein geschieht also gleichzeitig und am gleichen Orte mit dem Seufzen. Gerade dort, in unmittelbarer Nähe der großen Finsternis, des bösen Zustandes, wo wir die Augen gänzlich schließen und die Hände gänzlich möchten sinken lassen, gerade dort kann man Hoffnung haben und in der Hoffnung getrost sein.[1]

Paulus[m] sagt in unserem Text ⌜noch⌝ etwas Merkwürdiges[n], er sagt uns: Wenn wir den rechten Grund wissen, warum wir eigentlich seufzen, dann können wir im Seufzen getrost sein. Bei einer Krankheit kann es ein großer Gewinn sein, wenn wir ganz genau wissen, unter was wir leiden, weil wir dann wenigstens wissen, wo wir mit Heilungsversuchen einsetzen müssen. Aber der Vergleich stimmt nicht. Denn wenn wir wissen, warum wir seufzen, dann ist eben damit auch die Heilung schon da. Wenn wir ungetröstet, unerlöst, verzweifelnd seufzen müssen, so kommt es davon, daß wir den wahren Grund unseres Seufzens nicht wissen. Da muß es sich nun wieder entscheiden, ob wir imstande sind, Paulus[o] zu folgen und von dem, was er weiß, auch etwas zu merken.

Paulus erwähnt zuerst den Irrtum, das, was wir in dieser Sache ⌜zwar zu erkennen⌝ meinen, was aber eben nicht der wahre Grund unseres Seufzens ist. Wir sehen[p], sagt er, daß unser ganzes sogenanntes Leben samt allem Drum und Dran⌜, allem⌝, was uns groß und wichtig

[1] Hier folgt im Mskr. noch: «Da verstehen wir Paulus nun vielleicht schon nicht ganz. Aber es ist für den Augenblick genug, wenn wir das verstehen, daß er auch dort ist, wo wir sind. Wir seufzen.»

[m] Im Mskr. vor diesem Abschnitt: *«2.»*

[n] Mskr.: «sehr Merkwürdiges».

[o] Mskr.: «ob wir wohl im Stande sind, dem Paulus».

[p] Mskr.: «sehen nämlich [?]».

[3] Vgl. J. Chr. Blumhardt, *Blätter aus Bad Boll,* Jg. 5 (1877), S. 85: «Wir können seufzen und doch selig sein.»

und lieb ist, einer Zeltwohnung gleicht, die jetzt aufgeschlagen ist, um früher oder später wieder abgebrochen zu werden. Einer Hütte gleicht[q] es, hat Luther übersetzt. Es kommt aufs selbe heraus. Es handelt sich um das, was man auch die *Vergänglichkeit* nennt. Es gibt ein schönes Gedicht darüber von Johann Peter Hebel:

> 's chunnt alles jung und neu, und alles schliicht
> im[4] Alter zue, und alles nimmt en End,
> und nüt stoht still. Hörsch nit, wie's Wasser ruuscht, |249|
> und siehsch am Himmel obe Stern an Stern?
> Me meint, vo alle rüehr sie kein, und doch
> ruckt alles witers, alles chunnt und goht.[5]

Das ist die Vergänglichkeit. Man kann es auch damit beschreiben, daß man das Leben mit einem Spiel vergleicht, das aber wirklich ein Spiel ist und nicht Ernst:

> dort han i ... gvätterlet bis an mi selig End,

wie es in dem gleichen Gedicht heißt.[6] Man kann es auch noch ernster und deutlicher[r] einfach mit dem Worte *Tod* begreifen: Mitten wir im Leben sind vom Tod umfangen![7] Mitten im Leben, nicht erst, wenn wir sterben. Was wir Leben heißen, ist in Wirklichkeit Sterben, unser Leib ein Grabmal, wie schon ein weiser Heide gesagt ⌜hat⌝[8]. Wir stehen unter einem großen, alles umfassenden und vernichtenden Nein. Mag es uns lange und später[s] noch auf weiten Strecken verborgen sein, allmählich taucht es ⌜doch⌝ auf wie eine große, drohende Hand: Wir

[q] Mskr.: «gleiche».
[r] Mskr.: «noch deutlicher und noch ernster».
[s] Mskr.: «auch später».

[4] Im Druck: «sim»; korr. nach Mskr. (entsprechend Hebels Text).
[5] J. P. Hebel, «Die Vergänglichkeit», in: ders., *Alemannische Gedichte / Schatzkästlein des Rheinländischen Hausfreundes,* München o. J., S. 128f.
[6] A. a. O., S. 132.
[7] Lied Nr. 317 «Mitten wir im Leben sind / Von dem Tod umfangen», Salzburg 1456 nach der Antiphon «Media vita in morte sumus» 11. Jh. (RG [1998] 648; EG 518; jeweils: «... mit dem Tod ...»).
[8] Vgl. Platon, *Gorgias* 492e/493a (Sämtliche Werke, Köln / Olten, Bd. 1, 1969[6], S. 364, deutsch von J. Deuschle): «Das habe ich auch schon von einem weisen Manne gehört, daß wir jetzt tot seien und daß der Leib [σῶμα] unser Grab [σῆμα] sei ...»; vgl. auch *Kratylos* 400c (a. a. O., S. 565): «Denn einige halten ihn [sc. den Leib, σῶμα] für das Grabmal [σῆμα] der Seele ...»

werden älter, eine leichte oder schwere Krankheit sagt uns, wie es mit uns steht und was uns bevorsteht, wir erleben unverkennbare Mißerfolge, wir erkennen[9] unsere eigene Beschränktheit und die vieler anderer Menschen, der Friedhof nimmt eins ums andere auf von denen, die wir kannten und liebten, eine Zeit wie die letzten sechs Jahre geht über uns. Wir wehren uns alle lange: Es lebe das Leben!, möchten wir rufen. Immer wieder möchten wir etwas Bleibendes, Unvergängliches, etwas Absolutes sehen, erfühlen, genießen. Allzulange können wir alle uns nicht wehren. Das große Nein! ertönt, das[t] Zeichen zum Abbruch. Aufbau möchten wir treiben, schön und recht, – aber das Letzte, Klare, Gewisse von dem, was wir das Leben heißen, ist nicht der Aufbau, sondern der Abbruch. Eine Zeltwohnung ist unser Leben, und das ist nun der Grund unseres Seufzens, solange wir noch nicht wissen, was Paulus weiß. Es graust uns vor dem Abbruch[u]. Ist's auch nur ein Zelt, so ist's doch in mancher Beziehung ein behagliches[v] Zelt. Ist auch |250| manches in diesem Leben nicht, wie es sollte und wie wir es wünschten, so schaudern wir doch vor der drohenden Hand, die uns sagt, daß es gar nichts damit sei. Es ist uns zu Mute wie einem Menschen, dem mitten im kalten Winter von Räubern alle seine warmen Kleider ausgezogen werden. Noch etwas weg und noch etwas, noch etwas Großes, Schönes, Liebes genommen, in Nichts aufgelöst. So, nun stehst du da, entkleidet, nackt, nun friere, nun heißt's nur noch Nein und Nichts und völlige Leere. Wir möchten nicht entkleidet werden, wir möchten nicht nackt dastehen. Es graust uns vor diesem Nein und Nichts. Es graust uns vor dem Tode. Und weil wir ihn doch kommen sehen, weil wir sehen, wie er herrscht ⌜und⌝ wie er die erste und letzte Wahrheit[w] ist in unserem Leben, darum seufzen wir. Oder läßt sich nicht im Grunde aller laute und leise Jammer unter uns, alle unsere[x] Fragen und Klagen zurückführen auf diese eine Ursache, daß wir beunruhigt sind durch das große Nein, das über un-

[t] Mskr.: «ertönt, von Weitem vielleicht erst, aber es ertönt: das».
[u] Mskr.: «vor diesem Abbrechen».
[v] Mskr.: «ein wohnliches, behagliches».
[w] Mskr.: «Klarheit».
[x] Mskr.: «all unser».

[9] Im Druck: «kennen»; korr. nach Mskr.

serem Leben steht? Wir haben die Wahrheit unseres Lebens gesehen, so oder so, und die Wahrheit ist der Tod. Es ist uns mit dem Seufzen darüber wenig geholfen. Gerade so wenig wie mit dem klugen Rat, das Seufzen aufzugeben und uns mit guter Miene in das böse Spiel zu finden. Wir müssen seufzen, irgend einmal bricht es auch auf in denen[y], die oberflächlich sein wollen. Wir müssen aber auch sehen, daß unser Seufzen, je weiter wir ihm den Lauf lassen, immer untröstlicher, immer[z] verzweifelnder wird. Immer mehr kommen wir an den Abgrund der Mutlosigkeit. Es kann keine Antwort, keine Heilung, keine Auflösung finden, unser Seufzen, das diesen Grund hat, unser Seufzen, dessen wahren Grund wir nicht wissen.

Und nun sagt Paulus[aa] etwas ganz Großes. Wir wollen es ihm nicht zu schnell nachsagen, aber wir wollen uns ehrfürchtig Mühe geben, ob wir es wenigstens hören können. Er sagt uns: Ihr seufzt und meint zu |251| wissen, warum. Aber ihr wißt es nicht. Ihr irrt euch über euch selber. Ihr müßt euch selber verstehen lernen. Ja, der Sinn dessen, was man Leben[ab] heißt, ist der Tod. Aber der Sinn des Todes ist das wahre Leben. Das wahre Leben entbehrt ihr und sucht ihr. Ihr habt es verloren und doch nicht vergessen. Es entgeht euch, und ihr wißt doch darum. Viel anderes[ac] erstrebt ihr mit Mühe und Enttäuschung aller Art, und es, das wahre Leben, meint ihr doch. Es ist in euch, obwohl ihr nicht in ihm seid. Euer eigen ist dies wahre Leben, eures eigenen Daseins und Wesens ganz andere, ewige, göttliche Seite. Es ist euer[ad] Ursprung und Anfang, von dem eure Vernunft, euer Gewissen, euer Friede[ae], aber auch eure Sünde und euer Schmerz immer wieder Kunde geben, und es ist auch euer Ziel, dem eure[af] Gedanken und Taten, dem das Fühlen eurer Herzen und eurer Sinne im Grund zustrebt[ag], das all den stürmischen, schrecklichen Bewegungen der Weltge-

[y] Mskr.: «bricht es auch bei denen durch».
[z] Mskr.: «untröstlicher, immer unerlöster, immer».
[aa] Mskr.: «*3.* Und nun sagt uns Paulus».
[ab] Mskr.: «das Leben».
[ac] Mskr.: «Viel, viel Anderes».
[ad] Mskr.: «Seite ist es, euer».
[ae] Mskr.: «eure Freude».
[af] Mskr.: «und so auch euer Ziel, dem all eure».
[ag] Mskr.: «zuströmen [?]».

schichte letztlich zugrunde liegt[ah]. Es ist ein Ja in euch, ihr Sterbenden, ihr unter dem großen Nein verschlossenen[ai] Menschen, ein Ja, das freilich unermeßlich höher, unermeßlich anders ist als euer ganzes Dasein, völlig unvergleichlich all den kleinen, irdischen Ja, die ihr jetzt so gerne haben und erreichen[aj] möchtet, himmlisch gegenüber dem Irdischen und doch nichts Fremdes[ak], fern und doch nicht fern, euer eigenstes Teil und Erbe, eure Heimat.|

Wir wissen, daß wir einen Bau von Gott haben, ein Haus, das nicht von Menschenhänden gemacht ist, sondern ewig, im Himmel. Daher kommt es, daß wir seufzen. Versteht ihr, warum ihr seufzen müßt? Ja, die Zeltwohnung muß abgebrochen werden, damit der Bau von Gott euch aufnehmen kann. Aber nicht das macht euch seufzen, daß jetzt abgebrochen werden muß, sondern daß der Bau von Gott euch *noch nicht* aufgenommen hat. Ja, es muß ein großes, durchgreifendes Vergehen stattfinden, damit das Bleibende, das Leben im |252| Leben, das wir jetzt kaum kennen, erscheinen kann. Aber nicht das Vergehen ist die Ursache eures Fragens und Klagens, sondern das ist die Ursache, daß *noch nicht* erschienen ist, was wir sein werden [vgl. 1. Joh. 3,2]. Ja, der Weg zum Leben führt durch den Tod, nicht nur durch das, was wir Sterben nennen, zuletzt freilich auch durch dieses, aber schon im sogenannten Leben durch ein großes Abstreichen, Wegnehmen, Eingeschränktwerden, Entkleiden. Das Leben fängt für uns dort an, wo alles aufhört. Denkt euch eine große Zahl, die aber das Vorzeichen Minus trägt. Nun muß von dieser Zahl unablässig abgezogen werden, bis schließlich Null erreicht ist. Und dann jenseits der Null kommt die erste kleine Zahl mit dem Vorzeichen Plus. Ein schmerzlicher Vorgang, ja, aber nicht das Abstreichen und Wegnehmen schmerzt uns in Wahrheit, sondern daß der Weg noch so weit ist, daß so viel mit dem Vorzeichen Minus noch zwischen uns ist und dem erlösten Plus 1 jenseits des 0. Nicht das Sterben ist schmerzlich, sondern daß wir *noch nicht* leben.

[ah] Mskr.: «im letzten Grunde vorschwebt».

[ai] Mskr.: «ihr unter das große Nein verschlossene».

[aj] Mskr.: «all dem kleinen, irdischen Ja, das ihr jetzt so gerne haben und genießen».

[ak] Mskr.: «nichts euch Fremdes».

Ja, das Leben ist wie ein Spiel, ein «Gvätterle»[al] [10], bei dem wir im Grunde ⌜doch⌝ nichts ausrichten, aber wieder ist's nicht das, was uns bedrängt[am], zu erkennen, daß wir spielen[an]. Warum sollten wir nicht fröhlich spielen?, wenn wir nichts anderes wüßten, eine Zeitlang kann man es ja so fröhlich spielen[ao]: Kaufmann und Pfarrer und Doktor, vornehm und gebildet, Kirche, Schule und Staat. Aber das ist schmerzlich, daß wir alle wissen, daß eigentlich, im wahren Sinn des Lebens, etwas geschehen und getan werden sollte, das uns jetzt immer *noch unmöglich* ist, das etwas ganz anderes ist als ⌜das, was⌝ wir tun und tun können auch in dem besten Leben. Wir stehen unter dem Nein[ap], das alles aufhebt, das unseren ganzen Menschenbau in allen seinen[aq] Wurzeln zerstören will. Wie ein schleichendes Gift ist es in unseren Adern, was[11] der Prediger Salomo schon wußte: Es ist |253| alles eitel unter der Sonne, es ist alles ganz eitel [vgl. Pred. 1,2f.]. Wir sind alle krank an diesem Nein, und die Menschen, die die letzten sechs[12] Jahre erlebten[ar] insbesondere, werden von dieser Krankheit nicht wieder gesund werden. Aber nun[as] sage ich: nicht das Nein ist's, das uns quält und beunruhigt, sondern das Ja, in dem wir stehen, bevor das Nein über uns kommt. Warum sollten wir uns nicht stumpfsinnig darein finden, daß es: Nein! und Nichts! heißt über unserem Leben? Wir können uns nicht darein finden, weil wir das Ja kennen als das Erste und Ursprüngliche[13], und nun müssen wir leiden darunter, daß es noch nicht hereingebrochen ist als das Letzte und Endliche und Endgültige. Seht, sagt Paulus: daher kommt es, daß wir seufzen: *Wir verlangen eben, mit unserer himmlischen Behausung überkleidet zu*

[al] Mskr.: «Gvätterlen».
[am] Mskr.: «bedrängt und bemüht».
[an] Mskr.: «nur spielen».
[ao] Mskr.: «können wir es ja und spielen so fröhlich».
[ap] Mskr.: «Ja, wir stehen unter einem Nein».
[aq] Mskr.: «das unseren ganzen äußeren Menschen bis in seine».
[ar] Mskr.: «erlebt haben».
[as] Mskr.: «Aber was».

[10] Siehe oben S. 227 bei Anm. 6.
[11] Im Druck: «wie»; korr. nach Mskr.
[12] Im Druck: «zehn Jahre» (1914–1924), im Mskr. «sechs Jahre» (1914–1920).
[13] Im Druck: «das Erste, Ursprüngliche»; korr. nach Mskr.

werden. Weil wir das Leben jenseits des Todes kennen, darum drückt uns das Leben diesseits, das dem Tode verfallen ist. Weil wir im Ewigen daheim sind, darum drückt uns das Dahineilen der Zeit, die vergeht und doch immer noch nicht Ewigkeit ist. Weil wir das Ja kennen, darum drückt es uns, soviel Nein sagen und hören[14] zu müssen, ohne doch schon im Ja und aus dem Ja heraus leben zu können. Nicht das Entkleidetwerden an sich, nicht der Tod und das Nichts und das Nein, durch das wir hindurch müssen, ist schrecklich, sondern daß wir *noch nicht* hindurch sind, daß es *noch nicht* überstanden ist, daß sein Ziel und Zweck *noch nicht* erreicht sind, daß wir noch unbekleidet und *noch nicht* bei Gott sind. Gott drückt uns, unsere unlösbare Gemeinschaft mit ihm. Wäre kein Gott, wartete diese himmlische Behausung nicht auf uns, wir brauchten auch[at] nicht zu seufzen. Aber von Gott her sind wir in innerer[15] Bewegung, in Unruhe, Bangigkeit[au]. Weil Gott die Ursache unseres Seufzens ist, darum müssen wir seufzen. Es ist so, wie der Prophet Hosea sagt: Ich, der Herr, bin Ephraim wie ein Löwe und dem Hause Juda wie ein junger Löwe[av]. Ich, ich |254| zerreiße sie und gehe davon, ich führe sie weg, und niemand kann sie retten [Hos. 5,14]. Oder wie Paulus selber[aw] sagt: Der uns aber dazu gebracht hat, das ist Gott, der uns das Angeld, das Pfand des Geistes gegeben hat. Das ist ja eben der *Geist;* unsere unlösbare Gemeinschaft mit Gott, die unauslöschliche Erinnerung, die unaufgehobene[ax] Anwartschaft, die zeugende Kraft des ewigen Lebens, und weil[ay] wir sie haben, sagt Paulus, darum seufzen wir, solange wir in diesem Zelte sind. Wir müssen seufzen.

Wenn[az] wir das hören und verstehen können, dann vielleicht gleich auch noch etwas mehr. Weil Gott es ist, sagt Paulus, der uns dazu bringt, daß wir in diesem Leben seufzen müssen, darum ist dieses

[at] Mskr.: «brauchten wahrlich».
[au] Mskr.: «in Bangigkeit».
[av] Mskr.: «ein Junglöwe».
[aw] Mskr.: «selbst».
[ax] Mskr.: «unverzehrbare [?]».
[ay] Mskr.: «Lebens. Weil».
[az] Im Mskr. vor diesem Abschnitt: *«4.»*

[14] Im Druck: «sagen und tun»; korr. nach Mskr.
[15] Im Druck: «einer»; korr. nach Mskr.

Seufzen nicht ohne Getrostsein. Ganz nahe sind wir mit[ba] unserem Seufzen dem bösen Ziel der Mutlosigkeit. Aber wir erreichen es nicht. Wir sind in Wahrheit unendlich weit davon entfernt. Wir werden *nicht* mutlos. Es ist unmöglich, daß wir es werden. Wir sind getrost, denn wer sich selbst versteht, wer weiß, daß der Grund dieses[bb] Seufzens in Gott ist, der hat einen Überblick gewonnen, der ihn getrost macht in der größten, tiefsten Traurigkeit. Er versteht den Tod vom Leben aus.[bc] Er gibt Gott recht, der ihn durch seinen Geist seufzen macht in diesem Zelte. Er versteht die Notwendigkeit des Todes und des Nein in der Vergänglichkeit. Sie müssen den Platz frei machen. Indem sie ihre Arbeit[bd] tun, kommt das wahre Leben näher, sind wir näher dem Ziel, mit unserer himmlischen Behausung überkleidet zu werden. Das Sterbliche muß verschlungen werden vom Leben, und es wird verschlungen, aber[16] darum und damit muß das Sterbliche sterben. Wir stehen im Bewußtsein, daß wir nicht beim Herrn daheim sind, solange wir im Leibe sind, denn da wandeln wir im Glauben und nicht im Schauen. Es ist ein unbefriedigender, vorläufiger Zustand, eine unhaltbare Lage, dem durch den Abbruch |255| des Zeltes ein Ende gemacht wird. Wir leben noch nicht[17], darum müssen wir sterben. Wir haben noch nicht Freude, darum müssen wir traurig sein.[be] Wir sind noch im Irrtum, darum müssen wir erkennen, daß wir nichts wissen. Wir sind noch nicht daheim, darum müssen wir dieses fremde Land verlassen. Wir wandeln im Glauben, nicht[bf] im Schauen, darum muß der Mensch[bg] zerstört werden. Er muß zerstört werden, damit der neue[bh] Mensch, der schauende und nicht nur glaubende ⌜Mensch⌝ tatsächlich von Tag zu Tag wachsen kann. Darum sind wir getrost und

[ba] Mskr.: «in».
[bb] Mskr.: «seines».
[bc] Im Mskr. folgt hier: «Er versteht das Nein vom Ja aus.»
[bd] Mskr.: «notwendige [?] Arbeit».
[be] Im Mskr. folgt hier: «Wir tun noch nicht das Rechte [?], darum müssen wir erkennen, daß wir nichts tun können.»
[bf] Mskr.: «und nicht».
[bg] Mskr.: «der äußere Mensch».
[bh] Mskr.: «der innere».

[16] Im Druck: «eben»; korr. nach Mskr.
[17] Im Druck: «nicht recht»; korr. nach Mskr.

haben Wohlgefallen daran, immer mehr im Leibe heimatlos und beim Herrn daheim zu sein. Es ist die gleiche große Wendung und Umkehrung, von der wir schon[bi] gehört. Die Bedrängnis schafft die Herrlichkeit [2. Kor. 4,17]. Weil Paulus das weiß, darum ist er unter Seufzen getrost.

Wer[bj] von uns weiß das auch? Wir wissen es alle kaum, und darum können wir alle kaum verstehen[bk], was Paulus uns da gesagt hat. Noch weniger verstehen, daß dieser Mann[bl] nun wirklich getrost war in dieser Welt, in der wir so gar nicht getrost sein können, daß er mit diesen Einsichten[bm] nicht etwa ein Einsiedler in der Wüste wurde, nicht etwa mit einigen Gläubigen sich in ein Zimmerlein verschloß, nicht etwa sich zur Ruhe legte, sondern mit diesen Einsichten[bn] lebte, kämpfte, duldete, fiel und wieder aufstand und jubelte, die Welt, ⌜diese Welt,⌝ diese Welt des Todes und des Nein mit seinen Taten erfüllte und in Bewegung setzte zur Ehre Gottes. Dieses Getrostsein geht weit über unseren Horizont. Wir können an dieser Stelle wieder sehen[bo], was Christus für Paulus gewesen ist[bp], der gekreuzigte Christus. Weltwende bezeugt er dort geschaut zu haben[bq], Durchbruch vom schrecklichsten Nein ins herrlichste Ja, Abschluß des sogenannten Lebens durch den Tod und Erscheinung des wahren Lebens jenseits des Todes, ⌜das⌝ Auslöschen aller Lichter und Aufgehen eines großen Lichtes aus der |256| Finsternis. Der Mensch ohne Gott und dann Gott, der sich dem Menschen zuwendet, Gott mit uns, Immanuel [Mt. 1,23]. Von da aus hatte Paulus Überblick. Er sah, warum wir seufzen. Er sah den Bau, von Gott erbaut. Er sah, daß das Zelt abgelegt[br] werden muß. Er sah, daß er Wohlgefallen haben müsse[bs] an dem,

[bi] Mskr.: «wir letzten Sonntag».
[bj] Im Mskr. vor diesem Abschnitt: «*5.*»
[bk] Mskr.: «kaum auch nur ganz [?]».
[bl] Mskr.: «M.» [=Mensch].
[bm] Mskr.: «Anschauungen».
[bn] Mskr.: «Anschauungen durchaus».
[bo] Mskr.: «nur wieder ahnen».
[bp] Mskr.: «gewesen sein muß».
[bq] Mskr.: «Weltenwendung hat er dort gesehen».
[br] Mskr.: «abgebrochen».
[bs] Mskr.: «müßte».

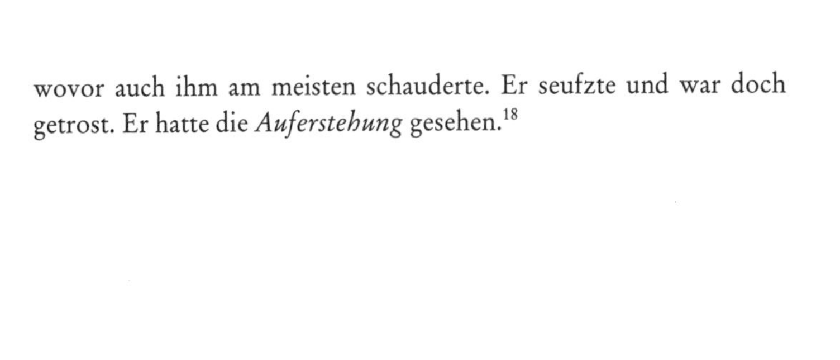

wovor auch ihm am meisten schauderte. Er seufzte und war doch getrost. Er hatte die *Auferstehung* gesehen.[18]

[18] Lieder: Nr. 176 «Gottesruhe, Sabbatstille» von Chr. Fr. D. Schubart (1738–1791), Strophen 1–3; Nr. 351 «Auferstehn, ja auferstehn wirst du» von Fr. G. Klopstock, Strophen 1.2.4 (FEG [1907] 489).

527 Safenwil, Sonntag, den 27. Juni 1920

2. Korinther 5,9–11[1]

9 Darum ist es unser Streben – ob wir beim Herrn daheim sind oder noch nicht daheim – ihm wohlzugefallen. 10 Denn wir alle müssen vor dem Richterstuhl des Christus offenbar werden, wo ein jeder erfährt, was ihm gehört je nach seinem Tun bei Leibesleben: Heil oder Unheil. 11 Im Bewußtsein der Furcht des Herrn bemühen wir uns also um das Vertrauen der Menschen; wir sind aber offenbar vor Gott, und ich hoffe, auch in eurem Gewissen offenbar zu sein.

1. Es gibt Menschen, die gesendet sind von Gott. Sie haben einen besonderen Auftrag von ihm, also eine Aufgabe, die über die gewöhnliche Arbeit und über die Pflichten, die von allen verlangt sind, hinausgeht. Er besteht darin, an Gott *zu erinnern*, auf Gott aufmerksam zu machen, für Gott aufzurufen. *Vielleicht* ist es ein großer Auftrag, der dann Viele angeht, vielleicht auch nur ein kleiner an Wenige. *Vielleicht* haben sie ihn in Worten auszurichten, vielleicht müssen sie etwas tun, vielleicht müssen sie weder etwas sagen noch etwas tun, sondern nur ganz still etwas Besonderes sein. *Solche Menschen* unterscheiden sich nicht dadurch von den Anderen, daß sie besser und mehr wert wären als sie, sondern dadurch, daß mehr von ihnen verlangt wird, daß sie Alles schwerer nehmen müssen, daß sie ein viel härteres, aufreibenderes Leben haben als Andere. *Gott braucht* sie, weil durch sie das Ewige in den Menschen in Bewegung gesetzt und gehalten wird. Es ist *kein Vorzug*, ein solcher Mensch zu sein. Von Gott gebraucht zu werden ist kein Vorzug, denn je stärker Gott einen Menschen braucht, umso mehr muß der dem Tode ins Gesicht sehen, umso öfter wird er genötigt, sich in die freie Luft zu stellen, wo man nicht mehr stehen kann. Glauben müssen ist kein Vorzug. Wir fragen uns natürlich trotzdem, *ob wir vielleicht* solche Menschen sind. Darauf ist zu antworten: keine Frage!, daß es in der Regel mehr Unberufene als Berufene gibt, daß aber niemand ist, der nicht auf einmal ein Berufener werden könnte.

[1] Das Manuskript ist als einziges des Jahrgangs 1920 in lateinischer Handschrift geschrieben.

2. Solche Menschen haben ein Geheimnis. Die Propheten und Apostel haben es gehabt. Es gibt aber auch einfache, unbekannte Männer und Frauen, die es haben. Es gibt sogenannte unreligiöse Menschen, die es sehr stark haben. Denn Gott sendet auch unreligiöse Menschen. Solche Menschen können *dem Gewissen der anderen Menschen offenbar* sein, wie Paulus sagt. D. h., sie können zu ihrem Gewissen reden, obwohl sie vielleicht zu ihrem Verstand, zu ihrem Gefühl, zu ihrem Willen, zu ihrem Charakter nicht reden können. Sie können also von den Anderen verstanden werden, obwohl sie eigentlich, wie man so sagt, nicht verstanden werden. Es redet *etwas Direktes* aus ihnen. Vielleicht nicht aus ihren Worten, nicht aus ihren Taten, nicht aus ihrem Leben. Niemand könnte es zeigen, betasten und sagen, was es ist, das aus ihnen redet. Und niemand könnte klar machen, wohin es nun eigentlich geht, wo es packt und Wurzel schlägt in den Menschen, wie es geschieht, daß sie ihren Gewissen offenbar werden als solche, die man ernst nehmen und hören muß. Niemand könnte sagen, durch was sie ihren Einfluß ausüben und in was er überhaupt besteht. Sie selber könnten es nicht sagen. Kurzsichtige werden immer sagen können, daß überhaupt kein Einfluß da ist. Sie selber werden zu allerletzt von ihrem Einfluß reden; sie werden wie Paulus immer nur sagen: «Ich hoffe». Denn dieser Einfluß, den sie im Auftrag Gottes ausüben, ist *nie ihre eigene Sache,* von der sie als von etwas Eigenem reden könnten. Auf das, was in Gottes Hand ist, kann man immer nur hoffen. Der Einfluß ist aber da. Er ist *hinter* ihren Worten, ihren Taten, ihrem Leben. Und er geht *hinter* Verstand und Charakter auch der Anderen. Das Ewige in ihnen redet zum Ewigen in den Anderen. Das ist ihr *Geheimnis,* daß das geschieht. Wie von *hohen Bergen* kommend treten Menschen wie Paulus in unsere Mitte. Anders, heller, freier blicken ihre Augen als die von uns Talbewohnern. Anders, fester, ruhiger, gewaltiger sind ihre Schritte als die unsrigen. Alles an ihnen erinnert an die frischere, reinere Luft, aus der sie herkommen. Das *kann dann* unseren Gewissen offenbar werden. Es *muß nicht,* aber es kann. Gott redet auch durch die Menschen, die er in dieser Weise braucht, nicht zwangsweise. Aber wer's merkt, merkt's. Wer Ohren hat zu hören, der hört [vgl. Mk. 4,9 par.]. Das ist das Geheimnis der von Gott gesendeten Menschen, daß sie trotz allen Schwierigkeiten und Hindernissen von hörenden Ohren gehört werden. Daß das

geschehe, *darauf hoffen sie.* Wenn sie diese Hoffnung nicht hätten, so wären sie die elendesten unter allen Menschen [vgl. 1. Kor. 15,19].

3. Wenn wir es versuchen, die Lage eines solchen berufenen Menschen von innen zu verstehen, so stoßen wir auf das, was Paulus beschreibt mit den Worten: Es ist unser Streben, dem Herrn wohlzugefallen!, er fügt hinzu: ob wir daheim sind beim Herrn oder nicht daheim. Er unterscheidet mit diesen Worten zwei Gebiete in seinem Wesen. Das Eine, das er *sein Daheimsein* nennt, ist eben das Ewige in ihm, sein göttliches Teil, ein innerer Mensch hinter allen Gedanken und Worten, die unsichtbare Hand Gottes, die ihn ergriffen hat. Das ist nicht mehr er selbst. Da ist er selbst gestorben und Gott neu geboren, daheim bei dem Herrn. Daß dieses neue Gebiet seines Wesens wachse, das ist seine Sehnsucht, und darum hat er vorher alle Plage, die ihm sein Bund mit Gott einträgt, willkommen geheißen. Die Bedrängnis schafft Herrlichkeit, hat er früher gesagt [2. Kor. 4,17]. Aber es ist auch *noch ein anderes Gebiet* da. Da ist das Alte noch nicht neu geworden. Da ist er noch nicht daheim beim Herrn. Da ist er noch einfach Paulus, das, was die Menschen als Paulus kennen, liebhaben oder auch hassen, der eifrige Apostel, der kühne Denker, der hitzige Redner und Schreiber. Da lebt er und wirkt und redet und ist sich selber[2]. Da hat der Tod noch nicht gewirkt, die Bedrängnis noch nicht verzehrt, da ist auch die Herrlichkeit noch nicht erschienen. Er hat vorher geseufzt, dieser Rest möchte auch noch vergehen, dieses Zelt möchte auch noch abgebrochen werden. Aber noch steht es. Wir wandeln im Glauben und nicht im Schauen [2. Kor. 5,7]. Wir sehen also, daß auch ein solcher von Gott gesendeter Mensch *das doppelte Wesen* in sich trägt, das wir in uns so gut kennen. Aber nun kommt *das Besondere:* Ob so oder so, sagt er, durch diese beiden Gebiete meines Wesens hindurch wie etwa eine Transmission durch verschiedene Stockwerke einer Fabrik geht das Streben, dem Herrn wohlzugefallen. Jeder Mensch trägt *Beides* in sich: Zeit und Ewigkeit, Diesseits und Jenseits, Erde und Himmel. Aber während bei uns gewöhnlichen Menschen in der Regel Beides *nebeneinander* ist ohne Verbindung, ohne Beziehung zueinander: hier Gott, da ich; hier das Geistige, dort

[2] = er selber.

die Welt; hier mein Glaube, da mein Leben, ist bei solchen von Gott gebrauchten Menschen das Ganze in einer lebhaften *Bewegung.* Der Gegensatz ist auch da von oben und unten, aber über dem Gegensatz ist noch ein Höheres, Drittes, und nun heißt es: ob so oder so, wir streben. Sie stehen unter einem *Müssen,* sie haben eine Richtung, einen Antrieb, der natürlich vom Neuen, vom Göttlichen her auch das Alte, das Menschliche an ihnen, wenn nicht aufhebt, so doch bestimmt und beleuchtet. Sie sind schon Eines, weil sie nach dem Einen streben müssen. Sie müssen z. B. nicht mehr *Wohlgefallen an sich selbst* haben, denkt euch welche Befreiung!, sie sind ja nicht mehr ihre eigenen Herren, Gott ist ihr Herr. Sie müssen noch weniger das *Wohlgefallen der Menschen* zu erwerben suchen, die Menschen mit ihren Bedürfnissen und Wünschen sind nicht ihre Herren, Gott ist ihr Herr, nur sein Wohlgefallen kommt in Betracht. Wieviel ist ihnen *damit abgenommen,* außen und innen von dem, was uns gewöhnliche Menschen drückt. Wieviel *Fragen* sind damit zum vornherein beantwortet, wieviel *Bemühungen* überflüssig, über wieviel brauchen sie nicht mehr *nachzudenken* und schlaflose Nächte zu haben. Wieviel *erledigt* sich da von selbst, ohne daß man ihm nachzulaufen brauchte. Es ist eine große *Vereinfachung und Befreiung des Lebens,* in der sie stehen. Wie von einer mächtigen Hand wird da das Verschiedene, Getrennte, Auseinanderliegende des Lebens zusammengewunden [?] an einem Punkt. Nun läßt es sich *übersehen,* nun trägt Alles einen einzigen *Namen,* nun ist es nur noch als eine einzige *Sorge* vorhanden und nur noch eine einzige *Erwartung* kommt dafür in Betracht. Und *gesammelt ist der ganze Mensch,* das Gucken und Lauschen nach allen Seiten hat aufgehört, *eine* große *Verlegenheit* beherrscht ihn jetzt, aber auch bereits *eine* große *Hoffnung,* ein Sinn und Zug und eine *Leidenschaft und eine Parteinahme* bestimmen ihn: die Leidenschaft und die Parteinahme für Gott. So sieht ein solcher Mensch von innen aus, und das wird wohl *das Geheimnis* sein seiner Fähigkeit, den Gewissen Anderer offenbar zu werden. Die Vereinfachung und Sammlung in Gott, das ist's, was *redet,* was von hörenden Ohren *gehört* wird, denn diese Vereinfachung und Sammlung in Gott ist die ursprüngliche Bestimmung *aller* Menschen. Wenn sie *aufrichtig* sind, so müssen sie eine Stimme, eine Botschaft, die aus dieser Tiefe kommt, *vernehmen.*

4. Wir könnten aber weiter fragen, wie es denn zu diesem Streben nach Gottes Wohlgefallen kommt, das solchen Menschen ihre eigentümliche Kraft gibt. Höret die Antwort: Wir alle müssen offenbar werden vor dem Richterstuhl des Christus, wo ein jeder erfährt, was ihm gehört, je nach dem sein Tun war bei Leibesleben: Heil oder Unheil! Solche Menschen *sehen weiter als andere,* darum müssen sie. Ihr Müssen kommt aus einer Erschütterung, aus einer Unruhe, aus einer Furcht, die uns vielleicht noch fremd sind. Sie sehen, daß unser Tun bei Leibesleben *nicht gleichgiltig ist.* Es ist nicht gleichgiltig, ob der Mensch sich in Gott vereinfacht und sammelt oder nicht. Wir haben *keine andere Möglichkeit,* wenn wir nicht verderben wollen. *Das Alte muß verderben.* Nur das Neue besteht. Und neu ist nur das, was von Gott aus bestimmt und beherrscht ist. Neu ist nur der von Gott geschaffene innere Mensch. *Nur das Tun des inneren Menschen* kann Heil schaffen. Was der äußere Mensch schafft, ist zuletzt Unheil. Wehe uns, wenn der innere Mensch nicht lebt und zunimmt und sich bewegt. Wir stehen vor dem *Richterstuhl des Christus.* In Christus lebt, was leben darf und soll. In ihm stirbt aber auch, was sterben muß. Was werden wir erfahren, wenn wir vor ihm stehen? Wie groß wird unser Anteil sein an seinem Leben, wie groß der andere an seinem Sterben? Können wir genug erschrecken bei dem Gedanken, daß er die Wahrheit Gottes ist, die über uns entscheidet? Können wir die Tatsache ernst genug nehmen, daß wir uns mit unserem Tun verantworten müssen vor ihm, daß wir an ihm uns müssen messen lassen? Seht, das ist *die Furcht des Herrn,* von der die Gesendeten Gottes getrieben sind. Sie sehen eben *das Gericht, unter dem wir sind.* Es ist ihnen gegenwärtig. Es wirkt in ihnen selbst. Sie empfangen fortwährend Heil und Unheil aus Gottes Hand. Die Wahrheit Gottes mit ihrem Töten und Lebendigmachen ist wie ein Feuer in ihren Gebeinen [vgl. Klagel. 1,13]. *Darum können sie nicht anders.* Ihr Streben nach Gottes Wohlgefallen ist kein menschlicher Eifer, es kommt direkt aus ihrer Erkenntnis der letzten Dinge. In der Furcht des Herrn leben sie. Sie haben keine andere Wahl. Darum glauben sie. Darum leben sie als so merkwürdig bewegte Menschen.

5. Und nun denken wir daran, daß solche Menschen wie Paulus immer wieder um das Vertrauen von uns Anderen werben. Was heißt Vertrauen? Sie *sind in einer Not,* sie möchten nicht so allein gelassen sein in ihrem Müssen, in ihrer Verantwortlichkeit, in ihrer Furcht des Herrn. Sie sagen uns, daß das alles *uns auch angeht.* Die ganze Bibel ist ein einziges Rufen: Du, du bist gemeint! Sie wissen freilich, daß wir uns gegen dieses Rufen *wehren können,* daß wir sie allein lassen. Sie *erwarten nichts Anderes,* als daß man sie im Großen Ganzen allein läßt. *Gott sind sie offenbar.* Er kennt die Seinen [vgl. 2. Tim. 2,19]. Aber können wir es dabei bewenden lassen, daß dieser letzte Trost denen bleibt, die zu uns gesendet sind? Sind sie nicht auch unseren Gewissen offenbar? Wann wird uns das, was sie erschüttert, *auch erschüttern?* Wann werden wir Gottes Stimme hören aus *ihrer* Stimme?

Lieder:
Nr. 25 «Großer Gott, wir loben dich» von I. Franz, Strophen 1.7.9 (RG [1998] 247,1.9.11; EG 331,1.9.11; jeweils mit Textabweichungen)
Nr. 35 «Dir, Dir, Jehovah, will ich singen» von B. Crasselius, Strophen 1.5.6 (RG [1998] 243,1.5.6; EG 328,1.6.7 «Dir, dir, o Höchster...»; jeweils mit Textabweichungen in Str. 5 [bzw. 6])

2. Korinther 5,12–15

12 Es handelt sich auch jetzt nicht darum, uns selbst bei euch zu empfehlen, wohl aber geben wir euch Anlaß, euch unser zu rühmen, damit ihr etwas zu antworten habt denen, die sich äußerlich (nicht in ihrem Herzen!) zu rühmen pflegen. 13 Sind wir außer uns gekommen, so geschah es für Gott; sind wir besonnen, so geschieht es für euch. 14 Denn die Liebe Christi beherrscht uns, in der Meinung: Einer ist für Alle gestorben. Also sind sie alle gestorben. 15 Und für Alle ist er gestorben, damit sie lebend nicht mehr sich selbst lebten, sondern dem, der für sie gestorben und auferweckt ist.

1. Der diese Worte geschrieben hat, das ist *ein selbstbewußter Mensch* gewesen. Er hat seinen eigenen *Wert* gekannt. Er wußte, daß er etwas Entscheidendes, etwas Letztes *zu sagen* habe. Er hat einmal den Ausspruch gewagt: Und wenn ein Engel vom Himmel euch ein anderes Evangelium verkündigte, als ich euch verkündigt habe, so sei er verflucht [Gal. 1,8]! Er scheute sich nicht davor, sich mit Anderen, auch mit den Besten *vergleichen* zu lassen: Ich habe mehr gearbeitet als sie alle!, konnte er dann sagen [1. Kor. 15,10]. Und so tönt es auch aus unserem heutigen Text: Mich bei euch *zu empfehlen,* mich vor euch anzupreisen und als wertvoll hinzustellen, das fällt mir gar nicht ein; das habe ich nicht nötig. Sondern ihr *selbst sollt stolz* sein auf mich, ihr selbst sollt den *Unterschied* merken zwischen mir und denen, die sich selbst rühmen, ohne es doch in Wahrheit, in ihren Herzen zu können und zu dürfen. *Ich kann* es. Ebendarum habe ich es *nicht nötig,* mich zu empfehlen. *Ich bin* schon empfohlen. Solches Reden ist ohne Zweifel nicht gerade das, was wir bescheiden nennen.

2. Wir bemerken hier an Paulus etwas, was auch bei den *anderen Männern* der Bibel deutlich hervortritt. Wir werden auch am nächsten Sonntag hören, daß er von sich und von ihnen allen sagt: Das *Alte ist vergangen,* siehe, es ist Alles neu geworden [2. Kor. 5,17]! Aber *das bedeutet nicht,* daß solche menschlichen Eigenschaften und Charak-

[1] Am 4. Juli, nach gehaltener Predigt, schrieb Barth an Thurneysen: «Hast du eine plausible Erklärung von 2. Kor. 5,13? Ich komme da vorläufig nicht ins Klare.» (Bw. Th. I, S. 404).

terzüge, wie z. B. sein Selbstbewußtsein, nun einfach verschwunden und ausgelöscht wären. Gerade im Gegenteil, müßte man sagen: Jetzt erst tritt ihr persönliches Wesen *klar und scharf und deutlich hervor. Als sie noch im Alten waren,* da waren sie das, was sie waren, mit schlechtem Gewissen, in steter Zurückhaltung und Hemmung, da waren tausend Rücksichten auf das, was die Leute sagen und die Moral gebietet, für sie maßgebend. *Es war ihre Sünde,* zu sein, was sie waren, sie erlebten darin nur ihre Beschränktheit und Vergänglichkeit. Sie mußten *sich beständig fürchten,* sich selbst zu sein[2]. *Jetzt, im Lichte des Neuen,* brauchen sie sich nicht mehr zu schämen und zu verstecken. Jetzt heißt es: *Sei, was du bist!*[3] Darin zeigt sich gerade das Neue, daß jetzt *ein jeder wagen darf,* sich selber zu sein, sein eigenes tiefstes Wesen zu leben. Wer vorher ein *fröhlicher Mensch* gewesen ist und dann oft hat leiden müssen an den Bedenken, ob er sich denn auch freuen dürfe, der bekommt jetzt erst recht Grund zu einer großen, freien, ungenierten Freude. Wer vorher gerne *nachgedacht* hat und sich dabei hat quälen müssen mit der Einsicht, daß alles Denken allein uns nicht hilft, daß der beste Denker nicht zu einem Ziel kommt, der darf jetzt denken: starke und kühne und ungewohnte Gedanken, ohne den beständigen Schrecken vor dem Unendlichen, das wir nicht denken können. Wer *zufrieden gewesen* ist, der darf jetzt zufrieden sein. Wer ein *Eiferer gewesen* ist, der darf jetzt eifern. Und wer ein starkes *Selbstbewußtsein* gehabt hat, der darf es jetzt haben. *Der Bruch, der zwischen dem Alten und dem Neuen* liegt, besteht nicht darin, daß der Mensch etwas Anderes wird, ein Fremder gleichsam, sondern darin, daß er in *Wirklichkeit wird,* was er ist, daß sein Dasein, das vorher Lüge war, *Wahrheit wird.* «Es ist Alles neu geworden» will sagen: Es hat alles das seinen *Sinn und Grund in Gott* bekommen, was vorher ohne Gott, zum Schein, in sich selbst etwas sein wollte. Was unser

[2] = sie selbst.

[3] Den Spruch «sei, was du bist!» hat Barth möglicherweise in Bad Boll kennen gelernt, bezeichnet er ihn doch 1915 als «Blumhardts Rat» (Bw. Th. I, S. 110). Das Wort hat aber eine lange Geschichte, begegnet in der Schweiz bei J. C. Lavater und geht zurück auf den griechischen Dichter Pindar (522 oder 518–445 v. Chr.). Es lautet im Urtext: γένοι', οἷος ἐσσί (2. Pyth. Ode, V. 72); Pindar, *Siegesgesänge und Fragmente,* griech. und deutsch, hrsg. und übersetzt von O. Werner, München 1967, S. 124.

Gott geschaffen hat, das will er auch erhalten, darüber will er früh und spat mit seiner Gnade walten.[4] Es ist mit seiner ganzen menschlichen Beschränktheit *gleichsam eingetaucht in Vergebung.* Es ist in seiner ganzen Vergänglichkeit *ins Licht des Unvergänglichen gerückt.* Es hat eine *Hoffnung* bekommen, und in dieser Hoffnung darf es sein, wie es ist. Denn durch diese Hoffnung ist es aus etwas Unbeweglichem etwas *Bewegliches* geworden, aus einem toten Klotz zu einem *lebendigen* Wesen. *In Gott kann* unser persönliches Leben, das wir sonst nur als eine Last, als ein Hindernis empfinden können, Daseinsberechtigung und Bedeutung bekommen. *Wenn es wahr wird,* was geschrieben steht, daß der Mensch geschaffen ist nach Gottes Bilde [Gen. 1,27], *wenn Gott den Menschen anschaut* und sich selbst in ihm wiedererkennen kann wie in einem Spiegel, wenn im Leben des Menschen *diese Wendung, diese Umkehrung, diese Verwandlung* geschieht, die das alles möglich macht, dann *darf er dastehen* wie Paulus: in seiner ganzen Eigenart, mit allen seinen Ecken und Kanten, in seiner ganzen Wunderlichkeit vielleicht, und *keine Moral* der Welt hat das Recht, ihm zu sagen: Du solltest anders sein. Du solltest bescheiden sein. Du bist zu stolz. Ein Paulus darf stolz sein. *Bei einem anderen Menschen* würde es dann z. B. heißen: er darf ein wenig ein *Kind* sein. Und bei einem Anderen: er darf ein wenig ein grimmiger *Einsiedler* sein. Und wieder bei einem Anderen: er darf ein wenig ein praktischer *Weltmann* sein. Nicht jeder darf das Gleiche. Aber jeder darf dann sein, was *gerade er* ist. Nicht als «er», sondern als *«er in Gott»,* er in der Gnade, in der Vergebung, im Morgenglanz der Ewigkeit[5], in der Bewegung des Lebens, die mehr ist als er. Und hinter diesem: er darf! steckt sogar: *er muß!,* er kann nicht anders. *Paulus wäre nicht Paulus,* der Knecht Jesu Christi [vgl. Gal. 1,10], der in Furcht und Zittern vor seinem Herrn steht [vgl. 1. Kor. 2,3], ohne sein Selbstbewußtsein.

[4] Strophe 3 des Liedes Nr. 9 «Sei Lob und Ehr dem höchsten Gut» von J. J. Schütz (RG [1998] 240; EG 326).

[5] So beginnt das Lied Nr. 43 von Chr. Knorr von Rosenroth (RG [1998] 572; EG 450).

3. Das könnte nun freilich ganz und gar *in etwas Falsches* verkehrt werden. Also, könnte jetzt Einer sagen, *also bin ich* entschuldigt und gerechtfertigt und sogar verherrlicht. Ich *bin nämlich auch* selbstbewußt; oder ich habe auch so eine andere persönliche Eigenschaft. Und nun habe ich's ja gehört: Sei, was du bist! Ein *erfreuliches* Evangelium, das ich mir wohl merken will. Ruhe und gutes Gewissen, so recht mich selbst zu sein, und nun gar noch eine himmlische Bestätigung und Belobigung meiner werten Persönlichkeit, das lasse ich mir *gerne bieten. Halt!* müssen wir da rufen. Halt! Wenn Paulus stolz ist und wenn du es bist – das könnte unter Umständen *zweierlei* sein. Ob du *das Recht hast,* dich in den Mantel eines Apostels oder Propheten zu hüllen, das fragt sich. Halt!, es fragt sich sehr, ob das, was eben gesagt wurde, *für dich gesagt* ist. Wenn du es nur so nehmen wolltest als für dich gesagt, so wäre es besser, du wärest heute *nicht in die Kirche* gekommen. Wer *über einen Bergpaß zu wandern* hat, der kommt freilich auf beiden Seiten, beim Aufstieg hier und beim Abstieg dort an grünen Matten, schattigen Wäldern, freundlichen Dörflein vorbei. Aber *etwas Anderes* ist der Abstieg, etwas Anderes der Aufstieg. *Etwas Anderes* sind die Matten, Wälder, Dörflein auf der anderen als die auf dieser Seite. *Dazwischen liegen* Geröllhalden, steile Felsenwege, Schneefelder, der ewige Gletscher mit seinen Schründen und Spalten. Ob du schon *über den Gletscher hinüber* bist, das fragt sich. Du hast ja gehört: *in Gott darfst du sein,* mußt du sein, was du bist! Aber triumphiere nicht zu früh: *ob du in Gott bist,* was du bist, das fragt sich. *Wenn du's nur sonst bist,* dann geht dich das Selbstbewußtsein des Paulus nichts an. Dann geht dich auch alles das, was solche Menschen wie er sein und sagen können, nichts an. *Dann hat die Moral* mit ihrem Verslein von der Bescheidenheit Recht gegen dich; denn auf dieser Seite des Berges gilt die Moral, daran besteht gar kein Zweifel. Dann *laß dir's nur sagen,* was Paulus sich nicht braucht sagen zu lassen, daß dein jetziges Wesen und Tun keinen Sinn hat, daß du nicht genug *dich selbst erkennen,* nicht reumütig und eifrig genug deine Ecken und Kanten *verschwinden lassen* kannst. Wer nicht unter der Gnade steht, der steht unter dem *Gesetz.* Wer keine Hoffnung hat, der muß sich *vom Gesetz belehren* lassen, daß sein persönliches Leben keine Daseinsberechtigung und keine Bedeutung hat. Wer nicht in Bewegung ist, der darf das schlechte Gewissen, das Gefühl der Hemmung, die Beunruhigung über sich selbst *nicht loswerden wollen.* Wehe dem, der aus der *Erkenntnis der Sünde* heraus will, ohne es zu dürfen und zu müssen [vgl. Röm. 3,20]. Gerade daran *geht man zu Grunde,* gerade damit liefert man sich bei lebendigem Leibe dem Tode aus. *Sind wir noch nicht auf der anderen Seite* des Berges, so müssen wir ehrlich *aufwärtssteigen,* Hütten und Alpen *hinter* uns lassen, unermüdlich uns *vorhalten:* nein, ich, ich darf und kann nicht sein, was ich bin. Und wer von uns wäre *schon über den Berg?* Wer von uns *ist in Gott,* was er ist? Wer von uns kann mit Paulus sagen: die *Liebe Christi beherrscht* uns? Das sagt man nicht nur so nach, das reißt man nicht nur so an sich. Vielleicht ist *etwas in uns,* ein kleiner Teil unseres Wesens, ganz verborgen, da könnten wir es in Wahrheit sagen. Vielleicht ist *etwas in uns,* von dem es heißen könnte: neu geworden! Vielleicht sind wir *nicht ganz ohne* Gnade, Vergebung, Ewigkeit, nicht ganz außer der Bewegung. Vielleicht daß also etwas in uns und an uns ist, *das darf so sein,* wie es ist, wie der Stolz des Paulus. Wir wollen uns aber erinnern, daß das *ein Ereignis,* ein Wagnis, etwas Ungeheures ist, wenn es sich so verhält. Wehe denen, die tun, als ob sie *den lieben Gott in der Tasche* hätten. Wir wollen uns den *furchtbaren Ernst* klar machen, der Männern wie Paulus das Recht gibt, zu sein, was sie sind.

4. Zwischen den Talgründen diesseits und jenseits ist der *Gletscher.* Paulus sagt: Die *Liebe Christi.* Das tönt freundlicher. Aber Paulus läßt uns nicht im Zweifel darüber, daß er damit nicht etwas Selbstverständliches, nicht einen leichten, kleinen Sprung der Gedanken und Gefühle meint, sondern *etwas Unerhörtes und Erschütterndes.* So ist's gemeint, sagt er: *Einer ist für Alle gestorben.* Also sind sie *alle* gestorben. Und für Alle ist er *gestorben,* damit sie lebend nicht mehr sich selbst lebten, sondern dem, der für sie gestorben und auferweckt ist. Paulus redet *vom Kreuze Christi.* Das ist für ihn *der Graben,* der Einschnitt, der der Länge nach durch die ganze Welt und durch jedes einzelne Leben geht. Man könnte auch sagen der Ort, wo die *Umwälzung,* die Revolution des Menschen stattfindet. Man könnte auch sagen: *Die Grenze* von alt und neu. Man könnte auch sagen: *Die Quelle* der Bewegung, in der der Mensch Gott sucht und findet. Er meint *nicht nur das Ereignis,* das im Jahre 30 auf Golgatha geschehen ist. Das war nur der Durchbruch, die Erscheinung, *die Offenbarung*, wichtig und groß genug, aber um dessen willen, was sich da offenbarte, um des Sterbens und Auferstehens willen, das die Wahrheit ist zu allen Zeiten und in allen Ländern. *Gott* ist groß, *Gott* ist heilig, *Gott* ist lebendig, auf Erden wie im Himmel. Darum mußte Jesus von Nazareth sterben. Darum kann *der Mensch, wie er ist,* nur sterben. Gott, das ist *das Ende, das Ziel, die Grenze des Menschen* mit seinen Fehlern und mit seinen Tugenden, mit seinen häßlichen und schönen Eigenschaften, mit seinen bösen und guten Werken. Gott, wer Gott fassen will, muß *den Tod fassen* können. Herr, dir ist *niemand zu vergleichen!,* haben wir gesungen[6]. «Siehe, meine Tage sind eine Hand breit bei dir, und mein Leben ist wie nichts vor dir. Wie gar nichts sind alle Menschen, die doch so sicher leben» [Ps. 39,6]. Gott, damit ist's *Schluß mit dem Menschen, der sich selber lebt,* er sei gut oder böse, gerecht oder ungerecht. Dafür hat Jesus *gelebt,* um das zu sagen. Und daran, daß er das sagte, ist er *gestorben.* Denn das erträgt die Welt nicht, sich das sagen zu lassen. Dieses Schreckliche, daß die Welt sich die Wahrheit nicht kann sagen lassen, *wurde auf ihn gelegt,* und er hat es getragen. *Wer das sieht und weiß,* wer das Wort hört, das da gesprochen ist, der ist *mit ihm gestorben,* der hat mit ihm abgeschlossen. Er weiß, daß es sich *nicht darum handeln kann,* sich selbst zu leben. Ob es nun *Gerechtigkeit* heißt oder Ungerechtigkeit, *Glaube* oder Unglaube, ob der Mensch *hoch oben steht* auf der moralischen Stufenleiter oder weit unten, ob er *erzogen* ist oder unerzogen, ob er ein *Barbar* ist oder ob er alle Raffiniertheit der heutigen oder irgend einer zukünftigen Bildung und Kultur in sich aufgenommen, mit dem *Menschen, der sich selbst lebt,* mit dem Menschen an sich, mit dem Menschen, der sich hier und jetzt im Guten oder Bösen seinen Turm zu Babel bauen will, *mit diesem Menschen ist's aus,* er ist *erledigt. Reicht euch die Hände,* ihr Höchsten und ihr Niedrigsten, ihr Besten und ihr Schlechtesten. Das Alte ist vergangen [2. Kor. 5,17]. Einer ist für Alle gestorben. So sind sie alle gestorben. *Das neue Leben ist jenseits des Menschen,* der sich selbst lebt. Das neue Leben *blüht aus der Asche,* in die Alles gesunken ist, nachdem die Flamme der Größe, Heiligkeit und Lebendigkeit Gottes darüber gegangen ist. Das neue Leben ist *das*

[6] Siehe unten das Eingangslied Nr. 18.

Leben von Gestorbenen. Es ist das *neue Leben Jesu Christi,* des Auferstandenen, des Sohnes Gottes. Hier ist das Alte vergangen, Alles neu geworden. Hier ist *Gnade,* hier ist Vergebung, hier ist Ewigkeit. Denn hier ist der Mensch in den Bezirk Gottes eingetreten, aufgenommen in seinen Machtbereich. *Hier ist der Geist,* nicht der Menschen Geist, sondern der Geist von oben, der Geist, der in alle Wahrheit leitet [vgl. Joh. 16,13]. Und *hier ist Freiheit.* Hier *findet* der Mensch sich selbst, nachdem er sich selbst verloren hat. Hier darf er *sich selbst* sein, weil er in tiefster Demut sich selbst aufgegeben hat. Hier darf und muß er *sein, was er ist,* weil er in Gott ist.

Das meint Paulus, wenn er sagt: Die Liebe Christi beherrscht uns. «Die Liebe Christi dringet uns also», hat Luther übersetzt. Die große Gottesliebe zum Menschen, die im Kreuz Christi offenbart ist, sie hat die *Wendung,* die Entscheidung herbeigeführt, *den großen Schnitt* [?] von oben nach unten vollzogen. Das ist *der Gletscher,* der überschritten werden muß, und darum ist es zweierlei, ob der Mensch diesseits oder jenseits ist, was er ist!

5. Ob wir *mit Recht oder Unrecht* sind, was wir sind? Ob wir *diesseits* stehen, wo wir z. B. allen Anlaß hätten, uns zur Bescheidenheit mahnen zu lassen, oder jenseits, wo wir mit Paulus wieder selbstbewußt sein dürfen? Ob wir *in Gott* sind oder nicht in Gott? Wir hörten es schon: das ist eine *feine Frage,* auf die man kaum mit Ja oder Nein antworten darf. Wer könnte und wollte sie für Andere *beantworten,* aber wer auch nur für seine eigene Person? *Nur nichts Einfaches* gemacht aus dieser Frage, möchte ich auf alle Fälle rufen, nur nichts Selbstverständliches, nur keine raschen, leichten Schlüsse gezogen. *Nur nicht zu rasch* zu den Traktanden[7] übergegangen, auch wenn es uns vielleicht von ferne einleuchten sollte, daß wir alle im Großen Ganzen diesseits und ein ganz klein wenig jenseits stehen. Die *Frage muß stehen bleiben* als Frage, nicht als letzte, höchste Frage, sondern als *erste Frage,* mit der man immer wieder anfängt. Wir alle hätten Anlaß, einmal *neu anzufangen.* Wenn Paulus den Schritt der Entscheidung, um den es hier geht, *ein Sterben* nennt, so müßten wir nur schon daran merken, daß wir da vor einer für uns sozusagen noch

[7] = zur Tagesordnung.

ganz unerledigten, ganz neuen Frage stehen, vor einer Anfangs- und Grundfrage. Wer von uns kann es ihm nachsagen: *Wenn ich außer mir bin,* so geschieht es Gott? Wirklich Gott? Wirklich in Gottes Dienst unser Eifer, unsere Begeisterung, unser Jubel, unsere Trauer? Wirklich? Und wer könnte das Andere nachsagen: *wenn ich besonnen bin,* so bin ich es für euch? Wirklich für euch, für euch Mitmenschen, mein Ruhm, meine Klugheit, meine Zurückhaltung? Wirklich? Gar nicht für mich? Ganz für Gott und für die Menschen? Wirklich? O wie müssen wir *unruhig werden,* wenn wir uns auf diese Probe stellen! Können wir Besseres tun als einsehen, daß wir sie nicht bestehen? Können wir Besseres tun als von da aus erkennen, was allein zu unserem Frieden dient [vgl. Lk. 10,42]?

Lieder:
Nr. 18 «Herr! dir ist niemand zu vergleichen» nach J. A. Cramer (1723–1788), Strophen 1.4
Nr. 224 «Such, wer da will, ein ander Ziel» von G. Weissel, Strophen 1–3 (RG [1998] 276; EG 346)

529 *Safenwil*, Sonntag, den 11. Juli 1920[1]

2. Korinther 5,16–17

16 So kennen wir von jetzt an niemand nach dem Fleische – und wenn wir auch Christus nach dem Fleische gekannt haben, so kennen wir ihn doch jetzt nicht mehr – 17 denn ist jemand in Christus, so ist er neu geschaffen, das Alte ist vergangen, siehe, es ist Alles neu geworden.

1. Wie sicher sind doch wir Menschen in unseren Städten und Dörfern, in unseren Häusern und Häuslein, wir Gebildeten und Ungebildeten, wir Gläubigen, Halbgläubigen und Ungläubigen, wie sicher sind wir doch alle in unseren Meinungen über das Leben, über uns selbst und die Mitmenschen! *Wie ernst* ist es uns mit unserem Loben und Kritisieren, mit unserer Bewunderung und mit unserer Verachtung, mit unserer Liebe und mit unserem Haß und sogar mit unserer Gleichgiltigkeit. Mit welcher *Bestimmtheit* wissen wir unsere Mitmenschen einzuteilen in solche, die wir achten, und solche, mit denen wir fertig sind, und solche, die uns überhaupt nichts angehen. *Wie gut* meinen wir vor Allem uns selbst zu kennen. *Wie kühnlich* und gewiß unterscheiden wir zwischen großen und kleinen Dingen, Wertvollem und Unnötigem, zwischen Gut und Böse! Wie in einer großen, wohlgeordneten Fabrik rasselt und klappert sie Tag und Nacht, die kluge, die mächtige, die immer sichere menschliche Meinung. Mag da und dort einmal eine Maschine [?], eine Meinung *abgebraucht* sein, rasch wird sie durch eine neue ersetzt. Mögen die Arbeiter oder Meiner *nicht alle gleich geschickt* sein, es sind genug andere da, die sie belehren [?], zurechtweisen und anleiten können. Mögen *Fehler begangen* werden im Einzelnen, so hat das doch auf den Gang des Ganzen keinen allzu großen Einfluß. Mag da und dort *ein Wortwechsel,* eine Unzufriedenheit, eine Stockung entstehen, es fehlt nie an Organen, die alsbald für Frieden, Aufklärung, Beschwichtigung und Fortschritt sorgen. Die Meinung geht weiter. Die Meinung behauptet sich. Die Meinung ist. Wir sind *abergläubisch genug,* zu meinen, daß *wir die und die Meinung haben.* Wir haben sie so wenig, als wir die Luft haben, die wir atmen. Sie hat uns. Wir sind auch darin im Irrtum, daß

[1] Das Manuskript ist an den Rändern und durch Überklebung auch in der Fläche beschädigt; deshalb gibt es zahlreiche Unsicherheiten der Transkription.

wir meinen, *es gebe verschiedene Meinungen* und wir könnten eine eigene Meinung haben, Deine eigene Meinung besteht nur darin, daß du ein Rädlein treibst unter vielen anderen Rädern; sie laufen aber alle im Takt und im Zusammenhang; sieh dich nur um und merke: auch du marschierst mit deiner Meinung im Grunde durchaus in Reih und Glied. Und *davon leben wir nun,* daß wir gehorsam etwas meinen. Wir meinen, *vornehm* zu sein, wir meinen, *Recht* zu haben, wir meinen, *notwendig* und beliebt [?] zu sein, wir meinen, die *Wahrheit* gerade heraus zu sagen, wir meinen, *gebildet* und auf der Höhe zu sein, wir meinen, *fromm* zu sein, wir meinen vielleicht auch, uns selbst *quälen* und Vorwürfe machen zu müssen, wir meinen, ganz besonders *verfolgte,* unglückliche Wesen zu sein, wir meinen, *verkannt* zu sein und für irgend etwas Großes zu leiden. Und so meinen wir auch, Andere *schätzen* und abschätzen zu dürfen, sie zu *rühmen* und über sie den Kopf zu schütteln. Und davon leben wir. Nimm einmal aus deinem Leben *alles das hinweg,* was du über dich und Andere meinst, und bedenke, wie bettelarm du dann dastehen würdest. Nehmt aus dem Leben der Menschheit *die Meinung weg,* wo bleibt dann all das Feierliche, Wichtige, Großartige, Aufregende, das miteinander den Glanz der Weltgeschichte bildet? Wir leben davon und darin, daß wir meinen. Oder vielmehr: Die Meinung lebt uns. Ihr muß *alles Tun der Menschen dienen.* Was kann der *Staat* Anderes wollen, als dafür sorgen, daß wir allesamt in Ruhe und Ordnung und Frieden weiter meinen dürfen? Was kann die *Schule* für einen anderen Zweck haben, als schon die unschuldigen Kinder «zu tüchtigen Menschen zu erziehen»[2], deutsch gesagt: energisch zum Weitermeinen abzurichten? Was darf die *Kirche* Anderes wollen als den Menschen die tröstliche Versicherung geben, daß ihr Meinen unter dem besonderen Segen und Leiten Gottes stehe, jetzt und in Ewigkeit? *Wieviel Menschen* haben wir schon gesehen, die nicht nach kurzer, leichter Unsicherheit als-

[2] Das im Aargau damals gültige Schulgesetz von 1865 sagt über die Schule: «Sie hat den Zweck, in Verbindung mit der häuslichen Erziehung der Jugend die Grundlagen zur religiös-sittlichen, geistigen und bürgerlichen Bildung zu erteilen.» R. Weber hat weder in diesem Gesetz noch in Ergänzungen und Verordnungen die von Barth gebrauchte Wendung gefunden. Er vermutet, daß Barth die allgemeine Volks- (oder Behörden-)Meinung zitiert und mit Gänsefüßchen ironisiert (Brief vom 7.1.2000 an den Hrsg.).

bald wieder angefangen hätten, von sich und den Anderen etwas zu meinen – etwas Neues und Unerhörtes vielleicht, aber eben doch zu meinen? Und wie offenkundig ist es, daß auch die scheinbar größten und tiefsten *Bewegungen* in der Menschheit, z. B. die Reformation, die Revolution und heute der Sozialismus schließlich doch nur auf ein großes Meinen der Menschen untereinander hinauskamen.|

Wir meinen: In der Sprache des Paulus heißt das: Wir kennen uns und wir kennen einander nach *dem Fleisch.*[3] Fleisch heißt in der Bibel der Mensch und die Welt. Zwischen beiden besteht ein merkwürdiger *Zusammenhang.* Die Welt ist der *Spiegel des Menschen,* und der Mensch ist der *Spiegel der Welt.* Was sucht und findet der Mensch in der Welt? Immer wieder *sich selber!* Was sucht und findet er in sich selber? *Die Welt.* Dieses Suchen und Finden im Kreis herum ist unser *Leben.* Manchmal kommt dabei [?] ein Held heraus, ein Weiser, ein Gläubiger, ein Glücklicher – manchmal auch ein Verbrecher, ein Narr, ein Gottloser, ein Elender. Aber sind diese alle sich nicht *merkwürdig nahe?* Ist's nicht *immer dasselbe:* der Mensch in der Welt und die Welt im Menschen? Ist es *so ernst, so wichtig,* was in diesem Kreislauf oben und unten heißt, gut und böse, klug und töricht, möglich und unmöglich? Nun, gerade dieser *Ernst* und diese Wichtigkeit des Menschen in der Welt und diese *Wichtigkeit* der Welt im Menschen, diese «Erkenntnis nach dem *Fleisch*», auf die wir pochen und abstellen, an die wir uns klammern, von der wir ausgehen und zu der wir immer wieder zurückkehren, eben das ist unser Meinen. Ist es uns nicht, als ob uns das *Rückgrat ausgebrochen* werde, wenn wir uns sagen müßten, daß das, was wir meinen, nicht die *Wahrheit* ist, daß es noch eine *andere Erkenntnis* gibt als die Erkenntnis nach dem Fleische?

2. Gerade das sagt uns Paulus. «So kennen wir von jetzt an *niemand nach dem Fleische*». In diesem Wort ist *mehr Angriff,* mehr Umsturz, mehr Umwälzung als in allen noch so kühnen und radikalen Worten aller Reformatoren und Revolutionäre. Hier wird nicht *etwas* Menschliches, *etwas* Weltliches angegriffen, sondern *der Mensch und die Welt selbst* in ihrem merkwürdigen Zusammenhang. Hier wird *das*

[3] Von hier an bis S. 253, Z. 14, steht der Text auf einem über die ursprüngliche Fassung geklebten Blatt.

Ganze angegriffen, unser Eins und Alles, das Meinen. Hier redet nicht wieder Einer von seiner eigenen Meinung gegen andere Meinungen, hier redet Einer, der seine eigene Meinung und unser aller Meinungen für unwichtig, für unbeträchtlich, für nebensächlich erkennt und uns alle vor den Richterstuhl der Wahrheit ruft, wo ein ganz anderes Urteil auf uns wartet. Hier wird *niemand gelobt* und niemand getadelt, niemand gestreichelt und niemand geschlagen, hier werden keine Lorbeerkränze aufgesetzt und keine Schandzettel angehängt. Hier wird *keine neue Fahne aufgehoben,* hier wird kein neues Schlagwort ausgegeben, hier wird keine neue Bewegung, Partei oder Gesellschaft gegründet. Hier wird *nicht ein Rädlein ausgeschaltet,* verbessert oder ersetzt, hier wird der Motor abgestellt, der das Ganze treibt, und Schluß erklärt. «So kennen wir von jetzt an *niemand mehr nach dem Fleische».* So ist es von jetzt an mit der *Sicherheit,* dem *Ernst,* der Wichtigkeit ...[4] selbst und von[?] den Anderen vorbei. Mögen wir denn meinen, wenn wir's nicht lassen können, uns meinen und von anderen meinen, aber *hören* sollen wir's nun wieder einmal: *Das Fleisch meint,* nur das Fleisch! *Der Mensch in der Welt* meint, *die Welt im Menschen* meint!

Was ist das, der Mensch? Was ist das, die Welt? Wie kann da von einer *Wahrheit* die Rede sein in diesem Kreislauf, wo ist da *ein Boden,* auf dem ihr stehen könnt? Wo nehmt ihr *das Recht* her, zu tun, als ob ihr nicht nur meintet, sondern wüßtet? Wo habt ihr das stattliche, feierliche *Gesicht* her, das ihr bei eurem Meinen zur Schau tragt? Wer gab euch die *Erlaubnis* und die Gewalt, nach euren Meinungen euer Leben und die Welt einzurichten? Ist denn eure *Sicherheit* so sicher? euer *Ernst* so ernst? eure *Wichtigkeit* so wichtig?

Bewährt es sich denn, euer Meinen? Seid ihr so ganz *überzeugt,* daß es auch wahr ist, was ihr meint? Habt ihr auch nur wirkliche *Freude* bei eurem Meinen? *Lebt ihr* tatsächlich von dem, was euch zum Leben so unerläßlich[?] scheint? Lebt euer *Herz* davon? Geht euer Herz nicht ganz andere Wege als euer Meinen? *Woher denn* der Groll und das Leid, der Streit und der Widerspruch, den unser Meinen hervorruft, je sicherer wir damit auftreten? *Woher denn* die Einsamkeit, in die jeder gerät, je tiefer und fester er sich in sein Meinen verbohrt?

[4] Eine halbe Zeile wegen Beschädigung des Blattes unleserlich.

Woher die Ströme von Tränen und Blut, die überall da fließen, wo es zu großen Meinungsbewegungen unter den Menschen kommt? *Woher* kommt es, daß auch der trotzigste, selbstbewußteste Mensch genötigt ist, seine Meinungen fort und fort zu wechseln, wenn er nicht verstummen will? *Woher kommt es,* daß die Weltgeschichte ein wahres Schlachtfeld ist, voll von überwundenen, erledigten, toten Meinungen? *Wie ist es möglich,* daß eine Meinung, die ich heute morgen habe, schon heute nachmittag so ein seltsames, ...liches[5] Gesicht haben und morgen um diese Zeit im Sterben liegen kann? Wollen wir nicht eine Minute ehrlich sein und uns gestehen, daß wir, wir selbst mit unserem Meinen im Grunde *furchtbar wenig zu tun* haben? Ist's etwas Anderes als ein *großes Theater,* bald Posse, bald Trauerspiel, das wir im Kostüm [?] unserer Meinungen miteinander spielen? *Was für ein Aufatmen,* was für ein Jubel, wenn wir auch nur für eine Minute von allem unserem Meinen erlöst wären! *Wißt ihr nicht,* habt ihr's nicht gehört: Alles Fleisch ist wie Gras und alle Herrlichkeit des Menschen, all sein Meinen ist wie des Grases Blume. Das Gras ist verdorrt, und die Blume ist abgefallen, denn des Herrn Wind fähret darein [vgl. Jes. 40,6f.21]!

So Paulus. Und wir schauen [?] ihn selbst den tiefen Sprung tun über den Abgrund: Von jetzt an kennen wir *niemand nach dem Fleische,* weder uns selbst noch andere, mit dem Meinen *ist's aus.* Seht, solche Dinge stehen in der Bibel! Und nicht wahr, wir können es nicht verhindern, daß eine *tiefste Stimme* in uns ihm Recht gibt! Nicht wahr, wir können's nicht leugnen, daß ein *tiefstes Verlangen* in uns allen lebt: Wenn wir doch auch mit könnten!

3. Aber wir wollen aufrichtig sein: Zunächst wird vielmehr *Alles in uns aufschreien* gegen diesen Angriff. Wo *führt das hin,* wenn das Meinen aufhört, das Unterscheiden, das Urteilen, das Zeigen auf uns selbst und Andere, wenn das alles nicht mehr Ernst sein soll? Wenn zu einem *Kinderspiel* wird die Frage: wer hat recht, ich oder du?, wenn wir nur noch mit schwersten *Bedenken* und etwas schamhaft unsere Fahnen schwingen und unsere Schlagwörter aussprechen können? Wenn unsere *Stimme* die nötige Härte, den Klang, die Ungebrochen-

[5] Ein Wort zur Hälfte wegen Beschädigung des Blattes unleserlich.

heit nicht mehr findet, um froh die geliebte [?] eigene Meinung zu verkündigen? Wenn wir *still und immer stiller* werden müssen über uns selbst und über die Anderen? Ist dieser *Angriff nicht schlimmer* als aller Bolschewismus? Fällt da nicht *Alles um?* Ach, wenn wir uns jetzt *auf das Christentum berufen* könnten! Wenn wir jetzt *den Heiland ausspielen* könnten gegen Paulus! War nicht auch der *Heiland Fleisch,* Mensch in der Welt und Welt im Menschen? Hat nicht auch er *gemeint* und die Menschen meinen gelehrt? Hat nicht auch er eine *Religion gestiftet* und eine Kirche gegründet, *Gebote* gegeben und *Jünger* gesammelt? Ist nicht auch er *ein Meiner gewesen,* der größte, der herrlichste, der göttlichste von allen Meinern, aber doch ein Meiner unter Anderen? Sind wir nicht in *seiner Nachfolge,* sind wir nicht von seiner Autorität gedeckt, wenn wir gut und fromm und christlich meinen? Dürfen und müssen wir nicht *ernste christliche Meiner* werden und sein, die wir uns nach seinem Namen nennen?

Aber seht, wie merkwürdig wir da bei Paulus ankommen. Gerade *vom Heiland kommt er ja her.* An ihn denkt er ja, wenn er sagt: von jetzt an. *Gerade Christus* kann man nicht mehr nach dem Fleische kennen.

Wir haben ihn gekannt nach dem Fleische, sagt er. Wir haben gemeint, bei ihm handle es sich *auch nur um eine Meinung.* Wir haben gemeint, er sei *auch nur Einer* unter vielen Anderen. Wir haben gemeint, seine Botschaft sei eine neue, allerkühnste *Behaupterei und Rechthaberei.* Wir haben gemeint, das Christentum sei auch wieder so *ein fröhlicher Festzug* mit Fahnen und Inschriften und Blechmusik, wie deren so viele durch die Weltgeschichte ziehen. Wir haben uns vergafft in die Tatsache, daß er *gleich war wie ein anderer* Mensch und an Gebärden wie ein Mensch erfunden [Phil. 2,7], und haben übersehen, daß es *das Wort, die Wahrheit* war, die hier Fleisch geworden [vgl. Joh. 1,14], daß ...[6] mit einer Meinung, aber mit der *Meinung, die keine Meinung* mehr ist, die alle Meinungen aufhebt, mit der Meinung nämlich, daß ...[7] Meinen Gottes ist. Wir haben übersehen, daß dieser Mensch *der Sohn Gottes war,* der seines Vaters Reich brachte, in dem Alle Unrecht haben, weil Alle ihr Recht bekommen, in dem Alle Sün-

[6] Mehrere Worte wegen Beschädigung des Blattes unleserlich.
[7] Eine halbe Zeile wegen Beschädigung des Blattes unleserlich.

der sind, weil Alle Geliebte Gottes sind. Wir haben übersehen, daß das, was er gegründet, gestiftet und geboten hat, kein neues Rechthaben war, keine neue Kirche, Religion, Sekte oder Partei, sondern *Vergebung der Sünden* für uns arme Meiner alle. Wir haben Christi *Tod und Auferstehung* übersehen. Das ist er, der Heiland, der Gestorbene und Auferstandene! In seinem Tode ist das Fleisch und seine Herrlichkeit, *das Meinen gestorben,* in seiner Auferstehung ist die Kraft Gottes, der meinungsfreie *Geist der Wahrheit entbunden* worden. Wenn wir auch Christus nach dem Fleisch gekannt haben, so kennen wir ihn doch jetzt nicht mehr. Sondern ist jemand in Christus, so ist er neu geschaffen, das Alte ist vergangen, siehe, es ist Alles neu geworden! Gerade wer vom Heiland herkommt, kann sich an das Fleisch und seine Herrlichkeit *nicht mehr klammern.* Das Christentum ist wahrlich *kein neues Judentum* in verbesserter Auflage und auch kein neuer Idealismus. Das Christentum ist *das Ende* von allem -tum und -ismus. Wer vom Heiland herkommt, wer in Christus ist, *der ist neu geschaffen.* Da hat *Gott das Wort und das Regiment* ergriffen. Was kann unser Meinen daneben *noch bedeuten?* Mögen wir weiter meinen, wir sind ja noch im Fleische [vgl. 2. Kor. 10,3], aber was hat unser Meinen zu bedeuten? Wie können wir noch *so wichtig tun* damit? Wie könnte es anders sein, als daß wir allmählich *stiller werden* mit unserem Meinen? Müssen wir nicht vor allem Anderen *im Licht Gottes* jetzt sehen und wandeln lernen [vgl. Eph. 5,8f.]? Und was heißt das: *im Lichte des wirklichen Lebens,* das ja eben nicht von unseren Meinungen lebt. *Im Licht der Vergebung,* die uns alle zerbricht, um uns alle aufzurichten. *Im Licht der Hoffnung* auf das Vollkommene, Ganze, auf die Erlösung, auf die Auferstehung der Toten, auf das, was nicht nur ein wenig, sondern ganz und gar herausragt über das Wenige [?], das wir zu hoffen wagen, solange wir bloße christliche Meiner sind. Im Lichte des *neuen Himmels und der neuen Erde* [vgl. Jes. 65,17; 2. Petr. 3,13; Apk. 21,1], die noch nicht erschienen sind, die wir nicht fassen und doch nicht lassen können, wenn das Wort des Paulus gerade zu uns geredet hat.|

Das Alte ist vergangen. Ist es vergangen? Haben wir *noch Zeit, noch Lust, noch Kraft,* weiter zu meinen? Offen gestanden ja, nicht wahr? Wir werden *noch lange* weiter meinen auf allen Gebieten, es wird *noch unendlich viel* behauptet und gerechthabt[8] werden auf Er-

[8] = recht gehabt.

den, wie es auch in den letzten zwei Jahrtausenden reichlich geschehen ist. Wir können uns auch *rechtfertigen und sagen,* daß wir nicht anders können, daß wir auch meinen müssen. Die Entschuldigung mag gelten. Nur wollen wir uns unermüdlich fragen, warum wir's immer noch müssen, warum wir die Entschuldigung immer noch nötig haben. Was für eine merkwürdige Entschuldigung, die darin besteht, daß Gott bei uns noch nicht richtig Gott ist, daß darum das Alte bei uns noch nicht vergangen ist. Aber nicht wahr, wir merken etwas: Wir haben eigentlich *immer weniger* Zeit, immer weniger Lust, immer weniger Kraft dazu? Wir glauben uns nicht zu irren, wenn wir heute etwas wahrzunehmen meinen *von der Auflösung,* die in Christus über alles Meinen gekommen ist. *Auch die kraftstrotzendsten* Meiner sind heute von einer merkwürdigen Vorsicht und Zurückhaltung befallen. *Viele Fahnen,* die noch vor einigen Jahren lustig im Wind flatterten, sind in aller Stille eingezogen, *viele Festzüge* haben sich aufgelöst, *viele Schlagworte* werden nur noch etwas müde und gedämpft wiederholt. Das Alte *ist* vergangen. Wir wollen uns keinen Täuschungen hingeben. Es ist bei uns noch ganz und gar nicht vergangen. Aber in Christus *ist* es vergangen, und davon merken wir etwas. Mit Christus kann sich *niemand einlassen,* ohne in dieses Vergehen des Alten [?] und seiner Meinung hineingezogen zu werden.|

Siehe, es ist Alles neu geworden. Was ist in Christus neu geworden? *Der Mensch und die Welt.* Der öde Kreislauf zwischen dem Menschen ohne Gott und der Welt ohne Gott ist an einer Stelle *unterbrochen.* Das ist das große Neue in Christus. *Christus ist als Dritter* in diesen Bund hineingetreten, das Ebenbild Gottes, wie Paulus an anderer Stelle sagt [2. Kor. 4,4]. *Der Spiegel,* in dem Gott sich spiegelt. In diesen *Spiegel darf nun auch der Mensch* hineinsehen und sich selbst und die Welt in Gott erkennen. *Ein anderer Mensch und eine andere Welt,* die wir in Gott erkennen, als wenn wir in der Welt nur den Menschen und im Menschen nur die Welt suchen und finden. *Wenn der Mensch in der Welt* sich selber sucht und findet, so sucht und findet er auch immer etwas von Gott, und *wenn er in sich selbst* die Welt sucht und findet, so findet er auch etwas von Gott. Denn der Mensch ist nun Gottes[9], und die Welt ist auch Gottes. Und *ein anderes* Schauen [?] *des*

[9] Vgl. oben S. 78, Anm. 5.

Lebens im Lichte dieser Erkenntnis Gottes, ein *Meinen, das kein Meinen* mehr ist, ein Schöpfen und Trinken aus *der Quelle,* ein *Schaffen, selig zu werden* in Furcht und Zittern um dessen willen, der in uns wirkt das Wollen und das Vollbringen [Phil. 2,12f.], ein *Lieben und Geliebtwerden,* ein *einfaches, direktes, ruhiges* Schauen, ein Schauen des *Herzens,* des rein gewordenen Herzens [vgl. Mt. 5,8]. Es ist Alles neu geworden. *Alles? Noch nicht Alles,* noch das Wenigste bei uns, nicht wahr, aber in Christus ist Alles neu geworden, und dieses Neuwerden ist uns nicht mehr ganz fremd. Den Sinn des Heilands *kann niemand merken,* ohne in dieses Neuwerden aus dem Geist der Wahrheit hineingezogen zu werden.

4. Wir halten inne. *Wir haben Paulus gehört.* Die Predigt ist aus. Wir unsrerseits kehren ins Leben zurück, und d. h. *ins Meinen.* Noch indem wir die Kirche verlassen, werden wir schon *wieder meinen.* Vielleicht ein wenig *erschrocken* darüber, daß es eigentlich mit unserem Meinen nichts sei. Vielleicht auch ein wenig *erfreut* über den Gedanken, daß wir eigentlich nicht meinen müßten. Aber so oder so. *Es ist ja doch wahr.* Nicht nur da in der Bibel, sondern auch in uns und zwischen uns. *Wir haben's gehört,* auch wenn wir's nicht gehört haben. *Die Wahrheit des Heilands* ist der stille Himmel, der sich über uns allen ausbreitet. Sie ist eben *nicht eine Meinung,* die die einen haben und die anderen nicht haben. Wir haben sie alle und wir haben sie alle nicht. Die Wahrheit des Heilands ist *tiefer und stärker* als unser Verstehen und Nicht-Verstehen. Wir sind von ihr *umfaßt, begründet, getragen.* In Christus *wohnt* die ganze Fülle der Gottheit leibhaftig [Kol. 2,9]. Wir können nur loben, preisen und danken, *daß es so ist.*

Lieder:
Nr. 146 «Komm, Schöpfer Geist, kehr bei uns ein» von A. E. Fröhlich, Strophen 1–3.6 (RG [1998] 499,1–3.7 mit geringen Textabweichungen)
Nr. 130 «Willkommen, Held im Streite» von B. Schmolck, Strophen 1–4 (FEG [1907] 99,1–4 mit erheblichen Textabweichungen)

Safenwil, Sonntag, den 18. Juli 1920

2. Korinther 5,18–21

18 Alles aber kommt von Gott, der uns mit sich selbst versöhnt hat durch Christus und hat uns den Dienst der Versöhnung übertragen – 19 von dem Gott, der in Christus die Welt mit sich selber versöhnte, ihre Sünden ihnen nicht zurechnete und in unsere Mitte das Wort der Versöhnung stellte. 20 So wirken wir nun als Gesandte für Christus, als ob Gott selbst durch uns mahnte. Wir bitten für Christus: Laßt euch versöhnen mit Gott! 21 Den, der Sünde nicht kannte, hat er für uns zur Sünde gemacht, damit wir Gottesgerechtigkeit würden in ihm.

1. Es besteht heute kein Zweifel: Je ernsthafter wir uns mit dem Christentum einlassen, je tiefer wir insbesondere in den Sinn der Bibel eindringen, umso mehr kommt ein *großes Staunen* über uns. Dieses Staunen ist nach den Mitteilungen der Bibel selbst die erste entscheidende Wirkung gewesen, die *von Jesus* ausgegangen ist. Sie wunderten sich, sie entsetzten sich, lesen wir in den Evangelien immer wieder [z. B. Lk. 4,22; Mk. 1,27]. Etwas Ähnliches sehen wir übrigens schon *im Alten Testament.* Die Gottesmänner Israels waren alles erstaunte Männer. So groß war ihr Erstaunen, daß die Anderen ihrerseits über sie erstaunen mußten, über ihr großes Erstaunen. Dieses Staunen ist uns *lange abhanden* gekommen gewesen. Wir hatten uns an das Christentum gewöhnt. Wir meinten, es zu verstehen. Wir meinten, im Ganzen zu wissen, um was es sich in der Bibel ungefähr handle und was sie von uns wolle. Wir überschlugen in ihr alles das, worüber wir längst hätten staunen müssen, und hielten uns an das, was wir zu verstehen meinten. In gleichem Maße haben das Christentum und die Bibel an Geltung, an Wert, an Einfluß und Bedeutung im Leben verloren. Und das mit vollem Recht. Eine Kirche, in der nicht gestaunt wird, hat keine Daseinsberechtigung. Heute *beginnen wir wieder* zu staunen. Vielleicht hängt das damit zusammen, daß wir an unseren eigenen Meinungen, Standpunkten und Gewohnheiten durch die Ereignisse der letzten Jahre etwas unsicher geworden sind. Allzu viele Bestrebungen, Träume und Hoffnungen, denen wir uns hingaben, haben für uns ihren Glanz verloren. So sind wir ein wenig offener gerade für die Möglichkeit, daß Christentum und Bibel es anders meinen könnten, als wir es meinen, daß da noch etwas ganz Anderes im Spiel sein könne als unsere kühnsten, edelsten, größten Bestrebungen, Träume und Hoffnungen. Wir beginnen zu merken, daß uns da etwas Neues, Fremdes, Unerhörtes entgegentritt, über das wir eben zunächst nur staunen können. Ich halte es geradezu für die einzige Aufgabe der *Kirche in der Gegenwart,* dieses Staunen zu wecken, zu nähren, groß und größer werden zu lassen mit allen Mitteln, bei Alten und Jungen. Wenn wir es wieder lernen zu staunen, auf der Kanzel und auf den Bänken der Zuhörer, wenn diese erste Wirkung Jesu auf die Menschen unter uns wieder möglich wird, dann nähern wir uns wieder der Kraft und Bedeutung des Evangeliums. Alles, was wir Pfarrer für andere Zwecke tun oder was man für andere Zwecke von[1] uns verlangt, sind Stumpengeleise[2], die uns nicht an dieses Ziel und schließlich überhaupt nicht weiter bringen. *Aus dem Staunen,* das vielleicht heute wenigstens wieder anfängt, könnte dann einmal die Frage werden, die Frage des Volks am Pfingsttag: Was soll das noch werden? Und aus dieser Frage die andere, die wichtigere Frage: Ihr Männer, liebe Brüder, was sollen wir denn tun? [Act. 2,12.37]. Aber soweit sind wir noch lange nicht. Es wäre sehr töricht von uns, mit dieser Frage anfangen zu wollen, und ich sehe darin den Grundschaden der Kirche, daß sie so unruhig immer mit dieser Frage anfangen will. Staunen müssen wir erst wieder lernen, Augen und Ohren bekommen für das ganz Andere[3], das im Evangelium im Spiel ist, und wollen froh sein, wenn sich die ersten Zeichen solchen Staunens unter uns zu regen beginnen.

2. *Die Korinther staunten auch über Paulus.* Eine fremde *Macht* trat ihnen in seiner Person entgegen. Eine *Frage,* auf die sie keine Antwort wußten. Ein *Anspruch,* eine Forderung, die sie nicht erfüllen konnten. Eine *Wahrheit,* die zu fassen ihnen die Begriffe fehlten. Etwas wie ein *Sturm,* der über sie kommen, der sie umfassen, entwurzeln, aufheben und forttragen wollte, wer weiß wohin? Sie selbst waren zwar auch *mitten im Christentum.* Sehr eifrig und bewegt sogar, wie man es aus manchen Stellen schließen kann [z. B. 1. Kor. 1,4–7; 2. Kor. 7,11]. Aber

[1] Mskr.: «für»; korr. vom Hrsg.
[2] = tote Gleise; Sackgassen.
[3] Vgl. S. 31, Anm. 10.

das Christentum war damals *noch nicht wie heute eine Ebene,* wo Alle Alles wissen, Alles sind, Alles haben – oder auch Alle nichts, wie man will, wo man z.B. kaum einen Unterschied merkt zwischen Pfarrer und Pfarrer, Predigt und Predigt, sondern Alles «schön» findet, wenn es nur irgendwie ernst, herzlich und verständlich ist. Damals hatte man noch einen *Sinn für Unterschiede.* Man schluckte nicht Alles. Es gab Berge und Täler. Ein ruhiger Sumpf und der Rheinfall waren zweierlei. Wenn das Haus angezündet wurde, so nahm man das nicht mit der gleichen Ruhe auf, wie wenn einer ein Küchenlämplein anzündet. So wurde damals ein Paulus als etwas *Außerordentliches* empfunden. Die Leute merkten etwas. Keineswegs etwa nur mit Freude, Zustimmung und Begeisterung. Wir haben sogar mehr Anzeichen vom Gegenteil, wenigstens gerade in den Korintherbriefen [z.B. 2. Kor. 2,1–5; 13, 1–6]. Es sträubte sich etwas in den Leuten gegen die Macht in Paulus. Sie empfanden das Fremde als fremd. Sie reagierten, wie die Ärzte sagen. Ihr Erstaunen über Paulus kleidete sich in allerlei Vorwürfe: er sei hochmütig, zudringlich, unaufrichtig, wankelmütig, ist von ihnen gesagt worden [z.B. 1. Kor. 4,3; 2. Kor. 1,17; 10,1f.]. Aber jedenfalls staunten sie. Es waren Augen und Ohren da und Köpfe und Herzen voll Aufmerksamkeit, voll Fragen: Was ist das? Worum handelt es sich da? Wer bist du? Und wohin willst du mit uns? Der Acker war aufgebrochen, es konnte gesät werden. *Wenn Paulus z. B. Dinge sagte* oder schrieb wie die, von denen wir letzten Sonntag gehört haben: So kennen wir nun niemand mehr nach dem Fleische… Sondern ist jemand in Christus, so ist er neu geschaffen! [2. Kor. 5,16f.], dann sagte niemand: Das ist schön, das haben wir auch schon gewußt, und damit sind wir einverstanden, sondern dann mußte Paulus rechnen mit einem ganzen Sturm von kopfschüttelnden Fragen, Einwendungen und Protesten. Unser heutiger Text ist die Antwort darauf.

Vielleicht daß wir doch heute allmählich dazu kommen, mit den Korinthern *wieder ein wenig zu staunen.* Da und dort *geht die Bibel* auf, und dann geschehen seltsame Dinge. Ich kenne Menschen, die selten in eine Kirche gehen, von denen ich aber weiß, daß sie in dieser Stunde vor der Bibel sitzen, kopfschüttelnd, protestierend, fragend, staunend wie die Korinther. Die gehen dann Antworten entgegen wie denen, die in unserem Text gegeben sind. Und *wir in der Kirche?* Die

Zeiten sind wahrscheinlich vorbei, wo es in der Kirche entweder schön oder dann langweilig war. Wenn nicht alle Zeichen trügen, wird die Kirche in den nächsten Jahrzehnten vor Allem ein merkwürdiger Ort werden, ein Ort, wo man befremdet und stutzig wird, wo man sich aufhalten [?] und innerlich widersprechen muß. Dann werden auch in der Kirche wieder solche Antworten wie die unseres Textes gehört und verstanden werden.|

Es *wird eben heute offenkundig,* daß das Evangelium Rheinfall ist und nicht Sumpf, Feuersbrunst und nicht Küchenlämpchen, stiller, unendlicher Himmel, nicht Zimmerdecke, an der die Fliegen spazieren. Wir können uns nicht mehr ganz verbergen, daß das Evangelium uns auf unsere Fragen zunächst gar keine Antwort gibt und daß wir auf die Fragen des Evangeliums unsrerseits zunächst gar keine Antwort geben können. Wir *kommen mit unseren Wünschen,* z. B. mit dem Wunsch, der liebe Gott möchte uns anständigen und tüchtigen, uns gutgesinnten Menschen *Recht geben* und uns in unserer Haltung bestärken, und siehe da, das Evangelium scheint diesen Wunsch nicht im geringsten zu beachten, und wir müssen noch froh sein, wenn nicht das Gegenteil geschieht, wenn wir von dem Evangelium nicht gewaltig Unrecht bekommen.

Oder wir kommen mit unserem Wunsch, uns in eine *ruhige Stimmung* versetzen zu lassen. Ach, dazu dürfen wir nicht zu tief in das Evangelium eindringen. Wohl uns, wenn das Evangelium unsere kleine Unruhe nicht etwa in eine große verwandelt. Oder wir kommen mit jenem *allgemeinen Zweck,* zu dem man die Religion immer gerne gebraucht hat, z. B. mit dem Zweck, die Jugend zu fortschrittlichen, staatstreuen Bürgern zu erziehen, die Kultur zu befördern, die sozialen Verhältnisse zu verbessern. Wenn sich doch das Evangelium z. B. verwenden ließe zu einer 1. August-Rede[4] oder zu einer Schulhauseinweihung oder zur Propaganda für die Abstinenz. Wir haben es lange gemeint, das gehe, aber es wird immer offenkundiger, daß das nicht geht. Was aus dem Evangelium zu gewinnen ist für unsere Zwekke, ist ein großes Fragezeichen, und wir müssen noch froh sein, wenn es nicht ein großes Nein ist.

[4] Am 1. August wird in der Schweiz seit 1899 jährlich die «Bundesfeier» begangen als vaterländisches Fest zur Erinnerung an den «Bundesbrief» vom August 1291, der als Gründungsurkunde der Eidgenossenschaft gilt.

Und was sollen wir erst sagen, *wenn nun das Evangelium seinerseits* uns fragt, ob wir denn schon wissen, *was eigentlich der Mensch*, auch der ernste, der gute, der fromme Mensch ist, Gras, das heute verdorret und morgen in den Ofen geworfen wird [vgl. Ps. 90,5; Mt. 6,30]? ob wir denn etwa schon geworden sind *wie die Kinder* [vgl. Mt. 18,3]? ob wir denn etwa *geistlich arm* sind [vgl. Mt. 5,3]? ob wir denn etwa schon *gehungert und gedürstet* haben nach Gerechtigkeit [Mt. 5,6]? ob wir denn etwa wissen, was das heißt *«sich selbst verleugnen»* [vgl. Mk. 8,34 par.]? ob wir von *neuem geboren* sind [vgl. Joh. 3,3]? ob wir den *Sinn des Lebens* erkannt haben im Tode? Und was wir denn *wissen* von der Bibel, wenn wir gerade das nicht wissen? Was wir denn wollen mit dem Christentum, wenn wir vielleicht gerade das nicht wollen?

Seht, *diese fremdartige Größe des Evangeliums* ist es, die sich heute allen Nachdenklichen, die sich mit ihm einlassen, aufzudecken beginnt, wie wenn sich aus dem Morgennebel ein Schneeberg von 4000 m Höhe aufdeckt.|

Dieses Staunen wird in der Zeit, in die wir hineingehen, *noch ganz anders* über uns kommen. Es wird um das Evangelium herum eine große *Verlegenheit* geben von solchen, die gar zu gerne noch weiterfahren möchten auf den alten Geleisen und doch auch nicht mehr recht können. Eine große *Stockung und Ratlosigkeit* im christlichen Reden und in den christlichen Unternehmungen aller Art, von der Mission bis zum Religionsunterricht in der Schule. Eine *gewisse Beschämung* darüber, wie leicht wir Christen es bisher fertig gebracht haben, das Roß und den Esel vor einen Wagen zu spannen, das Höchste mit dem Niedrigsten frech in Verbindung zu bringen, das Gebot: Du sollst den Namen des Herrn, deines Gottes, nicht unnütz führen! [Ex. 20,7 par.] tausendfach zu übertreten. Selbstverständlich auch ein großes *Widersprechen und Protestieren* von allen Seiten, das kann und darf ja nicht sein, daß wir vom Evangelium so gleichsam an die Luft gesetzt werden, ein großes Verlangen, aus der Wüste umzukehren zu den Fleischtöpfen Ägyptens [vgl. Ex. 16,3], ein großes ängstliches Fragen: Ja, was denn nun? Was bleibt uns? Was wird uns? Um was handelt es sich? Wir werden vor dem uns fremd gewordenen Christentum, vor der Bibel, vor dem Evangelium dastehen *wie Maria am Grabe:* Sie haben meinen Herrn weggenommen, und ich weiß nicht, wo sie ihn hin gelegt haben!, und von der es nachher heißt: Sie siehet *Jesum* stehen und weiß *nicht,* daß es Jesus ist [Joh. 20,13f.]. Wir werden *staunen* und immer *mehr* staunen.

3. Und dann werden wir wieder unter jener *Wirkung Jesu* stehen, die einst die erste und entscheidende gewesen ist. Dann werden wir wieder *im Stande sein,* Worte wie die unseres Textes mit hörenden Ohren zu hören. Denn diese Worte sind *Antworten,* Antworten an Staunende. Wir können sie nur dann ein wenig verstehen, wenn auch in uns bereits wenigstens etwas ins Staunen geraten ist.

Woher das [?], woher *du Fremdling?,* hatten die Korinther gefragt –, du mit deiner *Art,* die wir hassen möchten und doch bewundern müssen? Du mit deiner *Botschaft,* der wir glauben möchten und gegen die sich doch Alles in uns sträubt? Du mit deinem *Weg,* dessen starken Aufstieg wir ahnen und auf dem uns doch schon bei den ersten Schritten der Atem ausgeht? Auf diese *Fragen* gibt Paulus *Antwort,* drei Antworten, die alle enthalten sind in dem Satz: *Das alles kommt von Gott. Um Gott* handelt es sich, will das sagen, Gott ist's, der euch staunen macht. Habt ihr's nicht gewußt: vor Gott *muß* der Mensch staunen. Wer nicht staunt, weiß von Gott nichts. *Gott ist's,* der uns allezeit als der ganz Neue, ganz Fremde, ganz Unerwartete entgegentritt. *Gott ist's,* von dem die Regel gilt, die Regel ohne Ausnahme, daß seine Gedanken nicht unsere Gedanken sind und unsere Wege nicht seine Wege [vgl. Jes. 55,8f.]. *Gott ist's,* der fragt, und niemand weiß Antwort. *Gott ist's,* der fordert, und niemand kann erfüllen. *Gott ist's,* der wahr ist, und niemand kann ihn fassen. *Gott ist's,* der faßt und aufhebt und entwurzelt und fortträgt, und niemand kann ihm widerstehen. *Gott* ist ewig, nicht zeitlich. *Gott* ist Geist [Joh. 4,24], nicht Fleisch, auch nicht geistliches Fleisch. *Gott* wird dort erkannt, wo der Mensch nur noch demütig ist, nur noch dem Tod ins Auge sieht. *Gott* ist erstaunlich. *Staunt* ihr darüber, daß ihr vor Gott *staunen* müßt? Erkennt euch selbst und euer Staunen und erkennt, *daß Gott Gott ist.*|

Und nun die erste Antwort: *Gott hat uns* (Paulus redet von sich selbst) *mit sich selbst versöhnt durch Christus und hat uns den Dienst der Versöhnung übertragen.* Mit diesen Worten erklärt Paulus den Staunenden *seine eigene Person,* das Geheimnisvolle, Fremdartige, das sie ihm gegenüber stutzig machte. «Gott hat uns mit sich selbst versöhnt». Was heißt das? Das heißt: *Als ich anfing zu staunen,* da wurde der erstaunliche Gott mir gegenwärtig. Als es mit *mir fertig war,* da fing Gott mit mir an. Als ich *ganz demütig* wurde, da gab mir Gott Gnade [vgl. 1. Petr. 5,5 u. ö.]. Er, der ganz *Andere,* hat mein Leben an sich gerissen. Ihm, dem *Hohen,* war ich nicht zu niedrig. Er, der *Ferne,* wollte mir nicht fern bleiben. Er, der *Fremde,* wollte mir nicht fremd sein. Der Schlüssel hat sich gedreht in meinem Leben. Die Tür ist aufgegangen: *durch Christus.* Wer ist Christus? Was soll ich sagen: Der, der mich *zerbrochen* hat, daß ich Gott die Ehre geben mußte. Der, der *daran schuld* ist, daß ich im Tode bin und doch schon im Leben, hier und doch schon dort, auf Erden und doch schon im Himmel, in der Zeit und doch schon in der Ewigkeit. Der, der mich zu einem Wanderer gemacht hat zwischen zwei Welten[5]. Daß das alles geschehen ist an mir, daß ich *Versöhnung habe:* den Frieden mit dem erstaunlichen Gott, der zugleich der Bruch ist mit mir selbst, mit den Menschen und mit der Welt, und daß ich nun der *Versöhnung dienen* muß, daß ich leben muß in dieser Wendung, in diesem Übergang, in diesem Vergehen des Alten und Werden des Neuen, das ist's, was *von Gott* über mich gekommen ist. Das ist *mein Geheimnis.* Staunt ihr darüber, daß ich euch so erstaunlich bin?|

Die zweite Antwort: *Gott versöhnte in Christus die Welt mit sich selber und rechnete ihnen ihre Sünden nicht zu und stellte in unsere Mitte das Wort von der Versöhnung.* Mit diesen Worten erklärt Paulus den Staunenden seine *Botschaft,* seine merkwürdige Verkündigung, die offenbar auch die bewußten Christen immer wieder befremdete. «Gott versöhnte die Welt mit sich selber». Was heißt das? Das heißt: *Wer einmal anfängt zu staunen,* der sieht auch die Welt im Frieden Gottes liegen. Die Versöhnung ist wohl eine ganz persönliche Erfahrung, aber wenn wir fragen, worin sie denn *besteht,* dann heißt es nicht: Also hat Gott die …[6] geliebet! oder: also hat Gott die Gläubigen geliebet, sondern: Also hat Gott *die Welt* geliebet [Joh. 3,16]. Ja, die Welt! Gerade dieses Unerhörte ist wahr. Wer *durchbricht zu Gott,* der kommt nicht in eine Vorzugsstellung, er bekommt es sogar viel

[5] Vgl. die autobiographische Erzählung von Walter Flex, *Der Wanderer zwischen beiden Welten. Ein Kriegserlebnis,* München 1917.

[6] Ein Wort wegen Beschädigung des Blattes unleserlich.

schwerer als Andere, viel heißer [?] bekommt er zu arbeiten und zu tragen, viel unbefriedigender wird sein Leben. Kein Pharisäerstühlchen wartet auf ihn, wo er beten könnte: Ich danke dir, Gott [Lk. 18,11]! Denn das Unerhörte ist wahr: Gott ist *der Welt nicht fern,* nicht fremd, der Welt, in der die Gläubigen und die Ungläubigen, die Pharisäer und die Zöllner, die Bösen und die Guten einander so nahe sind. Ist Gott nur der Juden Gott? Wahrlich auch der Heiden Gott [Röm. 3,29]. Gott hat auf die *Welt seine Hand gelegt.* In allen Höhen und Tiefen der Welt gibt es jetzt einen direkten Zugang zu Gott, der Schlüssel dreht sich, die Tür geht auf: *in Christus.* Wer ist Christus? Noch einmal: Was soll ich sagen? Der, der allen Stolz und alle Größe der Welt damit *zerbrochen hat,* daß er sie alle, die Gotteskinder und die Weltkinder, unter die Vergebung stellte. «Er rechnete ihnen ihre Sünden nicht zu». *Die Frage: wer ist besser?* wer hat recht? wer ist weiter?, die Frage: du oder ich? wir oder die anderen? hört auf im Kreuze Christi, wo Allen die gleiche Gnade zugesagt ist. *Die Welt ist bewegt,* gehoben [?], getragen durch den fernen, fremden, erstaunlichen Gott. In *die Welt hinein* ist das Wort der Versöhnung gestellt. Das ist meine Lehre und meine Botschaft: *Die Welt ist* Gottes in Christus. Das ist das *Geheimnis* meiner Botschaft. Das ist's, was vielleicht gerade die Gläubigsten am wenigsten glauben können. Das ist's, was dem natürlichen Menschen, auch dem natürlich frommen Menschen immer wieder neu ist. Staunt ihr darüber, daß ihr über meine Botschaft staunen müßt?|

Und nun die dritte Antwort: *So wirken wir nun als Gesandte für Christus, als ob Gott selbst durch uns mahnte. Wir bitten für Christus: Laßt euch versöhnen mit Gott; den, der Sünde nicht kannte, hat er für uns zur Sünde gemacht, damit wir Gottesgerechtigkeit würden in ihm.* Mit diesen Worten erklärt Paulus den Staunenden *seinen Weg,* seine auffallende persönliche Stellung den Menschen gegenüber, *den Anspruch,* mit dem er auftrat und den er an sie richtete, das *Unheimliche,* Eigenartige, Abgesonderte seiner Art und seines Gebarens. «Wir bitten für Christus: laßt euch versöhnen mit Gott!» Was heißt das? Das heißt: Gerade das *Befremdliche* muß ich sagen, gerade das *Unerhörte* müßt ihr hören. *Der Gott,* der mich gefunden, als ich zunichte wurde, *der Gott,* der die Welt findet, indem er vergibt, dieser Gott will auch euch finden. Dieser Gott aber *mahnt durch uns.* Höret, höret unser

Mahnen! Es kann nicht anders werden, wenn Gott *nicht die Ehre gegeben,* wenn Gott nicht als Gott erkannt wird. Es kann nicht anders werden, wenn die *Hohen nicht herabsteigen* zu den Niedrigen [vgl. Röm. 12,16], die Gerechten zu den Sündern. Es kann nicht anders werden, wenn *niemand von der Vergebung,* nur von der Vergebung leben will. Der Schlüssel muß sich drehen, die Tür muß aufgehen! *Für Christus* bitten wir darum: Laßt euch versöhnen mit Gott! Wer ist Christus? Christus ist der, wollen wir uns von Paulus sagen lassen, der von Gott *zur Sünde* gemacht wurde, *beladen* mit eben der Sünde, die wir nicht erkennen und uns vergeben lassen wollen. Christus ist der, *der in der tiefsten Tiefe* der Menschheit steht, im Tod um der Liebe willen, dort wo wir beharrlich nicht hin wollen. Christus ist der, *der gestorben ist,* damit Gottesgerechtigkeit würde. Damit wir Gottesgerechtigkeit würden. Für ihn *werben* wir [2. Kor. 5,11], für seinen *Weg* suchen wir Genossen, für seine *Wahrheit* Erkennende, für sein *Leben* Sterbende. *Wir bitten.* Wir können nicht fordern, nicht befehlen, nicht zwingen. Wir *bitten,* nicht für uns, sondern für Christus. *Darum* sind wir euch fremdartig. Was erstaunt ihr darüber, daß euch unser Weg so erstaunlich ist?

Seht, das sind die Antworten unseres Textes. Lauter *Antworten an Staunende.* Wohl uns, wenn wir Staunende *sind* oder zu werden beginnen. Selig sind die Staunenden, denn sie werden Antwort bekommen. Selig sind, die ins Gedränge kommen, denn sie werden *Befreiung* finden. Wenn das alte Evangelium uns wieder neu werden wird, dann werden wir sein wie die Träumenden [Ps. 126,1], dann wird uns Christus begegnen, und er wird uns sagen: Ich selbst bin es [Lk. 24,39] – *jenseits* der Gräber, *über* den Sternen. Ich bin die Auferstehung und das Leben [Joh. 11,25].

Lieder:

Nr. 190 «Walte, walte nah und fern» von J. Fr. Bahnmaier, Strophen 1–5 (RG [1998] 257,1–5 mit Textabweichung in Str. 2)

Nr. 166 «Der du in Todesnächten» von Chr. G. Barth, Strophen 1.2.5 (GERS [1952] 362,1.2.5; EG 257,1.2.4)

531 *Safenwil*, Sonntag, den 25. Juli 1920

Siehe jetzt![1]

2. Korinther 6,1–2

Als Mitarbeiter (Gottes) ermahnen wir euch aber auch, ihr möchtet die Gnade Gottes nicht umsonst an euch erfahren. Denn er spricht: Zu willkommener Zeit habe ich dich erhört und am Tage des Heils dir geholfen! Siehe, jetzt ist die hochwillkommene Zeit, siehe, jetzt ist der Tag des Heils!

«Siehe[a], jetzt ist die hochwillkommene Zeit, siehe, jetzt ist der Tag des Heils!»[b] Was heißt das? Das heißt offenbar: die jetzige Zeit ist kostbar. Wie ein Schiff, beladen mit wertvollem Gut, ist sie zu uns gekommen. Wie ein Baum voll reifer Früchte ist sie da. Die Minuten, die Stunden, die Tage, die wir durchlaufen[c], sie sind nicht ⌜eine⌝ leere Zeit, sondern gefüllt mit Gnade, d. h. mit Leben, Hilfe, Erlösung[d]. Sie sind nicht nur Zeit, sondern hinter dem Schleier der Zeit enthalten sie Ewigkeit. Wir[e] können nicht teilnahmslos zusehen, wie der Zeiger der Uhr und der Kalender ihr allmähliches, aber unaufhaltsames Vorbeigehen ankündigt[f], sondern Möglichkeiten, Gelegenheiten, Hoffnungen enthalten sie, und beunruhigen muß uns der Gedanke, sie könnten unbenutzt verstreichen[g]. Nicht Schlafenszeit, nicht Träumerzeit[h] sind diese jetzigen Minuten, Stunden und Tage, sondern Zeit des Erwachens, des Aufstehens, des Zugreifens, des Schaffens. Nicht Zeit wie

[a] Vor dem Abschnitt im Mskr.: *«1.»* Über der 1. Zeile ist mit Bleistift eingefügt: «Text Verlegenheit. Wir der Bibel nicht gewachsen. Das auch sagen u. hören. Aber ist's denn wahr, wenn *wir* es sagen. Die Unsicherheit unserer Lage kommt zum Vorschein. Ein unsicheres Wort zu einer unsicheren Lage.»
[b] Mskr.: «sagt Paulus».
[c] Mskr.: «eben durchlaufen».
[d] Mskr.: «Hilfe, Rettung, Erlösung».
[e] Mskr.: «Sie sind darum auch nicht gleichgiltige Zeit; wir».
[f] Mskr.: «verkündet».
[g] Mskr.: «sie könnten das alles für uns umsonst enthalten».
[h] Mskr.: «Träumenszeit».

[1] Unter dieser Überschrift wurde die Predigt in: Komm Schöpfer Geist!, S. 257–265, aufgenommen. Die Abweichungen des gedruckten Textes vom Manuskript werden in der oben S. XI beschriebenen Weise dokumentiert.

alle Zeiten sind sie, sondern eine besondere Zeit, gestern war noch nicht heute[i], und morgen wird nicht mehr heute sein[j]: siehe *jetzt!* «Als Mitarbeiter Gottes ermahne ich[k] euch, ihr möchtet die Gnade Gottes nicht umsonst an euch erfahren.» So Paulus.

Die[l] Frage, die uns alle fast sofort brennt, wenn wir das lesen oder hören, ist doch wohl die, ob Paulus heute in unserer Zeit auch so reden könnte und würde. ⌜Aber⌝ |258| wo in der Bibel steht denn, daß die angenehme Zeit, von der Paulus redet, aufgehört habe oder aufhören werde? Was für ein niederdrückender Gedanke[m], daß dies[n] alles vorbei, gewesen, vergangen sei vor langen Jahrhunderten! Ist Gott nicht Gott in allen Jahrhunderten, und ist nicht alle Zeit seine Zeit? – Aber wir wollen nicht zu schnell zugreifen[o]. In unseren Gedanken, in unserer Theologie haben wir freilich alles schnell[p] gleichgemacht. In Gedanken haben wir schnell verfügt, daß man eigentlich zu jeder Zeit mit Paulus sagen kann: Siehe jetzt![q] Aber im Leben ist es[r] anders. Tatsächlich sind die Zeiten ungleich, verschieden. Schon im Leben der[s] einzelnen Menschen gibt es lange[t] Zeiten, die man nicht anders nennen kann als leere Zeiten, gleichgültige Zeiten, Schlafenszeiten, Traumzeiten, Zeiten, von denen man unmöglich sagen kann[u]: siehe jetzt!, sondern gerade in Gegenteil: siehe jetzt *nicht!* Daneben vielleicht ein paar Jahre, vielleicht auch nur ein paar Stunden, vielleicht auch nur ein[v] flüchtiger Moment, da wird es ernst, da ist willkommene Zeit. Aber das ist dann eben eine besondere Zeit. Wahrscheinlich müßte es nicht so sein, aber es ist tatsächlich so. Und im großen Zusammenhang des Menschheitslebens steht es nicht anders[w]. Es gibt

i Mskr.: «nicht wie heute».
j Mskr.: «nicht mehr so sein».
k Mskr.: «ermahnen wir euch».
l Vor dem Abschnitt im Mskr.: *«2.»*
m Mskr.: «niederdrückender, verzweifelter Gedanke».
n Mskr.: «das».
o Mskr.: «dreinfahren».
p Mskr.: «In Gedanken, in der Theorie haben wir freilich schnell Alles».
q Im Mskr. Einfügung mit Bleistift: «Gerade das nicht!»
r Mskr.: «ist's».
s Mskr.: «des».
t Mskr.: «lange, lange».
u Mskr.: «wo man unmöglich sagen konnte».
v Mskr.: «ein einziger».
w Mskr.: «des M.lebens ist es ebenso».

lange Zeiten in der Geschichte, die haben keine Farbe, keinen Ton, kein Gesicht[x]. Die Völker schlafen. Glück und Unglück mag über sie gehen, Krieg und Revolution, aber kein eigentlicher Aufschwung erfolgt, kein Vorwärts ertönt, nichts Altes vergeht wirklich, und nichts Neues[y] wird. Sie ahnen nicht einmal, daß etwas[z] geschehen könnte. Siehe jetzt *nicht!* muß man über solche Zeiten schreiben. Dazwischen dann ein Jahrzehnt, oft nur ein Jahr oder nicht einmal ein Jahr, da schlägt[aa] die Uhr der Geschichte die Stunde, da gehen Türen auf, da sind auf einmal die großen Fragen, Gebote und Hoffnungen lebendig in vielen Menschen. Da hebt sich auf einmal der Druck der Jahrhunderte, da |259| werden Lösungen möglich, und Aussichten auf noch größere Lösungen ⌜eröffnen sich⌝, da wird auf einmal von weitem sichtbar[ab], was in der Geschichte der Menschen eigentlich geschehen möchte. Dann mag's heißen: siehe jetzt! Siehe, jetzt ist die angenehme Zeit.

Aber es ist etwas höchst Besonderes und Außerordentliches, wenn eine solche Zeit eintritt. Es müßte nicht so sein, aber es ist so. Die Bibel sieht es nicht[ac] anders an. Auch die Bibel kennt verschiedene Zeiten. Gottes Schaffen geht nach der Bibel durchaus nicht durch die Welt wie eine[ad] Riesenwalze, die alle Zeiten gleichmacht. Von der Bibel aus kann man durchaus nicht sagen, daß Gott zu allen Zeiten in gleicher Weise Gott ist, obwohl es in der Theorie so sein müßte. Sondern da hören wir von Zeiten der Unwissenheit [Act. 17,30], wo man eigentlich nur von einer großen Geduld Gottes reden kann, nicht von Gnade und Heil. Im Propheten Amos lesen wir z. B. von einer Zeit, da der Herr einen Hunger nach seinem Wort ins Land schicken will[ae], daß sie hin und her von einem Meer zum anderen[2], von Mitternacht gegen Morgen umlaufen und des Herrn Wort suchen und doch nicht finden

[x] Mskr.: «kein Gewicht».
[y] Mskr.: «wirklich Neues».
[z] Mskr.: «so etwas».
[aa] Mskr.: «schlägt dann».
[ab] Mskr.: «das sichtbar».
[ac] Mskr.: «auch nicht».
[ad] Mskr.: «Gott ist in der Bibel durchaus nicht wie eine».
[ae] Mskr.: «schicken werde».

[2] Im Druck: «von einem zum andern»; korr. nach Mskr.

werden [Am. 8,11f.]. Der niederdrückende, verzweifelte Gedanke, daß die Zeit des Heils und der Gnade vorbei und vergangen sei oder in einer fernen, späten Zukunft liegt[af], dieser Gedanke ist der Bibel durchaus bekannt. Und wenn die Bibel von der Gegenwart solcher Zeiten redet, dann läßt sie[ag] keinen Zweifel darüber, daß sie damit so etwas[ah] über die Maßen Großes, Hohes, Seltenes[ai] meint, daß wir gleich sehen müssen, dieses «Jetzt» ist nicht alle Tage. Es tauchen dann so große Fragen, Unruhen, Bewegungen auf, daß wir fast froh sein müssen[aj], daß dieses «Jetzt» nicht alle Tage ist. Wir würden es doch nicht[ak] aushalten. Die Zeiten sind ungleich in Bezug auf Gott. Es ist so, wie Luther zu unserem Text bemerkt hat: «Die Predigt des Evangeliums ist nicht eine ewige, währende, bleibende Lehre, sondern ein[al] fahrender|260|Platzregen, der dahinläuft. Was er trifft, das trifft er, was er fehlt, das fehlt[am] er, er kommt aber nicht wieder, bleibt nicht[an] stehen, sondern die Sonne und Hitze kommt hernach und leckt ihn auf.»[3]

Selbstverständlich[ao] ist es also jedenfalls nicht, daß wir heute in einer Zeit des Heils und der Gnade stehen. Es kann sehr wohl sein, daß wir in einer jener[ap] anderen Zeiten stehen, daß wir nur warten können, daß wir von Gott nichts wissen können als das, daß er eine unendliche Geduld mit uns und der Welt hat. Es ist z. B. nicht selbstverständlich, daß gerade du gerade jetzt die Wendung, den Ausweg, die Hilfe, das Licht findest, das du schon lange suchst in deinem Leben

[af] Mskr.: «liege».
[ag] Mskr.: «sie uns».
[ah] Mskr.: «etwas so».
[ai] Mskr.: «und Seltenes».
[aj] Mskr.: «müssen darüber».
[ak] Mskr.: «das nicht».
[al] Mskr.: «sondern sie ist wie ein».
[am] Mskr.: «fehlet, das fehlet».
[an] Mskr.: «auch nicht».
[ao] Vor dem Abschnitt im Mskr.: *«3.»*
[ap] Mskr.: «von jenen».

[3] Predigt über 2. Kor. 6,1–10 aus der Fastenpostille, WA 17/II, 179,29–33. Barth zitiert nach *Luthers Episteln-Auslegung. Ein Commentar zur Apostelgeschichte, den apostolischen Briefen und der Offenbarung*, hrsg. von Chr. G. Eberle, Stuttgart 1866, S. 393.

und das du so bitter nötig hast. Das Reich Gottes richtet sich nicht nach unseren Bedürfnissen. Es ist nicht selbstverständlich, daß ich oder irgendein anderer Prediger[aq] in dieser Stunde Gottes Wort und nicht Menschenwort reden kann. Es ist nicht selbstverständlich, daß jetzt gerade du Gottes Wort und nicht Menschenwort hören kannst. Das Reich Gottes richtet sich nicht nach dem Sonntag und der[ar] Kirchenordnung. Es ist nicht selbstverständlich, daß wir heutigen Menschen, weil wir den Krieg und die Revolution hinter uns haben, in der Lage sind, Gott und die Welt und uns selbst besser zu verstehen. Das Reich Gottes richtet sich auch nicht nach der Weltgeschichte. Unmöglich ist das alles nicht, aber auch nicht selbstverständlich. Das Göttliche ist nie einfach in Vorrat vorhanden, daß man nur nehmen, genießen und Anteil haben könnte[as]. Einer, der etwas von Gott wußte, hat gesagt, wir sollten ja nicht tun, als ob wir Gott gleichsam in der Tasche trügen und nur hervorziehen könnten[at]. [4] Der Geist weht, wo er will [vgl. Joh. 3,8]. Wir würden das Göttliche wieder ganz anders respektieren, schätzen[au] lernen, wenn wir den Unterschied der Zeiten begreifen würden. Wenn wir den Mut hätten, uns zu gewissen Zeiten ganz entschieden klar zu machen: siehe, jetzt *nicht!* |261|

Auch das muß[av] gesagt sein, daß man solche Zeiten des Heils und der Gnade nicht machen, nicht erzwingen kann. In Gedanken und Worten läßt sich freilich vieles erzwingen, und die große, innere[aw] Bedrängnis, in der wir uns befinden, macht es leicht erklärlich, daß sich viele unserer Zeitgenossen darin üben, wenigstens in Gedanken und Worten: siehe jetzt! zu rufen[ax]. Ich habe einen Freund[ay], der in

[aq] Mskr.: «Pfarrer».
[ar] Mskr.: «und nach der».
[as] Mskr.: «nur schöpfen, nehmen, genießen und gar noch austeilen könnte».
[at] Mskr.: «hervorzuziehen bräuchten».
[au] Mskr.: «und schätzen».
[av] Mskr.: «*4.* Auch das muß noch».
[aw] Mskr.: «äußere».
[ax] Mskr.: «zu sagen».
[ay] Mskr.: «Freund in Deutschland».

[4] Barth denkt vermutlich an Fr. Overbeck und dessen Kritik an «der leidigen modernen Theologie», die «meint, Gott täglich bei sich im Sack zu haben» (*Christentum und Kultur* [s. S. 129, Anm. 4], S. 267f.; *Werke und Nachlaß*, Bd. 6/1, S. 307). Vgl. K. Barth, *Unerledigte Anfragen an die heutige Theologie* (s. S. 129, Anm. 4), S. 21.

Gedanken durchaus in einer Zeit großer Erfüllung und Gottesgegenwart lebt und der mir den Vorwurf machte, warum ich nur von Paulus rede, statt selber Paulus sein zu wollen in der heutigen Zeit[az]!![5] Es brausen jetzt auch allerlei Gefühle und Stimmungen von Hoffnung und neuem Leben durch die Welt, die in manchem so stark werden, daß es ihm ist, als sei schon damit etwas gemacht. Wieder andere machen sich irgendeine[ba] Tätigkeit, schreiben Bücher und halten Vorträge, gründen Zeitungen und Vereine. Freie Siedlungsgemeinden werden ins Leben gerufen[bb] von Menschen, die die Welt gleichsam von vorne anfangen und wie die ersten Christen zusammenleben wollen.[6] Ein religiöser Menschheitsbund ist gestiftet worden[bc], in dem sich Juden, Heiden, Mohammedaner und Christen zu gemeinsamer Weltverbesserung zusammenfinden.[7] Im Laufe dieses Sommers sollen einzig in der Schweiz fünf verschiedene internationale christliche Kongresse stattfinden.[8] Wer dürfte sich getrauen zu sagen, es sei un-

[az] Mskr.: «Paulus zu sein in der jetzigen Zeit».
[ba] Mskr.: «werfen sich in irgend eine».
[bb] Mskr.: «sind im Entstehen».
[bc] Mskr.: «Ein deutscher Professor hat einen Rel.Menschh.Bund gestiftet».

[5] Vermutlich Eugen Rosenstock-Huessy, mit dem Barth über den «Römerbrief» von 1919 und über Prinzipien und Motive der Auslegung in lebhaftem Austausch stand; vgl. Bw. Th. I, S. 538 (Register).

[6] Vgl. Die Christliche Welt, Jg. 34 (1920), Nr. 32 (vom 5.8.1920), Sp. 510: «In Berlin hat sich ein *Verein zur Förderung christlicher Siedelungen* als E.V. gebildet, um ‹gläubigen Christen Gelegenheit zur gemeinschaftlichen Ansiedlung mit Gleichgesinnten› zu geben.»

[7] In der Christlichen Welt, Jg. 34 (1920), Nr. 9 (vom 26.2.1920), Sp. 133–135, forderte R. Otto neben dem politischen Völkerbund einen Religiösen Menschheitsbund, den er selbst 1921 ins Leben rief mit dem Ziel einer lebendigen Begegnung der Religionen sowie ihrer Zusammenarbeit in ethischen Fragen. Vgl. Fr. Heiler, Art. «Menschheitsbund», in: RGG[3] IV, Sp. 876.

[8] Lausanne, 5.–11.8.1920: Konferenz der Alliance of Reformed Churches holding the presbyterian system. Vertreten waren 30 Kirchen.

Genf, 9.–12.8.1920: Vorkonferenz zur geplanten Allgemeinen Konferenz der Kirche Christi für Praktisches Christentum (= Life and Work, Stockholm 1925). Anwesend waren 90 Vertreter aus 15 Ländern.

Genf, 12.–20.8.1920: Vorkonferenz zur geplanten World conference on faith and order (Lausanne 1927). Anwesend waren 133 Delegierte aus 80 Kirchen.

Beatenberg, 25.–28.8.1920: Konferenz des Weltbundes zur Beförderung in-

möglich, daß hinter alledem etwas Großes stecke, wo die Menschen aus tiefer[bd] Not heraus so gewaltig ins Denken und Reden, ins Hoffen[be] und Schaffen hineingekommen sind! Aber erinnern müssen wir uns gerade heute, daß wirkliche Gotteszeiten nicht erstrebt und gegründet werden können[bf], sondern über Nacht da sind und kommen[bg], daß sie sich weniger in Worten und Büchern und Gründungen zeigen als in tatsächlichen Kräften und Ereignissen, daß sie etwas Natürliches an sich haben wie reife Früchte an einem Baum, im Gegen-|262|satz zu alledem, was doch auch heute sehr nach Künstlichkeit[9], Überhebung und Selbsttäuschung aussieht. Wenn wir daran denken, werden wir uns doch vielleicht auch heute im ganzen zurückhalten, ⌜werden⌝ über alles, was heute gemacht wird, hinwegsehen wie über die Vorberge hinweg auf die Alpen[bh] und auf eine Zeit warten, wo man mit größerer Wahrheit als heute wird sagen können: siehe jetzt!

Aber[bi] nicht wahr, es ist etwas Merkwürdiges mit diesen Worten. Auch in unserem persönlichen Leben haben wir es ja so, daß wir lieber nicht warten, sondern durchbrechen möchten zum Ziel, in die Gegenwart ⌜mit der Frage⌝: Warum nicht *jetzt?* Lebt nicht die ganze Welt vom Jetzt? *Jetzt* wird die Welt eingerichtet für die nächsten 50–100[bj] Jahre, *jetzt* wird Geld verdient und ausgegeben, *jetzt* wird gesündigt und geflucht, *jetzt* wird gelitten und gestorben, *jetzt* ist das Leben da mit seinen Fragen und Aufgaben, lauter jetzt, – und gerade[bk] das Eine, von dem alles schließlich[bl] abhängt, das alles anders machen müßte:

[bd] Mskr.: «so tiefer».
[be] Mskr.: «ins Fühlen».
[bf] Mskr.: «erstrebt und zustandegebracht werden».
[bg] Mskr.: «kommen und da sind».
[bh] Mskr.: «hinwegsehen, wie wir über die Vorberge hinweg auf die Alpen sehen».
[bi] Vor dem Abschnitt im Mskr.: *«5.»*
[bj] Mskr.: «50 oder 100».
[bk] Mskr.: «Aufgaben. Alles jetzt – und nur gerade».
[bl] Mskr.: «von dem schließlich doch Alles»

ternationaler Freundschaft durch die Arbeit der Kirchen. Anwesend waren 97 Delegierte aus 20 Ländern.

Ende Juni hatte bereits in Crans bei Genf die erste internationale Missionskonferenz nach dem Krieg stattgefunden.

[9] Im Druck: «Kirchlichkeit»; korr. nach Mskr.

Gott verstehen, Gott gehorchen, in Gott leben, gerade dieses Eine sollte nicht jetzt[bm] sein? Gerade in diesem Einen, Größten, Tiefsten sollen[bn] wir jetzt aufs Warten, nur aufs Warten angewiesen sein? Nein, nun haben wir es ja gehört[bo], unmöglich ist es[bp] nicht, daß es auch hier, gerade hier heißen kann[bq]: siehe jetzt! Warum sollte dieses «siehe jetzt!» im Himmel, im Ratschluß Gottes nicht schon gesprochen sein über unserer armen, sehnsüchtigen, ratlosen Zeit? Warum sollte Gott uns ferner sein als dem Apostel Paulus und den Korinthern? Warum sollten Gnade und Heil nichts für uns sein? Warum sollten unsere Minuten, Stunden, Jahre[br] jenen kostbaren Inhalt nicht haben, warum sollte in unserer Zeit keine[bs] Ewigkeit sein? Warum sollte es nicht von unserem Jahre[bt] heißen: «Jetzt, jetzt ist die hochwillkommene Zeit»?

Seht, wir müssen nun ein Rätsel lösen: Wenn es uns |263| mit diesem «Warum nicht?» ganz ⌜und gar⌝ ernst ist, dann kann das «nicht» verschwinden, dann mag's heißen: Es ist! Wenn die Frage nach Gott ganz lebendig ist in den Menschen, dann ist[bu] Antwort da. Wenn die Menschen begreifen, daß man auf Gott nur warten kann, dann müssen sie nicht mehr warten. Wenn die Menschen ganz demütig sind, wenn sie gar nicht mehr meinen, Gott im Besitz zu haben oder mit Gott etwas machen zu können, dann ist Gott für sie zu haben. Wenn die Menschen ganz erschrocken sind über ihre Gottesferne, dann ist ihnen Gott nahe. Wenn die Menschen niedrig genug[bv] sind, ihre Hilfe zu erwarten von dem Gott, der die Geringen tröstet [vgl. 2. Kor. 7,6], dann wird ihnen geholfen. Solche Menschen sehen dann am Ende aller Menschenwege ein großes Licht, und dieses Licht überstrahlt alles und heißt *Gnade.* Gnade ist stark, Gnade ist gründlich, Gnade macht alles neu, Gnade löst alle Knoten auf, Gnade ist jedem Menschen und jeder Zeit unendlich nahe, Gnade ist das, worauf wir alle warten, was

[bm] Mskr.: «sollte jetzt noch nicht».
[bn] Mskr.: «sollten».
[bo] Mskr.: «Nun [?], wir haben's ja schon gehört».
[bp] Mskr.: «ists».
[bq] Mskr.: «könnte».
[br] Mskr.: «und Jahre».
[bs] Mskr.: «nicht».
[bt] Mskr.: «Jahre 1920».
[bu] Mskr.: «ist auch».
[bv] Mskr.: «tief [?] genug und zugleich bescheiden genug».

wir alle haben möchten und doch nicht haben, machen möchten und doch nicht machen können. Menschen, die sie dort sehen ⌜und suchen⌝, wo sie zu finden ist, Menschen, die mit ihrem aufrichtigen «Warum nicht?» zu Gott vordringen, die sehen es, wie unendlich nahe sie uns eigentlich ist, wie wir alle immer nur durch eine dünne Wand von ihr geschieden sind. Solche Menschen erfaßt dann eine heilige Ungeduld mit sich selber und den anderen[bw]: «Möchte uns die Gnade doch nicht umsonst nahe sein! Möchten wir doch keine Umwege machen, wo der Weg so einfach ist! Möchten wir doch vor dem Licht, in dessen Schein wir stehen, die Augen nicht verschließen[bx]!» Eine Last bekommen sie zu tragen mit dem, was sie wissen und was sie sich selbst und anderen immer wieder sagen müssen[by]. Und mit dieser Last werden sie zu Mitarbeitern[bz], zu *Mitarbeitern Gottes.*

Wo solche Mitarbeiter Gottes sind, die in die Tiefe |264| gezwungen wurden und die in[ca] der Tiefe Gnade gefunden haben, da mag es[cb] dann heißen: «Siehe jetzt!» Nicht selbstverständlich, sondern wie durch ein Wunder, nicht erzwungen und künstlich[10], sondern klar, einfach und natürlich. Da wird's ernst, da gilt's, da wird die Zeit wertvoll, bedeutend, voll Ewigkeit. Da schlägt die Uhr Gottes ihre Stunde. Solch ein Mensch war Paulus. Er hatte bei Christus Demut gelernt und Gnade gefunden. Er konnte die leere Zeit nicht mehr ertragen, er fand die Ewigkeit. Er drang mit einem großen, aufrichtigen, ernsthaften: Warum nicht? zu Gott vor. Er wurde Gottes Lastträger, Gottes ungeduldiger Mitarbeiter! «Als Gottes Mitarbeiter mahnen wir euch, ihr möchtet die Gnade Gottes nicht umsonst erfahren. Siehe, jetzt ist die hochwillkommene Zeit, siehe, jetzt ist der Tag des Heils.» Wo Menschen wie Paulus von Christus herkommen und mahnen, da ist es[cc] Gottes Zeit.

[bw] Mskr.: «den Menschen».
[bx] Mskr.: «vor dem Licht die Augen nicht verschließen, in dessen Schein wir schon stehen».
[by] Mskr.: «möchten».
[bz] Mskr.: «Arbeitern».
[ca] Mskr.: «gegangen sind und in»
[cb] Mskr.: «mags».
[cc] Mskr.: «ists».

[10] Im Druck: «kirchlich»; korr. nach Mskr.

Was sollen wir sagen von unserer Zeit? Seht euch um nach solchen Menschen! Vielleicht sind sie schon da, von uns noch nicht gehört und noch[cd] nicht verstanden, noch nicht erkannt. Vielleicht reden sie schon mit uns aus der Demut und aus der Gnade Gottes[ce] heraus. Aber sehet zu, daß ihr euch nicht täuscht. Es ist nicht alles Gold, was glänzt.[11] Wenn solche Menschen da sind, warum sollte es[cf] dann nicht heute schon heißen: «Siehe jetzt!»[cg] Sorget dafür, daß es solche Menschen geben kann. Helfet allen Erschrockenen, allen Unsicheren, allen Demütigen, indem ihr auch erschrocken, auch unsicher, auch demütig werdet. Sie können vielleicht noch nicht reden, weil sie so einsam sind. Sie können nicht sein, was sie sind, weil sie nicht verstanden werden. Wenn solche Menschen reden können, dann werden sie uns sagen, was uns jetzt niemand sagen kann. – Seid selber solche Menschen, wenn ihr könnt! Warum nicht? Warum sollten wir nicht bei Christus Demut lernen und Gnade finden? Warum sollte uns die Leere[ch] unserer |265| Zeit nicht brennen, warum sollte sie nicht in Fülle verwandelt werden? Warum sollte das Warten der Gerechten nicht auch heute Freude sein [vgl. Spr. 10,28]? Ist nicht alles bereit? Das ist es, was uns unsere Zeit zu sagen hat[ci].

Es ist alles bereit, wenn wir bereit sind. Ja, Paulus würde in unsere Zeit auch so hineinreden[cj] wie damals. Gebt uns einen Paulus wieder, der so reden dürfte. Einen Christus, der den Paulus so reden läßt[ck], ⌜haben wir⌝. Christus hebt den Unterschied der Zeiten auf. Christus läßt Quellen fließen im dürren Land. Christus rührt die Toten an, und sie erwachen[cl]. Worauf warten wir? Auf eine Ernte, wo nichts gesät ist, oder auf Frucht, die wir mit unserer Hand[cm] machen werden? Eines ist

[cd] Mskr.: «nur noch nicht gehört, noch».
[ce] Mskr.: «Gnade Christi».
[cf] Mskr.: «solls».
[cg] Mskr.: «heißen: Siehe jetzt?».
[ch] Mskr.: «Leerheit».
[ci] Mskr.: «Das ist's, was von unserer Zeit und von uns zu sagen ist».
[cj] Mskr.: «in unserer Zeit auch so reden».
[ck] Mskr.: «ließe»
[cl] Mskr.: «rührt uns die Toten an und wir erwachen».
[cm] Mskr.: «unseren Händen».

[11] Vgl. K.Fr.W. Wander (Hrsg.), *Deutsches Sprichwörter-Lexikon*, 1. Bd., Leipzig 1867, Sp. 1789.

so töricht wie das andere. Von Gott kommt beides, das Wollen und das Vollbringen. Darum *schaffet,* daß ihr selig werdet mit Furcht und Zittern [Phil. 2,12f.]![12]

[12] Lieder: Nr. 23 «O Höchster, deine Gütigkeit» nach Ps. 36,6–12, Strophe 1 nach J. Stapfer und Strophe 3 nach J. J. Spreng (RG [1998] 27,1.3); Nr. 162 «Wach auf, du Geist der ersten Zeugen» von K. H. von Bogatzky, Strophen 1–3 (RG [1998] 797,1.2.–: EG 241,1–3; jeweils mit geringen Textabweichungen).

2. Korinther 6,3–10

3 Wir geben dabei in keiner Weise Anlaß zur Verwirrung, durch die unser Dienst der Lästerung ausgesetzt werden könnte, 4 sondern in jeder Hinsicht stellen wir uns als Gottes Diener in großer Beharrlichkeit:[1]

In Bedrängnissen, in Zwangslagen, in Verlegenheiten, 5 in Schlägen, in Gefangenschaften, in öffentlichen Unruhen, in Mühsalen, in Schlaflosigkeiten, in Entbehrungen,

6 In Reinheit, in Erkenntnis, in Langmut, in Güte, im heiligen Geist, in ungeheuchelter Liebe, 7 im Wort der Wahrheit, in der Kraft Gottes.

Durch Waffen der Gerechtigkeit zur Rechten und zur Linken, 8 unter Ehre und Schande, unter böser und guter Nachrede,

9 Als Irrende und doch in der Wahrheit, als Unbekannte und doch Bekannte, als die Sterbenden und siehe, wir leben, als Gezüchtigte und doch nicht Ertötete, 10 als Betrübte, die immer Freude haben, als Bettler, die Viele reich machen, als Habenichtse, die Alles haben.

1. Paulus nennt das Christentum *einen Dienst.* Damit ist sofort gesagt, daß das Christentum *nicht jedermanns* Sache [vgl. 2. Thess. 3,2] ist. Denn um einen Dienst zu tun, muß Einer fähig, willig und irgendwie dazu angestellt sein. Nicht jedermann ist angestellt zu dem Dienst, um den es sich im Christentum handelt, nicht jedermann ist dazu willig, *nicht jedermann* ist dazu fähig. Jedermann *kann es werden,* niemand ist ausgeschlossen, auch die Reichen nicht, auch die Gerechten nicht, auch die Pharisäer nicht, die Türen sind nach allen Seiten weit offen, und bei Gott ist kein Ding unmöglich [vgl. Lk. 1,37]. Aber *nicht Jeder ist ein Christ.* Bei Keinem ist es selbstverständlich, daß er es ist. *Es fragt sich,* ob du und ich Christen sind. Es gibt jedenfalls *immer viele Menschen, die nicht* in diesem Dienst stehen.

Das mag *uns zur Entlastung* und zur Beruhigung dienen, *wenn uns* die Beschreibung dieses Dienstes, wie wir sie vorher in den Worten des Paulus gehört haben, allenfalls erschrecken sollte. Es steht ja da *tatsächlich* viel Erschreckendes, viel Beunruhigendes, viel Unerwartetes und Unerwünschtes. Wir haben durchaus die *Möglichkeit,* zu

[1] Im Mskr. stand ursprünglich: «als Diener Gottes: In großer Beharrlichkeit, in...». Die Umordnung geschah mit dem Bleistift.

sagen: das geht *mich* nichts an, *ich* bin nicht in diesen Dienst gestellt, *ich* begehre auch gar nicht darnach, ihn zu tun, und wenn ich schon wollte, *ich* wäre außerstande dazu. Dann *sind wir entlastet und frei* gegenüber diesem Text wie gegenüber so vielen anderen Stellen der Bibel und mögen mit verschränkten Armen zuhören, wie da von anderen Leuten, nicht von uns, die Rede ist. Es geht *uns* dann in der Tat nicht an. Es ist *ein großer Sieg des Reiches Gottes,* daß es in der neuen Zeit so vielen Menschen ganz ehrlich klar wird, daß sie nicht in diesem Dienst stehen. Denn das Christentum gedeiht besser, wenn es seinerseits *einmal frei wird* von denen, die nur meinen, Christen zu sein.

Aber diese gegenseitige Freiheit ist *nicht das letzte Wort.* Vielleicht *können wir uns ja nicht auf diese* Weise *entlasten* und beruhigen. Vielleicht können wir ja nicht sagen: es *geht mich nicht* an! Vielleicht *müssen wir uns sagen:* O doch, ich kann, ich will, ich bin berufen, vielleicht *gerade darum,* weil wir gemerkt haben: ich kann *nicht,* ich will *nicht,* ich bin *nicht* berufen. Gott hat sich seine Diener zu allen Zeiten *aus den Reihen der Neinsager* geholt. Vielleicht hat er uns auch schon geholt. Vielleicht holt er sich heute besonders Viele dort, *wo man beschämt und erschrocken und beunruhigt* denkt: Das geht mich nicht an! Warum *nicht?* Warum sollten du und ich nicht solche Leute sein? Dann redet aber Paulus *von unserer Sache,* von unserer allereigensten Sache. Dann versteht es sich von selbst, daß wir unsere *Freiheit* dazu gebrauchen müssen, *nicht nur Hörer, sondern Täter* des Wortes zu sein, das er da mit uns redet [vgl. Jak. 1,22].

2. Einen *Dienst Gottes* nennt er das Christentum. Damit ist aufgedeckt, daß wir keine anderen Herren anerkennen können. Denn Gott ist *der Herr,* neben dem es keine Herren gibt. Er ist *der Eine,* neben ihm sind keine Anderen. Er ist *der Schöpfer,* nichts Gleichartiges steht neben ihm. *Von ihm und durch ihn und zu ihm* hin sind alle Dinge [Röm. 11,36], was ohne ihn ist und außer ihm, das ist nicht. Er stellt die *Fragen,* und er gibt die Antworten. Er *gebietet,* und er tut. Er ist der *Anfang,* und er ist das Ende [vgl. Apk. 1,8].

Wenn *ein Mensch in den Dienst* Gottes tritt, so bekommt damit sein Leben *die Richtung* auf ihn, den Einen. Auf Schritt und Tritt hämmert in ihm der Gedanke: *Nur Einer* ist groß, nur Einer ist wichtig, nur Einer ist herrlich. Durch ihn, den Einen, dann *freilich Alles,* aber nur durch ihn. Gehet ein durch die enge Pforte [Mt. 7,13]! Da wird alles *Dunkle* durchsichtig, alles *Starre* beweglich, alles *Gebundene* gelöst, alles *Zerstreute* gesammelt. *Gott* gilt, *Gott* ist ernst, *Gott* spricht. Wir fangen heute *erst an* zu begreifen, daß es etwas *Außerordentliches*, etwas Unerhörtes ist, in den Dienst Gottes zu treten. Wir ahnen erst, was das für ein Gericht ist und was für eine Gnade. Wir haben *zu lange* vielen Herren gedient. Wenn ein Mensch in den Dienst Gottes tritt, dann ist *ein Wunder* geschehen.

Und darum ist das Christentum neben all dem Anderen, was in der Welt ist, *etwas Wunderbares*, etwas durchaus Eigenartiges und Neues. Denn in der Welt ist Alles darauf eingerichtet, *vielen Herren* zu dienen. Das Christentum aber *macht nicht mit*. Als ein *mächtiges Wesen* für sich steht es da. Wenn es nicht so dasteht, so ist es nicht mehr das Christentum. Es dient nicht unserem *Wohlsein*. Es dient nicht unseren *Bedürfnissen*. Es dient nicht dem *Familienleben*. Es dient nicht dem *Vaterlande*, trotz dem 1. August[2]. Es dient nicht dem *Fortschritt*. Es dient weder der *Abstinenz* noch dem *Sozialismus*. Es wird auch den *schönsten Gedanken*, den besten und nötigsten Bestrebungen, auf die wir noch kommen werden, nie dienen. Es kann uns in dem allem ein *Segen* sein. Wir haben aber *kein Anrecht* auf diesen Segen, es ist Gnade, wenn er sich einstellt. Und er stellt sich nur dann ein, wenn das Christentum *seinen eigenen Weg* geht, wenn es nur Gott dient. Wenn jemand über das Christentum schelten und sagen wollte, es sei *eigensinnig, eigenwillig, selbstsüchtig* sogar, er hätte nicht so ganz Unrecht. Es ist Wahrheit daran, daß Gott die Menschen, die in seinen Dienst treten, *an sich* reißt und daß er sie *ganz* an sich reißt.

3. Solche Menschen werden nun mit einer *ebenso großen als merkwürdigen Sorge* belastet. Sie hören beständig eine Mahnung, eine Warnung, eine *Frage*. Nicht etwa das ist ihre Frage: wie *wirke ich* am besten für das Reich Gottes? Was *soll ich tun* und wie soll ich's tun? *Wie stelle ich's* an, Gott Ehre zu machen, von Gott zu zeugen, die Menschen für Gott zu gewinnen? So wird in der heutigen Christenheit viel gefragt, und die Antwort sind dann allerlei mehr oder weniger praktische Vorschläge wie die, von denen ich euch letzten Sonntag

[2] Zum 1. August vgl. oben S. 262, Anm. 4.

erzählte[3], Versuche, die *Jugend,* die Arbeiter, die Gebildeten christlich zu beeinflussen, Versuche, durch *Zeitungen* und Bücher einen neuen Geist zu verbreiten, Versuche, in freien *Siedelungs*gemeinden die Welt von vorne anzufangen, Versuche, die *ernsten, guten Menschen* eines Landes oder gar der ganzen Welt in große Bünde zusammenzufassen. Paulus hat eine *andere Frage* und darum auch eine andere Antwort. Er fragt merkwürdigerweise nicht: Was sollen wir tun?, sondern: *was sollen wir nicht tun?* In keiner Weise *Anlaß zur Verwirrung* geben!, sagt er («Niemandem Ärgernis geben», hat Luther übersetzt). Dafür sorgen, daß unser *Dienst nicht der Verlästerung* ausgesetzt werde! *In großer Beharrlichkeit* uns stellen als das, was wir sind: als Gottes Diener! *Das* ist seine Frage. Seine Sorge ist nicht die, die uns heute immer befallen will: *es könnte nichts geschehen,* weil wir nicht wissen, was wir tun und wie wir es tun sollen. Seine Sorge ist die: *es könnte etwas geschehen wollen* und dann durch das, was wir tun, verdorben und vereitelt werden. Paulus sieht vor sich eine *große, einfache, klare Wahrheit,* die redet *schon,* die macht sich *schon* bemerkbar, die siegt *schon,* wenn wir sie nur reden, wirken, siegen lassen durch uns, wenn wir nur nicht das Große klein, das Einfache schwierig, das Klare verworren machen durch das, was wir dazu tun aus uns. Paulus sieht in seinem Dienst, *im Christentum eine über Alles große Herrlichkeit,* die leuchtet von selber, wenn wir ihr wirklich dienen und nicht heimlich etwas Anderem. Sonst wird sie freilich *verdüstert.* Wenn das Christentum den anderen Herren dient in uns, dann gerät es in *Verachtung.* Ein Christentum, das der Welt dient, bekommt in derselben Welt schließlich den Fußtritt; das ist noch immer so gegangen. Wenn doch das Christentum *Gott dienen* würde!, will Paulus sagen. *Paulus sieht eine Kraft an dem Punkt,* wo der Mensch wirklich Gott, nur Gott dient. Es fehlt nicht, will er sagen, *sie ist da,* sie schafft, sie hat Erfolg, sie triumphiert. Aber wir müssen *treu sein* an diesem Punkt, treu sein in großer Beharrlichkeit. Luther hat übersetzt «in großer Geduld». Aber Paulus hat etwas Kräftigeres, Bedeutsameres gemeint: ein *großes, unentwegtes* Festhalten und Ausdauern an diesem einen schwierigen, feinen Punkt, Allem zum Trotz, was uns davon abziehen will: *Gott, nur Gott,* Gott allein, und wenn uns fast der Atem ausge-

[3] Vgl. oben S. 273f.

hen wollte. Alles das *nicht* tun, was doch nur eine Untreue wäre an diesem feinen Punkt. Ausharren, auch wenn wir fast *nichts sagen* können. Ausharren, auch wenn wir fast *nicht vorwärts* kommen. Ausharren, auch wenn uns *niemand dafür* dankt und lobt und lieb hat. Ausharren! In große Beharrlichkeit *uns stellen als* Gottes Diener.

Seht, da können wir lernen, *was Gott bei solchen Menschen bedeutet.* Ganz *in Gottes Hand* sind sie, ganz auf ihn geworfen, ganz in Anspruch genommen an Leib und Seele, ganz in Tätigkeit. Eben darum *stirbt da die Frage:* Was sollen wir tun? *Gott tut.* Gott ist wirklich der Eine, der Anfang und das Ende. Gott ist im Lauf, Gott ist in Bewegung, Gott ist an der Arbeit. Gott lebt. Die seine Mitarbeiter sein dürfen, sorgen sich darum und sorgen dafür, daß *das wahr bleibt.* Sie tun *alles das nicht,* was Gott hindern könnte. *Sie vertrauen,* daß *das Kleinste aus Gott* und mit Gott besser ist als das Größte ohne Gott. Sie vertrauen, *daß Qualität* mehr ist als Quantität. Sie vertrauen, daß *das leiseste Wort* aus dem Einfachen, Klaren heraus wahrer ist als die herrlichsten, zündendsten Worte, die in die Verwirrung hinein führen. Sie vertrauen, daß man im Notfall *mit Gott auch schweigen* kann. Sie vertrauen, daß *der kleinste Schritt,* bei dem Gott der Herr bleibt, weiter führt als tausend Reisestunden, bei denen man anderen Herren dient. Sie vertrauen, daß man im Notfall auch *mit Gott nichts tun* kann. Sie vertrauen, daß *beharrlich sein besser* ist als eifrig sein.

Das mag uns alles *sehr merkwürdig vorkommen.* Es ist aber nicht merkwürdig, *wenn Gott lebt.* Unsere Frage: *was sollen wir tun?* hat nur dann einen Sinn, wenn Gott nichts tut. *Kerzen zündet man* nur des Nachts an; wenn die Sonne aufgeht, mag man sie löschen, es hat keine Not. *Wenn es wahr ist, daß Gott lebt,* dann haben die Menschen nichts zu tun, als dafür zu sorgen, daß es wahr bleibe. Sie haben dann *nur zu hüten [?], zu schirmen* [?], aufmerksam zu sein, zu wachen, daß sie nicht in Anfechtung fallen [vgl. Mt. 26,41], daß das, was kommen will, nicht umkommt, daß das, was werden will, nicht verdorben werde. Und nun *ist's eben wahr bei solchen Menschen,* die in Gottes Dienst stehen: Sie *stehen in Gott,* wie ein Bauer auf seinem Acker steht, der ihm gehört und ihm seine Frucht bringt. *Sie rechnen mit Gott,* wie ein Kapitalist mit seinem Kapital rechnet. *Sie nähren sich von Gott,* wie sich ein Kind vergnüglich von seiner Brotrinde nährt. Sie *leben im Leben Jesu:* Jesus ist auferstanden – Gott lebt! Das ist das

Gleiche. Was sollen wir nicht tun? ist *ihre Frage.* Und große Beharrlichkeit ist *ihre Antwort.*

4. Und nun hören wir, wie solche Menschen ihren Dienst ausüben. *In Bedrängnissen,* in Zwangslagen, in Verlegenheiten, in Schlägen, in Gefangenschaften, in Unruhen, in Mühsalen, in Schlaflosigkeiten, in Entbehrungen, sagt Paulus. Da ist also zuerst alles das, was uns daran erinnert, daß *die Welt Welt* ist und *der Mensch der Mensch* und daß wir mitten im Leben *vom Tod* umfangen sind[4], je mehr es uns mit dem Dienste Gottes Ernst wird. Uns selbst leisten wir damit jedenfalls *keinen Dienst.* Menschen, die Gott dienen, ziehen damit den *Widerstand der stumpfen Welt*[5] auf sich wie ein Magnet das Eisen. Sie müssen dafür, daß Gott sie so lieb hat, damit büßen, daß *die Menschen sie nicht eben lieb haben.* Die eine große Sorge ihres Lebens verschafft ihnen *noch tausend kleine dazu. Nicht über alle* kommt es in so starken, hohen Wellen wie über Paulus. Wir mögen aber an ihm sehen, wie *ernst es ist,* mitten unter den Menschen diesen Weg zu gehen, und uns fragen, ob wir es wenigstens *ertragen würden, uns* auslachen zu lassen, *im Winkel* zu stehen, *Uneinigkeiten* zu erfahren und sogar zu verursachen, mühsam uns jahrelang zu halten an dem *dünnen Faden* vielleicht eines einzigen Gedankens, *keine Erfolge* zu haben und schon gewonnene Erfolge rasch wieder zerrinnen zu sehen, *nicht vorwärts* zu kommen, auf *keinen grünen Zweig* es zu bringen. Etwas davon wartet unser sicher, wenn wir im Dienste Gottes stehen. *Wenn wir nicht* in einem so ruhigen Winkel der Welt lebten, würden unser auch noch andere Dinge warten. *Was sollen wir nicht tun?* Nicht denken: Es zieht nicht, es hilft nicht, darum *ist es nichts!* Nicht denken: es geht mir schlecht dabei, darum *will ich nicht mehr.* Nicht denken: Des Schicksals Stimme ist *Gottes Stimme. Große Beharrlichkeit* auch im Still-

[4] Vgl. Lied Nr. 317 «Mitten wir im Leben sind», Salzburg 1456 nach einer Antiphon des 11. Jh. (RG [1998] 648; EG 518).

[5] Vgl. aus der 7. Strophe von J. W. von Goethes «Epilog zu Schillers Glokke»:

> Nun glühte seine Wange rot und röter
> Von jener Jugend, die uns nie entfliegt,
> Von jenem Mut, der, früher oder später,
> Den Widerstand der stumpfen Welt besiegt…

stand, im Mißerfolg, in der Niederlage. *Das ist's,* so wird Gottes Dienst versehen.

5. Das Zweite sind die Gaben Gottes: in Reinheit, in Erkenntnis, in Langmut, in Güte, im heiligen Geist, in ungeheuchelter Liebe, im Wort der Wahrheit, in der Kraft Gottes. Ich sage: das sind Gaben *Gottes,* nicht christliche Tugenden. Gott zündet *Lichter* an. Gott gibt *Kräfte,* Gott ist *gegenwärtig,* wo ein Mensch ihm dient. *Es lohnt sich,* Gott zu dienen. Es geht da etwas Ernstes [?] auf. Es fängt da etwas an, es wächst da etwas heran im Menschen, was nicht aus dem Menschen ist. Solche Menschen haben etwas, das *nicht sie haben,* sondern *es hat sie.* Etwas vom *Geheimnis der Auferstehung* umgibt sie. *Nicht über alle* kommt es in solchen Strömen wie über Paulus. Wir wollen seine Worte nicht in unseren Mund nehmen. Wir mögen aber an ihm sehen, *wie ernst es werden kann* von Gott her, wenn [?] wir in seinem Dienst stehen, und uns fragen, ob wir es wohl *ertragen würden,* wenn Gott uns einmal reichlicher als jetzt mit seinen Gaben beschenken würde. Vielleicht würden wir die Versuchung, die solchen Menschen nahetritt, nicht ertragen. Denn *was sollen wir nicht tun? Nicht in Besitz nehmen,* was Gott gehört. *Nicht uns freuen* an unserer Aufrichtigkeit und unserer Einsicht. *Nicht uns rühmen* unserer Liebe, und wenn sie noch so ungeheuchelt wäre, *nicht zuversichtlich werden,* wenn wir ein Wörtlein von der Wahrheit erfaßt haben. Jedenfalls *nicht reden* von dem, was uns gegeben ist. Wenn wir davon reden, ist's weg. Am liebsten *nicht einmal daran denken.* Wenn wir's allzu gut wissen, wer wir sind, sind wir's nicht mehr. Große Beharrlichkeit in der *Demut,* in der Einsicht aller Einsichten, daß die *Sache Gottes Sache* ist, im *Mißtrauen* gegen uns selbst. *Große Beharrlichkeit* darin, immer wieder abzubrechen und neu anzufangen. Das ist's. Das ist Gottes Dienst.

6. Das Dritte ist die große zweideutige Bewegung des menschlichen Urteils, in der wir alle stehen. Durch Waffen der Gerechtigkeit zur Rechten und zur Linken, sagt Paulus, unter Ehre und Schande, unter böser und unter guter Nachrede. Menschen, die dem Einen dienen wollen, *fallen dadurch* im kleinen oder großen Kreise auf. *Man zeigt auf sie,* man *redet* von ihnen, im Guten und im Bösen, und sie müssen es sich *gefallen lassen,* daß man von ihnen redet. Die Gefahr ist für uns

nicht so groß, wie sie für Paulus war, aber wir mögen an ihm sehen, daß da eine Gefahr ist. *Wie werden wir bestehen,* wenn wir auch nur ein wenig in diese Gefahr kommen? *Was sollen wir dann nicht tun?* Nicht vergessen, daß das Urteil unserer lieben Mitmenschen *ein Rad ist* wie jenes Glücksrad am Münster zu Basel[6], wo heute Einer oben sitzt, um morgen zu stürzen und übermorgen unten zu liegen. Nicht vergessen, daß es *nur ein Urteil gibt, das gilt,* das Urteil Gottes. Nicht vergessen, daß gewöhnlich *Freude im Himmel ist,* wenn ein Diener Gottes auf Erden getadelt wird, und *Freude in der Hölle,* wenn er gelobt wird. Es hat schon mancher den sicheren, den schmalen Weg [Mt. 7,14] verlassen, nur weil ihm der Dank oder auch der Undank der Menschen *zu starken Eindruck* machte. Der ist eben eine *Macht.* Gegen diese Macht müssen wir uns *wehren zur Rechten und zur Linken* mit Waffen der Gerechtigkeit. Gerechtigkeit heißt in der Bibel in Gott gegründet und gewurzelt sein. Von daher müssen wir die *Gegenmacht nehmen* zur Abwehr. Wer das *kann, der weiß, daß* das, was Menschen von uns sagen, immer zweideutig und unsicher ist, es sei gut oder böse. Er *verstopft sich* die Ohren und geht mitten hindurch. *Große Beharrlichkeit* in dem Einen, was not tut [vgl. Lk. 10,42]. Das ist's, das ist Gottes Dienst.

7. Das Vierte ist *die Unsicherheit in uns selbst.* Als *Irrende* und doch in der Wahrheit, als *Unbekannte* und doch Bekannte, als die *Sterbenden* und siehe, wir leben, als *Gezüchtigte* und doch nicht Ertötete, als *Betrübte,* die immer Freude haben, als *Bettler,* die viele reich machen, als *Habenichtse,* die doch Alles haben. Das ist das Stärkste und das Schlimmste, daß Menschen, die Gott dienen, so *in sich selbst zerspalten* werden. Sie haben in den *Himmel* gesehen, aber auch in den Abgrund. Sie haben *Gott* gesehen, aber auch den Teufel. Und das in sich selber. Strahlendes *Licht* ist in ihnen und tiefste Finsternis. *Seligkeit*

[6] Vgl. Art. «Fortuna», in: *Lexikon der Kunst,* Bd. II, Leipzig 1989, S. 558: «Im M[ittel]A[lter] tritt die F[ortuna]figur hinter dem aus der spätantiken Literatur (Boethius) bekannten, aber in der bild[enden] Kunst ungebräuchl[ichen] Symbol des Glücksrades zurück, an welchem Menschenfiguren aufsteigen und fallen. Ein Anzahl von Rundfenstern roman[ischer] Kirchen des 12. Jh. sind als Glücksrad gestaltet (Beauvais, St. Etienne, Basel, Münster[...])».

und Verdammnis, *Leben* und Tod. Ja, und *was gilt nun?* Ja, was und wer bin ich nun?, müssen sie wohl fragen. Der *starke Eindruck,* den man von ihnen hat und den sie von sich selber haben, wird immer der zweite sein: Irrende sind sie, Unbekannte, Sterbende, Gezüchtigte, Betrübte, Bettler, Habenichtse. *Luther* hat von ihnen gesagt: «Sie sind die Beine, so die ganze Welt tragen, dafür sie ihnen auch den Lohn gibt, daß sie müssen verachtet, gedrückt in Kot und Unflat gehen und geschändet, gelästert und verdammt, ja aus der Welt gejagt werden».[7] Vielleicht *empfinden wir nicht so stark* wie Paulus und Luther, daß es so ist. Je ernster es uns wird mit dem Dienst Gottes, *umso mehr werden* wir es empfinden. *Was sollen wir dann nicht tun?* Dann sollen wir uns *nicht darüber täuschen, daß es wirklich so sein muß.* Dann sollen wir uns *nicht wundern darüber,* wenn wir immer wieder in diesem Lichte dastehen vor uns selber und Anderen. Dann sollen wir *aber auch nicht übersehen,* wie sich das alles in Gott umkehrt, ja wie es in Christus schon umgekehrt ist. Dann sollen wir es *nicht unterlassen, über uns selbst hinaus*zuschauen und «und doch» zu sagen. *In uns* der Zwiespalt, die Zerrissenheit, der Widerspruch, *über uns* die Wendung. Es wird gesät verweslich und wird auferstehen unverweslich. Es wird gesät in Unehre und wird auferstehen in Herrlichkeit. Es wird gesät in Schwachheit und wird auferstehen in Kraft [1. Kor. 15,42f.]. *Nur nie in uns* selbst gesucht die Auferstehung, nur immer *über uns selbst* hinausgegriffen in Gott. *Luther:* «Aber an jenem Tage werden sie uns viel anders ansehen müssen, daß nicht sie, sondern ein jeglicher Christ ein Kaiser und Herr gewesen ist über alle Herren der Welt, nicht um seiner Person willen, nach der er ein Mensch ist, sondern darum, daß er geglaubt hat an den Herrn Christum»[8]. *Große Beharr-*

[7] M. Luther, *Das XIV. und XV. Capitel S. Johannis durch D. Mart. Luther gepredigt und ausgelegt* (1538), WA 45,535,39–536,2: «Inn des sind sie die beine, so die gantze welt tragen, dafur sie jnen auch den lohn gibt, das sie müssen veracht, gedruckt, im kot und unflat gehen, geschendet, gelestert, verdampt, ja aus der welt geiagt werden». Barth zitiert nach *Luthers Episteln-Auslegung,* a. a. O. (s. S. 271, Anm. 3), S. 398, Anm. *.

[8] A. a. O., 536,6–10: «Aber an jenem tage werden sie uns viel anders ansehen müssen, das nicht sie, sondern ein jglicher Christen ein Keiser und Herr gewesen ist uber alle Herrn der welt, nicht umb seiner person willen, nach der er ein mensch ist wie die andern, sondern darumb, das er gegleubet hat an den HErrn Christum». Barth zitiert nach *Luthers Episteln-Auslegung,* ebd.

lichkeit im Dennoch allem Augenschein zum Trotz, das ist's. Das ist Gottes Dienst.

8. Und *dieser Dienst ist das Christentum.* Nichts Anderes. Nach dem Neuen Testament wenigstens nichts Anderes. Wir wollen innehalten und uns noch einmal freuen. Vielleicht darüber, daß wir diesen Dienst *verweigern können.* Vielleicht auch darüber, daß wir *nicht von ihm ausgeschlossen* sind, daß es uns allen so *nahe gelegt* ist, ihn anzunehmen. Denn Christus ist *auferstanden von den Toten* am dritten Tage und sitzt zur Rechten Gottes, von dannen er kommen wird, zu richten die Lebendigen und die Toten[9], unter denen als Lebendige oder Tote auch wir sind.

Lieder:

Nr. 327 «Kommt, Brüder, laßt uns gehen» von G. Tersteegen, Strophen 1.2.4 (GERS [1952] 325,1.2.4 «Kommt, Kinder...»; EG 393,1.2.6 mit Textabweichung in Str. 6)

Nr. 132 «Jesus lebt, mit ihm auch ich» von Chr. F. Gellert, Strophen 1.2.5 (RG [1998] 482,1.2.3; EG 115,1.2.5; jeweils mit Textabweichung in der letzten gesungenen Strophe)

9 Symbolum Apostolicum, vgl. BSLK 21,14–18.

533 *Safenwil und Ürkheim*, Sonntag, den 15. August 1920[1]

2. Korinther 6,11–13; 7,2–4[2]

11 Unser Mund hat sich geöffnet gegen euch, ihr Korinther, unser Herz ist weit geworden. 12 Nicht in uns ist das, was euch verlegen macht, ihr seid aber verlegen in eurem eigenen Inneren. 13 So vergeltet nun Gleiches mit Gleichem – ich rede mit euch wie mit meinen Kindern – und werdet auch ihr weit! 2 Gebt uns Raum! Niemand taten wir Unrecht, niemand richteten wir zu Grunde, niemand übervorteilten wir. 3 Nicht um euch zu verurteilen rede ich so: habe ich es doch schon ausgesprochen, daß ihr in unseren Herzen seid, verbunden mit uns zum Sterben und zum Leben. 4 Große Zuversicht setze ich auf euch, großen Ruhm habe ich euretwegen. Voll Trost bin ich, ja übervoll von Freuden in unserer ganzen Bedrängnis.

1. «*Unser Herz ist weit geworden*», sagt Paulus. Er denkt dabei an ein Wort des Alten Testaments, welches lautet: «*Wenn du* mein Herz weit machst, so läuft es den Weg deiner Gebote» [Ps. 119,32]. Er will also nicht das sagen, was wir etwa ausdrücken mit den Worten: *Das Herz ist mir* aufgegangen und überlaufen. Er beschreibt *nicht eine Ergriffenheit,* Rührung oder Begeisterung, die über ihn gekommen ist. Der 2. Korintherbrief ist wahrhaftig *nicht im Rausch* erzeugt, und so sind auch diese Worte bei aller Lebhaftigkeit und Eindringlichkeit alles andere als ein *Herzenserguß,* eine von den seelischen Explosionen, wie wir sie uns mit Recht oder Unrecht manchmal leisten. Wir verstehen sie besser, wenn wir uns die Stimmung, in der Paulus sie schrieb, *nüchtern denken* [?], jedenfalls ganz ernsthaft und sachlich vorstellen. Er *redet von seinem Dienst,* von seinem Amt, von seiner Arbeit als Gesandter Jesu Christi. Er hat als solcher eine Vollmacht, eine Ausrüstung, die nötigen *Mittel* empfangen. Eines von diesen

1 Am 8. August predigte in Safenwil Georg Merz aus München, der einige Tage mit Barth zusammen gewandert war und auch mit anderen Freunden diskutiert hatte (Bw. Th. I, S. 418). In der Nachbargemeinde Ürkheim amtierte der mit Barth und Thurneysen befreundete Pfarrer Paul Schild; man hat sich öfter gegenseitig vertreten.

2 Am 16. Juni 1920 schrieb Barth an Thurneysen: «Hältst dus nicht auch für wahrscheinlich, daß 2. Kor. 6,14–7,1 eine Interpolation ist? [...] Es ist eigentlich ein recht pfäffischer Abschnitt, der im Zusammenhang und im Ganzen des Briefes nichts zu suchen hat [...] Beachte auch, wie 6,13 und 7,2 gut anschließen.» (Bw. Th. I, S. 400).

Mitteln besteht darin, daß Gott sein Herz weit gemacht hat. *Darum «läuft es* den Weg deiner Gebote», könnte er mit dem Psalm fortfahren. Er sagt es auch, angewendet auf seine besondere Lage: darum hat sich unser Mund gegen euch *geöffnet,* ihr Korinther! Darum stehe ich euch mit meiner Botschaft, mit meinen Mitteilungen und Forderungen *gegenüber, wie ich es tue.* Es ist ein ruhiger Hinweis darauf, daß er ihnen *anders gegenübersteht* als sie offenbar ihm. Er wünscht ihnen nachher, sie möchten *ihn mit demselben* weiten Herzen hören, aus dem heraus er mit ihnen redet, nicht um seinetwillen, nicht um ihretwillen, sondern *damit sein Dienst nicht umsonst* getan sei bei ihnen. Er bedrängt sie nicht, er überredet sie nicht, er will sie nicht in Brand stecken, indem er so um ihre Aufgeschlossenheit und Aufmerksamkeit wirbt. *Er erinnert sie* an den Schöpfer und Erlöser, der über ihm und ihnen ist. *Er* macht die Herzen weit.

2. *Ein weites Herz* ist ein freies Herz, ein Herz, das von den ungeheuren Gegensätzen und Schwankungen des Lebens, in denen jeder Mensch sich befindet, *nicht mehr eigentlich betroffen und gefangen* gehalten werden kann. Es behält unter allen Geräuschen, von denen es umgeben ist, *seinen eigenen Takt und Schlag.* Es hat in aller Unruhe *seine Ruhe.* Es hat in aller Bewegung *etwas Beharrliches,* und eben wegen[?] dieses Beharrlichen kann es sich so unabhängig bewegen, jetzt so, jetzt so. Es ist wie der Pendel einer Uhr *gehalten an einem Punkte außerhalb* seiner selbst, gehalten an diesem Punkte schwingt es her und hin, weit und frei. Es kennt z. B. *keine absoluten Hindernisse* und Finsternisse; es wird nie ganz hoffnungslos; über alle Hilflosigkeit hinweg sieht es doch immer noch eine Hilfe und zwar eine völlige, gänzliche Hilfe und greift danach. Es macht aus *keiner Gottesgabe,* weder aus den natürlichen noch aus den geistigen, einen Götzen, es ist immer bereit, von vorne, mit dem Nichts anzufangen, alles Gute dem wieder zur Verfügung zu stellen, von dem es kommt, es hat seine Kraft in der Unkraft, in der Demut. Ein weites Herz hat die Fähigkeit, in den *Wellenbewegungen des Urteils* der Menschen, in denen wir alle auf- und abgetragen werden, sein Gleichgewicht zu behalten, nicht rechts umzukippen, wenn man uns einmal lobt, und nicht links, wenn man uns tadelt, sondern mitten hindurch zu gehen im Lichte des Urteils Gottes. Ein weites Herz kennt die Tatsache, daß

in uns Menschen selbst die Gegensätze sind, die sich scheinbar völlig ausschließen: Himmel und Hölle, Leben und Tod, Gericht und Gnade, es lebt in diesen Gegensätzen, himmelhoch jauchzend, zu Tode betrübt[3], aber nie, ohne gleichzeitig über Alles hinauszugreifen nach Gott selbst. Es verliert sich nie ganz in dem Widerspruch, in den Kämpfen von Geist und Natur, es sieht immer auch auf das Andere, den Frieden Gottes, der höher ist als alle Vernunft [vgl. Phil. 4,7]. Ein weites Herz ist mit einem Wort *ein Herz, das Dennoch sagen kann:* «Dennoch bleibe ich stets bei dir» [vgl. Ps. 73,23]. Es weiß etwas von *Wundern,* d. h. von solchen Dingen, die für ein noch nicht weit gewordenes Herz gar nicht in Betracht kommen. Es weiß etwas davon, daß die ganze Welt-Dunkelheit, in der wir stehen und die wir nur zu gut verstehen, *zusammenhängt* mit einer Herrlichkeit, die wir noch gar nicht verstehen. Es weiß von dem Zusammenhang zwischen Leid und Ewigkeit, zwischen Sünde und Vergebung, zwischen Finsternis und Licht, zwischen dem Tod und der Auferstehung der Toten. Es weiß *etwas von Gott,* bei dem alle Dinge möglich sind [vgl. Mk. 10,27 par.]. Daß es das weiß, das ist eben die *Erweiterung,* die ihm widerfahren ist, die *Freiheit*, in der es lebt, die *Beharrlichkeit,* in der es von dieser Freiheit Gebrauch macht. Wir haben vor 14 Tagen gehört, wie Paulus in dieser Weite seines Herzens *seinen Dienst aufgefaßt* und ausgeübt hat.[4]

Es ist klar, daß der Mensch ein solches weites Herz nicht sowieso *hat,* sondern *sein Herz muß weit werden.* Man kann aber keinem Menschen sagen: so solltest du werden!, und Keiner kann sagen: so will ich werden! Sondern *der Mensch wird so* im Dienste Jesu Christi. «*Wenn du* mein Herz weit machst!» Das weite Herz entspricht der weiten, Himmel und Erde von Gott aus umfassenden, aufhebenden und erneuernden *Kraft des Heilands.* Es ist *ihr Abbild im Kleinen,* in den Seinigen. Es ist *der Stempel,* das Siegel, das er seinen Gesandten zur Beglaubigung mitgibt. Wenn wir uns fragen, *ob wir wohl* ein solches weites Herz haben, müssen wir also sofort weiter fragen, ob wir wohl auch irgendwie in dem Dienste stehen, in dem man ein weites Herz bekommen kann.

[3] Vgl. oben S. 158, Anm. 1.
[4] Vgl. oben S. 279–288.

3. So, mit weitem Herzen, steht Paulus den Korinthern gegenüber. *Er wirbt um sie,* um ihr Vertrauen, um ihre Liebe. *Er muß* das tun, *nicht aus einer persönlichen Notwendigkeit,* also nicht etwa darum, weil er Freunde haben möchte, weil er Sehnsucht hat nach jenem wohligen Gefühl: man schätzt mich, man hat mich gern! Menschen wie Paulus können auch einsam sein, sie können es ertragen, nicht verstanden und geliebt zu werden. Auch *nicht darum, weil er sich selbst für die Menschen* in Korinth für unentbehrlich hält. Menschen wie Paulus halten sich selbst für niemanden für unentbehrlich. Sie wissen, daß man es im Grunde durchaus auch ohne sie machen kann. Er muß aber um sie werben *um Gottes willen.* Es gibt eine Angelegenheit, die steht *über ihm und über ihnen. So hat Jesus Christus* auf Erden das Banner aufgerichtet: Dein Name... Dein Reich... Dein Wille... [Mt. 6,9f. par.]. Für dieses Banner hat er geworben unter den Menschen: Folget mir nach! [Mk. 1,17 u. ö.]. *So wirbt nun auch Paulus.* Um seines Dienstes willen braucht er sie, *braucht er offene Ohren und Herzen.* Er braucht *Vertrauen* um der Treue Gottes willen. Er braucht *Liebe* um der Wahrheit willen. Sie sollen *ihm glauben,* weil sie es lernen sollen, an Gott zu glauben. Und so steht er *wie ein Bettler* vor ihrer Türe, klopft an und bittet um Einlaß: Werdet auch ihr weit! Gebt uns Raum! Paulus war ein *stolzer, selbstbewußter Mensch.* Wir können keinen Moment zweifeln, daß er das Zweideutige, das Gefährliche, den falschen Schein der Lage, in die er sich da begab, auf alle Fälle das Demütigende, das damit verbunden ist, wohl kannte. *Er mußte* sich aber in diese Lage begeben. Wir spüren da wieder *etwas von der Gewalt,* die die Menschen, die im Dienste Christi stehen, zwingt, Dinge zu tun, die sie sonst gern würden bleiben lassen. Wir spüren schon darin etwas *von der Weite des Herzens,* die ihm auch solche unangenehmen, bedenklichen Schritte möglich macht.

4. Er muß aber nicht nur, *er darf auch* um sie werben. Es ist *eine große Frage,* ob man das darf. Vielleicht waren wir auch schon in der Lage, so *vor der Türe anderer Menschen anklopfen zu müssen,* vielleicht auch ein ganz klein wenig unter dem Druck jener hohen Notwendigkeit. Es gibt Ehegatten, die bei ihrem Mann oder ihrer Frau, es gibt Meisterleute, die bei ihren Dienstboten, es gibt Pfarrer, die bei ihrer Gemeinde jahrelang, jahrzehntelang anklopfen müssen: Schenkt mir Vertrauen! Gebt mir Raum! Tut euch auf! Vielleicht haben wir uns dann auch schon gefragt: Dürfen wir eigentlich so werben? Wer darf es? Vielleicht waren wir auch schon *in der umgekehrten Lage, daß jemand um uns geworben hat,* unsere Aufmerksamkeit und Liebe suchte. Das ist eine ernste Sache, wenn jemand bei mir Einlaß sucht, wenn jemand von mir verlangt, daß ich mich für ihn interessiere, d. h. daß ich seine Sache zu meiner eigenen mache. Ja, darf er denn das verlangen? Darf er um mich werben? Wer darf das? *Nicht jeder hat offenbar das Recht, bei jedem* um Vertrauen und Liebe zu werben. Wer hat das Recht? *Antwort:* Wer es mit einem weiten Herzen tun kann. Paulus sagt uns noch *etwas Kühnes* darüber: Nicht in uns ist das, was euch verlegen macht, ihr seid aber verlegen in eurem eigenen Inneren! Es kann also *etwas in einem Menschen sein, das ihn unfähig* macht, das ihm das Recht nimmt, von Anderen zu verlangen, daß sie sich ihm auftun, etwas, das die Anderen *verlegen macht,* das sie beengt, bedrückt, gefangen nimmt. *Wer kein weites Herz hat,* der macht den Anderen notwendig verlegen, der wird bei seinen Bemühungen um Andere notwendig Mißerfolg haben. Wenn er jenes *Feine und Beharrliche in Gott nicht kennt,* jenen Punkt außerhalb, an dem der Pendel schwingt, dann *krankt er* sicher an irgend einer Unfreiheit, Abhängigkeit, Unselbständigkeit oder sogar an vielen. Er ist irgendwie *in der Gewalt einer von Gott losgelösten Macht.* Ob diese Macht irdisch oder himmlisch ist, äußerlich oder innerlich, eine Tugend oder ein Laster, macht nicht viel aus. Wo das Herz nicht weit ist, wo Lösung von Gott ist und dafür Gebundenheit der Menschen an sich selbst, da ist *Krankheit, die die Menschen unfähig macht,* um Andere zu werben. Es begegnet in ihm dem Anderen *etwas Fremdes, Totes, das ihn unglaubwürdig macht.* Er kann sie z. B. *nicht führen,* weil es klar ist, daß er über seine eigene Hilflosigkeit nicht hinwegsieht. Er kann auch mit seiner Größe und Kraft *nicht regieren,* weil es zu deutlich ist, daß ihm die letzte Größe und Kraft der Demut fehlt. Er kann uns *nicht frei machen* von dem Gerede der Menschen, weil er selber von dem, was gesagt wird, links und rechts hin und her gerissen ist. Er kann uns *nicht Frieden geben,* weil er selber nur abwechselnd den Himmel und die Hölle kennt, das Dichten und Trachten und das Leid und die Sünde des menschlichen Herzens [vgl. Gen. 6,5; 8,21], aber nicht jenen Zusammenhang der ganzen menschlichen Tiefe mit der ganzen göttlichen Höhe. Er *setzt uns nur in Verlegenheit.* Und so *setzen wir Andere* in Verlegenheit, weil das weite Herz fehlt, das allein die Menschen den Menschen wirklich vertrauenswürdig und liebenswürdig machen kann. O *wie arm stehen wir alle da,* gemessen an diesem Maßstab! *Wie begreiflich,* daß wir vergeblich anklopfen beieinander. *Wir dürfen eben nicht,* wir haben nicht das Recht dazu.|

Wer hat das Recht dazu? Wer mit Paulus sagen kann: Nicht in uns ist das, was euch verlegen macht, ihr seid aber verlegen in eurem eigenen Inneren. Paulus war *nicht sündlos,* nicht vollkommen, er war im Guten und im Bösen ein Mensch wie wir. Er hatte aber *das feine, beharrliche, weite Herz.* Er sah *über sich selbst* und auch über[5] die Welt hinaus. Er hatte das *Dennoch!* Dieses Dennoch! war *das Einzige,* das er sagen, vertreten, verkündigen wollte. Dieses Dennoch ist *das Glaubwürdige,* das Vertrauenswürdige, das Liebenswürdige an einem Menschen. *Wenn das an einem Menschen sichtbar wird* und gesehen wird, dann erweckt er den Eindruck: er schafft nicht für sich selbst, auch nicht für seine Idee, auch nicht für seine Sache, er will nicht irgend etwas Spezielles, Besonderes von uns für sich, *er will das von uns, was wir ihm geben müssen,* er will von uns das Erste [?], unbedingt Notwendige, was tatsächlich ein Mensch vom anderen verlangen darf, nämlich die Liebe zur Wahrheit. Es hat dann alles Fehlerhafte, Unvollkommene, Sündige an ihm *keine Bedeutung.* Auch die Sünde darf uns ja nicht voneinander trennen, wenn wir in Gott einig werden können. *Es ist dann kein Netz mehr,* kein Lasso, kein Schlepptau [?], das der Andere nach uns auswirft und dem wir uns um der Wahrheit willen entziehen müssen, es mag dann etwas sein wie die Seile der Liebe Gottes, von denen Hosea einmal redet [11,4], von denen wir uns ziehen lassen dürfen und sollen. *Es folgt dann aus dem ersten Gebot:* Du sollst Gott, deinen Herrn, lieben! unmittelbar das zweite: Liebe deinen Nächsten wie dich selbst [vgl. Mk. 12,30f. par.]. Wer *das weite Herz* hat, das *offene Fenster* nach Jerusalem [vgl. Dan. 6,11], *den Griff* über die Welt hinaus nach Gott, *der darf werben* bei Sündern und Gerechten, den muß und wird man hören, und wenn er von allen Sündern der Größte wäre [vgl. 1. Tim. 1,15]. «*Gott selbst mahnt* durch uns», wie Paulus gesagt hat. *Er hätte ja das weite Herz*

[5] Mskr.: «darüber auch über»; korr. vom Hrsg.

nicht, das die Herzen gewinnt, wenn er nicht in Christi Dienst stünde. Die Verlegenheit ist darum nicht in ihm, sondern in den Anderen. *Daran mögen wir uns prüfen,* wenn wir bei Anderen anklopfen. Und daran mögen wir die Anderen prüfen, wenn sie bei uns selbst anklopfen. Und wenn wir dabei *nachdenklich werden* und uns sagen müssen, daß wirkliches gegenseitiges Auftun eine schwere und seltene Sache ist unter uns, *weil der Dienst Christi,* der das Recht gibt zu verlangen, daß aufgetan werde, uns etwas so Fremdes ist, wenn wir darüber *traurig werden,* so mag es sein. Es wird das eine Traurigkeit sein, in die doch schon ein *Licht von oben* gefallen ist.

5. Wir könnten uns ja zum Schluß fragen, *ob Paulus sich nicht irrt,* wenn er sagt: ich *habe* das Recht! Nicht in mir ist das, was euch verlegen macht! Niemand taten wir Unrecht, niemand richteten wir zu Grunde, niemand übervorteilten wir! So vergeltet nun Gleiches mit Gleichem! Wir könnten einwenden: *das kann Jeder sagen,* so kann uns Jeder kommen. *Paulus sagt es ja nur,* daß er ein weites Herz habe und darum glaubwürdig sei; wie beweist er es? Und in der Tat: *mit allen Beteuerungen und Beschwörungen* können wir unserem Anklopfen bei Anderen nicht größere Kraft geben, als wir eben tatsächlich haben. Die Wahrheit des weiten Herzens *bewährt und betätigt sich,* wo sie ist, oder sie tut es eben nicht. Für die Behauptung, daß Gott uns das Herz weit gemacht hat, muß *der Beweis des Geistes und der Kraft* [vgl. 1. Kor. 2,4] geführt werden. Ich glaube, *dieser Beweis liege bei Paulus in seinen letzten Worten.* Da bittet er nicht mehr, da klopft er nicht mehr an, da ist er schon drinnen, am Ziel. *Er klagt nämlich nicht* mehr darüber, daß sie ihm nicht auftun. *Er kehrt nun nicht etwa* den Spieß um und weist ihnen nach, daß der Grund ihrer Verlegenheit in ihnen selbst stecke, daß ihre Anklagen gegen ihn böse Schatten seien, die auf sie selbst fielen. Er stellt ihnen kein *Ultimatum.* Er *rechtet nicht* mit ihrem Widerstand.

Sondern *er hört auf, damit zu rechnen.* Er stellt sich nicht gegen sie, sondern *neben sie.* Er teilt ihnen mit: Wie auch[6] ihr zu mir steht, *ich stehe mit euch* in Gemeinschaft. *Ihr seid in unseren Herzen,* verbunden mit uns zum Sterben und zum Leben! *Große Zuversicht setze ich*

[6] Mskr.: «Wie es auch»; korr. vom Hrsg.

auf euch, großen Ruhm habe ich euretwegen. Voll Trost bin ich, ja übervoll von Freuden in unserer ganzen Bedrängnis! *Wer so reden kann,* der hat Recht und wird Recht behalten. Er *hat nicht nötig zu siegen,* er hat schon gesiegt. Er *braucht keinen Schritt* weiter vorzudringen, er steht schon, wo er stehen will. Denn *aus diesen Worten spricht das weite Herz,* das Herz, das auf Gott sieht. Aus diesen Worten spricht *das Dennoch!* Aus diesen Worten spricht *die Gemeinschaft der Heiligen,* die Vergebung der Sünden und das ewige Leben[7]. Wer *an die Offenheit der Menschen für Gott* glauben kann, ohne sie zu sehen, der darf um die Menschen werben. Mit diesem *Glauben, der nach dem sichtbaren Erfolg nicht fragt,* der das, was er sucht, schon *mit sich bringt,* der den Menschen *das gibt,* was er von ihnen fordert, mit diesem Glauben gehen die wahren Diener Christi durch die Welt. Dieser Glaube, der das, was er sagt, sofort auch tut, *dieser Glaube ist nie umsonst.* Die Ernte ist groß, der Arbeiter sind wenige. Bittet den Herrn der Ernte, daß er Arbeiter in seine Ernte sende! [Mt. 9,37f.]. Die gesuchten Arbeiter sind Menschen, die an Gott glauben und darum auch daran, *daß Gott spricht und gehört wird,* ohne Schranke, ohne Bedingung, ohne kirchliche und sektiererische Ausnahmen. Wer das glaubt, der ist glaubwürdig.

Lieder:

Nr. 18 «Herr! Dir ist niemand zu vergleichen» nach J. A. Cramer (1723–1788), Strophen 1–2

Nr. 1 «Allein Gott in der Höh sei Ehr» von N. Decius, Strophen 1–2 (RG [1998] 221,1–2; EG 179,1–2; jeweils mit Textabweichungen)

[7] Symbolum apostolicum, vgl. BSLK 21,20–23.

Safenwil, Sonntag, den 12. September 1920[1]

2. Korinther 7,5–16

5 Denn auch als wir nach Mazedonien kamen, fand unser Fleisch keine Ruhe, sondern in jeder Beziehung waren wir bedrängt: äußerlich Kämpfe, innerlich Ängste. 6 Aber der Gott, der die Erniedrigten tröstet, tröstete uns durch die Ankunft des Titus. 7 Und nicht nur durch seine Ankunft, sondern auch durch den Trost, den er selbst bei euch empfangen hatte – berichtete er uns doch von eurer Sehnsucht, von eurem Jammer, von eurem Eifer um mich, so daß ich nun im Gegenteil erfreut wurde. 8 Denn wenn ich euch auch in dem Briefe betrübte, so bereue ich es jetzt doch nicht. Bereute ich es auch eine Weile – sehe ich doch, daß euch jener Brief (wenn auch nur für den Augenblick) betrübt hat –, 9 so freue ich mich jetzt – nicht darüber, daß ihr betrübt wurdet, sondern darüber, daß euch die Betrübnis zur Buße geführt hat. Ihr wurdet nach göttlicher Weise betrübt, so daß ihr in keiner Beziehung von uns geschädigt seid. 10 Die Betrübnis nach göttlicher Weise schafft ja eine Buße, die zum Heil gereicht und die man nicht bereut. Die Betrübnis der Welt aber schafft Tod. 11 Seht, dieses nach göttlicher Weise Betrübt-Werden – welch guten Willen hat es in euch geschaffen, ja Entschuldigung, ja Entrüstung, ja Angst, ja Sehnsucht, ja Eifer, ja Vergeltung. In jeder Beziehung habt ihr bewiesen, daß ihr rein seid in jener Sache. 12 Also – wenn ich euch auch geschrieben habe (nicht wegen des Beleidigers und auch nicht wegen des Beleidigten tat ich es, sondern wegen eures guten Willens gegen uns, der bei euch vor Gott offenbar werden sollte!), so sind wir nun doch durch das alles getröstet worden. 13 Und mehr als getröstet, wir wurden im Gegenteil erfreut durch die Freude, die Titus hatte: Hat sich doch sein Geist an euch allen erquickt, 14 und wenn ich euch bei ihm ein wenig gerühmt habe, so bin ich nicht zu Schanden geworden, sondern wie wir euch Alles in Wahrhaftigkeit gesagt haben, so hat sich auch unser Rühmen bei Titus als Wahrhaftigkeit erwiesen. 15 Und sein Herz ist euch noch viel mehr zugewandt, da er nun an euer aller Gehorsam denkt und wie ihr ihn mit Furcht und Zittern aufgenommen habt. 16 Ich freue mich, daß ich in jeder Beziehung getrost an euch denken kann.

[1] Am 16.8. erwartete Barth Thurneysen und dessen Familie (Bw. Th. I, S. 421). Am Sonntag, 22.8., predigte Thurneysen in Safenwil über einen Text aus Mt. 9. Vom 23.8. bis 7.9. weilten die Familien Barth und Thurneysen mit der Familie Pestalozzi in deren Ferienhaus auf dem Bergli bei Oberrieden (nach Barths Eintragungen in seinem Taschenkalender [Pfarrerkalender für die reformierte Schweiz]).

1. In dem vorgelesenen Abschnitt ist mehr als einmal *etwas gesagt,* das sicher wir alle gerne auch von uns sagen würden, nämlich: Wir sind *getröstet* worden! Wir sind von Gott getröstet worden, das ist die Hauptsache. Die gute Nachricht allein, die ihm Titus brachte, hat auch den Paulus nicht getröstet. Sie war nur das Mittel, die Brücke [?], der Weg, auf dem der eigentliche Trost zu ihm kam. Wir haben auch schon gute Nachrichten bekommen, freudige Tage erlebt, schöne Erfahrungen gemacht und sind doch nicht *eigentlich* getröstet worden. Wir möchten aber eigentlich getröstet werden, tief, völlig, andauernd, gründlich. Wir möchten von Gott getröstet werden. Warum können wir das nur so selten und so unsicher von uns sagen?

Man hört heute oft *klagen darüber,* daß der heutige Mensch Gott nicht mehr kenne. Aber das ist nur dann wahr und gut gesagt, wenn die, die so klagen, sich selber auch zu diesen heutigen Menschen rechnen und das Gericht, das in ihren Worten liegt, vor Allem auf sich selbst beziehen. In meinen Ferien traf ich einen Pfarrer, der mir sagte, seine Gemeinde, auch die, die noch in die Kirche gingen, seien eigentlich Atheisten, grundsätzliche Zweifler und Ungläubige. Er hätte fortfahren müssen: und ich bin ihr Pfarrer und gehöre auch zu ihnen und bin auch so einer. Wenn wir nicht so fortfahren, gleicht unsere Klage über die Gottlosigkeit Anderer allzu sehr dem Seufzen des Pharisäers über den Zöllner. Wir müssen es alle noch ganz anders lernen, gemeinsam, solidarisch mit der Welt zu fühlen, ihre Not zu tragen als unsere eigene, statt uns von ihr zu trennen und ihr gegenüberzutreten, als ob wir anders dran wären.

Das ist das *Merkwürdige an Paulus,* wenn wir so wollen: das Große an ihm, daß er von den sündigen Menschen gar nicht reden konnte, ohne sofort hinzuzufügen: Unter welchen ich der Vornehmste bin [1. Tim. 1,15]. Und das war in seinem Munde keine fromme Phrase, sondern bitterster Ernst. So auch in unserem heutigen Text: In jeder Beziehung waren wir bedrängt, äußerlich Kämpfe, innerlich Ängste! Das ist der Zustand eines Weltmenschen, nicht wahr? Ja, und Paulus, der Apostel Jesu Christi bekennt sich dazu. Er weiß um keine Ausflucht. Er macht sich keine Einbildungen. Er erwähnt keine Erleichterung. Unser Fleisch fand keine Ruhe. Fleisch ist unser ganzes Dasein, das Äußere *und* das Innere. Der Mensch ist ein Gefangener, ein

Geplagter, ein Bedrängter in dieser Welt. Wenn wir vom Äußeren ins Innere gehen, so sind wir immer noch in der Welt. Wenn wir von der Natur zum Geist flüchten, so sind wir immer noch in der Welt. Wenn wir mit den Spiritisten und Theosophen[2] aufsteigen von den sichtbaren zu den unsichtbaren Dingen, so sind wir immer noch in der Welt. In jeder Beziehung sind wir bedrängt, wir mögen uns drehen und wenden, wie wir wollen. Äußerlich Kämpfe, innerlich Ängste! In der Tat: jeder beliebige Atheist und Ungläubige könnte auch so reden wie Paulus, wenn er die Einsicht dazu hat. Der Zustand des Paulus ist jedenfalls dem seinigen gleich. Darin könnte der Unterschied zwischen einem Weltmenschen und einem Christen liegen, daß der Christ nicht nur den Zustand, sondern auch die Einsicht hat. Wir müssen aber sofort hinzufügen, daß viele Weltmenschen mehr von dieser Einsicht haben als viele Christen. Jedenfalls bleibt das das Große an Paulus, daß er sich in der Beschreibung seines Zustandes so ganz offen an die Seite der Weltmenschen stellt. Das macht ihn glaubwürdig, wenn er sagt, er sei getröstet, von Gott getröstet worden. Er weiß, was er tut, wenn er den Namen Gottes in den Mund nimmt.

Gott, der die Niedrigen tröstet, hat uns getröstet, fährt er fort. Wir wissen nun schon, wer die sind, die Niedrigen. Das sind irgendwie die, die nicht meinen, Gott zu haben und zu halten. *Sie überblicken* ihr Leben im ganzen Umkreis, und da ist kein Winkel, kein Fleck, kein Punkt, wo sie sich gerechtfertigt, gerettet und sicher fühlen. Sandwüste und Meereswellen, Tod und ewige Veränderung, soweit das Auge reicht. *Sie streben* und kämpfen wohl auch in diesem Leben, sie kommen vorwärts und höher, sie erleben Erfolg und Ehre, aber sie erwarten davon keine Lösung. Das Ende in dieser Welt ist doch immer gleich dem Anfang. Die höchste Höhe in dieser Welt ist doch noch nicht die unterste Stufe im Reich Gottes. Unser Fleisch findet keine Ruhe. Sie *können keinen Ausweg* mehr vertreten, nicht einmal mehr den Ausweg des freiwilligen Todes, denn auch vom leiblichen Sterben ist an sich nichts Besseres zu erwarten. Der *Kreis ist geschlossen.* Nichts mehr bleibt übrig, weder Hohes noch Tiefes, weder Leben noch Tod, weder Erde noch Himmel, nur noch Gott, Gott selbst: die Niedrigen wissen, was sie tun, wenn sie den Namen Gottes in den

[2] Vgl. oben S. 27, Anm. 8, und S. 26, Anm. 6.

Mund nehmen. *Sie suchen* Gott dort, wo er zu finden ist, nämlich dort, wo außer Gott nichts Anderes mehr zu finden ist. *Sie glauben* an Gott, weil sie darüber hinaus sind, an irgend etwas Anderes zu glauben. *Sie kennen* nur noch zweierlei: nämlich das Leben in dieser Welt mit seiner ganzen Bedrängnis, mit seinen tausend Fragen und Rätseln, die alle sein müssen, und dann eben wirklich Gott, der dieses Ganze aufhebt und trägt und seine Fragen und Rätsel beantwortet. Man kann in dieser Niedrigkeit lachen oder weinen, gelassen oder geschäftig sein, einsam oder mitten im Sturm des Lebens, es kommt darauf nicht viel an: wenn nur die Einsicht da ist, die Einsicht, daß unser Fleisch keine Ruhe finden kann, die Einsicht, daß es im ganzen Umkreis unseres Lebens keine Hilfe und Lösung gibt, die Einsicht, daß Gott dort anfängt, wo wir aufhören, die Einsicht, daß Gott eben der ist, der die Niedrigen tröstet. Wer niedrig ist, der wird von Gott getröstet, eigentlich getröstet wie Paulus. Wir sind wohl alle noch irgendwie zu hoch, als daß Gott uns trösten könnte.

2.[3] Und seht, von da aus, von dieser Tiefe aus, wo Paulus neben dem Zöllner steht und nicht neben dem Pharisäer, ist nun etwas möglich, wozu wir sonst nie die Freiheit haben, nämlich unsere Mitmenschen zu stören, anzuklagen und anzugreifen, sie in Niedergeschlagenheit, Verwirrung und Aufregung zu setzen, sie zu betrüben, wie es in unserem Text heißt. Das ist etwas, was im Interesse der Wahrheit, im Interesse des Heils der Menschen, im Interesse Gottes immer wieder geschehen muß bis an der Welt Ende. Die Ruhe des Fleisches muß immer wieder gestört werden, sonst kann es zu keiner Erlösung kommen. Das göttliche Nein muß den Menschen in die Ohren gerufen werden, sonst ersticken sie an ihrem menschlichen Ja. Der Friede dieser Welt muß gebrochen werden, sonst kann es nie Gottesfrieden geben. Darum sind alle wirklichen Gottesmänner vor Allem Neinsager, Störer und Betrüber gewesen. Ein beschwerliches und gefährliches Amt. Viele haben schon versucht, es auszuüben, und sind kläglich daran gescheitert, nachdem sie viel Unheil angerichtet, weil sie es an sich gerissen ohne Recht und Vollmacht, Andere, weil sie keine Got-

[3] Im Mskr. hat Barth acht Zeilen seines Einstiegs in den Abschnitt 2 durchgestrichen und neu angesetzt.

tesmänner waren. Und viele Andere sind ihm feige aus dem Weg gegangen, haben es nicht gewagt zu stören, wo sie mit Recht und Vollmacht hätten stören sollen, weil sie ungehorsame Gottesmänner waren. Wie fehlen sie uns heute, die Menschen, die jetzt als Propheten, Apostel und Reformatoren auftreten müßten, die[4] der Gesellschaft, den Völkern, der Christenheit und ihrer Kirche besonders und uns allen das göttliche Nein entgegenstellen dürften und wollten, das uns in die Niedrigkeit und zu Gott treiben würde! An nachgeahmten, angemaßten Propheten fehlt es uns freilich nicht, an ungehorsamen, feigen Propheten fehlt es uns auch nicht. Aber wo sind die echten, gehorsamen Propheten, die uns alle heute betrüben sollten zur Buße, wie Paulus sagt, herausjagen aus unseren Schlupflöchern und Räuberhöhlen, hinausstellen an die freie Luft, wo wir nur noch an Gott uns halten könnten? Warum fehlen sie uns? Warum hat niemand die Freiheit dazu?[5]

Lieder:
Nr. 31 «Ach bleib mit deiner Gnade» von J. Stegmann, Strophen 1–3.6 (RG [1998] 342,1–3.6; EG 347,1–3.6; jeweils mit Textabweichungen)
Nr. 20 «Singt, singt Jehovah neue Lieder» nach Ps. 98, Strophe 1 von M. Jorissen, Strophe 4 von J. Stapfer (RG [1998] 55,1.4 «Singt, singt dem Herren»; EG 286,1.–)

[4] Im Mskr.: «um»; korr. vom Hrsg. Barth wollte wohl zuerst einen Infinitivsatz bilden.
[5] Barths Manuskript bricht hier unvermittelt ab.

535 *Safenwil,* Sonntag, den 19. September 1920[1]

Die Buße[2]
Bettag I

Matthäus 11,28

Kommt her zu mir alle, die ihr mühselig und beladen seid!

Jesus[a] ruft uns: Kommt her zu mir!

Woher kommt dieser Ruf und wohin werden wir da gerufen? Der Ort, wo Jesus steht, liegt uns näher als irgend ein anderer. Vielleicht ist er uns eben darum[b] der allerfernste und unbekannteste. ⌜Es könnte ja sein⌝, daß wir vor lauter Bäumen[c] den Wald nicht sehen. Mitten in unserem Leben steht Jesus[d], mitten in dieser ⌜wirklichen⌝ Welt, aber eben in der Mitte. Was hilft uns alle[e] Lebenserfahrung und Weltkenntnis, wenn wir die *Mitte* nie erkennen und betreten?[f] Einfach ist dieser

[a] Vor diesem Absatz im Mskr.: *«1.»*

[b] Mskr.: «steht, ist der uns am allernaheliegendste Ort, aber vielleicht eben darum auch».

[c] Mskr.: «weil wir vor lauter Bäumen».

[d] Mskr.: «Dieser Ort ist mitten in unserem Leben».

[e] Mskr.: «und was hilft uns alle unsere»

[f] Mskr.: «und all unser Lebensernst, alle Weltkenntnis und Weltfreude, wenn wir bei dem Allem die Mitte des Lebens und der Welt nie verstehen und betreten?»

[1] Am Samstag, 18. September, schrieb Barth an Thurneysen: «Ich bin in der angenehmen Lage, meine zwei Predigten schon zu haben und also wieder Briefe schreiben zu können [...] Die Predigten erregten in Nelly, als ich sie ihr vorlas, die wenn auch leise Frage, ob das nun nicht Pietismus sei. Und in der Tat sind es diesmal weniger ‹Mitteilungen› als direkte Anrufe [...] Der Bettag als solcher taucht nur in fragwürdiger Ferne auf» (Bw. Th. I, S. 424).

[2] Unter dieser Überschrift wurde die Predigt zuerst veröffentlicht in: Pastoralblätter für Predigt, Seelsorge und kirchliche Unterweisung, Jg. 63 (1920/21), S. 229–234. Am 5. Oktober 1920 schrieb Barth an Thurneysen, daß er seine Bettagspredigt nicht ohne «allerlei Verschärfungen» an den Herausgeber der «Pastoralblätter» Erich Stange in Leipzig geschickt habe (Bw. Th. I, S. 426f.). Stange hatte mehrere Schweizer Pfarrer um einen Beitrag zu einem «Deutsch-Schweizerischen Heft» der «Pastoralblätter» gebeten, das als 5. Heft des Jahrgangs im Februar 1921 herauskam.

Die Predigt ist unter der gleichen Überschrift wieder abgedruckt in: Komm Schöpfer Geist!, S. 65–76. Die Abweichungen des gedruckten Textes vom Mskr. werden in der oben S. XI beschriebenen Weise nachgewiesen.

Ort zu finden, leicht zu betreten[g], wenn wir uns selbst erkennen, aber eben uns selbst *erkennen,* nicht nur uns selbst betrachten und wichtig[h] nehmen, uns selbst lieben oder ⸢auch⸣ hassen. ⸢Wer erkennt sich selbst?[3]⸣ Und so ist der Ort, wo Jesus steht, überall und[i] nirgends. Immer sehen wir ihn[j] und nie. Alle wissen wir von ihm und niemand weiß ihn.[k]

Jesus[l] ruft uns: Kommt her zu mir!

Er[m] will uns sagen, was *ist.* ⸢Er will uns die *Wahrheit* sagen.⸣ Er will uns *Gott* sagen. ⸢Wer es sich sagen läßt, der tut Buße. Buße ist die Umkehr zum Naheliegendsten, das wir immer übersehen, zu der Mitte des Lebens, die wir immer verfehlen, zum Einfachsten, das uns immer noch zu hoch und zu schwer ist.⸣ *Gott* ist unser Naheliegendstes[n]. *Gott* ist unsere Mitte[o]. *Gott* ist das Einfache[p]. *Gott* ist –, das ist so natürlich, so schlicht, so selbstverständlich[q], daß uns alles andere natürlicher vorkommt[r]. *Gott* ist –, das ist ⸢so klar,⸣ so offenbar, daß uns alles andere mehr |66| einleuchtet[s]. *Gott* ist –, das ist so wichtig,

g Mskr.: «Dieser Ort ist einfach zu verstehen und zu betreten».

h Mskr.: «ernst».

i Mskr.: «Überall ist dieser Ort und».

j Mskr.: «Immer sind wir dort».

k Im Mskr. folgt hier noch: «Jesus sagt uns, was ist und doch nicht ist.»

l Vor diesem Absatz im Mskr.: *«2.»*

m Mskr.: «Ja, er».

n Mskr.: «das Allernächste».

o Mskr.: «die Mitte».

p Mskr.: «Einfache: unser Nächstes, unsere Mitte, unser Einfaches.»

q Mskr.: «so selbstverständlich, so schlicht».

r Mskr.: «vorkommt, daß uns gerade der [?] begegnet wie etwas ganz Neues, daß wir gerade das fast nicht fassen können.»

s Mskr.: «offenbar, so am Tage liegend, daß uns alles Andere verständlicher erscheint als das, daß uns gerade das zum Geheimnis wird, wie uns ja auch die offenbarste Tatsache, daß wir leben, gerade darin ein unergründliches Geheimnis ist.»

3 Vgl. die Inschrift am Apollotempel in Delphi: Γνῶθι σεαυτόν (Erkenne dich selbst!). Näheres bei Büchmann, S. 488.

daß uns alles andere [t]wichtiger ist. Gerade wie uns die Tatsache unseres eigenen Lebens ein Geheimnis ist, gerade wie wir den Boden, auf dem wir stehen, die Luft, in der wir atmen, vergessen, gerade wie beim Rechnen die Zahl Eins, auf der alles beruht, nicht mehr besonders berechnet wird. Ja, wenn dieses Erste gegeben ist, wenn dieser Grund gelegt ist, wenn dieser Anfang gemacht ist! Aber ist er denn gemacht? Ist denn all das andere, ist denn unser Leben so natürlich, so klar, so wichtig, wie es sein müßte, wenn es in Gott seinen Ursprung hätte? Ist denn unsere Sicherheit wirklich mehr als Einbildung und Anmaßung? Wie groß muß denn die Finsternis in der Welt noch werden, um uns darauf aufmerksam zu machen, daß wir zu früh wähnten, zu sein wie Gott [vgl. Gen. 3,5], daß wir den Anfang verloren haben und wieder finden müssen, daß wir umkehren müssen, damit unser Leben natürlich und klar und wichtig *werde* in Gott. Wahrhaftig, daß wir in Gott leben, weben und sind [vgl. Act. 17,28], das ist kein Gemeinplatz, das ist eine hohe und schmerzliche Entdeckung, die unter Furcht und Zittern vollzogen sein will. Gott ist uns verborgen.

Darum ist Jesus eine Störung in unserem Leben und sein Ruf zur Buße ein Stein, der uns auf den Weg gewälzt wird. *Gott* ist –, das ist in seinem Munde etwas unfaßlich Neues inmitten all dessen, was uns natürlich ist, ein Geheimnis inmitten all dessen, was uns sonst einleuchtet, etwas feindselig allein Wichtiges gegenüber allen unseren Wichtigkeiten. Eben darum, weil er uns *das* in Wirklichkeit schenken will, was wir fälschlicherweise schon zu haben meinen.[t] Er will es uns auftun, dazu muß vieles zunächst beiseite[u] geschoben werden. Er will

[t-t] Mskr.: «wichtiger werden kann als dieses Allerwichtigste, daß uns gerade das zu einer fernab liegenden Nebensache werden kann, wie uns ja auch die Luft, in der wir atmen, und der Boden, auf dem wir stehen, nicht wichtig sind, gerade weil sie so überaus wichtig sind. Und nun stellt Jesus mitten in alles das, was uns natürlich, selbstverständlich und schlicht ist, ein Neues hinein, damit es wahr werde: Ja, es ist im Grunde Alles natürlich, selbstverständlich und schlicht. Mitten in alles das, was wir verstehen, stellt er ein Geheimnis, damit uns wirklich Alles verständlich werde. Mitten unter unsere Wichtigkeiten stellt er ein Allerwichtigstes, damit uns im Ernst alle[?] Dinge wichtig werden können und dürfen. Denn das Wahre und Wirkliche im Leben, das Können und Dürfen, wir haben es ja nicht, wir haben es uns nur angemaßt. Unser Leben ist nicht natürlich, nicht verständlich, nicht wichtig. Wir wissen nicht, was wir tun. Daß Gott ist, ist uns verborgen.»

[u] Mskr.: «Es muß uns aufgetan werden, und dazu muß Vieles zunächst zur Seite».

es uns geben[v], dazu müssen wir zunächst leere Hände haben. Er will uns daran erinnern, dazu müssen wir zunächst gründlich vergessen lernen[w]. Jesus erschüttert uns[x], um uns auf festen Grund zu stellen. Er richtet uns, um uns gerecht zu machen. Er beraubt uns, |67| um uns zu bereichern[y]. Er tötet uns, um uns das Leben zu geben[z]. Anders kann uns Menschen nicht gesagt werden, was *ist.* Anders kann uns *Gott* nicht gesagt werden. ⌜Anders kann uns nicht *geholfen* werden.⌝ Gehet ein durch die *enge* Pforte! [Mt. 7,13].

Jesus[aa] ruft uns: Kommt her zu mir!

Auch andere Stimmen rufen uns: Kommt her zu mir! Die Stimme der Kirche z. B. Sie ruft ⌜uns⌝ heute zum ⌜eidgenössischen⌝ Dank-, Buß- und Bettag. ⌜Das Wort «eidgenössisch» erinnert uns an Heimat und Vaterland und damit an vieles, was uns mit Recht teuer und wichtig ist. Noch größer sind die Worte⌝ «Dank», «Buße» ⌜und⌝ «Gebet». ⌜Diese Worte stehen ja auch in der *Bibel.*⌝ Eine gewisse Ähnlichkeit dieser Worte mit dem Wort Jesu ist nicht zu verkennen.[ab] Um so mehr müssen wir feine Ohren bekommen, um den Ruf Jesu zu unterscheiden[ac] von dem, was sonst in der Welt gerufen wird.[ad] ⌜Schon vor 1900 Jahren sagten ja die Männer der Synagoge fast wörtlich dasselbe wie Jesus. Aber es war nicht dasselbe, sondern gerade das Gegenteil. Wenn die Kirche etwas sagt, so ist es eine offene Frage und vielleicht mehr als das, ob sie nicht mit Jesu Worten das Gegenteil sagt von dem, was Jesus sagt.⌝ [ae]Es fragt sich durchaus, ob das Wort «Gott», in der Kirche ausgesprochen und in der Kirche gehört, auch nur das geringste mit Gott selbst zu tun hat. Vielleicht hat sie, *gerade sie,* Gott allzu

[v] Mskr.: «Es muß uns gegeben werden und».

[w] Mskr.: «Wir müssen uns seiner erinnern, und dazu müssen wir Vieles zunächst vergessen.»

[x] Mskr.: «Und darum erschüttert uns Jesus».

[y] Mskr.: «um uns beschenken zu können».

[z] Mskr.: «um uns lebendig zu machen».

[aa] Vor diesem Absatz im Mskr.: *«3.»*

[ab] Mskr.: «Das sind Worte, die mit dem Wort Jesu eine gewisse entfernte Ähnlichkeit und Verwandtschaft haben.»

[ac] Mskr.: «Wir müssen feine Ohren bekommen, daß wir den Ruf Jesu unterscheiden können».

[ad] Mskr.: «wird, auch wenn die Ähnlichkeit noch so groß ist.»

[ae-ae] Mskr.: «Die Kirche redet auch von Gott, aber sie hat Gott so tausendfältig verraten an die Welt, daß es sich fragt, ob Gott in ihrem Munde wirklich Gott ist.»

oft verraten[ae]: ⌜an die Bedürfnisse und Launen der Menschen, an den Geist der Zeiten, auch ganz einfach an den Mammon, nicht zuletzt an die verschiedenen Vaterländer, ob es nun das schweizerische, das deutsche oder das englische war. Oder⌝ ist ⌜denn⌝ Gott in der Kirche das ⌜unerhört⌝ Neue, ⌜das Jesus sagen wollte,⌝ und nicht vielmehr das Altbekannte[af], ⌜so oft gehört, daß man es nicht mehr zu hören braucht?⌝ Ist er das Geheimnis: der, der in einem Lichte wohnt, da niemand zu kann [1. Tim. 6,16], und nicht vielmehr etwas, über das sich leicht plaudern und das sich schnell begrei-|68|fen läßt?[ag] Ist er jener feindselig allein Wichtige und nicht vielmehr[ah] etwas Wichtiges neben vielen anderen Wichtigkeiten, ⌜so daß man sagen muß:⌝ ein Götze neben[ai] Götzen? Wagt es die Kirche etwa[aj], klar und unmißverständlich zu bezeugen, ⌜wie die Dinge stehen:⌝ daß Gott uns verborgen ist und unter Furcht und Zittern gesucht werden muß [vgl. Phil. 2,12 u. ö.]? ⌜Wagt sie es nicht, dann kann sie jedenfalls nicht zu Dank, Buße und Gebet im Sinne Jesu auffordern.⌝[ak] Wagt sie es nicht[al], beiseite zu schieben, dann[am] kann sie auch nicht auftun. Wagt sie es nicht[an], die vollen Hände des Menschen zu leeren, dann kann sie ⌜ihnen⌝ auch nicht⌜s⌝ geben. Wagt sie es nicht[an], Nein zu sagen, dann kann sie auch nicht Ja sagen. Hat sie das Kreuz Jesu, den Weg vom Leben zum Tode vergessen, wie wollte sie etwas wissen von seiner Auferstehung, vom Wege aus dem Tode ins Leben?[ao] Es ist dann nicht zu verwundern, wenn ihr Ruf: Kommt her zu mir! hohl und unglaubwürdig tönt.[ap] ⌜«Die Hände sind Esaus Hände, aber die Stimme ist Jakobs Stimme!» [Gen. 27,22].⌝ Ihr Ruf *meint* es dann anders als der Ruf Jesu, indem sie den Menschen unter vielen Reden von Gott und

[af] Mskr.: «nicht etwas Altbekanntes?»
[ag] Mskr.: «Das Geheimnis und nicht das, was alsbald jeder weiß und hat?»
[ah] Mskr.: «Das Alleinwichtige und nicht».
[ai] Mskr.: «unter».
[aj] Mskr.: «Wagt sie es».
[ak] Mskr.: «Wenn nicht, dann kann sie auch nicht sagen, was ist, dann kann sie nicht Gott sagen.»
[al] Mskr.: «Sie wagt nicht».
[am] Mskr.: «darum».
[an] Mskr.: «Wenn sie nicht wagt».
[ao] Mskr.: «Sie hat dann das Kreuz Jesu, den Weg vom Tode zum Leben vergessen.»
[ap] Mskr.: «Vielleicht tönt darum ihr Ruf: ...! so hohl und unglaubwürdig.»

Christus doch nicht in jene Tiefe weist[aq], wo der Mensch durch Christus in Gott aufhört und anfängt[ar], sondern auf irgend eine Höhe menschlicher Gefühle oder christlicher Gerechtigkeiten[as]. Er *wirkt* ⌜dann auch⌝ anders als der Ruf Jesu, indem sie wohl beteuert und anpreist, aber nicht weiß und zeigt, wohl urteilt und verurteilt, aber nicht Recht spricht und schafft, wohl einige aufregt, aber niemanden bewegt.[at] Er *ist* ⌜dann aber auch⌝ etwas anderes[au] als der Ruf Jesu, indem er ein Ruf in dieser Welt und aus dieser Welt ist, nicht ein Ruf aus einer anderen Welt, indem ihm die Todesweisheit und der Ewigkeitsernst Jesu fehlen[av], die allein ihn zu einem wirklichen ⌜erlösenden⌝ Angriffe auf diese Welt machen könnten[aw]. [ax]Ich muß das alles aussprechen, gerade *weil* ich Pfarrer, Diener der Kirche bin, gerade *weil* heute Bettag, der beliebteste kirchliche Anlaß ist. |69| Der Ruf Jesu ertönt ja *trotz* der Kirche. Aber die Kirche ist ein großes, vielleicht das größte Hindernis der Buße. Wenn wir den Ruf Jesu hören wollen, so müssen wir ihn *trotz* der Kirche hören. Vergeßt, daß heute Bettag ist! Vergeßt, daß wir in einer Kirche sind! Vergeßt, daß ein Pfarrer vor euch steht![ax] Echte Münzen unterscheiden sich von den unechten am Klang. O wenn wir es lernten, den Klang des Rufes Jesu zu unterscheiden von dem seiner Nachahmungen.[ay]

Jesus[az] ruft uns: Kommt her zu mir!

Wer ist Jesus? Wir erkennen ihn am besten an denen, die er ⌜zu sich⌝ ruft.[ba] An der Beleuchtung, in die wir da hineintreten, erkennen

[aq] Mskr.: «Er meint es anders als der Ruf Jesu, denn er weist den Menschen trotz allem Reden von Gott und Christus nicht in die Tiefe».

[ar] Mskr.: «anfängt und aufhört».

[as] Mskr.: «Höhe christlich-sittlicher Gerechtigkeit».

[at] Mskr.: «Ruf Jesu, denn er beteuert wohl, aber er zeigt nicht, er urteilt wohl, aber er spricht nicht Recht, er regt wohl auf, aber er bewegt nicht.»

[au] Mskr.: «etwas ganz Anderes».

[av] Mskr.: «der Ruf Jesu: der Ruf der Kirche, er ist ein Ruf in dieser Welt und aus dieser Welt, nicht ein Ruf aus einer anderen Welt, denn ihm fehlt die Todesweisheit und der Ewigkeitsernst Jesu».

[aw] Mskr.: «machen würde».

[ax-ax] Mskr.: «Wer den Ruf Jesu in dieser Stunde hören wollte, der müßte vergessen, daß heute Bettag ist, vergessen, daß wir in einer Kirche sind, vergessen, daß ein Pfarrer vor euch steht.»

[ay] Mskr.: «Am Klang müßten wir den Ruf Jesu unterscheiden können von seinen Nachahmungen.»

[az] Vor diesem Absatz im Mskr.: *«4.»*

[ba] Mskr.: «ruft. Alle!, sagt er, nämlich Alle, die ihr mühselig und beladen seid!»

wir das Licht, von dem wir da beleuchtet werden. ⌜Kommt her zu mir⌝ – *alle!*, sagt er zuerst. Jesus geht alle an. Jesus ist für alle da. Er ist weit und frei genug, alle zu sich einzuladen, alle als zu ihm gehörig zu betrachten. Er traut sich das Recht und vor allem die Kraft zu[bb], alle zu sich zu ziehen [vgl. Joh. 12,32]. Er ist auch sicher genug in sich selbst, um nicht befürchten zu müssen, sein eigenes Bestimmtes zu verlieren, wenn er allen sich[bc] öffnet, allen sich hingibt. Daran erkennen wir, was sein eigenes Bestimmtes ist. Es kann nichts anderes sein als Gott.[bd] Nur Gott geht alle an. Nur in Gott ist ⌜die⌝ Freiheit, allen zu rufen. Nur Gott hat und gibt die Macht dazu ⌜, die Vollmacht⌝. Nur Gott verliert sich selbst nicht[be], indem er für alle ⌜Gott⌝ ist. Hier sehen wir den Unterschied zwischen Jesus und – anderen großen Menschen, anderen Bestrebungen, Bewegungen, Einrichtungen, auch den besten und notwendigsten.[bf] Goethe und Gottfried Keller sind nicht für alle, nicht einmal Jeremias Gotthelf ⌜oder Dostojewski⌝[4]. ⌜Leider, werden wir sagen, aber es ist so.⌝ Man kann nicht allen zumuten, sich eigene ernsthafte Gedanken über Gott und das Leben zu machen. Man kann aber auch nicht allen zumuten, zeitlebens gläubige Sonntagsschulkinder zu bleiben. Die Kirche ist ⌜leider⌝ nicht für alle, aber[bg] die Bußbank der Heilsarmee ⌜sicher⌝ |70| auch nicht. Man kann nicht von allen verlangen, sie müßten Abstinenten oder Sozialisten werden, und man kann auch nicht von allen verlangen, sie müßten sogenannte «pflichtbewußte Staatsbürger» sein[bh]. Man kann nicht von allen fordern, sie sollten «immer fröhlich, immer fröhlich, alle Tage fröhlich sein»[5], aber

[bb] Mskr.: «traut sich Kraft genug zu».
[bc] Mskr.: «sein Eigenes, Bestimmtes zu verlieren, wenn er sich allen».
[bd] Mskr.: «Darum kann dieses sein Eigenes, Bestimmtes nichts anderes sein als Gott.»
[be] Mskr.: «geht nicht verloren».
[bf] Mskr.: «Hier sehen wir Jesus im Unterschied von anderen großen Persönlichkeiten und guten Bestrebungen.»
[bg] Mskr.: «alle und».
[bh] Mskr.: «sie müßten das werden, was man heute einen pflichtbewußten Staatsbürger heißt».

[4] Die Hinzufügung Dostojewskis erfolgte erst 1924 in: Komm Schöpfer Geist!
[5] Aus dem Kehrreim des Liedes «Laßt die Herzen immer fröhlich» von J. A. Reitz, Reichs-Lieder 299:
Immer fröhlich, immer fröhlich, alle Tage Sonnenschein…

auch nicht von allen, sie sollten[bi] den ganzen schweren Ernst des Lebens in ihrem Wesen und Gebaren[bj] zum Ausdruck bringen. Nicht einmal die einfachsten moralischen Forderungen kann man leider sinnvoll[bk] an alle richten, z. B. die Forderung, daß man eigentlich redlich versteuern sollte, was man hat. Tausende und Abertausende haben sie nie ⌜auch nur⌝ gehört ⌜mit dem inneren Ohr⌝, geschweige denn, daß sie ihr je gehorcht hätten oder nach menschlichem Ermessen je gehorchen werden. Millionen von Männern haben in den letzten Jahren das Gebot: Du sollst nicht töten! [Ex. 20,13 par.] unbedenklichst übertreten[6] gelernt. ⌜Blut ist ihnen kein besonderer Saft mehr[7],⌝ und an diesem Maß sind sie[bl] nicht mehr zu messen. Und je mehr wir die moralischen Forderungen ernst nehmen, je höher wir steigen z. B. zu[bm] den Geboten der Wahrhaftigkeit, zu[bm] den Geboten der Rücksicht, des Taktes, des Zartgefühls, der Liebe, die wir einander schuldig wären, zu[bm] den Geboten der Reinheit des Herzens und der Gedanken[bn], ⌜um so mehr müssen wir zu unserem Schmerz feststellen, wie die Zahl derer abnimmt, an die man solche Gebote im Ernst richten kann,⌝ um so mehr müssen wir [bo]erschrecken darüber, was für ein endloses Heer von Menschen hoffnungslos ausgeschlossen ist, ⌜wenn es *darauf* ankommt,⌝ wie zuletzt kaum Einer, ja *nicht einer,* hat Paulus gesagt [Röm. 3,10], übrig bleibt, der da noch eingeschlossen ist.[bo]|

⌜Ich sage:⌝ Hier sehen wir den Unterschied Jesu von den anderen[bp] Meistern. ⌜Er steht wirklich nicht in einer Reihe mit ihnen.⌝ *Jesus geht alle an.* [bq]Jesus greift die verschanzten Stellungen der Menschen nicht

[bi] Mskr.: «Man kann aber auch nicht von Allen verlangen, sie müßten».
[bj] Mskr.: «ihrem Gesicht und Wesen».
[bk] Mskr.: «kann man ausnahmslos».
[bl] Mskr.: «unbedenklich 10fach übertreten können und sind an diesem Maß».
[bm] Mskr.: «in».
[bn] Mskr.: «der Gedanken und des Herzens».
[bo-bo] Mskr.: «erschrecken, wie viele Menschen da offenbar hoffnungslos ausgeschlossen sind und wie schließlich kaum Einer, ja nicht Einer übrig bliebe, der da eingeschlossen wäre.»
[bp] Mskr.: «zu allen anderen».
[bq-bq] Mskr.: «Jesus greift die Welt nicht von vorne an, nicht mit einer Bewegung und Bestrebung, nicht mit einem Aufschwung, nicht mit bestimmten, beschränkten Gedanken und Forderungen, sondern von hinten, mit der Vergebung. Er».

[6] Im Druck 1921 (Pastoralblätter): «zu übertreten».
[7] Vgl. J. W. von Goethe, *Faust I,* V. 1740 (Studierzimmer).

von vorne an, nicht von dort aus, wo sie gepanzert und verhärtet dastehen |71| in ihrer großen Sünde und Schuld, gröber die einen, feiner die anderen, nicht mit einem Ansturm von Anklagen, Belehrungen und Beschwörungen, nicht mit einer guten Bewegung, Bestrebung oder Anschauung, nicht mit Gedanken, Ideen und Forderungen, nicht moralisch, also gerade nicht mit der bekannten Bettagspredigt. Er greift sie von hinten an, von dorther, woher sie in ihre Sünde und Schuld hineingekommen sind und wo sie also noch einen freien Zugang haben. Er greift sie von Gott aus an, den sie verloren haben, der aber sie nicht verloren hat. Er greift sie mit der *Vergebung* an. Jesus[bq] will nichts von den Menschen. Er will sie nur für Gott. [br]Das ist für alle. Das haben alle nötig. Jesus schließt zum vornherein niemand aus, auch nicht im feinsten Sinn. Er sagt allen, daß sie in Gottes Liebe eingeschlossen sind[br], ⌜daß Gott sie zu sich rechnet und daß sie sich zu Gott rechnen dürfen, trotz ihrer Sünde, trotz ihrer Schuld, alle ausnahmslos, alle unbedingt. Das Wort Vergebung ist der freie Zugang zu allen, wenn *er* es ausspricht. Das Wort Vergebung ist die tatsächliche Befreiung aller, wenn sie es von *ihm* hören:⌝ [bs]für die Fortschrittlichen und für die Törichten, für die Gebildeten und für die Ungebildeten, für die Bekehrten und für die Unbekehrten, für die Zuchthäusler und für die Pfarrer[bs] auf den Kanzeln am Bettag. Jesus hat gegen uns alle nur *eine* Anklage: daß wir von Gott gewichen[bt] sind! Und für uns alle nur *eine* Verheißung: daß Gott treu ist! Das können alle[bu] verstehen. Das können alle[bu] annehmen⌜, ohne sich etwas zu vergeben und ohne sich etwas einzubilden⌝. Hier ist der Schlüssel zu allen Gefängnissen, in denen wir schmachten. Hier geht es ums Ganze. Ja, Jesus ist frei genug und stark genug, uns alle zu ihm kommen zu heißen[bv]. Er ist

[br-br] Mskr.: «Er schließt zum vornherein, auch nicht im feinsten Sinn, niemand aus, er sagt Allen, daß sie eingeschlossen sind in Gott. Das ist für Alle. Das haben Alle nötig.»

[bs-bs] Mskr.: «Damit können alle etwas anfangen, wenn er es sagt: die Fortschrittlichen und die…, die Zuchthäusler in Lenzburg[8] und die Pfarrer».

[bt] Mskr.: «abgefallen».

[bu] Mskr.: «wir alle».

[bv] Mskr.: «uns alle einzuladen».

[8] In Lenzburg befand sich das Zuchthaus des Kantons Aargau. Der Hinweis auf diesen konkreten Ort fiel erst im Druck 1924 (Komm Schöpfer Geist!) weg.

auch seines Gottes[bw] sicher genug, um nichts zu verraten und[bx] preiszugeben, indem er uns *alle* kommen heißt[by], wie wir sind. Er offenbart sich ⌜gerade⌝ mit diesem: Kommt her zu mir |72| *alle!* als der, der er ist: als der Sohn Gottes ⌜, der Auferstandene⌝. Er sagt uns das, was ⌜nur⌝ von Gott aus über uns alle gesagt werden kann[bz]. ⌜Er darf es sagen.⌝ Wir haben Vergebung nötig, und es gibt eine Vergebung. ⌜Wer sich das sagen läßt, tut Buße.⌝

Kommt[ca] her zu mir alle, die ihr mühselig und beladen seid!

Wer ist Jesus?, fragen wir ⌜uns⌝ noch einmal. Der die Mühseligen und Beladenen zu sich ruft. Also doch nicht alle? Doch *alle,* denn die Worte «mühselig und beladen» sind nur die Erklärung des Wortes «alle». Sie erklären uns ⌜eben⌝, von welcher Seite aus Jesus die Welt angreift, um sie für Gott in Besitz zu nehmen. Jesus[cb] sieht uns nicht so, wie wir selbst uns immer wieder gerne sehen möchten, nicht in unserer Tüchtigkeit, nicht in unserem Eifer, nicht in unserem Ernst, nicht in unserer Gläubigkeit, nicht als «Kämpfer im Heere des Lichts», wie es in einem berühmten Roman[cc] heißt[9], und auch nicht als «Gottes Mitarbeiter»[cd], was heute so viele ⌜gern⌝ sein möchten. Er sieht uns als die Mühseligen und Beladenen[ce]. Er entwertet das Gute, das wir denken, beabsichtigen und tun[cf], ⌜gewiß⌝ nicht, ⌜aber er feiert es auch nicht,⌝ er gibt ihm[cg] keinen *besonderen* Wert ⌜, er schweigt

[bw] Mskr.: «seiner Sache».
[bx] Mskr.: «nichts zu verleugnen und nichts».
[by] Mskr.: «uns alle einladet».
[bz] Mskr.: «uns alle zu sagen ist».
[ca] Vor diesem Absatz im Mskr.: *«5.»*
[cb] Mskr.: «um sie in Gott zu begreifen. Er».
[cc] Mskr.: «dem berühmten Roman Helmut Harringa».
[cd] Mskr.: «‹Mitarbeiter Gottes›».
[ce] Mskr.: «als Mühselige und Beladene».
[cf] Mskr.: «und tun und getan haben».
[cg] Mskr.: «ihm aber auch».

[9] H. Popert, *Helmut Harringa. Eine Geschichte aus unsrer Zeit,* Dresden 1910[1] (1913[22]), S. 45: «Und kein Ohr auf Erden hört es, wie seine Lippen klar und schlicht den Fahneneid sprechen: ‹Ich will ein Krieger sein im Heere des Lichts›.» Der Spruch wird auf S. 175 wiederholt. Die Tendenz des Romans ist der Kampf gegen Alkoholismus, Prostitution und anderen Schmutz, für Abstinenz, Veredelung und Einigung der germanischen Völker. 1922 erschien die 46. Auflage.

davon⌉. Er nimmt an, daß wir wissen, was gut ist, daß wir wollen, was wir wissen, und daß wir das, was wir sind, leben[ch] und tun, nicht überschätzen, sondern selbst gerne zudecken. Er interessiert sich für unsere Mühseligkeit und Beladenheit. Er interessiert sich nicht für unsere Antworten, sondern für unsere Fragen, nicht für unsere Sicherheit, sondern für unsere Unruhe[ci], nicht für unser Gefundenhaben[cj], sondern für unser Suchen.[ck] Er geht vorüber an den Gesunden[cl] und wendet sich an die Kranken, ⌈ruhig aber bestimmt⌉ vorüber an allen Sorten von Gerechten[cm] und wendet sich an die Zöllner. Er fragt unsere jungen Leute[cn] nicht nach ihren Schulzeugnissen, nicht nach ihrem Fleiß in der Fabrik[co], nicht nach ihrem ⌈guten⌉ Leumund, nicht einmal darnach, ob Eltern[cp] ⌈und Pfarrer⌉ |73| mit ihnen zufrieden sind, sondern [cq]nach jener merkwürdigen Unbefriedigung und Sehnsucht, die jeden jungen Menschen umtreibt und die weder durch Arbeit noch durch Müßiggang, weder durch Gehorsam noch durch Zügellosigkeit wirklich zu stillen ist, nach jener Wehmut, die darum so groß und manchmal so gefährlich[10] ist, weil sie keinen Grund und keinen Namen hat[cq]. Jesus[cr] fragt unsere Frauen nicht nach der Korrektheit ihrer Haushaltung⌈en⌉ und nicht nach ihren noch so trefflichen Eigenschaften als Gattinnen und Mütter, sondern nach der[cs] Müdigkeit und Hilfsbedürftigkeit ⌈und inneren Ratlosigkeit, in der sie sich in das Los der Frauen *nicht* zu schicken wissen⌉, in der sie ihm oft[ct] am liebsten entrinnen möchten. Er fragt uns Männer nicht nach unserem

[ch] Mskr.: «und dabei das, was wir sind, haben».
[ci] Mskr.: «Unsicherheit».
[cj] Mskr.: «Finden».
[ck] Mskr.: «Suchen, nicht für unsere Lebensherrlichkeit, sondern für den Sündenschatten und Todesschatten, die über unserem Leben liegen.»
[cl] Mskr.: «an den Gesunden vorüber».
[cm] Mskr.: «vorüber an den Gerechten».
[cn] Mskr.: «jungen Menschen».
[co] Mskr.: «nicht nach ihrem Zahltag».
[cp] Mskr.: «ob ihre Eltern».
[cq-cq] Mskr.: «nach ihrer tiefsten Unbefriedigung und jugendlichen Sehnsucht nach dem, dem sie kaum einen Namen zu geben wissen».
[cr] Mskr.: «Er».
[cs] Mskr.: «nach ihrer».
[ct] Mskr.: «in der sie oft dem Lebenslos der Frau»

[10] Im Druck 1921 (Pastoralblätter): «zu groß und manchmal zu gefährlich».

Charakter, nicht nach unseren Leistungen, nicht nach unserer Tätigkeit als Berufsleute und Bürger, sondern nach unserer geheimen Scham, nach der Wunde des Egoismus in unserem Gewissen, nach der ⌜offenen oder verborgenen⌝ Tragödie unserer Leidenschaft und unserer Gerechtigkeit. Er fragt die Sozialisten nicht nach der Erhabenheit ihrer Theorie und ⌜nicht⌝ nach ihren ⌜noch so⌝ handgreiflichen Erfolgen, sondern nach den letzten Fragen ⌜des Gesellschaftslebens, über die sie noch kaum nachgedacht haben, nach den Fragen⌝, wo auch der aufrechteste Sozialist nicht weiter kommt, ohne sich selbst ins Unrecht zu setzen[cu]. ⌜Und⌝ er fragt die Bürgerlichen ⌜sicher⌝ nicht nach den Punkten, wo sie im Recht sind gegenüber den Bolschewisten und wo es ja so kinderleicht[cv] ist, Recht zu haben, sondern nach den anderen Punkten, wo sie wissen, daß der Bolschewismus nur eine Krankheit aufdeckt, [cw]an der auch sie, gerade sie[cw], leiden und für die heute eine Heilung gerade auch von ihnen vergeblich gesucht wird[cx]. Und so fragt Jesus auch[cy] unsere Frommen nicht nach ⌜dem Stand⌝[11] ihrer Bekehrung und Heiligung, denn das sind Pharisäerfragen[cz], sondern nach dem ⌜vielleicht sehr verborgenen⌝ Punkt, wo auch in ihnen die unerlöste Seele |74| schreit: Ich glaube, lieber Herr, hilf meinem Unglauben [Mk. 9,24]! |

Das für *Jesus* Merkwürdige an uns ist nie das, worin wir Recht haben, sondern das, worin wir bei vielem Recht schließlich doch Unrecht haben. Er[da] rechnet nur damit, daß wir wissen: wir sind Mühselige und Beladene[db]. Er hat nur ein grenzenloses, lächelndes, verzeihendes Erstaunen für uns, [dc]wenn wir etwa sagen wollten, wir seien

[cu] Mskr.: «wo auch der Sozialismus nicht mehr weiter kommt, wo auch der Soz. sich selbst ins Unrecht setzt».

[cv] Mskr.: «wo es ja auch so leicht».

[cw-cw] Mskr.: «an der wir alle». Im Druck 1921 (Pastoralblätter): «an der sie auch, gerade sie».

[cx] Mskr.: «Heilung auch von ihnen gesucht werden muß».

[cy] Mskr.: «Er fragt».

[cz] Mskr: «Pharisäerfragen, nicht Jesusfragen».

[da] Mskr.: «Der merkwürdige Punkt: wo wir Unrecht haben. Jesus».

[db] Mskr.: «wissen, daß wir alle Mühselige und Beladene sind».

[dc-dc] Mskr.: «wenn wir ihm allenfalls sagen wollten, daß wir das nicht wissen oder daß wir doch auch noch etwas Anderes sind».

[11] Die Hinzufügung erfolgte erst 1924 in: Komm Schöpfer Geist!

das *nicht* oder wir seien doch noch etwas *Anderes*[dc]. Er rechnet ⌜einfach⌝ damit, daß wir es ⌜tatsächlich⌝ *sind,* und daß das ⌜auf alle Fälle⌝ das ⌜einzig⌝ Bemerkenswerte an uns ist. ⌜Er setzt dort ein[12] bei uns, wo nur noch das über uns zu sagen ist, was eben von Gott aus über uns zu sagen ist: Vergebung!⌝ Unsere Mühseligkeit und Beladenheit ist's, kraft welcher wir zu den «Allen» gehören, denen seine Einladung gilt. Sie und nichts anderes ist unser offenes Fenster gegen Jerusalem [vgl. Dan. 6,11], sie und nichts anderes ⌜ist⌝ die Seite an uns, durch die[13] wir mit Jesus und durch ihn mit Gott verbunden sind[dd]. Selig sind die Armen im Geist! Selig sind die Leidtragenden[de]! Selig sind, die hungert und dürstet nach Gerechtigkeit! [Mt. 5,3f.6]. [df]Nur als die Mühseligen und Beladenen erkennen wir ihn: ihn, der nicht der Verbesserer, sondern der Erlöser der Welt ist, ihn, der den verlorenen Anfang wiederbringt. Er kann erst dort reden und handeln, wo wir endlich schweigen und aufhören müssen, wo uns nur noch die Antwort übrig bleibt, die Gott allein geben kann.[df] Sein Ja springt hervor aus dem tiefsten, bittersten *Nein* des Menschen in dieser Welt. Sein Leben bricht hindurch durch den *Tod* der Erde. Er sagt Vorwärts!, nachdem er in seinem Kreuzestod[dg] der Menschheit und allem Menschlichen[dh] ein gewaltiges *Halt!* entgegengestellt hat. Hier ist kein Hoher, kein Gewaltiger, kein Weiser [vgl. 1. Kor. 1,26], ⌜auch⌝ kein Frommer. Siehe, hier ist Gottes Lamm, welches der Welt Sünde trägt [Joh. 1,29]! Er tut das an uns, was von Gott ⌜aus⌝ und nur von Gott aus an uns[di] zu tun ist: ⌜er stellt sich jenseits unseres Guten wie unse-|75| res Bösen, er hält sich an die schwere Frage, die übrig bleibt, wenn man beides ineinander rechnet:⌝ er vergibt uns. Er begründet unsere

[dd] Mskr.: «Seite an uns, mit der wir zu Jesus und in Jesus zu Gott gehören».
[de] Mskr.: «die da Leid tragen».
[df-df] Mskr.: «Denn er, Jesus, der das gesagt hat, ist der Freund der Sünder, der Heiland der Kranken, der Erlöser der Welt, der Wiederhersteller der Schöpfung. Er fängt dort an zu denken und zu handeln, wo wir endlich aufhören [?] und *aufhören* müssen.»
[dg] Mskr.: «Tod am Kreuz».
[dh] Mskr.: «allen Menschlichkeiten.»
[di] Mskr.: «an uns und allem Unsrigen».

[12] Im Druck 1921 (Pastoralblätter): «an».
[13] Im Druck 1921 (Pastoralblätter): «mit der».

einzige Hoffnung: ⌜die Auferstehung der Toten,⌝ das Vergehen des alten Wesens, die neue Schöpfung. ⌜Wer Augen hat, *das* zu sehen, der tut Buße.⌝

Kommt[dj] her zu mir!

Was will Jesus von uns? Er will nichts von uns.[dk] Nur daß wir *kommen.* Er will nicht das Unsrige, sondern uns selbst. Wenn wir kommen als das, was wir sind, dann ist[dl] alles gut. ⌜Das eben ist das Neue, das Geheimnis, das allein Wichtige, das uns in Jesus entgegentritt. Damit wird uns Gott gesagt.⌝ [dm]Darin besteht unser Kommen: daß wir uns von Jesus sagen lassen, was wir sind, Mühselige und Beladene. Darum fällt uns auch das Kommen so schwer. Das läßt uns immer wieder zaudern. Das ist's, was[dm] in der ganzen Christenheit (je christlicher sie ist, [dn]um so mehr!) die Menschen zurückhält von Jesus. Zu ihm kommen bedeutet mühselig und beladen sein.[dn] Wenn es sich heute darum handeln würde, ⌜nach der Anweisung der Kirche⌝ sogenannte Bettagsgedanken über unsere öffentlichen Zustände auszusprechen und anzuhören und einigermaßen zu beherzigen, wahrhaftig[do], wir würden leicht und schnell kommen. Wenn es sich darum handeln würde, uns[dp] zum ersten oder zweiten Male zu bekehren, wir würden wohl auch kommen[dq]. Wir würden freudig zugreifen, wenn es sich bei Jesus darum handelte[dr], eine Methode zu erlernen, wie man schon auf Erden in den Himmel klettert[ds], wie man sie z. B. bei den Anthroposophen in

[dj] Vor diesem Absatz im Mskr.: *«6.»*

[dk] Mskr.: «Nichts!»

[dl] Mskr.: «was wir sind, als Mühselige und Beladene, so ist».

[dm-dm] Mskr.: «Unser Kommen besteht gerade darin, daß wir uns von ihm sagen lassen, was wir sind, und daß wir mit Bewußtsein sind, was wir sind: Mühselige und Beladene. Das eben ist das Neue, das Geheimnis, das allein Wichtige. Damit eben wird uns Gott gesagt. Das ist's ja auch, was uns das Kommen so schwer macht, was uns immer wieder zaudern läßt, wirklich zu kommen, was».

[dn-dn] Mskr.: «umso mehr zurückhält und hindert, wirklich zu Jesus zu kommen, daß dieses Kommen bedeutet: Mühselige und Beladene sein!».

[do] Mskr.: «gewaltige Bettagsgedanken zu denken und Bettagsvorsätze zu fassen».

[dp] Mskr.: «uns heute».

[dq] Mskr.: «wir würden gerne ja sagen».

[dr] Mskr.: «Wenn es sich darum handeln würde».

[ds] Mskr.: «auf der Erde in den Himmel klettern kann».

Dornach[dt] [14] erlernen kann – oder eine Methode[du], den Himmel auf der Erde zu errichten wie die der Siedler in Deutschland[dv] [15]. Wir würden Ja sagen, wenn Jesus uns auffordern würde, mit den «Ernsten Bibelforschern»[dw] die Zukunftspläne des lieben Gottes zu ergründen[16] oder uns von einem munteren Amerikaner[dx] belehren zu lassen, wie man auf möglichst glatte und einfache Weise ein glücklicher, |76| zufriedener Mensch wird[17]. Was irgendwie einen Aufschwung, einen Anlauf, einen Vormarsch, einen Aufbau bedeutet, das leuchtet uns immer ein[dy]. Aber wenn Jesus redet, handelt es[dz] sich nicht darum, viel eher um ein Stillwerden, um einen Rückzug, um ein Abbauen.[ea] Darum fällt es uns so schwer, wirklich zu ihm zu kommen[eb], Mühselige und Beladene zu sein und nichts als das. ⌜Wir merken wohl:⌝ hier[ec]

[dt] Mskr.: «bei den Theosophen in Arlesheim». Im Druck 1921 (Pastoralblätter): «bei den Theosophen in Dornach».

[du] Mskr.: «eine neue Methode».

[dv] Mskr.: «einzurichten, wie es jetzt in Deutschland von den Siedlern versucht wird, wir würden freudig zugreifen»

[dw] Mskr.: «Wir würden auch kommen, wenn es sich darum handeln würde, mit den Bibelforschern».

[dx] Mskr.: «von den Amerikanern».

[dy] Mskr.: «das würde uns ohne weiteres einleuchten».

[dz] Mskr. «Aber nun wissen wir: es handelt».

[ea] Hier folgt im Mskr. noch: «Weil Jesus nicht dort ist, sondern hier bei den Mühseligen und Beladenen, darum kommt es auf jener Seite trotz allem Reden und allen vorübergehenden Erfolgen doch zu keiner eigentlichen Kraft, zu keinem Sieg, darum kann uns alles das, was dort gesagt und getan wird, so gar nicht überzeugen.»

[eb] Mskr.: «Aber darum fällt es uns doch schwer, hier wirklich zu kommen».

[ec] Mskr.: «Denn hier».

[14] Nachdem sich Rudolf Steiner von der Theosophischen Gesellschaft getrennt hatte, gründete er 1913 die Anthroposophische Gesellschaft, deren Mittelpunkt bis heute das Goetheanum in Dornach bei Basel ist.

[15] Vgl. oben S. 273, Anm. 6.

[16] Die Sekte der «Ernsten Bibelforscher», seit 1931 «Zeugen Jehovas», die 1920 ein zentraleuropäisches Büro in Bern eröffnete, geht auf den amerikanischen Pastor Ch. T. Russell zurück; vgl. O. Eggenberger, Art. «Zeugen Jehovas», in: RGG^3 VI, Sp. 1903–1906.

[17] Hier könnte John Mott gemeint sein, Gründer, Generalsekretär, seit 1920 Vorsitzender des Christlichen Studentenweltbundes. Barth hörte ihn 1911 in Genf und nahm ausführlich Stellung zur Person und zum Inhalt seiner Vorträge, in: Vortr. u. kl. A. 1909–1914, S. 266–287. Oder es ist an R. W. Trine gedacht, siehe oben S. 25, Anm. 3.

kann man nur *glauben.* Glauben, daß Gott den Demütigen Gnade gibt [1. Petr. 5,5]. Glauben, daß seine Kraft in den Schwachen mächtig ist [2. Kor. 12,9]. Glauben, daß wir in der Vergebung das ewige Leben haben. Glauben, daß es sich lohnt, alle unsere Perlen zu verkaufen um der einen kostbaren[ed] Perle willen [vgl. Mt. 13,45f.].[ee] Glauben, daß Jesus Sieger ist[18]. Jesus will von uns, daß wir glauben. Das zu tun fällt[ef] uns schwer, wir wollen es uns offen gestehen, schwerer als alles Hohe, Große und Komplizierte uns fallen würde.[eg] Der Glaube ist nicht jedermanns Ding [2. Thess. 3,2]. [eh]Es ist schon viel gewonnen, wenn wir das einsehen. Der Glaube fängt an mit der Einsicht, daß wir wenig Glauben haben. Das Finden fängt an mit dem Schmerz des langen, vergeblichen Suchens. Das Kommen zu Jesus fängt an mit der Erkenntnis, daß es ein Hartes ist, das da von uns gefordert wird. Die Mühseligen und Beladenen sind's, die zu Gott kommen durch die Buße.[eh] [20]

[ed] Mskr.: «köstlichen».

[ee] Zusatz im Mskr.: «Glauben, daß unser Glaube der Sieg ist, der die Welt überwindet [vgl. 1. Joh. 5,4].»

[ef] Mskr.: «Glauben ist's, was Jesus von uns will. Ja, das fällt».

[eg] Mskr.: «schwerer als uns alles Hohe, Große und Komplizierte fallen würde.»

[eh-eh] Mskr.: «Aber vielleicht doch auch jedermanns. Vielleicht haben wir umso mehr wirklichen Glauben, je mehr wir seufzen, daß wir keinen haben. Vielleicht suchen wir darum so schmerzlich, weil wir schon gefunden haben[19]. Vielleicht fällt es uns darum so schwer, zu kommen, weil wir schon gekommen sind, hingekommen zu dem, der die Mühseligen und Beladenen ruft, zu Jesus.»

[18] «Jesus ist Sieger!» ist die zentrale Aussage im Kampf J. Chr. Blumhardts um sein Gemeindeglied Gottliebin Dittus; s. Fr. Zündel, *Johann Christoph Blumhardt. Ein Lebensbild,* Gießen / Basel 1921[8], S. 109.144.

[19] Vgl. oben S. 169, Anm. 1.

[20] Lieder: Nr. 187 «Wort aus Gottes Munde» von H. C. Hecker, Strophen 1–3 (GERS [1952] 263 mit Textabweichungen); Nr. 222 «Kehre wieder, kehre wieder» nach K. J. Ph. Spitta, Strophen 1.4.5 (Reichs-Lieder 147,1.3.4 mit Textabweichungen).

Bettag II

Apostelgeschichte 16,30–31

[Liebe Herren, was soll ich tun, daß ich selig werde? Sie sprachen: Glaube an den Herrn Jesus Christus, so wirst du und dein Haus selig!]

1. Was soll ich tun, daß ich selig werde?, sagt der Kerkermeister von Philippi.

Seligwerden heißt nicht nur *ruhig sterben* und nachher in den Himmel kommen; Seligwerden ist sozusagen eine Gewalttat, die das diesseitige wie das jenseitige Leben umfaßt. Selig zu werden ist nicht bloß ein *persönliches Anliegen.* Wo Einer wirklich selig werden möchte, da steht hinter ihm das ganze Seufzen der unerlösten Schöpfung, die stumme Klage der Völker, die wilde [?] Sehnsucht von Tausenden von Geistern, sie können es selbst nicht sagen, was sie meinen, und nun finden sie einen Mund, einen Ausdruck da, wo ein solcher Mensch ist, der selig werden möchte. Ob wir selig werden, das ist nicht bloß eine *religiöse Frage,* das ist die eine große, letzte Lebensfrage. Seligwerden, das heißt Eröffnung des großen Rätsels unseres Daseins, Lösung der Fesseln, Zerbrechen der Schranken, die wir als die letzten, unübersteiglichen ansehen müssen. Seligwerden heißt so frei werden, wie man es sich nie zu denken getraut. Seligwerden heißt Gott erkennen, wie wir von Gott erkannt sind [vgl. 1. Kor. 13,12].

2. Der Kerkermeister von Philippi möchte selig werden. Dieser Wunsch ist *eine ungeheure Abkürzung* aller unserer menschlichen Wünsche, Hoffnungen und Absichten. (Wir sind gewöhnt, uns unser Leben auf allen Gebieten als eine *Reihenfolge von Stufen* vorzustellen. Z.B.: Zuerst *etwas erlernen,* dann uns eine Lebensstellung suchen, dann glücklich werden, dann gut werden, dann vielleicht auch noch fromm werden, dann zu allerletzt wohl auch noch selig werden. Oder auf dem Gebiet der Erziehung: zuerst die *leibliche Ernährung* und Pflege der Kinder, dann die Erziehung zu Gehorsam und Ordnung, dann die Darbietung eines reichen Anschauungsmaterials, dann die rechten Begriffe vom Leben, dann die Pflichten und Grundsätze, die sich daraus ergeben, dann zuletzt vielleicht auch noch der Ausblick in die blauen[?], duftigen Fernen des Seligwerdens oder wie man das dann nennen mag. Oder auf dem Gebiet der Politik: zuerst die *wirtschaftliche Wohlfahrt,* dann die Rechtsordnungen, dann die Bildung und Aufklärung, dann die Frage nach einer höheren[?] Gerechtigkeit und dann zu allerletzt, aber in unendlicher Ferne wohl auch noch die Seligkeit etwa in Form eines allgemeinen Reichs des Friedens und der Liebe.) Alle diese Stufenwege werden *mit einem Schritt abgekürzt* und übersprungen, wo ein Mensch im Ernst den Wunsch hat, selig zu werden. *Ihn hat Gott ergriffen,* wie [ein] Raubvogel ein Lamm ergreift, und trägt ihn über alle Stufen hinweg ans Ende. Und nun wird *das Ende* zum Anfang, *das Letzte* zum Ersten, *das Fernste* zum Nächsten, *das Unbestimmte, Unglaubliche,* auf das man kaum im Ernst hofft, zum Klarsten und Einfachsten, mit dem man zuerst rechnet, *das ungeheuer Schwierige,* das sich ein Mensch kaum in einem Lebensalter und die Menschheit kaum in Jahrtausenden erobern und gewinnen kann, zu dem, was zuerst und ganz schlicht gegeben ist.

Ein Mensch, der selig werden möchte, *kann die Anderen wohl verstehen,* denn er wandert ja auch mit ihnen von Stufe zu Stufe, wir haben alle keine andere Wahl. Aber die Anderen *verstehen wahrscheinlich ihn nicht ganz,* weil er immer auch noch vom Ende aus denkt, von oben nach unten, nicht nur von unten nach oben, von Gott her in die Welt hinein, nicht nur von der Welt her zu Gott hin, und weil er in diesen Gedanken seine eigentliche Heimat hat. Je stärker sein Wunsch wird, selig zu werden, desto mehr wird er *eine Störung,* ein Fremdkörper, ein Ärgernis, jedenfalls eine Frage für die Anderen.

3. Das ist das Besondere, das Auffallende an solchen Menschen, daß bei ihnen *das Seligwerden eine Frage* ist. *Was soll ich* tun, daß ich selig werde? *Mit dieser Frage* werden sie selber zu einer Frage, zu einer Unruhe für die Anderen.

Sie wissen nicht, wie man selig wird. Sie können, gerade was das Eigentliche, das Letzte, das Hinterste[?], das Lebendige im Leben betrifft, *nicht sagen: da bin ich in Ordnung,* das ist für mich geregelt und erledigt. Sie können sich darum auch nicht mit der vollen Gemütsruhe, mit dem ganzen Ernst und Eifer der Anderen *an die übrigen Fragen* des Lebens machen. Sie sehen immer gleichzeitig auch noch hinaus *über das, was gerade vor ihnen* liegt. Sie können sich wohl darin vertiefen, aber *nicht darin verlieren.* Sie können wohl ganz sachlich und tätig sein, bei einer Arbeit z. B., aber über die Sachlichkeit und Tätigkeit hinaus haben sie immer *noch einen Gedanken,* einen Zweifel, eine Hoffnung, ein Kopfschütteln, ein Lächeln. Nein, *ganz dabei* werden sie nie sein, *ganz binden* werden sie sich nie lassen, weder an ihren Beruf, noch an bestimmte Menschen, noch an bestimmte Anschauungen, noch an einen Verein oder eine Partei. Im letzten Grund bleibt *immer etwas frei* in ihnen, weil sie im letzten Grund immer noch ihre *unbeantwortete Hauptfrage* haben. Das unterscheidet sie von den Weltkindern.

Aber in anderer Beziehung gleichen sie auch wieder den Weltkindern und *unterscheiden sich von den Frommen:* Darin nämlich, daß das Seligwerden bei ihnen keine geregelte Angelegenheit ist. Sie haben keine religiösen Gewohnheiten, sie haben nur den *fragenden, suchenden Blick* über Alles hinaus nach Gott hin. Sie können das Leben und die Verhältnisse nicht der Religion zuliebe anders auffassen, als sie sind, sie müssen Alles erbarmungslos nüchtern betrachten; sie haben *nur den festen, hellen Punkt* über der ganzen Welt: Gott, der sie zugleich beunruhigt und beruhigt. Sie haben nicht irgend einen festen Grund in sich selber gefunden, z. B. in einer religiösen Erfahrung, sie haben *nur in Gott ihren Grund,* und von dem werden sie sich hüten zu sagen, sie hätten ihn. Wer hat denn Gott?

So sind sie wirklich und immer Fragende und können *nirgends mehr in eine Reihe* treten, weder bei den Weltkindern noch bei den religiösen Leuten. Man wäre versucht, sie eine *andere Sorte Mensch* zu nennen, aber sie werden nie zu einer besonderen Sorte, Gruppe oder Abteilung. Lieber gehen sie scheinbar zu diesen oder zu jenen, als daß sie eine besondere Fahne aufpflanzen würden. Sie haben eben wirklich keine Antwort, *nur eine Frage.*

4. Was soll ich tun, daß ich selig werde?

Wir wollen einen Augenblick auf *das «ich» in dieser Frage* achten. Wenn diese Frage echt ist, dann ist sie eine *Ich-Frage.* Nicht eine Weltfrage, nicht eine Schicksalsfrage, nicht eine Frage im Blick auf die Mitmenschen, nicht eine allgemeine Frage. Es handelt sich nicht darum: was für einen Lauf nimmt die *Weltgeschichte?* was bringt mir das

Leben? was sollen *Andere* tun? was könnte unser *Verein,* unsere Gemeinde, unsere Partei, unser Volk tun? Das Seligwerden ist in *keinem Sinn eine allgemeine* Angelegenheit. Das Seligwerden kommt *nicht, wie ein Gewitter* über alles Land kommt. Das Seligwerden kann ganz *unmöglich von einer Corporation,* von einer Anzahl Menschen gemeinsam unternommen und herbeigeführt werden. Auch die größten allgemeinen Bewegungen unter den Menschen, an denen wir vielleicht teilnehmen können, auch die größten Zeitströmungen *können ganz unmöglich Antwort* geben auf die Frage: wie werde ich selig? Das ist im strengsten Sinn eine persönliche Frage. Was in der Welt geschieht, was das Leben mir bringt, das kann mir diese Frage vielleicht *auf die Lippen legen,* aber ob ich sie auf die Lippen nehme, das ist meine Sache. Allgemeine Bewegungen und Strömungen, in denen wir uns befinden, mögen mich *aufrütteln,* mahnen, erinnern, aber ob ich aufwache und aufstehe, das ist wiederum [?] ganz meine Sache. *Gemeinsames Überlegen* und Bewegen dieser Frage, wie wir es etwa in der Kirche Sonntag für Sonntag versuchen, mag uns *die Augen und das Gewissen schärfen* für das, worauf es ankommt, aber ob ich diese Frage nun wirklich zu meiner Frage mache, das ist noch einmal durchaus meine Sache. Solange ich im Allgemeinen schwimme, solange ich irgendwie erwarte, daß etwas von außen kommt und mich mitnimmt, solange ich links und rechts blicke nach Nachbarn [?] mit Fragen, mit Bitten um Rat und Hilfe, mit Beschuldigungen, solange befinde ich mich vielleicht *im Vorhof und bin auf guten Wegen,* aber nur im Vorhof. Ernst wird es erst, wenn ich *einsam werde.* Der *einsame* Mensch ist der Schauplatz und der Schauspieler. Der Mensch, der *gar keine Zuschauer* mehr hat außer Gott. Der Mensch, den es *brennt,* daß er nicht selig ist. Der Mensch, dem die Lage in dieser Welt *zu einer Last* wird, die *er* empfindet, die er tragen muß. Der Mensch, der sieht, daß er in *diesem Leben nichts zu erwarten* hat, wenn er nicht Alles von Gott erwartet. Der Mensch, der die *ungeheure Möglichkeit erkennt:* ich könnte, ich dürfte Alles von Gott und von Gott Alles erwarten. Der *erschrockene Mensch,* der bedrängte Mensch, der in die Enge getriebene Mensch, *der merkt:* nun gilt's zu biegen oder zu brechen – Ich bin's! Ich bin gemeint! Mich geht's an! In mir entscheidet sich's! Auf mich kommt's an! *Meine* Frage ist die Gottesfrage.

5. Was soll ich tun, daß ich selig werde?

Das Wort «tun» ist vielleicht das wichtigste in dieser Frage. Da hören wir ja bereits von der anderen Seite *die Antwort:* glauben, glauben sollst du an den Herrn Jesus Christus. Das sollst du tun. Aber wir wollen noch bei *diesem Tun* stehen bleiben. Ein ernsthafter Frager fragt eben: was soll ich *tun?* Er weiß: die Seligkeit kommt *nicht im Schlaf.* Sie geschieht einem [?] nicht nur so. Sie kommt *nicht nur so daher.* Ich kann sie *nicht nur so hinnehmen.* Nein, ich muß *tun.* In mir muß es ein Aufrichten geben, eine Freiheit, einen Schritt, eine Tat. Es ist etwas *gefordert* von mir, das muß ich leisten. Nach meinem *Tun* werde ich gerichtet [vgl. 2. Kor. 5,10 u. ö.]. Aus meinem *Tun* folgt Leben oder Tod, Himmel oder Hölle. Nur den *Tätern* eröffnet sich die verschlossene Pforte des Daseins. Nur die *Täter* können Gott erkennen [vgl. Jak. 1,22–25].

Aber freilich, da erhebt sich ein gewaltiges Rätsel. Was soll ich tun, daß ich selig werde? Was kann ich *dafür* tun? Ich kann vielleicht viel tun in meinem *Beruf,* viel tun für meine *Mitmenschen,* viel tun in der *Politik,* viel tun in der *Kirche,* viel tun in *Gedanken* (und das ist auch ein gewaltiges Tun). Aber was kann der Mensch tun, daß er seine *Seele* wieder löse [Mk. 8,37 par.]? Kommt nicht die ganze Frage nach dem Seligwerden davon, daß der Mensch einsieht: das Eigentliche, das, was ich suche und meine[1] im Leben, das Lebendige im Leben, kann ich *mit all meinem Tun nicht gewinnen?* Ist nicht Seligkeit gerade das, *wofür ich nichts tun* kann? Ja, in der Tat: Es könnte eben sein, daß gerade das das größte und stärkste Tun wäre, das *Nichts-Tun* Gott gegenüber, das reine Offensein, Bereitsein, Gehorsamsein, das reine Glauben. Das scheint uns *verwunderlich,* das geht uns *hart* an. Das hat in all den Jahrhunderten des Christentums immer wieder *Staunen und Anstoß* erregt, wenn es ausgesprochen wurde. Das wurde immer wieder verschwiegen und vergessen. Man kann schon daraus sehen, daß das nichts Feiles, nichts Träges, nichts Bequemes sein kann: es ist den Menschen immer wieder als das *Schwerste, Unerhörteste* [?] erschienen. Die Tat, die Gott von uns fordert, ist die *Tat des Glaubens.* Alles Andere ist *nicht mehr von uns gefordert.* Bei allem Anderen können

[1] Im Mskr. ursprünglich: «was er sucht und meint»; dann statt «er» «ich» ohne Änderung der Verbformen.

und brauchen wir nicht mehr zu fragen: Was soll ich tun? Alles andere Tun *ergibt sich* und fließt von selbst aus dem Glauben. *Je ernster* ein Mensch fragt: was soll ich tun?, umso klarer wird ihm, daß es *nur dieses Eine* gibt, was zu tun ist, *desto voller* wird sein Fragen von [?] Antwort, *desto stiller* und tiefer wird sein Fragen. Das Aufrichten, die Freiheit, der Schritt, die Tat, die geschehen muß, ist *das Werk Gottes.* Gott wirkt, wenn wir am Ende unserer Werke sind und sehnsüchtig über das Ende hinausblicken. Gott wirkt, wenn wir *Sabbat feiern.* Gott wirkt, wenn der Mensch das tut, was wir Menschen tun können: *hören, rufen, schreien zu ihm,* zu ihm allein: Wenn mir gleich Leib und Seele verschmachtet, so bist du doch, Gott, allezeit meines Herzens Trost und mein Teil [Ps. 73,26]!

6. Und da ist dann die Antwort schon in der Frage, wenn sie ernst ist. *Glaube an den Herrn Jesus Christus,* so wirst du und dein Haus selig! Wir haben heute morgen ausführlich von dieser Antwort geredet. Der Sohn Gottes ist der, der die *Mühseligen und Beladenen* zu sich ruft. Er hat in seinem Tod am Kreuz *die Grenze,* das Ende, das Ziel des Menschen und alles Menschlichen offenbart. Er hat die *Quelle* erschlossen, aus der die Seligkeit fließt. *Glauben* an ihn heißt sich an dieses Ziel stellen. *Leben* von ihm heißt trinken aus dieser Quelle. *Glauben* an ihn heißt ein ernster, ein wirklicher Frager sein. Kommt her zu mir alle, die ihr mühselig und beladen seid [Mt. 11,28]! *Wagt es,* zu sein, was ihr seid! *Fürchtet* euch nicht! oder vielmehr: Freuet euch mitten in Furcht und Zittern! *Ich bin* die Auferstehung und das Leben [Joh. 11,25]!

Glaube an den Herrn Jesus Christus, so wirst du und dein Haus selig! *Du und dein Haus!* Laßt uns davon noch zwei Worte hören. Wir haben am Anfang gehört, daß die Seligkeit, die Errettung aus dieser Welt in das ewige Leben, das Kommen des Reiches Gottes *das Ziel aller Menschen, ja der ganzen Welt ist.* Das Fragen nach der Seligkeit freilich ist eine ganz *persönliche, einsame Sache* des einzelnen Menschen. Aber wo ein Mensch ein ernsthafter Frager wird, da leuchtet [?] die Verheißung: *Du und dein Haus!* Du und deine Umgebung! Du und dein Nächster! Du und der, mit dem du in Gemeinschaft stehst und kommst! Du und deine Kameraden, Genossen und Nachbarn! Du und dein Volk! Das *harte Eis der Welt taut* auf, wo ein solcher glaubender Mensch ist. Er *glaubt* auch für die Anderen. Er beunruhigt und weckt, er holt [?] und bewegt die Anderen heimlich durch seinen Glauben. Es wird *heute so viel gefragt* auf allen Gebieten: Was sollen wir tun? Was soll denn geschehen? Man sieht heute überall so deutlich die *Unerlöstheit* unseres Lebens und sucht fast verzweifelt nach allen möglichen *Mitteln und Ratschlägen.* Es gibt eine *Möglichkeit,* wenn die eintreten würde, so könnten wir viel Erlösung zu sehen bekommen, die Möglichkeit, daß da und dort *Fragende,* ernstlich Fragende unter uns aufbrechen [?] würden: fragende Väter und Mütter, fragende *Geschäftsleute,* fragende *Lehrer* in den Schulen, fragende *Pfarrer* auf den Kanzeln, fragende *Politiker* in den Redaktionsstuben und Ratssälen, fragende *Glieder* in jeder Familie und jedem Verein und jeder Partei. Nicht Besitzende, nicht Alles-Wissende und -Könnende, nicht Entschlossene, nicht Tüchtige, nicht Gewaltige, sondern Fragende, Arme, Bedürftige, Suchende. Fragende, die in *ihrer Frage die Antwort* tragen, Glaubende mit der Tat, Glaubende an *den Herrn Jesus Christus.* Heute am Bettag wollen wir es uns wieder sagen: Du und dein Haus, du und dein Volk wirst selig! Es ist dir verheißen, nimm es an. Du schaust [?] zu[2] der großen Wunde, an der wir alle leiden. Jesus ruft uns: Wer aus der Wahrheit ist, der höret meine Stimme [Joh. 18,37]!

Lieder:
Nr. 215 «Allein zu dir, Herr Jesu Christ», Strophen 1–2, Umdichtung des Liedes von K. Hubert (vgl. EG 232; in anderer Fassung RG [1998] 208) durch J. Schneesing (gestorben 1567)
Nr. 175 «Die Gnade sei mit allen» von Ph. Fr. Hiller, Strophen 1–4 (Reichs-Lieder 640,1–3.–)

[2] = Du sorgst dich um.

537 *Safenwil,* Sonntag, den 26. September 1920

Psalm 65,2

Gott, man lobet dich in der Stille zu Zion!

1. Aus dem Innersten, aus dem Tiefsten, aus dem verborgensten Wesen der Geschöpfe bricht das Lob Gottes hervor, wenn es wirklich Lob Gottes ist. Gott wird da gelobt, wo ein Geschöpf durch sein Dasein und Leben *Gott anerkennt* und preist als den Herrn und Meister, wo ein Geschöpf wie ein klarer, lauterer Spiegel das *Bild Gottes des Schöpfers wiedergibt,* wo ein Geschöpf *von Gott redet,* Gott zu erkennen gibt. Wie könnte Gott anders gelobt werden als dadurch, daß ein Geschöpf seinen *Ursprung in ihm* kundgibt, dadurch daß es auf seine Weise *Gott Gott sein* läßt, Gott reden läßt, Gott sich zeigen läßt, Gott wirken läßt. Dann *lobt Gott sich selber,* und das Geschöpf darf in Anbetung und Dankbarkeit an seiner Herrlichkeit teilnehmen.

2. Unzählige Geschöpfe loben Gott von Ewigkeit zu Ewigkeit, und wir Menschen sind von diesem Lob Gottes *umgeben,* umrauscht sozusagen von allen Seiten und werden es doch *kaum gewahr,* weil uns diese Sprache so ungewohnt ist. Denn eben aus dem *verborgensten* Wesen der Geschöpfe bricht Gottes Lob hervor. *Wir sehen* die Gestirne des Himmels, wir sehen die Berge, wir sehen die Blumen des Sommers und die Früchte des Herbstes. Und Gottes ewige Kraft und Gottheit wird von der Schöpfung der Welt her *erschaut* in seinen Werken durch die Vernunft [vgl. Röm. 1,20], aber doch nur, wo Augen sind zu sehen. Tausendfach *fehlen uns diese Augen,* dann sehen wir wohl die Werke, aber wie sie den Meister loben, das entgeht uns. Ihr Innerstes, ihr Tiefstes kann *nicht mit uns reden,* sie warten seufzend darauf, daß wir dem *Gehör schenken* möchten, was sie uns eigentlich zu sagen haben. Und so sind wir Menschen *tausendfach arm* mitten in einem Meer von Reichtum, weil wir taube Ohren haben. Und der Reichtum unzähliger Geschöpfe um uns her ist selber wie in ein *Kleid von Armut* gehüllt, weil ihre innerste, tiefste Stimme, die das Lob Gottes verkündigt, nicht zu uns dringt.

3. *Was ist doch der Mensch! Warum beraubt* er sich selbst, warum beraubt er die Geschöpfe, indem er sieht und nicht sieht, hört und nicht hört [vgl. Mk. 8,18]? *Warum geht er nicht* voran, statt daß er auf sich warten läßt? *Warum verurteilt* er die Schöpfung zum Schweigen vom Schöpfer und läßt sie nur von Stein und Erde reden, von Fleisch und Gras, von Natur und Tod? Weil er selber *tausendfach ein Schweigender* ist, weil er selber seine innerste, tiefste *Sprache noch kaum gefunden,* die Sprache, in der er Gott loben könnte und müßte. Wie ein schönes Lied nur von dem ganz verstanden wird, der selber mitsingt, wie nur der Künstler den Künstler ganz versteht und der Dichter den Dichter, wie in jedem Handwerk und Beruf nur der die Leistung eines Anderen würdigen kann, der selber darin arbeitet, so kann auch die *große Sprache der Anbetung* und der Dankbarkeit, die tausend Geschöpfe um uns her sprechen von Ewigkeit zu Ewigkeit, nur in der Anbetung und Dankbarkeit gehört werden. Der Mensch müßte *selber reden,* um zu hören. *Schweigt er,* so hört er auch nicht. Bricht aus ihm selber das *Zeugnis seines Ursprungs nicht* hervor, so bleibt ihm auch der Ursprung der Dinge verborgen. *Lobt er Gott nicht,* indem er das lautere Bild des Herrn, zu dem er geschaffen ist, *reden läßt,* dann bleiben ihm auch Himmel und Erde und all ihr Heer stumm. Das ist die *Auflösung des Rätsels* unserer Armut mitten im Reichtum.

4. Aber eben: *Warum schweigt der Mensch?* Da bricht sofort ein neues, schweres Rätsel auf. Warum schließt *gerade der Mensch sich selber aus* von der großen Einstimmigkeit des Lobens, Anbetens und Dankens? Ist nicht der Mensch die geheimnisvolle *Mitte der Schöpfung?* Ist nicht der Mensch *der Spiegel,* in dem Gott zuerst und direkt sein Antlitz wiedererkennen möchte? Ist nicht der Mensch das Geschöpf, das *das vollkommene* Lob des Schöpfers aussprechen könnte und müßte? Ja allerdings, er ist es, und gerade darin liegt nun schon ein Teil der Antwort. Der Mensch ist *so sehr* für Gott zubereitet, auf Gott hin gerichtet, er ist Gott so verwandt, so nahe (wenig niedriger denn Gott, wie es in einem anderen Psalm heißt [8,6]), er ist in Gott so reich, daß ihm gerade das *zum Hindernis* wird, Gott zu loben, aus seinem innersten Wesen heraus Gott reden, Gott sich zeigen, Gott wirken zu lassen. Zum Lobe Gottes *braucht es* ein *Entbehren, einen Mangel, eine Demut.* Ein Geschöpf, das Gott lobt, setzt damit sich selbst ins *Unrecht,* es bekennt seine *Schwachheit,* sein Ungenügen, seine Vergänglichkeit. Es weiß, daß es *nur ein Geschöpf* ist und klammert sich an seinen Schöpfer. Die bald welkende Blume im Felde, die fallenden Blätter im Walde, das rasch verdunstete Wassertröpflein, das kurzlebige Mücklein in der Luft, sie haben einen *denkbar schlichten Weg* zu Gott. Sie stehen *auf keiner großen Höhe,* sie sind bald in der Tiefe, wo es zur Anbetung kommt. Darum ist in der ganzen Natur *dieses große, einfache Lob Gottes,* ob wir's hören oder nicht. Alle diese armen Geschöpfe sind *in ihrer Armut reicher* als der reiche Mensch. *Der Mensch* hat einen weiten Weg zur Demut. Er ist Gott so ähnlich, daß ihm seine Schwachheit, sein Ungenügen, seine Vergänglichkeit *nicht so ohne weiteres* zum Bewußtsein kommt. Er ist *selber ein Schöpfer,* wie sollte er dazu kommen, einen Anderen als den Schöpfer zu loben? Er ist *selber herrlich,* wie sollte er dazu kommen, sich selbst ins Unrecht zu setzen? Er ist *selber ein Herr,* wie sollte er dazu kommen, einem Anderen die Ehre zu geben? Die *Verheißung der Schlange:* Ihr werdet sein wie Gott! [Gen. 3,5] ist nur zu einleuchtend, nur zu wohl begründet, denn der *Reichtum des Menschen in Gott* ist nur zu groß. Gerade der Mensch hat es offenbar *nicht nötig,* sein verborgenstes Wesen, seinen Ursprung in Gott ans Licht zu bringen. Er kann ja *ganz Anderes* ans Licht bringen, was auch schön ist: er kann klug sein, er kann tätig sein, er kann gerecht sein, er kann sogar fromm sein. Die Tiefe, wo Gott angebetet wird, ist gerade *vom Menschen weit weg.* Und so kann er ihr fern bleiben, so kann gerade der Mensch sich *ausschließen* vom Lob Gottes, so kann gerade der Mensch den entscheidenden *Mißton* hereinbringen in die große Einstimmigkeit. Und das ängstliche *Harren der Kreatur wartet* auf die Offenbarung der Söhne Gottes [Röm. 8,19], wartet darauf, daß der Mensch sein *Schweigen breche.*

5. Man kann es auch anders ausdrücken: Es wartet Alles darauf, *daß der Mensch still werde.* Der Mensch, der im Einen, was not tut [vgl. Lk. 10,42], so schweigsam ist, ist ja in allen anderen Beziehungen *das lauteste von allen Geschöpfen.* Es ist ja ganz erstaunlich, was alles der Mensch *aus sich hervorzubringen vermag,* wenn er irgend einen seiner Zwecke erreichen will. Nehmt z. B. den Menschen, der irgendwie glänzen und *Eindruck* machen möchte; was für ein Feuerwerk vermag da schon das jüngste Töchterlein springen zu machen. Oder nehmt den Menschen, der sich *verteidigen* und rechtfertigen will in irgend einer Sache; was für ein Geräusch, was für eine Bewegung um einen solchen Menschen herum. Oder nehmt den Menschen, der *nicht ganz sicher* ist in seinem Gewissen und doch um jeden Preis sicher sein und jedenfalls scheinen möchte; was für ein wunderbar lärmendes Wesen pflegt ein solcher Mensch zu entfalten. Wir stehen alle unter diesem Gesetz, unter diesem Zwang: wir *möchten uns entfalten,* es sollte irgend etwas laufen und geschehen, wozu ist sonst das Leben da?, und so geben wir denn Laut, jeder auf seine Weise. *Je größer der* Zweck, desto größer die Wichtigkeit und das Getöse, mit dem die Menschen auftreten. Manchmal aber auch große Wichtigkeit, großes Getöse, *wo gar kein Zweck ist,* z.B. im Wirtshaus, in der Politik, in gewissen Versammlungen und Konferenzen, leider manchmal auch in der Kirche. *Wenn ein Unerfahrener* vom Mond auf die Erde käme, wie müßte er staunen über all den *wirklichen und falschen Ernst,* den wir alle zur Schau tragen, über die *kunstreiche Art,* mit der wir es verstehen, Lärm zu machen, über all die *Worte und Wörter* [?], durch die wir absichtlich oder unabsichtlich kundgeben, daß wir mit bedeutenden Dingen beschäftigt sind. *Vieles offenbart sich* in dieser ungestümen Begierde und Fähigkeit des Menschen, sich bemerkbar zu machen, etwas hervorzubringen. Erstens die Tatsache, daß immer noch etwas in uns verborgen ist, *eine letzte Wahrheit,* die ans Licht möchte. Zweitens unser Reichtum in Gott, unser *Reichtum an drittletzten* und viertletzten Wahrheiten, die wir nun bereitlegen können nach Herzenslust. Drittens unsere Ähnlichkeit mit dem Schöpfer auch darin, daß wir *die Kraft haben,* aus [?] unergründlicher Tiefe in uns immer Neues zu denken, zu sagen, hervorzubringen, zu unternehmen. Viertens aber auch die Tatsache, daß wir uns darum *so lebhaft* bewegen, weil wir irgendwie auf der Flucht sind, daß wir darum *so laut* machen, weil wir etwas übertönen wollen, daß wir darum *so Vieles* tun, weil wir dem Einen, das wir tun sollten, ausweichen möchten. *Wir spinnen* Luftgespinste und suchen viele Künste und kommen weiter von dem Ziel.[1] Jene letzte Wahrheit in uns möchte wohl ans Licht; aber sie kann

[1] Vgl. Lied Nr. 52 «Der Mond ist aufgegangen» von M. Claudius, Strophe 4 (RG [1998] 599; EG 482).

ja nicht; wir sind *viel zu gewandt,* viel zu beweglich, viel zu unternehmend, viel zu vielseitig. Zum Lob Gottes kann es nicht kommen, wir *sind ja nie still.* Und nun *wartet Alles darauf,* daß der Mensch still werde. Der Himmel wartet. Die Erde wartet. Gott wartet, und unser eigenes sehnsüchtiges Herz wartet auch.

6. Was für ein merkwürdig wahres Wort: *Gott, man lobt dich in der Stille zu Zion!* Man kann wohl sagen, daß die ganze Wahrheit, die ganze Botschaft der Bibel, Alles, was die Bibel uns mitteilen will, auch in diesem kurzen Wort enthalten und ausgesprochen ist. Es *erinnert* uns an die Stille zu Zion. Es will uns in diese Stille *rufen.* Denn *dort* wird Gott gelobt, auch von Menschen gelobt. *Dort* wird angebetet im Geist und in der Wahrheit [vgl. Joh. 4,24]. *Dort,* in der Stille zu Zion, bleibt der Mensch nicht mehr einsam und schweigsam in dem Einen, was not tut, sondern stimmt ein in die große Einstimmigkeit der Geschöpfe. Gott, man *lobt* dich in der Stille zu Zion. Es gab und es gibt auch einen *Lärm zu Zion.* Könige und Priester und Volk von Jerusalem und manchmal auch die Propheten haben dafür gesorgt, daß es daselbst immer *auch menschlich* zuging wie überall. Der *allererste Eindruck,* den uns die biblischen Menschen des Alten und Neuen Testaments machen, wird immer der sein, daß sie *tatsächlich auch Menschen* waren mit menschlichem Ernst, Eifer und Zorn, mit menschlichen Gedanken und Bestrebungen wie wir alle. Die Kriegszüge des David [2. Sam. 5–10] waren nicht gerade Stille zu Zion. Und der Tempelbau des Salomo [1. Kön. 6–8] auch nicht. Auch nicht das, was Elias auf dem Karmel getan hat an den Baalspfaffen [1. Kön. 18,40] und auch nicht der Streit des Petrus und Paulus in Antiochien [Gal. 2,11–21]. Und so können wir in der ganzen Bibel Spuren davon entdecken, daß wir *in unserer Welt,* in der Welt des Menschen sind. Aber der *gewohnte Lärm,* den wir da finden, kann *die Stille zu Zion* nicht ganz verschlingen. Das ist *das Besondere* in der Bibel. Durch Alles hindurch hörten diese Menschen – und wir hören es durch sie – *eine gewaltige Stimme,* die ihnen Halt! gebietet: Halt, Mensch, deine Herrlichkeit ist *nicht deine Herrlichkeit!* Halt, du bist nicht Schöpfer, sondern *Geschöpf!* Halt, du bist *Staub und Asche* vor dem, der allein lebendig ist. Einen *neuen Gedanken* mußt du fassen von dem, was ernst und groß und wichtig ist. Mensch, *werde aufrich-*

tig, werde wesentlich[2], werde demütig! Mensch, *komme zur Einsicht,* daß das Leben da anfängt, wo du aufhören wirst! Mensch, *hör auf,* glänzen zu wollen, hör auf, dich zu verteidigen, hör auf, dir eine Sicherheit bewahren zu wollen, die es nicht gibt! Mensch, *sei nicht mehr* so künstlich, so gewandt, so mannigfaltig, weiche nicht mehr so aus vor dem Einen, Einzigen! Mensch, *erkenne deinen Gott* und gib ihm die Ehre!|

Das ist das Wunder und die Offenbarung in der Bibel, wie da diese Stimme *redet,* wie sie den Menschen *herunterführt* von seiner Höhe, wie sie die *Einbildung auflöst,* als ob das seine Höhe sei, wie sie es ihm *zum Bewußtsein bringt,* daß er nicht Gott ist, wie sie ihn *an seinen Platz stellt* in der Mitte der Schöpfung, aber eben in der Mitte der *Schöpfung,* die ihr Dasein von einem Anderen hat, wie sie *diesen Anderen,* den er immer übersehen möchte, vor ihn hinstellt als den König aller Könige und Herrn aller Herren [1. Tim. 6,15]. Als es *Nacht wurde über Golgatha,* wo der Menschensohn und Gottessohn am Kreuze starb [vgl. Mt. 27,45 par.] – nicht einen Palast oder Tempel bezog, sondern am Kreuze starb, da hat diese Stimme ihr *letztes entscheidendes Wort* gesprochen, da war Alles vollbracht [vgl. Joh. 19,30], was die Bibel dem Menschen zu sagen hat: *Du bist Erde* und sollst wieder zu Erde werden [Gen. 3,19]! Fleisch und Blut können das Reich Gottes nicht ererben [1. Kor. 15,50]. Wo dieses Wunder, die Offenbarung dieser Stimme geschieht, *da wird's still.* Da muß Alles schweigen. Nein, nicht Alles: Da kann *nun auch jenes Innerste,* Tiefste im Menschen reden, das sonst nie reden kann. Da *bleiben* nur noch Glaube, Hoffnung, Liebe, diese drei [1. Kor. 13,13]. Da bleibt nur noch das *Lob Gottes,* Gottes allein, nicht mehr zu verwechseln mit Selbstlob, Menschenlob, Weltlob. Das Lob Gottes, das darin besteht, daß der Mensch *ihn das Wort ergreifen* läßt. Kein Mensch hat Gott gelobt *anders denn aus dieser Stille* heraus. Fragt sie alle, die Großen und die Kleinen, die Bekannten und die Unbekannten, die mächtigen Helden und Arbeiter Gottes und die Schlichtesten, Verborgensten seiner Zeugen unter den Menschen: ihr *Zeugnis kommt aus der Stille.* Versucht es nicht anders,

[2] Angelus Silesius (Johann Scheffler), *Cherubinischer Wandersmann.* Kritische Ausgabe, hrsg. von L. Gnädinger, Stuttgart 1984, II,30, S. 76:
Mensch werde wesentlich: denn wann die Welt vergeht /
So fällt der Zufall weg / das wesen das besteht.

Gott zu loben, *nicht nach Menschenweise,* nicht um als Menschen etwas zu rufen oder zu tun, lieber versucht es gar nicht. Es gibt nur Eines: *die Stimme* hören, die uns in die Stille ruft. In der Stille *wird Gott gelobt,* so wahr er Gott ist. *Ostern* ist das Lob Gottes, das aus der Stille des Kreuzes herauskommt. Und immer wieder ist *Auferstehung* die Antwort auf die Stille zu Zion.

7. Wir wollen dankbar sein, *daß wir in einer Zeit leben,* die uns – ich möchte sagen – von selbst auf diese Stille hinweist, ja *hindrängt.* Dem üppigen Aufschießen und Sich-Entfalten des Menschen ist heute auf vielen Gebieten eine deutliche *Grenze gesetzt.* Der Rausch, in dem sich die Menschheit noch im vorigen Jahr befand, ist *am Verfliegen.* Es dämmert in uns die Ahnung, daß unser Reichtum, unsere Kraft eben doch nur *unser* Reichtum, *unsere* Kraft ist. Es dämmert uns, daß die Meinung, wir könnten werden wie Gott, ein *Irrtum sein dürfte.* Wir stehen vor zu vielen *Ruinen,* vor zu vielen *Enttäuschungen,* vor zu vielen hoffnungslosen *Holzwegen.* Wir sind zu deutlich vor die Tatsache unserer *Ohnmacht* gestellt. Wir sehen etwas in Erfüllung gehen von dem, was es im 1. Korintherbrief heißt [13,8]: Die Weissagungen werden *aufhören,* und die Sprachen werden *aufhören,* und die Erkenntnis wird *aufhören.* Wir wollen uns diese Tatsache *nicht verhehlen,* wir wollen also das, was die heutige Lage uns sagen will, nicht überhören. Wir wollen uns dadurch aber auch *nicht müde* und verzweifelt machen lassen. Wir wollen es *verarbeiten,* wir wollen es in uns verwandeln zu einer Einsicht, zu einer Entscheidung, zu einer Wendung. Ja, wir wollen die *Möglichkeit* nicht übersehen, daß wir alle heute eine *Wendung in die Stille* vollziehen können. Ja, es ist heute, gerade heute, eine große Möglichkeit, daß das *Kreuz Christi deutlich und stark* mit uns redet mit seinem *Halt!,* das uns zum Schweigen bringt, und mit seinem *Vorwärts!,* das uns den Mund öffnet zum Lobe Gottes. O wenn wir klare *Augen* hätten und ein offenes *Herz* und ein ehrliches *Gemüt* und feste *Hände,* um das, was uns jetzt *bedrängt und bedrückt* und den Atem nimmt in der äußeren Weltlage, *umzukehren* in uns, damit ein Sieg Gottes daraus werde, *umzukehren* in das lebendige Flehen und Rufen der Stillen im Lande[3], *umzukehren* in den

[3] Der auf Ps. 35,20 zurückgehende Ausdruck wurde seit dem 18. Jahrhundert gebraucht für die Anhänger der pietistischen Bewegung.

göttlichen Befehl, daß wir dem Herrn ein neues Lied singen sollen [vgl. Ps. 98,1 u. ö.].

Lieder:
Nr. 191 «Nun geh' uns auf, du Morgenstern» von J. Sturm (1816–1896), Strophen 1.2.7 (FEG [1907] 181)
Nr. 247 «Allgenugsam Wesen» von G. Tersteegen, Strophen 1.3.4 (RG [1998] 661; EKG 270)

Safenwil, Sonntag, den 3. Oktober 1920
Psalm 119,19

Ich bin ein Gast auf Erden; verbirg deine Gebote nicht vor mir!

1. Ich bin ein Gast auf Erden! Wir Menschen sind in dieser Erkenntnis einiger, als wir denken.

Man könnte einwenden, daß es unzählige Menschen gibt, die nach *ihrer lauten Versicherung* nur das Leben auf Erden kennen, aber *kein Jenseits,* kein himmlisches Ziel, nach dem wir unterwegs sind, und also scheinbar auch nichts davon, daß wir nur Gäste sind auf Erden. Es sind meistens überaus *ehrliche,* nüchterne Menschen, die so reden, Menschen, die nicht träumen, sondern Alles sehen möchten, wie es ist. Aber nun ist's merkwürdig genug, gerade den Ehrlichsten und Nüchternsten unter ihnen *weiter zuzuhören:* Wir kennen eben keine vollkommene *Wahrheit,* wir Menschen, sagen sie. Wir sehen weit und breit nichts, was unbedingt *gut* wäre. Es gibt kein *Glück* in dieser Welt und keine Glücklichen. Wir wissen nicht, was *Gott* ist. So sagen also doch auch sie, daß der Mensch, der Mensch mit seiner tiefen, unzerstörbaren Sehnsucht nach Wahrheit, Glück und Frieden, der Mensch mit seiner ewigen Frage nach Gott, in seinem Dasein, wie es tatsächlich ist, in der *Fremde* ist. Das, was wir das Leben nennen, steht zum tiefsten Wesen des Menschen im *Widerspruch,* sagen auch sie. Sie würden vielleicht *zögern* zu sagen, daß er eine Heimat habe, aber daß er in der *Fremde* ist, daß er ein *Gast* ist auf Erden, das können und wollen auch sie nicht verleugnen.

Man könnte weiter einwenden, daß die übergroße Mehrzahl der Menschen *durchaus nicht so lebt,* als ob sie sich in der Fremde fühlten.

Sieh die bitteren, *ernsten Gesichter,* mit denen wir alle uns zu behaupten versuchen! Sieh, wie wir laufen und rennen, unsere sogenannte *Lebenszeit auszunützen* und auszukosten! Sieh, wie sehr uns allen daran gelegen ist, irgendwo *daheim zu sein,* recht behaglich in unserem Heim uns einzurichten! – gibt es liebere, traulichere Worte in unseren Ohren als die Worte Heimat und Heimatboden? Sieh, wie wir *unsere Feste* und Festlein feiern, weltliche und christliche, landauf landab, nach dem Krieg wie vor dem Krieg, als hätten wir den Himmel auf der Erde. Ich bin ein Gast auf Erden? So lebt man doch nicht, wenn man nur ein Gast ist? Ja, das kann man *scheinbar* einwenden.

In Wirklichkeit ist gerade unser Leben *der stärkste Beweis* dafür, daß wir Gäste sind auf Erden. Wir würden den Kampf ums Dasein[1], den Kampf um unser Recht, um unseren Platz an der Sonne[2], um unsere Ehre und Geltung nicht mit so grimmigem Ernst kämpfen, wenn wir nicht wüßten, daß *das alles uns jeden Augenblick entgehen,* entgleiten will, daß wir seiner nicht mächtig sind; wäre uns das, was jetzt ist, Alles, wäre es uns Ewigkeit, wir würden wahrhaftig ruhen und uns freuen, statt zu kämpfen. Wir würden uns nicht so beflissen stürzen auf dieses kurze Leben, wenn wir nicht eben das wüßten, *daß es kurz ist, daß es eine Grenze hat.* Wir würden uns nicht so angelegentlich damit beschäftigen, unser Heim zu bauen und zu schmücken und unsere Heimat zu preisen, wenn wir nicht wüßten, daß wir *hier nie widerspruchslos und endgiltig daheim* sein werden. Wir würden uns nicht begnügen mit den dürftigen Dingen, die wir unser Vergnügen nennen, wenn wir uns nicht sagten, daß man *vorlieb nehmen muß,* daß das eigentlich Schöne, die wirklich große Freude, die wir bei aller unserer Vergnügungssucht eigentlich meinen, sowieso nichts für uns Menschen ist. Viel zu viel *Wehmut,* Enttäuschung, Verzicht, Unbefriedigung, ungestillte Sehnsucht verraten wir alle mit unserem ganzen Tun und Treiben, viel zu viel *Heimweh* ist über unser ganzes Leben ausgebreitet, als daß man uns glauben könnte, daß wir uns wirklich *zu Hause* fühlen. *O doch: Ich bin* ein Gast auf Erden! Die übergroße Mehrzahl der Menschen wird das ja nie geradezu so *aussprechen.* Aber sie *weiß es* im Grunde so gut oder noch besser als die wenigen Nachdenklichen, die es wissen und gelegentlich auch aussprechen. Gläubige und Ungläubige, Gotteskinder und Weltkinder, Nachdenkliche und Alltagsmenschen – wir sind einiger in dieser Erkenntnis, als wir gewöhnlich meinen.

[1] Vgl. Ch. Darwin, *On the Origin of Species by Means of Natural Selection, or The Preservation of Favoured Races in the Struggle for Life,* London 1859 (*Über die Entstehung der Arten im Thier- und Pflanzen-Reich durch natürliche Züchtung, oder Erhaltung der vervollkommneten Rassen im Kampfs um's Daseyn,* Stuttgart 1863).

[2] Vgl. die Rede von Bernhard Graf von Bülow, Staatssekretär des Äußeren, am 6.12.1897 im deutschen Reichstag: «Wir wollen niemand in den Schatten stellen, aber wir verlangen auch unseren Platz an der Sonne» (Büchmann, S. 798).

2. Und nun seht: diese Erkenntnis ist unsere *Erkenntnis Gottes in Jesus Christus.* Wenn es uns *ernst wird* mit der Erkenntnis, daß wir in der *Fremde* sind, nicht in der Heimat, in einer großen *Vorläufigkeit,* nicht im Ewigen, in einem dunklen *Vorraum,* nicht drinnen, wenn es uns mit dieser Erkenntnis, die uns allen nicht ferne ist, *so ernst wird,* daß sie in unserem *Herzen* einen Ort bekommt, unmittelbar dort, wo unsere Gedanken ihre *Wurzel* haben, dann sind wir von Gott erkannt und erkennen Gott. *Abraham, Isaak und Jakob* kamen ja auch nicht anders zur Erkenntnis Gottes als dadurch, daß sie sich selbst erkannten als Gäste und Fremdlinge auf Erden und daß sie dabei blieben und verharrten: das sind wir und nichts Anderes [vgl. Hebr. 11,9.13]. Und so bestand die Gotteserkenntnis der *Propheten* wesentlich in der Einsicht, daß Gott jedenfalls über allen Göttern der Erde ist [vgl. Ps. 96,4f. u. ö.], daß er jedenfalls nicht in Häusern wohnt, die von Händen gemacht sind [vgl. 1. Kön. 8,27 u. ö.]. Diese Gotteserkenntnis ist sonnenklar geworden in der *Botschaft Jesu Christi,* daß das Himmelreich wartet auf die Mühseligen und Beladenen [vgl. Mt. 11,28], auf die geistlich Armen und Leidtragenden, auf die Hungernden und Dürstenden [vgl. Mt. 5,3–6], also auf alle die, die sich jetzt und hier im Ernst nicht daheim wissen. Das wird bestätigt, bewährt und erklärt *durch seinen Tod am Kreuz,* denn dieser Kreuzestod ist ein *großes Nein,* das über die ganze Erde ausgesprochen wird: Nein, *nicht* ewig, *nicht* vollkommen, *nicht* wahr und gut im tiefsten Grunde ist Alles, was jetzt und hier ist, Alles, was wir jetzt Herrlichkeit, Gerechtigkeit, Frömmigkeit, Weisheit nennen mögen. *Ein Halt! wird da geboten* der ganzen großen Einbildung, als ob wir im Ernst etwas wären und hätten, könnten und wüßten. *Zum Spiel wird hier* der ganze ungeheure Zusammenhang unserer Meinungen, Bewegungen, Standpunkte. *Eine Lösung des Menschen* von allem, was menschlich ist, wird da vollzogen. Und dieses Nein!, dieses Halt!, diese Lösung wird nun *die enge Pforte* [vgl. Mt. 7,13 par.], wo Gott sich zu erkennen gibt und erkannt wird. Von [da] aus gibt es allenfalls eine Antwort auf die Rätsel und Fragen unseres Daseins, von da aus gibt es allenfalls einen *Trost und eine Hilfe* in seinen großen Nöten, von da aus könnte möglicherweise *angefangen werden,* wirklich [?] zu leben. Von da aus gibt es auf alle Fälle eine *Vergebung* für unsere ganze menschliche Torheit und Eitelkeit, *ein Ja* von Gott her, ein *Dennoch,* an das wir uns auch

als Sünder und Sterbende, die wir sind, halten können. Denn da, jenseits der engen Pforte, ist die *Auferstehung* und das Leben [vgl. Joh. 11,25], das kommende *Reich Gottes.* Wer im Ernst den Ort erkennt, wo unser ganzes Leben zu einer *großen Frage* wird, wo es *aus den Angeln* gehoben wird, wer im Ernst erkennt, daß er ein *Gast* ist auf Erden, der erkennt Gott.

3. Seht, so *kommt das Evangelium dem entgegen,* worin wir Menschen im tiefsten Grunde alle einig sind. Es sagt uns also eigentlich nichts Neues, es sagt uns, *was wir schon wissen.* Aber [es] *offenbart uns das Verborgene.* Es *nimmt die Finsternis* auf dem Hintergrund unseres scheinbar so hellen, klaren Lebens ernst, *es zieht sie an das Licht* Gottes, damit sie in seinem Licht auch licht werde. *Wer es sich sagen läßt,* was wir ja alle eigentlich wissen: daß wir Gäste sind auf Erden, der *glaubt* an das Licht, der *kommt* an das Licht und *wird selbst* licht [vgl. Joh. 12,36].

Dir ist durch *eine Störung,* die du erlebt hast, vielleicht durch eine Krankheit, durch einen Mißerfolg, durch eine Enttäuschung dein Leben auf einmal *recht fragwürdig,* recht zweifelhaft geworden. Du möchtest darüber *hinwegkommen,* vergessen können, wieder ruhig werden – nein, du sollst *nicht* darüber hinwegkommen, sondern davor stehen bleiben. Es ist Alles *noch viel fragwürdiger* und zweifelhafter, als du denkst. Du bist *ein Gast* auf Erden. *Sieh es ein,* daß du es bist, *erkenne Gott!* Von daher kommt deine *Befreiung.* Sie *kommt.* Christus ist auferstanden, auch für dich, aber du mußt dich durch ihn *lösen lassen* von dem, was sterben muß.

Du leidest daran, daß du merkst, *daß du älter* wirst – und man kann schon in den dreißiger, sogar schon in den zwanziger Jahren darunter leiden, daß man merkt, daß man älter wird. Du siehst in Momenten blitzklar, wie *das Leben dir enteilt* und wie es immer nur eine *Vorbereitung* ist. Eine Vorbereitung auf was eigentlich? Wird es, das, worauf du immer noch wartest und hoffst, etwa in ein paar Jahren oder Jahrzehnten noch kommen, wenn es bis jetzt nicht gekommen ist? Nicht wahr, du möchtest es dir *einreden?* Mancher Alte von sechzig und siebzig Jahren redet es sich immer noch ein, daß es noch kommen werde: es, das große Glück, die große Genugtuung, die große Freude. Nein, rede es dir *nicht* mehr ein, hör auf damit, je früher um so besser.

Du bist ein *Gast* auf Erden! *Sieh ein,* was du bist, *erkenne Gott!* Von daher kommt *das Bleibende,* das Unvergängliche, das, was nicht nur vorläufig und Vorbereitung ist, sondern Ziel und Erfüllung. Ja, *es kommt.* Christus ist auferstanden. Aber laß ihn auferstanden sein auch für dich, laß dir sein *Nein* gesagt sein, laß den *Schatten* seines Todes liegen auf deinem Leben, trage sein *Joch* in deiner Jugend [vgl. Klagel. 3,27], damit sein Licht auch dir leuchten kann.

Wir alle werden durch die *heutigen Weltverhältnisse* dringlich und schmerzlich daran erinnert, daß wir Gäste sind auf Erden. Man kann unsere Zeit auffassen, wie man will. Das ist sicher, daß wir alle an Einbildungen und auch an Hoffnungen um sehr Vieles *ärmer geworden* sind. Die bestehenden Ordnungen, die *giltigen Gedanken* in Staat und Kirche, in Schule und Familie sind von unzähligen Fragezeichen umgeben, aber es geht den Programmen und Bestrebungen der *Vereine und Umstürzler* nicht viel besser. Ein *Schleier von Zweifel* legt sich heute über Alles, was wir Menschen wollen und tun. Wo ist in der Verwirrung der Gegenwart der Mensch, der auch nur durch seinen Rat, geschweige denn durch seine Tat im Ernst etwas beitragen könnte, das Ganze der Gesellschaft *vorwärtszubringen?* Wollen wir es uns *verhehlen,* daß es so mit uns steht? Nein, wir wollen es uns *eingestehen:* wir sind eben *Gäste* auf Erden. Die Verwirrung der Gegenwart kann uns so gut oder noch besser als Krankheit, Leid und Alter im einzelnen Leben zum *Anlaß* werden, einzusehen, was *wir sind,* und *Gott zu erkennen.* Von daher kommt *Bewegung in die Menschheit.* Ja, sie *kommt* – auch hier. Christus ist *auferstanden,* er ist wahrhaftig auch für unsere ganze Zeit und Menschheit auferstanden [vgl. Lk. 24,34]. Aber wenn dieses «für uns» zur Geltung kommen sollte, dann müßten wir jetzt den großen Anlaß, die große Gelegenheit *ergreifen,* die Bedeutung und Kraft seines Todes zu *verstehen,* unsere Finsternis *nicht künstlich zu übergehen* und zu verschweigen, sondern sie demütig und tapfer *ans Licht zu ziehen.* Es ist *viel Licht für uns vorhanden* in der Tiefe Gottes, wenn wir uns nicht scheuen, in seinem Lichte *dazustehen, wie wir sind.*

Seht, so *begegnet das Evangelium uns in unserer Lage,* im Kleinen und im Großen. Es ruft uns zu, daß wir *glauben sollen,* d. h. daß wir *ganz ernst und aufrichtig* werden sollen in der Erkenntnis unserer Lage. So gut wir alle eigentlich wissen, wie es um uns steht, so *schwer* fällt es uns, darin *ganz ernst und aufrichtig* zu werden. Es ist ein *ungeheurer Schritt,* so *klein* er scheint, sich tatsächlich einzugestehen: Ich bin ein *Gast* auf Erden! In diesem kleinen und doch so großen Schritt besteht die *Erkenntnis Gottes in Jesus Christus.*

4. Man kann *nicht sagen, daß uns Menschen das Leben durch diese Erkenntnis leicht* gemacht werde. Das hat schon der Psalmsänger gewußt, indem er zu dieser Erkenntnis: Ich bin ein Gast auf Erden! hinzufügte: Verbirg deine Gebote nicht vor mir. *Wenn das Licht der Ewigkeit auf unser jetziges Leben fällt,* wenn es nur noch eine Wanderschaft ist, wenn wir tatsächlich ganz nur noch auf die göttliche Vergebung angewiesen sind und ausschließlich nur noch von den Kräften der Auferstehung das Leben haben [?] und das Leben erwarten – dann *wissen* wir sehr viel weniger als vorher, wir haben weniger *Sicherheit,* Recht zu haben, weniger *Lust,* anzugreifen und uns zu verteidigen, weniger *Zutrauen* zu uns selbst, zu unseren Gedanken und Maßnahmen, weniger *Zutrauen* auch zu anderen Menschen und dem, was sie wollen und können, wir sind in dem Sinn *weniger kindlich,* daß wir besonders in unserem Urteil über gut und böse, wahr und falsch, schön und häßlich sehr viel zurückhaltender werden, aber auch *weniger zuversichtlich* und überzeugt in dem, was wir tun und nicht tun. Es kommt eine gewisse *Erschütterung* über uns, eine Brechung, eine Auflösung. *Nichts Irdisches,* vom Niedrigsten bis zum Höchsten ist fest, nichts gewiß, nichts endgiltig. *Nur die Bewegung selbst* ist klar und sicher, das Wandern, das immer neue Aufbrechen des Gastes, der hier keine bleibende Stätte hat, sondern die zukünftige sucht [Hebr. 13,14].

> Ich bin zufrieden, daß ich die Stadt gesehn,
> Und ohn Ermüden will ich ihr näher gehn
> Und ihre hellen, goldnen Gassen
> Lebenslang nicht aus den Augen lassen![3]

Das ist sicher. Aber *sonst nichts.* Erkenntnis Gottes versetzt den Menschen in einem *kleinen Schifflein* mitten auf das weite, wogende, unendliche Meer. Nun fahr zu! Das ist sicher *keine Erleichterung* des

[3] Lied Nr. 352 «Ich hab' von ferne, Herr, deinen Thron erblickt» von J. T. Hermes, Strophe 5 (Reichs-Lieder 565).

Lebens. Wenn Ruhe und Sicherheit und ein entsprechendes leichtes Leben das höchste Ziel des Menschen ist, dann müßte man ihm wünschen, er möchte *Gott nie erkennen.* Denn wenn er Gott erkennt, dann hat er eben wirklich *nur noch Gott.* Über allem, was nicht Gott ist, heißt es: *ich bin ein Gast* auf Erden! Er muß daran *vorübereilen!* Er kann nicht *daran glauben!* Er kann sich *nicht daran halten.* Wir können uns nicht wundern, daß es von den Leuten, die Jesus hörten, immer wieder heißt: *sie entsetzten sich* [z. B. Mk. 1,22]!, und auch von denen, die seine Apostel hörten: es ging ihnen *mitten durchs* Herz [Act. 2,37]. Wenn wir das *nicht so kennen,* so kommt es nur davon, weil wir Jesus und seine Apostel noch lange nicht gehört haben. Wo sie gehört werden, da *hört Alles auf.* Gerade weil da *Alles anfängt.*

5. Wollen wir *uns darüber beklagen,* daß die Erkenntnis Gottes uns das Leben so *schwer* macht, daß sie uns so sehr *bedrängt,* so sehr *erschüttert,* so sehr *beraubt* und arm macht? Wollen wir *murren darüber,* daß sie uns in die Wüste führt, und zurückblicken nach den Fleischtöpfen Ägyptens [vgl. Ex. 16,3], nach der Sicherheit und dem Frieden und dem Glück eines Lebens *ohne die Ewigkeitsunruhe?* Wollen wir *umkehren?* Wir wollen uns lieber [?] sagen, daß wir uns nun *das Eine Alles sein lassen* wollen. Wer in der Erkenntnis Gottes unterwegs ist, *kennt nun auch die Gebote Gottes.* Er *hat sie noch nicht,* weder in seinem Herzen noch in der Tasche, wie man irgend etwas Menschliches hat. Er *muß darum bitten.* Er muß immer wieder darum bitten. Er muß auf jeder Station seiner Reise *aufs neue darum bitten.* Er muß eben *immer wieder ein Gast sein* und Gott dort suchen, wo er zu finden ist. Aber *er darf darum bitten:* Verbirg deine Gebote nicht vor mir! Laß mich *nicht ohne Weisung,* ohne Klarheit, ohne Einsicht, ohne Weisheit für den nächsten Schritt! *Laß mich nicht allein* ohne deinen Willen! *Ich muß leben,* jetzt und hier in dieser Not, in dieser Verlegenheit, in dieser meiner Schwachheit, ich *muß meinen Weg* finden in dieser Dunkelheit als Gast auf Erden, der ich bin. Ich *habe keine Sicherheit* mehr, keine Meinung, keinen Standpunkt, du selbst hast mir Alles genommen. Ich *kenne keine Gebote mehr,* du selbst hast mir den Respekt davor untergraben. Ich kenne nur noch *deine Gebote.* Verbirg deine Gebote nicht vor mir! *Laß mich* für diesen Augenblick, für diesen Tag, für diese Entscheidung, die ich vorhabe, bei dieser Aufgabe, die mir obliegt, *nicht ohne dich sein! Rede, Herr,* dein Knecht höret [1. Sam. 3,9f.]! Er darf sagen, wie ein anderer Psalmsänger gesagt hat: Höre mein Gebet, Herr, und vernimm mein Schreien und schweige nicht über meinen Tränen; denn ich bin *dein Pilgrim und dein Bürger* wie alle meine Väter [Ps. 39,13]! Habt ihr's gehört: dein Pilgrim und dein Bürger! *Dein Pilgrim* in der Zeit auf Erden, von dir zum Fremdling und Gast gemacht. *Dein Bürger* in der Ewigkeit, im Reiche der Auferstehung, von dir erkannt und berufen und auserwählt, daheim zu sein bei dir! Das ist's, was ihm das *Recht gibt zu bitten:* dein Pilgrim und dein Bürger. *Gott kann ja nicht allein lassen,* was sein ist. Und *er läßt nicht allein.* Wer in der Erkenntnis Gottes seinen Weg geht, der weiß, daß er *nicht umsonst bittet.* Die Wüste, in die er uns führt, und das wogende Meer, auf das er uns versetzt, und das Eisgebirge, das er uns übersteigen heißt, sie sind *nicht das Letzte.* Jenseits ist immer auch das *gelobte Land.* Die Gebote Gottes *eröffnen sich* dem, der sein Pilgrim und Bürger ist. *Von Gott kommt* Weisung, Klarheit, Einsicht, Weisheit. *Nur für den Augenblick* vielleicht, nur für die Stunde, nie so, daß wir uns ihrer rühmen könnten, nie so, daß wir nicht mehr darum bitten müßten. Aber *sie kommt.* Sie *ist schon oft gekommen,* auch zu uns. Man stolpert, man fällt, man steht wieder auf, man geht in die Irre, man wird müde, man möchte es oft aufgeben. Aber *man kommt weiter.* Ein Schritt nach dem anderen wird gemacht. Der Weg wird kürzer. Der angebrochene Tag und der aufgegangene Morgenstern lassen es *nicht wieder ganz dunkel* werden [vgl. 2. Petr. 1,19].

Darauf kommt es an, daß wir es daraufhin, auf die Treue Gottes hin wagen, in *der Erkenntnis Gottes zu verharren,* auch treu zu sein. Man kann niemand dazu *überreden,* niemand dazu *erziehen,* man kann es niemandem *anpredigen:* daß er es *wagen solle* zu sein, was er ist, ein Gast auf Erden. Aber man darf es aussprechen und bezeugen, daß es *noch Keinen reute,* es gewagt zu haben. *Vieles* mag uns reuen und muß uns reuen in unserem Leben, denn wir sind Gäste auf Erden. Aber *gerade das* wird uns nie reuen, wenn wir's einsehen, *daß wir's sind.* Die Gebote des Lebens sind uns dann *nicht* verborgen.

Lieder:

Nr. 317 «Mitten wir im Leben sind», Strophen 1 (Salzburg 1456) und 2 (M. Luther) (RG [1998] 648; EG 518; jeweils mit geringen Textabweichungen)

Nr. 69 «Wir treten in das neue Jahr» von S. Preiswerk (1799–1871), Strophen 2–3 (RG [1998] 552,–.2)

539 *Safenwil,* Sonntag, den 10. Oktober 1920

Sprüche 1,7

Des Herrn Furcht ist Anfang der Erkenntnis.

1. Die Furcht des Herrn ist in der Bibel *keine Nebensache.* Die Furcht des Herrn steht in der Bibel durchaus in der Mitte. Sie ist das *Lebenselement,* die Luft sozusagen, in der die biblischen Menschen atmen. Kein Prophet, kein Apostel, der nicht in der Furcht des Herrn stünde. Keiner, der ihr Wort hörte, ohne alsbald und vor Allem in die Furcht des Herrn versetzt zu werden. Würde uns heute einer dieser Menschen *begegnen* und müßten wir ihm ehrlicherweise gestehen, daß wir noch kaum je wirklich daran gedacht haben, daß der Herr zu fürchten ist, er würde uns groß ansehen. Was wir denn in diesem Fall mit der Bibel und mit dem Christentum wollten?, würde er uns fragen. Was wollten wir ihm dann antworten? In der Bibel ist die Furcht des Herrn *die Hauptsache,* nicht eine Nebensache, die auch fehlen kann, *das Erste,* das Ein und Alles, das vom Menschen verlangt wird. Denn in diesem Einen ist alles Andere *enthalten.* Des Herrn Furcht ist *Anfang* der Erkenntnis.

2. Die Furcht des Herrn ist in der Bibel *etwas Männliches,* Starkes, Tapferes. Nicht etwa die Weichlichen und die Rührseligen fürchten Gott, sondern gerade *die Harten,* die Unbeugsamen. Nicht etwa die Abergläubischen, die sich von Gott törichte Vorstellungen machen, sondern *die Gläubigen,* die ihn sehen, wie er ist. Nicht etwa die Verzagten, sondern *die Unverzagten.* Die *Helden* Israels fürchten Gott, die einsamen *Wanderer,* die einen Weg gehen müssen, den kein Mensch mit ihnen geht, die rücksichtslosen *Ankläger* der Könige, der Priester und des Volkes, die unbegreiflich kühnen [?] *Boten des Reiches,* das niemand gesehen hat, die großen *Widersprecher* und *Durchhalter* und *Gottestrotzigen.* Würde uns einer dieser Menschen *begegnen* und würden wir ihm sagen, daß in unserer Sprache Furcht etwas Schwaches bedeute und daß wir uns genierten zu sagen: Wir fürchten Gott!, er würde uns fragen, wo denn in unserem Leben und Christentum das Mutige, das Kräftige, das Unerschrockene sei und woher es wohl komme, daß wir daran so arm sind. Was wollten wir ihm antworten? In der Bibel ist die Furcht des Herrn der feste Boden, auf dem die *Stärksten* stehen. Der Furcht des Herrn geniert man sich *wahrhaftig* nicht, wenn man sie *hat.* Des Herrn Furcht ist Anfang der *Erkenntnis* und des Lebens.

3. Die Furcht des Herrn ist in der Bibel *etwas Dauerndes,* Bleibendes. Sie *hört nicht auf.* Sie entsteht immer wieder aufs neue. Wenn sie der *Anfang* der Erkenntnis genannt wird, so bedeutet das nicht, daß der Mensch Gott einmal fürchten muß und dann weitergehen kann, ohne ihn zu fürchten. Der Anfang ist der *Ursprung,* der Grund, die Quelle. Der Ursprung muß immer wieder geschehen, der Grund muß immer neu gelegt werden, die Quelle muß fließen. Solange die *Quelle fließt,* braucht man um Bach, Fluß und Strom, die daraus hervorgehen, nicht besorgt zu sein. Solange der Mensch *in diesem Anfang steht,* hat er auch Erkenntnis. Die Quelle darf aber *nicht aufhören* zu fließen, der Mensch darf *nicht heraus* aus diesem Anfang. Die Erkenntnis ist Friede, Freude und Liebe [vgl. Gal. 5,22], aber diesen Fortgang gibt Gott. Der *Anfang* aber, der vom Menschen immer wieder verlangt ist, heißt Furcht des Herrn. Wir würden *vor einem Abraham,* vor einen Jeremia, vor einem Paulus sehr seltsam dastehen mit unserer Meinung, daß wir als Christen von der Furcht des Herrn *dispensiert* seien. Wir müßten uns von ihnen wohl mindestens sagen lassen, daß ein Christentum ohne die fließende Quelle etwas *sehr Anderes* ist als das, wofür und worin sie gelebt und gelitten haben. *Die Furcht des Herrn* ist der Anfang der Erkenntnis.

4. Was ist das: Die Furcht des Herrn? Vor Allem ein großes *Staunen* vor Gott. Den biblischen Menschen war *Gott heilig,* etwas Besonderes will das sagen, etwas Neues, etwas ganz Anderes. Wenn ihnen etwas von Gott *klar wurde, verständlich* wurde, so daß sie sich getrauten, es in Worte zu fassen, etwa in die Worte Macht, Weisheit, Gericht, Gerechtigkeit, Barmherzigkeit, Gnade, seht, dann waren ihnen das lauter *Überraschungen,* Offenbarungen und Entdeckungen. Etwas ganz *Ungekanntes* tat sich da vor ihnen auf, «was kein Auge gesehen und kein Ohr gehört hat», wie Einer von ihnen gesagt hat [1. Kor. 2,9; vgl. Jes. 64,3]. Etwas *Unmögliches* wurde möglich. Es war, wie wenn man in einer Hütte hoch oben in den *Bergen* übernachtet hat und stößt nun in der Frühe den *Fensterladen* auf, und siehe da: im Morgenrot ein Gipfel am anderen, ein Gletscher am anderen, stundenweit, riesenhoch, in kalter, merkwürdiger Farbenpracht. Wer hatte *das gedacht,* als er gestern Abend im dichten Nebel da heraufgestiegen? Ist Gott wirklich *so groß? Ist das* sein Sinn und seine Meinung? Wie ist's nur *möglich,* daß ich fasse, was gar nicht zu fassen ist? Wie mag ein Mensch *Gott sehen, Gott hören* und nicht sterben darum? Und *Abraham* fiel auf sein Angesicht und betete an [vgl. Gen. 17,3]. Und Mose sprach: Mein Herr, sende, welchen du senden willst, nur nicht mich [vgl. Ex. 4,13]! Und *Jesaja* sprach: Weh mir, ich vergehe, denn ich habe unreine Lippen und wohne unter einem Volk von unreinen Lippen [Jes. 6,5]! Und *Jeremia* sprach: Ach Herr, Herr, ich tauge nicht zu predigen, denn ich bin zu jung [Jer. 1,6]! Und *Jona* floh vor dem Herrn [Jona 1,3]. Und ich, *Johannes,* als ich ihn sah, fiel zu seinen Füßen als ein Toter [Apk. 1,17]. Und die *24 Ältesten* fielen nieder vor dem, der auf dem Stuhl saß, und beteten an [den], der da lebet von Ewigkeit zu Ewigkeit, und warfen ihre Kronen vor den Stuhl und sprachen: Herr, du bist würdig, zu nehmen Preis, Ehre und Kraft, denn du hast alle Dinge geschaffen, und durch deinen Willen haben sie das Wesen und sind geschaffen [Apk. 4,10f.]. Seht, das ist die *Furcht des Herrn* in der Bibel: eine *Verwunderung* über alle Maßen, *ein Bewußtsein:* wenn es sich um Gott handelt, dann hört Alles auf, ein *Erbeben* wie vor dem Tode.

5. Zu diesem Staunen vor Gott tritt *zweitens* hinzu ein großes *Warten* auf ihn. Die biblischen Menschen hatten die Einsicht, daß der hohe, wunderbare Gott, vor dem sie standen, seine eigene Sache hat und daß er zu ihrer Ausführung in eigener *Kraft* seinen eigenen *Weg* geht. *Gott selbst ist's* in der Bibel, der da redet und handelt, *der Mensch* wird zunächst zurückgeschoben, um dann erst wieder aufs neue berufen und hereingezogen zu werden. Die biblischen Menschen haben freilich auch, wie alle Menschen, ihre *Bedürfnisse,* ihre Wünsche, ihre Pläne, ihr Leid und ihre Freude, aber das alles ist bei ihnen das weiche *Wachs* gleichsam, das in die harten Formen [?] des göttlichen Willens hineingegossen wird. Also nicht umgekehrt, *nicht: da sind wir,* da leben wir, und nun, lieber Gott, hilf uns leben!, sondern: *da ist und lebt Gott,* und was wir sind und leben, das muß sich nun nach ihm richten. Die biblischen Menschen *reden* in Gottes Namen, aber sie reden, nachdem sie lange *geschwiegen* und gelauscht haben; *auf ein Wort,* das so ein Jeremia oder Paulus ausspricht, kommen hundert Worte, die er gehört hat, aber nicht ausplaudert, nicht breit tritt. Gottes Wahrheit, Gottes Ehre *geht ihnen über Alles,* davon reden sie lieber zu wenig als zu viel. Die biblischen Menschen sind auch *tätige* Menschen. Das Leben der Meisten von ihnen ist angefüllt mit Kampf und Arbeit. Aber merkwürdig: man kommt bei ihnen nicht in Versuchung, sie *zu rühmen* wegen ihres Fleißes, ihrer Geisteskraft, ihrer Geschicklichkeit und Liebe; sie selber konnten kaum in Versuchung kommen, *eitel* zu sein auf ihre Tätigkeit. Denn diese Tätigkeit war fast bei Allen von ihnen ganz *erfolglos.* Sie haben alle nur *gesät,* nicht geerntet – nur *Grund gelegt,* nicht gebaut [vgl. 1. Kor. 3,6–10] – nur *gekämpft,* nicht gesiegt. Ihr Tun war immer nur eine *Vorbereitung,* ein *Gerüstbau* gleichsam für das, was Gott tun wollte. Die biblischen Menschen sind *selige* Menschen, man *spürt ihnen allen* etwas an von dem Geheimnis, von der Freude des Himmelreiches, aber diese Seligkeit liegt wie das Land Kanaan *jenseits einer großen Wüste,* durch die sie gewandert sind, *jenseits von viel* Bedrängnis, Zweifel, Unruhe, Todesangst [vgl. 2. Kor. 6,4], *jenseits, nicht diesseits,* sie sind mit Gott durch das alles *hindurchgegangen,* sie sind nicht selig, weil sie sich an Gott *herangedrängt* haben mit dem Wunsch, glücklich zu werden, sondern weil *Gott die selig* macht, die sich glücklich oder unglücklich von ihm führen lassen. Seht, das ist die *Furcht des Herrn* in der Bibel: ein respektvoller Abstand des Menschen von Gott, eine Bereitschaft, sich von ihm zurückstellen zu lassen, eine Ehrfurcht vor ihm, der allein groß ist.

6. Neben dem Staunen und dem Warten möchte ich ein *Drittes* nennen. Die Furcht des Herrn ist eine ganz bestimmte Art von *Aufmerksamkeit.* Es ist die Aufmerksamkeit eines Menschen, der *zwischen zwei Abgründen* hindurch auf schmalem Grat seinen Weg gehen muß und keinen Schritt verfehlen darf. Es ist die Aufmerksamkeit eines Menschen, *der ein Gefäß* mit kostbarem Inhalt in beiden Händen trägt und keinen Tropfen verlieren sollte. Es ist die Aufmerksamkeit *eines Soldaten,* der auf Schildwache steht und dem kein Geräusch, keine Bewegung in dem ihm anvertrauten Abschnitt entgehen darf.

«Wie die *Augen eines Knechts* auf die Hände seines Herrn sehen und die Augen einer Magd auf die Hände ihrer Herrin», so hat ein Psalmsänger diese Aufmerksamkeit beschrieben [Ps. 123,2]. Die biblischen Menschen haben einen *Auftrag.* Sie müssen *Gottes Boten* sein in der Welt. Als solche *müssen sie mahnen,* warnen, strafen, trösten im Namen Gottes, mit ihrem ganzen Leben ein Zeugnis sein für Gott. In der Ausführung dieses Auftrags müssen sie nun *ausharren:* sie können also keine anderen Aufträge annehmen, z. B. keine solchen, die die Menschen ihnen geben möchten, und wenn es die schönsten wären und wenn sie ihnen noch so sehr zusagten. In der Ausführung dieses Auftrags müssen sie die *Augen und Ohren weit auftun,* dürfen sich nicht täuschen lassen: nicht Alles ist Gottes Wort und Wille, was einladend und verheißungsvoll an uns herantritt, und oft ist Gottes Wort und Wille dort, wo wir nur Sand und Steine zu sehen vermögen. In der Ausführung dieses Auftrags müssen sie *ein feines Gefühl haben,* was Gott spricht und will in dieser Stunde, an diesem Tag, in dieser Lage. Gott will und spricht ja nicht immer dasselbe: Was heute Wahrheit ist, könnte morgen Lüge sein, was heute Ungehorsam war, kann morgen Gehorsam werden. Es braucht ein waches, erschrockenes Herz dazu, Gott zu folgen, ihm nicht vorauszueilen und nicht hinter ihm zurückzubleiben, sondern jedesmal da zur Stelle zu sein, wo er die Seinigen braucht, und bereit zu dem, wozu er sie brauchen will.

Die biblischen Menschen haben wie eine *gutgehende und wohlunterhaltene Uhr* keine Ruhe bei Tag und Nacht, sie sind dazu da, immer die *rechte Stunde zu zeigen,* auch wenn niemand danach fragt, sie sind *immer im Gang,* immer auf dem Laufenden, immer angetrieben von ihrem Auftrag. Seht, das ist die *Furcht des Herrn:* eine Gefangenschaft, wenn man so will, wo sich der Mensch wie unter einem Bann befindet, eine streng sachlich geordnete Geschäftsführung, eine große Abhängigkeit von dem ewig lebendigen und freien Gott, dem diese Menschen gehören.

7. Ich will nun nicht ausführlich beschreiben, *wie wenig wir* im Unterschied von den biblischen Menschen in dieser Furcht des Herrn stehen. Wir müßten *von uns* so ziemlich in allen Stücken [?] *das Gegenteil* sagen von dem, was wir eben gehört haben. Dort das *große Staunen* vor Gottes Geheimnis – hier eine merkwürdige Leichtigkeit, von Gott zu reden und zu hören, mit Gott zu verkehren, als ob er unseresgleichen wäre. Dort *das große Warten* auf den, der allein das Szepter führt – hier im Vordergrund wir selbst mit unseren Wünschen, Worten und Taten, wir selbst mit dem zudringlichen Verlangen, daß Gott für uns da sein solle. Dort *die große Aufmerksamkeit* auf den lebendigen Gott – hier unsere Zerstreutheit, die sich nie sammeln kann auf das Eine, unsere Blindheit, die Gott immer dort sucht, wo er nicht ist, und dort nicht sucht, wo er ist, unsere Übereilung und unsere Trägheit, mit der wir bald zu früh, bald zu spät kommen.|

Liebe Freunde! Nicht wahr, *es tut Vielen von uns leid,* zu sehen, daß das Christentum heute nicht eben eine siegreiche Macht ist in der Welt, eher auf dem Rückzug als auf dem Vormarsch. Wir trauen dem Evangelium von Jesus Christus *eine große Kraft* zu, eine Kraft zu helfen, zu erretten, zu erneuern. Und wir *verwundern uns,* wie wenig diese verheißene Kraft tatsächlich zur Geltung kommt. Es tut Vielen von uns auch ganz persönlich leid, zu sehen, wie wenig unser Christentum *in unserem eigenen Leben zur Geltung* kommt, wie spärlich und bescheiden unser Zusammenhang mit Jesus ist, wie spärlich und bescheiden dann auch der Segen, der denen verheißen ist, die sich zu ihm halten. Es tut Vielen von uns leid, zu sehen, daß wir *arm sind in Gott,* arm in Christus, arm im Geiste. *Wie kommt es nur?* Was fehlt uns eigentlich? An ernsten, treuen, betenden *Christen* fehlt es uns doch nicht. Es fehlt auch daran nicht, daß das *Wort Gottes* verkündigt wird durch vieler Zeugen Mund und immer wieder williges Gehör findet. Es fehlt auch nicht an tätigen, eifrigen, geistreichen, lebendigen *Pfarrern und Predigern.* Und es fehlt nicht daran, daß immer wieder Menschen *erweckt und bekehrt* werden und in sich gehen. Es fehlt vielleicht wirklich nur an dem, wovon wir heute geredet haben, es fehlt uns daran, daß *das alles ist und geschieht in der Furcht* des Herrn. Ich glaube, das *fehlt uns allen* gleichermaßen. Ich glaube, das *würde uns fehlen,* auch wenn es in allem Anderen noch zehnmal besser stünde. Ich glaube, daß wir uns durch keine Einbildung und Vorspiegelung, mag sie so schön sein, als sie will, über diesen Mangel *hinwegtäuschen dürfen.* Er ist *da.* Er macht sich *geltend.* Er ist's, der unser ganzes Christentum *hohl und leer* und trostlos macht. Er ist's, der heute das Reich Gottes *aufhält.* Denn die *Furcht des Herrn* ist Anfang der Erkenntnis. Aller Glaube, alle Liebe, alle Hoffnung können die

Furcht des Herrn *nicht ersetzen,* erst aus der Furcht des Herrn wächst wirklicher Glaube, wirkliche Liebe, wirkliche Hoffnung. Wir dürfen uns *nicht wundern,* daß wir so arm sind, da wir so wenig von diesem Anfang wissen. Mitten in der Bibel steht *das Kreuz Christi.* Es verkündigt laut den *geheimnisvollen* Gott, den *allein mächtigen* Gott, den *lebendigen* Gott. Es gebietet *uns Halt!* Hier *fängt das Neue an,* das wir brauchen, nach dem wir uns sehnen: die Errettung, die Vergebung, das ewige Leben. Aber wir müssen uns *Halt gebieten lassen,* sonst kann es ja für uns nicht anfangen. Wir müssen *mit dem Anfang anfangen:* mit der Furcht des Herrn, mit dem Staunen, mit dem Warten, mit dem Aufmerken. Das ist *das Salz des Christentums,* liebe Freunde. Ohne das ist das Ganze geschmacklos, wertlos, hoffnungslos [vgl. Mt. 5,13 par.]. *Wer es heute gut mit uns meinte,* wer den Weg zu Gott unserem Geschlecht zu zeigen vermöchte, der müßte an dieses fehlende Salz uns erinnern, Halt uns gebieten im Namen des Gekreuzigten. Nichts Anderes fehlt uns heute. *Wem es aufrichtig leid tut,* daß wir so arm sind, wer sich wirklich sehnt nach dem Neuen, der läßt sich heute Halt gebieten und fragt zunächst nicht weiter.

Das *Christentum wird sehr still werden,* sehr unscheinbar, sehr zurückhaltend, wenn es den Mut haben wird, die Furcht Gottes wieder in die Mitte zu stellen. Es wird gerade *die Verborgenheit* aufsuchen müssen, die es heute am meisten scheut. Es wird unter vielen Opfern *eine innere Arbeit* antreten müssen, ein Ringen um die Wahrheit, ein Herabsteigen in die Demut, ein Schreien vor Gott, das es sich heute noch erspart. Dafür wird es wieder einen *Inhalt* gewinnen, eine *Daseinsberechtigung,* eine *Hoffnung* und eine *Kraft,* den *Anfang der Erkenntnis.* Wir wollen *nicht müde werden,* zu reden und zu hören von dem, was uns fehlt und was uns doch durch den Gekreuzigten gegeben ist. Wohl dem Knechte, den der Herr, so er kommt, wachend findet [vgl. Lk. 12,37].

Lieder:
Nr. 9 «Sei Lob und Ehr dem höchsten Gut» von J. J. Schütz, Strophen 1–3 (RG [1998] 240; EG 326)
Nr. 68 «Ein neues Jahr ist angefangen» von Chr. R. H. Puchta (1808–1858), Strophen 4.5

Safenwil, Sonntag, den 17. Oktober 1920[1]

Sprüche 16,2

Einen jeglichen dünken seine Wege rein; aber der Herr wäget die Geister.

1. Aber! ruft die Weisheit der Bibel. Es geht nichts über dieses umsichtige, bedeutungsvolle, inhaltsvolle Aber! der Bibel. Man könnte *die Leser der Bibel* einteilen in solche, die von diesem Aber! etwas gemerkt, und solche, die noch nichts davon gemerkt haben. Nicht alle Gelehrten haben es gemerkt, aber auch nicht alle Ungelehrten. *Aber! bedeutet:* es ist noch etwas übersehen und vergessen, es ist noch etwas zu berücksichtigen, es ist noch eine andere neue Möglichkeit da. *Aber! bedeutet:* und nun geht es um eine Ecke, von hier an muß anders gedacht, anders geredet, anders gesehen und gehandelt werden. *Ein Platz voll Menschen,* vielleicht auch ein Wirtshaus, vielleicht auch eine Kirche voll Menschen, die alle lebhaft und eifrig von etwas reden. Aber!, sagt einer ganz leise, steht auf und geht fort, auf sein Zimmer oder in den Wald oder auf einen Berg, er muß über etwas nachdenken, von dem von Allen keiner redet und über das er nicht einmal nachdenken kann, solange Alle reden wollen. *Ein Schiff in voller Fahrt,* fröhliche oder auch traurige Reisende, vielbeschäftigte Heizer und Matrosen, immer geradeaus: Aber!, denkt der Steuermann, reißt das Steuerruder herum und verhindert ein Unglück, denn es lag eine Sandbank vor dem Schiff. Man kann eben nicht immer geradeaus fahren. *Eine Schar von Wanderern* auf staubiger Landstraße, seufzend unter der Hitze, klagend über die Länge des Weges. Aber!, ruft Einer der Müden halblaut und bückt sich. Er hat im Staube der Straße ein Goldstück gefunden. Es lohnt sich eben manchmal, trotz Hitze und Staub nicht nur zu seufzen und zu klagen, sondern auch die Augen offen zu haben. Es könnte ja auf einmal noch etwas Anderes da sein.|

[1] Am Donnerstag, 14.10. schrieb Barth an Thurneysen: «Leider habe ich meine Predigt durchaus noch nicht, noch keine Ahnung. Du wirst wahrscheinlich zu meinen Füßen nur mit mir seufzen können» (Bw.Th. I, S. 434). Im Februar 1921 wählte Barth diese Predigt, um sich im Blick auf seine Berufung nach Göttingen dort vorzustellen. Vgl. Predigten 1921, Nr. 555B.

Aber das sind nur Bilder und Gleichnisse. Dieses Andere ist *in der Bibel das ganz Andere*[2], das in unserem Leben auf uns wartet, uns entgegenkommt und auf einmal dasein könnte zu unserer größten Überraschung, vielleicht zu unserem größten Schrecken, vielleicht zu unserer größten Freude. Wohl dem Knechte, den der Herr, wenn er kommt, wachend findet [vgl. Lk. 12,37]. Das Aber! der Bibel ist *das große Aber,* das die Ursache ist all der kleinen Aber, die es in unserem Leben und in der Welt gibt, der fröhlichen und der schmerzlichen. *Der Grund von allen Gründen,* warum es in unserem Leben so oft um die Ecke gehen muß, warum wir so oft auf einmal ganz anders sehen, ganz anders denken müssen. *Das Größte, was übersehen* und vergessen wird und nun zu berücksichtigen ist, aber nicht nur das Größte, sondern eigentlich das Eine und Einzige. Denn nur weil dieses Eine übersehen wird, übersehen wir so Vieles. Und wenn dieses Eine berücksichtigt wird, ist Alles berücksichtigt. Das Aber! der Bibel ist die *Erinnerung an den Sinn Gottes* mitten im Sinn und Unsinn der Menschen, an das *Leben Gottes* mitten in unserem Leben, an die *Welt Gottes* mitten in unserer Welt, vor ihr, hinter ihr, über ihr. Das ist *die neue, die ganz andere Möglichkeit,* an die uns das Aber! der Bibel erinnert: *Gott!* Wollen wir uns davor entsetzen? Wollen wir darüber jubeln? Es ist Beides möglich, manchmal Beides miteinander. Viel wichtiger ist die Frage: *Merken wir's?* Die Bibel ist Auge und Ohr, zu sehen und zu hören, was *ist* in unserem Leben. *Gott ist,* sagen die biblischen Menschen. Und sie fragen uns: *Wer sieht? Wer hört?* Wer glaubt unserer Predigt, und wem wird der Arm des Herrn offenbar? [Jes. 53,1]. Das ist ihr Aber!

2. Aber der Herr wäget die Geister!, heißt es in unserem Text. Man kann es *auch so sagen,* das, was die ganze Bibel uns sagen will. Die Bibel sagt fast nie das Gleiche, aber sie sagt immer das Eine. Aber der Herr wäget die Geister! Das ist *dasselbe,* wie wenn es auf anderen Blättern der Bibel heißt: Aber der im Himmel wohnet, lachet ihrer, und der Herr spottet ihrer [Ps. 2,4]! Aber meine Worte werden nicht vergehen [Mt. 24,35 par.]! Aber er ist um unserer Missetat willen verwundet und um unserer Sünde willen geschlagen [Jes. 53,5]! Aber

[2] Vgl. oben S. 31, Anm. 10.

Christus ist auferstanden von den Toten und ein Erstling worden unter denen, die da schlafen [1. Kor. 15,20]. Das biblische Aber! verkündigt das *Dasein* und die *Taten* Gottes. *Wer ist* Gott? Der da auf einmal *dasteht,* überraschend, unvorhergesehen. *Was tut* Gott? Er *wäget* die Geister, die Menschengeister. Ein ganz bestimmtes Licht fällt da auf unser Menschenleben. Also *wir Menschen werden gewogen,* beurteilt, auf eine *Probe* gestellt, bei der es herauskommt, was wir *wert* sind. Wir *werden* gewogen. Das ist zunächst die Hauptsache. Wir *wägen* und erwägen ja auch selber, wir *urteilen* über gut und böse, wahr und unwahr, wir *unterscheiden* in unseren Erfahrungen, in den Zuständen und Ereignissen, die uns begegnen, in den Worten und Handlungen der Menschen und auch wohl in unseren eigenen zwischen Wert und Unwert. Gleichsam mit einer *Waagschale in der Hand* gehen wir mehr oder weniger aufmerksam und sorgfältig prüfend von Tag zu Tag durch unser Dasein. *Aber,* und das ist das Neue: Mit unserer kleinen Waagschale in [der] Hand sind wir selber in einer *großen* Waagschale und *werden* gewogen. Wir unterscheiden nicht nur, sondern wir *werden unterschieden.* Wir urteilen nicht nur, sondern wir *werden beurteilt.* Wir erkennen nicht nur, sondern wir *sind erkannt.* Ein *Auge,* das mich sieht, ein *Ohr,* das mich hört, ein *Meister,* der mich prüft, ein *Richter,* der über mich entscheidet, ein *König,* der mich wählt oder auch nicht wählt [vgl. Jes. 33,22] – das ist die letzte, tiefste Wahrheit meines Lebens, *nicht mein eigenes* Sehen, Hören, Prüfen, Entscheiden und Wählen.|

Wir Menschen sind imstande, sehr lange und sehr unbekümmert an dieser letzten Wahrheit *vorüberzugehen.* Darum sind wir so laut und so lebhaft, besonders in unserem Klagen und Anklagen, aber auch in unserem Behaupten und Rühmen: wir übersehen, daß wir das, was wir selbst sagen, nie so ganz wirklich ernst nehmen dürften, auch wenn es uns noch so ernst ist; wichtig ist nicht das, was wir sagen, sondern was zu uns gesagt wird und gesagt ist. Darum sind wir so allgemein uneinig in unseren Erwägungen, widersprechen uns gegenseitig in dem, was wir sagen, bekommen Streit untereinander. Wüßten wir, daß wir alle gerichtet sind, wir müßten uns untereinander nicht mehr richten. Darum ist so viel Falsches in allen unseren Urteilen und Entscheidungen. Wahr können unsere Meinungen nur dann sein, wenn sie übereinstimmen mit dem, was Gott von uns meint. Wer aber sein Haus so baut, daß die Spitze des Daches die Grundlage ist, der muß erleben, daß es ihm umfällt. Es braucht eine kräftige, bedächtige *Besinnung* dazu – und vielleicht sind sehr schwere *Erfahrungen* nötig, um uns zu dieser Besinnung zu verhelfen –, bis wir einigermaßen *still* werden und einsehen, daß wir *gewogen sind,* bevor wir zu wägen haben, daß wir in *einem großen Licht stehen,* bevor wir unser kleines Licht leuchten lassen können.

Der Herr wäget *die Geister, heißt es. Wir Menschen wägen brutto,* wie man sagt. Was ist das Leben? *Der Gang des Menschen* durch die Zeit, sein *Jungsein* und Altwerden, die *Zufälle,* die Glücksfälle und Unglücksfälle, die ihm zustoßen, das *Gesicht,* das er in allmählich immer schärferen Zügen bekommt, der angenehme oder unangenehme *Eindruck,* den er macht, seine Worte, aus denen wir auf seine Gedanken schließen, seine *Leistungen,* aus denen wir sehen, was er kann oder nicht kann, der *Einfluß,* der von ihm ausgeht, der *Erfolg,* den er hat oder auch nicht hat? Im Blick auf das alles und viel Ähnliches *nennen wir einen Menschen,* vielleicht auch uns selbst, einen glücklichen oder unglücklichen, einen großen oder kleinen, einen guten oder bösen Menschen, einen Menschen, den wir lieb haben, oder einen, von dem wir nichts haben. Aber *ist das alles* das Leben? *Was ist das Leben* in dem allem? Was ist das Leben, wenn wir aufs Ganze sehen? *Der Gang der Menschheit* durch die Zeiten; die Geschichte der verschiedenen *Völker* und Kulturkreise, die Mannigfaltigkeit der Menschen, wie sie *arbeiten,* sich nähren, sich bilden, in Krieg und Frieden miteinander auskommen, ihre *großen Männer,* ihre Erfindungen und Entdeckungen, ihre gewonnenen und verlorenen Schlachten, ihre Kunstwerke, ihre Königreiche und Freistaaten, ihre Technik und Wissenschaft, die Mannigfaltigkeit ihres *Glaubens* endlich und ihrer Götter und Götzen? Im Blick auf das alles *redet man freilich* von Weltgeschichte, von Fortschritt und Entwicklung, von finsterer Vergangenheit und besserer Gegenwart und lichter Zukunft. Aber *ist das alles* das Leben? *Was ist das Leben* in dem allem? *Irren wir uns nicht,* wenn wir brutto wägen?|

Der Herr *wäget die Geister.* Er wägt das *eigentliche Gewicht,* den Inhalt. Der Inhalt steckt freilich immer und überall in Kisten und Verpackungen. Aber die werden im Gericht *nicht mit*gewogen. Die *Geister* sind der Inhalt. Die *Geister* sind das eigentliche Gewicht. Die

Geister sind das Leben. Die *Geister* sind die Früchte, an denen die Menschen erkannt werden müßten, die Früchte, die in den ewigen Scheunen Gottes gesammelt werden [vgl. Mt. 3,12 u. ö.]. Die Geister wohnen hinter allerlei *Gesichtern,* und nicht immer entspricht das Gesicht dem Geist, der dahinter wohnt. Die Geister reden in mancherlei *Sprachen,* und nicht immer spricht aus den größten Leistungen der größte, aus den kleinsten der kleinste Geist, nicht alles Böse, das geschieht, kommt aus einem bösen, nicht alles Gute aus einem guten Geist. Die Geister wohnen auf den höchsten und auf den tiefsten *Stufen* der Menschheit, und daran, wo sie wohnen, sind sie nicht zu erkennen. Der Geist des Menschen ist die Stelle, wo Gott ihn anrührt und wo er sich von Gott berühren läßt; die *Erinnerung* an seinen Ursprung und an sein Ziel. Ob er an dieser Stelle *offen* ist oder verschlossen, *ehrlich* oder unaufrichtig, *treu* oder untreu, das macht *sein Gewicht* aus vor Gott. Das ist das Neue: Unsere *Sünde* kann uns nicht verderben, unsere *Gerechtigkeit* kann uns nicht erretten, der *Geist* ist's, der ins Gericht kommt, der Geist mit seiner *Wurzel* in der Ewigkeit, der Geist mit seinem *offenen Fenster* gegen Jerusalem [vgl. Dan. 6,11], der Geist mit seiner *Frage:* Wie kann ich einen gnädigen Gott kriegen?[3], der Geist mit seinem *Seufzen* [vgl. Röm. 8,26]: Es komme dein Reich! [Mt. 6,10 par.]. *Was bedeutet* alles Andere, was bedeutet dein ganzer Lebenslauf und Alles, was du sagst und tust, was bedeutet der Fortschritt und Rückschritt in der Weltgeschichte neben diesem Einen? *Aber wie steht's* mit diesem Einen: mit der Wurzel, mit dem Fenster, mit der Frage, mit dem Seufzen des Geistes? *Darin sind wir* von Gott erkannt. Das ist's, was *entscheidet.* Das ist's, was der *Finger meint,* der an die Wand schreibt: Gezählt, gezählt, gewogen und – vielleicht – zu leicht erfunden [Dan. 5,25].

Und der Herr ist's, der die Geister wägt. *Gott* ist der Geist aller Geister. *Gottes* Wort ist das lebendige, kräftige, scharfe, zweischneidige Schwert [Hebr. 4,12]. *Gott* ist die Wahrheit unseres Lebens, alles Menschenlebens. Wir können nicht *ehrfürchtig* genug sein, nicht *weit*

[3] Im zweiten Teil seiner Predigten *Von der heiligen Taufe* (1534) berichtet Luther im Rückblick auf die Zeit seines Mönchtums, er habe damals immer gedacht: «O wenn wiltu ein mal from werden und gnug thun, das du einen gnedigen Gott kriegest?» (WA 37,661,23f.). Vgl. auch H. A. Oberman, *Luther. Mensch zwischen Gott und Teufel,* Berlin 1982, S. 135f.

genug zurücktreten, nicht genug *Abstand* nehmen, um auch nur ein wenig zu ahnen, was das heißt, daß Gott die Geister wägt.

Wir möchten, wenn wir das Wort «Gott» aussprechen, doch immer wieder an *irgend etwas Hohes, Großes und Schönes* denken, das wir selbst uns als Ziel, als Ideal aufgestellt haben. Dann würden wir *uns also doch wieder selbst wägen,* wollten als unsere eigenen Richter *uns selbst freisprechen oder verurteilen.* Ja, so machen wir es oft. Aber Gott wohnt *in einem Lichte,* da niemand zu kann [1. Tim. 6,16]. Auch das Höchste, was wir von ihm denken können, ist noch *eine Täuschung.* Nur *er selbst* ist Gott. Nur *er selbst* kennt uns. Nur *er selbst* nimmt uns an oder verwirft uns. Indem Gott den Menschen berührt und der Mensch sich von Gott berühren läßt, muß *der Mensch sterben* [vgl. Ex. 33,20]. Ihm wird *ein Halt! geboten,* das wir mit nichts Anderem als mit dem Tod vergleichen können. Was *noch aus uns ist* in unserem Leben, das ist noch nicht aus Gott, und *was schon aus Gott ist,* das ist nicht mehr aus uns. Indem wir auf die Waagschale Gottes gelegt werden, entsteht diese *Todeslinie*[4] in unserem Leben, das *Kreuz wird sichtbar;* was *diesseits* ist, das muß vergehen, was *jenseits* ist, unsichtbar, unfaßbar, unantastbar, das ist ewiges Leben [vgl. 2. Kor. 4,18].

Und weil es so ist, darum werden wir mit Gott nie fertig, stehen immer im Anfang. Was wir sind und begreifen, tun und denken, das ist *immer noch nicht Gott.* Wie uns das Kreuz Halt gebietet, so gebietet uns die Auferstehung *Vorwärts,* die Frage nach Gott kann *nie aufhören.* Das Stillwerden vor ihm ist *nie erledigt.* Die Furcht des Herrn ist *nie eine bekannte* Sache.[5] Wer da *faul und gleichgiltig* werden könnte, wer da sagen könnte: also laßt uns die Hände falten und nichts tun, wäre auch noch in der *Täuschung.* Gott selbst *weckt uns* vom Schlaf. Indem wir in die Waagschale Gottes gelegt werden, entsteht mit der Todeslinie eine *Lebenslinie,* die gleichfalls durch unser ganzes Dasein hindurchgeht, die *nie abreißen* darf. Das unvergängliche Wesen Gottes, an dem der Mensch da teilnimmt, wird nun *zur Frage* in jedem Augenblick,

[4] Zehn Tage, bevor Barth schreibt, daß der Römerbrief «an Haupt und Gliedern reformiert werden muß» (Bw. Th. I, S. 435), tauchen hier Gedanken von Römerbrief 2 auf. Vgl. zum Begriff «Todeslinie» dort S. 142.147.176.188 (spätere Auflagen S. 140.145.174.186). Vgl. dazu auch H. Genest, *Karl Barth und die Predigt,* Neukirchen-Vluyn 1995, S. 100f.

[5] Vgl. die Predigt des vergangenen Sonntags, oben S. 342–348.

zur Unruhe in jeder Lebenslage, *zum Angriff* auf alles Feststehende in unserem vergänglichen Wesen. Das ist das Neue: Das Kreuz und die Auferstehung. Am Maßstab der Ewigkeit werden wir gemessen. An Gott kommen wir *nicht heran,* und Gott *läßt uns nicht* los. *Fleisch und Blut* können das Reich Gottes nicht ererben und *dieses Vergängliche* muß anziehen die Unvergänglichkeit, dieses Sterbliche die Unsterblichkeit [vgl. 1. Kor. 15,50–53]. So werden sie *Wanderer zwischen zwei Welten*[6], die Geister, die von Gott gewogen werden: *Geschaffene Wesen* nur, aber von Gott geschaffen, *Staub und Asche vor ihm,* aber nie ohne Erwartung der Erlösung, der Herrlichkeit.

3. Und nun: *einen jeglichen dünken seine Wege rein.* Da sind wir wieder mitten in dem, was wir gut verstehen können. *Da leben wir alle* in den Pflichten und Aufgaben, in den Sorgen und Freuden unseres großen oder kleinen Lebenskreises. Da *leben wir und ringen* [?] jeder mit seinem besonderen Charakter, jeder mit seinem besonderen Schicksal, jeder mit dem besonderen Licht und auch mit der besonderen Finsternis, die ihm beschieden sind. Da *leben wir und vergleichen uns* unwillkürlich auch mit Anderen, die es besser oder schlechter haben, besser oder schlechter machen als wir. *Da lebt auch die Menschheit im Ganzen* in der eigentümlichen Dämmerung der jetzigen Stunde, wo man nicht weiß: will es Tag werden oder erst recht Nacht [vgl. Jes. 21,11f.]. Die Völker, die Parteien, die Stände alle mit ihren besonderen Notwendigkeiten und Wahrheiten, die vielen Einzelnen auch, die heute mit ihren Gedanken, mit ihren Bestrebungen, mit dem, was sie vertreten und verkündigen möchten, einsame Wege gehen. Einen jeglichen dünken seine Wege rein. Ein jeder *hält dafür,* daß er in seinem Seufzen und in seiner Freude, in seinem Wollen und in seinem Tun, in seiner Liebe und in seinem Haß gerechtfertigt sei und gerade den Weg gehen müsse, den er geht. Man *kann miteinander streiten* über das, was uns da dünkt. Man kann von einander denken oder zu einander sagen: Du meinst es nicht gut, oder du machst es jedenfalls nicht gut. Du hast kein Recht, zu lachen oder zu weinen, so zu reden und so zu handeln. Sieh da, was mich dünkt. Sieh da meinen Weg, wie rein er ist. Je näher *man an Menschen herantritt,* je besser man ihn versteht, umso

[6] Vgl. oben S. 265, Anm. 5.

mehr verliert man die Lust, mit ihm zu streiten über das, was ihn dünkt. Einen jeglichen dünken seine Wege rein. Aber *was ist denn rein,* wenn ein jeder seine Wege für rein halten darf? Ist's dann nicht fast dasselbe, wie wenn wir uns sagen müßten, daß *unser aller Wege unrein* sind? Das ist *unser Leben vor dem Aber.* Vor dem Aber ist im Menschenleben *Alles rein, und nichts ist rein.* Wer es in dieser Dämmerung, in diesem Nebel von Übermut und Verzweiflung *nicht aushält,* der hört und merkt und *versteht das Aber!* Der *stellt sich in das Licht,* das von daher auf unser Leben fällt.|

Aber der Herr wäget die Geister! *Sind sie rein oder unrein,* unsere Wege, haben wir Recht oder Unrecht in unserem Tun und Lassen, in unserem Denken und Reden, wenn der Herr die Geister wägt? *Nein, müssen wir sagen,* wir haben *nicht* Recht. *Wer könnte* Recht haben im Gerichte Gottes? *Wer könnte ruhig* und zuversichtlich bleiben, wenn er in die Waagschale Gottes kommt? *Wer könnte vor ihm* bestehen wollen? Nein, vor ihm können wir *nur erschrecken, nur demütig* werden, vor ihm hört *unser Streit* um das, was uns rein dünkt, endgiltig auf, vor ihm wird *Alles zerschlagen* und weich gemacht, was stehen und hart sein will. Und *Ja müssen wir sagen.* Denn *wer hätte nicht Recht,* wer könnte nicht Recht bekommen in der Gnade Gottes? *Wer dürfte nicht ruhig* und zuversichtlich werden, wenn er in Gottes Waagschale kommt? *Wer sollte nicht bestehen* in der Kraft der Vergebung? *Sind wir nicht die Seinen,* erkannt von ihm, berührt von ihm, geht die Todeslinie und die Lebenslinie nicht mitten durch unser Dasein? *Wie sollten unsere Wege* nicht rein sein in ihm? Hier stehen wir. Nein und Ja heißt's über uns. Nein und Ja ist die *Wahrheit* unseres Lebens. In Gott ist's *kein Widerspruch.* In Gott *halten wir's* aus. Denn *in Gott ist's Bewegung,* Lebendigkeit, Hoffnung. Menschen, die das Aber gehört haben, *wundern sich nicht* über das Nein und Ja, sie wandern darin, sie arbeiten darin, sie beten darin. Menschen, die das Aber gehört haben, *tragen etwas in sich von der Freiheit* der zukünftigen Welt. Menschen, die das Aber gehört haben, die erschrocken geworden sind und gewiß im Geiste, die *sind jetzt schon Gottes Zeugen und Wegbereiter.* Niemand kann *nicht* hören. Jesus *hat es gesprochen,* auch in unser Leben hinein: *Ich bin* die Auferstehung und das Leben [Joh. 11,25]!

Lieder:
Nr. 4 «Ich singe dir mit Herz und Mund» von P. Gerhardt, Strophen 1.2.3.12.13 (RG [1998] 723; EG 324)
Nr. 241 «Ich will dich lieben, meine Stärke» von J. Scheffler, Strophen 1.4.5 (RG [1998] 682; EG 400; jeweils mit geringen Textabweichungen)

Safenwil, Sonntag, den 31. Oktober 1920[1]

Psalm 91,1–2

Wer unter dem Schirm des Höchsten sitzt und unter dem Schatten des Allmächtigen bleibt, der spricht zu dem Herrn: Meine Zuversicht und meine Burg, mein Gott, auf den ich hoffe!

1. Mit Gott leben, das heißt *neu anfangen,* von *vorne anfangen. Immer wieder* von vorn anfangen. Immer wieder alle *deine Kartenhäuser* umwerfen wie ein Kind beim Spielen. Immer wieder alle deine *Hefte* zerreißen, und wenn sie noch so voll Weisheit wären. Immer wieder alle *deine Scheunen* und Vorratskammern leeren und arm sein. Immer wieder *an dir selbst* vorbeigehen und dich selbst nicht ernst nehmen und von vorn anfangen, dich selbst[2] zu sein. Immer wieder vorbeigehen an *allen deinen Erfolgen* und Leistungen, an deinem Haus und deinem Geld, an Mann und Frau und Kindern und dort anfangen, wo du noch ohne das alles bist. Immer wieder vorbeigehen auch an deinen *liebsten Gedanken,* an Allem, was du schon erfahren und gelesen hast, an Allem, was du zu wissen meinst, Alles miteinander ungedacht und unerfahren und ungewußt sein lassen und dann wieder anfangen. Immer wieder vorbeigehen wahrhaftig auch an *Kirche und Kapelle*[3] und Allem, was damit zusammenhängt: was wissen denn die Pfarrer und Prediger? was weiß denn ich selbst von diesen Dingen? was ist denn mein Glaube? was habe ich denn bis jetzt verstanden von der Bibel?, bis du auf den Punkt kommst, wo es sich *nur noch um Gott* selber handeln kann. Nicht mehr um Gott, wie man es dir gesagt hat, nicht mehr um Gott, wie du ihn gelernt hast, nicht mehr um Gott, wie du dir ihn vorstellst, sondern um Gott selbst. Und dann *mit Gott selbst von vorn* anfangen. Mit Gott selbst *von vorn anfangen*

[1] Die Predigt Nr. 541 vom 24. Oktober 1920 über Spr. 12,11 fehlt im Karl Barth-Archiv. Aus Barths Brief vom 27.10.1920 geht hervor, daß er sie an Thurneysen geschickt hat. Barth schreibt weiter, daß in diesen Tagen sein Römerbrief anfing, «sich zu häuten, d. h. ich bekam die Erleuchtung, daß er so wie er jetzt ist, unmöglich einfach abgedruckt werden darf, sondern an Haupt und Gliedern reformiert werden muß» (Bw. Th. I, S. 435).

[2] = du selbst.

[3] Kapellen sind die Versammlungsräume freikirchlicher, meist pietistischer Gemeinschaften.

zu beten, zu denken, zu leben, zu sein. Das heißt *mit Gott leben.* Das *immer* wieder. Mit Gott leben ist ein fortwährender *Rückzug* zu Gott selbst, ein fortwährendes *Bewegen,* Aufheben, Beiseiteschieben, Hintendreinlassen aller deiner Lebensinhalte. In jedem Augenblick, wo wir *nicht von vorn* anfangen, leben wir nicht mit Gott. In jedem Augenblick, wo wir *etwas sind und haben,* wissen und tun, leben wir nicht mit Gott. In jedem Augenblick, wo wir *nicht eben im Begriff sind,* unser ganzes Sein und Haben aus den Händen zu geben, um es von Gott neu zu empfangen, leben wir nicht mit Gott. *Jesus lebt!,* haben wir soeben gesungen. Was heißt das? Das heißt: *Der lebt,* der sein *Kreuz* auf sich genommen, der sich selbst *dahin*gegeben, der *hindurch*gegangen durch die dunkle Pforte des Todes. Der sich Gott *damit* anbefahl, daß er sein Leben, seinen Beruf [?], seine Wirksamkeit ohne Not dadurch abbrach, daß er sich in die Hände seiner Feinde gab: der *nichts mehr zu erwarten* hatte, außer daß er von Gott Alles erwartete. Der es *darauf* ankommen ließ, wirklich von vorn anzufangen, wo nur noch Gott in Betracht kommt, mit dem Sterben nämlich. *Der* lebt! Wer unter dem Schirm des Höchsten sitzt [und unter dem Schatten des Allmächtigen bleibt,] der spricht zu dem *Herrn* [: Meine Zuversicht und meine Burg, mein Gott,] auf den ich *hoffe.*

2. Nicht wahr, *es ist schwerer, zu leben,* als man es sich am Anfang träumen läßt. Im Anfang, z. B. wenn man konfirmiert ist, wenn man einen Beruf ergreift, wenn man heiratet, wenn man sich für etwas begeistert, wenn man eine kleine oder große Aufgabe im Leben übernimmt. Im Anfang scheint Alles klar und einfach, mit der Zeit aber stellen sich die Fragen ein. *Ich will das Gute!* Ja, aber was ist das Gute? Wer kann uns das sagen? Und wer könnte von sich auch nur das ganz aufrichtig sagen, daß er das, was er für das Gute hält, wirklich will, geschweige denn tut? *Ich bin glücklich!* Ja, aber wie lange reicht und wie tief geht das Glück? Und selbst wenn ich ewig und gänzlich glücklich wäre, wenn neben mir ein Unglücklicher ist – und wer hätte nicht Unglückliche neben sich? –, was ist dann mein Glück? *Wir haben uns lieb!* Mann und Frau z. B. in der Ehe. Ja, aber haben wir nicht alle von der Liebe ein Bild, das sich tatsächlich nie erfüllt? Können wir denn genug haben an dem, was wir jetzt liebhaben nennen? Wo ist die Ehe, in der nicht das Eine oder Andere oder Beide bei aller Liebe

heimlich enttäuscht und befremdet wären darüber, daß die Liebe nicht größer und reicher ist als so? *Ich tue meine Pflicht!* Ja, aber was ist meine Pflicht? Habe ich nicht am Ende als meine Pflicht sorgfältig das ausgewählt, was mir am besten paßt? Oder umgekehrt: Ist nicht vielleicht das, was jetzt meine Pflicht ist, etwas, was ich eigentlich ganz unmöglich tun kann, etwas, an dem ich mich freudlos und erfolglos aufreibe? Und geschieht es nicht uns allen, daß wir, indem wir eine Pflicht erfüllen, eine andere umso mehr vernachlässigen? Wer tut denn seine Pflicht? Wer wagt auch nur zu sagen: Ich kenne meine Pflicht? *Ich habe meine Überzeugung!* Ja, aber ist es nicht seltsam, daß es so viele Überzeugungen gibt, immer neue, immer mehr? Wer bürgt mir dafür, daß ich die rechte habe? Ist es nicht merkwürdig, daß auch die besten, reinsten, edelsten Überzeugungen so rasch alt, rostig, unbrauchbar werden? Wer bürgt mir dafür, daß ich bei meiner Überzeugung bleiben werde und bleiben darf? Gibt es das überhaupt, eine begründete, eine haltbare Überzeugung? *Ich habe meinen Herzensglauben!,* sagst du. Ja, aber das Herz des Menschen läßt sich täuschen und wird getäuscht. Wer kennt denn sein Herz? Und was ist dann dein Glaube, wenn er auf das Dichten und Trachten deines Herzens [vgl. Gen. 6,5; 8,21] gestellt ist? So *kommen die Fragen!* Sie sägen uns an, wie man Bäume ansägt im Walde. Sie zerfressen uns, wie die Fäulnis die Früchte zerfrißt im Keller. Sie unterhöhlen uns, wie im Krieg die Stellungen des Feindes unterhöhlt und zuletzt gesprengt werden. Wir merken bald hier, wir merken bald da, daß der Boden unter unseren Füßen wankt. Das Leben, das am Anfang leicht und einfach schien, wird schwer, vielfältig beunruhigt, gebrochen, zerrissen. Es muß so sein. Wir können den Fragen des Lebens nicht entrinnen.

3. Es muß so sein. Das Leben selbst *weist uns darauf hin, daß wir mit Gott leben,* d.h. neu anfangen müssen. *Unser Anfang,* d. h. unser jugendliches ins Leben Hineinstürmen, aber auch unsere späteren Anläufe, Entschlüsse und Unternehmungen waren wohl *kein Neuanfang.* Da schüttelt uns dann *das Leben ab* wie ein edles Pferd einen ungeschickten Reiter; es will eben mit Gott gelebt sein. Es macht uns unsere vielen Ich bin, ich habe, ich will *fraglich, höchst fraglich,* es *ladet uns ein,* daran vorbeizugehen. *Es erschüttert uns* in unserer Sicherheit. *Es lockert* die Bande und Ketten, mit denen wir an dies und das gebunden sind. *Es zerbricht* die Kraft unseres Angriffs. *Es nötigt uns* zum Rückzug, immer weiter, immer weiter zurück bis dorthin, wo wir sehen, daß uns nur noch *Gott* übrig bleibt, bis dorthin, wo wir begreifen: *Jesus* lebt! Der ist auferstanden und lebt, der am Kreuz gestorben ist. Aber nein, bis dahin *drängt uns das Leben freilich nicht.* Das will *gesehen,* das will entdeckt, das will erkannt sein, das will schließlich geglaubt sein, daß *Gott selbst,* Gott allein der Sinn unseres Lebens ist und daß wir *darum so weit* zurückgehen, *darum so viel,* ja Alles verlieren müssen, damit er selbst, er allein uns Alles sein kann. Das Leben *lehrt uns das nicht.* Das Leben legt uns nur *seine Fragen vor,* unermüdlich, immer dringlicher, immer lauter, ob uns nicht endlich aus all den Fragen die rechte *Demut* erwachse und der rechte *Mut,* um nach der einzigen Antwort zu greifen. Wir *greifen gewöhnlich zuerst* nach einer ganz falschen Antwort. Es steigt nämlich, wenn die Fragen des Lebens so auf uns einströmen, der eitle Wunsch in uns auf: Könnte ich doch wieder *jung werden!* noch einmal *die Stunden* durchlaufen, die ich jetzt etwas enttäuscht hinter mir habe! noch einmal *so kindlich,* so ungebrochen, so fraglos und zweifellos sein, wie ich es früher war! noch einmal *so glauben,* wie ich früher glaubte! Dieser Wunsch ist eitel, *eingebildet,* weil wir uns dabei vorspiegeln, daß es uns ein zweites Mal besser gelingen würde als das erste Mal. Er ist eitel, *nichtig* darum, weil wir dabei im Grunde doch nicht ein anderes Leben leben möchten, sondern nur noch einmal das Leben ohne Fragen genießen möchten. Diese Fragen *weisen aber auf ein ganz anderes Leben* hin, auf ein von vorn, nicht ein mit dem Anfang, sondern vor dem Anfang angefangenes Leben, auf ein mit Gott zu lebendes Leben. Nun taucht wieder unser Text auf: Wer unter dem Schirm des *Höchsten* sitzt und unter dem Schatten des *Allmächtigen* bleibt, der hat *keinen eitlen* Wunsch, der kann *alt* sein oder jung, *müde* oder frisch, *enttäuscht* oder begeistert, der spricht zu dem Herrn: Meine *Zuversicht* und meine *Burg,* mein *Gott,* auf den ich hoffe!

4. Was heißt das: *Wer unter dem Schirm des Höchsten sitzt!?* D. h. offenbar: Wer die Fragen des Lebens *versteht* und sich von ihnen zum gänzlichen *Rückzug* nötigen läßt und zuletzt nach der rechten Antwort greift, der findet bei Gott *einen Schutz,* einen Schlupfwinkel, eine Freistatt, einen Unterstand. Er begreift ja, daß er *um Gottes wil-*

len an Allem, was er ist und hat, vorbeigehen muß, als wäre es nichts. Er begreift, daß *um Gottes willen* in unserem Leben Alles so fraglich ist. *Weil Gott so groß ist,* darum sind wir so klein. *Weil Gott gerecht ist,* darum ist auch unser bestes Tun Sünde. *Weil Gott die Wahrheit ist,* darum schwanken [?] wir in unseren Irrtümern hin. Unser Leben *mißt sich eben an Gott,* am Höchsten, nicht an irgend einer menschlichen oder weltlichen Größe. (Wenn es das wäre, könnten wir Sicherheit finden, könnten wir sagen: ich bin und weiß und habe und kann auch etwas.) Aber *zwischen Gott und uns* ist *kein Verhältnis,* kein Vergleich. Sowie wir zu *Gott aufblicken,* kann keine Rede mehr sein von Ruhe und Sicherheit, da fällt Alles um, da sind wir gerichtet. Aber merkwürdig: wer begreift, daß das das Geheimnis all der schweren Fragen unseres Lebens ist, der *weiß sich auch geborgen,* der sitzt im Schirm des Höchsten. Denn nun merkt er ja, gerade daran, daß ihm Alles so fraglich ist: *Gott ruft mich,* Gott hält mich, Gott führt mich, Gott will etwas mit mir haben. Wollte er's nicht, wie käme es dann, daß *mein Leben so voll Fragen* ist? Wollte er's nicht, wie *könnte ich dann seine Größe* erfahren in meiner Kleinheit? Wollte er's nicht, wie käme ich dazu, *als Sünder dazustehen* mit all meinen Gedanken und Taten? Wollte er's nicht, wie könnte ich dann *erschrecken* über all meinen offenkundigen Irrtümern? Wollte er's nicht, wie käme es dann, daß mein Leben an ihm, dem *Unvergleichlichen gemessen ist?* Liegt nicht schon *in seinem Gericht seine Gnade?* Wer das begreift: ich bin von Gott gerichtet, der kann sich *seiner Treue und Barmherzigkeit* anbefehlen. Der lange *Kampf* des Lebens mit seinem Wechsel von Sieg und Niederlage bleibt. Es bleibt Alles, *was uns brennt,* was uns quält, was uns fehlt, was uns beunruhigt. Es *soll ja bleiben,* damit wir Gott nicht *vergessen.* Wir sollen ja immer wieder von *vorn anfangen.* Aber über Allem wird wirklich eine *Treue* und Barmherzigkeit sichtbar. Der *Sinn* von Allem wird sichtbar: die *Suche des guten Hirten* nach dem verlorenen Schaf [vgl. Mt. 18,12 par.], die *Aufmerksamkeit,* die Gott für den hat, der aus der Tiefe zu ihm ruft [vgl. Ps. 130,1], die *Verheißung,* die dem Demütigen gegeben ist: Ich will dein Gott sein. Nun wird man *nicht immer wieder überrascht* und entsetzt und enttäuscht, wenn wieder so eine Frage auftaucht, wenn wieder ein Zweifel, wieder eine Unsicherheit, wieder eine Erschütterung sich einstellt, man *erwartet es nun* nicht anders, man *weiß* nun, woher es kommt und wohin es führt, *man begreift,* daß das alles *neue Stufen,* neue Gelegenheiten, neue Anlässe, neue Türen sind. *Man ergreift* den Trost, die Vergebung, die Hoffnung, die *gerade dann* für uns zu haben sind, wenn wir von Herzen einsehen, daß wir vor Gott Staub sind. Man sitzt unter dem Schirm des Höchsten und spricht zu dem Herrn: Meine Zuversicht und meine Burg, mein Gott, auf den ich hoffe!

5. Und was heißt das andere: *Wer unter dem Schatten des Allmächtigen bleibt?* Offenbar das *Gleiche* und doch nicht ganz das Gleiche. Das Wort *«Schatten»* weist darauf hin, daß wir in Gott einer *Finsternis* begegnen. Sein *Licht* stellt uns in den Schatten. Sein *Leben* wird uns zum Tode. Seine *Allmacht* verurteilt uns zur Ohnmacht. Seine *Gerechtigkeit* wird uns zum Gericht. Wir dürfen uns den furchtbaren *Ernst der Lage,* in die wir uns begeben, wenn wir uns zu Gott zurückziehen, nicht verheimlichen. Es ist daher [?] *begreiflich,* daß wir uns so lange und zäh dagegen sträuben, uns in diese Lage zu begeben. Große *Propheten* und Gottesmenschen haben sich dagegen gesträubt. *Jesus selbst* hat in Gethsemane vor Gott gezittert [Mk. 14,33 par.]. Der Mensch muß *verspielt geben*[4], wenn er mit Gott leben will, er muß die Waffen strecken. Er kommt in die *Furcht und ins Zittern* hinein und nicht mehr daraus heraus. Der *Schatten des Allmächtigen bleibt,* und wir müssen in diesem Schatten bleiben, bleiben wollen, nicht davonlaufen [?] und doch wieder etwas sein wollen. Wir haben's schon gehört: *Es bleibt Alles da,* was uns erschrecken und in die Demut treiben soll. Aber merkwürdig: wer es wagt, sich in diese Lage zu begeben, wer begreift, daß man Gott nicht begreifen kann, daß er in einem Licht wohnt, da niemand zu kann [1. Tim. 6,16], der ist dann auch wieder *gerade in dieser Lage geborgen.* Vor Gott in den Schatten gestellt sein, diese höchste Beunruhigung, die es gibt, ist auch die *höchste Beruhigung.* Im Schatten des Allmächtigen *wandert sich's heller* als in unserem eigenen Licht. Wer unter dem Schatten des Allmächtigen bleibt, der *befiehlt sich wieder* ihm an, seiner Treue und Barmherzigkeit. Er ist ein *Sünder,* aber seine Sünden sind vergeben. Er ist *schwach,* aber diese Schwachheit ist Stärke. Er liegt *im Tode,* aber er geht ins Leben. Er hat Alles *ausgeliefert,* aber er ist gut aufgehoben. Es

[4] = sich verloren geben.

kann bei Gott *nichts von Allem,* was er verloren hat, verloren sein. Er spricht zu dem Herrn: Meine Zuversicht [und meine Burg, mein Gott, auf den ich hoffe.]

6. Wir wollen noch beachten, daß es heißt: *der spricht zu dem Herrn! So lautet* die Verheißung. *Nicht:* er spricht zu sich selbst! Und nicht: er spricht zu den Leuten. Das will sagen: dieses Geborgensein in Gott ist *ein verborgenes Leben.* Wir haben es *nie so,* daß wir sagen könnten: *ich habe es!* Wir können uns seiner nicht einmal vor uns selbst rühmen. Geschweige denn, daß wir es nach außen zeigen können. Das, was wir haben und zeigen können, ist nie *das Echte,* das Direkte, das Eigentliche, die Antwort, die wir Gott geben und die wir bei ihm gefunden haben. Was zum Vorschein kommen kann, das ist vielmehr gerade ein *starkes, tiefes Bewegtsein* von den Fragen des Lebens, gerade das Suchen, das Tasten, die Unsicherheit, der Zweifel. *Hinter dem allem,* was wir selbst und Andere an uns wahrnehmen, heißt [es]: er spricht zu dem Herrn. Wir *dürfen getrost sein,* wir brauchen uns *nicht zu mißtrauen:* wenn wir den Fragen des Lebens *nicht entronnen* sind und nicht entrinnen wollen, wenn wir daran sind, *vorbeizugehen* an uns selbst und allem Unsrigen, wenn's *Ernst ist* mit unserer Erschütterung, dann *ist's schon da,* das Echte, das Direkte, das Eigentliche, die Antwort. Dann *ist's schon gesprochen* zum Herrn: Meine Zuversicht und meine Burg [, mein Gott, auf den ich hoffe.] *Halt dich dran! Gott ist größer* als unsere Gedanken von ihm. Er will *nur Eins von uns:* Aufrichtigkeit!

Lieder:
Nr. 132 «Jesus lebt, mit ihm auch ich» von Chr. F. Gellert, Strophen 1–3 (RG [1998] 482,1.2.–; EG 115,1–3)
Nr. 278 «Gott ist getreu» von E. Liebich, Strophen 1.3 (RG [1998] 689,1.3 mit Textabweichungen)

Römer 5,8

Damit beweist Gott seine Liebe gegen uns, daß Christus für uns starb, da wir noch Sünder waren.

1. Der heutige Sonntag ist Reformationssonntag. Ich beginne damit, daß ich euch einen Brief vorlese, den Martin Luther, als er noch Klosterbruder war, an einen anderen Mönch namens Georg Spenlein gerichtet hat. Es geschah das im Jahre 1516, eineinhalb Jahre bevor Luther durch die Veröffentlichung seiner Sätze gegen den Ablaß die Reformationsbewegung äußerlich eröffnete.[1]

«Nun möchte ich gern wissen, wie es um deine Seele steht, ob sie endlich lernt ihre eigene Gerechtigkeit verachten und in Christi Gerechtigkeit fröhlich und getrost sein. Denn heutigen Tags hat die Versuchung zur Vermessenheit Macht über viele und sonderlich über die, welche mit allen ihren Kräften sich mühen, gerecht und fromm zu sein. Sie kennen nicht die Gerechtigkeit Gottes, die uns in Christo so reichlich und umsonst beschert ist, und trachten von sich selber so lange Gutes zu thun, bis sie Zuversicht gewinnen, vor Gott zu bestehen, mit Tugenden und Verdiensten wohl geschmückt. Aber dahin bringen sie's nimmermehr.

In diesem Wahn, ja Irrwahn, stecktest Du, als Du bei uns warst, und ich steckte drin. Aber auch jetzt noch kämpfe ich wider diesen Irrwahn, und habe noch nicht ausgekämpft.

Darum, mein lieber Bruder, lerne Christum, und zwar den Gekreuzigten. Lerne ihm lobsingen und an Dir selbst verzweifelnd zu ihm sagen: Du, Herr Jesus, bist meine Gerechtigkeit, ich aber bin deine Sünde, du hast das Meine an dich genommen und mir das Deine gegeben; du hast genommen, was du nicht warst, und mir gegeben, was ich nicht war.

[1] Luther an Georg Spenlein, Augustiner in Memmingen, 8. April 1516, WA.B 1,33–36. Barth gibt als Quelle an: L.W. VIII,313f., d. h.: *Luthers Werke,* hrsg. von Buchwald, Kawerau, J. Köstlin, Rade, Ew. Schneider u. a., Bd. VIII, Braunschweig 1892 (Berlin 1905[3]), S. 313–315. Die Übersetzung stammt von M. Rade. Barth übertrug den Text nicht in sein Predigtmanuskript, sondern las ihn offensichtlich aus dem angegebenen Band vor.

Hüte Dich, mein Bruder, jemals einer solchen Reinheit nachzutrachten, daß Du dir nicht mehr ein Sünder scheinen, ja gar kein Sünder mehr sein willst. Denn Christus wohnt nur unter Sündern. Dazu ist er ja herabgekommen vom Himmel, wo er unter Gerechten wohnte, damit er auch unter Sündern wohnte. Solcher seiner Liebe sinne nach, und Du wirst seinen allersüßesten Trost erfahren. Denn wenn wir durch eigene Mühe und Plage zur Ruhe des Gewissens hindurchdringen sollten, wozu ist Christus dann gestorben? Darum wirst Du nur in ihm, durch getroste Verzweiflung an Dir und an Deinen Werken, Frieden finden; Du wirst von ihm selber lernen: wie er Dich angenommen hat, so hat er auch Deine Sünde zu seiner, seine Gerechtigkeit zu Deiner gemacht.

Wenn Du das fest glaubst, wie Du mußt (denn verdammt ist, der das nicht glaubt), so nimm nun auch Du die unordentlichen und noch irrenden Brüder auf und trage sie geduldig; mache ihre Sünden zu Deinen eigenen und, wenn an Dir etwas Gutes ist, so laß es ihr sein. Ein Jeglicher sei gesinnet, wie Jesus Christus auch war, welcher, ob er wohl in göttlicher Gestalt war, hielt er es nicht für einen Raub u. s. w. (Phil. 2,5ff.) So auch Du; wenn Du Dir besser erscheinst als andere, so halte das nicht für einen Raub, als ob es nur Dir allein gehöre, sondern entäußere Dich selbst und vergiß, wie gut Du bist, und sei wie einer von ihnen, daß Du sie tragest.

Denn der ist ein trauriger Gerechter, der andere, die im Vergleich mit ihm schlechter zu sein scheinen, nicht tragen will und an Flucht und Einsamkeit denkt, während er doch durch Geduld, Gebet und Vorbild ihnen in seiner Gegenwart heilsam sein sollte. Das heißt des Herrn Pfund vergraben und seinen Mitknechten nicht geben, was man ihnen schuldig ist. Also, wenn Du eine Lilie, eine Rose Christi bist, so wisse, daß Dein Wandel unter Dornen sein muß. Sieh nur zu, daß Du nicht durch Ungeduld, leichtfertiges Richten oder geheimen Hochmuth selber ein Dorn werdest. Das Reich Christi, sagt der Psalm (110,2), besteht mitten unter seinen Feinden. Was schwärmst Du also von einer Umgebung von lauter Freunden?

Drum, wenn Dir etwas fehlt, so wirf Dich Deinem Herrn Jesus zu Füßen und bete. Er selbst wird Dich alles lehren; achte nur darauf, was er für Dich gethan hat und für alle, damit auch Du lernest, was Du für andere zu thun schuldig bist. Wenn er nur unter Guten hätte leben und für Freunde sterben wollen, für wen, frage ich, wäre er gestorben oder mit wem hätte er leben können?

Darnach halte Dich, mein Bruder, und bete für mich und Gott sei mit Dir!»

2. Die Reformationsbewegung ist wie alle tiefen und ernsthaften Bewegungen dadurch entstanden, daß es Menschen gab, die erfüllt und umgetrieben waren *von einer Frage.* Man sehnt sich *heute auch wieder* nach einer Reformationsbewegung. Reformation heißt ja Neugestaltung. Von *neuen Wegen* und neuen Zielen, von neuen Worten und neuem Geist, die uns notwendig wären, redet man auf allen Gebieten. Daher wohl *das Bedürfnis,* sich die damalige Reformationsbewegung immer wieder in Erinnerung zu rufen, nicht ohne den stillen Seufzer: Ach, daß es auch wie damals wäre! Aber zum Ackern gehört ein *Pflug,* und zu einer Bewegung gehört *eine Frage.* Wir werden umsonst auf eine Bewegung der Erneuerung warten, solange nicht eine Frage, und zwar eine unruhige, eine brennende Frage, eine Frage, die aufs Höchste und Letzte geht, in uns ist. *Die damalige Bewegung* war eine wirkliche Bewegung, sie hat darum in ihrem Auftreten so erschütternd und umwälzend gewirkt, weil es damals Menschen gab – und Martin Luther war ein solcher Mensch –, die mit ihren *Fragen weit gingen,* bis auf den Untergrund und Hintergrund des Lebens, so weit als Menschen überhaupt gehen können. Es hatte sich in diesen Menschen etwas *gelöst.* Die Sicherheit und Zuversicht, in denen der Mensch gewöhnlich dahinlebt, war in diesen Menschen *ins Wanken* gekommen. Sie kamen wie unter *einen Zwang,* daß sie fragen, suchen, bitten, anklopfen mußten [vgl. Mt. 7,7 par.]. Da gab's *kein Bremsen,* kein bequemes *Stehenbleiben* bei vorläufigen Wahrheiten, kein *Zurück- und Auf-die-Seite*-Blicken, keine *Erwägungen:* was wird daraus? Sie mußten einfach *hindurch.* Sie wollten *Gewißheit.* In diesem Suchen nach Gewißheit sehen wir diese Menschen vor unseren Augen gleichsam *sinken und sinken* [?] wie Bergleute, wenn sie hinuntersteigen in den Schacht ihres Bergwerks. Luther ist nicht umsonst der Sohn eines solchen Bergmanns gewesen. Immer wieder müssen sie etwas *aufgeben und durchstreichen* von dem, was sie vorher zu wissen und zu haben meinten. Immer wieder heißt's: *das ist's nicht!* und das ist's auch noch nicht! Immer wieder sehen wir sie *die Hände ausstrecken* nach

etwas Letztem, Verborgenen, ganz Wahren. Das ist das, was man menschlicherweise über die *Entstehung der Reformationsbewegung* sagen kann. Man kann nur sagen: da waren Leute, die von einer *unendlichen Unruhe* umgetrieben wurden, von einer Unruhe, die uns mit Recht *schrecklich* erscheinen mag, sie aber haben sich gegen diese Unruhe *nicht gewehrt,* sondern haben sich ihr wie Soldaten ihren Vorgesetzten gehorsam ausgeliefert.|

Das Andere, was über die Entstehung der Reformationsbewegung zu sagen wäre, daß das Fragen dieser Menschen *nicht ohne Antwort* geblieben ist, ist, wenigstens für uns, etwas *Unsichtbares, Ungreifbares.* Ihr habt den Brief Luthers aus dem Kloster gehört. Dieser Brief ist voll *Antwort,* er ist eine einzige Antwort. Und die bewegende Ursache der Reformationsbewegung ist natürlich die *Antwort gewesen,* die damals gefunden wurde. Aber eben, daß da eine solche Antwort war, daß z. B. der vorgelesene Brief voll Antwort ist, das können wir *schwerlich sehen* und begreifen. Wer Luthers Antwort hören will, der muß von Luthers *Frage* bewegt sein. Wer Luthers Ruhe und Frieden kennen will, muß Luthers *Unruhe* und Kampf kennen. Um mit Luther zu singen, müßten wir mit Luther *streiten. Täten wir's,* so ständen wir schon mitten in einer neuen Reformationsbewegung. Aber wir *tun es offenbar* noch nicht. Und geradeso steht es mit unserem *Textwort aus dem Römerbrief,* daß Gott seine Liebe gegen uns damit beweise, daß Christus für uns starb, *da wir noch Sünder waren.* Das ist auch eine Antwort, eine tiefe und gewaltige, eine selige und herrliche *Antwort.* Es ist die *gleiche* Antwort, die Luther seinem Freunde gegeben hat. Aber auch diese Antwort ist *Antwort auf eine Frage.* Wer die *Frage* nicht kennt, kann auch die Antwort nicht als Antwort vernehmen. Und so muß sich für uns doch Alles zusammendrängen in die sehnsüchtige *Hoffnung:* O daß es doch wieder *solche Menschen unter uns* gäbe, denen alle Sicherheit und Zuversicht *genommen* ist, Menschen, [die] aus ganzem Herzen, aus ganzem Gemüt und aus allen ihren Kräften [vgl. Dtn. 6,5] *fragen,* suchen, bitten und anklopfen müssen, weil sie nicht anders können! Was damals in der Reformationszeit und zur Zeit des Paulus geschehen ist, kann uns zeigen, *was möglich ist,* was geschehen kann, was für Antworten zu vernehmen sind, wenn auch nur ein einziger Mensch ernsthaft ins Fragen hineinkommt. Aber was *ernsthaftes* Fragen ist, das müssen wir, obwohl unsere Zeit scheinbar voll Fragen ist, wohl erst lernen.

3. Wie ernsthaft das Fragen des Paulus und das Fragen Luthers war, sehen wir am besten an den *Antworten,* die sie gefunden haben. *Paulus sagt:* Christus starb für uns, da wir noch Sünder waren! Und *Luther sagt:* «Christus wohnt nur unter Sündern!»[2] Was ist das *für eine Frage,* auf die diese Antwort antwortet? Offenbar ist da vorher gefragt worden: *Wie fängt man's denn* an, ein *Christ* zu werden? Wir könnten auch allgemein fragen: Wie fängt man's an, ein rechter, ein *lebendiger Mensch* zu sein, ein erfreuliches, befriedigendes, gesegnetes *Dasein* zu führen, für sich selbst und für Andere etwas *Reelles,* Wahrhaftiges zu sein? Wohlverstanden: Sie fragten: wie fängt man an?, nicht: wie fährt man weiter auf einem Geleise, auf dem man schon ist? Da haben wir gleich den Punkt, wo die Frage ernsthaft wird: Wissen wir das, daß wir *nicht sind,* nicht nur noch nicht ganz, sondern ganz und gar nicht sind, was wir werden sollen? Wissen wir, daß wir ganz und gar *erst anfangen* müssen zu werden, was wir sein sollen? Wissen wir, daß wir nichts, gar *nichts hinter uns* haben, keinen etwa schon gemachten Anfang, nichts, worauf wir uns berufen und stützen, nichts, das wir in der Hand halten können? Wissen wir, daß wir *vor einer Gletscherspalte* stehen, vor einer Felswand, und dort drüben, dort oben geht der Weg weiter? Wissen wir das? In diesem Sinn haben nämlich Paulus und Luther gefragt: wie fängt man an? Sie meinten ganz und gar und wörtlich einen *Anfang,* nicht eine Fortsetzung. Sie merkten ganz und gar: ein Christ sein, oder sagen wir: ein rechter Mensch sein, das ist *etwas Neues.* Man hat es *nicht geerbt,* man ist *nicht damit* auf die Welt gekommen, man ist *nicht dazu erzogen* worden, man hat es sich *nicht irgendwie* erworben, man kann es nur *werden.* Wenn wir uns überlegen, ob wir uns diese Frage, die uns wohl alle schon beschäftigt hat, in diesem Sinn auch schon gestellt haben, empfinden wir wohl gleich den Unterschied. Nein, nicht wahr, *so weit sind wir schwerlich* schon gekommen, daß wir uns gefragt hätten: wie *fange ich an?* wie werde ich, was ich *noch nicht* bin? Zu dieser Frage des Paulus und Luthers paßt dann allerdings auch ihre Antwort: Christus, Christus starb für uns, Christus wohnt unter uns. Christus, der ist *etwas Neues,* das ist ein

[2] WA.B 1,35,29–31: «Christus enim non nisi in peccatoribus habitat. Ideo enim descendit de coelo, ubi habitabat in iustis, ut etiam habitaret in peccatoribus.»

Anfang, das ist *jenseits* der Gletscherspalte, *oben* an der Felswand. Aber wer solche Antwort *haben* will, muß vorher so *gefragt* haben.

4. Wie werde ich, was ich noch nicht bin? Darin stecken sofort zwei weitere Fragen, die sich Paulus und Luther gestellt haben. Sie lauten: Was soll ich denn werden? und: Was bin ich denn jetzt? Also zweitens: *Was soll ich denn werden?*, was ist denn mein *Ziel*, meine Bestimmung, meine Aufgabe, was ist von mir *verlangt?* Wohlverstanden: was ist von mir verlangt? Sie fragten nicht: was verlange *ich selbst* von mir oder die Leute? Was ist meinen Kräften und meiner Einsicht *angemessen?* Was *kann* ich *leisten?*, sondern: was ist von mir *verlangt?* Da wird's wiederum ernsthaft. Wissen wir das, daß es, wenn es sich darum handelt, *ein Christ oder wie* man's nennen will zu sein, heißt: es wird von mir verlangt? Wissen wir, daß unser Weg, sobald wir uns so fragen, alsbald wieder *schwindelnd, unmöglich steil* aufwärts führt? Wissen wir, daß *Alles von uns verlangt wird und Alles von unserem* ganzen Menschen? Wissen wir, daß *alle Gebote*, die groben und die feinen, die einfachen und die schwierigen, gleich ernst sind? Wissen wir, daß, wenn wir alle Gebote kurz und blud[3] zusammenfassen wollten in das Eine: Du sollst ein *guter Mensch werden!*, etwas Unendliches, etwas Ewiges, etwas *Unmögliches* von uns verlangt wird? Wissen wir das? In diesem Sinn haben nämlich Paulus und Luther gefragt: Was soll ich werden? Sie meinten wirklich und wörtlich das *Ganze*, das Vollständige, das Tiefe, das Ewige, das Unmögliche, auf das man *kommt*, wenn man diese Frage *ernst* nimmt. Wieder überlegen wir uns, ob wir uns diese Frage in diesem Sinn auch stellen, und nicht wahr, wir sehen gleich den Unterschied, wir pflegen im Fragen *vorher Halt* zu machen. Zu den Fragen des Paulus und Luthers aber paßt allerdings wiederum die Antwort: Christus, wie *Christus Mensch* soll ich werden, ein Mensch, der *Christi Gerechtigkeit* hat, ein Mensch, der sich in der *Übereinstimmung* mit dem Ewigen befindet wie Christus, ein Mensch, an dem Gott das *Wohlgefallen* findet, das er an Christus findet [vgl. Mk. 1,11 par.]. Aber wer diese Antwort *hören* will, muß vorher so *gefragt* haben.

[3] = nackt.

5. Drittens: *Was bin ich denn jetzt?*, fragten sich Paulus und Luther. Also: Wo stehe ich, *bevor ich anfange* zu gehen? Wie komme ich dazu, *anzufangen damit,* ein guter Mensch zu werden? Wohlverstanden: Was bin ich? Sie fragten nicht: Was *scheine ich* zu sein? was bilde ich mir ein von mir? was *sagen die Leute* von mir? wie stehe ich vor ihren Augen da? was möchte ich sein?, sondern: was bin ich? Und da wird's wieder ernsthaft. Wissen wir, daß wir als die, die wir sind, *nicht gute Menschen* werden können? Wissen wir, daß wir so, wie wir sind, dazu *nicht einmal den Anfang* machen können? Wissen wir, daß wir schon *verurteilt* sind, noch bevor wir den Gerichtssaal betreten haben? Wissen wir, *daß wir Sünder* sind, d. h. Wesen, denen der Sprung über die Gletscherspalte von Natur *unmöglich* ist, Wesen, die vom Ewigen, Guten nicht nur getrennt, sondern *abgeschnitten* sind, Wesen von einer Art, an der Gott *unmöglich Wohlgefallen* haben kann? Wissen wir das? In diesem scharfen, unerbittlichen Sinn haben Paulus und Luther gefragt: Was bin *ich jetzt, jetzt, wo ich* anfangen möchte, ein Christ zu werden? Sie haben tief in sich selbst hineingesehen und haben *gefunden:* Der Mensch ist ein verlorener und verdammter Sünder, unfähig zum Guten, dem Tod geweiht und des Todes würdig. Sie nahmen es mit dem: was bin ich? *ganz ernst* und aufrichtig. Und wir? Nicht wahr, wir sehen den Unterschied: Die Frage, die wir an uns selbst stellen, ist noch nie so scharf geworden. Zu den Fragen des Paulus und Luthers aber paßt ihre Antwort: Wenn's darauf ankommt, wer ich bin, dann werde ich *nie anfangen,* denn ich bin ein Sünder, aber für uns Sünder *starb Christus,* unter uns Sündern *wohnt Christus.* Er will *nicht mehr er* sein, und ich will *nicht mehr ich sein.* Er will *mich* sein, und ich will *ihn* sein: «*Du, Herr Jesus,* bist meine Gerechtigkeit, *ich aber* bin deine Sünde. Du hast *das Meine* an dich genommen und mir *das Deine* gegeben. Du hast von mir genommen, was *du nicht warst,* und mir gegeben, *was ich nicht war.*»[4] Aber wiederum: wer solche Antwort *hören* will, muß vorher so *gefragt* haben.

[4] A. a. O. 35,25–27: «[…] tu, Domine Ihesu, es iustitia mea, ego autem sum peccatum tuum; tu assumpsisti meum, et dedisti mihi tuum; assumpsisti, quod non eras, et dedisti mihi, quod non eram.»

6. *Ja, was soll ich denn tun?* Das ist die letzte Frage, die da bereits aufgelöst [?] ist. Was soll ich denn tun, haben sich Paulus und Luther gefragt, wenn es sich ums *Anfangen* handelt, um das *Gott-wohlgefällig*-Werden, wenn ich ein *Sünder* bin, der Beides nicht kann? Wohlverstanden: sie fragten: was soll ich tun? Nicht: was nun? wie wird es nun weitergehen? was wird sich nun etwa und vielleicht begeben?, sondern: was soll ich tun? In dem *«soll»* liegt die unbedingte Notwendigkeit, daß etwas geschehen muß, und in dem *«tun»* die ganze, schwere Verantwortlichkeit des Menschen dafür, daß es geschieht. Aus dem Brief von Luther an G. Spenlein sahen wir, wie diese Menschen gerungen haben mit diesen Fragen, wie sie auf allen Wegen nach einer Lösung gesucht haben. Kann ich Gott wohlgefällig werden, indem ich *nur mit ganz ernsten, frommen, guten Menschen verkehre,* mit ihnen einen Kreis bilde, eine Gemeinschaft, und da der Gottseligkeit und dem Guten lebe? Aber nein, was ist damit den vielen Anderen geholfen, und gibt es denn überhaupt eine solche Gemeinschaft, in der das Vollkommene wäre? «Was schwärmst du von einer Umgebung von lauter Freunden?»[5] *Soll ich in die Einsamkeit fliehen,* soll ich mich darauf legen [?], meinen Weg zu gehen, wie wir sagen? Aber nein, was hat das für einen Sinn, sind denn die Anderen, ist denn die Welt, die du fliehst, so viel schlechter als du? «Das heißt, des Herrn Pfund vergraben [vgl. Mt. 18,18] und seinen Mitknechten nicht geben, was man ihnen schuldig ist.»[6] Soll ich unter den Anderen lebend mich dessen getrösten, daß ich *doch immer noch ein wenig besser bin als sie?* Aber nein, ihre Sünden sind wahrhaftig deine eigenen, und du darfst dein Besser-Sein nicht als einen Raub an dich reißen. «Vergiß, wie gut du bist, und sei wie einer von ihnen, daß du sie tragest.»[7] Soll ich, ohne links noch rechts zu sehen, meine Pflicht tun, Selbstzucht üben, Opfer bringen, Taten tun, *mein Leben zu einer Höchstleistung gestalten,* den Rekord zu gewinnen suchen in allen Tugenden und dann denken: jetzt, das, das ist's!? Nein, das magst und sollst du wohl [?] tun, aber auch das ist's nicht. Was soll deine Höchstleistung, bist du darum kein

[5] A. a. O. 36,53: «Tu ergo quid fingis medium amicorum?»

[6] A. a. O. 36,47f: «[...] hoc est talentum Domini abscondere, et conservis non tradere, quod debetur.»

[7] A. a. O. 36,44f.: «[...] obliviscere, qualis es, et esto quasi unus illorum, ut porteas eos.»

Sünder, mußt du darum nicht sterben? «Hüte dich, mein Bruder, jemals einer solchen Reinheit nachzutrachten, daß du dir nicht mehr ein Sünder scheinen, ja gar kein Sünder mehr sein willst!»[8] Seht wie merkwürdig, daß Luther gerade hier, wo es uns vorkommt, er müßte laut Ja, Ja! sagen, *Hüte dich!* sagt. Hüte dich, einer solchen Reinheit nachzutrachten! Seht, da wird's nun ganz ernsthaft. Wissen wir's, daß er *recht hat?* Wissen wir's, daß es in der Frage: Was soll ich tun? *kein Aufhalten* gibt, daß wir *weiter und weiter* müssen von Station zu Station in dem, was wir tun können? *So scharf* ist Luther von der Frage: Was soll ich tun? verfolgt worden, daß er zuletzt zu dem unerhörten Wort kam: *Hüte dich, kein Sünder* mehr sein zu wollen! Wir sehen den Unterschied, nicht wahr? Wenn wir's ganz scharf nehmen mit dieser Frage, dann enden wir dabei zu sagen: *Heil dir, Mensch,* hör nicht auf, zu streben, fortzuschreiten, dich zu entwickeln höher und höher hinauf. Edel sei [der Mensch, hilfreich] und gut![9] Ein guter Mensch in seinem dunklen Drange ist sich des rechten Weges wohl bewußt![10] Wer immer strebend sich bemüht, den können wir erlösen![11]

Hüte dich, kein Sünder mehr sein zu wollen! Das ist zweierlei, nicht wahr? Zu der Frage, der letzten Frage des Paulus und Luthers: *was soll ich tun?,* wenn es auch mit dem höchsten, reinsten Streben nichts ist, wenn ich mich sogar hüten muß davor, allzu hoch hinaus zu wollen im Edel-, Hilfreich- und Gut-Sein – was *soll ich dann tun?* – zu dieser Frage paßt allerdings die Antwort: Christus ist für uns gestorben, da wir noch Sünder waren. Und: Christus wohnt nur unter Sündern. Als das Bewußtsein der Notwendigkeit und der Verantwortlichkeit in der Frage: was soll ich tun? *ganz groß wurde* in Paulus und Luther, da verstanden sie Christus, *Christus, den Gekreuzigten.* Was verstanden sie in Christus? Gott sagt *Ja zu uns,* zu uns Sündern. Gott *hat uns lieb,* uns Sünder. Gott *spricht uns frei,* uns Sünder. Wenn wir *keine Sünder* mehr sein werden? Nein, *da wir noch Sünder* waren. Christus am Kreuz, Christus, [der] *unter die Sünder gegangen* ist bis in die tiefste

8 A. a. O. 35,28f.: «Cave, ne aliquando ad tantam puritatem aspires, ut peccator tibi videri nolis, imo esse.»

9 Aus J. W. von Goethes Gedicht «Das Göttliche».

10 J. W. von Goethe, *Faust I,* V. 328f. (Prolog im Himmel).

11 J. W. von Goethe, *Faust II,* V. 11936f. (5. Akt, Bergschluchten).

Not und Strafe, zeigt uns, *welche Menschen* Gott bejaht, liebt und freispricht, zeigt uns, *welche Menschen* in der ganzen Nacht dieses Lebens *in Gott geborgen,* von Gott *gehalten,* Gottes *Eigentum* sind, nämlich gerade *wir, wie wir sind.* So fängt man's an, daß man sich sagen läßt: *Gott fängt an* dort, wo es mit uns aus ist. So erfährt man, was man werden soll, daß man sich sagen läßt: *Bei Gott sind* alle Dinge möglich [Mk. 10,27 par.]. So erfährt man, wer man ist, daß man sich sagen läßt: Wir sind nun das, was wir nicht mehr sind, *was Gott für uns sein* will. So kommt man zu einer Antwort auf die Frage: was soll ich tun?, daß man sich sagen läßt: *Gott sagt Ja zu dir,* Gott hat dich lieb, Gott spricht dich frei! *Vernimm das;* das Weitere wird sich finden. Damit kannst du *leben,* wenn du damit leben willst. «In ihm, *durch getroste Verzweiflung* an dir und deinen Werken wirst du Frieden finden.»[12] «Wenn du eine Lilie, *eine Rose Christi* sein willst, so wisse, daß der Wandel unter Dornen sein muß.»[13] «Darauf *halte dich, mein Bruder,* und bete für mich; Gott sei mit dir!»[14]

7. Wenn ihr denkt, daß diese Antwort: das Kreuz Christi *für uns keine Antwort* sei, so geht nicht zu schnell daran vorbei, sondern bedenkt, daß die Fragen der Apostel und Reformatoren eben wirklich auch noch lange *nicht unsere Fragen* sind. Uns geht ja der Atem aus bei ihren Fragen. *Mir auch,* ich gestehe es euch offen, ich bin auch kein Apostel und kein Reformator, und darum kann ich von dem Geheimnis des Kreuzes Christi bei weitem *nicht so reden,* wie davon geredet werden müßte. Ich weiß nur das: darum *handelt es sich,* in diese *Richtung* geht der Weg, diese *Antwort ist die rechte,* wenn die rechte Frage in den Menschen wach wird. Wenn sie einmal *wach werden wird in uns,* dann wird uns auch die *Antwort leuchten* [?]; wir werden dann, wenn wir von Reformation, von Neugestaltung etwas *sehen wollen,* nicht vierhundert Jahre rückwärts zu blicken brauchen.

[12] WA.B 1,35,33f.: «[...] in illo, per fiducialem desperationem tui et operum tuorum pacem invenies».

[13] A. a. O. 36,49f.: «Igitur si es lilium et rosa Christi, scito, quoniam inter spinas conversatio tua erit».

[14] A. a. O. 36,58f.: «Sic age, mi Frater, et ora pro me, et Dominus sit tecum.»

Lieder:

Nr. 162 «Wach auf, du Geist der ersten Zeugen» von K. H. von Bogatzky, Strophen 1–3 (RG [1998] 797,1.2.–; EG 241,1–3; jeweils mit Textabweichungen)

Nr. 223 «Nun freut euch, Christen insgemein» von M. Luther, Strophen 1.4.7 (RG [1998] 223 «Nun freut euch, lieben Christen gmein»; EG 341; jeweils mit geringen Textabweichungen)

Safenwil, Sonntag, den 21. November 1920[1]

Psalm 145,17

Der Herr ist gerecht in allen seinen Wegen und heilig in allen seinen Werken.

1. Der Herr ist gerecht in allen seinen Wegen und heilig in allen seinen Werken! *Wer so reden kann,* der erkennt Gott, der hat ihn lieb, der sagt Ja zu ihm. Und das ist etwas unermeßlich Großes, Gott zu erkennen und liebzuhaben. Da *erwacht* der Mensch wie aus einem langen, schweren Traum; es *träumte* ihm von einem dunklen, engen Gefängnis und von einer furchtbar verriegelten Tür, vor der er immer, immer stehen mußte. Und nun ist er *erwacht,* und wieder steht er an einer Tür, aber diesmal ist es eine offene Pforte, und eben ist er im Begriff, über die Schwelle zu treten, den ersten Schritt zu tun hin in ein weites, neues, freies Land, *so verschieden* von dem, was er hinter sich hat, wie etwa das, was ein Sterbender vor sich sieht im Augenblick seines Todes, verschieden sein mag von den Bildern und Bildlein der 40 oder 70 Jahre, die er hinter sich läßt. Das ist der *Übergang* zum Erkennen, zum Liebhaben Gottes. Es ist eine große, tiefe, selige *Veränderung:* wenn in jedem Augenblick noch größere, tiefere folgen als im vorhergehenden. In dieser Veränderung kann es einem Menschen aufgehen *wie ein Licht* in dunkler Nacht, kann es für einen Menschen *wahr werden,* das Wort: der Herr ist gerecht in allen seinen Wegen und heilig in allen seinen Werken! Es ist das Wort *eines Menschen, der gesiegt,* der entdeckt, der erobert hat. Nein, wir drücken es besser anders aus: Es ist das Wort *eines Menschen, der gefunden,* gerettet, herausgerissen worden ist. *Nur in der Veränderung* ist dieses Wort ein wahres Wort.

2. Mit den *Wegen und Werken,* von denen es redet, ist Alles gemeint, was das Leben des Menschen ausmacht: von der *Geburt* bis zum Tode, vom *Kleinsten* bis zum Größten, vom *Äußerlichsten* bis zum Innerlichsten, von dem, was scheinbar ganz unser *eigenes Wollen* und Tun ist, bis zu dem, was scheinbar nur als ein fremdes Schicksal, vor dem wir ohnmächtig sind, über uns hereinbricht, unsere *Erfahrungen*

[1] Am 14.11.1920 hat Otto Herpel in Safenwil gepredigt (Bw. Th. I, S. 442).

und die Erfahrungen unserer Mitmenschen, die wir mit ansehen, und die Erfahrungen der Völker und Zeiten, in denen wir mitten drin stehen.

Aber daß das alles *Wege und Werke des Herrn* seien, daß das alles aus einer Hand kommt, von einer Hand so regiert, geführt und geleitet wird, das versteht sich nicht von selbst. Und es versteht sich wahrlich nicht von selbst, daß der Herr *in dem allem gerecht und heilig ist,* daß also in dem allem ein Sinn ist, ein Ziel, ein Licht und zwar ein gutes, helles, fröhliches Licht. Man kann das alles nicht nur so sagen und hören, predigen und glauben. Ohne die Veränderung ist das *alles höchst zweifelhaft. Wenn wir Gott nicht erkennen,* nicht liebhaben, nicht Ja zu ihm sagen, kann man zwar diese Worte: «Gottes Weg und Werk ist Alles. Und Gott ist gerecht und heilig!» oder ähnliche Worte *auch nachsagen.* Wir können uns auch bemühen, sie *zu glauben.* Wir können uns sogar einbilden, daß wir sie *tatsächlich glauben. Aber wahr* sind sie darum noch nicht. Unser Nachsagen, unser Glauben kommt davon, daß es uns *ganz schön scheint,* den Vater im Himmel, den Herrgott, die Vorsehung über uns oder wie wir das nennen, gelten und walten zu lassen. Warum *nicht?* Aber warum denn? Darauf wüßten wir nicht viel zu sagen. Es braucht bloß *eine Wendung in unserem Leben* und unseren Erfahrungen: wir verlaufen uns auf einen rechten *Irrweg,* oder wir müssen an einem unserer *Nächsten* sehen, welcher Narrheiten der Mensch im Grunde fähig ist, oder es kommt ein Leid über uns, vielleicht auch ein *Unglück* wie etwa die Seuche, die jetzt in unserem Dorf umgeht[2], oder es kommt eine große *Erschütterung* des gesellschaftlichen und wirtschaftlichen Lebens wie die, in der wir seit einigen Jahren stehen, vielleicht aber auch nur etwas *Geringfügiges,* ein peinlicher Eindruck, ein widriges Erlebnis, ein tüchtiges Zahnweh, und siehe da: wir können auf einmal *zweifeln,* so gut wir vorher nicht gezweifelt haben, können auf einmal auch sagen: Ja, *warum*

[2] Am 20.11.1920 schrieb Barth: «Wir haben hier mächtig die Viehseuche. Aber die Kirche wird zu meinem Leidwesen nicht geschlossen. Ich wäre jetzt gerne unablässig am Römerbrief» (Bw. Th. I, S. 444). Es handelte sich um die Maul- und Klauenseuche (=Aphthenseuche). R. Weber teilt mit, daß die Seuche bereits im Winter 1919/20 vermehrt auftrat und da und dort auch zu Versammlungsverboten führte. So fielen in Zofingen am 7.12.1919 die Gottesdienste aus.

denn eigentlich? Warum ein Gott in Allem? Ein Gott, der gerecht und heilig ist in allen seinen Wegen und Werken? Ist's denn auch so? Könnte es nicht auch ganz anders sein? *In Wahrheit Gott gerecht und heilig* nennen, das geht nur in der Veränderung. Und niemand denke, daß er vor dem Zweifel *ein für allemal* geschützt sei. Niemand denke, daß er die Veränderung *schon hinter sich habe.* Wir kennen sie vielleicht, aber wir haben sie nie hinter uns, wir haben sie immer noch vor uns, wir müssen sie immer *aufs neue kennen lernen.* Sie ist eine *ewige Veränderung,* eine Veränderung, die durch unser ganzes Leben hindurch immer neu eintreten muß.|

Der Reformator *Martin Luther* litt oft an einer merkwürdigen Schwermut. Als er einmal mehrere Wochen lang wieder in diesem Zustand war und kein Trost und Zuspruch ihm helfen wollte, trat plötzlich seine Frau Käthe zu ihm ins Studierzimmer, in schwarze Trauerkleider gehüllt und mit allen Zeichen tiefen Schmerzes. Auf seine erstaunte Frage, was denn sei, gab sie zur Antwort: Mir träumte heute nacht, der liebe Gott sei gestorben und ich sähe sämtliche Engel in großer Betrübnis seinem Sarge folgen! Und als Luther sie anfuhr, was für törichtes, gotteslästerliches Zeug sie da träume und sich einbilde, sagte sie ihm ihrerseits ganz erstaunt: Nun, ich meinte, das Gleiche habest du nun schon seit vielen Wochen geträumt.[3] Ich denke, wenn ein Mann wie Luther es nötig hatte, mehr als einmal aus diesem Traum, der liebe Gott sei gestorben, *geweckt zu werden* und sich *in die Veränderung* hineinzustellen, so werden wir es auch nötig haben. Wer von uns ist denn seiner Sache *Gott gegenüber so sicher,* daß er nun [?] so ohne weiteres hören, sagen und glauben könnte: Gott ist! Gott [ist] gerecht und heilig! Wer von uns weiß denn, ob nicht schon

[3] Vgl. A. Thoma, *Katharina von Bora. Geschichtliches Lebensbild,* Berlin 1900, S. 180f.: «Da war er [Luther] einmal in einer Anwandlung von Schwermut, an Gott und der Welt verzweifelnd, fortgegangen. Als er heimkehrte, trat ihm Frau Käthe entgegen im schwarzen Trauergewand und den Schleier tief im Gesicht. Erschrocken rief er: ‹Um Gotteswillen, Käthe, was ist geschehen?› ‹O, Herr Doktor, ein großes Unglück›, erwiderte sie, ‹denket nur, unser lieber Herrgott ist gestorben, des bin ich so traurig›. Da fiel Luther seinem Weibe um den Hals und rief: ‹Ja, liebe Käthe, that ich doch, als wär' kein Gott im Himmel mehr!›» Thoma bemerkt, daß er diese Anekdote, «welche u. a. Albert Richter, *Deutsche Frauen,* Leipzig 1896, S. 162 erzählt», aus den Quellen nicht habe belegen können.

heute nachmittag *eine Wendung eintritt* in seinem Leben, die ihn umwirft, die ihn aus einem Gläubigen zu einem Zweifler macht. *Tief, sehr tief,* immer tiefer müssen wir *hinuntersteigen,* müssen wir *graben* nach dem Schatz, nach der unterirdischen Quelle, müssen wir die *Fundamente* legen, wenn wir von Stunde zu Stunde eben so *durchkommen,* wenn der dünne Faden *nicht abreißen,* wenn wir *fallen* und doch wieder aufstehen, *irren* und doch wieder zurechtkommen, *zweifeln* und doch wieder fest sein sollen, wenn es in aller Bescheidenheit ein ganz klein wenig *wahr werden* soll bei uns: Ich weiß, an wen ich glaube![4]

3. Was ist's denn mit dieser *Veränderung,* auf die da Alles ankommt? Das müssen wir wissen, daß sie *ein Wunder ist,* das wir uns größer gar nicht vorstellen können. Sie ist jedesmal aufs neue ein *Wagnis* auf Leben und Tod, ein *Sprung* in einen Abgrund. Sie ist *kein Weg,* den man zeigen, beschreiben und gehen könnte. Es gibt *keine Anweisung,* kein Rezept, wie man's denn machen müsse. Man kann weder die Kinder noch sich selbst *dazu erziehen* oder daran gewöhnen. Man kann sie *nicht erdenken,* nicht ersinnen, nicht erstreben, nicht erfühlen, nicht erleben; denn sie ist immer noch etwas Anderes als das, was in unserem Kopf, Herzen und Gemüt passiert. Die Veränderung, daß wir Gott erkennen, Gott liebhaben, zu Gott Ja sagen, *kommt von Gott selbst.* Ich habe einmal in einem Vortrag gesagt: sie *kommt senkrecht von oben,* und bin deswegen von gescheiten Leuten ausgelacht worden.[5] Aber ich könnte es auch jetzt nicht anders sagen: Wirkliche Veränderung, die uns in den Stand setzt, zu wissen, was wir glauben, kommt senkrecht von oben. Sie ist etwas *ganz Neues,* etwas ganz Anderes, das in unser Leben hineinkommt, und sie *ist und bleibt* in

[4] Vgl. das Schlußlied; s. unten.

[5] Vgl. K. Barth, *Der Christ in der Gesellschaft* (1919), in: ders., *Das Wort Gottes und die Theologie,* Gesammelte Vorträge [I], München 1924, S. 33–69, dort S. 67 (wieder abgedruckt in: *Anfänge der dialektischen Theologie,* Teil I, hrsg. von J. Moltmann [ThB 17/I], München 1962, S. 3–37, dort S. 35): «Und der *heilige Geist* der Pfingsten war *darum* der Heilige Geist, weil er nicht menschlicher Geist war, auch nicht im besten reinsten Sinn, sondern horribile dictu unter *Brausen* vom Himmel [...] auf sie kam, ‹senkrecht vom Himmel›, wie Zündel die Stelle treffend kommentiert hat.» Vgl. Fr. Zündel, *Aus der Apostelzeit,* Zürich 1886, S. 26.

unserem Leben etwas Neues und Anderes. Gott *erkennen* ist also vor Allem eine *Ehrfurcht.* Wir müssen einmal einsehen, daß zwischen Gott und Mensch ein *Abstand* ist, eine Entfernung, eine Kluft, über die es keine Brücke gibt [vgl. Lk. 16,26]. *Gott will als Gott* erkannt sein, als der wahre [?], der ewige Gott, der immer noch in einem Lichte wohnt, da niemand zu kann [vgl. 1. Tim. 6,16]. Wir müssen merken, daß wir *Gottes nicht habhaft,* daß wir seiner nicht Meister, daß wir nicht seine Besitzer werden können. Wer Gott erkennt, der weiß, daß alle Menschen, auch die, die Gott erkennen, *Lügner* sind [vgl. Röm. 3,4]. Gott will seine Ehre keinem anderen lassen [Jes. 48,11]. *Er allein* ist, der er ist [vgl. Ex. 3,14], immer wieder er selbst, er allein. Wir können vor Gott immer nur die *Augen niederschlagen.*|

Gott *liebhaben* aber ist eine *Freude,* gerade an diesem hohen, unerforschlichen Gott, ein *Hangen* an ihm, ein Ihm-Alles-*Preisgeben* gerade darum, weil er so hoch und unerforschlich ist. Wir müssen einmal einsehen, daß Alles, was wir sonst «Gott» nennen, diesen Namen nicht verdient. (Ein Gott, den man *kennen lernen,* erfahren und erleben kann wie etwas Anderes, ein Gott, den man *begreifen* und an den man sich *gewöhnen* kann, ein Gott, den man *erreichen kann* mit Gedanken oder Gefühlen, ein solcher Gott ist nicht Gott. Er ist gleichsam nur unser eigenes *Spiegelbild.* Er hilft uns nicht, er tröstet uns nicht, er gibt uns nichts und sagt uns nichts. Man muß an diesem Gott immer wieder *zweifeln.* Man kann ihn *nicht lieb*haben.) *Der Gott,* den wir nicht kennen, nicht haben, nicht erleben, der Gott, von dem wir wissen, daß wir vor ihm Staub und Asche sind, diesen Gott *kann man lieben:* weil er wirklich Gott ist. *Freuen wir uns an ihm,* dann brauchen wir nicht zu fürchten, daß wir uns heimlich doch nur an uns selbst oder an etwas Weltlichem freuen, dem wir den Namen Gott gegeben haben. *Hangen wir ihm an,* dann brauchen wir nicht zu mißtrauen, wir könnten dem Münchhausen gleichen, der sich am eigenen Zopf aus dem Sumpfe zog[6]. *Geben wir ihm unser Herz,* dann werfen wir's nicht in den Schmutz der Straße. *Gott selbst. Gott allein kann* man liebhaben. Zu Gott *Ja sagen,* das ist also dieses

[6] *Des Freyherrn von Münchhausen Wunderbare Reisen aus dem Englischen, wortgetreuer Abdruck der ersten Übersetzung G. A. Bürgers von 1786,* für die Mitglieder der Gesellschaft der Bibliophilen als 2. Jahresgabe 1925 gedruckt, S. 30 (S. 54f.).

Wagnis mit Gott. *Ein Wagnis ja wohl:* denn es handelt sich um das Unbekannte, den unbegreiflichen, den unnahbaren Gott, es geht um *eine scharfe Ecke,* alle unsere Gedanken, unser ganzes Wesen wird *still gestellt, umgekehrt* und in einer Weise bewegt, die uns selbst immer wieder ein Rätsel, ein Geheimnis sein wird. Aber ein Wagnis, das man *wagen kann.* Wir können wenigstens einsehen: *darum handelt es sich,* hier fängt's an, wir können den *Punkt sehen,* wo es um die Ecke geht, das *scharfe Schwert,* das hindurchfährt, das *Entweder-Oder,* vor das wir gestellt sind. Glaube ist eine gewisse Zuversicht dessen, was man nicht sieht [Hebr. 11,1]! Ihr müßt selber forschen in der Bibel, ob das *Jasagen zu Gott* auch nur an einer einzigen Stelle etwas Anderes ist als dieses Wagnis. Also *Gott selbst muß* ins Spiel treten, wenn es zu der großen Veränderung kommen soll, daß wir ihn erkennen und liebhaben. Alle anderen Veränderungen sind nur scheinbar.

4. Und nun verstehen wir vielleicht, *wie das anfängt,* daß wir gewiß werden können, daß *Gott gerecht und heilig ist.* Gott ist darin gerecht und heilig, daß er *sich selber getreu* ist [vgl. 1. Thess. 5,24], daß er *Gott ist und bleibt,* daß er sich *nicht verwechseln, vertauschen und vermischen* [?] läßt mit irgend etwas Menschlichem und Weltlichem, daß er *seine Ehre nicht antasten* läßt. *So ist Gott gerecht und heilig* in seinen Wegen und Werken, in unserem Leben. Solange wir seine Gerechtigkeit und Heiligkeit darin sehen, daß es *uns* gut geht und daß *wir* gut sind, daß die *Welt* herrlich und schön sei, daß Alles befriedigend und in Ordnung seinen Gang gehe, solange finden wir sie sicher *nicht.* Wenn wir die Augen auch nur ein wenig aufmachen, müssen wir ja sehen, daß es *damit nichts ist.* Wenn wir darauf sehen wollen, in *unseren* Erfahrungen und Erlebnissen die Gerechtigkeit und Heiligkeit Gottes wiederzufinden, dann müssen wir Zweifler und Ungläubige werden. *Der Mensch ist nicht gut,* und, offen gestanden, man kann auch im Ganzen nicht sagen, daß es ihm *gut geht.* Der Mensch ist ein zerbrechliches, törichtes, *vergängliches Wesen,* furchtbar abhängig vom Essen und Trinken und von allen seinen körperlichen Zuständen. *Nerven,* Magen, Nieren und Lungen, *Wetter* und Jahreszeit, *Wohnungsverhältnisse,* Arbeitsbedingungen und Moden bestimmen unser Leben wahrhaftig mehr als das bißchen Vernunft, Liebe und guter

Wille, die etwa auch einmal neben [?] dieser Mauer von sehr irdischen Ursachen auftreten. Ein *Kampf ums Dasein*[7] ist unser Leben, bei dem es nicht schön zugehen [?] kann und bei dem immer Einige zu kurz kommen und im Grunde Alle zu leiden haben werden. Und endlich wäre noch zu erwähnen, daß wir mindestens *ein Drittel unseres kurzen Lebens* in dem dumpfen tierischen [?] Zustand des Schlafes zubringen, bis endlich *der Tod* und die Verwesung diesem Ganzen ein würdiges Ende bereitet. *Das ist der Mensch.* Was wollen [?] wir noch mehr? Die Gerechtigkeit und Heiligkeit *Gottes* ist *darin* sicher nicht zu entdecken. Es wäre denn, *wir verständen: Gerade darin* und in all dem Traurigen [?] und Vernichtenden [?], was sonst noch über das Leben und die Welt des Menschen zu sagen wäre, gerade darin *könnten wir's sehen: Er ist's allein,* dem Macht und Ruhm gebühret! Ist's nicht *ein großes Nein!,* das uns entgegentönt, wenn wir uns selbst im Spiegel betrachten? *Nein, Mensch!,* du und alles *Deinige* und *deine ganze Welt,* alles, was *du* suchst, was *du* weißt, was *du* fühlst, bist und hast, das ist wahrhaftig nicht gerecht und heilig. Du kannst dich wohl irren: *du bist nicht* Gott, du wirst auch nicht Gott, und du hast und kennst Gott nicht. Könnten wir dieses Nein! für uns *nicht ebensogut* als ein *Ja für Gott* hören? Ist's nicht klar, daß in unserer Schwachheit die *Kraft Gottes* mächtig wird [vgl. 2. Kor. 12,9], in unserer Lüge *die Wahrheit* Gottes, in unserer Vergänglichkeit *seine Unvergänglichkeit!* Ist's nicht klar, daß in allen seinen Wegen und Werken mit uns *unsere Unheiligkeit und Ungerechtigkeit* und eben darin und im Unterschied dazu *seine Gerechtigkeit und Heiligkeit* an den Tag tritt? *Er* ist gerecht, *er* ist heilig, er selbst, er allein. *Das ist* seine Gerechtigkeit und Heiligkeit. Wo haben wir unsere Augen, daß wir *sie nicht sehen, gerade darum,* weil wir sie in seinen Wegen und Werken *nicht* sehen?

5. Ja, wo haben wir *unsere Augen?* Aber so kann man eben nicht fragen. *Wir haben keine Augen,* um das Geheimnis des Kreuzes zu sehen, daß Gott uns *rechtfertigt,* indem er uns zu Sündern macht, *lebendig macht,* indem er uns tötet, in den *Himmel führt,* indem er uns in die Hölle erniedrigt. Wir haben keine Augen dafür, wir sind *blind. Gott muß* die Augen öffnen, die im Kreuz nur den Gekreuzigten, den

[7] Vgl. oben S. 334, Anm. 1.

Getöteten sehen, das Ende, den Tod und das Nein, daß sie den Sieger, den Auferstandenen erblicken, den Anfang, das Leben und das Ja. *Gott erkennen* kann nur, wer selbst von Gott erkannt ist. *Gott liebhaben* kann nur, wer von Gottes Liebe gefunden wurde. *Zu Gott Ja sagen* ist nur dann kein unmögliches Wagnis, wenn Gott zu mir Ja gesagt hat. Das ist das *Geheimnis Gottes* in Christus, das Geheimnis des Glaubens, das Geheimnis der Erwählung. *Dieses Geheimnis* ist offen und doch verschlossen, verschlossen und doch offen. Mitten hindurch zwischen Verschlossenheit und Offenheit geht unser Weg. Immer wieder wird's heißen: *Wer Ohren hat* zu hören, der höre! [Mk. 4,9 par.]. *Wen da dürstet,* der komme herzu und trinke! [Joh. 7,37]. *Tut Buße* und kehrt um, denn das Reich Gottes ist nahe herbeigekommen! [vgl. Mk. 1,15]. Und wo dann Ohren sind, da hebt die *Veränderung* an, und unser dunkles Dasein wird in seiner Dunkelheit ein *Zeugnis vom Licht* und Gottes Wege und Werke in ihrer Unbegreiflichkeit *Zeugnisse des Friedens,* der höher ist [als] alle Vernunft [vgl. Phil. 4,7].

Lieder:
Nr. 39 «Aus meines Herzens Grunde» von G. Niege, Strophen 1–3 (RG [1998] 564,1.2.4; EG 443,1.2.6; jeweils mit Textabweichungen)
Nr. 235 «Ich weiß, woran ich glaube» von E. M. Arndt, Strophen 1.2.6 (RG [1998] 278,1.2.6; EG 357,1.2a.5; jeweils mit geringen Textabweichungen)

545 *Safenwil,* Sonntag, den 5. Dezember 1920[1]

Feuer auf Erden![2]
II. Advent

Lukas 12,49

Ich bin gekommen, daß ich ein Feuer anzünde auf Erden, und was wollte ich lieber, denn es brennte schon!

Was[a] soll ich euch sagen von dem Feuer, das Jesus anzuzünden gekommen ist? Vor allem das, daß dieses Feuer noch nicht brennt auf Erden, heute so wenig wie damals, als er halb verheißungsvoll, halb drohend wie in einer großen Sehnsucht ausrief: was wollte ich lieber, denn es brennte schon! Es hat noch nie und nirgends[b] gebrannt. Ich wüßte in der ganzen Gegenwart und Vergangenheit nichts, auf das ich euch hinweisen und sagen könnte: seht da, in diesem Menschen, in diesem Ereignis, in dieser Bewegung, da brennt es, das Feuer, das Jesus[c] angezündet, da ist es mit Augen zu sehen, mit[d] Händen zu greifen. Ich weiß, was es in dem Lied heißt, aus dem wir soeben[e] gesungen: «zwar brennt es schon mit heller Flamme, jetzt hier, jetzt dort, in Ost und West!»[3] Ich will[f] mit dem Dichter dieses Liedes nicht rechten, Dichter dürfen manchmal mehr sagen als andere Leute. Wir wollen aber das Leben ansehen, wie es ist, und auch die Bibel ansehen, wie sie ist. Und wenn wir das tun, dann haben wir zu der etwas kühnen Behauptung, daß es jetzt hier, jetzt dort schon brenne, und sogar

a Mskr.: «*1.* Was».
b Mskr.: «und noch nirgends».
c Mskr.: «das Feuer von Jesus».
d Mskr.: «und mit».
e Mskr.: «vorher».
f Mskr.: «Ich will auch».

1 Am 28. November predigte an Stelle Barths Pfarrer Arthur Jäggli aus Beinwil im Kanton Aargau.

2 Unter dieser Überschrift wurde die Predigt in: Komm Schöpfer Geist!, S. 106–115, aufgenommen. Die Abweichungen des gedruckten Textes vom Manuskript sind in der oben S. XI beschriebenen Weise dokumentiert.

3 Strophe 2 des Liedes vor der Predigt, s. unten Anm. 7. Nach Barths Notiz im Mskr. wurde diese Strophe allerdings nicht gesungen.

in hellen Flammen, keinen Anlaß. Ja, *Rauch* ist viel auf Erden[g]: Rauch von heißer, drängender Gottes- und Menschenliebe, Rauch von stillem, ernstem Glauben, Rauch von bewegter, unerschütterlicher[h] Hoffnung [vgl. 1. Kor. 13,13], Rauch von tiefen, bis zu dem, was man nicht mehr denken kann, vordringenden Gedanken, Rauch von edler, tapferer Begeisterung für das Gute[i], Rauch von welt-|107|umfassenden[j] Bewegungen zur[k] Verbesserung und Neugestaltung der irdischen Verhältnisse. Wer wollte diesen aufsteigenden Rauch verkennen, gerade in der heutigen Zeit, wo so deutlich die Sehnsucht, der gute Wille, das tiefe Suchen der Menschen nach etwas Neuem als ihr tiefstes Wesen offenbar wird. Wo Rauch ist, da ist sicher *Glut,* immer auch und immer wieder die Glut, die Jesus angelegt hat. Aber Rauch ist nicht Feuer, und wenn es noch so rauchte. Wir dürfen nicht allzu genügsam sein in dem, was wir von Jesus erwarten wollen. Jesus war es auch nicht in dem, was er uns bringen und geben wollte.

Es gibt Menschen, die erschrecken schon vor dem aufsteigenden Rauch. Es beunruhigt sie tief, daß da offenbar Anzeichen und Wirkungen sind von einer Macht, die das ganze Leben[l] stört und unterbricht. Denen muß man sagen: Ja, ihr habt ganz recht, daß ihr erschreckt, aber es wird noch viel schlimmer werden. Es ist noch etwas ganz anderes im Kommen. Hütet euch[m] vor dem Tag, da aus der verborgenen Glut, die ihr ⌜jetzt⌝ ahnt, nicht nur Rauch, sondern helle Flammen hervorbrechen werden. Es gibt andere Menschen, die freuen sich schon, wenn sie des aufsteigenden Rauches gewahr werden. Sie begrüßen Anzeichen und Wirkungen, wenigstens diejenigen, die sie verstehen, sie sind beglückt über das gewisse Licht, das durch diese Anzeichen und Wirkungen im Dunkel dieses Lebens verbreitet wird, sie möchten viel mehr davon sehen. Auch ihnen muß man sagen: ihr habt ganz recht, daß ihr euch freut, aber es wird noch viel besser werden. Es ist noch etwas ganz anderes im Kommen. Freuet euch, freuet euch auf den Tag, wo[n] aus der verborgenen Glut, die ihr ahnt,

[g] Mskr.: «auf der Erde».
[h] Mskr.: «und unerschütterlicher».
[i] Mskr.: «für die unsichtbaren, die ewigen Güter [?]».
[j] Mskr.: «weitumfassenden».
[k] Mskr.: «von».
[l] Mskr.: «das ganze, gewohnte Leben».
[m] Mskr.: «Hütet euch, hütet euch».
[n] Mskr.: «da».

die hellen Flammen herausbrechen[o] werden. So ist das Wort vom Feuer Jesu heute wie damals eine Drohung für die einen, eine Verheißung für die anderen. Was wollte ich lieber, denn es brennte schon! Für beide aber, für |108| alle ein Hinweis darauf, daß das Eigentliche, das Wesentliche, das Wahre, das Jesus uns geben und bringen will, noch nicht da ist. Die Glut ist angelegt, aber das Feuer brennt noch nicht. *Advents*zeit ist unser Leben, Zeit der Furcht für die einen, Hoffnungszeit für die anderen, Erwartungszeit für Alle. Und ⌜immer,⌝ wenn wir es ruhig[p] überlegen, werden wir uns gestehen müssen, daß Furcht und Hoffnung in uns allen merkwürdig gemischt sind.

Wir[q] wollen zuerst etwas hören von der Glut, die in Jesus angelegt ist. Ja, wer kann davon reden, ohne zu stammeln? Es ist merkwürdig zu beobachten, wie ratlos die Menschen Jesus schon zu seinen Lebzeiten gegenüberstanden, wie die Glut, die in ihm war, schon damals nicht zur Flamme werden konnte. Er ist ein Prophet!, sagten die Einen [Mk. 6,15], und: Er verführt das Volk!, meinten die Anderen [Joh. 7,12]. Er ist ein Heiliger[r] Gottes!, tönt[s] es von dieser Seite [Mk. 1,24], und: Er ist ein Fresser und Weinsäufer, der Zöllner und Sünder Geselle!, von der anderen [Mt. 11,19 par.]. Selig ist der Leib, der dich getragen!, sprechen[t] diese [Lk. 11,27], und jene antworten[u]: Er hat den Beelzebub und treibt die Teufel aus durch der Teufel Obersten [Mk. 3,22]! Er predigt gewaltig!, rühmten die Einen [Mt. 7,29], und: Er ist von Sinnen!, schimpften die Anderen [Mk. 3,21]. Wir sehen aus diesen widersprechenden Meinungen ganz deutlich, daß den Leuten in Jesus etwas begegnete, mit dem sie nichts anzufangen wußten, etwas, was in ihre Gewohnheiten und Begriffe[v] nicht hineinpaßte. Man konnte es bald so, bald so ansehen, bald als etwas über die Maßen Herrliches, bald als etwas ganz Wüstes[4], ja Fürchterliches. Und wir

[o] Mskr.: «hervorbrechen».
[p] Mskr.: «richtig».
[q] Mskr.: «2. Wir».
[r] Mskr.: «der Heilige».
[s] Mskr.: «tönte».
[t] Mskr.: «sprachen».
[u] Mskr.: «antworteten».
[v] Mskr.: «Begriffe und Gewohnheiten».

[4] = Schlimmes.

wollen ⌜es⌝ uns nur gestehen, daß es uns heute noch nicht anders geht. Wenn wir in diese Glut hineinsehen, dann überlaufen uns die Augen. Wir können wohl allerhand sagen von dem, was Jesus war und wollte, und wir Pfarrer und auch andere Leute sind ja ziemlich geübt darin, allerlei davon zu sagen, aber |109| wenn wir ehrlich sind, müssen wir zugleich sagen, daß wir eigentlich nicht wissen, was wir da sagen. Entweder das, was Jesus sagt und will, hat einfach keinen Platz in unserer Welt, oder unsere ganze Welt hat keinen Platz neben dem, was Jesus ist und will.

Denkt jetzt nur einmal an eines, an die *Vergebung der Sünden,* an die Art, wie Jesus die Menschen angesehen hat. Was war das für ein merkwürdiges Übersehen oder auch Durchschauen von alledem, was in unserer Welt doch wahrhaftig wichtig ist. Für uns ist es doch ⌜wahrhaftig⌝ wichtig, ob ein Mensch gut ist oder böse, gläubig oder ungläubig, ob man sein Reden[w] und Tun rühmen und anerkennen kann oder tadeln und verwerfen muß. Für Jesus ist aber[x] gerade das entschieden nicht wichtig. Er sieht an alledem[y] vorbei oder vielmehr: Er sieht durch das alles hindurch, wie wenn es Glas wäre. Er sieht nur den Menschen selbst, den Menschen, wie er ist, ohne Zutat. Alles, was uns wichtig ist, ist für ihn Zutat. Er sieht ihn und stellt an ihn die Frage: Siehst du, was du bist und wie du dran bist? Vor *Gott* nämlich! Siehst du, wie du auf Gott gerichtet bist, aber auch von Gott gerichtet? Siehst du, wie du von Gott aufgehoben bist, wie du vor Gott nichts bist, wie es zwischen Gott und dir nur ein glattes Nein! gibt, aber auch aufgehoben *bei* Gott, wie nahe Gott dir ist, gerade indem du[z] auf Gnade und Ungnade auf ihn angewiesen bist?[aa] Siehst du, daß du in deinem Leben vor einer Wand stehst, wo[ab] du nicht mehr weiterkommst, da oben aber an der Wand[ac] geht dein Weg weiter und ist nicht mehr dein Weg. Denn die Wand, vor der du stehst, und der Weg,

[w] Mskr.: «Wesen».
[x] Mskr.: «aber ist».
[y] Mskr.: «dem Allem»
[z] Mskr.: «gerade [indem] du».
[aa] Mskr.: «bist, wie unzerreißbar der Zusammenhang zwischen dir und ihm ist, gerade weil er alles das ist, was du nicht bist, und alles das nicht ist, was du bist.»
[ab] Mskr.: «vor der».
[ac] Mskr.: «an der Wand aber».

der weitergeht[ad], ist Gott. Gott ist das[ae] Halt! *und* das[ae] Vorwärts!, siehst du das? Siehst du, daß Gott dein Vater ist und du sein Kind? Dieser Frage gegenüber hört für uns alles auf. Solange wir sie nicht[af] verstehen, mag es wohl sein, daß wir meinen, da höre noch lange nicht alles auf. Wenn wir sie aber verstehen, die |110| Frage: Siehst du, daß dir vergeben ist, gleichviel[ag] was du bist, Pharisäer oder Zöllner, Frommer oder Gottloser, Guter oder Schlechter, siehst du, daß dir vergeben ist? daß das der Anfang ist, das Eigentliche, das Wesen in deinem Leben? Dann hört für uns alles auf. Dann müssen die Sünder hervorsteigen[ah] aus ihrer Tiefe, und abgesehen von ihrer Sünde sind sie Gottes. Dann müssen die Gerechten herabsteigen von ihrer Höhe, und abgesehen von ihrer Gerechtigkeit sind sie Gottes. ⌜Dann hört alles auf.⌝ Dann fällt alles um, was bei uns gilt. Dann gilt eben nur noch Gott. Aber was sollen wir damit anfangen? Wenn unsere Welt gilt, dann kann Gott nicht gelten in dieser Weise. Wenn aber Gott gilt in dieser Weise, dann gilt unsere Welt nicht. Entweder – Oder! Was sollen[ai] wir wählen? So wie Jesus die Menschen ansieht, können sie nur von Gott aus angesehen werden. Was Jesus will, das ist offenbar nur bei Gott möglich.

Was sollen wir dazu sagen? Es ist offenbar, daß wir vor dieser Glut nur die Augen verschließen können. Wir können nichts damit anfangen. Wir können nur gründlich verlegen werden. Wer davon mit sicheren, glatten[aj], verständlichen Worten reden kann, wer das ruhig mit anhören kann, der zeigt damit nur, daß er noch nicht gesehen hat, um was es geht. Es ist die Glut der göttlichen Macht, der göttlichen Liebe, des göttlichen Geistes[ak], der göttlichen Gnade und Barmherzigkeit, die da leuchtet. Es ist wirklich das Unmögliche, was kein Auge gesehen, ⌜was⌝ kein Ohr gehört, was in keines Menschen Herz gekommen ist [1. Kor. 2,9]. Und doch ist diese Glut da, am Rande unserer Welt wenigstens, dort wo wir aufhören zu begreifen, an den Grenzen der Menschheit[5]. Ganz deutlich spüren wir die Wärme, das Licht, die von

[ad] Mskr.: «weiterführt».
[ae] Mskr.: «dein».
[af] Mskr.: «noch nicht recht».
[ag] Mskr.: «einerlei».
[ah] Mskr.: «hinaufsteigen».
[ai] Mskr.: «wollen».
[aj] Mskr.: «glatten, schönen [?]».
[ak] Mskr.: «Gerichts».

[5] Vgl. J. W. von Goethes Gedicht «Grenzen der Menschheit».

da ausgehen[al], sehen wir den Rauch, der von da aufsteigt, die Anzeichen und Wirkungen, daß Jesus das, was er ist und will, lebt, wie wir uns auch dazu stellen |111| mögen. Unser Leben geht seinen Gang, unsere Welt läuft ihren Lauf. Aber hinter und über allem ist immer auch die Vergebung, die Art, wie Jesus die Menschen angesehen hat, die drohende Aufklärung, daß wir allzumal Sünder sind [Röm. 3,23], und die verheißende Botschaft, daß Gott wahrlich unser Gott sein will. Wie ein großes Fragezeichen und Ausrufezeichen zu allem, was wir sind und haben[am]. Nein, es brennt noch nicht, denn das bißchen Liebe, Glaube, Begeisterung und guter Wille, das in der Welt ist, kann man wahrhaftig nicht ein Brennen nennen. Aber ist es nicht fast schon genug, daß in Jesus diese Glut angelegt ist, daß[an] wir nicht vergessen können, daß wir ihr[ao], ohne es zu wollen, immer wieder zu nahe kommen? Ist es nicht genug[ap], daß unser ganzes Leben im Widerschein der Glut dieser[aq] Gotteswahrheit steht? Wie würden wir es ertragen, welches Entsetzen und welcher Jubel wären groß genug, wenn es zum Brennen kommen sollte?

Ja[ar], dafür haben wir erst recht keine Worte und Begriffe, zu sagen, wie das wäre, wenn nicht bloß Rauch, sondern Feuer aus dieser Glut hervorbrechen[as] würde. Jesus hat mit Bewußtsein dieses starke Wort gebraucht: Ich bin gekommen, daß ich ein *Feuer* anzünde. Was ins Feuer kommt, das wird in einer unerhörten Weise nicht nur verändert, sondern verwandelt, in etwas ganz Anderes umgesetzt, als es vorher war. Holz hört im Feuer auf, Holz zu sein, es wird Asche und Gas, Licht und Wärme. Jesus wollte sagen: solche Verwandlung, solche radikale Veränderung ist's, was ich bringe und gebe. Gerade wie er mit Bewußtsein das andere starke Wort gebraucht hat: ich bin nicht gekommen, den Frieden zu bringen, sondern das Schwert [Mt. 10,34], das Schwert, das vom Leben zum Tode bringt, also nicht eine Veränderung und Verbesserung bloß in diesem uns bekannten Dasein, son-

[al] Mskr.: «das von da ausgeht».
[am] Mskr.: «sind und haben und treiben».
[an] Mskr.: «die».
[ao] Mskr.: «der wir».
[ap] Mskr.: «schon genug».
[aq] Mskr.: «dieser Glut der».
[ar] Mskr.: «*3.* Ja».
[as] Mskr.: «hervorgehen».

dern einen[at] Übergang von diesem Dasein in ein anderes, uns gänzlich unbekanntes. |112|

Stellen wir uns auch nur einen Augenblick vor, daß das, was Jesus ist und will, dieses Immanuel! Gott mit uns! [Mt. 1,23] wahr sei, nicht nur in der Bibel stehe und von einem Pfarrer auf der Kanzel gesagt werde, sondern einfach wahr sei, was ist dann? Das ist klar: da fängt etwas ganz Neues, etwas ganz Anderes an, etwas von allem, was jetzt ist, so Verschiedenes, wie Asche, Gas, Licht und Wärme vom Holz, wie der Tod vom Leben verschieden ist. Gott mit uns! Das ist zu stark im Widerspruch nicht nur mit unseren Sünden und Schmerzen, sondern mit der ganzen Art unseres Daseins, bis zu seinen[au] tiefsten Wurzeln hinab. Gott mit uns! Das streitet zu sehr nicht nur gegen unsere Ungerechtigkeit, sondern fast noch mehr gegen unsere Gerechtigkeit, nicht nur gegen die Greuel der Weltgeschichte, sondern fast noch mehr gegen ihre vermeintlichen Fortschritte und Errungenschaften, nicht nur gegen das Elend auf Erden, sondern fast noch mehr gegen das angebliche[av] Glück und die Zufriedenheit[aw] auf Erden. Gott mit uns! Das beugt unser ganzes menschliches Wesen unter ein Gericht, unter ein Nein, bei dem nichts von uns übrig bleibt, und stellt uns unter eine Gnade, unter ein Ja, dem wir nicht zu folgen vermögen. Gott mit uns! Das ist nicht nur ein besserer Mensch, sondern ein *neuer* Mensch, nicht nur eine schönere[6] Welt, sondern eine *andere* Welt, nicht nur ein höheres Leben, sondern *ewiges* Leben! Gott mit uns! Das ist die Erlösung, aber die wirkliche, die alles umfassende, die ernsthafte und darum die radikale Erlösung. Das ist das Feuer, von dem Jesus geredet hat, das Feuer, das aus der Glut, die von ihm[ax] angelegt ist, hervorgehen will. Darum für uns die Unmöglichkeit, auch nur recht in die Glut zu sehen, darum damals wie[ay] heute die Ratlosigkeit Jesus gegenüber. Darum das Erdbeben, die Beunruhigung, die Verwirrung, die unvermeidlich entsteht, wenn das Wort von

[at] Mskr.: «den».
[au] Mskr.: «in seine».
[av] Mskr.: «eingebildete».
[aw] Mskr.: «und Zufriedensein».
[ax] Mskr.: «in ihm».
[ay] Mskr.: «und».

[6] Im Druck: «schöne»; korr. nach Mskr.

der Versöhnung [2. Kor. 5,19] wirklich verkündigt und gehört |113| wird. Darum das Entweder-Oder, vor das wir unvermeidlich kommen, wenn wir verstehen, um was es geht, wenn wir der Glut in Jesus zu nahe kommen.

Und das ist auch ganz klar: zwischen der Verkündigung Jesu: Gott mit uns! und dem Wahrwerden dieser Verkündigung, zwischen der Glut und dem Feuer, zwischen uns und der Erlösung, da ist ein ganz unerhörter Übergang, ein Sterben, neben dem das, was man gewöhnlich Sterben nennt, nur ein Bild, ein Spiel ist, trotz allem Ernst, den auch dieses Sterben hat, ein Weltgericht, neben dem der Weltuntergang, der auch einmal kommen kann, etwas Geringfügiges ist. Wir stehen hier vor einem Abgrund, über den keine Brücke hinüberführt. Zwischen hier und dort steht für Jesus tatsächlich der Tod, sein Tod am Kreuz. Das Wort vom Feuer, das noch nicht brennt, hat eine Fortsetzung, die heißt: *«aber ich muß mich zuvor taufen lassen mit einer Taufe, und wie ist mir so bange, daß sie vollendet werde!»* [Lk. 12,50]. Es wird immer wieder überraschend und merkwürdig sein, daß Jesus diesen Weg, den Weg des Todes, so rasch, nach so kurzer Wirksamkeit gehen mußte und daß er dieses Ende eigentlich von vornherein ins Auge faßte. Es ist, wie wenn er es für alle Zeiten und alle Menschen mit Preisgabe seines eigenen Lebens hätte sagen müssen: erwartet für die Erlösung, für den Sieg der Gotteswahrheit, für die Erfüllung des Gott-mit-uns! nur ja nichts von der Wirksamkeit, die ihr ausüben, von den Fortschritten, die ihr vollziehen, von dem Aufbau, den ihr errichten könnt. Die Erlösung ist kein Werk, das ihr machen, kein Weg, den ihr gehen, [az]keine Kraft, die ihr brauchen[az] könnt. Die Erlösung kommt, und sie kommt von der ganz anderen Seite, sie kommt wirklich und wahrhaftig von Gott selbst. Sie kommt von dort, wo es mit euch fertig ist, wo ihr nichts mehr seid und habt, von dort, wo ihr verloren seid! Dort will Gott sich an euch |114| verherrlichen. Dort wartet die Auferstehung und das Leben.

Seht, darum brennt das Feuer Jesu noch nicht auf Erden. Zwischen ihm und der angelegten Glut ist das Kreuz, das Sterben, das Ende aller Dinge. Den Juden ein Ärgernis, den Griechen eine Torheit, denen aber, die gerettet werden, eine Gotteskraft [vgl. 1. Kor. 1,18.23]. Eine

[az-az] Mskr.: «keine Kunst, die ihr lernen».

Gotteskraft, ja, weil es der offene Weg ist. Aber wer ist diesen Weg schon gegangen, wer müßte ihn nicht immer aufs neue antreten? Wer wäre am Kreuz schon vorüber[ba] und stünde drüben in der Auferstehung? Wer ärgert sich hier nicht? Wer schüttelt hier nicht den Kopf? Wer möchte hier nicht mit Petrus umkehren und einen anderen Weg gehen? [vgl. Mk. 8,32 par.]. Wer wagt es, es nur auf Gott ankommen zu lassen?

Und[bb] wenn wir nun vielleicht fragen möchten: was wir denn nun *tun* sollen, so wäre darauf zu antworten, daß vielleicht gerade diese Frage müßte[bc] sterben können. Denn solange wir noch so fragen, zeigen wir eigentlich, daß die Sehnsucht nach dem Feuer Jesu, nach der Erlösung, nach der Auferstehung noch nicht ganz groß ist in uns. Wir haben dann offenbar noch Hilfsmittel und Auswege, so daß wir es ohne das Feuer Jesu machen können. Das «Siehe, ich mache alles neu!» [Apk. 21,5] ist uns offenbar noch nicht durch Mark und Bein gegangen. Wir könnten uns fragen, warum das so ist bei uns, warum wir es doch so[bd] gemächlich aushalten, wo wir doch vor ein Entweder-Oder gestellt sind? warum denn auch wir noch immer meinen können, was wir tun oder nicht tun, sei so wichtig, wo wir doch auf Gott angewiesen sind und von Gott leben? Wenn diese Fragen wirklich wach werden in uns, werden wir erschütterte, unsichere, gleichsam unterhöhlte Menschen werden. Es wird uns dann klar, daß wir sterben müssen, nicht erst am Ende unserer Tage, sondern heute. Wir werden dann Menschen, die nicht nur warten, sondern wissen, auf was sie warten, Menschen, die auf *Gott* warten. Wir werden |115| dann Menschen, die gleichsam im Schatten des Kreuzes stehen und Ostern[be] entgegen sehen. Unsere Lebenszeit wird dann mit Bewußtsein eine Adventszeit. Vielleicht ist's das, was wir tun können ⌜, und braucht es dazu nichts anderes bei uns als⌝ eine[bf] gewisse Ehrlichkeit und Nüchternheit, einen[bg] gewissen Sinn für das, worauf es ankommt.

[ba] Mskr.: «vorbei».
[bb] Mskr.: «*4.* Und».
[bc] Mskr.: «Frage zuerst einmal müßte».
[bd] Mskr.: «warum doch auch wir es so».
[be] Mskr.: «den Ostern».
[bf] Mskr.: «durch eine».
[bg] Mskr.: «Nüchternheit und Besonnenheit, durch einen».

Und das ist sicher, daß wir, wenn wir still werden vor Gott, hören werden die Botschaft, die von der anderen Seite beständig auf unsere Seite herübertönt[bh] und die auf unserer Seite beständig vernommen werden könnte: «Siehe, ich verkündige euch große Freude, die allem Volk widerfahren soll» [Lk. 2,10].[7]

[bh] Mskr.: «hinübertönt».

[7] Lieder: Nr. 168 «O daß doch bald dein Feuer brennte» von J. L. Frickert (richtig: G. Fr. Fickert), Strophen 1.6.7.8 (RG [1998] 816; EG 255); Nr. 87 «Auf, auf, ihr Reichsgenossen» von J. Rist, Strophen 1.4.6 (GERS [1952] 105,1.5.7 mit Textabweichungen).

Safenwil, Sonntag, den 19. Dezember 1920[1]

IV. Advent

Lukas 12,35–36

[Lasset eure Lenden umgürtet sein und eure Lichter brennen; und seid gleich den Menschen, die auf ihren Herrn warten, wann er aufbrechen wird von der Hochzeit, auf daß, wenn er kommt und anklopft, sie ihm alsbald auftun.]

1. Also *Knechte, die ihres Herrn warten,* Knechte, die ihres Herrn *Haus* hüten, die sich für ihres Herrn *Dienst* bereit machen, die ihres Herrn *Tür* öffnen wollen, wenn er anklopft – das ist die Wahrheit unseres Lebens. Diesen Bildern soll unser Leben gleich sein. In dieses Gleichnis soll unser Leben hineingezeichnet werden. Was heißt nun das? Seht, das ist ein *Erdbebenstoß,* der alles das, was wir unser Leben nennen, erschüttert, aufhebt und mit Vernichtung bedroht, aber auch ein Ankerwerfen [?], durch den unser Leben seinen eigentlichen, letzten Halt und Grund bekommt. Das ist ein *Nein* gegenüber unserem ganzen Denken, Reden und Tun, wie wir es uns schärfer gar nicht denken könnten, aber auch ein *Ja,* das uns mit unserem ganzen Wesen hebt, hält, trägt mit einer ganz unerhörten Sicherheit und Gewißheit. Das ist die Botschaft des *Karfreitags:* Alles Fleisch ist wie Gras und alle Herrlichkeit der Menschen wie des Grases Blume [1. Petr. 1,24]! Aber auch die Botschaft der Weihnacht: Siehe, ich verkündige euch große Freude, die allem Volk widerfahren soll [Lk. 2,10].

Denn da wird *angegriffen, gerichtet und verurteilt*[2]. Alles das an uns, was nicht gleich ist dem Tun der Knechte, die ihres Herrn warten, also alles *eigene Sein,* eigene Besitzen, eigene Wirken, das nicht daran denkt, daß wir nicht unsere eigenen Herren sind, alles *jetzt schon Sein-,* Haben- und Genießenwollen, das nicht daran denkt, daß wir zu warten haben, *alle Sicherheit,* Ruhe und Gemütlichkeit, die nicht

[1] Vom 11.–13. Dezember nahm Barth als Delegierter am sozialistischen Parteitag in Bern teil und erlebte dort die Spaltung zwischen der zweiten und der dritten, moskowitischen Internationale (s. Busch, S. 120). Wer für Barth in Safenwil predigte, ist nicht bekannt.

[2] Die letzten beiden Verben sind wegen verlaufener und verwischter Tinte nur vermutungsweise zu entziffern.

denkt an den, der jeden Augenblick draußen stehen und anklopfen kann. Ja, da mögen wir wohl erschrecken, da mag uns wohl unser ganzes Leben vorkommen wie der Ritt des Reiters über den Bodensee[3], wenn wir daran denken, wie Vieles an uns ist, worin wir diesen wartenden Knechten nicht gleich sind! Aber es ist auch *Segen und Seligpreisung und Verheißung* in diesem Gleichnis, Segen und Seligpreisung und Verheißung über alles das an uns, was allenfalls dem Tun dieser wartenden Knechte entspricht, also *über jedes Fünklein der Einsicht,* daß wir nicht wichtig sind, daß es auf uns nicht ankommt, *über alles das in uns und an uns, was wirklich Armut,* Entbehren und Schwachheit ist, *über alles das in uns, was wacht,* aufmerkt, unruhig und bereit ist. Ja, ein großes Licht fällt da auf die *ganze Seite* unseres Wesens und Lebens, wo wir noch nicht fest, noch nicht eingewurzelt, noch nicht eingerostet sind, weder im Guten noch im Bösen, ein großes Licht fällt da auf die *Vorläufigkeit,* Unvollkommenheit, Unzulänglichkeit, Todesgeweihtheit unseres Lebens. *Aber einerlei, ob wir* mehr das *Gericht* oder mehr die Gnade fühlen in dem großen: Warte!, das Jesus in unsere Menschenwelt, in unsere Gedanken, in den Gang unseres Lebens hineinwirft, ob wir mehr das *Nein* oder das Ja hören, das da ausgesprochen wird: dieses Gleichnis ist die *Wahrheit* unseres Lebens, und in dieses Gleichnis soll unser Leben hineingezeichnet werden.

2. Auch du *lebst jetzt dein Leben schlecht und recht.* Du denkst: ich habe nur einmal zu leben und will meine *Pflicht* tun so gut als möglich und meine *Fehler* bekämpfen so tapfer als möglich und mein *Leiden* tragen so gut als möglich und meinen *Mitmenschen* dienen so gut als möglich, um schließlich *sterben* zu können so ruhig als möglich. Ich weiß, woran ich glaube[4], und das lasse ich mir nicht nehmen. Ja, da hast du Recht. Lasset eure *Lenden umgürtet* sein und eure Lichter brennen!, nicht wahr, so meinst du es doch. Du siehst, daß dein Leben von allen Seiten umgeben ist vom *Tode,* deine Zeit von der *Ewigkeit,* das, was dir möglich ist, von dem, was dir *unmöglich* ist. Und das, was du bist und hast, das ist eigentlich nur der *Widerschein* von dem gro-

[3] Vgl. die Ballade von G. Schwab «Der Reiter und der Bodensee».
[4] Lied Nr. 235 von E. M. Arndt (RG [1998] 278; EG 357).

ßen Licht, das da von allen Seiten her auf dich fällt, und du möchtest in *diesem Widerschein* stehen auch im Dunkel dieser Welt und folgst ihm, wie die Weisen aus dem Morgenland ihrem Stern folgten [Mt. 2,2], und weißt ganz gut, daß dieser Widerschein einer anderen Welt *nicht dein Eigentum* ist, daß du nicht hochmütig und sicher damit umgehen kannst. Das, woran du festhältst und woran du glaubst, das ist *ja eben Gott,* der dir den Widerschein ins Herz gegeben hat und immer wieder geben will. Sieh, du mußt *dich nur recht verstehen.* Auch du bist ein Wartender. Du weißt ganz gut, daß alles das, [was] an deinem «so viel als möglich» und an deinem Glauben vielleicht wirklich aus dir ist, dein Besitz und deine Sicherheit – das hilft dir nicht, *das muß auch sterben,* das muß dir auch genommen werden. Was aber wirkliches Warten ist daran, wirkliche Demut, wirkliche Freiheit von dir selbst, wirkliches, ehrliches Schreien nach Gott, das soll nicht von dir genommen werden, darin bist du gerechtfertigt! *Geh deinen Weg* schlecht und recht in der Furcht des Herrn, deine Lenden gegürtet, dein Licht brennend!

3. Du fragst: ob wir denn nicht das Recht und die Möglichkeit haben, *jetzt und hier schon das Warten zu unterbrechen* und die *Tür aufzureißen,* da etwas Schönes und da etwas Gutes, das zu uns kommen will, zu uns hereinzulassen in unsere Armut? Du hast ein Buch gelesen oder einen Redner gehört oder dich einer guten Bestrebung angeschlossen, du hast einen Gedanken, eine Hoffnung, einen Entschluß gefaßt, du siehst einen Weg vor dir. Und das möchtest du dir nicht wieder nehmen lassen. Nein, das sollst du auch nicht: *Lasset eure Lenden* gegürtet sein und eure Lichter brennen! Es gibt im Hause Gottes *viele Türen,* die aufgehen können, freu dich darüber, wenn du eine auftun darfst, freu dich über Alles, was dir *entgegentritt* und was du *finden* und dir aneignen darfst. Mach daraus, was du kannst. Aber ist's nicht so: Alles, was du finden kannst, ist auch gleichzeitig eine Erinnerung, daß du das Eine, Wertvollste *noch nicht gefunden* hast. Alle Lichter, die dir jetzt aufgehen können, machen dich darauf aufmerksam, daß *um dich her noch Finsternis* ist. Alles Göttliche, was dir in einer menschlichen Wahrheit oder Bewegung entgegentritt, ist auch ein Hinweis darauf, daß es im Allgemeinen, im *Grund unseres jetzigen Daseins nicht das Göttliche* ist, was uns im Menschen entgegentritt.

Und so sind auch alle die vielleicht aufgehenden Türen innerhalb des Hauses Gottes dir eine leise [?] Erinnerung daran, *daß die Haupttüre,* die, durch welche der Herr des Hauses zu uns eingehen will, noch nicht aufgegangen ist. Sieh, es ist gar nicht anders möglich, als daß du davon etwas gemerkt hast, wenn du dein Buch recht gelesen, deinen Redner recht gehört, deine Gedanken recht gedacht hast. Das Rechte daran bewährt sich darin, daß es *dich erst recht zu einem Wartenden* macht, daß du's nicht vergessen kannst: Du hast nicht, du *suchst.* Du hast nicht gefunden, du *suchst.* Du weißt nicht, du *fragst.* Du bist nicht angekommen, du bist *unterwegs.* Du kannst also das Warten nur unterbrechen, um aufs neue ins Warten zurückzukehren. Darin freu dich, freu dich immer wieder, deine Lenden gegürtet und dein Licht brennend!

4. Und so ist's immer und überall, *wo ein Mensch meint, rufen und bekennen zu müssen:* Jetzt und hier die Wahrheit, das Glück, die Erlösung, der Fortschritt. Das ist's und das ist's! Es rufen heute gar viele so. In *Rußland* sei das Heil angebrochen, sagen die Einen, in *Amerika,* sagen die Anderen. In der *Bibel,* wie wir sie verstehen. In der *Naturwissenschaft,* wie wir sie kennen. In der *Kunst,* wie wir sie betreiben. In der *Politik,* die wir anstreben. In der *Geschichte,* wie wir sie erforscht haben. In den *Erlebnissen,* wie wir sie gemacht haben. Man wird Menschen, die so von einem dies oder das erfüllt und überzeugt sind, schwerlich eines Anderen belehren können. Ja, *dies ist's und das ist's!* Lasset eure Lenden umgürtet sein und eure Lichter brennen! Aber was ist's? Was ist denn *das Letzte und Eigentliche* in all unserem menschlichen Verstehen, Erkennen, Betreiben, Erstreben und Erleben? Ist's nicht das, daß wir überall zuletzt *auf eine Frage stoßen,* auf etwas ganz und gar Unbekanntes, Unmögliches, Unerreichbares, auf den Tod könnten wir auch sagen. Und wenn wir Menschen in *unserer Begeisterung,* in unserem Glauben an dies und das *auf diese Schranke* stoßen, dann werden wir eben *doch wieder Wartende,* müssen die große Bedrängnis unseres jetzigen Daseins, die wir eben meinten, abgeschüttelt zu haben, doch wieder *auf uns nehmen,* müssen *weiterleben in der Einsicht,* daß wir keine Allmächtigen, keine Allwissenden, keine Heiligen sind, und was heißt das anderes als: *Gott ist allmächtig,* allwissend und heilig, er und nicht wir. *Wir müssen warten!*

Wahrhaftig, man kann alle Menschen, die so an ein dies und das glauben, nur auffordern, ernst zu machen damit, *hindurchzugehen* durch die Sache bis auf den Grund. Was Wahn und Irrtum ist daran, das wird von selbst sterben. Hinein also in Gottes Namen in das, woran du glaubst, ja im Ernst: in Gottes Namen, so wirst du auch in Gottes Namen wieder herauskommen. Wenn alle die, die einen Weg meinen gefunden zu haben, *diesen Weg zu Ende gehen,* tapfer und unerschrocken und unermüdlich, mit gegürteten Lenden und brennenden Lichtern, dann erfüllt sich das Gleichnis auch an ihnen.

5. Laßt mich noch etwas sagen von dem *Anklopfen Gottes und dem Auftun der Menschen,* das dann geschehen soll. Das ist das Ziel des Wartens. Dazu sollen unsere Lenden gegürtet und unsere Lichter brennend sein. Was wir jetzt sind und haben und wissen und tun, *ist nicht nichts. Es ist etwas,* wenn es nichts als Zubereitung und Zurüstung ist für Gott selbst. Jesus hat mit diesen Worten dasselbe gemeint, was schon Jesaja ausgesprochen mit der Aufforderung: Alle Täler sollen erhöhet werden, und alle Berge und Hügel sollen erniedrigt werden, und was ungleich ist, soll eben, und was höckericht ist, soll schlicht werden, denn die Herrlichkeit des Herrn soll offenbart werden, und alles Fleisch soll es sehen [Jes. 40,4f.]!

Gott will anklopfen und eintreten. Weihnacht der Verheißung: Gott mit uns. Der Widerschein, das Ziel, die Grenze trügen [?] nicht. Christus ist Bürge, daß der hohe Gott unser Gott ist.

Gut, daß Gott noch nicht anklopft. Wir sind nicht bereit. Zuviel Sicherheit, Gesundheit, Kraft. Wenn wir auftun müßten!

Wenn Gott anklopft. Einweisung, Unterhöhlung, leerer Raum geschaffen. Danket [?] Gott, wenn es so ist und in Christus geschieht.

Lieder:

Nr. 86 «Gott sei Dank in aller Welt» von H. Held, Strophen 1–4 (RG [1998] 369 «Gott sei Dank durch alle Welt»; EG 12 mit Textabweichungen)

Nr. 93 «Dein König kommt in niedern Hüllen» von Fr. Rückert, Strophen 4–6 (RG [1998] 371,4–6; EG 14,4–6; jeweils mit Textabweichungen)

Safenwil, 25. Dezember 1920[1]

Weihnacht I

Lukas 2,25–32

[Und siehe, ein Mensch war zu Jerusalem mit Namen Simeon, und derselbe Mensch war fromm und gottesfürchtig und wartete auf den Trost Israels, und der heilige Geist war in ihm. Und ihm war eine Antwort geworden von dem heiligen Geist, er sollte den Tod nicht sehen, er hätte denn zuvor den Christus des Herrn gesehen. Und er kam aus Anregen des Geistes in den Tempel. Und da die Eltern das Kind Jesus in den Tempel brachten, daß sie für ihn täten, wie man pflegt nach dem Gesetz, da nahm er ihn auf seine Arme und lobte Gott und sprach: Herr, nun lässest du deinen Diener im Frieden fahren, wie du gesagt hast; denn meine Augen haben deinen Heiland gesehen, welchen du bereitet hast vor allen Völkern, ein Licht, zu erleuchten die Heiden, und zum Preis deines Volks Israel.]

1. «*Meine Augen haben* deinen Heiland gesehen!» *Gesehen* die Antwort auf unsere Fragen, die Hilfe in unseren Nöten, die Erlösung aus unserer Gefangenschaft. *Gesehen* unter den Menschen, im Fleisch, in der Welt, in der Zeit. *Gesehen,* wie man nur etwas sehen kann, so daß es nachher heißt: ich weiß, ich bin dabei gewesen, ich bin sicher! Das war die Weihnacht für den alten *Simeon* und seinesgleichen vor 2000 Jahren. Die Frage muß sich ja einstellen, ob es für *uns auch eine solche Weihnacht* gibt oder ob sie für uns *bloß eine Feier,* eine Erinnerung ist, ein Anlaß, uns einer gewissen Stimmung hinzugeben, uns und Anderen kleine Freuden zu machen, Predigten zu halten und zu hören? Können wir *auch sehen,* was Simeon gesehen hat oder können wir *es nicht?*

[1] Zu dieser Predigt gibt es außer dem Mskr. ein Typoskript. Es umfaßt vier Seiten im Format 19x32,5cm. Die Predigt ist anscheinend für einen Abdruck in: Komm Schöpfer Geist! in Erwägung gezogen worden. Das Typoskript ist wohl im Blick darauf angefertigt worden. Es ist aus dem Nachlaß von Gerty Pestalozzi ins Staatsarchiv Zürich gelangt. 1994 wurde eine Kopie für das Karl Barth-Archiv hergestellt. Eine Beteiligung Barths an der mit geringer Sorgfalt erstellten Abschrift ist auszuschließen; deshalb mußte sie unberücksichtigt bleiben.

Das Erste, was sich Einem bei dieser Frage aufdrängt, wird wohl immer *der große Unterschied* sein zwischen jetzt und einst, hier und dort. Es muß doch wirklich *etwas ganz Besonderes,* Außerordentliches, für uns gar nicht mehr Erreichbares gewesen sein, daß jene Menschen nicht nur an den Heiland denken, nicht nur von ihm reden und hören, sondern ihn wirklich mit Augen sehen konnten. Es mag Einem oft vorkommen, als seien sie dadurch *in einem Vorsprung vor uns,* den wir gar nicht mehr einholen können, und Mancher mag bei sich selber denken: ja, wenn ich *so sehen* könnte, wenn mein Hoffen und Warten, mein Glauben und Zweifeln und Wieder-Glauben *so in Erfüllung* ginge, wie es dort geschah, dann wollte ich wohl Gott loben und danken wie Simeon, aber wie soll mir das jetzt möglich sein, wo wir doch so ganz anders dran sind?

Aber, liebe Freunde, ich glaube, das wäre nun doch *zu kurz* und zu oberflächlich gedacht. Spürt man nicht den Worten dieses Simeon und den Worten all der Menschen des Neuen Testaments von Johannes dem Täufer bis zu dem anderen Johannes, der auf der Insel Patmos die Offenbarung schrieb, *eine Freude an,* ein Staunen, eine Dankbarkeit, so groß und tief, daß man schon daran merkt: nein, das, was sie sahen, das geht *unmöglich sie allein* an, das ist unmöglich nur für jene Zeit und jenen Ort [geschehen]. Sie sahen das, *was alle Menschen* gesehen haben und sehen werden, das, was von Anbeginn der Welt und bis an der Welt Ende vor Aller Augen ist. Das, was sie sahen, konnte ja *unmöglich wirklich die Antwort,* die Hilfe, die Erlösung für die Menschen sein, es konnte *unmöglich Gott sein,* wenn sie uns *sagen würden:* Wir haben ein Vorrecht, weil wir zu dieser Zeit leben und ihr in einer anderen, weil wir den Heiland persönlich sehen, ihr aber nicht; wir sehen etwas, was ihr nicht sehen könnt, und ihr müßt euch nun damit trösten und euch darauf verlassen, daß wir es einst vor 2000 Jahren im fernen Land gesehen haben. Aber das *sagen sie uns eben nicht. Sondern* sie sagen uns: *Wir sehen das, was für euch alle,* die Nahen und die Fernen [vgl. Eph. 2,13], die Menschen ältester und spätester Zeiten, auch zu sehen ist, was ihr auch sehen könnt. Der Unterschied zwischen uns und euch mag der sein, *daß wir wissen, was wir* sehen, während ihr es vielleicht nicht wißt; aber haben denn etwa Alle, die mit Simeon an jenem Tag im Tempel waren, haben denn etwa Alle, die damals gelebt und den Heiland persönlich gesehen haben, gewußt, was sie sahen? Wahrlich *nicht die Zeit und nicht der Ort* macht den Unterschied bei diesem Sehen, sondern das, *ob wir Menschen wissen, was wir sehen,* ob wir mit *sehenden Augen* sehen [vgl. Mt. 13,16] oder ob der Heiland vor *Augen steht,* die sein Bild in sich aufzunehmen nicht fähig, nicht bereit sind.

2. *Der Heiland!* Liebe Freunde, das ist, wie schon gesagt, die Antwort, die Hilfe, die Erlösung. Die *kommende* Antwort, die kommende Hilfe, die kommende Erlösung. Denn die Antwort ist *noch nicht gegeben,* so daß wir aufhören könnten, zu fragen danach. Die Hilfe ist *noch nicht erschienen,* so daß wir nicht mehr danach rufen müßten. Die Erlösung ist *noch nicht vollzogen,* so daß wir nicht mehr danach zu seufzen brauchten aus tiefer Not. Aber sie *kommt,* und eben daß sie kommt, *das sieht* Simeon, und *Abraham* sieht es auch 2000 Jahre früher, und *wir* sehen es auch 2000 Jahre später. Simeon aber und alle seinesgleichen zu jener Zeit, *sie sehen,* was sie sehen, *sie wissen,* was sie sehen, und nun *fragen sie gleichsam* nach rückwärts und vorwärts, fragen die Vorfahren und fragen uns, die Nachfahren, ob wir auch sehen, was wir sehen, und fordern uns gleichsam auf: *Seht doch nur,* was ihr seht, den *Heiland,* den kommenden Heiland!|

Man könnte es vielleicht so ausdrücken: Wir Menschen alle, von den ersten Menschen bis auf die letzten, die Menschen sein werden, wir stehen gleichsam *vor einem dichten Vorhang oder Schleier.* Dieser Vorhang ist gebildet aus unserer *Natur als Menschen.* An dieser unserer Natur als Menschen läßt sich wohl da und dort etwas verändern und verbessern, aber sie bleibt doch immer unsere *Menschennatur.* Menschen werden, solange sie Menschen sind, immer essen und trinken, arbeiten und schlafen, freien und sich freien lassen [vgl. Mt. 24,38], krank sein und sterben. Das alles sind die *Notwendigkeiten* unserer Natur. Man darf sich aber nicht darüber täuschen, daß gerade in dieser Grundlage unseres Daseins etwas *Dumpfes,* Verworrenes, Wüstes[2], Gottloses steckt, eine Macht der *Sünde,* eine Macht des *Leidens,* eine Macht der *Erde* mit einem Wort, etwas höchst *Fragwürdiges* und Erlösungsbedürftiges. Schon unsere Natur macht einen *Vorhang* zwischen uns und Gott. Dieser Vorhang ist weiter gebildet von der *Härte*

[2] = Böses.

und Kälte der Welt, in der wir leben. Es ist wohl wahr, daß sich die Welt *entwickelt,* aber ob sie sich von unten nach oben entwickelt, das ist eine ganz andere Frage. *Welt ist Welt* auf allen Stufen der Entwicklung. Und wenn wir Welt sagen, dann sagen wir *Kampf ums Dasein*[3], und dieser Kampf wird nie schön sein, *Ordnung durch Zwang* und Gewalt, und diese Ordnung wird nie ein wahrer Friede sein, *Wettlauf,* in dem die Starken über die Schwachen, die Intelligenten über die weniger Intelligenten, die die Macht [?] haben [über die, die sie nicht haben][4], siegen, und dieser Wettlauf kann auf keinem Gebiet geschehen, ohne daß die Sieger sündigen und die Unterliegenden leiden müssen. Das ist die Härte und Kälte der Welt, und es hat *nicht den Anschein,* als ob wir uns je darüber emporentwickeln würden. Das ist *wieder ein Vorhang* zwischen uns und Gott. Dieser Vorhang wird weiter dadurch gebildet, daß all unser *Sein und Tun in der Zeit* ist und geschieht. Was in der Zeit ist, das ist auch *der Zeit unterworfen,* und wenn es das Größte und Beste wäre. Was man an der Uhr und am Kalender *messen kann,* das vergeht. Es ist vielleicht groß, aber sicher *nicht ganz groß.* Es ist vielleicht gut, aber *nicht vollkommen.* Es ist vielleicht ernst und wichtig und schön, aber *nicht ewig.* So sind unsere Gedanken, Worte und Werke *dadurch gerichtet,* daß sie im Strom der Zeit sind. Nicht ganz groß, nicht vollkommen, nicht ewig!, *sagt die Zeit* und *trägt Alles,* Alles mit sich davon. Und das ist auch ein Vorhang zwischen uns und Gott.

Es kann nun kein Zweifel darüber sein, daß *Simeon und alle seinesgleichen* zu ihrer Zeit diesem Vorhang gegenüber *ganz gleich* dran waren wie Abraham 2000 Jahre früher und wir 2000 Jahre später. *Gleich dick, gleich schwer, gleich bedenklich* hing er zwischen ihnen und Gott, zwischen Gott und den Menschen der Vorzeit und der Nachzeit. *Gefangene,* Sünder, Leidende, Fragende, Seufzende und Wartende waren auch sie, waren auch Paulus und Johannes und alle Heiligen, Edlen und Weisen, die damals, vorher und nachher gelebt haben. Wir haben *keinen Anlaß, sie zu beneiden,* als ob sie es leichter gehabt hätten. *Leben,* was wir Leben heißen, heißt vor dem Vorhang stehen.

[3] Vgl. oben S. 334, Anm. 1.

[4] Im Mskr. stehen vier Punkte als Platzhalter für das oben in eckigen Klammern Ergänzte.

Hinter dem Vorhang aber leuchtet ein großes Licht. Es leuchtet *am Anfang* und es leuchtet am Ende. Es ist *dasselbe* Licht hier und dort. Es ist *überall* zu sehen, wo Augen sind, zu sehen. Denn dieses Licht scheint *in der Finsternis* [Joh. 1,5], es scheint *durch den Vorhang* hindurch, hindurch durch seine tausend und tausend kleinen und kleinsten *Ritzen,* und *nirgends ist er* so dick, so schwer, so bedenklich, daß es nicht hindurchzuscheinen vermöchte.|

Was ist's mit diesem Licht? Es ist die verborgene Natur der Menschen in Gott. Ist nicht unser merkwürdiges Dasein als essende, schlafende, sterbende Wesen ein *Hinweis auf ein Dasein,* von dem wir nichts wissen, das aber dies alles nicht ist? *Erinnert uns nicht das Nein,* unter dem wir mit unserer bekannten Natur stehen, an das Ja einer uns unbekannten Natur? Ist nicht das im Grunde so Jämmerliche, daß wir nur Geschöpfe sind, *der ausgestreckte Finger, der auf den Schöpfer* zeigt? Wären wir *so geschlagen, so gestraft* damit, daß wir nur Menschen sind, wenn wir *nur* Menschen wären, wenn nicht Gott wäre und unsere wahre Natur in ihm? Seht, das ist das leuchtende *Licht* hinter dem Vorhang. *Wer Augen hat,* zu sehen, der sehe!|

Es ist *der verborgene Grund, der Ursprung der Welt in Gott,* der hinter dem Vorhang von Härte und Kälte, wie wir sie jetzt überall empfinden, leuchtet. Woher haben wir denn die merkwürdige *Fähigkeit, zu leiden* unter der Härte, *zu frieren* in der Kälte dieser Welt? Woher das tiefe Verlangen jedes Menschen, aus dem ekelhaften Kampf ums Dasein *einmal heraustreten* zu können, obwohl wir doch gut genug wissen können, daß er immer gewesen ist und immer sein wird? Woher der tiefe Abscheu, die gründliche *Auflehnung in uns allen gegen die Ordnung* des Zwangs und der Gewalt, unter der wir jetzt stehen, obwohl wir uns in kl[uger?] Abwägung doch sagen müßten, daß sie absolut unentbehrlich sind? Woher unser *Bedauern über jenen wüsten Wettlauf,* den wir miteinander machen, und mit den Opfern, die er immer wieder fordert, obwohl wir ihn doch im nächsten Atemzug wieder mitmachen und mitmachen müssen? Woher dieser *ganze Widerspruch* gegen Alles, was wir sehen? Wir *sehen offenbar noch etwas Anderes* als das, was wir sehen! Wir *wissen offenbar,* was wir nicht wissen können, von einer *überlegenen Macht* über die Mächte der Sünde, des Leidens und der Erde. Das ist wieder *leuchtendes Licht* hinter dem Vorhang. Und *wer Augen hat,* zu sehen, der sieht.|

Und es ist dieses leuchtende Licht *Licht ohne Zeit,* ohne Gestern und Heute, ohne Anfang und Ende, ohne Grund noch Folgen, ohne Warum und Wozu. Leuchtete es uns gar nicht, woher wüßten wir, daß *Zeit eben nur Zeit* ist? Woher wüßten wir, daß *Finsternis finster* ist? Woher wüßten wir, daß alles, was wir sind und tun, *nicht ganz groß,* nicht vollkommen, nicht ewig ist? *Dieses Nicht ist* offenbar nicht aus der Zeit, es ist die Grenze, das Maß der Zeit, und an ihm ist alles Zeitliche *gemessen,* an ihm *erkennen* wir, daß alles Zeitliche dahin will und vergeht. *Kein Mensch,* auch kein Gottloser, auch kein Gleichgültiger, auch kein Zweifler, der diese Schranke, diese Grenze nicht kennte, die allem Zeitlichen gesetzt ist und die eben damit über das Zeitliche hinausweist. *Jeder Stundenschlag,* jede Bewegung des Sekundenzeigers verkündigt es laut und leise, daß das Endliche gemessen ist am Unendlichen, das Kleine samt und sonders an einem ganz Großen, das Gute und Böse an einem Vollkommenen, die Zeiten an der Ewigkeit. Das ist wiederum *leuchtendes Licht* hinter dem Vorhang, und *wer Augen hat,* zu sehen, der sehe.

Und was sollen wir nun sagen vom *alten Simeon und seinesgleichen?* Das ist das Licht, das sie *im Heiland gesehen* haben. Sie haben *das gleiche Licht* gesehen, das wir auch sehen können, wie sie vor dem *gleichen Vorhang standen,* vor dem wir auch stehen. *Gleich ernst, gleich unbegreiflich, gleich verheißungsvoll* hieß es für sie wie für uns: Ich bin der Herr, und sonst keiner mehr [Jes. 45,5]! Meine Gedanken sind nicht eure Gedanken [Jes. 55,8]! Und siehe, ich mache Alles neu [Apk. 21,5]. Aber hatten sie nicht vielleicht doch *etwas vor uns voraus* damit, daß sie den Heiland selbst sahen? Ja gewiß, aber was heißt das, *den Heiland selbst sehen?* Man kann es so auffassen, daß *diese Menschen damals eben wirklich sahen,* was zu sehen ist und was wir auch sehen könnten. *Sie traten ganz nahe* an den dicken, schweren, bedenklichen Vorhang heran, und dann sahen sie nicht nur, sondern sie sahen auch[5] mehr, als wir sehen, von dem dahinter leuchtenden Licht. *Sie traten ganz demütig,* ganz sehnsüchtig, ganz suchend, ganz nahe an die bittere Tatsache heran, daß wir Menschen von Gott so getrennt sind. *Sie bildeten sich gar nichts mehr* ein, sie ließen sich gar nichts mehr vormachen und angeben[6], als ob es etwa anders wäre. *Sie wollten*

[5] Könnte auch «noch» heißen.
[6] = weismachen.

nur noch harren und schauen auf das Licht in der Finsternis. Wie es ja von Simeon heißt, daß er *wartete auf den Trost Israels.* Und dieses Harren, Schauen und Warten konnte *nicht leer* bleiben. Es fand seine *Erfüllung.* Sie *sahen den Heiland* dort, wo ihn niemand gesucht hätte, der eben nicht wirklich suchte, in dem unbekannten Kindlein von Bethlehem. Denn *der Herr ist nahe Allen,* die ihn anrufen, Allen, die ihn im Ernst anrufen [Ps. 145,18]. Ja, *so mag es gewesen sein.* Aber wenn es so gewesen ist, so ist nicht abzusehen, warum wir denken müßten, jene Menschen hätten ein Vorrecht vor uns gehabt, und nicht vielmehr das, *daß wir den Herrn* vielleicht noch nicht im Ernst angerufen haben und *nur darum so viel weniger* Licht haben.|

Man kann es aber auch so auffassen, daß damals das große *Gotteslicht hinter dem Vorhang sozusagen eine große Bewegung* machte und dem Vorhang von hinten ganz *naherückte* und *darum stärker* und deutlicher als zu anderen Zeiten zu sehen war für die, die sehen wollten. Es gab gleichsam *ein Erdbeben* aus der Tiefe der Gottesnatur in die Menschennatur hinein, so daß man es sehen konnte im Fleisch, in der Menschennatur des Heilands: Was der Mensch jetzt ist, das bleibt nicht, es geht einer *Auferstehung* entgegen. Es gab gleichsam *einen Angriff* von Gottes Ursprung der Welt her in diese Welt hinein, so daß man sehen konnte in dieser Welt: diese Welt bleibt und besteht nicht, und es kommt das *Reich Gottes.* Es gab gleichsam einen *Stoß von der Ewigkeit* her in die Zeit hinein, so stark, daß er den Vorhang der Zeit beinahe zerrissen hätte, so daß man sehen konnte: Wahrhaftig, die Zeit vergeht, und die Ewigkeit bricht herein. *Zeichen* von dieser großen Bewegung Gottes war das ganze Leben des Heilands, Zeichen seine Worte, Zeichen seine Taten, Zeichen des Endes war sein Tod, und Zeichen des Anfangs war sein Auferstehen vom Tode. Wollen wir den Simeon und seine Zeitgenossen *beneiden darum,* daß sie Zeichen sahen, die wir nicht sehen? Vielleicht würden wir *auch mehr Zeichen* sehen, wenn wir besser sehen könnten und wollten. Aber auf die *Zeichen kommt es nicht an. Viele sahen damals* die Zeichen und sahen doch nicht. Sehende, wissende Augen waren damals *so nötig wie heute,* und sie wären uns an dem Tage, an dem wieder Wunder geschehen sollten, gleich nötig wie heute. *Sehen wir das Wenige nicht,* das heute zu sehen ist, so würden wir auch das Viele nicht sehen, das wohl einst wieder geschehen mag. Also auch um die große Bewegung von Gott her, die damals war, können wir die Damaligen *nicht beneiden* lassen [?]. Wir können uns nur von ihnen erinnern lassen, daß das große Licht Gottes scheint in der Finsternis [vgl. Joh. 1,5] und zu sehen ist, wo Augen sind, zu sehen.

3. Meine Augen haben *deinen Heiland gesehen!* Die *kommende* Antwort, die kommende Hilfe, die kommende Erlösung! *Selig sind die Augen,* die das Licht sehen. Es ist *das* Licht, das *eine* Licht, das *wirkliche* Licht! Daneben haben wir freilich *auch noch Notlampen* aller Art, *Versuche aller Art,* vorläufige Antworten, vorläufige Hilfen, vorläufige Erlösungen zu finden und zu machen. Fragen wir uns, *wo eigentlich unser Eifer* ist, unser Streben, unser Ernst, dann müssen wir unstreitig sagen: Darin sind wir eifrig, ernst und strebsam, solche Notlampen anzuzünden und zu unterhalten, solche Versuche zu unternehmen, ohne das Sehen des Heilands in der Dunkelheit auszukommen. Auch die *freundlichen Weihnachtslichter,* die wir anzünden, gehören wohl zu diesen Versuchen. Unterdessen hängt dick und schwer und bedenklich der Vorhang der Sünde, der Welt und des Todes hernieder. *Keine Weihnachtsfeier* ändert etwas daran. *Keine Notlampe* erhellt wirklich die Finsternis, in der wir wandern. Das Licht aber scheint in der Finsternis, und die Finsternis hat es nicht begriffen [Joh. 1,5]. Bis uns die Augen aufgehen!

Lieder:
Nr. 100 «Dies ist der Tag, den Gott gemacht» von Chr. F. Gellert, Strophen 1–5 (RG [1998] 408; EG 42 mit Textabweichung in Str. 5)
Nr. 99 «Jauchzet, ihr Himmel, frohlocket, ihr Engel, in Chören» von G. Tersteegen, Strophen 1–3 (RG [1998] 404; EG 41; mit Textabweichungen jeweils in Str. 3)

Safenwil, Sonntag, den 26. Dezember 1920[1]

Weihnacht II

Lukas 2,33–35

[Und sein Vater und seine Mutter wunderten sich des, das von ihm geredet ward. Und Simeon segnete sie und sprach zu Maria, seiner Mutter: Siehe, dieser wird gesetzt zu einem Fall und Auferstehen vieler in Israel und zu einem Zeichen, dem widersprochen wird, und es wird ein Schwert durch deine Seele dringen, auf daß vieler Herzen Gedanken offenbar werden.]

1. *Das Licht scheint:* Das ist die große Weihnachts*tatsache.* Wer sehende Augen hat, der sieht es scheinen: das ist die große Weihnachts*möglichkeit.* So sehet denn! So seid denn Kinder des Lichtes, da ihr das Licht habt [vgl. Joh. 12,35f.]! Das ist die große Weihnachts*aufforderung.* In dem *Namen Jesus* ist das alles vor uns hingestellt, uns gegeben als Zeugnis, als Macht, als Leben: die Tatsache des Lichts, die Möglichkeit zu sehen, die Aufforderung: Sieh! Aber das Licht scheint *in der Finsternis* [Joh. 1,5]. *Die Nacht* ist noch nicht vorbei, nur eine Dämmerung verrät denen, die in die rechte Richtung blicken, von wo der Tag kommen wird. *Der Vorhang* von Sünde, Welt und Tod hängt noch hernieder zwischen Gott und den Menschen[2], nur daß Einige an einer Stelle ein helles Leuchten gesehen haben, das Alle an ihrer Stelle des Vorhangs auch sehen würden, wenn sie sehen könnten und wollten. *Das Alte* ist noch nicht vergangen, siehe, es ist noch nichts neu geworden [vgl. 2. Kor. 5,17], wenn nicht allenfalls Menschen da sind, die, mitten im Alten stehend, auf das Neue hinblicken und es so in ihren Augen, nur in ihren Augen haben.

2. Ja, wie groß ist doch *die Verborgenheit Gottes,* der sein Licht scheinen läßt, aber scheinen in der Finsternis. Und wie groß ist doch *das Wagnis, zu glauben* an dieses in der Finsternis scheinende Licht. Wir dürfen nicht denken, daß die Verborgenheit Gottes und das Wag-

[1] Wie zur Predigt vom 25. Dezember findet sich auch zu dieser Predigt ein Typoskript, diesmal fünf Seiten im Format DIN A4. Der Sachverhalt ist der gleiche wie oben S. 399, Anm. 1, geschildert.

[2] Vgl. oben S. 401–406.

nis des Glaubens etwa *kleiner* geworden seien durch die Weihnacht, daß es uns Menschen etwa durch die Weihnacht *leichter,* bequemer und einfacher gemacht sei. Gerade das Gegenteil ist wahr: *Nirgends ist Gott so verborgen* wie in Jesus Christus. Denn nirgends wird es so klar wie bei ihm, daß das wirkliche Licht unseres Lebens *ewiges* Licht ist, Licht, zu dem unser Leben ganz und gar *nicht paßt,* Licht, das unserem Leben ganz und gar *widerspricht,* Licht, das wir eigentlich gar *nicht zu sehen* vermögen, und wenn wir es doch sehen, so geschieht ein *Wunder* an uns. Nirgends wird es auch so klar, daß wir wirklich *in der Nacht* sind und daß diese Nacht noch nicht vorbei ist, daß wir wirklich durch einen *trennenden Vorhang* von Gott geschieden sind und daß dieser Vorhang noch nicht gefallen ist, daß wir *in einem alten Wesen* stehen, das noch nicht vergangen ist, und daß wir das Neue nicht sehen, nicht haben, besitzen und genießen können. Und *was der Glaube für ein Wagnis ist,* das ist auch *erst in Jesus Christus* so ganz hell hervorgetreten. Wo man von Jesus Christus noch nichts weiß oder wo man ihn wieder vergessen hat, *da geht's leicht,* bequem und einfach zu, da meinen die Menschen von *allerlei Mitteln,* Brücken und Weglein zu wissen, um aus der Welt zu Gott zu gelangen. Jesus Christus aber spricht: *Ich bin der Weg,* die Wahrheit und das Leben, niemand kommt zum Vater denn durch mich [Joh. 14,6]. Dort wird Gott *zugänglich,* wohlfeil, billig gemacht, hier aber *unzugänglich,* teuer und kostbar. Dort heißt's: *Komm* nur, vertrau nur auf Gott, sei nur brav, es geht schon, es kommt schon gut! Hier aber: *Nein, es geht nicht,* es kommt nicht gut, auf Gott vertrauen, das heißt *Licht sehen,* wo man nur Finsternis sieht, *Leben sehen,* wo man nur Tod sieht, *Ja sehen,* wo man nur Nein sieht, auf Gott vertrauen, das heißt einen *Sprung tun* dahin, wo man einen Abgrund sieht, auf Gott vertrauen, das heißt eben wirklich *auf Gott* und auf nichts Anderes vertrauen. Kannst du das? Willst du das? *Dann komm!* Zwischen Gott und allem «Es geht schon» ist der *gekreuzigte Christus,* und der sagt: Ja, es geht schon, aber *nur durch Gott selbst,* durch Gott allein. Und das ist ein *Wagnis, wie es kein größeres* gibt: an Gott selbst, an Gott allein glauben.

3. Seht, darum hat der alte Simeon im Tempel von Jesus gesagt: *Dieser wird gesetzt zu einem Fall und Auferstehen* vieler in Israel! Er hat wie alle ernsthaften Freunde Gottes gewußt: Wenn es einmal *ernst* wird zwischen Gott und den Menschen, wenn Gott sein Licht *scheinen* läßt in der Finsternis und wenn es *gesehen* wird, dann wird es klar, wie groß das *Geheimnis* Gottes ist und wie groß die *Kühnheit,* die es braucht, um Gott im Geheimnis anzubeten. Dann muß es gerade in *Israel,* also unter denen, die auch schon ein Licht haben, auch schon ein Verhältnis zu Gott – heute müßte man sagen: dann muß es gerade unter den Christen zu einer *Krisis* kommen, zum Tode oder zum Leben, wie bei einer Krankheit. Denn dann müssen sie *wählen.* Was wollt ihr: das *ewige,* wahrhaftige, unsichtbare Licht Gottes oder die zeitlichen, scheinbaren, sichtbaren Lichter, die ihr selbst angezündet habt? Das Licht, das immer *neu entflammen* muß unter anhaltendem Seufzen, Rufen, Harren und Bitten, oder die Lichter, die ein für allemal brennen, die man haben und neben denen man noch so viel Anderes haben kann? Das Licht, vor dem man *nur stehen,* anbeten und schweigen kann, oder die Lichter, mit denen man alles Mögliche anfangen, die man mit eigenem Geschwätz und Getue umgeben kann, weil es eben unsere eigenen Lichter sind? Wollt ihr die *Erkenntnis,* daß noch nicht erschienen ist, was wir sein werden [1. Joh. 3,2], oder wollt ihr den Wahn, als ob der Tag schon da sei? Wollt ihr die *Mittel, Wege und Brücken,* die von einem Krankenbett auf das andere, von einer Dunkelheit in die andere führen, oder wollt ihr den Abgrund der Versöhnung in Christus? Wollt ihr das *Billige,* oder wollt ihr das Kostbare? Wollt ihr den Glauben, der darin besteht, daß man sich sagt: *es geht schon!,* oder wollt ihr den Glauben, der sich nur darauf verläßt, daß bei Gott kein Ding unmöglich ist [vgl. Lk. 1,37]? Wollt ihr zuerst und zuletzt *den Gott,* den die Menschen sich zurechtgemacht in ihren Gedanken, nach ihrer Ansicht und ihrem Bedürfnis, oder den wahren Gott, der im Geheimnis thront und der, wo er gesehen wird, ein Wunder tut? Jesus Christus treibt die Menschen in diese Wahl hinein, die am meisten, *die am meisten sind und haben,* denn je mehr die Menschen sind und haben, desto schärfer muß der Weg *um die Ecke* gehen zum Sehen des ewigen Lichtes, zur Erkenntnis des wahren Gottes, desto schärfer muß die *Scheidung* werden zwischen dem, was von unten, und dem, was von oben ist. Jesus Christus *ist das Entweder-Oder*, an dem man nicht mehr vorbei kann. Wir alle haben schon manche Predigt gehört und manches Buch gelesen und *merkten nichts* von diesem Entweder-Oder. Wir mögen das als Zeichen nehmen, daß wir von

Jesus Christus noch sehr wenig gemerkt haben. *Redet Jesus Christus* mit uns, dann kommt die Wahl, die scharfe Ecke, die Scheidung, das Entweder-Oder. *Dann fallen* diejenigen, die die Finsternis mehr liebhaben als das Licht, denen es in der Finsternis bei ihren eigenen Lichtern noch lange wohl ist. *Dann auferstehen* diejenigen, die Licht Licht und Finsternis Finsternis nennen [vgl. Jes. 5,20] und lieber alle eigenen Lichter verlöschen lassen, als auf das ewige Licht in der Finsternis zu verzichten.

4. Und darum, fährt Simeon fort, wird dieser gesetzt *zu einem Zeichen, dem widersprochen wird.* Er hat wie alle ernsthaften Freunde Gottes gewußt: Wenn es dazu kommt, daß Gott den Menschen wieder ein Geheimnis wird, wenn es dazu kommt, daß es wieder *Kühnheit* braucht, um an Gott zu glauben, wenn Gott sich gleichsam von den Menschen *zurückzieht* und nicht mehr das gewohnte, oberflächliche, billige Wesen, sondern *wahrhaft* Gott sein will, wenn der Mensch sieht, wie Vieles, wie er Alles aus den Händen *muß fahren lassen,* um Gott zu dienen im Geist und in der Wahrheit [vgl. Joh. 4,24], wenn es zu dieser *Krisis* kommt, dann wird's ringsumher lauten, zornigen [?], eifrigen *Widerspruch* geben, solchen Widerspruch, wie ihn etwa *Saulus,* bevor er ein Paulus wurde [Act. 9,1–22; 22,3–16; 26,9–18], gegen Jesus auf dem Herzen hatte. Wo ein *Mensch es wagen wird,* diese Krisis, dieses Entweder-Oder auf sich zu nehmen, laut und rein zu vertreten, da wird *alle Leidenschaft,* alle Entrüstung, alle Empörung der Menschen aus ihren Höhlen hervorbrechen, der Menschen am meisten, die am meisten sind und haben, weil sie am meisten dabei zu verlieren haben. Was für ein Entsetzen, wenn wir gewahr werden: die Lichter, die wir hüteten und trugen, sind nicht *ewiges Licht,* wir tun am besten, sie fallen zu lassen. Die Mittel, Wege und Brücken, deren wir uns bedienten, *führen nirgends hin,* wir tun am besten, umzukehren, dahin zu gehen, wo nur noch der Abgrund uns entgegengähnt. Unser Glaube ist *nicht Glaube.* Unser Gott ist *nicht Gott. Buße* müßten wir tun, gerade wir, die wir etwas sind und haben. Denn arm, *arm in Gott* sind wir mit unserem ganzen vermeintlichen Reichtum [vgl. Lk. 12,21]. Müssen wir uns nicht gegen einen Menschen, der uns solches sagt, *wenden mit der letzten Kraft* unseres Herzens und ihn anschreien: Du nimmst uns Alles, du gibst uns nichts, du lässest uns verhungern in der Wüste [vgl. Ex. 16,3], du tastest unser Heiligstes an, du bist ein Verderber [vgl. Mk. 1,24 par.], ein Tempelschänder [vgl. Mk. 14,58 par.], ein Gotteslästerer [Mk. 14,64 par.]! Ja, und nun ist Jesus Christus der Mensch gewesen, der solches gesagt hat, er war die Krisis, er war das Entweder-Oder, und darum wurde er auch angeschrieen mit all den Anklagen und Schimpfworten, die wir eben gehört haben. Darum wurde er ein Zeichen, dem widersprochen wird. *Denken wir nicht zu schnell:* wir hätten nicht mitgeschrieen, nicht mitwidersprochen. *Je mehr eigene Lichter* wir haben und je schönere Namen sie tragen und je besser sie uns vergessen helfen, daß wir eigentlich in der Finsternis sind, und je mehr wir mit unseren Herzen daran hängen und je weniger wir sie uns nehmen lassen wollen, *umso mehr müssen wir* dem ewigen Licht widersprechen. *Es wäre uns sogar besser,* wir kämen einmal zum Bewußtsein, daß wir Jesus Christus eigentlich widersprechen müssen. Der Weg zum Auferstehen führt vielleicht, wie gerade das Beispiel des Paulus zeigt, über das Widersprechen. *Traurige Bücher, arme Prediger,* die von Jesus Christus so reden können, daß die Leser und Hörer einverstanden mit dem Kopf nicken können. Dann haben sie ja nichts davon gemerkt, daß dieser das *Zeichen ist, dem widersprochen* wird. Und haben sie das nicht gemerkt, dann haben sie ja auch nichts gemerkt von dem *Entweder-Oder,* von dem Weg, der um die Ecke geht. Und haben sie das nicht gemerkt, wie sollten sie dann gemerkt haben, daß es *das ewige Licht* ist, das da hereingeht und der Welt einen neuen Schein gibt![3]

5. Seht, und das ist nun das Schwert, von dem Simeon sagt, daß es *durch die Seele der Maria gehen werde.* Man hat in diesen Worten von jeher einen Hinweis auf *das Leiden Jesu* und auf das Leid, das er dadurch seiner Mutter verursachte, gefunden. Aber wir wollen diesen Hinweis verstehen in seiner ganzen Bedeutung. Maria hätte sich für ihren Sohn gewiß *einen anderen Weg* gewünscht, sie hätte ihn lieber *nicht als das Zeichen* gesehen, dem widersprochen wird, sie hätte gehofft, ihn glatt und direkt und friedlich und *freundlich seine Botschaft*

[3] 4. Strophe von M. Luthers Weihnachtslied «Gelobet seist du, Jesu Christ» (RG [1998] 392; EG 23):

Das ewig Licht geht da herein
gibt der Welt ein' neuen Schein.

ausrichten und mit einem vollen, *befriedigenden Erfolg* sein Leben beschließen [zu] sehen. Sie war nicht darauf gefaßt gewesen, den, den vom Himmel hoch der Engel Schar begrüßt hatte[4], ausgestoßen von der ganzen Welt, zu Tode gemartert, am *Kreuz der Schande* wiederzufinden. Wenn [das] das Zeichen sein [soll], dem widersprochen wird: wer von uns wäre da nicht einig mit ihr in der Frage: *warum mußte Christus solches leiden?* [vgl. Lk. 24,26]. Aber wenn er es nicht hätte leiden müssen, so wäre er *nicht das ewige Licht* gewesen, *nicht der Sohn* des verborgenen Gottes und *nicht der Anfänger* des kühnen, verwegenen Glaubens [vgl. Hebr. 12,2]. Das Schwert, das durch die Seele der Maria drang und das durch unser aller Herzen dringt, wenn wir uns klar machen, wie gern auch wir Christus ohne das Kreuz hätten – dieses Schwert ist das *Schwert des Wortes Gottes* [vgl. Hebr. 4,12], das vom Leben zum Tode bringen muß, was sterblich ist. *Sterben muß der Wunsch* nach anderen Lichtern, nach anderen Wegen, nach einem anderen Glauben, nach einem anderen Gott. Gott redet dort, wo wir schweigen. Gott fängt dort an, wo wir aufhören. Gott lebt dort, wo wir sterben. *Mußte nicht Christus* solches leiden und zu seiner Herrlichkeit eingehen? [Lk. 24,26]. Als das Zeichen, dem widersprochen wird, ist er das *Zeichen unserer Versöhnung* mit Gott. Als der Gekreuzigte, der uns in sein Sterben hineinzieht, ist er das *Licht, das in der Finsternis* scheint.

6. *Auf daß vieler Herzen Gedanken offenbar werden!* Ja, was werden das für *Gedanken* unserer Herzen sein, die offenbar werden, wenn wir *erkennen,* wer Christus ist, was für ein Feuer das ist, das er auf Erden anzulegen gekommen ist [vgl. Lk. 12,49[5]]? Vielleicht Gedanken des Widerspruchs. Vielleicht eine *Aufwallung* unseres Stolzes, unseres Selbstbewußtseins, unserer tiefsten Empfindlichkeit. O ich sage noch einmal: *wenn sie doch* nur offenbar würden! Wenn es uns doch brennte bis ins Innerste hinein, daß wir mit tiefstem Bewußtsein von dem, um was es geht, *Nein sagen würden* zu Jesus Christus! Von diesem brennenden Nein zum Ja wäre ein kleinerer Schritt als von unserem jetzigen leeren Ja aus. Vielleicht aber nicht ein Gedanke des

[4] Eingangslied des Gottesdienstes, s. unten.
[5] Predigttext vom 2. Advent, s. oben S. 384.

Widerspruchs, sondern Gedanken der Freude, der Dankbarkeit, der erfüllten Erwartung. Ist's nicht am Ende gerade *das, was wir suchen:* das ewige Licht? Sind wir der eigenen Lichter nicht vielleicht müde geworden? *Wissen wir nicht vielleicht,* daß wir trotz aller Lichter elend, arm und bloß[6] in der Finsternis sind? Ist nicht in uns Menschen der heutigen Zeit nach all den Enttäuschungen und Beschämungen, die wir hinter uns haben, *eine Sehnsucht* nach dem wahrhaftigen, dem unbekannten, dem unbegreiflichen Gott, nach dem Gott, dem man sich anvertrauen kann, weil er Gott ist? *Haben wir sie nicht satt,* alle die falschen Beruhigungen und Beschwichtigungen und Vertröstungen, mit denen wir uns einbildeten, etwas zu sein und zu haben? Sind wir nicht *reif, auf das Sein und Haben zu sehen,* das in der Auferstehung, im Reich Gottes, das vom Himmel auf die Erde kommen will, in der Ewigkeit unser wartet? Könnten nicht *auch diese Gedanken unseres Herzens* offenbar werden, wenn wir erkennen, wer Christus ist? Beides muß offenbar werden, liebe Freunde, der Widerspruch und die Freude. Wenn nur auch *unsere* Gedanken offenbar werden, wo *Gottes* Gedanken in Christus offenbar wurden! Denn es ist so, wie Paulus einmal geschrieben: Alles, was *offenbar* wird, das ist *Licht* [Eph. 5,13].

Lieder:
Nr. 95 «Vom Himmel kam der Engel Schar» von M. Luther, Strophen 1–4 (RG [1998] 393; EG 25; jeweils mit Textabweichungen)
Nr. 97 «Fröhlich soll mein Herze springen» von P. Gerhardt, Strophen 4.7.8 (RG [1998] 400,5.8.9; EG 36,5.8.9)

[6] Anspielung auf Strophe 2 des Liedes «Lobt Gott, ihr Christen alle gleich» von N. Herman (RG [1998] 395; EG 27):
er liegt dort elend, nackt und bloß...

REGISTER

I. BIBELSTELLEN

Die Seitenzahlen sind kursiv gedruckt, wenn es sich um einen Predigttext handelt.

Genesis (1. Mose)
1,3 135, 197
1,27 244
3,5 304, 327
3,19 131, 330
6,5 293, 360
8,21 293, 360
11,7 144
17,3 344
27,22 306
37,5–9 11
49,18 180

Exodus (2. Mose)
3,14 380
4,13 344
16,3 263, 339, 411
20,2–12 6
20,7 263
20,13 309
33,20 354
34,29–35 162
34,6 15

Deuteronomium (5. Mose)
6,5 368

1. Samuel
3,9f. 340

2. Samuel
5–10 329

1. Könige
6–8 329
8,22–53 60
8,27 335
18,40 6, 329
19,4 6
19,8 65

2. Könige
6,16 37
6,16f. 13

Hiob
13,5 35
16,2 34, 216

Psalmen
2,4 350
8,6 326
22,2 29
24,1 14
35,20 331
36,6–12 278
36,10 40
39,6 247
39,13 340
42,4 205
65,2 *325–332*
73,23 291
73,26 323
89,16 132
90,5 263
90,9 4
90,12 129
91,1–2 *358–364*
91,11f. 15
96,4f. 335
98,1 332
100,1 121
110,2 366
118,21 12
119,19 *333–341*
119,32 289
123,2 346
126,1 180, 267
130,1 362
145,17 *376–383*
145,18 405

Sprüche
1,7 *342–348*
3,26 *8–16*
3,34 21
10,28 277
12,11 358
14,34 176
16,2 *349–357*

Prediger
1,1 6
1,2f. 231
3,1 131
3,11 15, 100
3,20 131
12,7 131

Hoheslied
6,3 143
8,6 87, 154

Jesaja
5,20 410
6,5 344
21,11f. 355
33,22 351
40,4f. 398
40,6f.21 254
40,31 71
42,3 69
43,1 22
45,5 404
48,11 380
53,1 350
53,5 350
55,8 404
55,8f. 264
62,6 176
64,3 343
65,17 51, 100, 135, 183, 197, 256

Jeremia
1,6 344
2,13 33
4,3 33
25,2 84
31,31–34 *3–7*

Klagel. 1,13 240

Klagel. 1–5 6

Klagel. 3,27 337

Daniel
5,25 353
6,11 294, 314, 353

Hosea
5,14 232
11,4 62, 294

Amos
8,11f. 271

Jona
1,3 344
2,1 57
3,4 57
3,10 57
4,1 57
4,8 57

Matthäus
1,23 234, 390
2,2 396
3,9 83
3,12 353
5,3 263
5,3–6 119, 335
5,3f.6 314
5,4 32, 106
5,6 168, 263
5,8 258
5,13 348
5,48 60
6,9f. 81, 170, 292
6,10 353
6,30 263
7,7 367
7,7 par.15
7,7f. 15, 162, 171, 188
7,7f. 168
7,13 15, 281, 305, 335
7,13f. 103, 162
7,14 60, 286
7,29 386
9 297
9,37f. 296
10,13 86
10,26 94
10,30 133
10,34 389
11,5 120
11,19 386
11,28 154, *302–317*, 323, 335

13,16 401
13,45f. 317
17,20 93
18,3 263
18,12 362
18,18 372
24,35 350
24,38 401
26,41 283
27,43 205
27,45 330
27,46 29, 85

Markus
1,11 370
1,15 44, 383
1,17 292
1,22 339
1,24 386, 411
1,27 259
2,5 164
3,21 386
3,22 386
4,3–8 202
4,9 130, 237, 383
4,11 86
4,31 82
4,35–41 50
6,15 386
6,31f. 109
6,32–44 49f.
6,45f. 109
8,18 326
8,31 129
8,32 392
8,34 26, 263
8,37 322
9,24 87, 313
9,43–47 69
10,22 86
10,26 105
10,27 52, 291, 374
10,35–45 *98–106*
11,1–10 108
12,30f. 294
13,6 142
13,31 129
14,33 363
14,58 411
14,62 140
14,64 411
15,34 117, 216
16,6 130, 164

Lukas
1,37 279, 409
1,79 135
2,25–32 *399–406*
2,33–35 *407–413*
2,10 393f.
3,10 105
4,22 259
9,57–62 103
10,23 108
10,42 44, 249, 286, 327
11,27 386
12,19 216
12,21 410
12,35–36 *394–398*
12,37 348, 350
12,48 199
12,49 81, *384–393*, 412
12,50 391
14,25–33 103
14,28 25
16,26 380
17,21 108
18,11 266
19,40 108
21,28 197
23,34 128
23,42 101
23,43 105
23,46 117, 128
24,26 412
24,34 126, 337
24,36 130
24,36–43 *135–142*
24,39 267

Johannes
1,5 123, 403, 406f.
1,7–9 96
1,14 139, 255
1,16 156
1,29 106, 314
3,1–8 *88–97*
3,3 31, 263

3,8	83, 182, 272
3,16	164, 265
3,27	14
3,30	15
4,24	264, 329, 410
7,12	386
7,37	383
7,38	179
8,23	114
8,36	16
9,4	44
10,28	22
11,25	130, 267, 323, 336, 356
12,24	130
12,32	308
12,35f.	407
12,36	336
14,6	408
16,13	248
16,31–33	*107–114*
16,33	118
17,3	50
18,36	180
18,37	324
19,5	208
19,30	121, 330
20,13f.	264

Acta (Apostelgeschichte)

2,1–13	*181–190*
2,12	260
2,17	188
2,37	260, 339
3,20	172
9,1–22	410
9,3	192
9,3–5	22
16,30–31	*318–324*
17,28	304
17,30	270
22,3–16	410
26,9–18	410
26,14	22

Römer

1,18	176
1,20	325
3,4	380
3,10	309
3,20	246
3,23	389
3,29	266
4,17	31
5,8	*365–375*
8,19	327
8,19–22	225
8,26	353
8,35	39
9,18	86
10,4	134
11,36	280
12,16	267

1. Korinther

1,4–7	260
1,18.23	391
1,26	314
2,3	244
2,4	127, 221, 295
2,9	183, 218, 343, 388
3,6–10	345
4,3	261
4,20	136
11,29	86
12,26	216
13,7	73, 154
13,8	70
13,9–11	206
13,12	48, 318
13,13	330, 385
15	131
15,10	242
15,19	238
15,20	351
15,28	87
15,31	32
15,42f.	287
15,50	31, 80, 330
15,50–53	355
15,50–58	*126–134*
15,53	31, 87, 136

2. Korinther

1,1–2	*17–23*
1,1–11	17
1,3–11	*24–33, 34–41*
1,12–22	42, *42–50, 51–60*

1,17 261
1,19f. 157
1,23–24 *61–63*
2,1–4 *61–63*
2,1–5 261
2,5–11 *64–73*
2,14 100
2,14–17 *74–87*
3,1–3 *143–150*
3,4–6 *151–157*
3,5 87
3,7–11 *158–164*
3,12–18 *173–180*
3,17 191
4,1–6 *190–198*
4,4 257
4,7–15 *199–210*
4,11f. 198
4,16–18 *211–223*
4,17 37, 234, 238
4,18 153, 354
5 224
5,1–8 *224–235*
5,4 80, 219
5,7 238
5,9–11 *236–241*
5,10 322
5,11 267
5,12–15 *242–249*
5,13 242
5,16f. 261
5,16–17 *250–258*
5,17 82, 97, 106, 112, 242, 247, 407
5,18–21 *259–267*
5,19 391
6,1–2 *268–278*
6,3–10 *279–288*
6,4 345
6,8–10 14
6,11–13 *289–296*
6,14–7,1 289
7,2–4 *289–296*
7,5 216
7,5–16 *297–301*
7,6 275
7,11 260
10,1f. 261
10,3 256
12,9 87, 208, 317, 382

Galater
1,8 242
1,10 244
2,11–21 329
4,4 80
5,22 343
6,7 15

Epheser
1,10 118
2,13 400
5,8f. 256
5,13 413

Philipper
2,5ff 366
2,7 255
2,8 117, 128
2,12 161, 306
2,12f. 258, 278
2,12[b]–13 *122–125*
2,13 128
3,12–14 209
4,7 291, 383
4,13 191

Kolosser
1,18 68
2,9 258
3,1 168
3,3 [b] *165–172*

1. Thessalonicher
5 122
5,24 381

2. Thessalonicher
3,2 279, 317

1. Timotheus
1,15 294, 298
2,4 81
6,15 330
6,16 306, 354, 363, 380

2. Timotheus
1,10 134
2,13 83
2,19 241

1. Petrus
1,24 394
2,2 21
3,19 119
5,5 21, 265, 317

2. Petrus
1,19 340
3,12 13
3,13 51, 100, 183, 197, 256

1. Johannes
3,2 6, 180, 230, 409
4,19 93
5,4 85, 317

Hebräer
4,12 353, 412
9,27 12
11,1 99, 381
11,9 6, 335
11,13 335
12,2 412
12,24 120
13,14 338

Jakobus
1,17 48
1,22 280
1,22–25 322
4,6 21

Apokalypse
(Offenbarung des Johannes)
1,8 280
1,17 139, 344
1,17[b]–18 *115–121*
3,15f. 52
4,10f. 344
11,15 120
14,13 119
21,1 51, 100, 129, 183, 197, 256
21,4 51
21,5 392, 404

II. NAMEN

Unberücksichtigt bleiben Herausgeber, Übersetzer, Briefempfänger, in Buchtiteln enthaltene Eigennamen, literarische Gestalten, Autoren der Predigttexte sowie Dichter, deren Lieder im Gottesdienst gesungen, aber nicht in der Predigt erwähnt wurden.

Kursiv gedruckte Seitenzahlen verweisen auf einen in der Anmerkung vom Herausgeber genannten Namen, der im Haupttext weder direkt noch indirekt (z.B. durch ein Zitat) vorkommt.

Abraham 343
Angelus Silesius (Scheffler, Johann) *330*
Arndt, Ernst Moritz *43, 379, 395*
Arnim, Ludwig Joachim von *221*
Augustinus, Aurelius 58, *206*

Barth, Anna *143*
Barth, Christoph VII
Barth, Franziska VII
Barth, Heinrich X
Barth, Markus VII
Barth, Nelly VII
Beyreuther, Erich *202f.*
Blumhardt, Christoph *13, 65, 78, 112, 127, 150, 243, 257*
Blumhardt, Johann Christoph *91,* 105f., *127, 226, 317*
Bogatzky, Karl Heinrich von *188*
Bonaventura (Johannes Fidanza) *58*
Bora, Katharina von 378
Brentano, Clemens *221*
Büchmann, Georg *10, 303*
Bülow, Bernhard Graf von *334*
Bürger, Gottfried August *380*
Busch, Eberhard *IXf., 102, 211*

Calvin, Johannes 58, 141, 162
Christlieb, Max *25*
Claudius, Matthias 328
Cramer, Johann Andreas 247

Darwin, Charles *334, 382, 402*
Dittus, Gottliebin *91, 317*
Dostojewskij, Feodor Michajlowitsch IX, 139f., 308
Drewes, Hans-Anton XIf.
Dürer, Albrecht *222*

Eddy, Mary Baker *25*
Eggenberger, Oswald *316*
Ehrenberg, Hans *74, 102*
Elia 162

Feti, Domenico *202f.*
Fickert, Georg Friedrich 384
Flex, Walter *265, 355*
Franz von Assisi 58
Frei, G. *191*

Geiser, Donatus und Irmgard XII
Genest, Hartmut *354*
Goethe, Johann Wolfgang von *37, 60, 85, 131, 158, 284,* 308, *309, 373, 389*
Gotthelf, Jeremias 308

Harnack, Adolf von IX, *143f.*
Hebel, Johann Peter 227
Heermann, Johann 113
Heiler, Friedrich *273*
Held, Heinrich 6f.
Heraklit *214*
Herman, Nikolaus *413*
Hermes, Johann Timotheus 338
Herpel, Otto *211, 376*
Herzog, Johannes *25*
Hieronymus *146*
Hilty, Carl 25
Hippolyt *170*
Hochuli, Fritz VII
Hohlwein, Hans *25*

Jäggli, Arthur *383*
Jeremia *84,* 343, 345
Jesus s. Begriffsregister
Johannes d. Täufer 400

Johannes, Apostel 400, 402
Jülicher, Adolf X

Keller, Gottfried 308
Kierkegaard, Sören IX, *56*
Knorr von Rosenroth, Christian *135, 137, 244*
Köberle, Adolf *26f.*
Kutter, Hermann *61*

Lavater, Johann Caspar *243*
Leuenberger, Peter XII
Liechtenhan, Rudolf *143*
Luther, Martin 27, *42*, 58, 74, 96, *111*, 139, *224*, 227, 248, 271, 282, 287, *353*, 365–374, 378, *411f.*

Mattmüller, Markus *146*
Merz, Georg IX, *289*
Mott, John *316*
Müller, Eduard 53
Müller, Johannes 25
Müller, Margrit XII
Münchhausen, Karl Friedrich Hieronymus Freiherr von *380*

Napoleon I. 139
Nietzsche, Friedrich IX

Oberman, Heiko Augustinus *353*
Oetinger, Friedrich Christoph *131*
Otten, Georg XII
Otto, Rudolf *31, 93, 273, 350*
Overbeck, Franz IX, 129, 272

Pascal, Blaise *169, 317*
Patzig, Günther *214*
Paulus 20, 343, 345, 368–373, 402, 410f.
Pestalozzi, Gerty *399, 407*
Pestalozzi, Rudolf VII, *61, 297*
Pindar *243*
Platon *227*
Popert, Hermann *311*
Prümm, Karl *95*

Ragaz, Leonhard IXf., *61*, 141, *146*
Rammelmeyer, Alfred *58*
Reimer, Hans-Diether *25*
Reitz, Johann Abraham *308*
Rosenstock-Huessy, Eugen *102, 273*
Rothe, Johann Andreas *120*
Russell, Charles Taze *316*

Scheffler, Johann s. Angelus Silesius
Schild, Paul *289*
Schiller, Friedrich von *182*
Schloßmacher, Norbert *59*
Schmidt, Traudel XII
Schmidt-Mechau, Friedemann XII
Schütz, Johann Jakob 244
Schwab, Gustav *395*
Schwerin, Otto von 219
Siebeck, Richard *102*
Spengler, Oswald *220*
Spenlein, Georg *224*, 365
Stange, Erich *302*
Steiner, Rudolf *26, 59, 316*
Stern, Alexander *31*
Stoevesandt, Hinrich XII
Symbolum Apostolicum *288, 296*

Tersteegen, Gerhard *155*
Thurneysen, Eduard VII, X, *53, 173, 297*
Tolstaja, Katja XII
Tolstoj, Lev Nikolajevic Graf 32, 58
Trine, Ralph Waldo 25, *316*
Troeltsch, Ernst *33*

Weber, Rudolf XII, *141, 251, 377*
Werner, Uwe *59*
Wilson, Thomas Woodrow 141

Zauleck, Paul *191*
Zinzendorf, Nikolaus Ludwig Graf von *202f.*
Zündel, Friedrich *91, 125, 379*
Zwingli, Huldrych 58

einschließlich geographischer Bezeichnungen. Nicht immer findet sich ein Registerstichwort auf den angegebenen Seiten wörtlich, da synonyme oder verwandte Termini gelegentlich unter einem gemeinsamen Schlagwort zusammengefaßt sind.

Kursiv gedruckte Seitenzahlen verweisen auf ein Stichwort in einer Anmerkung des Herausgebers.

Aarau *224*
Aargau *251*
Abendland, Untergang des 216, 220
Abendmahl *84*, 92, 128, 185, 188
Aber
– das A. der Bibel 340–351, 356
Abstinenz 308
Advent 133, 386, 393
alter Bund/neuer Bund 4f., 155–157
Altes Testament/Neues Testament 6
Amerika 141, 214, 316, 397
Amt 44, 62
Anfang
– mit dem A. anfangen 348
– vor dem A. angefangenes Leben 360
–, neuer 360, 369f.
Anthroposophie 26, 315
Apostel 13, 19, 44
Apostelgeschichte 170f.
Arbeit
–, innere 348
Arbeiter/Arbeiterinnen 20, 45, 140, 282
Arlesheim 59, 316
Armut 185, *213*, 325–327, 395f.
Auferstehung der Toten 31–33, 44, 98, 126, 132f., 164, 208, 256, 285, 291, 306, 392, 405, 413
Aufmerksamkeit
– auf den lebendigen Gott 345–347
Aufrichtigkeit 364

Bad Boll IX, *102*
Barmherzigkeit Gottes 15, 73, 190, 192–197, 223, 343, 362f., 388
Basel 58f.
Bedrängnis 26–33, 39f.
Beharrlichkeit 55, 283–288
Bekehrung 313
– Bekehrungserlebnis 15, 96
Bergli bei Oberrieden VII, *297*
Bern VIIIf., *394*
Berufung, göttliche 236f.
– Geheimnis 237–239
Bettag, Eidgenössischer 302–324
Beweglichkeit 57, 71
Bewegung 137f.
Bibel 39, 52f., 71, 126, 190, 192, 350
– Antwort an Staunende 264
– Frage an den Menschen 263
Bild Gottes/Ebenbild Gottes 257, 325
Bolschewismus/Bolschewisten 255, 313
Bruggen bei St. Gallen VII, IX
Bücher, christliche 14
Bürgertum/bürgerlich 176, 311
Buße 65, 177, 297, 301–307, 311–313, 317, 410
– Umkehr zum Naheliegendsten 303

Christentum 88, 92, 126, 156, 259f., 348
– Dienst 279–288
– – Frage: Was sollen wir nicht tun? 281–284
– Ende von allem -tum und -ismus 256
–, heutiges 60, 76, 89–95, 170f., 185f., 187f., 190, 193f., 342f., 347
– morgenländische Sekte 174
– Bei-Nacht-Ch./Bei-Tag-Ch. 91, 95
–, sogenanntes 24–26, 53f., 170–172
–, ursprüngliches 18, 67, 173f., 181, 185, 187f.

– etwas Wunderbares, Eigenartiges, Neues 281
Christliche Wissenschaft 25

Delphi *303*
Demut/demütig/Demütigung 15, 21f., 47, 69, 101, 164, 169, 192, 195, 248, 264f., 275f., 285, 290, 293, 327, 330, 337, 348, 356, 361–363, 396, 404
Deutschland/deutsch 59, 102, 315
Düsseldorf *202f.*

Ehe 359
Eifer/eifern 62f.
Einsamkeit 143
Einseitigkeit/Eindeutigkeit 51–53
Empfehlungen 145f.
Endlichkeit, Erkenntnis der 333f.
Entscheidung 152, 181–185, 248, 331
Entweder-Oder 185, 381, 388, 391f., 409–411
Erfahrung 11, 51, 110f., 116, 179, 265, 320
Erfolg 10
Erkenntnis 11, 110f., 197
– Erkenntnis Gottes 12, 85, 97, 100, 137, 197, 258, 335, 338–340
Erlösung 23, 51f., 69f., 81, 101, 112f., 124, 132, 139, 184, 197, 206, 254, 268, 300, 324, 355, 390–392, 397, 399–401, 406
Ernste Bibelforscher *316*
Erschrecken/erschrecken 124, 138, 171, 201, 240, 279, 356, 363, 395
Erschütterung 44, 338, 364
Erstaunen 259–267, 343f., 346
– Staunen zu wecken: Aufgabe der Kirche 260
Erwählung 39f., 383
Europa 214, 216
Evangelium 25f., 74, 79–81, 108, 245, 260, 262f., 267, 271, 336f., 347
Ewigkeit 4f., 15, 79–86, 96, 98, 132, 218, 238, 246, 276, 334, 338, 340, 342, 353, 355, 404f., 413

Familie 11, 107, 324, 335
Feinde/Gegner 10
Fleisch 252–256, 264, 298–300
– Erkenntnis nach dem F. 252
– – Erkenntnis Christi nach dem F. 250f.
Fortschritt 29, 116, 151, 196, *214*, 281, 352f., 397
Frage 127
– und Antwort 367f.
– erste F. 248f.
fraglich
– um Gottes Willen Alles fraglich 362f.
Frau 100, 176, 214, 237, 312
Freiheit 12, 14f., 21, 45, 57, 62, 85f., 115, 117, 129, 134, 153, 169, 178f., 182f., 187, 191, 196f., 248, 280, 291, 300f., 322f., 356, 396
– Freiheitswerk Gottes 112
– Freiheitszeit 7
Freude/Freudigkeit 4, 7, 51f., 54, 56, 61, 69, 75, *84*, 86, 123, 153, 164, 167, 169, 202, 207, 209, 215, 243, 296f., 334, 344, 400, 413
Friede 86, 123, 135–138, 192f., 250f., 265, 300, 319, 333, 339, 352, 366, 390, 402
– Gottesfriede 300
Friedenszeit 7
Frömmigkeit/fromm 11, 19, 45, 90f., 93–95, 122, 138, 170, 187, 191, 196, 263, 266, 313f., 318, 320, 327, 335, 365, 372, 388, 399

Ganze, das 51
Geheimnis
– der biblischen Menschen 35
– des Christentums 172, 181f., 185, 187
– Gottes 117, 161, 306, 346, 383, 409f.
– – offenes und verschlossenes 383
– des Reiches Gottes 86
Geist
– unlösbare Gemeinschaft mit Gott 232
– Gottes 83, 183

–, heiliger 174f., 181–188
– – Fähigkeit zu reden und zu hören 184
– – zeitliche Geschichte 183
Geist und Buchstabe 150f.
Geist und Fleisch 96
Geist und Leib 136
Gemeinschaft 144, 148f.
Genf *104, 316*
Gerechtigkeit 99, 118, 134, 168, 286, 390
– Gottes Gerechtigkeit 191, 363, 381
Gericht Gottes 29, 51f., 86, 291, 343, 352f., 356, 362, 390, 395
– vgl. Gnade (und Gericht)
Gesangbuchlieder 14, 92
Geschäft 74f.
Geschöpf
– Bild Gottes 325
Gesellschaft 68, 93, 149, 175, 193, 301, 337
Gesetz 133f.
– Gesetz–Gnade 245
Gewissen 175f., 194
–, gutes/ruhiges 46–48
Glaube/glauben 61f., 107f., 316f., 337
– für die Anderen 324
Gnade 6f., 22, 32, 42, 55f., 63f., 66, 70, 72f., 78, 93, 117, 199f., 223, 244f., 248, 266, 268–272, 275–277, 281, 291, 316f., 343, 356, 362, 387f., 390, 395
– und Gericht 362
Götter/Götzen 162, 352
Göttingen *349*
Göttliche, das
– und das Menschliche/Ungöttliche/Weltliche 18f.
Gott
– läßt nicht allein 340
– Barmherzigkeit/Erbarmen 190–192
– Ehre 45f.
– Erlöser 28, 129, 290, 314
– erstaunlich 264
– Gaben Gottes 285
– Geduld 270f.
– Geist aller Geister 353
– Grund und Anfang 123–125
– Halt! *und* Vorwärts! 388
– Herr/Meister 280
– Immanuel! Gott mit uns! 390f.
– Gott ist 303f.
– ist Gott 264
– jenseits, aber auch diesseits 179
– Leben 125
– sein Licht stellt in den Schatten 363
– Liebe 81, 118, 120, 150, 206, 310, 383, 388
– Nicht-Gott der Menschen 195
– Schöpfer 97, 120, 129, 133, 156, 280, 288, 325–329, 403
– selbst 178, 191, 194–196, 299f., 358f., 361, 380
– nicht selbstverständlich 14f.
– Stimme Gottes 71, 241, 329f.
– Tat/Werk 122–124, 203
– Verborgenheit 304, 407, 413
– freies Verhältnis Gottes zum Menschen 201
– dieser Welt 195
– Wille 21–23, 123f.
– das Wort «Gott» 354
– – in der Kirche 305
– Ziel und Ende 123–125
– vgl. Gericht Gottes, Heiligkeit Gottes, Reich Gottes, Wort Gottes
Gottesferne 275
Gottesfrage 321
Gottesfunken *11*
Gottesgedanke, der 217, 219, 222
Gottesgedanken 135
Gottesgewalt/Gottesgewaltige 183, 186
Gottesmänner 300f.
Gottesmenschen 57, 204
Gottestrotzige 342
Gotteswelt 97
Gotteswerk–Menschenwerk 149f.
Gotteszeit(en) 4, 274
Grenze 96f., 129f., 164, 218, 220, 247, 323, 334, 404

Heidelberg IX, *102*
Heiden/Heidentum 44, 95f., 107–109
Heiligkeit Gottes 247, 381f.
Heiligung 313
Heilsarmee 308
Heimat des Menschen 29, 79, 118, 230, 319, 343f.
Herrlichkeit, kommende 99
Herz 49, 156, 166, 216, 251, 329, 331, 333f., 360, 380, 396
–, weites 289–296
Himmel 83, 137, 139, 165f., 170f., 179, 247, 265, 275, 299, 329
– und Hölle 118
Himmelfahrt 162–172
Hochmut/Übermut 7, 102, 175, 356
Hölle 119–121, 151, 286, 382
Hoffnung 21,49, 99, 103, 152–156, 159f., 225f., 239, 244f., 256, 347f., 356, 363

Ideal 76

Jagdhund 56
Jerusalem 60, 128, 294, 314, 353
Jesus Christus 88f., 91f.
– für alle da, geht alle an 308–311
– Auferstehung 86, 336f., 354, 361, 392, 405
– kein «Bezauberer» 109
– Blut 114, 120f.
– Erkenntnis in J. Ch. 257f.
– neue Erscheinung, Wiederkunft 140–142, 172
– Gehorsam 86, 96, 125, 129
– der kommende Heiland 401
– Hinabsteigen und Hinaufsteigen 119
– kein «Idealist» 108f.
– Kraft/Macht 86, 234, 246
– Kreuz/Sterben/Tod 29, 39f., 85, 97, 106, 116–121, 207–209, 216, 330f., 335, 348, 354, 361, 373f., 391, 405, 408, 412
– neues Leben 42
– Menschensohn 140, 330
– steht in der Mitte des Lebens 302f.
– Ruf Jesu Christi – Ruf der Kirche 306f.
– ist Sieger 91, 127–130, 133, 316
– Sohn Gottes/Gottessohn *82*, 255, 311, 323, 330
– Spiegel/Ebenbild Gottes 257
– im Totenreich 117–119
jetzt 274f.

Karfreitag 113f., 130, 209, 394
Kind
– Gottes 6, 48, 60, 121
Kirche 19, 53, 87, 93, 136f., 172, 190, 251, 255f., 262, 305–308, 358
–, katholische 197
Kirchengeschichte 170–172
Köln 59
Konfirmation/Konfirmanden 122
Konfirmationsfrage 103
Kraft 5, 9, 12, 25, 27f., 33, 39f., 61, 64, 163, 167, 180, 191, 195, 203f., 232, 285, 291, 295, 348, 356
– vgl. Jesus Christus (Kraft)
Krieg 176, 270, 272
Kultur 29, 144, 216, 247, 262

Leben 151f.
– Leben ist Adventszeit 386, 393
– Frage nach dem Leben in Allem 352
– Leben im Leben 79
– das lebendige Leben 210
–, neues/Anfang 142
– Rätsel 381f.
– Sinn des Lebens 10, 229, 231, 262f., 361
– verborgenes Leben 171f., 364
Lebenslinie 354, 356
Lebensunruhe 98, 100, 102, 105f.
Lebensweisheit 53
Leib
– und Seele/Geist 136, 227, 283
Leid/Leiden 20, 27–30, 32f., 51, 106, 208f., 214, 253, 291, 293, 337, 344, 377
Lenzburg *310*
Leutwil *135*
Licht
–, ewiges 408, 410–413

– vgl. Gott (Licht)
Liebe/liebhaben 62, 70f., 144, 147, 153–156, 309, 359f.
– vgl. Ehe; Gott (Liebe)
Lob 10
– Lob Gottes 325–332
– – der Kreatur 325–327

Mammon/Geld 183, 306
Mann
– und Frau 214, 359
– vgl. Ehe; Frau
Maske 19–22
meinen/Meinung 250–258, 339
Mensch
– äußerer–innerer 215–223
– nicht allein 122f.
– alter Mensch/neuer Mensch 242–244
–, biblischer 13, 18, 22, 24f., 29–33, 35f., 39f., 71, 327–331, 343–346, 350
– Dabeisein des M. 84
– als Geist, Geister 353
– auf Gott gerichtet, von Gott gerichtet 387
– ist Gottes 78, 112, 127, 257
– der neue M./ein neuer M. 111, 113f., 139f.
– Offenheit der Menschen für Gott 296
– Spiegel Gottes 325–328
– wahre Natur des Menschen in Gott 403
– Wahrheit des Menschen 219
Menschheit 53, 56, 108, 120, 144, 251, 314, 355
Mitarbeiter Gottes 276, 283, 311
Moral 29, 31, 53, 134, 173, 185, 244f., 309f.
Moskau 394
München IX, *102*, *289*
Müssen 239, 241
Mut/Mutlosigkeit 211–223, 225, 229, 233

Naturgeschichte, göttliche 147
Nein
– das göttliche Nein und das menschliche Ja 300
– das Nein des Menschen und das göttliche Ja 314
Neue, das
– und das Alte 3f.

oben
– von oben nach unten 319
Offenbarung 126f., 137, 150, 247, 330
–, neue 122
Ostern 88, 126–138, 331, 393

Persönlichkeit/persönlich 75, 92, 196f., 213, 245
Pfarrer 18f., 91, 93, 102f., 194, 260, 298, 324, 387, 390
Pfingsten 180–182, 187f., 377
Pflicht 12
Pharisäer 11, 70, 88f., 93, 108f., 266, 279, 298, 300, 313, 388
Predigt 92, 188, 258, 271f.
Propheten 13, 24, 101f., 104, 221, 301, 335, 363

Reden an sich 140f.
Reformation 252, 365–374
Reformationssonntag 365
Reich Gottes/Himmelreich 22, 43f., 49–51, 53–56, 63, 100f., 103f., 151f., 272, 281, 299, 336, 347, 405, 413
– Naturgesetz des R. G. 201
Religion/religiös 92, 96, 173, 175, 320
– «religiöses Bedürfnis» 90, 93f.
– «religiöser Betrieb» 172
Revolution 176, *213*, 246, 252, 272
Rußland 397

Schauspieler 48
Schlafen–Aufwachen 127–129, 131
Schöpfung 21, 156, 324, 330
– neue Sch. 315
– Neuschöpfung 86

Schweiz/Schweizer *262, 281*
Seele 37, 65f., 119, 216f., 313
Sehen mit sehenden Augen 400f., 403–407
Selbsterkenntnis 20f., 123, 176
selig werden 318f.
– Frage 319f.
– eine Ich-Frage 320f., 323
Sendung durch Gott 236–238, 240f.
Seon *135*
Seufzer/seufzen 105f., 224–235
– der Kreatur 225
Sozialdemokratie/Sozialismus/Sozialisten VIIIf., 214, 252, 281, 308, 313, *394*
Spiel 227, 231
Spiritismus 27
Staat 93, 128, 161, 186, 201, 214, 231, 251, 337
Standpunkt 52, 339
Stillwerden 35f.
Strafe 67–70
Stufen zur Seligkeit? 318f.
Stuttgart IX, *102*
Sünde 133f., 362, 401

Tag
– Gottestag 44, 46, 48f.
–, neuer 122
Tambach IX, *74, 102, 211*
Tat des Glaubens 322f.
Täuschung/Traum 115, 117, 155
Theosophie 26f., 31, 59, 299, 315
Tod/Sterben 28f., 119, 161f., 227–229, 247
– Sinn des Todes 229
– Unentrinnbarkeit 214
Todeslinie 354, 356
Todesweisheit *84*, 85, 129, 307
Triebe 118
Trost 17, 28, 30–40, 89f., 93, 138, 167, 241, 289, 296, 323, 335, 363, 366
Trotz 8–16
Tun 322

Unsichtbare, das 221–223
Ürkheim 289
Ursprung/das Ursprüngliche 112f.

Vaterland 305f.
Veränderung 376–383
Vergängliche, das
– ein Gleichnis 131f., 134
Vergänglichkeit 227
Vergebung 153, 310f., 313f., 387–389
Vergebungszeit 7
Verheißung 21, 54f., 209, 310, 323, 362, 395, 398, 404
Verkaufen 74–78
Verlegenheit 51f.
Versöhnung 51f., 112f., 259, 264–266, 391, 409, 412
– Abgrund der V. 409
– der Welt 265f.
– Gottes 190, 197
– untereinander 48f.
– Wunder des Verstehens 49
Vertrauen 152f.
– Werbung um Vertrauen 29f.
Verwandlung 389f.
Völkerbund VIII, 146, 174, 178
Vollkommene, das 51, 53f.
– Vollkommenes–Unvollkommenes 4f., 60
Vorhang zwischen Gott und Mensch 401–408

Wägen brutto–netto 352f.
Wagnis (des Glaubens) 104, 154, 215, 219f., 246, 379–381, 383, 407f.
Wahrheit 36
– zwei Gestalten der Wahrheit 158–164
– des Heilands 258
– Hoffnungswahrheit 177
– Liebe zur Wahrheit 294
– Mosewahrheit und Heilandswahrheit 159–164, 173–180
– wahr nur in der Veränderung 376–379
– Wahrheit in der Wahrheit 177–179
– und Wirklichkeit 136
Wandern/Wanderer 8–13
Warten
– und Eilen 13, 62, 125, 150
– auf Gott 344f., 347, 392, 396f.
– das grosse Warte! 394f.

Was bin ich? Was soll ich werden? 370f., 374f.
Was soll ich tun? 373–375
Was sollen wir tun? 392
Weg 8, 10, 12f., 15, 35f., 38f., 44, 60, 65, 67, 82, 93, 99, 103–106, 113, 117, 119, 141, 147–149, 162–164, 168, 183, 186, 193f., 201, 204, 208, 220, 230, 264, 266f., 289f., 297, 301, 306, 342, 344, 379, 383, 387, 391f., 396, 398
– der Gnade 66, 70, 72f.
– Gotteswege 13f.
Weihnacht 394, 398f., 406–408
Weisheit/weise 21, 66, 335, 339f., 343, 349, 358
Welt 298–300
– Gottes 136
–, neue 100
– Ursprung der Welt in Gott 403
–, wahre 98
Weltgeschichte 3, 122, 129, 153, 251, 253, 255, 272, 320, 352f., 390
Weltmenschen 298f.
Weltwende 234
Wenn und Aber 185, 188, *197*
Wiedergeburt 95
Wirklichkeit
– neue Wirklichkeit 141
Wort Gottes 77–87, 130
– Gottes lebendiges Wort 124
– Gottes Wort – Menschenwort 272
– Wort der Wahrheit 61
Wunder 49, 97, 115, 147, 152f., 166, 183, 191, 195, 276, 281, 330, 379, 405, 408f.
Würde 199f.

Zeit
–, alte 3f.
– und Ewigkeit 79–86, 132–134, 238
–, gegenwärtige 385
– – gemessen an der Ewigkeit 404
– – Zeit, die Ewigkeit enthält 268f.
– Geist der Zeiten 306
– Gottes/Offenbarungszeit 3f., 276
– Unterschied der Zeiten 269–274
Ziel 8–11, 13, 15, 49, 84, 99, 123, 183, 247, 323, 398
Zuschauer 50
Zweifel/Zweifler/zweifeln 377–379